A INTERPRET

SIGMUND FREUD

A INTERPRETAÇÃO DOS SONHOS

Tradução:
Walderedo Ismael de Oliveira

Imago

Título Original: Die Traumdeutung

Capa:
Luciana Mello e Monika Mayer

CIP-Brasil. Catalogação-na-Fonte
Sindicato Nacional dos Editores de Livros, RJ.

F942i   Freud, Sigmund, 1856-1939
             A interpretação dos sonhos / Sigmund Freud; tradução de
         Walderedo Ismael de Oliveira; Rio de Janeiro: Imago Ed., 2001.
         616 pp.

                 Tradução de: Die Traumdeutung
                 Inclui apêndices e bibliografias
                 ISBN 85-312-0685-5

             1. Sonhos. 2. Psicanálise. I. Título.

99-1114.   CDD — 150.1952
                                        CDU — 159.964.2

2001

IMAGO EDITORA
Rua Santos Rodrigues, 201-A — Estácio
20250-430 — Rio de Janeiro — RJ
Tel.: (21) 502-9092 — Fax: (21) 502-5435
E-mail: imago@imagoeditora.com.br
www.imagoeditora.com.br

Impresso no Brasil
Printed in Brazil

SUMÁRIO

A INTERPRETAÇÃO DOS SONHOS
(1900)

BIBLIOGRAFIAS

A INTERPRETAÇÃO DOS SONHOS

(1900)

Flectere si nequeo superos, Acheronta movebo.*

9

PREFÁCIO À PRIMEIRA EDIÇÃO

Tentei neste volume fornecer uma explicação da interpretação dos sonhos e, ao fazê-lo, creio não ter ultrapassado a esfera de interesse abrangida pela neuropatologia. Pois a pesquisa psicológica mostra que o sonho é o primeiro membro de uma classe de fenômenos psíquicos anormais, da qual outros membros, como as fobias histéricas, as obsessões e os delírios, estão fadados, por motivos práticos, a constituir um tema de interesse para os médicos. Como se verá a seguir, os sonhos não podem fazer nenhuma reivindicação semelhante de importância prática, mas seu valor teórico como paradigma é, por outro lado, proporcionalmente maior. Qualquer um que deixe de explicar a origem das imagens oníricas dificilmente poderá esperar compreender as fobias, obsessões ou delírios, ou fazer com que uma influência terapêutica se faça sentir sobre eles.

Mas a mesma correlação que responde pela importância do assunto deve também ser responsabilizada pelas deficiências desta obra. Os encadeamentos rompidos que com tanta freqüência interrompem minha apresentação nada mais são do que os numerosos pontos de contato entre o problema da formação dos sonhos e os problemas mais abrangentes da psicopatologia. Estes não podem ser tratados aqui, mas, se o tempo e as forças o permitirem e houver mais material à disposição, eles serão objeto de comunicações posteriores.

As dificuldades de apresentação foram aumentadas ainda mais pelas peculiaridades do material que tive de utilizar para ilustrar a interpretação de sonhos. Tornar-se-á claro, no decorrer da própria obra, o motivo por que nenhum dos sonhos já relatados na literatura do assunto ou coligidos de fontes desconhecidas poderia ter serventia para meus propósitos. Os únicos sonhos dentre os quais pude escolher foram os meus e os de meus pacientes em tratamento psicanalítico. Mas fui impedido de utilizar o segundo material pelo fato de que, nesse caso, os processos oníricos estavam sujeitos a uma complicação indesejável, em vista da presença adicional de características neuróticas. Mas, se quisesse relatar meus próprios sonhos, a conseqüência inevitável é que eu teria de revelar ao público maior número de aspectos íntimos de minha vida mental do que gostaria, ou do que é normalmente necessário para qualquer escritor que seja um homem de ciência e não um poeta. Tal foi a penosa mas inevitável exigência, e me submeti a ela para não abandonar por completo a possibilidade de fornecer a comprovação de minhas descobertas psicológicas. Naturalmente, contudo, não pude resistir à tentação de aparar as arestas de algumas de minhas indiscrições por meio de omissões e substituições. Sempre que isso aconteceu, porém, o valor de meus exemplos se viu drasticamente reduzido. Posso apenas manifestar a esperança de que os leitores deste livro se coloquem em minha difícil posição e me tratem com indulgência, e, além disso, que qualquer um que encontre alguma espécie de referência a si próprio em meus sonhos se disponha a conceder-me o direito à liberdade de pensamento — ao menos em minha vida onírica, se não em qualquer outra área.

PREFÁCIO À SEGUNDA EDIÇÃO

Se, no intervalo de dez anos desde a publicação deste livro (que está muito longe de constituir fácil leitura), uma segunda edição se faz necessária, isso não se deve ao interesse nele demonstrado pelos círculos profissionais a que se dirigiu meu prefácio original. Meus colegas psiquiatras parecem não se ter dado o trabalho de superar o espanto inicial criado por minha nova abordagem dos sonhos. Os filósofos profissionais se habituaram a livrar-se rapidamente dos problemas da vida onírica (que tratam como mero apêndice dos estados conscientes) numas poucas frases — e, em geral, nas mesmas; e é evidente que deixaram de notar que temos aqui algo de que é possível extrair diversas inferências que certamente transformarão nossas teorias psicológicas. A atitude adotada pelos críticos nos periódicos científicos só poderia levar a supor que minha obra estava condenada a mergulhar em completo silêncio; já o pequeno grupo de bravos partidários que praticam a psicanálise médica sob minha orientação, e que seguem meu exemplo na interpretação dos sonhos e utilizam suas interpretações no tratamento de neuróticos, jamais teria esgotado a primeira edição do livro. Assim é que me sinto grato a um círculo mais amplo de leitores cultos e de espírito curioso, cujo interesse levou-me a retomar, após nove anos, esta obra difícil, porém, sob muitos aspectos, fundamental.

Apraz-me afirmar que nela encontrei poucas modificações a fazer. Aqui e ali inseri algum material novo e acrescentei alguns novos detalhes oriundos de minha maior experiência, e em alguns pontos remodelei minhas afirmações. Mas a essência do que escrevi sobre os sonhos e sua interpretação, bem como sobre os teoremas psicológicos a serem deles deduzidos — tudo isso permanece inalterado: ao menos subjetivamente, suportou o teste do tempo. Quem estiver familiarizado com meus outros textos (sobre a etiologia e o mecanismo das psiconeuroses) saberá que jamais apresentei opiniões inconclusivas como se fossem fatos estabelecidos, e que sempre procurei modificar minhas afirmações de modo a mantê-las em dia com meu conhecimento crescente. Na esfera da vida onírica, pude manter inalteradas minhas asserções originais. Durante os longos anos em que venho lidando com os problemas das neuroses, muitas vezes estive em dúvida e tive minhas convicções ocasionalmente abaladas. Nessas ocasiões, foi sempre *A Interpretação dos Sonhos* que me restituiu a certeza. Assim, foi um instinto seguro que levou muitos de meus opositores científicos a se recusarem a me seguir mais particularmente nas minhas pesquisas sobre os sonhos.

Idêntica durabilidade e capacidade de resistir a quaisquer alterações amplas durante o processo de revisão foram demonstradas pelo *material* do livro, que consiste em sonhos produzidos por mim mesmo, que em sua maior parte foram superados ou se tornaram sem valor pela marcha dos acontecimentos, e pelos quais ilustrei as regras da interpretação dos sonhos. Pois este livro tem para mim, pessoalmente, outra importância subjetiva — uma importância que só apreendi após tê-lo concluído. Ele foi, como verifiquei, parte de minha própria auto-análise, minha reação à morte de meu pai — isto é, ao evento mais importante, à perda mais pungente da vida de um homem. Tendo descoberto que assim foi, senti-me incapaz de eliminar os vestígios dessa experiência. Para meus leitores, contudo, será irrelevante em que material específico eles aprenderão a apreciar a importância dos sonhos e como interpretá-los.

Sempre que julguei impossível incorporar algum acréscimo essencial ao contexto original, indiquei que se tratava de um trecho posterior colocando-o entre colchetes.[1]

BERCHTESGADEN, *verão de* 1908

---

1 [*Nota de rodapé acrescentada* em 1914:] Em edições posteriores estes foram omitidos.

PREFÁCIO À TERCEIRA EDIÇÃO

Nove anos se passaram entre a primeira e a segunda edições deste livro; porém, decorrido pouco mais de um ano, tornou-se necessária uma terceira edição. Essa reviravolta nos acontecimentos talvez me agrade; mas, assim como antes eu não queria considerar o desprezo dos leitores por meu livro como prova da sua desvalia, não posso alegar que o interesse agora demonstrado nele constitua uma prova de sua excelência.

Nem mesmo *A Interpretação dos Sonhos* permaneceu intocada pelo progresso dos conhecimentos científicos. Quando o escrevi em 1899, minha teoria da sexualidade ainda não existia e a análise das formas mais complexas de psiconeurose apenas começava. Era minha esperança que a interpretação dos sonhos ajudasse a tornar possível a análise psicológica das neuroses; desde então, uma compreensão mais profunda das neuroses influenciou, por sua vez, nossa visão dos sonhos. A própria teoria da interpretação dos sonhos desenvolveu-se mais num sentido em que se depositara ênfase insuficiente na primeira edição deste livro. Minha própria experiência, bem como as obras de Wilhelm Stekel e outros, ensinaram-me desde então a fazer uma apreciação mais verdadeira da extensão e importância do simbolismo nos sonhos (ou, antes, no pensamento inconsciente). Dessa forma, no decurso destes anos, muita coisa que exige atenção se acumulou. Esforcei-me por levar em conta essas inovações, fazendo numerosas interpolações no texto e mediante notas de rodapé adicionais. Se esses acréscimos ameaçam, por vezes, destruir toda a estrutura do livro, ou se nem sempre consegui trazer o texto original ao nível de nossos conhecimentos atuais, solicito a indulgência do leitor para essas deficiências: são elas os resultados e os sinais do atual desenvolvimento cada vez mais rápido de nossa ciência. Posso até arriscar-me a profetizar em que outros sentidos as edições posteriores deste livro — se é que alguma se fará necessária — diferirão da atual. Terão, por um lado, de proporcionar um contato mais estreito com o copioso material apresentado nos textos de ficção, nos mitos, no uso lingüístico e no folclore; ao mesmo tempo que, por outro lado, terão de lidar, em maiores detalhes do que foi possível aqui, com as relações dos sonhos com as neuroses e as doenças mentais.

O Dr. Otto Rank proporcionou-me valiosa assistência na seleção do material adicional e foi inteiramente responsável pela correção das provas tipográficas. Devo meus agradecimentos a ele e a muitos outros por suas contribuições e correções.

VIENA, *primavera de* 1911

PREFÁCIO À QUARTA EDIÇÃO

No ano passado (1913), o Dr. A. A. Brill, de Nova Iorque, preparou uma tradução deste livro para o inglês (*The Interpretation of Dreams*, G. Allen & Co., Londres).

Nessa ocasião, o Dr. Otto Rank não só corrigiu as provas tipográficas, como também contribuiu com dois capítulos autônomos para o texto — os apêndices ao Capítulo VI.

VIENA, *junho de* 1914

PREFÁCIO À QUINTA EDIÇÃO

O interesse por *A Interpretação dos Sonhos* não declinou nem mesmo durante a Guerra Mundial e, enquanto ela ainda prossegue, tornou-se necessária uma nova edição. Não foi possível, contudo, ter notícia de todas as publicações desde 1914: nem o Dr. Rank nem eu temos qualquer conhecimento de obras estrangeiras desde aquela data.

Uma tradução húngara, preparada pelo Dr. Hollós e pelo Dr. Ferenczi, está prestes a aparecer. Em 1916-17, minhas *Conferências Introdutórias sobre Psicanálise* foram publicadas em Viena por Hugo Heller. A seção principal delas, abrangendo onze conferências, é dedicada a uma explicação dos sonhos que visa a ser mais elementar e ficar em contato mais estreito com a teoria das neuroses do que esta obra. De modo geral, ela tem o caráter de um epítome de *A Interpretação dos Sonhos*, embora, em certos pontos, entre em maiores detalhes.

Não me animei a levar adiante nenhuma revisão fundamental deste livro, que talvez o trouxesse ao nível de nossos atuais pontos de vista psicanalíticos, mas que, por outro lado, destruiria seu caráter histórico. Penso, contudo, que após uma existência de quase vinte anos, ele cumpriu sua tarefa.

BUDAPESTE-STEINBRUCH, *julho de* 1918

PREFÁCIO À SEXTA EDIÇÃO

Em virtude das dificuldades em que o ramo editorial se encontra no momento, esta nova edição de há muito se faz necessária, e a edição anterior, pela primeira vez, foi reimpressa sem quaisquer alterações. Somente a bibliografia no fim do volume foi completada e atualizada pelo Dr. Otto Rank.

Assim, não foi confirmada minha suposição de que após uma existência de quase vinte anos este livro cumprira sua tarefa. Pelo contrário, eu poderia dizer que ele tem uma nova tarefa a executar. Se sua função anterior era oferecer informações sobre a natureza dos sonhos, tem ele agora a missão não menos importante de lidar com as obstinadas interpretações errôneas a que essas informações estão sujeitas.

VIENA, *abril de* 1921

PREFÁCIO À OITAVA EDIÇÃO

Durante o intervalo entre a publicação da última (sétima) edição deste livro em 1922 e a atual, minhas *Gesammelte Schriften* [Obras Reunidas] foram editadas em Viena pela Internationaler Psychoanalytischer Verlag. O segundo volume dessa coleção consiste numa reimpressão exata da primeira edição de *A Interpretação dos Sonhos*, enquanto o terceiro volume contém todos os acréscimos desde então feitos à obra. As traduções do livro surgidas no mesmo intervalo baseiam-se no formato habitual da obra, em um único volume: uma em francês, de I. Meyerson, publicada sob o título de *La science des rêves* na "Bibliothèque de Philosophie Contemporaine", em 1926; uma em sueco, de John Landquist, *Drömtydning* (1927); e uma em espanhol, de Luis López-Ballesteros y de Torres [1922], que ocupa os Volumes VI e VII das *Obras Completas*. A tradução húngara, que pensei estivesse prestes a ser concluída ainda em 1918, não surgiu até agora.

Na atual edição revista da obra, tratei-a mais uma vez essencialmente como um documento histórico e fiz apenas as alterações sugeridas pela elucidação e pelo aprofundamento de minhas próprias opiniões. De acordo com isso, desisti afinal da idéia de incluir uma relação de obras sobre os problemas dos sonhos, publicadas desde a primeira edição do livro, e essa seção foi agora abandonada. Os dois ensaios com que Otto Rank contribuiu para edições anteriores, sobre "Os Sonhos e a Literatura de Ficção" e "Sonhos e Mitos", também foram omitidos.

VIENA, *dezembro de* 1929

PREFÁCIO À TERCEIRA EDIÇÃO INGLESA (REVISTA)

Em 1909, G. Stanley Hall convidou-me para visitar a Clark University, em Worcester, para proferir as primeiras conferências sobre psicanálise. No mesmo ano, o Dr. Brill publicou a primeira de suas traduções de meus textos, que logo foram seguidas por outras. Se a psicanálise desempenha agora algum papel na vida intelectual norte-americana, ou se vier a fazer isso no futuro, grande parte desse resultado terá de ser atribuído a essa e outras atividades do Dr. Brill.

Sua primeira tradução de *A Interpretação dos Sonhos* surgiu em 1913. Desde então, muitos acontecimentos se verificaram no mundo e houve muitas modificações em nossos pontos de vista sobre as neuroses. Este livro, com a nova contribuição à psicologia que surpreendeu o mundo quando de sua publicação (1900), permanece essencialmente inalterado. Contém, mesmo de acordo com meu julgamento atual, a mais valiosa de todas as descobertas que tive a felicidade de fazer. Um discernimento claro como esse só acontece uma vez na vida.

VIENA, 15 *de março de* 1931

21

CAPÍTULO I

A LITERATURA CIENTÍFICA QUE TRATA DOS PROBLEMAS DOS SONHOS[1]

Nas páginas que seguem, apresentarei provas de que existe uma técnica psicológica que torna possível interpretar os sonhos, e que, quando esse procedimento é empregado, todo sonho se revela como uma estrutura psíquica que tem um sentido e pode ser inserida num ponto designável nas atividades mentais da vida de vigília. Esforçar-me-ei ainda por elucidar os processos a que se devem a estranheza e a obscuridade dos sonhos e por deduzir desses processos a natureza das forças psíquicas por cuja ação concomitante ou mutuamente oposta os sonhos são gerados. A essa altura, minha descrição se interromperá, pois terá atingido um ponto em que o problema dos sonhos se funde com problemas mais abrangentes cuja solução deve ser abordada com base num material de outra natureza.

Apresentarei, à guisa de prefácio, uma revisão do trabalho empreendido por autores anteriores sobre o assunto, bem como a posição atual dos problemas dos sonhos no mundo da ciência, visto que, no curso de meu exame, não terei muitas ocasiões de voltar a esses tópicos. Pois, apesar de muitos milhares de anos de esforço, a compreensão científica dos sonhos progrediu muito pouco — fato tão genericamente aceito na literatura que parece desnecessário citar exemplos para confirmá-lo. Nesses escritos, dos quais consta uma relação ao final de minha obra, encontram-se muitas observações estimulantes e uma boa quantidade de material interessante relacionado com nosso tema, porém pouco ou nada que aborde a natureza essencial dos sonhos ou ofereça uma solução final para qualquer de seus enigmas. E menos ainda, é claro, passou para o conhecimento dos leigos instruídos.

Talvez se possa indagar qual terá sido o ponto de vista em relação aos sonhos adotado na pré-história pelas raças primitivas dos homens e que efeito os sonhos teriam exercido na formação de suas concepções do mundo e da alma; e esse é um assunto de tão grande interesse que só com extrema

---

1 [*Nota de rodapé acrescentada* da segunda à sétima edições:] Até a data da primeira publicação deste livro (1900).

relutância me abstenho de abordá-lo aqui. Devo encaminhar meus leitores às obras básicas de *Sir* John Lubbock, Herbert Spencer, E. B. Tylor e outros, e acrescentarei apenas que só poderemos apreciar a ampla gama desses problemas e especulações quando tivermos tratado da tarefa que aqui se coloca diante de nós — a interpretação dos sonhos.

A visão pré-histórica dos sonhos sem dúvida ecoou na atitude adotada para com os sonhos pelos povos da Antiguidade clássica.[1] Eles aceitavam como axiomático que os sonhos estavam relacionados com o mundo dos seres sobre-humanos nos quais acreditavam, e que constituíam revelações de deuses e demônios. Não havia dúvida, além disso, de que, para aquele que sonhava, os sonhos tinham uma finalidade importante, que era, por via de regra, predizer o futuro. A extraordinária variedade no conteúdo dos sonhos e na impressão que produziam dificultava, todavia, ter deles qualquer visão uniforme, e tornava necessário classificá-los em numerosos grupos e subdivisões conforme sua importância e confiabilidade. A posição adotada perante os sonhos por filósofos isolados na Antiguidade dependia, naturalmente, até certo ponto, da atitude destes em relação à adivinhação em geral.

Nas duas obras de Aristóteles que versam sobre os sonhos, eles já se tornaram objeto de estudo psicológico. Assim, somos informados que os sonhos não são enviados pelos deuses e não são de natureza divina, mas que são "demoníacos", visto que a natureza é "demoníaca", e não divina. Os sonhos, em outras palavras, não decorrem de manifestações sobrenaturais, mas seguem as leis do espírito humano, embora este, é verdade, tenha afinidades com o divino. Definem-se os sonhos como a atividade mental de quem dorme, na medida em que esteja adormecido.

Aristóteles estava ciente de algumas características da vida onírica. Sabia, por exemplo, que os sonhos dão uma construção ampliada aos pequenos estímulos que surgem durante o sono. "Os homens pensam estar caminhando no meio do fogo e sentem um calor enorme, quando há apenas um pequeno aquecimento em certas partes." E dessa circunstância infere ele a conclusão de que os sonhos podem muito bem revelar a um médico os primeiros sinais de alguma alteração corporal que não tenha sido observada na vigília.[2]

---

1 [*Nota de rodapé acrescentada* em 1914:] O que se segue baseia-se no estudo erudito de Büchsenschütz (1868).
2 [*Nota de rodapé acrescentada* em 1914:] O médico grego Hipócrates aborda a relação entre os sonhos e as doenças num dos capítulos de sua famosa obra.

Antes da época de Aristóteles, como sabemos, os antigos consideravam os sonhos não como um produto da mente que sonhava, mas como algo introduzido por uma instância divina; e, já então, faziam-se sentir as duas correntes antagônicas que iremos encontrar influenciando as opiniões sobre a vida onírica em todos os períodos da história. Traçou-se a distinção entre os sonhos verdadeiros e válidos, enviados ao indivíduo adormecido para adverti-lo ou predizer-lhe o futuro, e os sonhos vãos, enganosos e destituídos de valor, cuja finalidade era desorientá-lo ou destruí-lo.

Gruppe (1906, v. 2, p. 930) cita uma classificação dos sonhos, de Macróbio e Artemidoro, seguindo essa orientação: "Os sonhos eram divididos em duas classes. Supunha-se que uma classe fosse influenciada pelo presente ou pelo passado, mas sem nenhum significado futuro. Abrangia o ἐνύπνια ou *insomnia*, que reproduzia diretamente uma certa representação ou o seu oposto — por exemplo, de fome ou sua saciação —, e o φαντάσματα, que emprestava uma extensão fantástica à representação — por exemplo, o pesadelo ou *ephialtes*. A outra classe, ao contrário, supostamente determinava o futuro. Abrangia (1) profecias diretas recebidas num sonho (o χρηματισμός ou *oraculum*), (2) previsões de algum evento futuro (o ὅραμα ou *visio*), e (3) sonhos simbólicos, que precisavam de interpretação (o ὄνειρος ou *somnium*). Essa teoria persistiu durante muitos séculos".

Essa variação no valor que se deveria atribuir aos sonhos estava intimamente relacionada com o problema de "interpretá-los". Em geral, esperavam-se importantes conseqüências dos sonhos. Mas nem todos eles eram imediatamente compreensíveis, e era impossível dizer se um sonho ininteligível em particular não estaria fazendo alguma comunicação importante. Isso proporcionou o incentivo para que se elaborasse um método mediante o qual o conteúdo ininteligível de um sonho pudesse ser substituído por outro compreensível e significativo. Nos últimos anos da Antiguidade, Artemidoro de Daldis foi considerado a maior autoridade na interpretação dos sonhos, e a sobrevivência de sua abrangente obra [*Oneirocritica*] deve compensar-nos pela perda dos outros escritos sobre o mesmo assunto.[1]

---

1 [*Nota de rodapé acrescentada* em 1914:] Quanto à história posterior da interpretação dos sonhos na Idade Média, ver Diepgen (1912) e as monografias de Förster (1910 e 1911), Gotthardt (1912), etc. A interpretação dos sonhos entre os judeus foi discutida por Almoli (1848), Amram (1901) e Löwinger (1908); bem recentemente, e levando em conta as descobertas psicanalíticas, foi examinada por Lauer (1913). Informações sobre a interpretação dos sonhos entre os árabes foram

A visão pré-científica dos sonhos adotada pelos povos da Antiguidade estava, por certo, em completa harmonia com sua visão do universo em geral, que os levou a projetar no mundo exterior, como se fossem realidades, coisas que de fato só gozavam de realidade dentro de suas próprias mentes. Além disso, seu ponto de vista sobre os sonhos levava em conta a principal impressão produzida na mente desperta, pela manhã, pelo que resta de um sonho na memória: uma impressão de algo estranho, advindo de outro mundo e contrastando com os demais conteúdos da mente. A propósito, seria um erro supor que a teoria da origem sobrenatural dos sonhos está desprovida de defensores em nossos próprios dias. Podemos deixar de lado os escritores carolas e místicos, que de fato estão perfeitamente justificados em permanecer ocupados com o que restou do outrora amplo domínio do sobrenatural enquanto esse campo não é conquistado pela explicação científica. Mas, além deles, depara-se com homens de visão esclarecida, sem quaisquer idéias extravagantes, que procuram justificar sua fé religiosa na existência e na atividade de forças espirituais sobre-humanas precisamente pela natureza inexplicável dos fenômenos dos sonhos. (Cf. Haffner, 1887.) A alta estima em que é tida a vida onírica por algumas escolas de filosofia (pelos seguidores de Schelling,[1] por exemplo) é nitidamente um eco da natureza divina dos sonhos que era incontestada na Antiguidade. Tampouco chegaram ao fim os debates acerca do caráter premonitório dos sonhos e de seu poder de predizer o futuro, pois as tentativas de dar uma explicação psicológica têm sido insuficientes para cobrir o material coletado, por mais decididamente que as simpatias dos que são dotados de espírito científico se inclinem contra a aceitação de tais crenças.

É difícil escrever uma história do estudo científico dos problemas dos sonhos porque, por mais valioso que tenha sido esse estudo em alguns pontos, não se pode traçar nenhuma linha de progresso em qualquer direção específica. Não se lançou nenhum fundamento de descobertas seguras no qual um pesquisador posterior pudesse edificar algo; ao contrário, cada novo autor examina os mesmos problemas de novo e recomeça, por assim dizer,

---

fornecidas por Drexl (1909), Schwarz (1913) e pelo missionário Tfinkdji (1913); entre os japoneses, por Miura (1906) e Iwaya (1902); entre os chineses, por Secker (1909-10); e entre os povos da Índia, por Negelein (1912).

1 [O principal expoente da "Filosofia da Natureza" panteísta, popular na Alemanha durante a primeira parte do século XIX.]

do início. Se eu tentasse relacionar em ordem cronológica aqueles que têm escrito sobre o assunto e apresentasse um resumo de seus pontos de vista sobre os problemas dos sonhos, teria de abandonar qualquer esperança de apresentar um quadro geral abrangente do atual estado dos conhecimentos sobre o assunto. Optei, portanto, por estruturar meu relato de acordo com tópicos, e não com autores, e à medida que for levantando cada problema relacionado com o sonho, apresentarei qualquer material que a literatura contenha para sua solução.

Visto, contudo, ter-me sido impossível englobar toda a literatura sobre o tema, amplamente dispersa como é e invadindo muitos outros campos, sou compelido a pedir a meus leitores que se dêem por satisfeitos desde que nenhum fato fundamental ou ponto de vista importante sejam deixados de lado em minha descrição.

Até pouco tempo atrás, a maioria dos autores que escreviam sobre o assunto sentia-se obrigada a tratar o sono e os sonhos como um tópico único, e em geral abordava, além disso, condições análogas fronteiriças à patologia e estados semelhantes aos sonhos, como as alucinações, visões, etc. As obras mais recentes, pelo contrário, mostram preferência por um tema restrito e tomam por objeto, talvez, alguma questão isolada no campo da vida onírica. Agradar-me-ia ver nessa mudança de atitude a expressão de uma convicção de que, nessas questões obscuras, só será possível chegar a explicações e resultados sobre os quais haja acordo mediante uma série de investigações pormenorizadas. Uma pesquisa detalhada desse tipo, predominantemente psicológica por natureza, é tudo o que tenho a oferecer nestas páginas. Tive poucas oportunidades de lidar com o problema do sono, posto que esse é essencialmente um problema da fisiologia, muito embora uma das características do estado de sono deva ser a de promover modificações nas condições de funcionamento do aparelho mental. A literatura sobre o tema do sono, conseqüentemente, não é considerada adiante.

As questões levantadas por uma indagação científica sobre os fenômenos dos sonhos como tais podem ser agrupadas sob as epígrafes que se seguem, embora não se possa evitar certa dose de superposição.

A RELAÇÃO DOS SONHOS COM A VIDA DE VIGÍLIA

O julgamento simplista de vigília feito por alguém que tenha acabado de acordar presume que seus sonhos, mesmo que não tenham eles próprios vindo de outro mundo, ao menos o haviam transportado para outro mundo. O velho fisiólogo Burdach (1838, p. 499), a quem devemos um relato cuidadoso e perspicaz dos fenômenos dos sonhos, expressou essa convicção num trecho muito citado: "Nos sonhos, a vida cotidiana, com suas dores e seus prazeres, suas alegrias e mágoas, jamais se repete. Pelo contrário, os sonhos têm como objetivo verdadeiro libertar-nos dela. Mesmo quando toda a nossa mente está repleta de algo, quando estamos dilacerados por alguma tristeza profunda, ou quando todo o nosso poder intelectual se acha absorvido por algum problema, o sonho nada mais faz do que entrar em sintonia com nosso estado de espírito e representar a realidade em símbolos". I. H. Fichte (1864, v. 1, p. 541), no mesmo sentido, fala efetivamente em "sonhos complementares" e os descreve como um dos benefícios secretos da natureza autocurativa do espírito. Strümpell (1877, p. 16) afirma praticamente a mesma coisa em seu estudo sobre a natureza e origem dos sonhos — uma obra ampla e merecidamente tida em alta estima: "O homem que sonha fica afastado do mundo da consciência de vigília". E também (ibid., 17): "Nos sonhos, pode-se dizer que a nossa recordação do conteúdo ordenado da consciência de vigília e de seu comportamento normal está completamente perdida". E de novo (ibid., 19) escreve que "nos sonhos, a mente é isolada, quase sem memória, do conteúdo e dos assuntos comuns da vida de vigília".

A grande maioria dos autores, contudo, assume o ponto de vista contrário quanto à relação entre os sonhos e a vida de vigília. Assim, diz Haffner (1887, p. 245): "Em primeiro lugar, os sonhos dão prosseguimento à vida de vigília. Nossos sonhos se associam regularmente às representações que estiveram em nossa consciência pouco antes. A observação cuidadosa quase sempre encontra um fio que liga o sonho às experiências da véspera". Weygandt (1893, p. 6) contradiz especificamente o enunciado de Burdach que acabo de citar: "Pois muitas vezes, e aparentemente na maioria dos sonhos, pode-se observar que eles de fato nos levam de volta à vida comum, em vez de libertar-nos dela". Maury (1878, p. 51) apresenta uma fórmula concisa: "Nous rêvons de ce que nous avons vu, dit, désiré ou fait";[1] enquanto Jessen, em seu livro sobre psicologia (1855, p. 530), observa mais extensamente: "O conteúdo de um sonho é, invariavelmente, mais ou menos determinado pela personalidade individual daquele que sonha, por sua idade, sexo, classe, padrão de educação e estilo de vida habitual, e pelos fatos e experiências de toda a sua vida pregressa".

A atitude menos comprometedora sobre esta questão é adotada pelo filósofo J. G. E. Maass (1805), citado por Winterstein (1912): "A experiência confirma nossa opinião de que sonhamos com maior freqüência com as coisas em que se centralizam nossas mais vivas paixões. E isso mostra que nossas paixões devem ter influência na formação de nossos sonhos. O homem ambicioso sonha com os lauréis que conquistou (ou imagina ter conquistado) ou com aqueles que ainda tem de conquistar; já o apaixonado se ocupa, em seus sonhos, com o objeto de suas doces esperanças. [...] Todos os desejos e aversões sensuais adormecidos no coração podem, se algo os puser em movimento, fazer com que o sonho brote das representações que estão associadas com eles, ou fazer com que essas representações intervenham num sonho já presente".

A mesma concepção foi adotada na Antiguidade quanto à dependência do conteúdo dos sonhos em relação à vida de vigília. Radestock (1879, p. 134) relata-nos como, antes de iniciar sua expedição contra a Grécia, Xerxes recebeu judiciosos conselhos de natureza desencorajadora, mas foi sempre impelido por seus sonhos a prosseguir, ao que Artábano, o velho e sensato intérprete persa dos sonhos, observou-lhe pertinentemente que, por via de regra, as imagens dos sonhos contêm aquilo que o homem em estado de vigília já pensa.

O poema didático de Lucrécio, *De rerum natura*, traz o seguinte trecho (IV, 962):

> *Et quo quisque fere studio devinctus adhaeret*
> *aut quibus in rebus multum sumus ante morati*
> *atque in ea ratione fuit contenta magis mens,*
> *in somnis eadem plerumque videmur obire;*
> *causidici causas agere et componere leges,*
> *induperatores pugnare ac proelia obire...*[2]

---

1 ["Sonhamos com o que vimos, dissemos, desejamos ou fizemos."]
2 ["E qualquer que seja a busca à qual alguém se apega com devoção, quaisquer que sejam as

Cícero (*De divinatione*, II, lxvii, 140) escreve exatamente no mesmo sentido que Maury tantos anos depois: "Maximeque reliquiae rerum earum moventur in animis et agitantur de quibus vigilantes aut cogitavimus aut egimus".[1]

A contradição entre esses dois pontos de vista sobre a relação entre vida onírica e vida de vigília parece de fato insolúvel. É portanto relevante, nesta altura, relembrar o exame do assunto por Hildebrandt (1875, p. 8 e segs.), que acredita ser completamente impossível descrever as características dos sonhos, salvo por meio de "uma série de [três] contrastes que parecem acentuar-se em contradições". "O primeiro desses contrastes", escreve ele, "é proporcionado, por um lado, pela completude com que os sonhos são isolados e separados da vida real, e, por outro, por sua constante imbricação e por sua constante dependência mútua. O sonho é algo completamente isolado da realidade experimentada na vida de vigília, algo, como se poderia dizer, com uma existência hermeticamente fechada e toda própria, e separada da vida real por um abismo intransponível. Ele nos liberta da realidade, extingue nossa lembrança normal dela, e nos situa em outro mundo e numa história de vida inteiramente diversa, que, em essência, nada tem a ver com a nossa história real." Hildebrandt prossegue demonstrando como, ao adormecermos, todo o nosso ser, com todas as suas formas de existência, "desaparece, por assim dizer, por um alçapão invisível". Então, talvez o sonhador empreenda uma viagem marítima até Santa Helena para oferecer a Napoleão, que ali se encontra prisioneiro, uma barganha primorosa em vinhos do Mosela. É recebido com extrema afabilidade pelo ex-imperador e chega quase a lamentar-se quando acorda e sua curiosa ilusão é destruída. Mas, comparemos a situação do sonho, prossegue Hildebrandt, com a realidade. O sonhador nunca foi negociante de vinhos, nem jamais desejou sê-lo. Nunca fez uma viagem marítima e, se o fizesse, Santa Helena seria o último lugar do mundo que escolheria para visitar. Não nutre nenhum sentimento de simpatia para com Napoleão, mas, ao contrário, um violento ódio patriótico. E, além disso tudo, nem sequer era nascido quando Napoleão

---

coisas com que muito nos tenhamos ocupado no passado, estando a mente, assim, mais voltada para esse fim, geralmente são as mesmas coisas que parecemos encontrar nos sonhos: litigantes para litigar sua causa e cotejar leis, generais para lutar e travar batalha...]

1 ["É então principalmente que os remanescentes de nossos pensamentos e ações em estado de vigília se movimentam e se agitam dentro da alma."]

morreu na ilha, de modo que ter quaisquer relações pessoais com ele estaria além dos limites da possibilidade. Assim, a experiência onírica parece algo estranho, inserido entre duas partes da vida perfeitamente contínuas e compatíveis entre si.

"E contudo", continua Hildebrandt, "o que parece ser o contrário disso é igualmente verdadeiro e correto. Apesar de tudo, o mais íntimo dos relacionamentos caminha de mãos dadas, creio eu, com o isolamento e a separação. Podemos mesmo dizer que o que quer que os sonhos ofereçam, seu material é retirado da realidade e da vida intelectual que gira em torno dessa realidade. [...] Quaisquer que sejam os estranhos resultados que obtenham, eles nunca podem de fato libertar-se do mundo real; e tanto suas estruturas mais sublimes como também as mais ridículas devem sempre tomar de empréstimo seu material básico seja do que ocorreu perante nossos olhos no mundo dos sentidos, seja do que já encontrou lugar em algum ponto do curso de nossos pensamentos de vigília — em outras palavras, do que já experimentamos, externa ou internamente."

O MATERIAL DOS SONHOS — A MEMÓRIA NOS SONHOS

Todo o material que compõe o conteúdo de um sonho é derivado, de algum modo, da experiência, ou seja, foi reproduzido ou lembrado no sonho — ao menos isso podemos considerar como fato indiscutível. Mas seria um erro supor que uma ligação dessa natureza entre o conteúdo de um sonho e a realidade esteja destinada a vir à luz facilmente, como resultado imediato da comparação entre ambos. É preciso, pelo contrário, procurar diligentemente a ligação, e em inúmeros casos ela pode permanecer oculta por muito tempo. A razão disso está em diversas peculiaridades exibidas pela faculdade da memória nos sonhos e que, embora observadas com freqüência, até hoje têm resistido à explicação. Vale a pena examinar essas características mais de perto.

É possível que surja, no conteúdo de um sonho, um material que, no estado de vigília, não reconheçamos como parte de nosso conhecimento ou de nossa experiência. Lembramo-nos, naturalmente, de ter sonhado com a coisa em questão, mas não conseguimos lembrar se, ou quando, a experimentamos na vida real. Ficamos assim em dúvida quanto à fonte a que recorreu o sonho e sentimo-nos tentados a crer que os sonhos possuem uma capacidade de produção independente. Então, finalmente, muitas vezes após um longo intervalo, alguma nova experiência relembra a recordação perdida do outro acontecimento e, ao mesmo tempo, revela a fonte do sonho. Somos assim levados a admitir que, no sonho, sabíamos e nos recordávamos de algo que estava além do alcance de nossa memória de vigília.[1]

Um exemplo particularmente impressionante disso é fornecido por Delbœuf a partir de sua própria experiência. Viu ele num sonho o quintal de sua casa, coberto de neve, e sob ela encontrou dois pequenos lagartos semicongelados. Tendo uma grande afeição por animais, apanhou-os, aqueceu-os e os levou de volta para o pequeno buraco que ocupavam na alvenaria.

---

1 [*Nota de rodapé acrescentada* em 1914:] Vaschide (1911) observa que muitas vezes se notou que, nos sonhos, as pessoas falam línguas estrangeiras com mais fluência e correção do que na vida de vigília.

Deu-lhes ainda algumas folhas de uma pequena samambaia que crescia no muro, as quais, como sabia, eles muito apreciavam. No sonho, ele sabia o nome da planta: *Asplenium ruta muralis*. O sonho prosseguiu e, após uma digressão, voltou aos lagartos. Delbœuf viu então, para sua surpresa, dois outros lagartos que se ocupavam dos restos da samambaia. Depois, olhou ao redor e viu um quinto e a seguir um sexto lagarto, que se dirigiam para o buraco no muro, até que toda a estrada fervilhava com uma procissão de lagartos, todos se movimentando na mesma direção... e assim por diante.

Quando desperto, Delbœuf sabia os nomes em latim de pouquíssimas plantas, e *Asplenium* não estava entre eles. Para sua grande surpresa, pôde confirmar o fato de que realmente existe uma samambaia com esse nome. Sua denominação correta é *Asplenium ruta muraria*, que fora ligeiramente deturpada no sonho. Isso dificilmente poderia ser uma coincidência; e, para Delbœuf, continuou a ser um mistério o modo como viera a conhecer o nome *"Asplenium"* no sonho.

O sonho ocorreu em 1862. Dezesseis anos depois, quando o filósofo visitava um de seus amigos, viu um pequeno álbum de flores prensadas, do tipo dos que são vendidos aos estrangeiros como lembrança em algumas partes da Suíça. Começou então a recordar-se de algo — abriu o herbário, encontrou a *Asplenium* de seu sonho e viu o nome em latim, escrito por seu próprio punho, abaixo da planta. Os fatos podiam agora ser verificados. Em 1860 (dois anos antes do sonho com os lagartos), uma irmã desse mesmo amigo, em viagem de lua-de-mel, fizera uma visita a Delbœuf. Trazia consigo o álbum, que seria um presente dela ao irmão, e Delbœuf deu-se ao trabalho de escrever sob cada planta seca o nome em latim, ditado por um botânico.

Um feliz acaso, que tornou esse exemplo tão digno de ser recordado, permitiu a Delbœuf rastrear mais uma parte do conteúdo do sonho até sua fonte esquecida. Um belo dia, em 1877, aconteceu-lhe pegar um velho volume de um periódico ilustrado, e nele encontrar uma fotografia de toda a procissão de lagartos com que sonhara em 1862. O volume trazia a data de 1861, e Delbœuf se lembrava de ter sido assinante da publicação desde seu primeiro número.

O fato de os sonhos terem sob seu comando lembranças que são inacessíveis na vida de vigília é tão notável, e de tal importância teórica, que eu gostaria de chamar ainda mais atenção para ele, relatando mais alguns sonhos "hipermnésicos". Maury conta-nos como, por algum tempo, a palavra "Mussidan" volta e meia surgia em sua mente durante o dia. Nada sabia a respeito dela, a não ser que era o nome de uma pequena cidade da França. Certa noite, sonhou que conversava com alguém que lhe dizia ter vindo de Mussidan, e que, ao lhe perguntarem onde ficava isso, respondia ser uma pequena cidade do Departamento de Dordogne. Ao acordar, Maury não nutria nenhuma crença na informação que lhe fora transmitida no sonho; soube por um jornaleiro, contudo, que era perfeitamente correta. Nesse caso, a realidade do conhecimento superior do sonho foi confirmada, mas não se descobriu a fonte esquecida desse conhecimento.

Jessen (1855, p. 551) relata um fato muito semelhante num sonho datado de época mais remota: "A essa classe pertence, entre outros, um sonho do velho Scaliger (citado por Hennings, 1784, p. 300), que escreveu um poema em louvor dos homens famosos de Verona. Um homem chamado Brugnolus apareceu-lhe num sonho e se queixou de ter sido desprezado. Embora Scaliger não conseguisse lembrar-se de ter ouvido falar dele, escreveu alguns versos a seu respeito. Seu filho soube posteriormente, em Verona, que alguém chamado Brugnolus de fato fora ali famoso como crítico".

O Marquês d'Hervey de St. Denys, citado por Vaschide (1911, p. 232 e seg.), descreve um sonho hipermnésico que tem uma peculiaridade especial, pois foi seguido de outro que completou o reconhecimento do que, de início, era uma lembrança não identificada: "Certa feita, sonhei com uma jovem de cabelos dourados, a quem vi conversando com minha irmã enquanto lhe mostrava um bordado. Ela me pareceu muito familiar no sonho e pensei já tê-la visto muitas vezes. Depois que acordei, ainda tinha seu rosto muito nitidamente diante de mim, mas era totalmente incapaz de reconhecê-lo. Voltei a dormir e a mesma imagem onírica se repetiu. [...] Mas, nesse segundo sonho, falei com a dama de cabelos louros e perguntei-lhe se já não tivera o prazer de encontrá-la antes, em algum lugar. 'É claro', respondeu ela, 'não se lembra da *plage* em Pornic?' Despertei imediatamente e pude então recordar-me com clareza de todos os pormenores associados com a atraente visão do sonho".

O mesmo autor (também citado por Vaschide, ibid., pp. 233-4) conta como um o músico seu conhecido ouviu num sonho, certa vez, uma melodia que lhe pareceu inteiramente nova. Só muitos anos depois foi que ele encontrou a mesma melodia numa velha coleção de peças musicais, embora ainda assim não pudesse recordar-se de tê-la examinado algum dia.

Sei que Myers publicou toda uma coletânea de sonhos hipermnésicos dessa natureza nas Atas da Sociedade de Pesquisas Psíquicas, mas, infelizmente, não tenho acesso a elas.

Ninguém que se ocupe de sonhos pode, creio eu, deixar de descobrir que é fato muito comum um sonho dar mostras de conhecimentos e lembranças que o sujeito, em estado de vigília, não está ciente de possuir. Em meu trabalho psicanalítico com pacientes nervosos, do qual falarei mais adiante, tenho condições, várias vezes por semana, de provar aos pacientes, com base em seus sonhos, que eles de fato estão bem familiarizados com citações, palavras obscenas, etc., e que as utilizam em seus sonhos, embora as tenham esquecido em sua vida de vigília. Acrescentei mais um caso inocente de hipermnésia num sonho, em vista da grande facilidade com que foi possível descobrir a fonte do conhecimento acessível apenas no sonho.

Um de meus pacientes, no decurso de um sonho bastante prolongado, sonhou que pedira um *"Kontuszówka"* quando se encontrava num café. Depois de me contar isso, perguntou-me o que era um *"Kontuszówka"*, pois nunca ouvira esse nome. Pude responder-lhe que se tratava de um licor polonês e que ele não podia ter inventado esse nome, que há muito me era familiar pelos anúncios afixados nos tapumes. De início, ele não me quis dar crédito, mas, alguns dias depois, após concretizar seu sonho num café, notou o nome num tapume na esquina de uma rua pela qual devia ter passado pelo menos duas vezes ao dia durante vários meses.

Eu mesmo já observei, em relação aos meus próprios sonhos, até que ponto é uma questão de acaso descobrir-se ou não a fonte dos elementos específicos de um sonho. Assim é que, durante anos, antes de concluir este livro, fui perseguido pela imagem de uma torre de igreja de desenho muito simples, que eu não lembrava ter visto. E então, de súbito, reconheci-a com absoluta certeza numa pequena estação da linha férrea entre Salzburgo e Reichenhall. Isso ocorreu na segunda metade da década de 1890, e eu viajara naquela linha pela primeira vez em 1886. Em anos posteriores, quando eu já estava absorto no estudo dos sonhos, a freqüente repetição, em meus sonhos, da imagem de determinado lugar de aparência inusitada tornou-se para mim um verdadeiro incômodo. Numa relação especial específica comigo, à minha esquerda, eu via um espaço escuro onde reluziam diversas figuras grotescas de arenito. Uma vaga lembrança à qual eu não queria dar crédito dizia-me tratar-se da entrada de uma cervejaria. Mas não consegui descobrir nem o significado da imagem onírica nem sua origem. Em 1907, eu por acaso estava em Pádua, que, lamentavelmente, não pudera visitar desde 1895. Minha primeira visita àquela encantadora cidade universitária fora uma decepção, pois eu não pudera ver os afrescos de Giotto na Madonna dell'Arena. Voltara a meio caminho da rua que leva até lá ao ser informado de que a capela estava fechada naquele dia. Em minha segunda visita, doze anos depois, resolvi compensar isso, e a primeira coisa que fiz foi encaminhar-me para a capela da Arena. Na rua que conduz a ela, à minha esquerda e, com toda probabilidade, no ponto do qual retornara em 1895, deparei com o lugar que tantas vezes vira em meus sonhos, com as figuras de arenito que faziam parte dele. Era, de fato, o acesso ao jardim de um restaurante.

Uma das fontes de onde os sonhos retiram material para reprodução — material que, em parte, não é nem recordado nem utilizado nas atividades do pensamento de vigília — é a experiência da infância. Citarei apenas alguns dos autores que observaram e ressaltaram esse fato.

Hildebrandt (1875, p. 23): "Já admiti expressamente que os sonhos às vezes trazem de volta a nossas mentes, com um maravilhoso poder de reprodução, fatos muito remotos e até mesmo esquecidos de nosso primeiros anos de vida".

Strümpell (1877, p. 40): "A posição é ainda mais notável quando observamos como os sonhos por vezes trazem à luz, por assim dizer, das mais profundas pilhas de destroços sob as quais as primeiras experiências da meninice são soterradas em épocas posteriores, imagens de localidades, coisas ou pessoas específicas, inteiramente intactas e com todo o seu viço original. Isso não se limita às experiências que criaram uma viva impressão quando ocorreram, ou que desfrutam de alto grau de importância psíquica e retornaram depois, num sonho, como autênticas lembranças com as quais a consciência de vigília se regozija. Ao contrário, as profundezas da memória, nos sonhos, também incluem imagens de pessoas, coisas, localidades e fatos que datam dos mais remotos tempos, que nunca tiveram nenhuma importância psíquica ou mais que um pálido grau de nitidez ou que há muito perderam o que teriam possuído de uma coisa ou de outra, e que, por conseguinte, parecem inteiramente estranhos e desconhecidos tanto para a mente que sonha quanto para a mente em estado de vigília, até que sua origem mais remota tenha sido descoberta".

Volkelt (1875, p. 119): "É especialmente notável a facilidade com que as recordações da infância e da juventude aparecem nos sonhos. Os sonhos continuamente nos relembram coisas em que deixamos de pensar e que há muito deixaram de ser importantes para nós".

Como os sonhos têm a seu dispor material oriundo da infância, e dado que, como todos sabemos, esse material se acha conspurcado, em sua maior parte, por lacunas em nossa faculdade consciente da memória, essas circunstâncias dão margem a curiosos sonhos hipermnésicos, dos quais, mais uma vez, darei alguns exemplos.

Maury (1878, p. 92) relata como, quando criança, ia freqüentemente de Meaux, que era sua terra natal, à aldeia vizinha de Trilport, onde o pai supervisionava a construção de uma ponte. Certa noite, num sonho, ele se viu em Trilport e, mais uma vez, brincava na rua da aldeia. Um homem, envergando uma espécie de uniforme, dirigiu-se a ele. Maury perguntou-lhe como se chamava e ele respondeu que seu nome era C., e que era vigia da ponte. Maury despertou com um sentimento de ceticismo quanto à exatidão da lembrança, e perguntou a uma velha empregada, que estava com ele desde sua infância, se ela conseguia recordar-se de um homem com aquele nome. "Mas é claro", foi a resposta, "ele era o vigia da ponte quando seu pai a estava construindo."

Maury (ibid., pp. 143-4) fornece outro exemplo igualmente bem corroborado da exatidão de uma lembrança da infância surgida num sonho. O sonho ocorreu a um certo *Monsieur* F., que, quando criança, vivera em Montbrison. Vinte e cinco anos depois de partir dali, resolveu rever a cidade natal e alguns amigos da família que não encontrara desde então. Na noite que precedeu sua partida, sonhou que já estava em Montbrison e que, perto da cidade, encontrava um cavalheiro a quem não conhecia de vista, mas que lhe dizia ser *Monsieur* T., um amigo de seu pai. *Monsieur* F. sabia que, quando criança, conhecera alguém com aquele nome, mas, em seu estado de vigília, não se lembrava mais da aparência dele. Passados alguns dias, chegou realmente a Montbrison, achou o local que no sonho lhe parecera desconhecido, e ali encontrou um cavalheiro que reconheceu imediatamente como o *Monsieur* T. do sonho. A pessoa real, contudo, aparentava ser muito mais velha do que parecera no sonho.

Nesse ponto, posso mencionar um sonho que eu mesmo tive, no qual o que tinha de ser reconstituído não era uma impressão, mas uma ligação. Sonhei com alguém que, no sonho, eu sabia ser o médico de minha cidade natal. Seu rosto era indistinto, mas se confundia com a imagem de um dos professores da minha escola secundária, com quem ainda me encontro ocasionalmente. Quando acordei, não conseguia descobrir que ligação haveria entre esses dois homens. Entretanto, fiz a minha mãe algumas perguntas sobre esse médico que remontava aos primeiros anos de minha infância, e soube que ele tinha apenas um olho. O professor cuja fisionomia se sobrepusera à do médico no sonho também só tinha uma vista. Fazia trinta e oito anos que eu vira o médico pela última vez e, ao que eu saiba, nunca pensara nele em minha vida de vigília, embora uma cicatriz em meu queixo pudesse ter-me feito recordar suas atenções para comigo.

Diversos autores, por outro lado, asseveram que na maioria dos sonhos se encontram elementos derivados dos últimos dias antes de sua ocorrência; e isso parece ser uma tentativa de contrabalançar a excessiva ênfase dada ao papel desempenhado na vida onírica pelas experiências da infância. Assim, Robert (1886, p. 46) declara que os sonhos normais, de modo geral, dizem respeito apenas às impressões dos últimos dias. Verificaremos, porém, que a teoria dos sonhos elaborada por Robert torna-lhe essencial destacar as impressões mais recentes, deixando de fora as mais antigas. Não obstante, sua afirmação permanece correta, como posso confirmar por minhas próprias pesquisas. Um autor norte-americano, Nelson, é de opinião que as impressões empregadas com mais freqüência num sonho decorrem do penúltimo ou do antepenúltimo dia antes que o sonho ocorra — como se as impressões do dia *imediatamente* anterior ao sonho não fossem suficientemente atenuadas ou remotas.

Vários autores, preocupados em não lançar dúvidas sobre a íntima relação entre o conteúdo dos sonhos e a vida de vigília, ficaram aturdidos com o fato de as impressões com que os pensamentos de vigília se acham intensamente ocupados só aparecerem nos sonhos depois de terem sido de certa forma postas de lado pelas atividades do pensamento diurno. Assim, após a morte de um ente querido, as pessoas em geral não sonham com ele logo de início, enquanto se acham dominadas pela dor (Delage, 1891). Por outro lado, uma das mais recentes observadoras, a Srta. Hallam (Hallam e Weed, 1896, pp. 410-11), coligiu exemplos em contrário, assim afirmando o direito de cada um de nós ao individualismo psicológico nesse aspecto.

A terceira, mais surpreendente e menos compreensível característica da memória nos sonhos é demonstrada na *escolha* do material reproduzido. Pois nos sonhos o que se considera digno de ser lembrado não é, como na vida de vigília, apenas o que é mais importante, mas, pelo contrário, também o que é mais irrelevante e insignificante. No tocante a este ponto, citarei os autores que deram expressão mais vigorosa à sua estupefação.

Hildebrandt (1875, p. 11): "Pois o fato notável é que os sonhos extraem seus elementos não de acontecimentos importantes e excitantes, nem dos interesses poderosos e imperiosos do dia anterior, mas dos detalhes casuais, dos fragmentos sem valor, poder-se-ia dizer, do que se vivenciou recentemente, ou do passado mais remoto. Uma morte na família, que nos tenha comovido profundamente e sob cuja sombra imediata tenhamos adormecido tarde da noite, é apagada de nossa memória até que, com nosso primeiro momento de vigília, retorne a ela novamente com perturbadora violência. Por outro lado, uma verruga na testa de um estranho que vimos na rua, e em quem não pensamos mais depois de passar por ele, *tem* um papel a desempenhar em nosso sonho".

Strümpell (1877, p. 39): "Há casos em que a análise de um sonho demonstra que alguns de seus componentes de fato provêm de experiências do dia precedente ou do dia anterior a este, mas de experiências tão sem importância e tão triviais, do ponto de vista da consciência de vigília, que foram esquecidas logo após sua ocorrência. As experiências dessa natureza incluem, por exemplo, comentários ouvidos por acidente, ações de outra pessoa observadas de forma desatenta, vislumbres passageiros de pessoas ou coisas, ou fragmentos isolados do que se leu, e assim por diante".

Havelock Ellis (1899, p. 77): "As emoções profundas da vida de vigília, as questões e os problemas pelos quais difundimos nossa principal energia mental voluntária, não são os que costumam se apresentar de imediato à consciência onírica. No que diz respeito ao passado imediato, são basicamente as impressões corriqueiras, casuais e 'esquecidas' da vida cotidiana que reaparecem em nossos sonhos. As atividades psíquicas mais intensamente despertas são as que dormem mais profundamente".

Binz (1878, pp. 44-5) efetivamente toma essa peculiaridade específica da memória nos sonhos como uma oportunidade de expressar sua insatisfação com as explicações dos sonhos que ele próprio sustentou: "E os sonhos naturais levantam problemas semelhantes. Por que nem sempre sonhamos com as impressões mnêmicas do dia que acabamos de viver? Por que, muitas vezes, sem nenhum motivo aparente, mergulhamos, em vez disso, no passado remoto e quase extinto? Por que a consciência, nos sonhos, recebe com tanta freqüência a impressão de imagens mnêmicas *indiferentes*, en-

38

quanto as células cerebrais, justamente onde trazem as marcas mais sensíveis do que se experimentou, permanecem, em sua maioria, silenciosas e inertes, a menos que tenham sido incitadas a uma nova atividade pouco antes, durante a vida de vigília?"

É fácil perceber como a notável preferência demonstrada pela memória, nos sonhos, por elementos indiferentes e conseqüentemente despercebidos da experiência de vigília está fadada a levar as pessoas a desprezarem, de modo geral, a dependência que os sonhos têm da vida de vigília, e a dificultar, em qualquer caso específico, a comprovação dessa dependência. Assim, a Srta. Whiton Calkins (1893, p. 315), em seu estudo estatístico de seus próprios sonhos e dos de seu colaborador, verificou que em onze por cento do total não havia nenhuma conexão visível com a vida de vigília. Hilde-brandt (1875) sem dúvida está certo ao afirmar que seríamos capazes de explicar a gênese de todas as imagens oníricas se dedicássemos tempo e empenho suficientes à investigação de sua origem. Ele se refere a isso como "uma tarefa extremamente trabalhosa e ingrata. Pois, em geral, termina por desenterrar dos cantos mais remotos da memória toda espécie de eventos psíquicos totalmente sem valor e por arrastar à luz, mais uma vez, do esquecimento em que fora mergulhado talvez na primeira hora após sua ocorrência, toda espécie de momento completamente irrelevante do passa-do". Só posso lamentar que esse autor de aguda visão tenha desistido de seguir a trilha que teve esse começo inauspicioso; se a tivesse seguido, ela o teria levado ao próprio cerne da explicação dos sonhos.

O modo como a memória se comporta nos sonhos é, sem sombra de dúvida, da maior importância para qualquer teoria da memória em geral. Ele nos ensina que "nada que tenhamos possuído mentalmente uma vez pode se perder inteiramente" (Scholz, 1887, p. 59); ou, como exprime Delbœuf, "que toute impression, même la plus insignifiante, laisse une trace inaltérable, indéfiniment susceptible de reparaître au jour".[1] Essa é uma conclusão a que também somos levados por muitos fenômenos patológicos da vida mental. Certas teorias sobre os sonhos, que mencionaremos adiante, procuram explicar seu absurdo e sua incoerência por meio de um esquecimento parcial do que sabemos durante o dia. Se levamos em conta a extraordinária

---

1 ["Que qualquer impressão, mesmo a mais insignificante, deixa um traço inalterável, indefinida-mente passível de voltar à luz."]

eficiência que acabamos de ver exibida pela memória nos sonhos, temos uma vívida noção da contradição que essas teorias envolvem.

Talvez nos ocorra que o fenômeno do sonhar possa ser inteiramente reduzido ao da memória: os sonhos, poder-se-ia supor, são a manifestação de uma atividade reprodutiva que é exercida mesmo durante a noite e que constitui um fim em si mesma. Isso se coadunaria com afirmações como as que foram formuladas por Pilcz (1899), segundo as quais existe uma relação fixa observável entre o momento em que um sonho ocorre e seu conteúdo, sendo as impressões do passado mais remoto reproduzidas nos sonhos durante o sono profundo, enquanto as impressões mais recentes surgem ao amanhecer. Mas tais pontos de vista são intrinsecamente improváveis, tendo-se em consideração a maneira como os sonhos lidam com o material a ser lembrado. Strümpell frisa, com razão, que os sonhos não reproduzem experiências. Eles dão um passo à frente, mas o próximo passo da seqüência é omitido, ou aparece de forma alterada, ou é substituído por algo inteiramente estranho. Os sonhos não produzem mais do que *fragmentos* de reproduções; e isso constitui uma regra tão geral que nela é possível basear conclusões teóricas. É verdade que existem casos excepcionais em que um sonho repete uma experiência tão completamente quanto está ao alcance de nossa memória de vigília. Delbœuf conta-nos como um de seus colegas da universidade teve um sonho que reproduzia, em todos os detalhes, um perigoso acidente de carruagem que ele sofrera, do qual escapou quase por milagre. A Srta. Calkins (1893) menciona dois sonhos cujo conteúdo foi uma reprodução exata de um acontecimento do dia anterior, e eu mesmo terei oportunidade, mais adiante, de relatar um exemplo por mim observado de uma experiência infantil que reapareceu num sonho sem qualquer modificação.[1]

---

1 [*Nota de rodapé acrescentada* em 1909:] A experiência posterior leva-me a acrescentar que não é nada raro as ações inocentes e sem importância do dia anterior se repetirem num sonho: por exemplo, atos como arrumar uma mala, preparar comida na cozinha, e assim por diante. O que o próprio sonhador frisa nessa espécie de sonhos, porém, não é o conteúdo da lembrança, mas o fato de ela ser "real": "Realmente *fiz* tudo isso ontem".

(C)

OS ESTÍMULOS E
AS FONTES DOS SONHOS

Há um ditado popular que diz que "os sonhos são uma conseqüência da indigestão", e isso nos ajuda a entender o que se pretende dizer com estímulos e fontes dos sonhos. Por trás desses conceitos há uma teoria segundo a qual os sonhos são o resultado de uma perturbação do sono: não teríamos um sonho a menos que algo de perturbador acontecesse durante nosso sono, e o sonho seria uma reação a essa perturbação.

Os debates sobre as causas estimuladoras dos sonhos ocupam um espaço muito amplo na literatura sobre o assunto. Obviamente, esse problema só poderia surgir depois de os sonhos se terem tornado alvo de pesquisas biológicas. Os antigos, que acreditavam que os sonhos eram inspirados pelos deuses, não precisavam ir em busca de seu estímulo: os sonhos emanavam da vontade de poderes divinos ou demoníacos, e seu conteúdo provinha do conhecimento ou do objetivo desses poderes. A ciência foi imediatamente confrontada com a questão de determinar se o estímulo ao sonho era sempre o mesmo ou se haveria muitos desses estímulos; e isso envolvia a questão de a explicação das causas dos sonhos se enquadrar no domínio da psicologia ou, antes, no da fisiologia. A maioria das autoridades parece concordar na suposição de que as causas que perturbam o sono — isto é, as fontes dos sonhos — podem ser de muitas espécies, e que tanto os estímulos somáticos quanto as excitações mentais podem vir a atuar como instigadores dos sonhos. As opiniões diferem amplamente, contudo, na preferência demonstrada por uma ou outra fonte dos sonhos e na ordem de importância atribuída a elas como fatores na produção dos sonhos.

Qualquer enumeração completa das fontes dos sonhos leva ao reconhecimento de quatro tipos de fonte, e estes também têm sido utilizados para a classificação dos próprios sonhos. São eles: (1) excitações sensoriais externas (objetivas); (2) excitações sensoriais internas (subjetivas); (3) estímulos somáticos internos (orgânicos); e (4) fontes de estimulação puramente psíquicas.

1. Estímulos Sensoriais Externos

O jovem Strümpell, filho do filósofo cujo livro sobre os sonhos já nos deu várias idéias acerca dos problemas oníricos, publicou um célebre relato de suas observações sobre um de seus pacientes, que sofria de anestesia geral da superfície do corpo e paralisia de vários de seus órgãos sensoriais superiores. Quando se fechava o pequeno número de canais sensoriais desse homem que permaneciam abertos ao mundo exterior, ele adormecia. Ora, quando nós mesmos desejamos dormir, temos o hábito de tentar produzir uma situação semelhante à da experiência de Strümpell. Fechamos nossos canais sensoriais mais importantes, os olhos, e tentamos proteger os outros sentidos de todos os estímulos ou de qualquer modificação dos estímulos que atuam sobre eles. Então adormecemos, muito embora nosso plano jamais se concretize inteiramente. Não podemos manter os estímulos completamente afastados de nossos órgãos sensoriais, nem podemos suspender inteiramente a excitabilidade de nossos órgãos dos sentidos. O fato de um estímulo razoavelmente poderoso nos despertar a qualquer momento é prova de que, "mesmo no sono, a alma está em constante contato com o mundo extracorporal". Os estímulos sensoriais que chegam até nós durante o sono podem muito bem tornar-se fontes de sonhos.

Ora, há inúmeros desses estímulos, que vão desde os inevitáveis, que o próprio estado de sono necessariamente envolve ou precisa tolerar de vez em quando, até os eventuaise excessivos, que podem pôr termo ao sono. Uma luz forte pode incidir sobre os olhos, ou um ruído pode se fazer ouvir, ou alguma substância de odor pronunciado poderá estimular a membrana mucosa do nariz. Por movimentos involuntários durante o sono, podemos descobrir alguma parte do corpo e expô-la a sensações de frio, ou, mediante uma mudança de posição, podemos provocar sensações de pressão ou contato. É possível que sejamos picados por um mosquito, ou algum pequeno incidente durante a noite talvez afete vários dos nossos sentidos ao mesmo tempo. Alguns observadores atentos coligiram toda uma série de sonhos em que houve uma correspondência tão grande entre um estímulo constatado ao despertar e uma parte do conteúdo do sonho que foi possível identificar o estímulo como a fonte do sonho.

Citarei uma série desses sonhos apresentada por Jessen (1855, p. 527 e seg.), que podem ser ligados a uma estimulação sensorial objetiva e mais ou menos acidental.

"Todo ruído indistintamente percebido provoca imagens oníricas correspondentes. Uma trovoada nos situa em meio a uma batalha; o cantar de um galo pode transmudar-se no grito de terror de um homem; o ranger de uma porta pode produzir um sonho com ladrões. Se os lençóis da cama caírem durante a noite, talvez sonhemos que estamos andando nus de um lado para outro, ou então caindo n'água. Se estivermos atravessados na cama e com os pés para fora da beirada, talvez sonhemos que estamos à beira de um tremendo precipício ou caindo de um penhasco. Se a cabeça vai parar debaixo do travesseiro, sonhamos estar debaixo de uma pedra enorme, prestes a nos soterrar sob seu peso. Os acúmulos de sêmen provocam sonhos lascivos e as dores locais produzem idéias de estarmos sendo maltratados, atacados ou feridos. [...]

"Meier (1758, p. 33) sonhou, certa feita, que era dominado por alguns homens que o estendiam de costas no chão e enfiavam uma estaca na terra entre seu dedão do pé e o dedo ao lado. Enquanto imaginava essa cena no sonho, acordou e verificou que havia um pedaço de palha entre seus dedos. Em outra ocasião, segundo Hennings (1784, p. 258), quando Meier apertara muito o colarinho da roupa de dormir no pescoço, sonhou que estava sendo enforcado. Hoffbaeur sonhou, quando jovem, que estava caindo de um muro alto, e ao acordar, viu que a armação da cama desabara e ele realmente caíra no chão. [...] Gregory relata que, certa vez, quando estava com os pés num saco de água quente, sonhou ter subido até o cume do Monte Etna, onde o chão estava insuportavelmente quente. Outro homem, que dormia com um cataplasma quente na cabeça, sonhou que estava sendo escalpelado por um bando de peles-vermelhas, enquanto um terceiro, que estava vestindo uma camisa de dormir úmida, imaginou que estava sendo arrastado por uma correnteza. Um repentino ataque de gota durante o sono levou um paciente a acreditar que estava nas mãos da Inquisição e sendo torturado no cavalete (Macnish, 1835, p. 40)."

O argumento baseado na semelhança entre o estímulo e o conteúdo do sonho se fortalece quando é possível transmitir deliberadamente um estímulo sensorial à pessoa adormecida e nela produzir um sonho correspondente àquele estímulo. De acordo com Macnish (loc. cit.), citado por Jessen (1855, p. 529), experimentos dessa natureza já foram feitos por Girou de Buzareingues. "Ele deixara o joelho descoberto e sonhou que estava viajando de noite numa diligência. A esse respeito, ele observa que os viajantes por certo estão cientes de como os joelhos ficam frios à noite num coche. Noutra ocasião, ele deixou descoberta a parte posterior da cabeça e sonhou que estava participando de uma cerimônia religiosa ao ar livre. Cabe explicar que, no país onde morava, era costume manter sempre a cabeça coberta, exceto em circunstâncias como essas."

Maury (1878) apresenta algumas novas observações sobre sonhos produzidos nele mesmo. (Diversos outros experimentos foram malsucedidos.)

(1) Alguém fez cócegas em seus lábios e na ponta do nariz com uma pena. — Ele sonhou com uma forma medonha de tortura: uma máscara de piche era colocada em seu rosto e depois puxada, arrancando-lhe a pele.

(2) Alguém afiou uma tesoura num alicate. — Ele ouviu o repicar de sinos, seguido por sinais de alarme, e se viu de volta aos dias de junho de 1848.

(3) Deram-lhe água-de-colônia para cheirar. — Ele se viu no Cairo, na loja de Johann Maria Farina. Seguiram-se algumas aventuras absurdas que ele não soube reproduzir.

(4) Beliscaram-lhe levemente o pescoço. — Ele sonhou que lhe aplicavam um emplastro de mostarda e pensou no médico que o tratara quando criança.

(5) Aproximaram um ferro quente de seu rosto. — Sonhou que os *"chauffeurs"*[1] haviam penetrado na casa e forçavam seus moradores a dar-lhes dinheiro, enfiando-lhes os pés em braseiros. Apareceu então a Duquesa de Abrantes, de quem ele era secretário no sonho.

(8) Pingaram uma gota d'água em sua testa. — Ele estava na Itália, suava violentamente e bebia vinho branco de Orvieto.

(9) Fez-se com que a luz de uma vela brilhasse repetidamente sobre ele através de uma folha de papel vermelho. — Sonhou com o tempo e com o calor, e se viu novamente numa tempestade que enfrentara no Canal da Mancha.

Outras tentativas de produzir sonhos experimentalmente foram relatadas por Hervey de Saint-Denys, Weygandt (1893) e outros.

Muitos autores teceram comentários sobre "a notável facilidade com que os sonhos conseguem inserir uma impressão súbita vinda do mundo dos sentidos em sua própria estrutura, de modo que esta surge sob a aparência de uma catástrofe previamente preparada a que se chegou gradativamente"

---

1 Os *"chauffeurs"* (aquecedores) eram bandos de ladrões da Vendéia [na época da Revolução Francesa] que empregavam o método de tortura acima descrito.

(Hildebrandt, 1875). "Em minha juventude", prossegue esse autor, "eu costumava usar um despertador para me levantar regularmente numa determinada hora. Por centenas de vezes deve ter acontecido de o ruído produzido por esse instrumento se enquadrar num sonho aparentemente longo e complexo, como se todo o sonho tivesse se encaminhado para aquele evento e tivesse alcançado seu fim apropriado no que era um clímax logicamente indispensável."

Citarei três desses sonhos com despertadores um pouco mais adiante, num outro contexto.

Volkelt (1875, p. 108 e seg.) escreve: "Um compositor, certa feita, sonhou que estava dando uma aula e tentando esclarecer determinado ponto a seus alunos. Quando acabou de fazê-lo, voltou-se para um dos meninos e perguntou-lhe se havia entendido. Este respondeu-lhe aos gritos, como um possesso: '*Oh ja!* [Oh, sim!]'. Ele começou a repreender o menino asperamente por estar gritando, mas toda a classe irrompeu em gritos, primeiro de '*Orja!*', depois de '*Eurjo!*' e finalmente de '*Feuerjo!*'.[1] Neste ponto ele foi despertado por gritos reais de '*Feuerjo!*' na rua".

Garnier (1872) conta como Napoleão I foi despertado pela explosão de uma bomba enquanto dormia em sua carruagem. Sonhou que estava novamente atravessando o Tagliamento sob o bombardeio austríaco, e por fim, sobressaltado, acordou gritando: "Estamos perdidos!"

Um sonho de Maury (1878, p. 161) tornou-se famoso. Estava doente e de cama em seu quarto, com a mãe sentada a seu lado, e sonhou que estava no Reinado do Terror. Após testemunhar diversas cenas pavorosas de assassinato, foi finalmente levado perante o tribunal revolucionário. Lá viu Robespierre, Marat, Fouquier-Tinville e o resto dos soturnos heróis daqueles dias terríveis. Foi interrogado por eles, e depois de alguns incidentes que não guardou na memória, foi condenado e conduzido ao local de execução, cercado por uma multidão enorme. Subiu ao cadafalso e foi amarrado à prancha pelo carrasco. A guilhotina estava preparada e a lâmina desceu. Ele sentiu a cabeça sendo separada do corpo, acordou com extrema angústia — e viu que a cabeceira da cama caíra e lhe atingira as vértebras cervicais, tal como a lâmina da guilhotina as teria realmente atingido.

---

1 [As duas primeiras dessas três últimas exclamações não têm sentido; a terceira é o grito convencional de alarme de incêndio.]

Esse sonho constituiu a base de um interessante debate entre Le Lorrain (1894) e Egger (1895) na *Revue philosophique*. A questão levantada foi se e como era possível que alguém, ao sonhar, comprimisse tal quantidade de material aparentemente superabundante, no curto período transcorrido entre a percepção do estímulo perturbador e o despertar.

Os exemplos dessa natureza dão a impressão de que, de todas as fontes dos sonhos, as mais bem confirmadas são os estímulos sensoriais objetivos durante o sono. Além disso, eles constituem rigorosamente as únicas fontes levadas em conta pelos leigos. Quando se pergunta a um homem culto, que não esteja familiarizado com a literatura dos sonhos, como é que estes surgem, ele responde infalivelmente com uma referência a algum exemplo de seu conhecimento em que um sonho tenha sido explicado por um estímulo sensorial objetivo descoberto após o despertar. A investigação científica, contudo, não pode parar aí. Ela encontra uma oportunidade de formular outras perguntas no fato observado de que o estímulo que incide sobre os sentidos durante o sono não aparece no sonho em sua forma *real*, mas é substituído por outra imagem que, de algum modo, está relacionada com ele. Todavia, a relação que liga o estímulo do sonho ao sonho que dele resulta é, para citarmos as palavras de Maury (1853, p. 72), "une affinité quelconque, mais qui n'est pas unique et exclusive".[1] Consideremos, a esse respeito, três dos sonhos de Hildebrandt com despertadores (1875, p. 37 e seg.). A questão que eles levantam é por que o mesmo estímulo teria provocado três sonhos tão diferentes, e por que teria provocado estes, e não outros.

"Sonhei, então, que, numa manhã de primavera, eu estava passeando pelos campos verdejantes, quando cheguei a uma aldeia vizinha, onde vi os aldeões em seus melhores trajes, com livros de hinos debaixo do braço, afluindo para a igreja em bandos. Claro! Era domingo, e o serviço religioso matutino logo estaria começando. Resolvi participar dele, mas primeiro, como estava sentindo calor por causa da caminhada, fui até o cemitério que circundava a igreja para me refrescar. Enquanto lia algumas das inscrições das lápides, ouvi o sineiro subindo para a torre da igreja e, no alto dela, vi então o sino do vilarejo, que logo daria o sinal para o começo das preces. Por um bom tempo, lá ficou imóvel, e depois começou a balançar, e de repente, seu repicar passou a soar de maneira nítida e penetrante — tão nítida

---

1 ["Algum tipo de afinidade, mas que não é única e exclusiva."]

e penetrante que pôs termo a meu sono. Mas o que estava tocando era meu despertador.

"Eis aqui outro exemplo. Fazia um dia claro de inverno e as ruas estavam cobertas por uma espessa camada de neve. Eu havia concordado em participar de um grupo para um passeio de trenó, mas tive de esperar muito tempo antes de chegar a notícia de que o trenó se achava à porta. Seguiram-se então os preparativos para entrar — o tapete de pele foi estendido, ajeitou-se o agasalho para os pés — e finalmente ocupei meu lugar. Mas, ainda assim, o momento da partida foi retardado, até que um puxão nas rédeas deu aos cavalos, que esperavam, o sinal da partida. Eles partiram e, com uma violenta sacudidela, os pequenos guizos do trenó começaram a produzir seu conhecido tilintar — com tal violência, de fato, que num instante se rompeu a fina teia de meu sonho. E, mais uma vez, era apenas o som estridente do despertador.

"E agora, um terceiro exemplo. Eu olhava para uma copeira que ia levando várias dúzias de pratos empilhados uns sobre os outros, andando pelo corredor que dava para a sala de jantar. A pilha de louça em seus braços me pareceu prestes a perder o equilíbrio. 'Cuidado', exclamei, 'senão você vai deixar cair tudo!' Seguiu-se, como de praxe, a inevitável resposta: ela estava acostumada àquele tipo de trabalho, e assim por diante. Entrementes, meu olhar ansioso seguia a figura que avançava. E então — justamente como eu esperava — ela tropeçou na soleira da porta, a frágil louça escapuliu e, com um enorme estrondo, espatifou-se em mil pedaços no chão. Mas o barulho prosseguia sem cessar, e logo já não parecia ser o estrondoso retinir da louça se quebrando; começou a se transformar no som de uma campainha — e essa campainha, como agora percebia meu eu desperto, era apenas o despertador cumprindo o seu dever."

A questão de por que a mente confunde a natureza dos estímulos sensoriais objetivos nos sonhos recebe quase a mesma resposta de Strümpell (1877) e de Wundt (1874, p. 659 e seg.): a mente recebe estímulos que a alcançam durante o sono sob condições favoráveis à formação de ilusões. Uma impressão sensorial é reconhecida por nós e corretamente interpretada — isto é, é situada no grupo de lembranças a que, de acordo com as nossas experiências anteriores, ela pertence —, contanto que a impressão seja suficientemente forte, nítida e duradoura, e contanto que tenhamos tempo suficiente a nosso dispor para considerar o assunto. Se essas condições não forem satisfeitas, confundiremos o objeto que é a fonte da impressão: formaremos uma ilusão sobre ele. "Se alguém fizer uma caminhada pelo campo e tiver uma percepção indefinida de um objeto distante, poderá a princípio pensar que se trata de um cavalo." Olhando mais de perto, poderá ser levado a interpretá-lo como uma vaca deitada, e a imagem poderá finalmente transformar-se em definitivo num grupo de pessoas sentadas no chão. As impressões de estímulos exteriores recebidas pela mente durante o sono são de natureza similarmente vaga; e a partir delas, a mente cria ilusões, visto que um número maior ou menor de imagens mnêmicas é despertado pela impressão, e é através destas que ela adquire seu valor psíquico. De *qual* dos numerosos grupos de lembranças em questão as imagens correlatas serão despertadas, e *qual* das possíveis conexões associativas será por conseguinte posta em ação — também essas questões, segundo a teoria de Strümpell, são indetermináveis e ficam, por assim dizer, abertas à decisão arbitrária da mente.

Nesta altura, defronta-se-nos uma escolha entre duas alternativas. Podemos admitir como um fato que é impossível levar adiante a investigação das leis que regem a formação dos sonhos; e podemos, conseqüentemente, deixar de inquirir se haverá ou não outros determinantes que regem a interpretação atribuída por aquele que sonha à ilusão evocada pela impressão sensorial. Ou, por outro lado, podemos suspeitar que o estímulo sensorial que atinge o sujeito adormecido desempenha apenas um modesto papel na geração de seu sonho, e que outros fatores determinam a escolha das imagens mnêmicas que nele serão despertadas. De fato, se examinarmos os sonhos experimentalmente produzidos de Maury (que relatei com tal riqueza de detalhes exatamente por esse motivo), seremos tentados a dizer que o experimento, de fato, explica a origem de apenas um elemento dos sonhos; o restante de seu conteúdo parece autônomo demais e excessivamente definido em seus detalhes para ser explicável apenas pela necessidade de se ajustar ao elemento experimentalmente introduzido de fora. De fato, começa-se a ter dúvidas de que a teoria das ilusões e o poder das impressões objetivas dêem forma aos sonhos, quando se verifica que essas impressões, por vezes, estão sujeitas às mais peculiares e exageradas interpretações nos sonhos. Assim, Simon (1888) relata-nos um sonho no qual via algumas figuras gigantescas sentadas à mesa, e ouvia distintamente o pavoroso som do estalido produzido pelo fechamento de suas mandíbulas ao mastigarem. Quando despertou, ouviu o barulho dos cascos de um cavalo que passava a galope por sua janela. O ruído feito pelos cascos do cavalo talvez tenha sugerido idéias provenientes de um grupo de lembranças ligadas às *Viagens de Gulliver* — os gigantes de Brobdingnag e o virtuoso Houyhnhnms — se é que posso arriscar uma interpretação sem a ajuda do autor do sonho. Não será provável, portanto, que a escolha de um grupo tão inusitado de lembranças como esse tenha sido facilitada por motivos outros que não apenas o estímulo objetivo?[1]

2. Excitações Sensoriais Internas (Subjetivas)

Apesar de quaisquer objeções em contrário, é forçoso admitir que o papel desempenhado na causação dos sonhos pelas excitações sensoriais objetivas durante o sono permanece indiscutível. E se, por sua natureza e freqüência, esses estímulos parecem insuficientes para explicar *todas* as imagens oníricas, somos incentivados a buscar outras fontes de sonhos análogas a eles em seu funcionamento. Não sei dizer quando despontou pela primeira vez a idéia de se levarem em conta as excitações *internas* (subjetivas) dos órgãos dos sentidos, juntamente com os estímulos sensoriais *externos*. É fato, porém, que isso se dá, mais ou menos explicitamente, em todas as discussões mais recentes da etiologia dos sonhos. "Um papel essencial é também desempenhado, creio eu", escreve Wundt (1874, p. 657), "na produção das ilusões que ocorrem nos sonhos, pelas sensações visuais e auditivas subjetivas que nos são familiares, no estado de vigília, como as áreas amorfas de luminosidade que se tornam visíveis para nós quando nosso campo visual é obscurecido, como o tinido ou o zumbido nos ouvidos, e assim por diante. Especialmente importantes entre elas são as excitações subjetivas da retina. É dessa forma que se deve explicar a notável tendência dos sonhos de fazerem surgir diante dos olhos objetos semelhantes ou idênticos, em grande número. Vemos diante de nós inúmeros pássaros, borboletas, peixes, contas coloridas, flores, etc. Aqui, a poeira luminosa no campo obscurecido da visão assume uma forma

---

1 [*Nota de rodapé acrescentada* em 1911:] O surgimento de figuras gigantescas num sonho dá margem à suposição de que alguma cena da infância da pessoa que sonhou esteja em jogo. — [*Acrescentado* em 1925:] A propósito, a interpretação dada no texto, apontando para uma reminiscência das *Viagens de Gulliver*, constitui um bom exemplo do que a interpretação *não* deve ser. O intérprete de um sonho não deve dar asas a sua própria engenhosidade e desprezar as associações do sonhador.

fantástica, e os numerosos pontos de que ela se compõe são incorporados ao sonho como um número equivalente de imagens separadas; e estas, em vista de sua mobilidade, são consideradas como objetos *móveis*. — Isso também constitui, sem dúvida, a base da grande predileção demonstrada pelos sonhos por toda espécie de figuras de animais, pois a imensa variedade de tais formas pode se ajustar facilmente à forma específica assumida pelas imagens luminosas subjetivas."

Como fontes de imagens oníricas, as excitações sensoriais subjetivas possuem a vantagem óbvia de não dependerem, como as objetivas, de circunstâncias fortuitas externas. Estão à mão, como se poderia dizer, sempre que delas se necessita como explicação. Mas estão em desvantagem, comparadas aos estímulos sensoriais objetivos, visto que seu papel na instigação de um sonho é pouco ou nada acessível à confirmação através da observação e da experimentação. A principal prova em favor do poder de instigação de sonhos das excitações sensoriais subjetivas é fornecida pelo que se conhece como "alucinações hipnagógicas", ou, para empregar a expressão de Johannes Müller (1826), "fenômenos visuais imaginativos". Estes consistem em imagens, com freqüência muito nítidas e rapidamente mutáveis, que tendem a surgir — de forma bastante habitual em algumas pessoas — durante o período do adormecimento; e também podem persistir por algum tempo depois de os olhos se abrirem. Maury, que era altamente sujeito a elas, procedeu a seu exame exaustivo e defende (como fez Müller antes dele) a ligação e mesmo a identidade delas com as imagens oníricas. Para produzi-las, diz ele (Maury, 1878, p. 59 e seg.), faz-se necessária uma certa dose de passividade mental, um relaxamento do esforço de atenção. No entanto, basta cair num estado letárgico desse tipo por apenas um segundo (contanto que se tenha a necessária predisposição) para que se experimente uma alucinação hipnagógica. Depois disso, é possível que se acorde novamente, e o processo pode se repetir várias vezes até que afinal se adormeça. Maury verificou que, quando por acaso voltava a acordar após um intervalo não muito longo, ele conseguia detectar em seu sonho as mesmas imagens que lhe haviam flutuado diante dos olhos como alucinações hipnagógicas antes de adormecer (ibid., p. 134 e seg.). Foi o que ocorreu, em certa ocasião, com diversas figuras grotescas, de feições contorcidas e estranhas *coiffures*, que o importunaram com extrema persistência enquanto ele adormecia, e com as quais se lembrou de ter sonhado depois de acordar. De outra feita, quando sentia fome, por ter entrado num regime frugal, teve uma visão hipnagógica de um prato e de uma mão a segurar um garfo, que se servia da comida do prato. No sonho seguinte, estava sentado a uma mesa farta e ouvia o barulho feito com os garfos pelas pessoas que jantavam. Ainda numa outra ocasião, quando foi dormir com os olhos irritados e doloridos, teve uma alucinação hipnagógica com alguns sinais microscopicamente pequenos, que só pôde decifrar um a um, com extrema dificuldade; despertou uma hora depois e se lembrou de um sonho em que havia um livro impresso com tipos muito pequenos, que ele lia com grande esforço.

Alucinações auditivas de palavras, nomes e assim por diante também podem ocorrer hipnagogicamente, da mesma forma que as imagens visuais, e ser então repetidas num sonho — tal como uma *ouverture* anuncia os temas principais que se irão ouvir numa ópera.

Um observador mais recente das alucinações hipnagógicas, G. Trumbull Ladd (1892), seguiu a mesma linha de Müller e Maury. Depois de praticar um pouco, tornou-se capaz de se acordar repentinamente, sem abrir os olhos, dois a cinco minutos após haver adormecido gradualmente. Assim, teve oportunidade de comparar as sensações retinianas que acabavam de desaparecer com as imagens oníricas que lhe persistiam na memória. Declara ele que foi possível, em todos os casos, reconhecer uma relação interna entre as duas, pois os pontos e as linhas luminosos da luz idiorretínica proporcionavam, por assim dizer, um contorno ou diagrama das figuras mentalmente percebidas no sonho. Por exemplo, uma disposição dos pontos luminosos da retina em linhas paralelas correspondeu a um sonho em que ele vira, claramente dispostas diante de si, algumas linhas de matéria impressa que estava lendo. Ou, para empregar suas próprias palavras, "a página nitidamente impressa que eu estava lendo no sonho evaneceu-se num objeto que se afigurou, perante minha consciência de vigília, como um trecho de uma página impressa real, vista através de um orifício oval num pedaço de papel, a uma distância grande demais para que se pudesse distinguir mais do que um fragmento ocasional de uma palavra, e, mesmo assim, indistintamente". Ladd é de opinião (embora não subestime o papel desempenhado nesse fenômeno pelos fatores centrais [cerebrais]) que é difícil ocorrer um único sonho visual sem que haja participação de material fornecido pela excitação retiniana intra-ocular. Isso se aplica especialmente aos sonhos que ocorrem logo depois de alguém adormecer num quarto escuro, ao passo que a fonte de estímulo para os sonhos que ocorrem de manhã, pouco antes do despertar, é a luz objetiva que penetra nos olhos num

51

quarto que se vai clareando. A natureza mutável, e perpetuamente alternante, da excitação da luz idiorretínica corresponde precisamente à sucessão de imagens em constante movimento que nos é mostrada por nossos sonhos. Ninguém que dê importância a essas observações de Ladd há de subestimar o papel desempenhado nos sonhos por essas fontes subjetivas de estimulação, pois, como sabemos, as imagens visuais constituem o principal componente de nossos sonhos. As contribuições dos outros sentidos, salvo o da audição, são intermitentes e de menor importância.

3. ESTÍMULOS SOMÁTICOS ORGÂNICOS INTERNOS

Visto estarmos agora empenhados em buscar as fontes dos sonhos dentro do organismo, e não fora dele, devemos ter em mente que quase todos os nossos órgãos internos, embora mal nos dêem qualquer informação sobre seu funcionamento enquanto sadios, tornam-se uma fonte de sensações predominantemente penosas quando se acham no que descrevemos como estados de excitação, ou durante as doenças. Essas sensações devem ser equiparadas aos estímulos sensoriais ou penosos que nos chegam do exterior. A experiência de séculos reflete-se — para citarmos um exemplo — nas observações de Strümpell sobre o assunto (1877, p. 107): "Durante o sono, a mente atinge uma consciência sensorial muito mais profunda e ampla dos eventos somáticos do que durante o estado de vigília. É obrigada a receber e a ser afetada por impressões de estímulos provenientes de partes do corpo e de modificações do corpo das quais nada sabe enquanto está desperta". Um escritor tão antigo quanto Aristóteles já considerava perfeitamente possível que os primórdios de uma doença se fizessem sentir nos sonhos, antes que se pudesse observar qualquer aspecto dela na vida de vigília, graças ao efeito amplificador produzido nas impressões pelos sonhos. Também os autores médicos, que certamente estavam longe de acreditar no poder profético dos sonhos, não contestaram seu significado como pressagiadores de doenças. (Cf. Simon, 1888, p. 31, e muitos outros autores mais antigos.[1])

---

1 [*Nota de rodapé acrescentada* em 1914:] Independentemente do valor diagnóstico atribuído aos sonhos (p. ex., nas obras de Hipócrates), deve-se também ter em mente sua importância *terapêutica* na Antiguidade. Na Grécia, havia oráculos de sonhos que eram regularmente visitados por pacientes em busca de recuperação. O doente entrava no templo de Apolo ou Esculápio, realizava ali várias cerimônias, era purificado por lustração, massagem e incenso, e

Alguns exemplos do poder diagnosticador dos sonhos parecem ser confirmados em épocas mais recentes. Assim, Tissié (1898, p. 62 e seg.) cita a história de Artigues (1884, p. 43) sobre uma mulher de quarenta e três anos de idade que, embora aparentemente em perfeita saúde, foi durante alguns anos atormentada por sonhos de angústia. Passando então por um exame médico, verificou-se que estava no estágio inicial de uma doença cardíaca, da qual veio finalmente a falecer.

Os distúrbios pronunciados dos órgãos internos agem, obviamente, como instigadores de sonhos em inúmeros casos. A freqüência dos sonhos de angústia nas doenças do coração e dos pulmões é geralmente reconhecida. De fato, essa faceta da vida onírica é colocada em primeiro plano por tantas autoridades que me contento com uma mera referência à literatura: Rade-stock, Spitta, Maury, Simon, Tissié. Este último chega a ser de opinião que o órgão específico afetado dá um cunho característico ao conteúdo do sonho. Assim, os sonhos dos que sofrem de doenças cardíacas costumam ser curtos e têm um fim assustador no momento do despertar; seu conteúdo quase sempre inclui uma situação que implica uma morte horrível. Os que sofrem de doenças pulmonares sonham com sufocação, grandes aglomerações e fugas, e estão notavelmente sujeitos ao conhecido pesadelo. (A propósito, pode-se observar que Börner (1855) conseguiu provocar este último experimentalmente, deitando-se com o rosto voltado para a cama ou cobrindo as vias respiratórias.) No caso de distúrbios digestivos, os sonhos contêm idéias relacionadas com o prazer na alimentação ou a repulsa. Finalmente, a influência da excitação sexual no conteúdo dos sonhos pode ser adequadamente apreciada por todos mediante sua própria experiência, e fornece à teoria de que os sonhos são provocados por estímulos orgânicos seu mais poderoso apoio.

Além disso, ninguém que consulte a literatura sobre o assunto poderá deixar de notar que alguns autores, como Maury e Weygandt (1893), foram levados ao estudo dos problemas oníricos pelo efeito de suas próprias doenças sobre o conteúdo dos seus sonhos.

---

depois, num estado de exaltação, era estendido sobre a pele de um carneiro não castrado previamente sacrificado. Então, adormecia e sonhava com os remédios para sua doença. Estes lhe eram revelados, quer em sua forma natural, quer em símbolos e imagens que eram posteriormente interpretados pelos sacerdotes. Para maiores informações sobre os sonhos terapêuticos entre os gregos, ver Lehmann (1908, v. 1, p. 74), Bouché-Leclercq (1879-1882), Hermann (1858 § 41, p. 262 e segs.; e 1882, § 38, p. 356), Böttinger (1795, v. 2, p. 163 e segs.), Lloyd (1877) e Döllinger (1857, p. 130).

Não obstante, embora esses fatos estejam verificados sem sombra de dúvida, sua importância para o estudo das fontes dos sonhos não é tão grande como se poderia esperar. Os sonhos são fenômenos que ocorrem em pessoas sadias — talvez em todos, talvez todas as noites —, e é óbvio que a doença orgânica não pode ser incluída entre suas condições indispensáveis. E o que nos interessa não é a origem de certos sonhos especiais, mas a fonte que provoca os sonhos comuns das pessoas normais.

Basta-nos apenas dar mais um passo à frente, contudo, para encontrarmos uma fonte de sonhos mais copiosa do que qualquer outra que tenhamos considerado até agora, uma fonte que, a rigor, parece nunca poder esgotar-se. Se verificarmos que o interior do corpo, quando se acha enfermo, torna-se uma fonte de estímulos para os sonhos, e se admitirmos que, durante o sono, a mente, estando desviada do mundo exterior, pode dispensar maior atenção ao interior do corpo, parecer-nos-á plausível supor que os órgãos internos não precisam estar doentes para provocar excitações que atinjam a mente adormecida — excitações que, de algum modo, transformam-se em imagens oníricas. Enquanto despertos, estamos cônscios de uma sensibilidade geral difusa, ou cenestesia, mas apenas como uma qualidade vaga de nosso estado de espírito; para essa sensação, de acordo com a opinião médica, todos os sistemas orgânicos contribuem com uma parcela. À noite, porém, parece que essa mesma sensação, ampliada numa poderosa influência e atuando através dos seus vários componentes, torna-se a fonte mais vigorosa e, ao mesmo tempo, a mais comum para instigar imagens oníricas. Se assim for, resta apenas investigar as leis segundo as quais os estímulos orgânicos se transformam em imagens oníricas.

Chegamos aqui à teoria da origem dos sonhos preferida por todas as autoridades médicas. A obscuridade em que o centro do nosso ser (o "*moi splanchnique*", como o chama Tissié) fica vedado a nosso conhecimento e a obscuridade que cerca a origem dos sonhos coincidem bem demais para não serem relacionadas uma com a outra. A linha de raciocínio que encara a sensação orgânica vegetativa como a formadora dos sonhos tem, além disso, uma atração particular para os médicos, por permitir uma etiologia única para os sonhos e as doenças mentais, cujas manifestações tanto têm em comum, já que as mudanças cenestésicas e os estímulos provenientes dos órgãos internos são também predominantemente responsabilizados pela

54

origem das psicoses. Não é de surpreender, portanto, que a origem da teoria da estimulação somática remonte a mais de uma fonte independente.

A linha de argumentação desenvolvida pelo filósofo Schopenhauer, em 1851, exerceu uma influência decisiva em diversos autores. Nossa imagem do universo, na opinião dele, é alcançada pelo fato de nosso intelecto tomar as impressões que o atingem de fora e remodelá-las segundo as formas de tempo, espaço e causalidade. Durante o dia, os estímulos vindos do interior do organismo, do sistema nervoso simpático, exercem, no máximo, um efeito inconsciente sobre nosso estado de espírito. Mas à noite, quando já não somos ensurdecidos pelas impressões do dia, as que provêm de dentro são capazes de chamar a atenção — do mesmo modo que, à noite, podemos ouvir o murmúrio de um regato que é abafado pelos ruídos diurnos. Mas como pode o intelecto reagir a esses estímulos senão exercendo sobre eles sua própria função específica? Os estímulos, por conseguinte, são remodelados como formas que ocupam espaço e tempo e obedecem às regras da causalidade, e assim surgem os sonhos. Scherner (1861) e, depois dele, Volkelt (1875) esforçaram-se em seguida por pesquisar com maior riqueza de detalhes a relação entre os estímulos somáticos e as imagens oníricas, mas adiarei meu exame dessas tentativas até chegarmos à seção que versa sobre as várias teorias acerca dos sonhos.

O psiquiatra Krauss, numa investigação conduzida com notável consistência, atribui a origem dos sonhos e *deliria*, de um lado, e dos delírios, de outro, ao mesmo fator, a saber, sensações organicamente determinadas. É quase impossível pensar em qualquer parte do organismo que não possa ser o ponto de partida de um sonho ou de um delírio. As sensações organicamente determinadas "podem ser divididas em duas classes: (1) as que constituem a disposição de ânimo geral (cenestesia) e (2) as sensações específicas imanentes nos principais sistemas do organismo vegetativo. Dentre estas últimas devem-se distinguir cinco grupos: (a) sensações musculares, (b) respiratórias, (c) gástricas, (d) sexuais e (e) periféricas". Krauss supõe que o processo pelo qual as imagens oníricas surgem com base nos estímulos somáticos é o seguinte: a sensação despertada evoca uma imagem cognata, de conformidade com alguma lei de associação. Combina-se com a imagem numa estrutura orgânica, à qual, no entanto, a consciência reage anormalmente, pois não presta nenhuma atenção à *sensação*, dirigindo toda ela para as *imagens* concomitantes — o que explica por que os verdadeiros fatos foram mal interpretados por tanto tempo. Krauss tem um termo especial para descrever esse processo: a "transubstanciação" das sensações em imagens oníricas.

A influência dos estímulos somáticos orgânicos sobre a formação dos sonhos é quase universalmente aceita hoje em dia; mas a questão das leis que regem a relação entre eles é respondida das mais diversas maneiras, e muitas vezes por afirmações obscuras. Com base na teoria da estimulação somática, a interpretação dos sonhos defronta-se assim com o problema especial de atribuir o conteúdo de um sonho aos estímulos orgânicos que o causaram; e, quando as normas de interpretação formuladas por Scherner (1861) não são aceitas, muitas vezes nos vemos diante do fato desconcertante de que a única coisa que revela a existência do estímulo orgânico é precisamente o conteúdo do próprio sonho.

Há um consenso razoável, contudo, quanto à interpretação de várias formas de sonhos que são descritos como "típicos", por ocorrerem num grande número de pessoas e com conteúdo muito semelhante. São eles os conhecidos sonhos de cair de grandes alturas, de dentes que caem, de voar e do embaraço de estar despido ou insuficientemente vestido. Este último é atribuído simplesmente ao fato de a pessoa adormecida perceber que atirou longe os lençóis e está exposta ao ar. O sonho com a queda dos dentes é atribuído a um "estímulo dental", embora isso não implique, necessariamente, que a excitação dos dentes é patológica. De acordo com Strümpell, sonhar que se está voando é a imagem que a mente considera apropriada como interpretação do estímulo produzido pela elevação e pelo abaixamento dos lobos pulmonares nas ocasiões em que as sensações cutâneas no tórax deixam de ser conscientes: é esta última circunstância que leva à sensação ligada à idéia de flutuar. Diz-se que o sonho com as quedas de grandes alturas se deve a um braço que passa a pender do corpo ou a um joelho flexionado que se estende de súbito, num momento em que a sensação de pressão cutânea começa a deixar de ser consciente; os movimentos em questão fazem com que as sensações táteis voltem a se tornar conscientes, e a transição para a consciência é psiquicamente representada pelo sonho de estar caindo. O evidente ponto fraco dessas tentativas de explicação, por mais plausíveis que sejam, está no fato de que, sem outras provas, elas podem produzir uma sucessão de hipóteses de que este ou aquele grupo de sensações orgânicas entra ou desaparece da percepção mental, até se obter uma configuração que proporcione uma explicação para o sonho. Mais adiante, terei oportunidade de voltar à questão dos sonhos típicos e de sua origem.

Simon (1888, p. 34 e segs.) tentou deduzir algumas das normas que regem a forma pela qual os estímulos orgânicos determinam os sonhos resultantes, comparando uma série de sonhos semelhantes. Afirma ele que, quando um aparelho orgânico que normalmente desempenha um papel na expressão de uma emoção é levado, por alguma causa estranha durante o sonho, ao estado de excitação que geralmente se produz pela emoção, surge então um sonho que contém imagens adequadas à emoção em questão. Outra regra estipula que, se um órgão estiver em estado de atividade, excitação ou perturbação durante o sono, produzirá imagens relacionadas com o desempenho da função executada pelo órgão em questão.

Mourly Vold (1896) dispôs-se a provar experimentalmente, num setor específico, o efeito sobre a produção dos sonhos que é afirmado pela teoria da estimulação somática. Seus experimentos consistiram em alterar a posição dos membros de uma pessoa adormecida e comparar os sonhos resultantes com as alterações efetuadas. Eis como enuncia seus resultados:

(1) A posição de um membro no sonho corresponde aproximadamente à sua posição na realidade. Assim, sonhamos com o membro numa posição estática quando ele se acha efetivamente imóvel.

(2) Ao sonharmos com um membro em movimento, uma das posições pelas quais este passa no processo de realizar o movimento corresponde, invariavelmente, à sua posição real.

(3) A posição do membro do próprio sonhador pode ser atribuída, no sonho, a alguma outra pessoa.

(4) Pode-se ter um sonho em que o movimento em questão está sendo *impedido*.

(5) O membro que se encontra na posição em questão pode aparecer no sonho como um animal ou um monstro, e neste caso se estabelece uma certa analogia entre eles.

(6) A posição de um membro pode dar margem, no sonho, a pensamentos que tenham alguma relação com o membro. Dessa forma, em se tratando dos dedos, sonhamos com números.

Estou inclinado a concluir desse tipo de resultados que nem mesmo a teoria da estimulação somática conseguiu eliminar inteiramente a aparente ausência de determinação na escolha das imagens oníricas a serem produzidas.[1]

---

1 [*Nota de rodapé acrescentada* em 1914:] Neste ínterim, esse autor elaborou um relatório em dois volumes sobre seus experimentos (1910 e 1912), ao qual se faz menção mais adiante.

4. Fontes Psíquicas de Estimulação

Enquanto abordávamos as relações dos sonhos com a vida de vigília e o material onírico, verificamos que tanto os mais antigos quanto os mais recentes estudiosos dos sonhos eram unânimes na crença de que os homens sonham com aquilo que fazem durante o dia e com o que lhes interessa enquanto estão acordados. Tal interesse, transposto da vida de vigília para o sono, seria não somente um vínculo mental, um elo entre os sonhos e a vida, como também nos proporcionaria uma fonte adicional de sonhos a qual não seria de desprezar. De fato, tomado em um conjunto com os interesses que se desenvolvem durante o sono — os estímulos que afetam a pessoa adormecida —, talvez ele pudesse ser suficiente para explicar a origem de todas as imagens oníricas. Mas também ouvimos a afirmação oposta, ou seja, a de que os sonhos afastam o sujeito adormecido dos interesses diurnos e que, por via de regra, só começamos a sonhar com as coisas que mais nos impressionaram durante o dia depois de elas terem perdido o sabor de realidade na vida de vigília. Assim, a cada passo que damos em nossa análise da vida onírica, sentimos que é impossível fazer generalizações sem nos resguardarmos por meio de ressalvas como "freqüentemente", por "via de regra" ou "na maioria dos casos", e sem estarmos dispostos a admitir a validade das exceções.

Se fosse verdade que os interesses de vigília, juntamente com os estímulos internos e externos durante o sono, bastam para esgotar a etiologia dos sonhos, deveríamos estar em condições de dar uma explicação satisfatória da origem de todos os elementos de um sonho: o enigma das fontes dos sonhos estaria resolvido, e restaria apenas definir a parcela cabível, respectivamente, aos estímulos psíquicos e somáticos em qualquer sonho específico. Na realidade, tal explicação completa de um sonho jamais foi obtida, e quem quer que tenha tentado consegui-la deparou com partes (geralmente muito numerosas) do sonho sobre cuja origem nada pôde dizer. Está claro que os interesses diurnos não são fontes psíquicas tão importantes dos sonhos quanto se poderia esperar das asserções categóricas de que todas as pessoas continuam a tratar seus assuntos cotidianos em seus sonhos.

Não se conhece nenhuma outra fonte psíquica dos sonhos. Assim, ocorre que todas as explicações dos sonhos apresentadas na literatura sobre o assunto — com a possível exceção das de Scherner, que serão abordadas posteriormente — apresentam uma grande lacuna quando se trata de atribuir uma origem às imagens representativas que constituem o material mais característico dos sonhos. Nessa situação embaraçosa, a maioria dos que escrevem sobre o assunto tende a reduzir ao mínimo o papel desempenhado pelos fatores psíquicos na instigação dos sonhos, visto ser tão difícil chegar até eles. É verdade que esses autores dividem os sonhos em duas classes principais — os "causados pela estimulação nervosa" e os "causados pela associação", dos quais os últimos têm sua fonte exclusivamente na reprodução [de material já vivenciado] (cf. Wundt, 1874, p. 657 e seg.). Não obstante, não conseguem fugir a uma dúvida: saber "se algum sonho pode ocorrer sem ser impulsionado por algum estímulo somático" (Volkelt, 1875, p. 127). É difícil até mesmo dar uma descrição dos sonhos puramente associativos. "Nos sonhos associativos propriamente ditos, não há nenhuma possibilidade de existir um núcleo tão sólido [derivado da estimulação somática]. Até mesmo o próprio centro do sonho é montado de forma muito frouxa. Os processos representativos, que não são regidos pela razão ou pelo bom-senso em nenhum sonho, já nem sequer se mantêm ligados aqui por quaisquer excitações somáticas ou mentais relativamente importantes, ficando assim entregues a suas próprias mudanças caleidoscópicas e a sua própria confusão embaralhada" (ibid., p. 118). Wundt (1874, pp. 656-7) também procura minimizar o fator psíquico na provocação dos sonhos. Declara que não parece haver justificativa para se considerarem os fantasmas dos sonhos como puras alucinações; é provável que a maioria das imagens oníricas consista de fato em ilusões, uma vez que surgem de tênues impressões sensoriais que jamais cessam durante o sono. Weygandt (1893, p. 17) adotou esse mesmo ponto de vista e generalizou sua aplicação. Ele afirma, no tocante a *todas* as imagens oníricas, "que suas causas primárias são estímulos sensoriais e que só depois é que as associações reprodutivas se ligam a eles". Tissié (1898, p. 183) vai ainda mais longe, ao estabelecer um limite para as fontes psíquicas de estimulação: "Les rêves d'origine absolument psychique n'existent pas"; e (ibid., p. 6) "les pensées de nos rêves nous viennent du dehors".[1]

Os autores que, como o eminente filósofo Wundt, adotam uma posição intermediária, não deixam de observar que, na maioria dos sonhos, os

---

1 ["Os sonhos de origem puramente psíquica não existem"; "os pensamentos de nossos sonhos nos chegam de fora".]

estímulos somáticos e os instigadores psíquicos (sejam eles desconhecidos ou identificados como interesses diurnos) atuam em cooperação.

Verificaremos mais tarde que o enigma da formação dos sonhos pode ser solucionado pela revelação de uma insuspeitada fonte psíquica de estimulação. Entrementes, não teremos nenhuma surpresa ante a superestimação do papel desempenhado na formação dos sonhos por estímulos que não decorrem da vida mental. Não apenas eles são fáceis de descobrir e até mesmo passíveis de confirmação experimental, como também a visão somática da origem dos sonhos está em perfeita harmonia com a corrente de pensamento predominante na psiquiatria de hoje. É verdade que o domínio do cérebro sobre o organismo é sustentada com aparente confiança. Não obstante, qualquer coisa que possa indicar que a vida psíquica é de algum modo independente de alterações orgânicas demonstráveis, ou que suas manifestações são de algum modo espontâneas, alarma o psiquiatra moderno, como se o reconhecimento dessas coisas fosse trazer de volta, inevitavelmente, os dias da Filosofia da Natureza e da visão metafísica da natureza da mente. As suspeitas dos psiquiatras puseram a mente, por assim dizer, sob tutela, e agora eles insistem em que nenhum de seus impulsos tenha a liberdade de sugerir que ela dispõe de quaisquer meios próprios. Esse comportamento apenas mostra como na verdade eles depositam pouca confiança na validade de uma relação causal entre o somático e o psíquico. Mesmo quando a pesquisa mostra que a causa ativadora de um fenômeno é psíquica, uma investigação mais aprofundada um dia seguirá mais adiante nessa mesma trilha e descobrirá uma base orgânica para o evento mental. Mas se, no momento, não podemos enxergar além do psíquico, isso não é motivo para negar-lhe a existência.

POR QUE NOS ESQUECEMOS DOS SONHOS APÓS DESPERTAR

É fato proverbial que os sonhos se desvanecem pela manhã. Naturalmente, eles podem ser lembrados, pois só tomamos conhecimento dos
sonhos por meio de nossa recordação deles depois de acordar. Com freqüência, porém, temos a sensação de nos termos lembrado apenas parcialmente
de um sonho, e de que houve algo mais nele durante a noite; podemos
também observar como a lembrança de um sonho, que ainda era nítida pela
manhã, se dissipa, salvo por alguns pequenos fragmentos, no decorrer do
dia; muitas vezes sabemos que sonhamos, sem saber *o que* sonhamos; e
estamos tão familiarizados com o fato de os sonhos serem passíveis de ser
esquecidos que não vemos nenhum absurdo na possibilidade de alguém ter
tido um sonho à noite e, pela manhã, não estar ciente do que sonhou, nem
sequer do fato de ter sonhado. Por outro lado, ocorre às vezes que os sonhos
mostrem extraordinária persistência na memória. Já analisei sonhos de
pacientes meus ocorridos há vinte e cinco anos ou mais, e lembro-me ainda
de um sonho que eu próprio tive há mais de trinta e sete anos e que, no
entanto, está tão nítido quanto sempre em minha memória. Tudo isso é muito
notável e não é inteligível de imediato.

A explicação mais detalhada do esquecimento dos sonhos é a que nos
fornece Strümpell. Trata-se, evidentemente, de um fenômeno complexo,
pois Strümpell o atribuiu não a uma causa única, mas a toda uma série delas.

Em primeiro lugar, todas as causas que conduzem ao esquecimento na
vida de vigília operam também no tocante aos sonhos. Quando estamos
acordados, normalmente nos esquecemos, de imediato, de inúmeras sensações e percepções, seja porque foram fracas demais, seja porque a excitação
mental ligada a elas foi excessivamente pequena. O mesmo se aplica a muitas
imagens oníricas: são esquecidas por serem fracas demais, enquanto outras
imagens mais fortes, adjacentes a elas, são recordadas. O fator da intensidade, contudo, decerto não é suficiente, por si só, para determinar se uma
imagem onírica será lembrada. Strümpell admite, assim como outros autores
(p. ex. Calkins, 1893, p. 312), que muitas vezes nos esquecemos de imagens
oníricas que sabemos terem sido muito nítidas, enquanto grande número das
que são obscuras e carentes de força sensorial situam-se entre as que são

retidas na memória. Além disso, quando acordados, tendemos facilmente a esquecer um evento que tenha ocorrido apenas uma vez e a reparar mais depressa naquilo que possa ser percebido repetidamente. Ora, a maioria das imagens oníricas constituem experiências únicas;[1] e esse fato contribui imparcialmente para fazer com que esqueçamos todos os sonhos. Uma terceira causa do esquecimento tem uma importância bem maior. Para que as sensações, as representações, os pensamentos e assim por diante atinjam certo grau de suscetibilidade de serem lembrados, é essencial que não permaneçam isolados, mas que sejam dispostos em concatenações e agrupamentos apropriados. Quando um verso curto de uma composição poética é dividido nas palavras que o compõem e estas são embaralhadas, torna-se muito difícil recordá-lo. "Quando as palavras são convenientemente dispostas e colocadas na ordem apropriada, uma palavra ajuda a outra, e o todo, estando carregado de sentido, é facilmente assimilado pela memória e retido por muito tempo. Em geral, é tão difícil e inusitado conservar o que é absurdo como reter o que é confuso e desordenado." Ora, na maioria dos casos, faltam aos sonhos inteligibilidade e ordem. As composições que constituem os sonhos são desprovidas das qualidades que tornariam possível recordá-las, sendo esquecidas porque, por via de regra, desfazem-se em pedaços no momento seguinte. Radestock (1879, p. 168), contudo, alega ter observado que os sonhos mais peculiares é que são recordados com mais clareza, e isso, deve-se admitir, dificilmente se coadunaria com o que acaba de ser dito.

Strümpell acredita que alguns outros fatores oriundos da relação entre o sonhar e a vida de vigília são de importância ainda maior na causação do esquecimento dos sonhos. A tendência dos sonhos a serem esquecidos pela consciência de vigília é, evidentemente, apenas a contrapartida do fato já mencionado de que os sonhos quase nunca se apoderam de lembranças ordenadas da vida de vigília, mas apenas de detalhes selecionados delas, que arrancam do contexto psíquico em que costumam ser lembradas no estado de vigília. Dessa forma, as composições oníricas não encontram lugar entre as seqüências psíquicas de que a mente se acha repleta. Nada existe que nos possa ajudar a nos lembrarmos delas. "Desse modo, as estruturas oníricas estão, por assim dizer, alçadas acima do piso de nossa vida mental, e flutuam no espaço psíquico como as nuvens no firmamento, dispersas pelo primeiro

---

1 Sonhos que se repetem periodicamente já foram observados com muita freqüência. Cf. a coleção apresentada por Chabaneix (1897).

sopro de vento" (Strümpell, 1877, p. 87). Além disso, após o despertar, o mundo dos sentidos logo começa a exercer sua pressão e se apossa imediatamente da atenção com uma força à qual muito poucas imagens oníricas conseguem resistir, de modo que também nisso temos outro fator que tende na mesma direção. Os sonhos cedem ante as impressões de um novo dia, da mesma forma que o brilho das estrelas cede à luz do sol.

Por fim, há outro fato que se deve ter em mente como passível de levar os sonhos ao esquecimento, a saber, que a maioria das pessoas tem muito pouco interesse em seus sonhos. Qualquer pessoa, como por exemplo um pesquisador científico, que preste atenção a seus sonhos por certo período, terá mais sonhos do que de hábito — o que sem dúvida significa que passou a se lembrar de seus sonhos com maior facilidade e freqüência.

Duas outras razões por que os sonhos são esquecidos, que Benini cita como tendo sido propostas por Bonatelli como acréscimos às mencionadas por Strümpell, parecem de fato já estar abrangidas por estas últimas. São elas: (1) que a alteração da cenestesia entre os estados de sono e de vigília é desfavorável à reprodução recíproca entre eles; e (2) que o arranjo diferente do material ideacional nos sonhos os torna intraduzíveis, por assim dizer, para a consciência de vigília.

Em vista de todas as razões em favor do esquecimento dos sonhos, é de fato muito notável (como insiste o próprio Strümpell) que tantos deles fiquem retidos na memória. As repetidas tentativas dos que escrevem sobre o assunto para explicitarem as normas que regem a lembrança dos sonhos equivalem à admissão de que, também aqui, estamos diante de algo enigmático e inexplicado. Certas características específicas das lembrança dos sonhos foram acertadamente ressaltadas em época recente (cf. Radestock, 1879, e Tissié, 1898), como o fato de que, quando um sonho parece, pela manhã, ter sido esquecido, ainda assim pode ser recordado no decorrer do dia, caso seu conteúdo, embora esquecido, seja evocado por alguma percepção casual.

Mas a lembrança dos sonhos, em geral, é passível de uma objeção que está fadada a reduzir radicalmente o valor de tais sonhos na opinião crítica. Visto que uma proporção tão grande dos sonhos se perde por completo, podemos muito bem desconfiar de que nossa lembrança do que resta deles pode ser falseada.

Essas dúvidas quanto à exatidão da reprodução dos sonhos também são expressas por Strümpell (1877): "Assim, pode facilmente acontecer que a consciência de vigília inadvertidamente faça interpolações na lembrança de um sonho: persuadimo-nos de ter sonhado com toda espécie de coisas que não estavam contidas nos sonhos efetivamente ocorridos".

Jessen (1855, p. 547) escreve com especial ênfase sobre esse ponto: "Além disso, ao se investigarem e interpretarem sonhos coerentes e consistentes, deve-se ter em mente uma circunstância particular que, ao que me parece, até agora recebeu muito pouca atenção. Nesses casos, a verdade é quase sempre obscurecida pelo fato de que, ao recordarmos tal tipo de sonhos, quase sempre — não intencionalmente e sem notarmos esse fato — preenchemos as lacunas nas imagens oníricas. Raramente ou nunca um sonho coerente foi de fato tão coerente quanto nos parece na lembrança. Mesmo o maior amante da verdade dificilmente consegue relatar um sonho digno de nota sem alguns acréscimos ou retoques. É tão acentuada a tendência da mente humana a ver tudo de maneira concatenada que, na memória, ela preenche, sem querer, qualquer falta de coerência que possa haver num sonho incoerente".

Algumas observações feitas por Egger, embora sem dúvida tenham sido alcançadas independentemente, soam quase como uma tradução desse trecho de Jessen: "L'observation des rêves a ses difficultés spéciales et le seul moyen d'éviter tout erreur en pareille matière est de confier au papier sans le moindre retard ce que l'on vient d'éprouver et de remarquer; sinon, l'oubli vient vite ou total ou partiel; l'oubli total est sans gravité; mais l'oubli partiel est perfide; car si l'on se met ensuite à raconter ce que l'on n'a pas oublié, on est exposé à compléter par imagination les fragments incohérents et disjoints fournis par la mémoire [...]; on devient artiste à son insu, et le récit périodiquement répété s'impose à la créance de son auteur, qui, de bonne foi, le présente comme un fait authentique, dûment établi selon les bonnes méthodes".[1]

Idéias muito semelhantes são expressas por Spitta (1882, p. 338), que parece crer que é somente quando tentamos reproduzir um sonho que introduzimos algum tipo de ordem em seus elementos frouxamente associa-

---

1 ["A observação dos sonhos tem suas dificuldades especiais, e o único meio de evitar qualquer erro em tal matéria é confiar ao papel, sem a menor demora, o que se acaba de experimentar e observar; caso contrário, o esquecimento sobrevém rapidamente, seja ele total ou parcial; o esquecimento total não apresenta gravidade; mas o esquecimento parcial é traiçoeiro, pois, se nos pusermos em seguida a relatar aquilo que não esquecemos, estaremos sujeitos a completar pela imaginação os fragmentos incoerentes e desarticulados fornecidos pela memória [...]; tornamo-nos artistas sem nos apercebermos disso, e o relato periodicamente repetido impõe-se à crença de seu autor, que de boa fé o apresenta como fato autêntico, devidamente estabelecido segundo os métodos adequados."]

dos: "transformamos coisas que se acham meramente justapostas em seqüências ou cadeias causais, isto é, introduzimos um processo de conexão lógica que falta ao sonho".

Visto que a única verificação que temos da validade de nossa memória é a confirmação objetiva, e visto que ela não é obtenível no tocante aos sonhos, que são nossa experiência pessoal e cuja única fonte de que dispomos é nossa rememoração, que valor podemos ainda atribuir à nossa lembrança dos sonhos?

AS CARACTERÍSTICAS PSICOLÓGICAS ·
DISTINTIVAS DOS SONHOS

Nosso exame científico dos sonhos parte do pressuposto de que eles são produtos de nossas próprias atividades mentais. Não obstante, o sonho acabado nos deixa a impressão de algo estranho a nós. Estamos tão pouco obrigados a reconhecer nossa responsabilidade por ele que [em alemão] somos tão aptos a dizer *"mir hat geträumt"* ["tive um sonho", literalmente "um sonho veio a mim"] quanto *"ich habe geträumt"* ["sonhei"]. Qual a origem desse sentimento de que os sonhos são estranhos à nossa mente? Em vista de nossa discussão das fontes dos sonhos, devemos concluir que a estranheza não pode ser causada pelo material que penetra o conteúdo deles, uma vez que esse material, em sua maior parte, é comum aos sonhos e à vida de vigília. Surge a questão de determinar se, nos sonhos, não haverá modificações nos processos da mente que produzam a impressão que examinamos aqui; por isso, faremos uma tentativa de traçar um quadro dos atributos psicológicos dos sonhos.

Ninguém ressaltou com maior precisão a diferença essencial entre o sonhar e a vida de vigília, ou tirou dela conclusões de maior alcance, do que G. T. Fechner, num trecho de sua obra *Elemente der Psychophysik* (1889, v. 2, pp. 520-1). Em sua opinião, "nem o mero rebaixamento da vida mental consciente a um nível inferior ao do limiar principal", nem o desvio da atenção das influências do mundo externo são suficientes para explicar as características da vida onírica quando contrastadas com a vida de vigília. Ele suspeita, antes, de que a *cena de ação dos sonhos seja diferente da cena da vida de representações de vigília.* "Se a cena de ação da atividade psicofísica fosse a mesma no sono e no estado de vigília, os sonhos só poderiam ser, segundo meu ponto de vista, um prolongamento, num grau inferior de intensidade, da vida de representações de vigília e, além disso, seriam necessariamente do mesmo material e forma. Mas os fatos são bem diferentes disso."

Não está claro o que Fechner tinha em mente ao se referir a essa mudança de localização da atividade mental, e tampouco, ao que eu saiba, nenhuma outra pessoa seguiu a trilha indicada por suas palavras. Podemos, penso eu, descartar a possibilidade de dar à frase uma interpretação anatômica e supor que ela se refere à localização cerebral fisiológica, ou mesmo às camadas histológicas do córtex cerebral. É possível, porém, que a sugestão venha finalmente a se revelar sagaz e fértil, se puder ser aplicada a um aparelho *mental* composto por várias instâncias dispostas seqüencialmente, uma após a outra.

Outros autores se contentaram em chamar a atenção para as características distintivas mais tangíveis da vida onírica e em adotá-las como ponto de partida para tentativas que visavam a explicações de maior alcance.

Observou-se, justificadamente, que uma das principais peculiaridades da vida onírica surge durante o próprio processo de adormecimento, podendo ser descrita como um fenômeno anunciador do sonho. De acordo com Schleiermacher (1862, p. 351), o que caracteriza o estado de vigília é o fato de que a atividade do pensar ocorre em *conceitos*, e não em *imagens*. Já os sonhos pensam essencialmente por meio de imagens e, com a aproximação do sono, é possível observar como, à medida que as atividades voluntárias se tornam mais difíceis, surgem representações involuntárias, todas elas se enquadrando na categoria de imagens. A incapacidade para o trabalho de representações do tipo que vivenciamos como intencionalmente desejado e o surgimento (habitualmente associado a tais estados de abstração) de imagens — estas são duas características perseverantes nos sonhos, que a análise psicológica dos sonhos nos força a reconhecer como características essenciais da vida onírica. Já tivemos ocasião de ver que essas imagens — alucinações hipnagógicas — são, elas próprias, idênticas em seu conteúdo às imagens oníricas.[1]

Os sonhos, portanto, pensam predominantemente em imagens visuais — mas não exclusivamente. Utilizam também imagens auditivas e, em menor grau, impressões que pertencem aos outros sentidos. Além disso, muitas coisas ocorrem nos sonhos (tal como fazem normalmente na vida de vigília) simplesmente como pensamentos ou representações — provavelmente, bem entendido, sob a forma de resíduos de representações verbais. Não obstante, o que é verdadeiramente característico dos sonhos são apenas

---

1 [*Nota de rodapé acrescentada* em 1911:] Silberer (1909) deu-nos bons exemplos do modo pelo qual, num estado de sonolência, até os pensamentos abstratos se transformam em imagens plásticas pictóricas que procuram expressar o mesmo significado. [*Acrescentado* em 1925:] Terei ocasião de voltar a essa descoberta com respeito a outro tópico.

os elementos de seu conteúdo que se comportam como imagens, isto é, que se assemelham mais às percepções do que às representações mnêmicas. Deixando de lado todos os argumentos, tão familiares aos psiquiatras, sobre a natureza das alucinações, estaremos concordando com todas as autoridades no assunto ao afirmar que os sonhos *alucinam* — que substituem os pensamentos por alucinações. Nesse sentido, não há distinção entre as representações visuais e acústicas: tem-se observado que, quando se adormece com a lembrança de uma seqüência de notas musicais na mente, a lembrança se transforma numa alucinação da mesma melodia; ao passo que, quando se volta a acordar — e os dois estados podem alternar-se mais de uma vez durante o processo do adormecimento —, a alucinação cede lugar, por sua vez, à representação mnêmica, que é, ao mesmo tempo, mais fraca e qualitativamente diferente dela.

A transformação de representações em alucinações não é o único aspecto em que os sonhos diferem de pensamentos correspondentes na vida de vigília. Os sonhos constroem uma *situação* a partir dessas imagens; representam um fato que está realmente acontecendo; como diz Spitta (1882, p. 145), eles "dramatizam" uma idéia. Mas essa faceta da vida onírica só pode ser plenamente compreendida se reconhecermos, além disso, que nos sonhos — por via de regra, pois há exceções que exigem um exame especial — parecemos não *pensar*, mas ter uma *experiência*: em outras palavras, atribuímos completa crença às alucinações. Somente ao despertarmos é que surge o comentário crítico de que não tivemos nenhuma experiência, mas estivemos apenas pensando de uma forma peculiar, ou, dito de outra maneira, sonhando. É essa característica que distingue os verdadeiros sonhos do devaneio, que nunca se confunde com a realidade.

Burdach (1838, p. 502 e seg.) resume com as seguintes palavras as características da vida onírica que examinamos até agora: "Figuram entre as características essenciais dos sonhos: (*a*) Nos sonhos, a atividade subjetiva de nossa mente aparece de forma objetiva, pois nossas faculdades perceptivas encaram os produtos de nossa imaginação como se fossem impressões sensoriais. [...] (*b*) O sono significa um fim da autoridade do eu. Daí o adormecimento trazer consigo certo grau de passividade. [...] As imagens que acompanham o sono só podem ocorrer sob a condição de que a autoridade do eu seja reduzida".

O passo seguinte consiste em tentar explicar a crença que a mente deposita nas alucinações oníricas, crença esta que só pode surgir depois de ter cessado uma espécie de atividade "autoritária" do eu. Strümpell (1877) argumenta que, neste sentido, a mente executa sua função corretamente e de acordo com seu próprio mecanismo. Longe de serem meras representações, os elementos dos sonhos são experiências mentais verdadeiras e reais do mesmo tipo das que surgem no estado de vigília através dos sentidos (ibid., p. 34). A mente em estado de vigília produz representações e pensamentos em imagens verbais e na fala; nos sonhos, porém, ela o faz em verdadeiras imagens sensoriais (ibid., p. 35). Além disso, existe uma consciência espacial nos sonhos, visto que sensações e imagens são atribuídas a um espaço externo, tal como o são na vigília (ibid., p. 36). Deve-se, então, supor que nos sonhos a mente mantém a mesma relação com suas imagens e percepções que mantém na vigília (ibid., p. 43). Se, não obstante, ela comete um erro ao proceder assim, é porque no estado do sono lhe falta o único critério que torna possível estabelecer uma distinção entre as percepções sensoriais provenientes de fora e de dentro. Ela está impossibilitada de submeter suas imagens oníricas aos únicos testes que poderiam provar sua realidade objetiva. Além disso, despreza a distinção entre as imagens que só são *arbitrariamente* intercambiáveis e os casos em que o elemento do arbítrio se acha ausente. Ela comete um erro por estar impossibilitada de aplicar a lei da causalidade ao conteúdo de seus sonhos (ibid., pp. 50-1). Em suma, o fato de ter-se afastado do mundo externo é também a razão de sua crença no mundo subjetivo dos sonhos.

Delbœuf (1885, p. 84) chega à mesma conclusão após argumentos psicológicos um pouco diferentes. Acreditamos na realidade das imagens oníricas, diz ele, porque em nosso sono não dispomos de outras impressões com as quais compará-las, por estarmos desligados do mundo exterior. Mas a razão pela qual acreditamos na veracidade dessas alucinações não é por ser impossível submetê-las a um teste *dentro* do sonho. O sonho pode parecer oferecer-nos esses testes: pode deixar-nos tocar a rosa que vemos — e, ainda assim, estaremos sonhando. Na opinião de Delbœuf, existe apenas um critério válido para determinar se estamos sonhando ou acordados, e esse é o critério puramente empírico do fato de acordarmos. Concluo que tudo o que experimentei entre adormecer e acordar foi ilusório quando, ao despertar, verifico que estou deitado e despido na cama. Durante o sono, tomei as imagens oníricas por imagens reais graças a meu hábito mental (que não pode ser adormecido) de supor a existência de um mundo externo com o qual estabeleço um contraste com meu próprio ego.[1]

Assim, o desligamento do mundo externo parece ser considerado como o fator que determina as características mais marcantes da vida onírica. Vale a pena, portanto, citar algumas observações perspicazes, feitas há muito tempo por Burdach, que lançam luz sobre as relações entre a mente adormecida e o mundo externo e que são perfeitas para nos impedir de dar um valor excessivo às conclusões tiradas nas páginas anteriores. "O sono", escreve ele, "só pode ocorrer sob a condição de que a mente não seja irritada por estímulos sensoriais. [...] Mas a precondição real do sono não é tanto a ausência de estímulos sensoriais, mas antes a falta de interesse neles.[2] Algumas impressões sensoriais, a rigor, podem ser necessárias para acalmar a mente. Assim, o moleiro só consegue dormir se estiver ouvindo o estalido de seu moinho, e quem quer que encare como precaução necessária manter uma lamparina acesa durante a noite acha impossível dormir no escuro" (Burdach, 1838, p. 482).

---

1 Haffner (1887, p. 243) tenta, como Delboeuf, explicar a atividade de sonhar pela modificação que a introdução de um estado anormal deve inevitavelmente produzir no funcionamento correto, sob outros aspectos, de um aparelho mental intacto; mas ele fornece uma explicação um tanto diferente desse estado. Segundo ele, o primeiro marco de um sonho é sua independência do espaço e do tempo, isto é, o fato de uma representação achar-se emancipada da posição ocupada pelo sujeito na ordem espacial e temporal dos acontecimentos. A segunda característica básica dos sonhos está ligada a isso — a saber, o fato de que as alucinações, fantasias e combinações imaginárias confundem-se com percepções externas. "Todas as faculdades superiores da mente — em particular, a formação dos conceitos e as faculdades de julgamento e inferência, por um lado, e a autodeterminação livre, por outro — estão ligadas a imagens sensoriais e têm sempre um pano de fundo composto por tais imagens. Daí se infere, por conseguinte, que também essas atividades superiores participam da desordem das imagens oníricas. Digo 'participam' porque, em si mesmos, nossas faculdades de julgamento e de vontade de modo algum se alteram no sono. Nossas atividades são tão perceptivas e tão livres como na vida de vigília. Mesmo em seus sonhos o homem não pode violar as leis do pensamento como tais — não pode, por exemplo, considerar idênticas as coisas que lhe aparecem como contrárias, e assim por diante. Da mesma forma, nos sonhos ele só pode desejar o que considera como um bem (*sub ratione boni*). Mas o espírito humano é desencaminhado nos sonhos, em sua *aplicação* das leis do pensamento e da vontade, confundindo uma representação com outra. Assim, verifica-se que somos culpados das mais grosseiras contradições nos sonhos, enquanto, ao mesmo tempo, podemos fazer os mais claros juízos, tirar as mais lógicas inferências e chegar às mais virtuosas e santas decisões. [...] A falta de orientação é todo o segredo das fugas empreendidas por nossa imaginação nos sonhos, e a falta de reflexão crítica e de comunicação com outras pessoas constitui a principal fonte da extravagância irrefreada exibida nos sonhos por nossos julgamentos, bem como por nossas esperanças e desejos" (ibid., p. 18).

2 [*Nota de rodapé acrescentada* em 1914:] Cf. o *"désintérêt"* que Claparède (1905, p. 306 e seg.) considera como o mecanismo do adormecimento.

"No sono, a mente se isola do mundo externo e se retrai de sua própria periferia. [...] Não obstante, a conexão não se interrompe inteiramente. Se não pudéssemos ouvir nem sentir enquanto estamos efetivamente adormecidos, mas só depois de acordarmos, seria inteiramente impossível despertarmos. [...] A persistência da sensação é comprovada com mais clareza ainda pelo fato de que o que nos desperta não é sempre a mera força sensorial de uma impressão, mas seu contexto psíquico: um homem adormecido não é despertado por uma palavra qualquer mas, se for chamado pelo nome, acorda. [...] Assim, a mente adormecida distingue diferentes sensações. [...] É por essa razão que a falta de um estímulo sensorial pode despertar um homem, caso esteja relacionada com algo de importância representativa para ele; assim é que o homem com a lamparina acesa acorda se ela se apagar, e o mesmo acontece com o moleiro, se seu moinho parar. Em outras palavras, ele é despertado pela cessação de uma atividade sensorial; e isso implica que tal atividade era percebida por ele, mas, como era indiferente, ou antes, satisfatória, não lhe perturbava a mente" (ibid., pp. 485-6).

Mesmo que desprezemos essas objeções — e de modo algum elas são insignificantes —, teremos de confessar que as características da vida onírica que consideramos até agora, e que foram atribuídas a seu desligamento do mundo externo, não explicam inteiramente seu estranho caráter. Pois, de outro modo, deveria ser possível transformar novamente as alucinações de um sonho em representações, e suas situações em pensamentos, e assim solucionar o problema da interpretação dos sonhos. E isso é realmente o que fazemos quando, depois de acordar, reproduzimos de memória um sonho; mas, quer consigamos efetuar essa retradução inteiramente ou apenas em parte, o sonho continuará tão enigmático quanto antes.

E, com efeito, todas as autoridades presumem, sem hesitar, que ainda outras e mais profundas modificações do material representativo da vida de vigília têm lugar nos sonhos. Strümpell (1877, pp. 27-8) esforçou-se por delinear uma dessas modificações no seguinte trecho: "Com a cessação do funcionamento sensorial e da consciência vital normal, a mente perde o solo onde se enraízam seus sentimentos, desejos, interesses e atividades. Também os estados psíquicos — sentimentos, interesses, juízos de valor —, que estão ligados a imagens mnêmicas na vida de vigília, ficam sujeitos a [...] uma pressão obscurecedora, como resultado da qual sua ligação com tais imagens se rompe; as imagens perceptuais das coisas, pessoas, lugares, acontecimentos e ações na vida de vigília são reproduzidas separadamente em grande número, mas nenhuma delas leva consigo seu *valor psíquico*. Esse valor é desligado delas e, assim, elas flutuam na mente a seu bel-prazer". De acordo com Strümpell, o fato de as imagens serem despojadas de seu valor psíquico (fato este que, por sua vez, remonta ao desligamento do mundo externo) desempenha um papel preponderante na criação da impressão de estranheza que distingue os sonhos da vida real em nossa memória.

Já vimos que o adormecimento envolve, de imediato, a perda de uma de nossas atividades mentais, qual seja, nosso poder de imprimir uma orientação intencional à seqüência de nossas representações. Vemo-nos agora diante da sugestão, que afinal é plausível, de que os efeitos do estado de sono podem estender-se a *todas* as faculdades da mente. Algumas destas parecem ficar inteiramente suspensas, mas surge então a questão de saber se as demais continuam a funcionar normalmente e se, nessas condições, são *capazes* de trabalho normal. E aqui se pode perguntar se as características distintivas dos sonhos não podem ser explicadas pela redução da eficiência psíquica no estado do sono — uma idéia que encontra apoio na impressão causada pelos sonhos em nosso julgamento de vigília. Os sonhos são desconexos, aceitam as mais violentas contradições sem a mínima objeção, admitem impossibilidades, desprezam conhecimentos que têm grande importância para nós na vida diurna e nos revelam como imbecis éticos e morais. Quem quer que se comportasse, quando acordado, da maneira peculiar às situações dos sonhos, seria considerado louco. Quem quer que falasse, quando acordado, da maneira como as pessoas falam nos sonhos, ou descrevesse o tipo de coisas que acontecem nos sonhos, dar-nos-ia a impressão de ser apalermado ou débil mental. Parecemos não fazer mais do que pôr a verdade em palavras quando expressamos nossa opinião extremamente desfavorável sobre a atividade mental nos sonhos e asseveramos que, neles, as faculdades intelectuais superiores, em particular, ficam suspensas ou, pelo menos, gravemente prejudicadas.

As autoridades são de uma rara unanimidade — as exceções serão tratadas mais adiante — ao expressarem opiniões dessa natureza sobre os sonhos; e esses julgamentos levam diretamente a uma teoria ou explicação específica da vida onírica. Mas é chegado o momento de eu deixar as generalidades e apresentar, em seu lugar, uma série de citações de vários autores — filósofos e médicos — sobre as características psicológicas dos sonhos.

Segundo Lemoine (1855), a "incoerência" das imagens oníricas constitui a característica essencial dos sonhos.

Maury (1878, p. 163) concorda com ele: "Il n'y a pas de rêves absolument raisonnables et qui ne contiennent quelque incohérence, quelque anachronisme, quelque absurdité".[1]

Spitta cita uma afirmação de Hegel segundo a qual os sonhos são destituídos de qualquer coerência objetiva e razoável.

Dugas escreve: "Le rêve c'est l'anarchie psychique affective et mentale, c'est le jeu des fonctions livrées à elles-mêmes e s'exerçant sans contrôle et sans but; dans le rêve l'esprit est un automate spirituel".[2]

Mesmo Volkelt (1875, p. 14), cuja teoria está longe de considerar a atividade psíquica durante o sono como destituída de propósito, fala no "relaxamento, na desconexão e na confusão da vida ideacional, que no estado de vigília se mantém unida pela força lógica do ego central".

O *absurdo* das associações de representações que ocorrem nos sonhos dificilmente poderia ser criticado com mais agudeza do que por Cícero (*De divinatione*, II): "Nihil tam praepostere, tam incondite, tam monstruose cogitari potest, quod non possimus somniare".[3]

Fechner (1889, v. 2, p. 522) escreve: "É como se a atividade psicológica tivesse sido transportada do cérebro de um homem sensato para o de um idiota".

Radestock (1879, p. 145): "De fato, parece impossível descobrir quaisquer leis fixas nessa atividade louca. Depois de se furtarem ao rigoroso policiamento exercido sobre o curso das representações de vigília pela vontade racional e pela atenção, os sonhos se dissolvem num louco redemoinho de confusão caleidoscópica".

Hildebrandt (1875, p. 45): "Que saltos surpreendentes o sonhador é capaz de dar, por exemplo, ao extrair inferências! Com que calma se dispõe a ver as mais familiares lições da experiência viradas pelo avesso! Que contradições risíveis está pronto a aceitar nas leis da natureza e da sociedade antes que, como se costuma dizer, as coisas vão além de uma piada e a tensão excessiva do contra-senso o desperte. Calculamos, sem nenhum escrúpulo, que três vezes três são vinte; não ficamos nem um pouco surpresos quando

---

1 ["Não existem sonhos que sejam absolutamente razoáveis e que não contenham alguma incoerência, algum anacronismo ou algum absurdo."]

2 ["O sonho é a anarquia psíquica, afetiva e mental; é a interação de funções entregues a si mesmas e se exercendo sem controle e sem propósito; no sonho, o espírito é um autômato espiritual."]

3 ["Nada se pode cogitar de tão despropositado, tão confuso ou tão monstruoso que não o possamos sonhar."]

um cão cita um verso de um poema, ou quando um morto anda até seu túmulo com as próprias pernas, ou quando vemos uma pedra flutuando na água; dirigimo-nos solenemente, numa importante missão, até o Ducado de Bernburg ou até o Principado de Liechtenstein para inspecionarmos suas forças navais; ou somos persuadidos a nos alistar nos exércitos de Carlos XII pouco antes da batalha de Poltava".

Binz (1878, p. 33), tendo em mente a teoria dos sonhos que se baseia em impressões como essas, escreve: "O conteúdo de pelo menos nove entre dez sonhos é absurdo. Neles reunimos pessoas e coisas que não têm a menor relação entre si. No momento seguinte, há uma mudança no caleidoscópio e somos confrontados com um novo agrupamento, ainda mais sem nexo e louco, se é que isso é possível, do que o anterior. E assim prossegue o jogo mutável do cérebro adormecido de forma incompleta, até que despertamos, levamos a mão à testa e ficamos imaginando se ainda possuímos a capacidade para idéias e pensamentos racionais".

Maury (1878, p. 50) encontra um paralelo para a relação entre as imagens oníricas e os pensamentos de vigília que há de ser altamente significativo para os médicos. "La production de ces images que chez l'homme éveillé fait le plus souvent naître la volonté, correspond, pour l'intelligence, à ce que sont pour la motilité certains mouvements que nous offre la chorée et les affections paralytiques..."[1] E considera os sonhos, além disso, como "toute une série de dégradations de la faculté pensante et raisonnante" (ibid., p. 27).[2]

Quase não chega a ser necessário citar os autores que repetem a opinião de Maury em relação às várias funções mentais superiores. Strümpell (1877, p. 26), por exemplo, observa que nos sonhos — mesmo, é claro, onde não há contra-senso evidente — há um eclipse de todas as operações lógicas da mente que se baseiam em relações e conexões. Spitta (1882, p. 148) declara que as representações que ocorrem nos sonhos parecem estar inteiramente afastadas da lei da causalidade. Radestock (1879) e outros autores insistem na fraqueza de julgamento e de inferência característica dos sonhos. Segundo Jodl (1896, p. 123), não existe faculdade crítica nos sonhos, nenhum poder

---

1 ["A produção dessas imagens, que geralmente a vontade faz nascer no homem desperto, corresponde, na esfera da inteligência, ao que são, para a motilidade, certos movimentos que nos são oferecidos pela coréia e pelas enfermidades paralíticas."]
2 ["Toda uma série de degradações da faculdade de pensar e de raciocinar."]

de corrigir um grupo de percepções mediante referência ao conteúdo geral da consciência. Observa o mesmo autor que "toda espécie de atividade consciente ocorre nos sonhos, mas apenas de forma incompleta, inibida e isolada". As contradições entre os sonhos e o nosso conhecimento de vigília são explicadas por Stricker (1879, p. 98) e muitos outros como contradições que se devem ao esquecimento de fatos nos sonhos ou ao desaparecimento de relações lógicas entre as representações. E assim por diante.

Não obstante, os autores que costumam adotar uma visão tão desfavorável do funcionamento psíquico nos sonhos admitem que ainda resta neles um certo resíduo de atividade mental. Isso é explicitamente admitido por Wundt, cujas teorias exerceram uma influência significativa em muitos outros pesquisadores neste campo. Qual é, poder-se-ia perguntar, a natureza do resíduo de atividade mental normal que persiste nos sonhos? Há um consenso mais ou menos geral de que a faculdade reprodutiva, a memória, parece ser a que menos sofre, e até mesmo de que mostra certa superioridade a essa mesma função na vida de vigília (ver Seção B), embora parte dos absurdos dos sonhos pareça explicável pela propensão da memória a esquecer. Na opinião de Spitta (1882, p. 84 e seg.), a parte da mente que não é afetada pelo sono é a vida dos ânimos, e é esta que dirige os sonhos. Por "ânimo" [*"Gemüt"*] ele quer dizer "o conjunto estável de sentimentos que constitui a mais íntima essência subjetiva de um ser humano".

Scholz (1893, p. 64) acredita que uma das atividades mentais que atuam nos sonhos é a tendência a submeter o material onírico a uma "reinterpretação em termos alegóricos". Também Siebeck (1877, p. 11) vê nos sonhos uma faculdade mental de "interpretação mais ampla", que é exercida sobre todas as sensações e percepções. Há uma dificuldade especial em avaliar a posição que ocupa, nos sonhos, o que constitui, aparentemente, a mais elevada das funções psíquicas: a consciência. Visto que tudo o que sabemos dos sonhos provém da consciência, não pode haver dúvida de que ela persiste neles; contudo, Spitta (1882, pp. 84-5) acredita que o que persiste nos sonhos é apenas a consciência, e não a *auto*consciência. Delbœuf (1885, p. 19), no entanto, se confessa incapaz de perceber essa distinção.

As leis de associação que regem a seqüência de representações são válidas para as imagens oníricas e, de fato, sua predominância é ainda mais nítida e acentuadamente expressa nos sonhos. "Os sonhos", afirma Strümpell (1877, p. 70), "seguem seu curso, ao que parece, segundo as leis quer das representações simples, quer dos estímulos orgânicos que acompanham tais representações — isto é, sem serem de forma alguma afetados pela reflexão, pelo bom-senso, ou pelo gosto estético ou pelo julgamento moral".

Os autores cujos pontos de vista estou agora apresentando retratam o processo da formação dos sonhos mais ou menos da seguinte maneira. A totalidade dos estímulos sensoriais gerados durante o sono, a partir das várias fontes que já enumerei, despertam na mente, em primeiro lugar, diversas representações que aparecem sob a forma de alucinações, ou, mais propriamente, segundo Wundt, de ilusões, em vista de sua derivação de estímulos externos e internos. Essas representações vinculam-se de acordo com as conhecidas leis da associação e, de conformidade com as mesmas leis, convocam uma outra série de representações (ou imagens). Todo esse material é então trabalhado, na medida em que ele o permite, pelo que ainda resta das faculdades mentais de organização e pensamento em ação. (Ver, por exemplo, Wundt e Weygandt.) Tudo o que resta descobrir são os motivos que decidem se a convocação das imagens decorrentes de fontes não externas se processará por uma cadeia de associações ou por outra.

Já se observou muitas vezes, no entanto, que as associações que ligam as imagens oníricas entre si são de natureza muito especial e diferem das que funcionam no pensamento de vigília. Assim, Volkelt (1875, p. 15) escreve: "Nos sonhos, as associações parecem travar uma luta livre, de acordo com semelhanças e conexões fortuitas que mal são perceptíveis. Todos os sonhos estão repletos desse tipo de associações desalinhadas e superficiais". Maury (1878, p. 126) atribui enorme importância a essa característica da maneira pela qual as representações se vinculam nos sonhos, uma vez que ela lhe permite traçar uma analogia muito estreita entre a vida onírica e certos distúrbios mentais. Ele especifica duas características básicas de um *"délire"*: "(1) une action spontanée et comme automatique de l'esprit; (2) une association vicieuse et irrégulière des idées".[1] O próprio Maury apresenta dois excelentes exemplos de sonhos que ele mesmo teve, nos quais as imagens oníricas se ligavam meramente por meio de uma semelhança no som das palavras. Certa vez, ele sonhou que estava numa peregrinação (*pélerinage*) a Jerusalém ou Meca; após muitas aventuras, viu-se visitando o químico *Pelle*tier, que, depois de conversar um pouco, deu-lhe uma pá (*pelle*) de zinco; na parte seguinte do sonho, esta se

---

1 ["(1) Uma ação mental espontânea e como que automática; (2) uma associação de idéias imperfeita e irregular."

transformou numa espada de lâmina larga (ibid., p. 137). Em outro sonho, estava andando por uma estrada e lendo o número de *quilô*metros nos marcos; a seguir, encontrava-se numa mercearia onde havia uma grande balança, e um homem punha nela pesos de *quilo*gramas para pesar Maury; disse-lhe então o merceeiro: "O senhor não está em Paris, mas na ilha de *Gilolo*". Seguiram-se várias outras cenas, nas quais ele viu uma *lo*bélia, e depois o General *Lo*pez, sobre cuja morte lera pouco antes. Finalmente, enquanto jogava *lo*to, acordou (ibid., p. 126).[1]

Devemos, no entanto, estar preparados para constatar que não passou sem contradição essa baixa estimativa do funcionamento psíquico nos sonhos — embora não seja fácil contradizer este ponto. Por exemplo, Spitta (1882, p. 118), um dos depreciadores da vida onírica, insiste em que as mesmas leis psicológicas que regem a vida de vigília também se aplicam aos sonhos; e outro, Dugas (1897a), declara que "le rêve n'est pas déraison ni même irraison pure".[2] Mas tais afirmações têm pouco valor, na medida em que seus autores não fazem nenhuma tentativa de conciliá-las com suas próprias descrições da anarquia psíquica e da ruptura de todas as funções que predominam nos sonhos. Parece, contudo, ter ocorrido a alguns outros autores que a loucura dos sonhos talvez não seja desprovida de método e possa até ser simulada, como a do príncipe dinamarquês sobre o qual se fez esse arguto julgamento.[3] Estes últimos autores não podem ter julgado pelas aparências, ou então a aparência a eles apresentada pelos sonhos deve ter sido diferente.

Assim, Havelock Ellis (1899, p. 721), sem se deter no aparente absurdo dos sonhos, refere-se a eles como "um mundo arcaico de vastas emoções e pensamentos imperfeitos" cujo estudo talvez nos revele estágios primitivos da evolução da vida mental.

O mesmo ponto de vista é expresso por James Sully (1893, p. 362), numa forma que é, ao mesmo tempo, mais abrangente e mais perspicaz. Suas palavras merecem ainda mais atenção tendo-se em mente que ele talvez estivesse mais firmemente convencido do que qualquer outro psicólogo de que os sonhos têm um significado disfarçado. "Ora, nossos sonhos constituem um

---

1 [*Nota de rodapé acrescentada* em 1909:] Num momento posterior poderemos compreender o significado de sonhos como este, repletos de aliterações e primeiras sílabas de sons semelhantes.

2 ["O sonho não é a desrazão, tampouco irracionalidade pura."]

3 [O autor refere-se a Hamlet, personagem-título da tragédia de Shakespeare. (N. T.)]

meio de conservar essas personalidades sucessivas [anteriores]. *Quando adormecidos, retornamos às antigas formas de encarar as coisas e de senti-las, a impulsos e atividades que nos dominavam muito tempo atrás".*

O sagaz Delbœuf (1885, p. 222) declara (embora cometa o erro de não apresentar qualquer refutação do material que contradiz sua tese): "Dans le sommeil, hormis la perception, toutes les facultés de l'esprit, intelligence, imagination, mémoire, volonté, moralité, restent intactes dans leur essence; seulement elles s'appliquent à des objets imaginaires et mobiles. Le songeur est un acteur qui joue à volonté les fous et les sages, les bourreaux et les victimes, les nains et les géants, les démons et les anges".[1]

O mais ferrenho oponente dos que procuram depreciar o funcionamento psíquico nos sonhos parece ser o Marquês d'Hervey de Saint-Denys, com quem Maury travou viva controvérsia, e cujo livro, apesar de todos os meus esforços, não consegui obter. Maury (1878, p. 19) escreve a respeito dele: "M. le Marquis d'Hervey prête à l'intelligence durant le sommeil, toute sa liberté d'action et d'attention et il ne semble faire consister le sommeil que dans l'occlusion des sens, dans leur fermeture au monde extérieur; en sorte que l'homme qui dort ne se distingue guère, selon sa manière de voir, de l'homme qui laisse vaguer sa pensée en se bouchant les sens; toute la différence qui sépare alors la pensée ordinaire de celle du dormeur c'est que, chez celui-ci, l'idée prend une forme visible, objective et ressemble, à s'y méprendre, à la sensation déterminée par les objets extérieurs; le souvenir revêt l'apparence du fait présent".[2] A isso Maury acrescenta "qu'il y a une différence de plus et capitale à savoir que les facultés intellectuelles de l'homme endormi n'offrent pas l'équilibre qu'elles gardent chez l'homme éveillé".[3]

---

1 ["No sono, excetuando-se a percepção, todas as faculdades mentais — a inteligência, a imaginação, a memória, a vontade e a moralidade — permanecem essencialmente intactas; são meramente aplicadas a objetos imaginários e instáveis. O sonhador é um ator que desempenha, a seu bel-prazer, os papéis de loucos e sábios, de carrascos e vítimas, de anões e gigantes, de demônios e anjos."]

2 ["O Sr. Marquês d'Hervey atribui à inteligência completa liberdade de ação e de atenção durante o sono, e parece pensar que este consiste apenas na oclusão dos sentidos, em seu fechamento para o mundo exterior. De modo que, segundo sua maneira de ver, o homem adormecido quase não se distingue do homem que deixa seu pensamento vagar, bloqueando seus sentidos; assim, a única diferença que separa o pensamento comum daquele que dorme é que, neste, a idéia assume uma forma visível e objetiva, e se assemelha, a ponto de ser confundida com ela, à sensação determinada pelos objetos externos; a lembrança assume a aparência de um evento atual."]

3 ["Existe uma outra diferença, e de importância capital: a saber, que as faculdades intelectuais do homem adormecido não apresentam o equilíbrio que mantêm no homem desperto."]

Vaschide (1911, p. 146 e seg.) nos fornece uma exposição mais clara do livro de Hervey de Saint-Denys e cita dele um trecho sobre a aparente incoerência dos sonhos: "L'image du rêve est la copie de l'idée. Le pincipal est l'idée; la vision n'est qu'accessoire. Ceci établi, il faut savoir suivre la marche des idées, il faut savoir analyser le tissu des rêves; l'incohérence devient... alors compréhensible, les conceptions les plus fantasques deviennent des faits simples et parfaitement logiques. [...] Les rêves les plus bizarres trouvent même une explication des plus logiques quand on sait les analyser".[1]

Johan Stärcke (1913, p. 243) salientou que uma explicação semelhante da incoerência dos sonhos fora proposta por um autor mais antigo, Wolf Davidson (1799, p. 136), cuja obra me era desconhecida: "Todos os notáveis saltos dados por nossas representações nos sonhos têm sua base na lei da associação; às vezes, contudo, essas conexões ocorrem na mente de maneira muito obscura, de modo que muitas vezes nossas representações parecem ter dado um salto, quando, de fato, não houve salto algum".

A literatura sobre o assunto mostra, assim, uma gama muito ampla de variação quanto ao valor que ela atribui aos sonhos como produtos psíquicos. Essa amplitude se estende desde o mais profundo menosprezo, do tipo com que nos familiarizamos, passando por indícios de uma valorização ainda não revelada, até uma supervalorização que coloca os sonhos numa posição muito mais elevada do que qualquer das funções da vida de vigília. Hildebrandt (1875, p. 19 e seg.), que, como já vimos, resumiu todas as características psicológicas da vida onírica em três antinomias, vale-se dos dois pontos extremos dessa faixa de valores para compor seu terceiro paradoxo: "trata-se de um contraste entre uma intensificação da vida mental, uma acentuação dela que não raro corresponde ao virtuosismo e, por outro lado, uma deterioração e um enfraquecimento que muitas vezes submergem abaixo do nível da humanidade. No tocante à primeira, poucos há dentre nós que não possam afirmar, por nossa própria experiência, que vez por outra surge, nas criações e tramas do gênio dos sonhos, tal profundeza e intimidade da emoção, uma delicadeza do sentimento, uma clareza de visão, uma sutileza

---

1 ["A imagem onírica é uma cópia da idéia. O essencial é a idéia; a visão é meramente acessória. Isso estabelecido, é preciso saber seguir a seqüência das idéias, é preciso saber analisar a textura dos sonhos; sua incoerência torna-se então inteligível, e as concepções mais fantasiosas tornam-se fatos simples e perfeitamente lógicos. [...] Os sonhos mais bizarros podem até mesmo encontrar uma explicação das mais lógicas quando sabemos analisá-los."]

de observação e tal brilho do espírito que jamais alegaríamos ter permanentemente a nosso dispor em nossa vida de vigília. Há nos sonhos uma encantadora poesia, uma alegoria arguta, um humor incomparável, uma rara ironia. O sonho contempla o mundo à luz de um estranho idealismo e, muitas vezes, realça os efeitos do que vê pela profunda compreensão de sua natureza essencial. Retrata a beleza terrena ante nossos olhos num esplendor verdadeiramente celestial e reveste a dignidade com a mais alta majestade; mostra-nos nossos temores cotidianos da mais aterradora forma e converte nosso divertimento em piadas de uma pungência indescritível. E algumas vezes, quando estamos acordados e ainda sob o pleno impacto de uma experiência como essa, não podemos deixar de sentir que jamais em nossa vida o mundo real nos ofereceu algo que lhe fosse equivalente".

Podemos muito bem perguntar se os comentários depreciativos citados nas páginas anteriores e esse entusiástico elogio têm alguma possibilidade de estar relacionados com a mesma coisa. Será que algumas de nossas autoridades desprezaram os sonhos disparatados, e outras, os profundos e sutis? E, se ocorrerem sonhos de ambas as espécies, sonhos que justificam ambos os julgamentos, não seria um desperdício de tempo buscar qualquer característica psicológica distintiva dos sonhos? Não será bastante dizer que nos sonhos *tudo* é possível — desde a mais profunda degradação da vida mental até uma exaltação dela que é rara nas horas de vigília? Por mais conveniente que fosse uma solução desse tipo, o que se opõe a ela é o fato de que todos os esforços para pesquisar o problema dos sonhos parecem basear-se na convicção de que *realmente* existe uma característica distintiva, que é universalmente válida em seus contornos essenciais e que limparia do caminho essas aparentes contradições.

Não há dúvida de que as realizações psíquicas dos sonhos receberam um reconhecimento mais rápido e mais caloroso durante o período intelectual que agora ficou para trás, quando a mente humana era dominada pela filosofia, e não pelas ciências naturais exatas. Declarações como a de Schubert (1814, p. 20 e seg.), de que os sonhos constituem uma libertação do espírito em relação ao poder da natureza externa, uma liberação da alma dos grilhões dos sentidos, e outros comentários semelhantes do jovem Fichte (1864, v. 1, p. 143 e seg.)[1] e de outros, todos os quais retratam os sonhos como uma elevação da vida mental a um nível superior, parecem-nos agora quase ininteligíveis; hoje em

---

1 Cf. Haffner (1887) e Spitta (1882, p. 11 e seg.).

dia, são repetidos apenas pelos místicos e pelos carolas.!1•A introdução do modelo de pensamento científico trouxe consigo uma reação na apreciação dos sonhos. Os autores médicos, em especial, tendem a considerar a atividade psíquica nos sonhos como trivial e desprovida de valor, enquanto os filósofos e os observadores não profissionais — os psicólogos amadores, cujas contribuições para esse assunto específico não devem ser desprezadas — têm conservado (numa afinidade mais estreita com o sentimento popular) a crença no valor psíquico dos sonhos. Quem quer que se incline a adotar uma visão depreciativa do funcionamento psíquico nos sonhos preferirá, naturalmente, atribuir a fonte deles à estimulação somática; ao passo que os que acreditam que a mente preserva, ao sonhar, a maior parte de suas capacidades de vigília não têm nenhuma razão, é claro, para negar que o estímulo ao sonho pode surgir dentro da própria mente que sonha.

Entre as faculdades superiores que até uma sóbria comparação pode inclinar-se a atribuir à vida onírica, a mais acentuada é a da memória; já examinamos longamente as provas nada incomuns em defesa desse ponto de vista. Quanto a outro ponto de superioridade da vida onírica, muitas vezes louvado pelos autores mais antigos — o de que ela se eleva acima da distância no tempo e no espaço —, pode-se facilmente demonstrar que ele não tem base nos fatos. Como frisa Hildebrandt (1875), essa vantagem é ilusória, pois o sonhar se eleva acima do tempo e do espaço precisamente da mesma forma que o pensamento de vigília, e pela simples razão de que ele é apenas uma forma de pensamento. Tem-se alegado, em defesa dos sonhos, que eles desfrutam ainda de outra vantagem sobre a vida de vigília em relação ao tempo — que são independentes da passagem do tempo ainda sob outro aspecto. Sonhos como o que teve Maury com seu próprio guilhotinamento parecem indicar que um sonho é capaz de comprimir um espaço muito maior do que a quantidade de material representativo com que pode lidar nossa mente em estado de vigília. Essa conclusão, no entanto, foi contestada por vários argumentos; desde o trabalho de Le Lorrain (1894) e Egger (1895) sobre a duração aparente dos sonhos, desenvolveu-se um longo e interessante debate sobre o assunto, mas parece improvável que a última

---

1 [*Nota de rodapé acrescentada* em 1914:] O brilhante místico Du Prel, um dos poucos autores a quem eu gostaria de exprimir meu pesar por minha desatenção nas primeiras edições deste livro. declara que a porta para a metafísica, no que concerne aos homens, reside não na vida de vigília. mas no sonho (1885, p. 59.)

palavra já tenha sido dita acerca dessa questão sutil e das profundas implicações que ela envolve.[1]

Relatos de numerosos casos, bem como a coletânea de exemplos elaborada por Chabaneix (1897), parecem tornar indiscutível o fato de que os sonhos são capazes de dar prosseguimento ao trabalho intelectual diurno e levá-lo a conclusões que não foram alcançadas durante o dia, e que podem resolver dúvidas e problemas e constituir a fonte de uma nova inspiração para os poetas e compositores musicais. Mas, embora o *fato* seja indiscutível, suas implicações estão abertas a muitas dúvidas, que levantam questões de princípio.[2]

Por fim, considera-se que os sonhos têm o poder de adivinhar o futuro. Temos aqui um conflito em que um ceticismo quase insuperável se defronta com asserções repetidas com obstinação. Sem dúvida alguma, estaremos agindo com acerto ao não insistir em que esse ponto de vista não tem nenhum fundamento nos fatos, pois é possível que, dentro em breve, muitos dos exemplos citados venham a encontrar explicação no âmbito da psicologia natural.

---

1 [*Nota de rodapé acrescentada* em 1914:] Uma bibliografia adicional e um exame crítico desses problemas podem ser encontrados em Tobowolska (1900).
2 [*Nota de rodapé acrescentada* em 1914:] Cf. a crítica em Havelock Ellis (1911, p. 265).

(F)

O SENTIDO MORAL NOS SONHOS

Por motivos que só se tornarão evidentes depois que minhas pesquisas sobre os sonhos forem levadas em conta, isolei do assunto da psicologia dos sonhos o problema especial de determinar se e até que ponto as inclinações e sentimentos morais se estendem até a vida onírica. Também aqui nos vemos diante dos mesmos pontos de vista contraditórios que, curiosamente, vimos adotados por diferentes autores no tocante a todas as outras funções da mente durante os sonhos. Alguns asseveram que os ditames da moralidade não têm lugar nos sonhos, enquanto outros sustentam não menos categoricamente que o caráter moral do homem persiste em sua vida onírica.

O recurso à experiência comum dos sonhos parece estabelecer, sem sombra de dúvida, a correção do primeiro desses pontos de vista. Jessen (1855, p. 553) escreve: "Tampouco nos tornamos melhores ou mais virtuosos no sono. Pelo contrário, a consciência parece ficar silenciosa nos sonhos, pois neles não sentimos nenhuma piedade e podemos cometer os piores crimes — roubo, violência e assassinato — com completa indiferença e sem quaisquer sentimentos posteriores de remorso".

Radestock (1879, p. 164): "Deve-se ter em mente que ocorrem associações e vinculam-se representações nos sonhos sem nenhum respeito pela reflexão, bom-senso, gosto estético ou julgamento moral. O julgamento torna-se extremamente fraco e a indiferença ética reina, suprema".

Volkelt (1875, p. 23): "Nos sonhos, como todos sabemos, os procedimentos são particularmente irrefreados nos assuntos sexuais. O próprio indivíduo que sonha fica inteiramente despudorado e destituído de qualquer sentimento ou julgamento moral; além disso, vê todos os demais, inclusive aqueles por quem nutre o mais profundo respeito, entregues a atos aos quais ficaria horrorizado em associá-los quando acordado, até mesmo em seus pensamentos".

Em total oposição a essas opiniões, encontramos declarações como a de Schopenhauer, de que qualquer pessoa que apareça num sonho age e fala em completo acordo com seu caráter. K. P. Fischer (1850, p. 72 e seg.), citado por Spitta (1882, p. 188), declara que os sentimentos e anseios subjetivos, ou os afetos e as paixões, revelam-se na liberdade da vida onírica, e que as características morais das pessoas se refletem em seus sonhos.

Haffner (1887, p. 251): "Com raras exceções [...] o homem virtuoso é virtuoso também em seus sonhos; resiste às tentações e se mantém afastado do ódio, da inveja, da cólera e de todos os outros vícios. Mas o pecador, em geral, encontra em seus sonhos as mesmas imagens que tinha ante seus olhos quando acordado".

Scholz: "Nos sonhos está a verdade: nos sonhos aprendemos a conhecer-nos tal como somos, a despeito de todos os disfarces que usamos perante o mundo [sejam eles enobrecedores ou humilhantes]. [...] O homem honrado não pode cometer um crime nos sonhos, ou, se o fizer, ficará tão horrorizado com isso como com algo contrário à sua natureza. O imperador romano que condenou à morte um homem que sonhara ter assassinado o governante estaria justificado em fazê-lo, se raciocinasse que os pensamentos que se têm nos sonhos também se têm quando em estado de vigília. A expressão corriqueira 'eu nem sonharia em fazer tal coisa' tem um significado duplamente correto, quando se refere a algo que não pode encontrar guarida em nosso coração nem em nossa mente". (Platão, ao contrário, considerava que os melhores homens são aqueles que apenas *sonham* com o que os outros *fazem* em sua vida de vigília.)

Pfaff (1868), citado por Spitta (1882, p. 192), altera a formulação de um ditado familiar: "Diz-me alguns de teus sonhos e te direi quem é teu eu interior".

O problema da moral nos sonhos é tomado como o centro do interesse por Hildebrandt, de cujo pequeno volume já fiz tantas citações — pois, de todas as contribuições ao estudo dos sonhos com que deparei, ele é o mais perfeito quanto à forma e o mais rico de idéias. Também Hildebrandt formula como norma que, quanto mais pura a vida, mais puro o sonho, e quanto mais impura aquela, mais impuro este. Ele crê que a natureza moral do homem persiste nos sonhos. "Enquanto", escreve ele, "até o mais grosseiro erro de aritmética, até a mais romântica inversão das leis científicas, até o mais ridículo anacronismo deixam de nos perturbar, ou mesmo de despertar nossas suspeitas, nunca perdemos de vista a distinção entre o bem e o mal, entre o certo e o errado, ou entre a virtude e o vício. Não importa quanto do que nos acompanha durante o dia desapareça em nossas horas de sono, o imperativo categórico de Kant é um companheiro que nos segue tão de perto em nossos calcanhares que não nos podemos ver livres dele nem quando adormecidos. [...] Mas isso só pode ser explicado pelo fato de que o que é fundamental na natureza do homem, seu ser moral, está fixado com firmeza demais para ser afetado pelo embaralhamento caleidoscópico ao qual a imaginação, a razão, a memória e outras dessas faculdades têm de se submeter nos sonhos" (op. cit., p. 45 e seg.).

À medida que prossegue o debate sobre esse assunto, contudo, ambos os grupos de autores começam a exibir notáveis mudanças e incoerências em suas opiniões. Os que sustentam que a personalidade moral do homem deixa de funcionar nos sonhos deveriam, pelo rigor da lógica, perder todo o interesse nos sonhos imorais. Poderiam rejeitar qualquer tentativa de responsabilizar o sonhador por seus sonhos, ou de deduzir da maldade de seus sonhos que haveria um traço maligno em seu caráter, com a mesma confiança com que rejeitariam uma tentativa semelhante de deduzir do absurdo de seus sonhos que as atividades intelectuais dele, na vida de vigília, seriam destituídas de valor. O outro grupo, que acredita que o "imperativo categórico" se estende aos sonhos, deveria logicamente aceitar uma responsabilidade irrestrita pelos sonhos imorais. Só nos restaria esperar, pelo bem deles, que eles mesmos não tivessem tais sonhos repreensíveis, capazes de perturbar sua sólida crença em seu próprio caráter moral.

Parece, no entanto, que ninguém tem tanta confiança assim na sua própria bondade, e que ninguém pode negar a lembrança de ter tido seus próprios sonhos imorais. Pois os autores de ambos os grupos, independentemente da oposição entre suas opiniões sobre a moralidade onírica, fazem esforços para explicar a origem dos sonhos imorais; e surge uma nova diferença de opinião, conforme se busque a origem desses sonhos nas funções da mente ou nos efeitos perniciosos produzidos na mente por causas somáticas. Assim, a lógica imperativa dos fatos compele tanto os defensores da responsabilidade como da irresponsabilidade da vida onírica a se aliarem no reconhecimento de que a imoralidade dos sonhos tem uma fonte psíquica específica.

Os que crêem que a moral se estende aos sonhos, porém, têm o cuidado de evitar assumir *completa* responsabilidade por seus sonhos. Assim, escreve Haffner (1887, p. 250): "Não somos responsáveis por nossos sonhos, visto que neles nosso pensamento e nossa vontade são privados do único fundamento com base no qual nossa vida possui verdade e realidade. [...] Por essa razão, nenhum desejo onírico ou ação onírica podem ser virtuosos ou pecaminosos". Não obstante, prossegue ele, os homens são responsáveis por seus sonhos pecaminosos na medida em que os provocam indiretamente. Eles têm o dever de limpar moralmente suas mentes, não só na vida de vigília como também, e principalmente, antes de irem dormir.

Hildebrandt nos fornece uma análise muito mais profunda dessa mescla de rejeição e aceitação da responsabilidade pelo conteúdo moral dos sonhos. Argumenta que, ao considerar a aparência imoral dos sonhos, deve-se fazer uma concessão à forma dramática em que eles se expressam, à compressão que fazem dos mais complicados processos de reflexão nos mais curtos intervalos de tempo, e também à forma pela qual, como até ele admite, os elementos de representação se tornam confusos e privados de sua significação. Ainda assim, Hildebrandt confessa que sente enorme hesitação em pensar que toda a responsabilidade pelos pecados e erros dos sonhos pode ser repudiada.

"Quando estamos ansiosos por negar alguma acusação injusta, especialmente uma acusação que se relacione com nossos objetivos e intenções, muitas vezes usamos a frase 'eu nunca sonharia com tal coisa'. Desse modo expressamos, por um lado, nosso sentimento de que a região dos sonhos é a mais remota e distante das áreas em que somos responsáveis por nossos pensamentos, já que os pensamentos nessa região acham-se tão frouxamente ligados com nosso eu essencial que mal podem ser considerados como nossos; mas, ainda assim, visto nos sentirmos expressamente obrigados a negar a existência desses pensamentos nessa região, admitimos indiretamente, ao mesmo tempo, que nossa autojustificação não seria completa caso não se estendesse até esse ponto. E penso que nisso falamos, embora inconscientemente, a linguagem da verdade" (op. cit., p. 49).

"É impossível pensar em qualquer ato de um sonho cuja motivação original não tenha passado, de um modo ou de outro — fosse como desejo, anseio ou impulso —, através da mente desperta." Devemos admitir, prossegue Hildebrandt, que esse impulso original não foi inventado pelo sonho; o sonho simplesmente o copiou e desdobrou, meramente elaborou de forma dramática um fragmento de material histórico que encontrou em nós; meramente dramatizou as palavras do Apóstolo: "Todo aquele que odeia seu irmão é assassino". E embora, depois de acordarmos, conscientes da nossa força moral, possamos sorrir de toda a elaborada estrutura do sonho pecaminoso, mesmo assim o material original de que derivou a estrutura não conseguirá despertar um sorriso. Sentimo-nos responsáveis pelos erros do sonhador — não por sua totalidade, mas por uma certa percentagem. "Em suma, se compreendemos nesse sentido dificilmente contestável as palavras de Cristo, de que 'do coração procedem os maus pensamentos', será quase impossível escaparmos à convicção de que um pecado cometido num sonho traz em si pelo menos um mínimo obscuro de culpa" (Hildebrandt, 1875, p. 51 e segs).

Assim, Hildebrandt encontra a fonte da imoralidade dos sonhos nos germes e indícios de impulsos maléficos que, sob a forma de tentações, passam pela nossa mente durante o dia; e ele não hesita em incluir esses elementos imorais em sua estimativa do valor moral de uma pessoa. Esses mesmos pensamentos, como sabemos, e essa mesma avaliação deles, é que conduziram os devotos e santos de todas as épocas a se confessarem míseros pecadores.[1]

Naturalmente, não há dúvida quanto à existência geral de tais representações incompatíveis; elas ocorrem na maioria das pessoas e em outras esferas que não a da ética. Por vezes, entretanto, têm sido julgadas com menos seriedade. Spitta (1882, p. 194) cita algumas observações de Zeller que são relevantes a esse respeito: "É raro uma mente ser tão bem organizada a ponto de possuir completo poder em todos os momentos e de não ter o curso regular e livre de seus pensamentos constantemente interrompido, não só por representações não essenciais como também por representações decididamente grotescas e disparatadas. Com efeito, os maiores pensadores viram-se obrigados a se queixar dessa confusão onírica, incômoda e torturante de idéias que perturbava suas reflexões mais profundas e seus mais solenes e sinceros pensamentos".

Uma luz mais reveladora é lançada sobre a posição psicológica dessas idéias incompatíveis por meio de outra observação de Hildebrandt (1875, p. 55), de que os sonhos nos proporcionam um vislumbre ocasional de profundezas e recessos de nossa natureza a que em geral não temos acesso em nosso estado de vigília. Kant expressa a mesma idéia num trecho de sua *Anthropologie*, onde declara que os sonhos parecem existir para nos mostrar nossas naturezas ocultas e nos revelar não o que somos, mas o que poderíamos ter sido se tivéssemos sido criados de maneira diferente. Radestock

---

[1] [*Nota de rodapé acrescentada* em 1914:] É interessante conhecermos a atitude da Inquisição em relação a nosso problema. No *Tractatus de Officio sanctissimae Inquisitionis*, de Caesar Careña, 1659, encontra-se o seguinte trecho: "Se alguém disser heresias durante um sonho, os inquisidores deverão ocupar-se de investigar sua forma de vida, pois o que ocupa um homem durante o dia está fadado a retornar em seu sono". (Comunicado pelo Dr. Ehniger, St. Urban, Suíça.)]

(1879, p. 84) afirma igualmente que, com freqüência, os sonhos não fazem mais do que nos revelar o que não admitiríamos para nós mesmos, e que, portanto, é injusto de nossa parte estigmatizá-los como mentirosos e enganosos. Erdmann escreve: "Os sonhos nunca me mostraram o que devo pensar de um homem; mas algumas vezes descobri por meio de um sonho, para meu próprio assombro, o que *realmente* penso de um homem e como me sinto em relação a ele". De modo semelhante, I. H. Fichte (1864, v. 1, p. 539) observa: "A natureza de nossos sonhos proporciona um reflexo muito mais verdadeiro do nosso temperamento do que somos capazes de descobrir sobre ele por meio da auto-observação na vida de vigília".

Observa-se que o surgimento de impulsos alheios a nossa consciência moral é meramente análogo àquilo que já aprendemos — ao fato de os sonhos terem acesso a um material ideacional que está ausente em nosso estado de vigília ou desempenha nele apenas um pequeno papel. Assim, escreve Benini (1898, p. 149): "Certe nostre inclinazioni che si credevano soffocate e spente da un pezzo, si ridestano; passioni vecchie e sepolte rivivono; cose e persone a cui non pensiamo mai, ci vengono dinanzi."[1] E Volkelt (1875, p. 105): "Também algumas representações que penetraram na consciência de vigília quase despercebidas, e que talvez nunca tenham voltado a ser evocadas pela memória, com muita freqüência anunciam sua presença na mente através de sonhos". A esta altura, finalmente, podemos relembrar a asserção de Schleiermacher de que o ato de adormecer é acompanhado pelo aparecimento de "representações involuntárias" ou imagens involuntárias.

Podemos, portanto, classificar em conjunto, sob a epígrafe de "representações involuntárias", todo o material de representações cujo surgimento, tanto nos sonhos imorais quanto nos sonhos absurdos, nos causa tanto espanto. Há, porém, um importante ponto de diferenciação: as idéias involuntárias na esfera moral contradizem nossa atitude mental costumeira, ao passo que as outras simplesmente nos causam uma impressão de estranheza. Ainda não se tomou nenhuma providência no sentido de um conhecimento mais profundo que pudesse solucionar essa distinção.

---

1 ["Algumas de nossas inclinações, que por algum tempo se supunham sufocadas e extintas, são despertadas; paixões antigas e soterradas revivem; coisas e pessoas em que nunca pensamos aparecem diante de nós."]

Surge em seguida a questão da *importância* do aparecimento de representações involuntárias nos sonhos, da luz que pode ser lançada sobre a psicologia da mente desperta e da que sonha pelo surgimento noturno desses impulsos moralmente incompatíveis. E aqui encontramos uma nova divisão de opiniões e mais um agrupamento diferente das autoridades. A linha de pensamento adotada por Hildebrandt e outros que partilham de sua posição fundamental conduz, inevitavelmente, à visão de que os impulsos imorais possuem certo grau de poder até mesmo na vida de vigília, embora seja um poder inibido, incapaz de se impor à ação, e que, no sono, desativa-se algo que atua como uma inibição durante o dia e nos impede de nos conscientizarmos da existência de tais impulsos. Assim, os sonhos revelariam a verdadeira natureza do homem, embora não *toda* a sua natureza, e constituiriam um meio de tornar o interior oculto da mente acessível a nosso conhecimento. É somente em premissas como essas que Hildebrandt pode basear sua atribuição aos sonhos de poderes de advertência, que atraem nossa atenção para as fraquezas morais de nossa mente, da mesma forma que os médicos admitem que os sonhos podem trazer males físicos não observados a nossa atenção consciente. Do mesmo modo, Spitta deve estar adotando esse ponto de vista quando, ao falar nas fontes de excitação que afetam a mente (na puberdade, por exemplo), consola o sonhador com a certeza de que ele terá feito tudo o que está em seu poder se levar uma vida rigorosamente virtuosa em suas horas de vigília, e se tomar o cuidado de suprimir os pensamentos pecaminosos sempre que eles surgirem, e de impedir sua maturação e transformação em atos. Segundo essa visão, poderíamos definir as "representações involuntárias" como "representações que foram "suprimidas" durante o dia, e teríamos de encarar seu surgimento como um fenômeno mental autêntico.

Outros autores, porém, consideram injustificável esta última conclusão. Assim, Jessen (1855, p. 360) acredita que as representações involuntárias, tanto nos sonhos como no estado de vigília, e também nos estados febris e outras situações de delírio, "têm o caráter de uma atividade volitiva que foi posta em repouso e de uma sucessão mais ou menos mecânica de imagens e representações provocadas por impulsos internos". Tudo o que um sonho imoral prova quanto à vida mental do sonhador é que, segundo a visão de Jessen, em alguma ocasião ele teve conhecimento do conteúdo de representações em questão; certamente não constitui evidência de um impulso mental do próprio sonhador.

No tocante a outro autor, Maury, chega quase a parecer que também ele atribui ao estado onírico uma capacidade não de destruição arbitrária da atividade mental, mas de decomposição dela em seus elementos constitutivos. Assim escreve ele sobre os sonhos que transgridem os ditames da moral: "Ce sont nos penchants qui parlent et qui nous font agir, sans que la conscience nous retienne, bien que parfois elle nous avertisse. J'ai mes défauts et mes penchants vicieux; à l'état de veille je tâche de lutter contre eux, et il m'arrive assez souvent de n'y pas succomber. Mais dans mes songes j'y succombe toujours ou pour mieux dire j'agis par leur impulsion, sans crainte et sans remords. [...] Evidemment les visions qui se déroulent devant ma pensée et qui constituent le rêve, me sont suggérées par les incitations que je ressens et que ma volonté absente ne cherche pas à refouler" (Maury, 1878, p. 113).[1]

Ninguém que acredite na capacidade dos sonhos de revelar uma tendência imoral do sonhador que esteja realmente presente, embora suprimida ou oculta, poderia expressar seu ponto de vista mais precisamente do que nas palavras de Maury: "En rêve l'homme se révèle donc tout entier à soi-même dans sa nudité et sa misère natives. Dès qu'il suspend l'exercice de sa volonté, il devient le jouet de toutes les passions contres lesquelles, à l'état de veille, la conscience, le sentiment de l'honneur, la crainte nous défendent" (ibid., p. 165).[2] Num outro trecho encontramos as seguintes frases pertinentes: "Dans le songe, c'est surtout l'homme instinctif qui se révèle. [...] L'homme revient pour ainsi dire à l'état de nature quand il rêve; mais moins les idées acquises ont pénétré dans son esprit, plus les penchants en désaccord avec elles conservent encore sur lui l'influence dans le rêve" (ibid., p. 462).[3]

---

1 ["São nossas inclinações que falam e nos fazem agir, sem que a consciência nos retenha, embora, às vezes, ela nos advirta. Tenho meus defeitos e minhas inclinações viciosas; no estado de vigília, procuro lutar contra eles e muitas vezes me acontece não sucumbir. Mas em meus sonhos, *sempre* sucumbo a eles, ou, melhor dizendo, ajo sob a pressão deles sem medo ou remorso. [...] Evidentemente, as visões que se desenrolam ante meu pensamento e que constituem o sonho me são sugeridas pelas incitações que sinto e que minha vontade ausente não tenta recalcar."]

2 ["No sonho, portanto, o homem se revela a si mesmo por inteiro em sua nudez e sua miséria naturais. Tão logo suspende o exercício de sua vontade, torna-se o joguete de todas as paixões contra as quais, no estado de vigília, a consciência, o sentimento da honra e o medo nos defendem."]

3 ["No sonho, é sobretudo o homem instintivo que se revela. [...] O homem, quando sonha, retorna, por assim dizer, ao estado natural; mas quanto menos as idéias adquiridas tiverem penetrado em sua mente, mais os impulsos em desacordo com elas conservarão ainda sobre ela a influência no sonho."]

E Maury prossegue relatando, à guisa de exemplo, como, em seus sonhos, ele é, não raro, vítima da própria superstição que combate em seus textos com particular veemência.

Essas reflexões penetrantes de Maury, contudo, perdem seu valor na investigação da vida onírica pelo fato de ele considerar os fenômenos que observou com tanta exatidão como não passando de provas de um *automatisme psychologique*" que, em sua opinião, domina os sonhos, e que ele encara como o oposto exato da atividade mental.

Stricker (1879) escreve: "Os sonhos não consistem unicamente em ilusões. Quando, por exemplo, num sonho alguém tem medo de ladrões, os ladrões, é verdade, são imaginários — mas o medo é real". Isso nos chama a atenção para o fato de os *afetos* nos sonhos não poderem ser julgados da mesma forma que o restante de seu conteúdo; e nos confrontamos com o problema de determinar que parte dos processos psíquicos que ocorrem nos sonhos deve ser tomada como real, isto é, que parte tem o direito de figurar entre os processos psíquicos da vida de vigília.

(G)

TEORIAS DO SONHAR E DE SUA FUNÇÃO

Qualquer investigação sobre os sonhos que procure explicar o maior número possível de suas características observadas de um ponto de vista particular, e que, ao mesmo tempo, defina a posição ocupada pelos sonhos numa esfera mais ampla de fenômenos merece ser chamada de teoria dos sonhos. Verificaremos que as várias teorias diferem no sentido de selecionarem uma ou outra característica dos sonhos como sendo a essencial e de tomarem-na como ponto de partida para suas explicações e correlações. Não precisa ser necessariamente possível inferir uma *função* do sonhar (seja ela utilitária ou não) a partir da teoria. Não obstante, visto termos o hábito de buscar explicações teleológicas, estaremos mais propensos a aceitar teorias que estejam ligadas com a atribuição de uma função ao sonhar.

Já travamos conhecimento com vários grupos de pontos de vista que merecem ser mais ou menos intitulados de teorias dos sonhos neste sentido do termo. A crença sustentada na Antiguidade de que os sonhos eram enviados pelos deuses para orientar as ações dos homens constituía uma teoria completa dos sonhos, proporcionando informações sobre tudo o que valia a pena saber a respeito deles. Desde que os sonhos passaram a ser objeto da pesquisa científica, desenvolveu-se um número considerável de teorias, inclusive algumas que são extremamente incompletas.

Sem a intenção de fazer qualquer enumeração exaustiva, podemos tentar dividir as teorias dos sonhos, *grosso modo*, nos três seguintes grupos, conforme seus pressupostos subjacentes quanto ao volume e à natureza da atividade psíquica nos sonhos.

(1) Existem teorias, como a de Delbœuf, segundo as quais toda a atividade psíquica continua nos sonhos. A mente, presumem elas, não dorme, e seu aparelho permanece intacto; como se enquadra nas condições do estado de sono, que diferem das da vida de vigília, seu funcionamento normal necessariamente produz resultados diferentes durante o sono. Surge, no tocante a essas teorias, a questão de saber se elas são capazes de extrair todas as distinções entre os sonhos e os pensamentos de vigília a partir das condições do estado de sono. Além disso, não há nenhuma possibilidade de

elas poderem sugerir qualquer *função* para o sonhar; elas não fornecem nenhuma razão pela qual devamos sonhar, pela qual o complexo mecanismo do aparelho psíquico deva continuar a funcionar mesmo quando colocado em circunstâncias para as quais não parece destinar-se. As únicas reações adequadas pareceriam ser ou o sono sem sonhos, ou, havendo interferência de estímulos perturbadores, o despertar — e não a terceira alternativa, a de sonhar.

(2) Existem as teorias que, pelo contrário, pressupõem que os sonhos implicam um rebaixamento da atividade psíquica, um afrouxamento das conexões e um empobrecimento do material acessível. Essas teorias implicam atribuírem-se ao sono características inteiramente diferentes das sugeridas, por exemplo, por Delbœuf. O sono, segundo essas teorias, exerce vasta influência sobre a mente; não consiste apenas no isolamento da mente em relação ao mundo externo; em vez disso, ele se impõe ao mecanismo mental e o deixa temporariamente fora de uso. Se é que posso arriscar uma analogia extraída da esfera da psiquiatria, direi que o primeiro grupo de teorias interpreta os sonhos segundo o modelo da paranóia, enquanto o segundo grupo faz com que eles se assemelhem à deficiência mental ou aos estados confusionais.

A teoria segundo a qual apenas um fragmento da atividade psíquica encontra expressão nos sonhos, por ter sido paralisada pelo sono, é de longe a mais popular entre os autores médicos e no mundo científico em geral. Tanto quanto se possa presumir que haja um interesse geral na explicação dos sonhos, esta pode ser descrita como a teoria dominante. Convém notar com que facilidade essa teoria evita o pior obstáculo no caminho de qualquer explicação dos sonhos — a dificuldade de lidar com as contradições envolvidas neles. Ela encara os sonhos como o resultado de um despertar parcial — "um despertar gradativo, parcial e, ao mesmo tempo, altamente anormal", para citar um comentário de Herbart sobre os sonhos (1892, p. 307). Assim, essa teoria pode valer-se de uma série de condições de um crescente estado de vigília, culminando no estado completamente desperto, a fim de explicar a série de variações na eficiência do funcionamento mental nos sonhos, indo desde a ineficiência revelada por seu absurdo ocasional até o funcionamento intelectual plenamente concentrado.

Os que julgam não poder dispensar uma colocação em termos da fisiologia, ou para os quais uma afirmação nesses termos parece mais científica, encontrarão o que procuram na explicação dada por Binz (1878, p. 43): "Esse estado" (de torpor) "chega ao fim nas primeiras horas da manhã,

93

mas apenas gradativamente. Os produtos da fadiga que se acumularam na albumina do cérebro diminuem gradualmente; uma quantidade cada vez maior deles é decomposta ou eliminada pelo fluxo incessante da corrente sangüínea. Aqui e ali, grupos isolados de células começam a despertar para o estado de vigília enquanto o estado de torpor ainda persiste em torno delas. O trabalho isolado desses grupos separados surge então diante de nossa consciência obscurecida, sem os limites impostos por outros setores do cérebro que governam o processo de associação. Por esse motivo, as imagens produzidas, que correspondem, em sua maior parte, a impressões materiais do passado mais recente, são concatenadas de maneira tumultuada e irregular. O número das células cerebrais liberadas cresce continuamente, enquanto a insensatez dos sonhos vai tendo uma redução proporcional".

Essa visão do sonhar como um estado de vigília incompleto e parcial se encontra, sem dúvida, nos textos de todos os fisiologistas e filósofos modernos. Sua exposição mais elaborada é dada por Maury (1878, p. 6 e seg.). Muitas vezes, é como se esse autor imaginasse que o estado de vigília ou de sono poderia mudar-se de uma região anatômica para outra, estando cada região anatômica específica ligada a uma função psíquica particular. Neste ponto, teço apenas o comentário de que, mesmo que se confirmasse a teoria da vigília parcial, seus detalhes ainda permaneceriam extremamente discutíveis.

Essa visão, naturalmente, não deixa margem para se atribuir qualquer função ao sonhar. A conclusão lógica que dela se infere quanto à posição e ao significado dos sonhos é corretamente enunciada por Binz (1878, p. 35): "Todos os fatos observados forçam-nos a concluir que os sonhos devem ser caracterizados como processos *somáticos* que, na totalidade dos casos, são inúteis, e em muitos deles decididamente patológicos".

A aplicação do termo "somático" aos sonhos, grifado pelo próprio Binz, tem mais de um sentido. Alude, em primeiro lugar, à *etiologia* dos sonhos que pareceu particularmente plausível a Binz quando ele estudou a produção experimental de sonhos mediante o emprego de substâncias tóxicas. Isso porque as teorias dessa natureza envolvem uma tendência a limitar a instigação dos sonhos, tanto quanto possível, às causas somáticas. Colocada em sua forma mais extrema, a visão é a seguinte: uma vez que adormecemos pela exclusão de todos os estímulos, não há necessidade nem ocasião para sonhar senão com a chegada da manhã, quando o processo de ser gradualmente acordado pelo impacto dos novos estímulos poderia refletir-se no fenômeno do sonhar. É impraticável, contudo, manter nosso sono livre dos

94

estímulos; eles incidem na pessoa adormecida vindos de todos os lados — como os germes de vida de que se queixava Mefistófeles —, vindos de fora e de dentro, e até de partes do corpo que passam inteiramente despercebidas na vida de vigília. Assim, o sono é perturbado; primeiro uma parte da mente é abalada e despertada, e depois outra; a mente funciona por um breve momento com sua parte desperta e depois se compraz em adormecer de novo. Os sonhos são uma reação à perturbação do sono provocada por um estímulo — uma reação, aliás, bastante supérflua.

Mas a descrição do sonhar — que, afinal de contas, continua a ser uma função da mente — como um processo somático implica também outro sentido. Destina-se a demonstrar que os sonhos não merecem ser classificados como processos psíquicos. O sonhar já foi comparado muitas vezes com "os dez dedos de um homem que nada sabe de música, deslocando-se ao acaso sobre as teclas de um piano"; e esse símile também serve para mostrar o tipo de opinião que geralmente fazem do sonhar os representantes das ciências exatas. Sob esse prisma, o sonho é algo total e completamente impossível de interpretar, pois como poderiam os dez dedos de alguém que não soubesse música produzir uma peça musical?

Mesmo no passado distante não faltaram críticos à teoria do estado de vigília parcial. Assim, Burdach (1838, p. 508 e seg.) escreveu: "Quando se diz que os sonhos são um despertar parcial, em primeiro lugar isso não lança nenhuma luz sobre a vigília ou o sono, e, em segundo, nada faz além de afirmar que, nos sonhos, algumas forças mentais ficam ativas enquanto outras se acham em repouso. Mas esse tipo de variabilidade ocorre ao longo de toda a vida".

Essa teoria dominante, que considera os sonhos como um processo somático, está subjacente a uma interessantíssima hipótese, formulada pela primeira vez por Robert, em 1886. Ela é particularmente atraente, pois consegue sugerir uma função, uma finalidade utilitária, para o sonhar. Robert toma como base para sua teoria dois fatos observáveis que já consideramos no decurso de nosso exame do material dos sonhos, a saber, que é muito freqüente sonharmos com as impressões diurnas mais triviais e que é muito raro transpormos para nossos sonhos os interesses cotidianos importantes. Robert (1866, p. 10) assevera ser uma verdade universal que as coisas que foram minuciosamente elaboradas pelo pensamento nunca se tornam instigadoras de sonhos, mas apenas as que estão em nossa mente numa forma incompleta, ou que foram simplesmente tocadas de passagem por nossos pensamentos: "A razão por que costuma ser impossível explicar os sonhos é justamente que eles são causados por impressões sensoriais do dia anterior que não atraíram uma atenção suficiente do sonhador". Portanto, a condição que determina se uma impressão penetrará num sonho é o fato de ter havido ou não uma interrupção no processo de elaborar essa impressão, ou de ter ela uma importância suficiente para ter o direito de ser elaborada.

Robert descreve os sonhos como "um processo somático de excreção do qual nos tornamos cônscios em nossa reação mental a ele". Os sonhos são excreções de pensamentos que foram sufocados na origem. "Um homem privado da capacidade de sonhar ficaria, com o correr do tempo, mentalmente transtornado, pois uma grande massa de pensamentos e de impressões superficiais incompletos e não elaborados se acumularia em seu cérebro e, por seu grande volume, estaria fadada a sufocar os pensamentos que deveriam ser assimilados em sua memória como conjuntos completos." Os sonhos servem de válvula de escape para o cérebro sobrecarregado. Possuem o poder de curar e aliviar (ibid., p. 32).

Faríamos uma interpretação errônea de Robert se lhe perguntássemos como pode a mente ser aliviada pela representação de idéias nos sonhos. O que Robert faz, evidentemente, é inferir dessas duas características do material onírico que, de um modo ou de outro, uma expulsão de impressões sem valor se realiza durante o sono como um processo *somático*, e que o sonhar não constitui uma modalidade especial de processo psíquico, mas apenas a informação que recebemos sobre essa expulsão. Além disso, a excreção não é o único evento que ocorre na mente à noite. O próprio Robert acrescenta que, além dela, as sugestões surgidas na véspera são trabalhadas e que "todas as partes dos pensamentos não digeridos que não são expelidas são reunidas num todo integrado por fios de pensamento tomados de empréstimo à imaginação, e assim inseridas na memória como um inofensivo quadro imaginário" (ibid., p. 23).

Mas a teoria de Robert é diametralmente oposta à teoria dominante em sua avaliação da natureza das *fontes* dos sonhos. Segundo esta última, não haveria sonho algum se a mente não fosse despertada de maneira constante por estímulos sensoriais externos e internos. Na visão de Robert, porém, o impulso para o sonhar surge na própria mente — no fato de ela ficar sobrecarregada e precisar de alívio; e ele conclui com perfeita lógica que as causas derivadas das condições somáticas desempenham um papel secundário como determinantes dos sonhos, e que tais causas seriam inteiramente incapazes de provocar sonhos numa mente em que não houvesse material para a construção de sonhos oriundo da consciência de vigília. A única ressalva que ele faz é admitir que as imagens fantasiosas que surgem nos sonhos, vindas das profundezas da mente, podem ser afetadas por estímulos nervosos (ibid., p. 48). Afinal, portanto, Robert não encara os sonhos como sendo tão inteiramente dependentes dos eventos somáticos. Não obstante, em sua opinião, os sonhos não são processos psíquicos, não têm lugar entre os processos psíquicos da vida de vigília; são processos somáticos que ocorrem todas as noites no aparelho relacionado com a atividade mental, e têm como função a tarefa de proteger esse aparelho da tensão excessiva — ou, modificando a metáfora, de agir como "garis" da mente.

Outro autor, Yves Delage, baseia sua teoria nas mesmas características dos sonhos, tais como reveladas na escolha de seu material; e é instrutivo notar como uma ligeira variação em seu ponto de vista acerca das mesmas coisas o leva a conclusões completamente diferentes.

Diz-nos Delage (1891, p. 41) ter experimentado em sua própria pessoa, por ocasião da morte de alguém que lhe era querido, o fato de *não* sonharmos com o que ocupou todos os nossos pensamentos durante o dia, pelo menos até que isso tenha começado a dar lugar a outros interesses cotidianos. Suas pesquisas junto a outras pessoas confirmaram-lhe a verdade geral desse fato. Ele faz o que seria uma observação interessante dessa natureza, caso se provasse sua validade geral, a respeito dos sonhos dos jovens casais: "S'ils ont été fortement épris, presque jamais ils n'ont rêvé l'un de l'autre avant le mariage ou pendant la lune de miel; et s'ils ont rêvé d'amour c'est pour être infidèles avec quelque personne indifférente ou odieuse".[1] Com que, então, sonhamos? Delage identifica o material de nossos sonhos como fragmentos e resíduos dos dias precedentes e de épocas anteriores. Tudo o que aparece em nossos sonhos, ainda que a princípio nos inclinemos a considerá-lo como uma criação de nossa vida onírica, revela-se, quando o examinamos mais de perto, como a reprodução não reconhecida [de material já vivenciado] — *"souvenir inconscient"*.[2] Mas esse material de representações possui uma

---

1 ["Se estavam profundamente apaixonados, quase nunca sonhavam um com o outro antes do casamento ou durante a lua-de-mel; e, se tinham sonhos eróticos, era para serem infiéis com alguém que lhes fosse indiferente ou odioso."]
2 ["Lembrança inconsciente."]

característica comum: provém de impressões que provavelmente afetaram nossos sentidos com mais intensidade do que nossa inteligência, ou das quais nossa atenção foi desviada logo depois que surgiram. Quanto menos consciente e, ao mesmo tempo, mais poderosa tenha sido uma impressão, mais possibilidade tem ela de desempenhar um papel no sonho seguinte.

Temos aqui o que são, essencialmente, as duas mesmas categorias de impressões enfatizadas por Robert: as triviais e as que não foram trabalhadas. Delage, contudo, dá à situação uma interpretação diferente, pois sustenta que é por não terem sido trabalhadas que essas impressões são passíveis de produzir sonhos, e não por serem triviais. É verdade, num certo sentido, que também as impressões triviais não foram completamente trabalhadas; sendo da ordem das impressões novas, elas são *"autant de ressorts tendus"*[1] que se soltam durante o sono. Uma impressão poderosa que tenha esbarrado casualmente em algum obstáculo no processo de ser trabalhada, ou que tenha sido deliberadamente refreada, tem mais justificativa para desempenhar algum papel nos sonhos do que a impressão que seja fraca e quase despercebida. A energia psíquica armazenada durante o dia mediante inibição e supressão torna-se a força motriz dos sonhos durante a noite. O material psíquico que foi suprimido vem à luz nos sonhos.[2]

Nessa altura, infelizmente, Delage interrompe sua seqüência de idéias. Nos sonhos, só consegue atribuir a mais ínfima parcela a qualquer atividade psíquica independente; e assim alinha sua teoria com a teoria dominante do despertar parcial do cérebro: "En somme le rêve est le produit de la pensée errante, sans but et sans direction, se fixant successivement sur les souvenirs, qui ont gardé assez d'intensité pour se placer sur sa route et l'arrêter au passage, établissant entre eux un lien tantôt faible et indécis, tantôt plus fort et plus serré, selon que l'activité actuelle du cerveau est plus ou moins abolie par le sommeil".[3]

---

1 ["Como que molas tensionadas."]

2 [*Nota de rodapé acrescentada* em 1909:] Anatole France expressa exatamente a mesma idéia em *O Lírio Vermelho*: "Ce que nous voyons la nuit, ce sont les restes malhereux de ce que nous avons négligé dans la veille. Le rêve est souvent la revanche des choses qu'on méprise ou le reproche des êtres abandonnés". ["O que vemos à noite são os restos deploráveis do que abandonamos na véspera. O sonho é, muitas vezes, a vingança das coisas que desprezamos ou a reprimenda dos seres abandonados."]

3 ["Em suma, o sonho é produto do pensamento errante, sem objetivo e sem direção, fixando-se sucessivamente nas lembranças que conservaram intensidade bastante para se colocarem em seu caminho e interromperem seu curso, estabelecendo entre elas um laço ora fraco e indeciso, ora

(3) Podemos situar num terceiro grupo as teorias que atribuem à mente no sonho a capacidade e a inclinação para desenvolver atividades psíquicas especiais de que, na vida de vigília, ela é em grande parte ou totalmente incapaz. A ativação dessas faculdades costuma conferir aos sonhos uma função utilitária. A maioria das opiniões do sonhar dadas pelos autores antigos no campo da psicologia enquadra-se nessa classe. Basta-me, porém, citar uma frase de Burdach (1838, p. 512). O sonhar, escreve ele, "é uma atividade natural da mente que não é limitada pelo poder da individualidade, não é interrompida pela autoconsciência e não é dirigida pela autodeterminação, mas que é a vitalidade dos centros sensoriais atuando livremente".

Esse deleite da psique no livre emprego de suas próprias forças é evidentemente encarado por Burdach e pelos demais como uma condição em que a mente se revigora e reúne novas forças para o trabalho diurno — na qual, de fato, ela desfruta de uma espécie de feriado. Assim, Burdach cita com aprovação as encantadoras palavras com que o poeta Novalis louva o reino dos sonhos: "Os sonhos são um escudo contra a enfadonha monotonia da vida: libertam a imaginação de seus grilhões, para que ela possa confundir todos os quadros da existência cotidiana e irromper na permanente gravidade dos adultos com o brinquedo alegre da criança. Sem sonhos, por certo envelheceríamos mais cedo; assim, podemos contemplá-los, não, talvez, como uma dádiva do céu, mas como uma recreação preciosa, como companheiros amáveis em nossa peregrinação para o túmulo".

A função curativa e revigorante dos sonhos é descrita com insistência ainda maior por Purkinje (1846, p. 456): "Essas funções são executadas especialmente pelos sonhos produtivos. Eles são o livre curso da imaginação e não têm ligação alguma com os assuntos do dia. A mente não tem nenhum desejo de prolongar as tensões da vida de vigília; procura relaxá-las e recuperar-se delas. Produz, acima de tudo, condições contrárias às da vigília. Cura o pesar com a alegria, as preocupações com esperanças e imagens de amena descontração, o ódio com o amor e a amizade, o medo com a coragem e a previdência; mitiga a dúvida com a convicção e confiança sólida, e a vã esperança com a realização. Muitas das feridas do espírito, que são constantemente reabertas durante o dia, são curadas pelo sono, que as cobre e resguarda de novos danos. A ação curativa do tempo baseia-se parcialmente

---

mais forte e mais estreito, conforme a atividade do cérebro no momento seja mais ou menos abolida pelo sono."]

nisso". Todos temos a sensação de que o sono exerce um efeito benéfico sobre as atividades mentais, e o obscuro funcionamento da mentalidade popular se recusa a abrir mão de sua crença de que sonhar é uma das maneiras pelas quais o sono proporciona seus benefícios.

A tentativa mais original e ampla de explicar os sonhos como uma atividade especial da mente, capaz de livre expansão apenas durante o estado de sono, foi a que empreendeu Scherner em 1861. Seu livro é escrito num estilo bombástico e extravagante e se inspira num entusiasmo quase extasiado por seu assunto, fadado a repelir quem quer que não consiga partilhar de seu fervor. Cria tantas dificuldades à análise de seu conteúdo que passamos com alívio à exposição mais clara e mais sucinta das doutrinas de Scherner fornecida pelo filósofo Volkelt. "Lampejos sugestivos de sentido emanam como relâmpagos dessas aglomerações místicas, dessas nuvens de glória e de esplendor — mas não iluminam a trilha de um filósofo." É nesses termos que os escritos de Scherner são julgados até mesmo por seu discípulo.

Scherner não é dos que acreditam que as capacidades da mente continuem intactas na vida onírica. Ele próprio mostra como o núcleo central do ego — sua energia espontânea — fica privado de sua força nervosa nos sonhos; como, em decorrência dessa descentralização, os processos de cognição, sensação, vontade e representação se vêem modificados e como os remanescentes dessas funções psíquicas deixam de possuir um caráter verdadeiramente mental, tornando-se nada além de mecanismos. Contudo, à guisa de contraste, a atividade mental que se pode descrever como "imaginação", liberta do domínio da razão e de qualquer controle moderador, salta para uma posição de soberania ilimitada. Embora a imaginação onírica lance mão das lembranças recentes da vigília como seu material de construção, ela as erige como estruturas que não guardam a mais remota semelhança com as da vida de vigília; mostra nos sonhos que possui não só poderes reprodutivos, mas também poderes *produtivos*. Suas características são o que empresta aos sonhos seus traços peculiares. Ela mostra preferência pelo que é imoderado, exagerado e monstruoso. Mas, ao mesmo tempo, liberta dos entraves das categorias de pensamento, ela adquire maleabilidade, agilidade e versatilidade. É suscetível, da maneira mais sutil, às nuanças dos sentimentos de ternura e às emoções apaixonadas, e logo incorpora nossa vida interior em imagens plásticas externas. Nos sonhos, a imaginação se vê destituída do poder da linguagem conceitual. É obrigada a retratar o que tem a dizer de forma pictórica e, como não há conceitos que exerçam uma influência atenuante, faz pleno e poderoso uso da forma pictórica. Assim, por mais clara que seja sua linguagem, ela é difusa, desajeitada e canhestra. A clareza de sua linguagem sofre, particularmente, pelo fato de ela se mostrar avessa a representar um objeto por sua imagem própria, preferindo alguma imagem estranha que expresse apenas o atributo específico do objeto que ela busca representar. Temos aqui a "atividade simbolizadora" da imaginação. Outro ponto importantíssimo é que a imaginação onírica jamais retrata as coisas por completo, mas apenas esquematicamente e, mesmo assim, da forma mais rústica. Por essa razão, suas pinturas parecem esboços inspirados. Não se detém, contudo, ante a mera representação de um objeto, mas atende a uma exigência interna de envolver o ego onírico, em maior ou menor grau, com o objeto, assim produzindo um *evento*. Por exemplo, um sonho provocado por um estímulo visual pode representar moedas de ouro na rua; o sonhador as apanhará com prazer e as levará consigo.

O material com que a imaginação onírica realiza seu trabalho artístico é principalmente, de acordo com Scherner, fornecido por aqueles estímulos somáticos orgânicos que são tão obscuros durante o dia. Assim, a hipótese extremamente fantástica formulada por Scherner e as doutrinas talvez indevidamente sóbrias de Wundt e outros fisiologistas, que são diametralmente opostas em outros aspectos, concordam inteiramente em suas teorias acerca das fontes e dos instigadores dos sonhos. Segundo a visão fisiológica, porém, a reação mental aos estímulos somáticos internos esgota-se na provocação de certas representações apropriadas aos estímulos; essas idéias dão lugar a outras por vias associativas e, nesse ponto, o curso dos eventos psíquicos nos sonhos parece chegar ao fim. Segundo Scherner, por outro lado, os estímulos somáticos não fazem mais do que fornecer à mente material que ela possa utilizar para suas finalidades imaginativas. A formação dos sonhos só começa, aos olhos de Scherner, no ponto que os outros autores encaram como seu fim.

Não se pode, é claro, considerar que aquilo que a imaginação onírica faz aos estímulos somáticos sirva a alguma finalidade útil. Ela os desloca de um lado para outro e retrata as fontes orgânicas de que surgiram os estímulos do sonho em questão numa espécie de simbolismo plástico. Scherner é de opinião — embora nisso Volkelt e outros se recusem a segui-lo — que a imaginação onírica tem uma forma predileta específica de representar o organismo como um todo: a saber, como uma casa. Felizmente, porém, não parece restringir-se a esse método único de representação. Por outro lado, pode valer-se de toda uma fileira de casas para indicar um único órgão; por exemplo, uma rua muito longa, repleta de casas, pode representar um estímulo proveniente dos intestinos. Além disso, partes isoladas de uma casa podem representar partes separadas do corpo; assim, num sonho causado por uma dor de cabeça, a cabeça pode ser representada pelo teto de um quarto, coberto de aranhas repelentes e semelhantes a sapos.

Deixando de lado esse simbolismo da casa, inúmeros outros tipos de coisas podem ser empregados para representar as partes do corpo de que surgiu o estímulo para o sonho. "Assim, o pulmão que respira será simbolicamente representado por uma fornalha flamejante, com chamas a crepitar com um som semelhante ao da passagem de ar; o coração será representado por caixas ou cestas ocas, a bexiga por objetos redondos em forma de sacos ou, mais genericamente, por objetos ocos. Um sonho causado por estímulos provenientes dos órgãos sexuais masculinos poderá fazer com que o sonhador encontre na rua a parte superior de um clarinete ou a boquilha de um cachimbo, ou ainda um pedaço de pele de animal. Aqui, o clarinete e o cachimbo representam a forma aproximada do órgão masculino, enquanto a pele representa os pêlos pubianos. No caso de um sonho sexual numa mulher, o espaço estreito em que as coxas se unem pode ser representado por um pátio estreito cercado de casas, enquanto a vagina é simbolizada por uma trilha lisa, escorregadia e muito estreita, que atravessa o pátio, por onde a sonhadora terá que passar, talvez, para levar uma carta a um cavalheiro" (Volkelt, op. cit., p. 34). É de especial importância que, ao final de sonhos como esses, com um estímulo somático, a imaginação onírica muitas vezes ponha de lado seu véu, por assim dizer, revelando abertamente o órgão em questão ou sua função. Assim, um sonho "com um estímulo dental" costuma terminar com a imagem do sonhador arrancando um dente de sua boca.

No entanto a imaginação onírica pode não apenas dirigir sua atenção para a *forma* do órgão estimulante, mas igualmente simbolizar a substância contida nesse órgão. Dessa maneira, um sonho com um estímulo intestinal pode levar o sonhador a percorrer ruas lamacentas, enquanto um sonho com um estímulo urinário talvez o conduza a um curso d'água espumante. Ou então o estímulo em si, a natureza da excitação que ele produz ou o objeto que ele deseja podem ser representados simbolicamente. Ou talvez o ego onírico entre numa relação concreta com os símbolos

102

de seu próprio estado; por exemplo, no caso de estímulos dolorosos, o sonhador poderá envolver-se numa luta desesperada com cães ferozes ou touros selvagens, ou uma mulher que tenha um sonho sexual poderá ver-se perseguida por um homem nu. Independentemente da riqueza dos meios que emprega, a atividade simbolizadora da imaginação permanece como a força central em todos os sonhos. A tarefa de penetrar mais a fundo na natureza dessa imaginação e de encontrar um lugar para ela num sistema de pensamento filosófico é tentada por Volkelt nas páginas de seu livro. Mas, embora este seja bem escrito e dotado de sensibilidade, continua a ser extremamente difícil de compreender por qualquer um cuja formação anterior não o tenha preparado para uma apreensão benevolente dos construtos conceituais da filosofia.

Nenhuma função utilitária se liga à imaginação simbolizadora de Scherner. A mente se entretém, no sono, com os estímulos que incidem sobre ela. Poder-se-ia quase suspeitar que lida com eles maliciosamente. Mas também me poderiam perguntar se meu exame pormenorizado da teoria de Scherner sobre os sonhos atende a alguma finalidade útil, já que seu caráter arbitrário e sua desobediência a todas as regras da pesquisa parecem óbvios demais. À guisa de resposta, eu poderia registrar um protesto contra a arrogância que descartaria a teoria de Scherner sem examiná-la. Sua teoria se fundamenta na impressão causada pelos sonhos num homem que os considerou com extrema atenção e que parece ter tido um grande talento pessoal para pesquisar as coisas obscuras da mente. Além disso, ela versa sobre um assunto que, por milhares de anos, tem sido considerado pela humanidade como enigmático, sem dúvida, mas também como importante em si mesmo e em suas implicações — um assunto para cuja elucidação a ciência exata, segundo ela própria admite, pouco tem contribuído, salvo por uma tentativa (em oposição direta ao sentimento popular) de negar-lhe qualquer sentido ou importância. E, por fim, pode-se afirmar honestamente que, na tentativa de explicar os sonhos, não é fácil evitar ser fantasioso. As células ganglionares também podem ser fantasiosas. O trecho que citei nas pp. 93-4, de um pesquisador sóbrio e rigoroso como Binz, e que descreve o modo como o início do despertar penetra furtivamente na massa de células adormecidas do córtex cerebral, não é menos fantasioso — nem menos improvável — do que as tentativas de Scherner de chegar a uma interpretação. Espero poder demonstrar que há por trás destas últimas um elemento de realidade, embora tenha sido apenas vagamente percebido e lhe falte o atributo de universalidade que deve caracterizar uma teoria dos sonhos. Entrementes, o contraste entre a teoria de Scherner e a teoria médica nos mostrará os extremos entre os quais as explicações da vida onírica oscilam dubiamente até os dias de hoje.

(H)

AS RELAÇÕES ENTRE OS SONHOS
E AS DOENÇAS MENTAIS

Ao falarmos na relação entre os sonhos e os distúrbios mentais, podemos ter três coisas em mente: (1) as conexões etiológicas e clínicas, como quando um sonho representa um estado psicótico, ou o introduz, ou é um remanescente dele; (2) as modificações a que está sujeita a vida onírica nos casos de doença mental; e (3) as ligações intrínsecas entre os sonhos e as psicoses, as analogias que apontam para o fato de eles serem essencialmente afins. Essas numerosas relações entre os dois grupos de fenômenos constituíram um tema favorito entre os autores médicos de épocas anteriores e voltaram a sê-lo nos dias atuais, como demonstrado pelas bibliografias sobre o assunto coligidas por Spitta, Radestock, Maury e Tissié. Bem recentemente, Sante de Sanctis voltou sua atenção para esse assunto.[1] Será suficiente, para fins da minha tese, que eu me limite a tocar nesta importante questão.

Com respeito às ligações clínicas e etiológicas entre os sonhos e as psicoses, as seguintes observações podem ser apresentadas como amostras. Hohnbaum, citado por Krauss, relata que uma primeira irrupção de insanidade delirante muitas vezes se origina num sonho de angústia ou de terror, e que a idéia dominante está ligada ao sonho. Sante de Sanctis apresenta observações semelhantes em casos de paranóia e declara que, em algumas delas, o sonho foi a "vraie cause déterminante de la folie".[2] A psicose, diz de Sanctis, pode surgir de um só golpe com o aparecimento do sonho operante que traz à luz o material delirante; ou pode desenvolver-se lentamente numa série de outros sonhos, que têm ainda de superar certa dose de dúvida. Em um de seus casos, o sonho relevante foi seguido de ataques histéricos brandos e, posteriormente, de um estado de melancolia de angústia. Féré (citado por Tissié, 1898) relata um sonho que resultou numa

---

1 [*Nota de rodapé acrescentada* em 1914:] Entre os autores mais modernos que tratam dessas relações figuram Féré, Ideler, Lasègue, Pichon, Régis, Vespa, Giessler, Kazowsky, Pachantoni, etc.
2 ["A verdadeira causa determinante da loucura."]

paralisia histérica. Nesses exemplos, os sonhos são representados como a etiologia do distúrbio mental; mas faríamos igual justiça aos fatos se disséssemos que o distúrbio mental apareceu pela primeira vez na vida onírica, isto é, que teve sua primeira irrupção num sonho. Em alguns outros exemplos, os sintomas patológicos estão contidos na vida onírica, ou a psicose se limita a esta. Assim, Thomayer (1897) chama a atenção para certos sonhos de angústia que ele julga deverem ser considerados como equivalentes a ataques epilépticos. Allison (citado por Radestock, 1879) descreveu uma "insanidade noturna" na qual o paciente parece inteiramente sadio durante o dia, mas, à noite, fica regularmente sujeito a alucinações, crises de excitação, etc. Observações semelhantes são relatadas por de Sanctis (um sonho de um paciente alcoólatra que era equivalente a uma paranóia, e que representava vozes que acusavam sua mulher de infidelidade) e por Tissié. Este (1898) fornece inúmeros exemplos recentes em que atos de natureza patológica, tais como uma conduta baseada em premissas delirantes e impulsos obsessivos, derivam de sonhos. Guislain descreve um caso em que o sono foi substituído por uma loucura intermitente.

Não há dúvida de que, juntamente com a psicologia dos sonhos, os médicos terão, algum dia, de voltar sua atenção para uma *psicopatologia* dos sonhos.

Nos casos de recuperação de doenças mentais, observa-se muitas vezes com bastante clareza que, embora o funcionamento seja normal durante o dia, a vida onírica ainda se acha sob a influência da psicose. Segundo Krauss (1859, p. 270), Gregory foi o primeiro a chamar a atenção para esse fato. Macario, citado por Tissié, descreve como um paciente maníaco, uma semana após sua completa recuperação, ainda estava sujeito, em seus sonhos, à fuga de idéias e às paixões violentas que eram características de sua doença.

Fizeram-se até agora muito poucas pesquisas sobre as modificações que ocorrem na vida onírica durante as psicoses crônicas. Por outro lado, há muito tempo se dirigiu a atenção para o parentesco subjacente entre os sonhos e os distúrbios mentais, exibido na enorme concordância entre suas manifestações. Maury (1854, p. 124) conta-nos que Cabanis (1802) foi o primeiro a comentá-las e, depois dele, Lélut, J. Moreau (1855) e, em particular, o filósofo Maine de Biran. Sem dúvida, a comparação remonta a épocas ainda mais remotas. Radestock (1879, p. 217) introduz o capítulo em que trata do assunto mediante várias citações que traçam uma analogia entre os sonhos e a loucura. Kant escreve em algum ponto de sua obra: "O louco é um sonhador acordado". Krauss (1859, p. 270) declara que "a insanidade é um sonho sonhado enquanto os sentidos estão despertos". Schopenhauer chama os sonhos de loucura breve e a loucura de sonho longo. Hagen descreve o delírio como uma vida onírica que é induzida não pelo sono, mas pela doença. Wundt escreve: "Nós mesmos, de fato, podemos experimentar nos sonhos quase todos os fenômenos encontrados nos manicômios".

Spitta (1882, p. 199), da mesma forma que Maury (1854), assim enumera os diferentes pontos de concordância que constituem a base dessa comparação: "(1) A autoconsciência fica suspensa ou, pelo menos, retardada, o que resulta numa falta de compreensão da natureza do estado, com a conseqüente incapacidade de sentir surpresa e com perda da consciência moral. (2) A percepção por meio dos órgãos dos sentidos se modifica, reduzindo-se nos sonhos, mas sendo, em geral, grandemente aumentada na loucura. (3) A interligação de representações ocorre exclusivamente segundo as leis de associação e reprodução; assim, as representações se enquadram automaticamente em seqüências e há uma conseqüente desproporção na relação entre as representações (exageros e ilusões). Tudo isso leva a (4) uma alteração ou, em alguns casos, uma reversão da personalidade, e, ocasionalmente, dos traços de caráter (conduta perversa)".

Radestock (1879, p. 219) acrescenta mais algumas características — analogias entre o *material* nos dois casos: "A maioria das alucinações e ilusões ocorre na região dos sentidos da visão e da audição, e da cenestesia. Como no caso dos sonhos, os sentidos do olfato e do paladar são os que fornecem menos elementos. — Tanto nos pacientes que sofrem de febre como nas pessoas que sonham, surgem lembranças do passado remoto; tanto as pessoas adormecidas quanto os doentes se lembram de coisas que os indivíduos despertos e sadios parecem ter esquecido". A analogia entre os sonhos e as psicoses só é plenamente apreciada quando se constata que ela se estende aos detalhes da movimentação expressiva e às características da expressão facial.

"O homem atormentado pelo sofrimento físico e mental obtém dos sonhos o que a realidade lhe nega: saúde e felicidade. Do mesmo modo, há na doença mental imagens brilhantes de felicidade, grandiosidade, eminência e riqueza. A suposta posse de bens e a realização imaginária de desejos — cujo refreamento ou destruição realmente fornecem uma base psicológica para a loucura — constituem muitas vezes o conteúdo principal do delírio.

Uma mulher que tenha perdido um filho amado experimenta as alegrias da maternidade em seu delírio; um homem que tenha perdido seu dinheiro julga-se imensamente rico; uma moça que tenha sido enganada sente que é ternamente amada."

(Esse trecho de Radestock é, na verdade, um resumo de uma aguda observação feita por Griesinger (1861, p. 106), que mostra com bastante clareza que as representações nos sonhos e nas psicoses têm em comum a característica de serem *realizações de desejos*. Minhas próprias pesquisas ensinaram-me que neste fato se encontra a chave de uma teoria psicológica tanto dos sonhos quanto das psicoses.)

"A principal característica dos sonhos e da loucura reside em suas excêntricas seqüências de pensamento e sua fraqueza de julgamento." Em ambos os estados [prossegue Radestock], encontramos uma supervalorização das realizações mentais do próprio sujeito que parece destituída de sentido ante uma visão sensata: a rápida seqüência de representações nos sonhos encontra paralelo na fuga de idéias nas psicoses. Há em ambos uma completa falta de sentido do tempo. Nos sonhos, a personalidade pode ser cindida — quando, por exemplo, os conhecimentos do próprio sonhador se dividem entre duas pessoas e quando, no sonho, o ego estranho corrige o ego real. Isso corresponde precisamente à cisão da personalidade que nos é familiar na paranóia alucinatória; também o sonhador ouve seus próprios pensamentos pronunciados por vozes estranhas. Mesmo as idéias delirantes crônicas têm sua analogia nos sonhos patológicos estereotipados recorrentes (*le rêve obsédant*). — Não raro, depois de se recuperarem de um delírio, os pacientes dizem que todo o período de sua doença lhes parece um sonho que não foi desagradável: de fato, às vezes nos dizem que, mesmo durante a doença, tiveram ocasionalmente a sensação de estarem apenas aprisionados num sonho — como acontece com muita freqüência nos sonhos que ocorrem durante o sono.

Depois de tudo isso, não surpreende que Radestock resuma seus pontos de vista, e os de muitos outros autores, declarando que "a loucura, um fenômeno patológico anormal, deve ser encarada como uma intensificação do estado normal periodicamente recorrente do sonhar" (op. cit., p. 228).

Krauss (1859, p. 270 e seg.) procurou estabelecer o que talvez seja uma ligação ainda mais íntima entre os sonhos e a loucura do que a que pode ser demonstrada por uma analogia entre essas manifestações externas. Ele vê essa ligação em sua etiologia, ou melhor, nas fontes de sua excitação. O elemento fundamental comum aos dois estados reside, segundo ele, como já vimos, nas sensações organicamente determinadas, nas sensações derivadas de estímulos somáticos e na cenestesia que se baseia nas contribuições provenientes de todos os órgãos (cf. Peisse, 1857, v. 2, p. 21, citado por Maury, 1878, p. 52).

A indiscutível analogia entre os sonhos e a loucura, que se estende até seus detalhes característicos, é um dos mais poderosos suportes da teoria médica da vida onírica, que considera o sonhar como um processo inútil e perturbador e como a expressão de uma atividade reduzida da mente. Não obstante, não se deve esperar que encontremos a explicação final dos sonhos na linha dos· distúrbios mentais, pois o estado insatisfatório de nossos conhecimentos acerca da origem destes últimos é reconhecido por todos. É bem provável, pelo contrário, que uma modificação de nossa atitude perante os sonhos afete ao mesmo tempo nossos pontos de vista sobre o mecanismo interno dos distúrbios mentais e que nos aproximemos de uma explicação das psicoses enquanto nos esforçamos por lançar alguma luz sobre o mistério dos sonhos.

PÓS-ESCRITO, 1909

O fato de eu não haver estendido minha exposição sobre a literatura que trata dos problemas dos sonhos a ponto de abranger o período entre a primeira e a segunda edições deste livro exige uma justificativa. Talvez ela pareça insatisfatória ao leitor, mas, assim mesmo, foi decisiva para mim. Os motivos que me levaram a apresentar qualquer relato da forma pela qual os autores mais antigos lidaram com os sonhos esgotaram-se com a conclusão deste capítulo introdutório; prosseguir nessa tarefa ter-me-ia custado um esforço extraordinário — e o resultado teria sido muito pouco útil ou instrutivo, pois os nove anos intermediários nada trouxeram de novo ou valioso, quer em material factual, quer em opiniões que pudessem lançar luz sobre o assunto. Na maioria das publicações surgidas durante esse intervalo, meu trabalho não foi objeto de menção nem de exame. Recebeu, naturalmente, um mínimo de atenção dos que se empenham no que é descrito como "pesquisa" dos sonhos, e que assim forneceram brilhante exemplo da repugnância por aprender qualquer coisa nova que é característica dos homens de ciência. Nas irônicas palavras de Anatole France, *"les savants ne sont pas curieux"*. Se houvesse na ciência algo como o direito à retaliação, por certo eu estaria justificado, por minha parte, em desprezar a literatura editada desde a publicação deste livro. As poucas notas que apareceram sobre ele nos periódicos científicos demonstram tal *falta* de compreensão e tais *erros* na compreensão, que minha única resposta aos críticos seria sugerir que relessem o livro — ou talvez, na verdade, apenas sugerir que o lessem.

Grande número de sonhos foi publicado e analisado segundo minha orientação em trabalhos da autoria de médicos que resolveram adotar o método terapêutico psicanalítico, bem como de outros autores. Na medida em que esses textos foram além de uma simples confirmação de meus pontos de vista, incluí seus resultados no corpo de minha exposição. Acrescentei uma segunda bibliografia no fim do volume, contendo uma relação das obras mais importantes surgidas desde a primeira edição deste livro. A extensa monografia sobre os sonhos, da autoria de Sante de Sanctis (1899), cuja tradução alemã surgiu logo após seu lançamento, foi publicada quase simultaneamente a minha *Interpretação dos Sonhos*, de modo que nem eu nem o autor italiano pudemos tecer comentários sobre as obras um do outro. Infelizmente, não pude fugir à conclusão de que seu trabalhoso volume é totalmente deficiente de idéias — tanto, de fato, que nem sequer levaria alguém a suspeitar da existência dos problemas sobre os quais discorri.

Exigem menção apenas duas publicações que se aproximam de minha própria abordagem dos problemas dos sonhos. Hermann Swoboda (1904), um jovem filósofo, empreendeu a tarefa de estender aos eventos psíquicos a descoberta de uma periodicidade biológica (em períodos de 23 e 28 dias) feita por Wilhelm Fliess. No decurso de seu trabalho altamente imaginativo, ele se esforçou por utilizar essa chave para a solução, entre outros problemas, do enigma dos sonhos. Seus resultados parecem subestimar a importância dos sonhos; o tema de um sonho, segundo seu ponto de vista, deve ser explicado como uma montagem de todas as lembranças que, na noite em que ocorre o sonho, completem um dos períodos biológicos, seja pela primeira ou pela enésima vez. Uma comunicação pessoal do autor levou-me a supor, a princípio, que ele próprio já não levava essa teoria a sério, mas essa parece ter sido uma conclusão errônea de minha parte. Mais adiante, relatarei algumas observações que fiz em relação à sugestão de Swoboda, mas que não me conduziram a qualquer conclusão convincente. Fiquei mais satisfeito quando, num setor inesperado, descobri casualmente uma visão dos sonhos que coincide na íntegra com o cerne de minha própria teoria. É impossível, por motivos cronológicos, que a formulação em pauta possa ter sido influenciada por meu livro. Devo, portanto, saudá-la como o único exemplo encontrável na literatura sobre o assunto de um pensador independente que concorda com a essência da minha teoria dos sonhos. O livro que contém o trecho que tenho em mente sobre os sonhos surgiu em sua segunda edição, em 1900, sob o título de *Phantasien eines Realisten*, de "Lynkeus".[1]

PÓS-ESCRITO, 1914

A nota justificatória precedente foi escrita em 1909. Sou forçado a admitir que, desde então, a situação se modificou; minha contribuição para a interpretação dos sonhos já não é desprezada pelos autores que escrevem sobre o assunto. O novo estado de coisas, entretanto, fez com que ficasse inteiramente fora de cogitação a idéia de ampliar meu relato anterior sobre a literatura. *A Interpretação dos Sonhos* levantou toda uma série de novas considerações e problemas que têm sido discutidos de inúmeras maneiras. Não posso apresentar uma exposição dessas obras, no entanto, antes de expor os pontos de vista de minha própria autoria em que elas se baseiam. Assim sendo, abordei tudo o que me pareceu valioso na literatura mais recente, no lugar apropriado, ao longo da discussão que se segue.

---

1 [*Nota de rodapé acrescentada* em 1930:] Cf. meu artigo sobre Josef Popper-Lynkeus e a teoria dos sonhos (1923*f*).

CAPÍTULO II

O MÉTODO DE INTERPRETAÇÃO DOS SONHOS: ANÁLISE DE UM SONHO MODELO

O título que escolhi para minha obra deixa claro quais das abordagens tradicionais do problema dos sonhos estou inclinado a seguir. O objetivo que estabeleci perante mim mesmo é demonstrar que os sonhos são passíveis de ser interpretados; e quaisquer contribuições que eu possa fazer para a solução dos problemas tratados no último capítulo só surgirão como subprodutos no decorrer da execução de minha tarefa propriamente dita. Meu pressuposto de que os sonhos podem ser interpretados coloca-me, de imediato, em oposição à teoria dominante sobre os sonhos e, de fato, a todas as teorias dos sonhos, com a única exceção da de Scherner; pois "interpretar" um sonho implica atribuir a ele um "sentido" — isto é, substituí-lo por algo que se ajuste à cadeia de nossos atos mentais como um elo dotado de validade e importância iguais ao restante. Como vimos, as teorias científicas dos sonhos não dão margem à questão de interpretá-los, visto que, segundo o ponto de vista dessas teorias, o sonho não é absolutamente um ato mental, mas um processo somático que assinala sua ocorrência por indicações registradas no aparelho mental. A opinião leiga tem assumido uma atitude diferente ao longo dos tempos. Tem exercido seu direito inalienável de se comportar de forma incoerente; e, embora admitindo que os sonhos são ininteligíveis e absurdos, não consegue convencer-se a declarar que eles não têm importância alguma. Levada por algum sentimento obscuro, parece pressupor que, a despeito de tudo, todo sonho tem um significado, embora oculto, que os sonhos se destinam a ocupar o lugar de algum outro processo de pensamento, e que para chegar a esse sentido oculto temos apenas de desfazer corretamente a substituição.

Assim, o mundo leigo se interessa, desde os tempos mais remotos, pela "interpretação" dos sonhos e, em suas tentativas de levá-la a cabo, tem-se servido de dois métodos essencialmente diferentes.

O primeiro desses métodos considera o conteúdo do sonho como um todo e procura substituí-lo por outro conteúdo que seja inteligível e, em certos aspectos, análogo ao original. Essa é a interpretação *"simbólica"* dos sonhos, e cai inevitavelmente por terra quando se defronta com sonhos que são não apenas ininteligíveis, mas também confusos. Um exemplo desse método pode ser observado na explicação do sonho do Faraó, proposta por

José na Bíblia. As sete vacas gordas seguidas pelas sete vacas magras que devoraram as gordas — tudo isso era o substituto simbólico para uma profecia de sete anos de fome nas terras do Egito, que consumiriam tudo o que fosse produzido nos sete anos de abundância. A maioria dos sonhos artificiais criados pelos escritores de ficção destinam-se a esse tipo de interpretação simbólica; reproduzem os pensamentos do escritor sob um disfarce que se considera condizente com as características reconhecidas dos sonhos.[1] A idéia de os sonhos se relacionarem principalmente com o futuro e poderem predizê-lo — um vestígio da antiga importância profética dos sonhos — fornece uma razão para se transpor o sentido do sonho, quando se chega a tal sentido por meio da interpretação simbólica, para o tempo futuro. É obviamente impossível dar instruções sobre o *método* de se chegar a uma interpretação simbólica. O êxito deve ser uma questão de se esbarrar numa idéia inteligente, uma questão de intuição direta, e por esse motivo foi possível à interpretação dos sonhos por meio do simbolismo ser exaltada numa atividade artística que depende da posse de dons peculiares.[2]

O segundo dos dois métodos populares de interpretação dos sonhos está longe de fazer tais afirmações. Poderia ser descrito como o método da *"decifração"*, pois trata os sonhos como uma espécie de criptografia em que cada signo pode ser traduzido por outro signo de significado conhecido, de acordo com um código fixo. Suponhamos, por exemplo, que eu tenha sonhado com uma carta e também com um funeral. Se consultar um "livro dos sonhos", verificarei que "carta" deve traduzir-se por "transtorno", e "funeral", por "noivado". Resta-me então vincular as palavras-chave que assim decifrei e, mais uma vez, transpor o resultado para o tempo futuro. Uma modificação interessante do processo de decifração, que até certo ponto corrige o caráter

---

1 [*Nota de rodapé acrescentada* em 1909:] Encontrei por acaso em *Gradiva*, uma história escrita por Wilhelm Jensen, diversos sonhos artificiais construídos de maneira perfeitamente correta e que poderiam ser interpretados exatamente como se não tivessem sido inventados, mas sonhados por pessoas reais. Em resposta a uma indagação, o autor confirmou o fato de não ter nenhum conhecimento acerca de minha teoria dos sonhos. Argumentei que a concordância entre minhas pesquisas e as criações desse escritor constitui prova a favor da correção de minha análise dos sonhos (ver Freud, 1907a).

2 [*Nota de rodapé acrescentada* em 1914:] Aristóteles comentou, a este respeito, que o melhor intérprete dos sonhos seria o homem mais capaz de apreender as semelhanças, pois as imagens oníricas, como as imagens na água, são deformadas pelo movimento, e o intérprete de maior êxito é o homem que consegue identificar a verdade a partir da imagem deformada (Büchsenschütz, 1868, p. 65).

puramente mecânico de seu método de transposição, encontra-se no livro escrito sobre a interpretação dos sonhos de Artemidoro de Daldis.[1] Esse método leva em conta não apenas o conteúdo do sonho, mas também o caráter e a situação do sonhador, de modo que um mesmo elemento onírico terá, para um homem rico, um homem casado ou, digamos, um orador, um sentido diferente do que tem para um homem pobre, um homem solteiro ou um negociante. A essência do método de decifração reside, contudo, no fato de o trabalho de interpretação não ser aplicado ao sonho como um todo, mas a cada parcela independente do conteúdo do sonho, como se o sonho fosse um conglomerado geológico em que cada fragmento de rocha exigisse uma análise isolada. Não há dúvida de que a invenção do método interpretativo de decifração foi sugerida por sonhos desconexos e confusos.[2]

---

1 [*Nota de rodapé acrescentada* em 1914:] Artemidoro de Daldis, que provavelmente nasceu no início do século II d.C., legou-nos o mais completo e meticuloso estudo da interpretação dos sonhos tal como praticada no mundo greco-romano. Como assinala Theodor Gomperz (1866, p. 7 e seg.), ele insistia na importância de basear a interpretação dos sonhos na observação e na experiência, e estabelecia uma distinção rígida entre sua própria arte e outras que eram ilusórias. O princípio de sua arte interpretativa, segundo Gomperz, é idêntico à magia, o princípio de associação. Uma coisa num sonho significa o que ela recordar à mente — à mente do intérprete de sonhos, é quase desnecessário dizer. Uma fonte insuperável de arbitrariedade e incerteza decorre do fato de que o elemento onírico pode evocar *várias* coisas à mente do intérprete e evocar coisas diferentes a diferentes intérpretes. A técnica que descrevo nas páginas seguintes difere do método da Antiguidade num ponto essencial: ela impõe a tarefa de interpretação à própria pessoa que sonha. Não se interessa pelo que ocorre ao *intérprete* em relação a um elemento específico do sonho, mas pelo que ocorre ao *sonhador*. — Todavia, alguns relatos recentes de um missionário, o Padre Tfinkdji (1913), mostram que os modernos intérpretes dos sonhos no Oriente também fazem livre uso da colaboração do sonhador. Assim escreve ele sobre os intérpretes de sonhos entre os árabes da Mesopotâmia: "Pour interprêter exactement un songe, les oniromanciens les plus habiles s'informent de ceux qui les consultent de toutes les circonstances qu'ils regardent nécessaires pour la bonne explication. [...] En un mot, nos oniromanciens ne laissent aucune circonstance leur échapper et ne donnent l'interprétation désirée avant d'avoir parfaitement saisi et reçu toutes les interrogations désirables". ["Para interpretar um sonho com exatidão, os oniromancistas mais hábeis se informam junto àqueles que os consultam sobre todas as circunstâncias que eles julgam necessárias à boa explicação. [...] Em suma, esses oniromantes não deixam escapar nenhuma circunstância e não dão a interpretação desejada antes de terem captado perfeitamente as respostas a todas as perguntas necessárias."] Entre essas perguntas costumam incluir-se indagações a respeito dos parentes mais próximos do sonhador — seus pais, mulher e filhos —, bem como uma formulação típica como: "Habuistine in hac nocte copulam conjugalem ante vel post somnium?" ["O senhor copulou com sua mulher essa noite antes ou depois de ter tido o sonho?"] — "L'idée dominante dans l'interprétation des songes consiste à expliquer le rêve par son opposée." ["A idéia dominante na interpretação dos sonhos consiste em explicar o sonho por seu oposto."]

2 [*Nota de rodapé acrescentada* em 1909:] O Dr. Alfred Robitsek mostrou-me que os "livros de sonhos" orientais (dos quais os nossos são imitações precárias) baseiam a maioria de suas

Não se pode imaginar nem por um momento que qualquer dos dois métodos populares de interpretação dos sonhos possa ser empregado numa abordagem científica do assunto. O método simbólico tem uma aplicação restrita e não pode ser formulado em linhas gerais. No caso do método de decifração, tudo depende da confiabilidade do "código" — o livro dos sonhos —, e quanto a isso não temos nenhuma garantia. Assim, poderíamos sentir-nos tentados a concordar com os filósofos e psiquiatras e, à semelhança deles, descartar o problema da interpretação dos sonhos como uma tarefa puramente fantasiosa.[1]

Mas descobri que não é bem assim. Fui levado a compreender que temos aqui, mais uma vez, um daqueles casos nada incomuns em que uma antiga crença popular, ciosamente guardada, parece estar mais próxima da verdade que o julgamento da ciência vigente em nossos dias. Devo afirmar que os sonhos realmente têm um sentido e que é possível ter um método científico para interpretá-los.

Meu conhecimento desse método foi obtido da seguinte maneira. Tenho-me empenhado há muitos anos (com um objetivo terapêutico em vista) em deslindar certas estruturas psicopatológicas — fobias histéricas, idéias

---

interpretações de elementos oníricos na comparação entre sons e na semelhança entre palavras. O fato de essas relações inevitavelmente desaparecerem na tradução explica a ininteligibilidade das versões fornecidas em nossos próprios livros populares de sonhos. O papel extraordinariamente importante desempenhado pelos jogos de palavras e trocadilhos verbais nas antigas civilizações do Oriente pode ser estudado nos textos de Hugo Winckler. — [*Acrescentado* em 1911:] O melhor exemplo de interpretação de sonho que nos chegou da Antiguidade baseia-se num trocadilho. É narrado por Artemidoro: "Julgo também que Aristrando ofereceu uma interpretação das mais felizes a Alexandre da Macedônia quando este havia cercado Tiro [Τύρος] e a estava mantendo sitiada, mas se sentia inquieto e perturbado em vista do tempo que o cerco estava tomando. Alexandre sonhou que via um sátiro [σάτυρος] dançando em seu escudo. Por acaso, Aristandro se encontrava nas imediações de Tiro, a serviço do rei em sua campanha da Síria. Dividindo a palavra correspondente a sátiro em σά e τυρος , ele incentivou o rei a apertar o cerco, e este se tornou o senhor da cidade". (σά Τύρος = Tiro é tua.) — De fato, os sonhos se acham relacionados de forma tão íntima com a expressão lingüística que Ferenczi observou acertadamente que cada idioma possui sua própria linguagem onírica. É impossível, em geral, traduzir um sonho numa língua estrangeira, e isso também se aplica, imagino, a um livro como este. [*Acrescentado* em 1930:] Não obstante, o Dr. A. A. Brill, de Nova Iorque, e outros depois dele, conseguiram traduzir *A Interpretação dos Sonhos*.

1 Após haver concluído meu manuscrito, deparei com uma obra de Stumpf (1899) que concorda com meus pontos de vista ao procurar provar que os sonhos têm um sentido e podem ser interpretados. Stumpf faz suas interpretações, contudo, por meio de um simbolismo de caráter alegórico, sem qualquer garantia da validade geral de seu método.

obsessivas, e assim por diante. Com efeito, tenho-o feito desde que soube, por meio de uma importante comunicação de Josef Breuer, que, no tocante a essas estruturas (que são consideradas como sintomas patológicos), sua decomposição coincide com sua solução (cf. Breuer e Freud, 1895.) Quando esse tipo de representação patológica pode ser rastreado até os elementos da vida mental do paciente dos quais se originou, a representação se desarticula, e o paciente fica livre dela. Considerando a impotência de nossos outros esforços terapêuticos e a natureza enigmática desses distúrbios, senti-me tentado a seguir a trilha apontada por Breuer, apesar de todas as dificuldades, até que se chegasse a uma explicação completa. Em outra ocasião, terei de discorrer longamente sobre a forma que esse procedimento acabou por assumir e sobre os resultados de meus esforços. Foi no decorrer desses estudos psicanalíticos que me deparei com a interpretação dos sonhos. Meus pacientes assumiam o compromisso de me comunicar todas as idéias ou pensamentos que lhes ocorressem em relação a um assunto específico; entre outras coisas, narravam-me seus sonhos, e assim me ensinaram que o sonho pode ser inserido na cadeia psíquica a ser retrospectivamente rastreada na memória a partir de uma idéia patológica. Faltava então apenas um pequeno passo para se tratar o próprio sonho como um sintoma e aplicar aos sonhos o método de interpretação que fora elaborado para os sintomas.

Isso exige uma certa preparação psicológica do paciente. Devemos tentar efetuar duas mudanças nele: um aumento da atenção que ele dispensa a suas próprias percepções psíquicas e a eliminação da crítica pela qual ele normalmente filtra os pensamentos que lhe ocorrem. Para que ele possa concentrar sua atenção na observação de si mesmo, é conveniente que ele se coloque numa atitude repousante e feche os olhos. É necessário insistir explicitamente para que renuncie a qualquer crítica aos pensamentos que perceber. Dizemos-lhe, portanto, que o êxito da psicanálise depende de ele notar e relatar o que quer que lhe venha à cabeça, e de não cair no erro, por exemplo, de suprimir uma idéia por parecer-lhe sem importância ou irrelevante, ou por lhe parecer destituída de sentido. Ele deve adotar uma atitude inteiramente imparcial perante o que lhe ocorrer, pois é precisamente sua atitude crítica que é responsável por ele não conseguir, no curso habitual das coisas, chegar ao desejado deslindamento de seu sonho, ou de sua idéia obsessiva, ou seja lá o que for.

Tenho observado, em meu trabalho psicanalítico, que todo o estado de espírito de um homem que esteja refletindo é inteiramente diferente do de um homem que esteja observando seus próprios processos psíquicos. Na reflexão, há em funcionamento uma atividade psíquica a mais do que na mais atenta auto-observação, e isso é demonstrado, entre outras coisas, pelos olhares tensos e o cenho franzido da pessoa que esteja acompanhando suas reflexões, em contraste com a expressão repousada de um auto-observador. Em ambos os casos, a atenção deve ser concentrada, mas o homem que está refletindo exerce também sua faculdade *crítica*; isso o leva a rejeitar algumas das idéias que lhe ocorrem após percebê-las, a interromper outras abruptamente, sem seguir os fluxos de pensamento que elas lhe desvendariam, e a se comportar de tal forma em relação a mais outras que elas nunca chegam a se tornar conscientes e, por conseguinte, são suprimidas antes de serem percebidas. O auto-observador, por outro lado, só precisa dar-se o trabalho de suprimir sua faculdade crítica. Se tiver êxito nisso, virão à sua consciência inúmeras idéias que, de outro modo, ele jamais conseguiria captar. O material inédito assim obtido para sua autopercepção possibilita interpretar tanto suas idéias patológicas como suas estruturas oníricas. O que está em questão, evidentemente, é o estabelecimento de um estado psíquico que, em sua distribuição da energia psíquica (isto é, da atenção móvel), tem alguma analogia com o estado que precede o adormeci-mento — e, sem dúvida, também com a hipnose. Ao adormecermos, surgem "representações involuntárias", graças ao relaxamento de uma certa atividade deliberada (e, sem dúvida, também crítica) a que permitimos influenciar o curso de nossas representações enquanto estamos acordados. (Costumamos atribuir esse relaxamento à "fadiga".) À medida que emergem, as repre-sentações involuntárias transformam-se em imagens visuais e acústicas. (Cf. as observações de Schleiermacher e outros, citados na p. 67 e seg.)[1] No estado utilizado para a análise dos sonhos e das idéias patológicas, o paciente, de forma intencional e deliberada, abandona essa atividade e emprega a energia psíquica assim poupada (ou parte dela) para acompanhar com atenção os pensamentos involuntários que então emergem, e que — e nisso a situação difere da situação do adormecimento — mantém o caráter de representações. *Dessa forma, as representações "involuntárias" são transformadas em "voluntárias".*

A adoção da atitude de espírito necessária perante idéias que parecem surgir "por livre e espontânea vontade", bem como o abandono da função

---

1 [*Nota de rodapé acrescentada* em 1919:] Silberer (1909, 1910 e 1912) fez importantes contri-buições à interpretação dos sonhos, observando diretamente essa transformação das idéias em imagens visuais.

crítica que normalmente atua contra elas, parecem ser difíceis de conseguir para algumas pessoas. Os "pensamentos involuntários" estão aptos a liberar uma resistência muito violenta, que procura impedir seu surgimento. A confiar no grande poeta e filósofo Friedrich Schiller, contudo, a criação poética deve exigir uma atitude exatamente igual. Num trecho de sua correspondência com Körner — temos que agradecer a Otto Rank por tê-la descoberto — Schiller (escrevendo em 1º de dezembro de 1788) responde à queixa que lhe faz o amigo a respeito da produtividade insuficiente: "O fundamento de sua queixa parece-me residir na restrição imposta por sua razão à sua imaginação. Tornarei minha idéia mais concreta por meio de um símile. Parece ruim e prejudicial para o trabalho criativo da mente que a Razão proceda a um exame muito rigoroso das idéias à medida que elas vão brotando — no próprio portal de entrada, por assim dizer. Encarado isoladamente, um pensamento pode parecer muito trivial ou muito absurdo, mas pode tornar-se importante em função de outro pensamento que suceda a ele, e, em conjunto com outros pensamentos que talvez pareçam igualmente absurdos, poderá vir a formar um elo muito eficaz. A Razão não pode formar qualquer opinião sobre tudo isso, a menos que retenha o pensamento por tempo suficiente para examiná-lo em conjunto com os outros. Por outro lado, onde existe uma mente criativa, a Razão — ao que me parece — relaxa sua vigilância sobre os portais, e as idéias entram precipitadamente, e só então ela as inspeciona e examina como um grupo. — Vocês, críticos, ou como quer que se denominem, ficam envergonhados ou assustados com as extravagâncias momentâneas e transitórias que estão presentes em todas as mentes verdadeiramente criativas, e cuja duração maior ou menor distingue o artista pensante do sonhador. Vocês se queixam de sua improdutividade porque rejeitam cedo demais e discriminam com excessivo rigor".

Não obstante, o que Schiller descreve como um relaxamento da vigilância nos portais da Razão, a adoção de uma atitude de auto-observação acrítica, de modo algum é difícil. A maioria de meus pacientes consegue isso após as primeiras instruções. Eu mesmo o faço de forma bem completa, ajudado pela anotação de minhas idéias à medida que elas me ocorrem. O volume de energia psíquica em que é possível reduzir a atividade crítica e aumentar a intensidade de auto-observação varia de modo considerável, conforme o assunto em que se esteja tentando fixar a atenção.

Nosso primeiro passo no emprego desse método nos ensina que o que devemos tomar como objeto de nossa atenção não é o sonho como um todo, mas partes separadas de seu conteúdo. Quando digo ao paciente ainda novato: "Que é que lhe ocorre em relação a esse sonho?", seu horizonte mental costuma transformar-se num vazio. No entanto, se colocar diante dele o sonho fracionado, ele me dará uma série de associações para cada fração, que poderiam ser descritas como os "pensamentos de fundo" dessa parte específica do sonho. Assim, o método de interpretação dos sonhos que pratico já difere, nesse primeiro aspecto importante, do popular, histórico e legendário método de interpretação por meio do simbolismo, aproximando-se do segundo método, ou método de "decifração". Como este, ele emprega a interpretação *en détail* e não *en masse*; como este, considera, desde o início, que os sonhos têm um caráter múltiplo, sendo conglomerados de formações psíquicas.

No decorrer de minhas psicanálises de neuróticos já devo ter analisado mais de mil sonhos; mas não me proponho utilizar esse material nesta introdução à técnica e à teoria da interpretação do sonho. Além do fato de que essa alternativa estaria sujeita à objeção de que esses são sonhos de neuropatas, dos quais não se poderia extrair nenhuma inferência válida quanto aos sonhos das pessoas normais, há um outro motivo bem diferente que me impõe essa decisão. O assunto a que levam esses sonhos de meus pacientes é sempre, por certo, a história clínica subjacente a suas neuroses. Cada sonho exigiria, portanto, uma longa introdução e uma investigação da natureza e dos determinantes etiológicos das psiconeuroses. Mas essas questões constituem novidades em si mesmas, são altamente desconcertantes, e desviariam a atenção do problema dos sonhos. Ao contrário, é minha intenção utilizar minha atual elucidação dos sonhos como um passo preliminar no sentido de resolver os problemas mais difíceis da psicologia das neuroses. Todavia, ao abrir mão de meu material principal, os sonhos de meus pacientes neuróticos, não devo ser muito exigente quanto ao que me resta. Tudo o que resta são sonhos que me foram relatados de tempos em tempos por pessoas normais de minhas relações, e os citados como exemplos na literatura que trata da vida onírica. Infelizmente, porém, nenhum desses sonhos é acompanhado pela análise, sem a qual não posso descobrir o sentido de um sonho. Meu método não é tão cômodo quanto o método popular de decifração, que traduz qualquer parte isolada do conteúdo do sonho por meio de um código fixo. Pelo contrário, estou pronto a constatar que o mesmo fragmento de um conteúdo pode ocultar um sentido diferente quando ocorre em pessoas diferentes ou contextos diferentes. Sou levado, então, aos meus próprios sonhos, que oferecem um material abundante e conveniente, oriundo de uma pessoa mais ou menos normal e relacionado com múltiplas circunstâncias da vida cotidiana. É certo que depararei com dúvidas quanto à confiabilidade desse tipo de "auto-análise", e hão de me dizer que ela deixa a porta aberta para conclusões arbitrárias. No meu entender, a situação é de fato mais favorável no caso da *auto*-observação do que na observação de outras pessoas; seja como for, podemos fazer a experiência e verificar até que ponto a auto-análise nos leva na interpretação de sonhos. Mas tenho outras dificuldades a superar, que estão dentro de mim mesmo. Há uma certa hesitação natural em revelar tantos fatos íntimos sobre nossa própria vida mental, e não pode haver qualquer garantia contra a interpretação errônea por parte de estranhos. Mas deve ser possível vencer tais hesitações. "Tout psychologiste", escreve Delbœuf, "est obligé de faire l'aveu même de ses faiblesses s'il croit par là jeter du jour sur quelque problème obscur."[1] Não tenho dúvida, também, de que meus leitores logo verão seu interesse inicial pelas indiscrições que estou fadado a cometer transformado num fascinante mergulho nos problemas psicológicos sobre os quais elas lançam luz.[2]

Por conseguinte, escolherei um de meus próprios sonhos e, com base nele, demonstrarei meu método de interpretação. No caso de cada um desses sonhos, far-se-ão necessárias algumas observações à guisa de preâmbulo. — E agora devo pedir ao leitor que faça dos meus interesses os seus próprios por um período bastante longo, e que mergulhe comigo nos menores detalhes de minha vida, pois esse tipo de transferência é uma exigência inescapável do nosso interesse pelo sentido oculto dos sonhos.

PREÂMBULO

No verão de 1895, eu vinha prestando tratamento psicanalítico a uma jovem senhora que mantinha laços muito cordiais de amizade comigo e com minha família. É fácil compreender que uma relação mista como essa pode

---

1 ["Todo psicólogo é obrigado a confessar até mesmo suas próprias fraquezas, se acreditar que assim lança luz sobre algum problema obscuro."]

2 Sou obrigado a acrescentar, contudo, à guisa de restrição do que disse acima, que em quase nenhum exemplo apresentei a interpretação *completa* de meus próprios sonhos, conforme me é conhecida. Provavelmente, fui sensato em não depositar demasiada fé na discrição de meus leitores.

constituir uma fonte de muitos sentimentos conturbados no médico, em particular no psicoterapeuta. Embora o interesse pessoal do médico seja maior, sua autoridade é menor; qualquer fracasso traz uma ameaça à amizade há muito estabelecida com a família do paciente. Esse tratamento terminara com êxito parcial; a paciente ficara livre de sua angústia histérica, mas não perdera todos os sintomas somáticos. Nessa ocasião, eu ainda não discernia com muita clareza quais eram os critérios indicativos de que um caso clínico de histeria estava afinal encerrado, e havia proposto à paciente uma solução que ela não parecia disposta a aceitar. Enquanto estávamos nessa discordância, interrompemos o tratamento durante as férias de verão. — Certo dia, recebi a visita de um colega mais novo na profissão, um de meus mais velhos amigos, que estivera com minha paciente, Irma, e sua família na casa de campo deles. Perguntei-lhe como a achara e ele me respondeu: "Está melhor, mas não inteiramente boa". Tive consciência de que as palavras de meu amigo Otto, ou o tom em que as proferiu, me aborreceram. Imaginei ter identificado nelas uma recriminação no sentido de que eu teria prometido demais à paciente; e, com ou sem razão, atribuí o suposto fato de Otto estar tomando partido contra mim à influência dos parentes de minha paciente, que, como me parecia, nunca haviam visto o tratamento com bons olhos. Entretanto, minha impressão desagradável não me ficou clara e não externei nenhum sinal dela. Na mesma noite, redigi o caso clínico de Irma, com a idéia de entregá-lo ao Dr. M. (um amigo comum que, na época, era a principal figura de nosso círculo), a fim de me justificar. Naquela noite (ou na manhã seguinte, como é mais provável), tive o seguinte sonho, que anotei logo ao acordar.[1]

SONHO DE 23-24 DE JULHO DE 1895

Um grande salão — numerosos convidados a quem estávamos recebendo. — Entre eles estava Irma. No mesmo instante, puxei-a de lado, como que para responder a sua carta e repreendê-la por não ter ainda aceitado minha "solução". Disse-lhe: "Se você ainda sente dores, é realmente apenas por culpa sua". Respondeu ela: "Ah! se o senhor pudesse imaginar as dores

---

1 [*Nota de rodapé acrescentada* em 1914:] Esse foi o primeiro sonho que submeti a uma interpretação pormenorizada.

que sinto agora na garganta, no estômago e no abdômen... — isto está me sufocando". — Fiquei alarmado e olhei para ela. Parecia pálida e inchada. Pensei comigo mesmo que, afinal de contas, devia estar deixando de perceber algum distúrbio orgânico. Levei-a até a janela e examinei-lhe a garganta, e ela deu mostras de resistências, como fazem as mulheres com dentaduras postiças. Pensei comigo mesmo que na verdade não havia necessidade de ela fazer aquilo. — Em seguida, ela abriu a boca como devia e, no lado direito, descobri uma grande placa branca; em outro lugar, vi extensas crostas cinza-esbranquiçadas sobre algumas notáveis estruturas recurvadas, que tinham evidentemente por modelo os ossos turbinados do nariz. — Chamei imediatamente o Dr. M., e ele repetiu o exame e o confirmou. [...] O Dr. M. tinha uma aparência muito diferente da habitual; estava muito pálido, claudicava e tinha o queixo escanhoado. [...] Meu amigo Otto estava também agora de pé ao lado dela, e meu amigo Leopold a auscultava através do corpete e dizia: "Ela tem uma área surda bem embaixo, à esquerda". Indicou também que parte da pele do ombro esquerdo estava infiltrada. (Notei isso, tal como ele fizera, apesar do vestido.) [...] M. disse: "Não há dúvida de que é uma infecção, mas não tem importância; sobrevirá uma disenteria, e a toxina será eliminada". [...] Tivemos também pronta consciência da origem da infecção. Não muito antes, quando ela não estava se sentindo bem, meu amigo Otto lhe aplicara uma injeção de um preparado de propil, propilos... ácido propiônico... trimetilamina (e eu vi diante de mim a fórmula desse preparado, impressa em grossos caracteres). [...] Injeções como essas não deveriam ser aplicadas de forma tão impensada. [...] E, provavelmente, a seringa não estava limpa.

Esse sonho tem uma vantagem sobre muitos outros. Ficou logo claro quais os fatos do dia anterior que haviam fornecido seu ponto de partida. Meu preâmbulo torna isso evidente. A notícia que Otto me dera sobre o estado de Irma e o caso clínico que eu me empenhara em redigir até altas horas da noite haviam continuado a ocupar minha atividade mental mesmo depois de eu adormecer. Não obstante, ninguém que tivesse apenas lido o preâmbulo e o próprio conteúdo do sonho poderia ter a menor idéia do que este significava. Eu mesmo não fazia nenhuma idéia. Fiquei atônito com os sintomas de que Irma se queixou comigo no sonho, já que não eram os mesmos pelos quais eu a havia tratado. Sorri ante a idéia absurda de uma injeção de ácido propiônico e ante as reflexões consoladoras do Dr. M. Em sua parte final, o sonho me pareceu mais obscuro e condensado do que no início. Para descobrir o sentido de tudo isso, foi necessário proceder a uma análise detalhada.

ANÁLISE

O salão — numerosos convidados a quem estávamos recebendo. Passávamos aquele verão em Bellevue, numa casa que se erguia sozinha numa das colinas contíguas a Kahlenberg.[1] A casa fora anteriormente projetada como um local de entretenimento e, por conseguinte, suas salas de recepção eram inusitadamente altas e semelhantes a grandes salões. Foi em Bellevue que tive o sonho, poucos dias antes do aniversário de minha mulher. Na véspera, ela me dissera que esperava que alguns amigos, inclusive Irma, viessem visitar-nos no dia de seu aniversário. Assim, meu sonho estava prevendo essa ocasião: era aniversário de minha mulher, e diversos convidados, inclusive Irma, estavam sendo recebidos por nós no grande salão de Bellevue.

Repreendi Irma por não haver aceitado minha solução; disse: "Se você ainda sente dores, a culpa é sua". Poderia ter-lhe dito isso na vida de vigília, e talvez o tenha realmente feito. Era minha opinião, na época (embora desde então a tenha reconhecido como errada), que minha tarefa estava cumprida no momento em que eu informava ao paciente o sentido oculto de seus sintomas: não me considerava responsável por ele aceitar ou não a solução — embora fosse disso que dependia o sucesso. Devo a esse erro, que agora felizmente corrigi, o fato de minha vida ter-se tornado mais fácil numa ocasião em que, apesar de toda a minha inevitável ignorância, esperava-se que eu produzisse sucessos terapêuticos. — Notei, contudo, que as palavras que dirigi a Irma no sonho indicavam que eu estava especialmente aflito por não ser responsável pelas dores que ela ainda sentia. Se fossem culpa dela, não poderiam ser minha culpa. Seria possível que a finalidade do sonho estivesse nessa direção?

Queixa de Irma: dores na garganta, abdômen e estômago; isso a estava sufocando. As dores de estômago estavam entre os sintomas de minha paciente, mas não tinham muito destaque; ela se queixava mais de sensações de náusea e repulsa. As dores na garganta e no abdômen, assim como a

---

1 [Uma colina que é um ponto predileto de turismo nas imediações de Viena.]

constrição da garganta, quase não participavam de sua doença. Fiquei sem saber por que teria optado pela escolha desses sintomas no sonho, mas não pude pensar numa explicação no momento.

Ela parecia pálida e inchada. Minha paciente sempre tivera a pele corada. Comecei a desconfiar que ela estivesse substituindo outra pessoa.

Fiquei alarmado com a idéia de não haver percebido alguma doença orgânica. Isso, como bem se pode acreditar, constitui uma fonte perene de angústia para um especialista cuja clínica é quase que limitada a pacientes neuróticos e que tem o hábito de atribuir à histeria um grande número de sintomas que outros médicos tratam como orgânicos. Por outro lado, uma ligeira dúvida infiltrou-se em minha mente — vinda não sei de onde — no sentido de que meu receio não era inteiramente autêntico. Se as dores de Irma tivessem uma base orgânica, também nesse aspecto eu não poderia ser responsabilizado por sua cura; meu tratamento visava apenas a eliminar as dores *histéricas*. Ocorreu-me, de fato, que eu estava realmente *desejando* que tivesse havido um diagnóstico errado, pois, se assim fosse, a culpa por minha falta de êxito também estaria eliminada.

Levei-a até a janela para examinar-lhe a garganta. Ela mostrou alguma resistência, como fazem as mulheres com dentaduras postiças. Pensei comigo mesmo que na verdade não havia necessidade de ela fazer aquilo. Eu nunca tivera nenhuma oportunidade de examinar a cavidade bucal de Irma. O que ocorreu no sonho fez-me lembrar um exame que eu efetuara algum tempo antes numa governanta: à primeira vista, ela parecera a imagem da beleza juvenil, mas, quando chegou o momento de abrir a boca, ela tomou providências para ocultar sua dentadura. Isso levou a lembranças de outros exames médicos e de pequenos segredos revelados em seu decorrer — sem que isso satisfizesse a nenhuma das partes. *"Não havia na verdade necessidade de ela fazer aquilo"* tencionava, sem dúvida, em primeiro lugar, ser um elogio a Irma; mas desconfiei de que teria outro sentido além desse. (Quando se procede atentamente a uma análise, tem-se uma boa noção de até que ponto já se esgotaram todos os pensamentos antecedentes esperáveis.) A forma pela qual Irma se colocou junto à janela me fez de repente recordar outra experiência. Irma tinha uma amiga íntima a quem eu tinha em alta conta. Quando visitei essa senhora certa noite, encontrei-a perto de uma janela na situação reproduzida no sonho, e seu médico, o mesmo Dr. M., dissera que ela apresentava uma membrana diftérica. A figura do Dr. M. e a membrana reaparecem posteriormente no sonho. Ocorreu-me então que, nos últimos meses, eu tivera todos os motivos para supor que essa outra senhora também fosse histérica. Na verdade, a própria Irma me revelara involuntariamente esse fato. Que sabia eu de seu estado? Uma coisa, precisamente: que, tal como a Irma de meu sonho, ela sofria de sufocação histérica. Assim, no sonho, eu substituíra minha paciente por sua amiga. Recordei-me, então, de que muitas vezes me entretivera com a idéia de que também ela pudesse pedir-me que a aliviasse de seus sintomas. Eu próprio, contudo, julgara isso improvável, visto que ela era de natureza muito reservada. Era *resistente*, como apareceu no sonho. Outra razão era que *não havia necessidade de ela fazer aquilo*: até então, mostrara-se forte o bastante para controlar sua enfermidade sem nenhuma ajuda externa. Restavam ainda algumas características que eu não podia atribuir nem a Irma nem a sua amiga: *pálida; inchada; dentes postiços*. Os dentes postiços levaram-me à governanta que já mencionei; sentia-me agora inclinado a me contentar com dentes *estragados*. Pensei então numa outra pessoa à qual essas características poderiam estar aludindo. Mais uma vez, não se tratava de uma das minhas pacientes, nem eu gostaria de tê-la como tal, pois havia observado que ela ficava acanhada em minha presença e não achava que pudesse vir a ser uma paciente dócil. Geralmente estava pálida, e certa vez, mesmo gozando de ótima saúde, parecera inchada.[1] Portanto, eu estivera comparando minha paciente Irma com duas outras pessoas que também teriam sido resistentes ao tratamento. Qual poderia ter sido a razão de eu a haver trocado, no sonho, por sua amiga? Talvez fosse porque eu teria *gostado* de trocá-la: talvez sentisse mais simpatia por sua amiga, ou tivesse uma opinião mais elevada sobre a inteligência dela, pois Irma me parecera tola por não haver aceitado minha solução. Sua amiga teria sido mais sensata, isto é, teria cedido mais depressa. Assim, teria *aberto a boca como devia* e me dito mais coisas do que Irma.[2]

---

1 A queixa ainda não explicada, sobre as *dores no abdômen*, também estava ligada a essa terceira figura. A pessoa em questão, é claro, era minha própria esposa; as dores no abdômen fizeram-me lembrar uma das ocasiões em que eu havia notado seu acanhamento. Fui forçado a admitir para mim mesmo que não estava tratando nem Irma nem minha mulher com muita gentileza nesse sonho, mas convém observar, à guisa de desculpa, que eu estava medindo ambas pelo padrão da paciente boa e dócil.

2 Tive a sensação de que a interpretação dessa parte do sonho não foi suficientemente desenvolvida para possibilitar o entendimento de todo o seu sentido oculto. Se tivesse prosseguido em minha comparação entre as três mulheres, ela me teria levado muito longe. — Existe pelo menos um ponto em todo sonho no qual ele se torna insondável — um umbigo, por assim dizer, que é seu ponto de contato com o desconhecido.

O que vi em sua garganta: uma placa branca e os ossos turbinados recobertos de crostas. A placa branca fez-me recordar a difterite e, portanto, a amiga de Irma, mas também uma doença grave de minha filha mais velha, quase dois anos antes, e o susto por que passei naqueles dias aflitivos. As crostas nos ossos turbinados fizeram-me recordar uma preocupação sobre meu próprio estado de saúde. Nessa época, eu vinha fazendo uso freqüente da cocaína para reduzir algumas incômodas inchações nasais, e ficara sabendo alguns dias antes que uma de minhas pacientes, que seguira meu exemplo, desenvolvera uma extensa necrose da membrana mucosa nasal. Eu fora o primeiro a recomendar o emprego da cocaína, em 1885, e essa recomendação trouxera sérias recriminações contra mim. O uso indevido dessa droga havia apressado a morte de um grande amigo meu. Isso ocorrera antes de 1895 [a data do sonho].

Chamei imediatamente o Dr. M., e ele repetiu o exame. Isso correspondia simplesmente à posição ocupada por M. em nosso círculo. Mas o *"imediatamente"* foi curioso o bastante para exigir uma explicação especial. Fez-me lembrar um evento trágico em minha clínica. Certa feita, eu havia provocado um grave estado tóxico numa paciente, receitando repetidamente o que, na época, era considerado um remédio inofensivo (sulfonal), e recorrera às pressas à assistência e ao apoio de meu colega mais experiente. Havia um detalhe adicional que confirmou a idéia de que eu tinha esse incidente em mente. Minha paciente — que sucumbiu ao veneno — tinha o mesmo nome que minha filha mais velha. Isso nunca me ocorrera antes, mas me pareceu agora quase que um ato de retaliação do destino. Era como se a substituição de uma pessoa por outra devesse prosseguir noutro sentido: esta Mathilde por aquela Mathilde, olho por olho e dente por dente. Era como se eu viesse coligindo todas as ocasiões de que podia me acusar como prova de falta de consciencionsidade médica.

O Dr. M. estava pálido, tinha o queixo bem escanhoado e claudicava ao andar. Isso era verdade apenas na medida em que sua aparência doentia costumava deixar aflitos os seus amigos. As duas outras características só podiam aplicar-se a outra pessoa. Pensei em meu irmão mais velho, que mora no exterior, tem o rosto escanhoado e com quem, se bem me recordo, o M. do sonho se parecia muito. Tínhamos recebido notícias, alguns dias antes, de que ele estava puxando de uma perna em virtude de uma infecção artrítica no quadril. Devia ter havido alguma razão, refleti, para que eu fundisse essas duas figuras numa só no sonho. Lembrei-me então de que tinha uma razão semelhante para estar mal-humorado com cada um deles: ambos haviam rejeitado certa sugestão que eu lhes fizera havia pouco tempo.

Meu amigo Otto estava agora de pé ao lado da paciente, e meu amigo Leopold a examinava e indicava que havia uma área surda bem abaixo, à esquerda. Meu amigo Leopold era também médico e parente de Otto. Como ambos haviam se especializado no mesmo ramo da medicina, era seu destino competirem um com o outro, e freqüentemente se traçavam comparações entre eles. Ambos haviam trabalhado como meus assistentes durante anos, quando eu ainda chefiava o departamento de neurologia para pacientes externos de um hospital infantil. Cenas como a representada no sonho muitas vezes ocorreram ali. Enquanto eu discutia o diagnóstico de um caso com Otto, Leopold examinava a criança mais uma vez e fazia alguma contribuição inesperada para nossa decisão. A diferença entre o caráter de ambos era como a existente entre o meirinho Bräsig e seu amigo Karl:[1] um se destacava por sua rapidez, ao passo que o outro era lento, porém seguro. Se no sonho eu estabelecia um contraste entre Otto e o prudente Leopold, evidentemente o fazia em favor do segundo. A comparação era semelhante à que eu fazia entre minha desobediente paciente Irma e sua amiga, que eu considerava mais sensata do que ela. Percebia então outra das linhas ao longo das quais se ramificava a cadeia de pensamentos no sonho: da criança doente para o hospital infantil. — *A área surda bem abaixo, à esquerda* parecia-me coincidir em todos os detalhes com um caso específico em que Leopold me impressionara por sua meticulosidade. Tive também uma idéia vaga sobre algo da ordem de uma afecção metastática, mas isso também pode ter sido uma referência à paciente que eu gostaria de ter em lugar de Irma. Até onde eu pudera julgar, ela havia produzido uma imitação de tuberculose.

Uma parte da pele do ombro esquerdo estava infiltrada. Vi imediatamente que isso era o reumatismo em meu próprio ombro, que observo invariavelmente quando fico acordado até altas horas da noite. Além disso, as palavras do sonho eram muito ambíguas: *"Notei isso, tal como ele..."* Ou seja, notei-o em meu próprio corpo. Impressionou-me também o enunciado incomum: "uma parte da pele estava infiltrada". Estamos habituados a falar em "infiltração póstero-superior esquerda", o que se referia ao pulmão e, portanto, mais uma vez, à tuberculose.

---

1 [Os dois personagens principais do outrora popular romance *Ut mine Stromtid*, escrito no dialeto de Mecklenburg por Fritz Reuter (1862-4).]

Apesar de seu vestido. Isso, de qualquer modo, fora apenas uma interpolação. Naturalmente, costumávamos examinar as crianças no hospital despidas: e isso seria um contraste com a maneira como as pacientes adultas têm de ser examinadas. Lembrei que se dizia de um famoso clínico que ele jamais fizera um exame físico de seus pacientes a não ser através das roupas. Não consegui ver nada além disso. E, francamente, não senti nenhum desejo de penetrar mais a fundo nesse ponto.

O Dr. M. disse: "É uma infecção, mas não tem importância. Sobrevirá uma disenteria e a toxina será eliminada". A princípio, isso me pareceu ridículo. Não obstante, como todo o resto, tinha de ser analisado com cuidado. Quando passei a investigar mais de perto, pareceu-me ter uma espécie de sentido, apesar de tudo. O que descobri na paciente foi uma difterite local. Lembrei-me de uma discussão, na época da doença de minha filha, sobre difterite e difteria, sendo esta a infecção geral que decorre da difterite local. Leopold indicara a presença de uma infecção geral dessa natureza a partir da existência de uma área surda, que assim poderia ser considerada como um foco metastático. Eu parecia pensar, é verdade, que essas metástases de fato não ocorrem com a difteria: aquilo me fazia pensar, antes, em piemia.

Não tem importância. Isso foi dito como consolo. Parecia ajustar-se da seguinte forma no contexto: o conteúdo da parte precedente do sonho fora que as dores de minha paciente eram decorrentes de uma grave infecção orgânica. Tive a sensação de que, dessa maneira, eu estava apenas tentando desviar a culpa de mim mesmo. O tratamento psicológico não podia ser responsabilizado pela persistência de dores diftéricas. Não obstante, experimentei uma sensação de constrangimento por ter inventado uma moléstia tão grave para Irma, apenas para me inocentar. Parecia cruel demais. Assim, precisava de uma certeza de que no fim tudo ficaria bem, e me pareceu que colocar as palavras de consolo precisamente na boca do Dr. M. não fora má escolha. Assim sendo, porém, eu estava adotando uma atitude superior em relação ao sonho, e isso, por si só, exigia explicação.

E por que o consolo era tão disparatado?

Disenteria. Parecia haver alguma idéia teórica remota de que o material mórbido pode ser eliminado pelos intestinos. Seria possível que eu estivesse tentando zombar do espírito fértil do Dr. M. na produção de explicações extravagantes e no estabelecimento de ligações patológicas inesperadas? Ocorreu-me então outra coisa relacionada com a disenteria. Alguns meses antes, eu aceitara o caso de um rapaz com extremas dificuldades associadas à defecação, que fora tratado por outros médicos como um caso de "anemia acompanhada de desnutrição". Eu havia identificado o caso como histeria, mas não me sentira disposto a tentar nele meu tratamento psicoterápico e o mandara fazer uma viagem marítima. Alguns dias antes, recebera dele uma carta desesperada, enviada do Egito, dizendo que ali tivera um novo ataque e que um médico declarara tratar-se de disenteria. Suspeitei que o diagnóstico fosse um erro, por parte de um clínico inexperiente que se deixara enganar pela histeria. Mas não pude deixar de me recriminar por haver colocado meu paciente numa situação em que poderia ter contraído algum mal orgânico além de seu distúrbio intestinal histérico. Além disso, "disenteria" não soa muito diferente de "difteria" — palavra de mau agouro que não ocorreu no sonho.

Sim, pensei comigo mesmo, devo ter zombado do Dr. M. por meio do prognóstico consolador: "Sobrevirá uma disenteria, etc.", pois voltou a me ocorrer que, anos antes, ele próprio me contara uma história divertida de natureza semelhante sobre outro médico. O Dr. M. fora convocado por ele para dar um parecer sobre um paciente gravemente enfermo, e se sentira obrigado a salientar, em virtude da visão muito otimista assumida por seu colega, que encontrara albumina na urina do paciente. O outro, porém, não se dera absolutamente por achado: *"Não tem importância"*, dissera, "a albumina logo será eliminada!" — Não pude mais ter nenhuma dúvida, portanto, de que essa parte do sonho expressava desprezo pelos médicos que não conhecem a histeria. E, como que para confirmar isso, outra idéia cruzou-me a mente: "Será que o Dr. M. se apercebe de que os sintomas de sua paciente (a amiga de Irma), que dão margem para que se tema a tuberculose, também têm uma base histérica? Terá ele identificado essa histeria? Ou será que se deixou levar por ela?"

Mas qual poderia ser minha motivação para tratar tão mal esse meu amigo? A questão era muito simples. O Dr. M. concordava tão pouco com minha "solução" quanto a própria Irma. Assim, nesse sonho eu já me havia vingado de duas pessoas: de Irma, com as palavras "Se você ainda sente dores, a culpa é toda sua", e do Dr. M., com o enunciado do consolo absurdo que pus em sua boca.

Tivemos pronta consciência da origem da infecção. Esse conhecimento instantâneo no sonho foi notável. Um pouco antes, não tínhamos nenhum conhecimento disso, pois a infecção só foi revelada por Leopold.

Quando ela não estava se sentindo bem, meu amigo Otto lhe aplicara uma injeção. Otto efetivamente me contara que, durante sua curta estada

129

com a família de Irma, fora chamado a um hotel das imediações para aplicar uma injeção em alguém que de repente se sentira mal. Essas injeções me fizeram recordar mais uma vez meu infeliz amigo que se envenenara com cocaína. Eu o havia aconselhado a só usar a droga internamente [isto é, por via oral], enquanto a morfina era retirada; mas ele de imediato se aplicara *injeções* de cocaína.

Um preparado de propil... propilos... ácido propiônico. Como teria eu chegado a pensar nisso? Na noite anterior, antes de eu redigir o caso clínico e ter o sonho, minha mulher abrira uma garrafa de licor na qual aparecia a palavra "Ananas"[1] e que fora um presente de nosso amigo Otto, pois ele tem o hábito de dar presentes em todas as ocasiões possíveis. Seria de esperar, pensei comigo mesmo, que ele algum dia encontrasse uma esposa para curá-lo desse hábito.[2] O licor exalava um cheiro tão acentuado de álcool amílico que me recusei a tocá-lo. Minha mulher sugeriu que déssemos a garrafa aos criados, mas eu — com prudência ainda maior — vetei a sugestão, acrescentando, com espírito filantrópico, que não havia necessidade de *eles* serem envenenados tampouco. O cheiro do álcool amílico (amil...) evidentemente avivou em minha mente a lembrança de toda a seqüência — propil, metil, e assim por diante — e isso explicava o preparado propílico no sonho. É verdade que efetuei uma substituição no processo: sonhei com propilo depois de ter cheirado amila. Mas as substituições dessa natureza talvez sejam válidas na química orgânica.

Trimetilamina. Vi a fórmula química dessa substância em meu sonho, o que testemunha um grande esforço por parte de minha memória. Além disso, a fórmula estava impressa em negrito, como se tivesse havido um desejo de dar ênfase a alguma parte do contexto como algo de importância muito especial. Para onde, então, minha atenção deveria ser assim dirigida pela trimetilamina? Para uma conversa com um outro amigo, que há muitos anos se familiarizara com todos os meus escritos, durante a fase em que eram gerados, tal como eu me familiarizara com os dele. Na época, ele me havia confiado algumas idéias sobre a questão da química dos processos sexuais

---

1 Devo acrescentar que o som da palavra "Ananas" tem notável semelhança com o sobrenome de Irma, minha paciente.

2 [*Nota de rodapé acrescentada* em 1909, mas omitida de novo a partir de 1925:] Nesse sentido, o sonho não se revelou profético. Mas o *foi* num outro sentido, pois as dores gástricas "não solucionadas" de minha paciente, pelas quais eu estava tão aflito em não ser responsabilizado, mostraram-se precursoras de um grave distúrbio provocado por cálculos biliares.

e mencionara, entre outras coisas, acreditar que um dos produtos do metabolismo sexual era a trimetilamina. Assim, essa substância me levava à sexualidade, fator ao qual eu atribuía máxima importância na origem dos distúrbios nervosos cuja cura era o meu objetivo. Minha paciente, Irma, era uma jovem viúva; se eu quisesse encontrar uma desculpa para o fracasso de meu tratamento em seu caso, aquilo a que melhor poderia recorrer era, sem dúvida, o fato de sua viuvez, que os amigos dela ficariam tão contentes em ver modificado. E de que modo estranho, pensei comigo, um sonho como esse se monta! A outra mulher que eu tinha como paciente no sonho em lugar de Irma era também uma jovem viúva.

Comecei a imaginar por que a fórmula de trimetilamina teria recebido tamanho destaque no sonho. Numerosos assuntos importantes convergiam para aquela única palavra. A trimetilamina era uma alusão não só ao fator imensamente poderoso da sexualidade, como também a uma pessoa cuja concordância eu recordava com prazer sempre que me sentia isolado em minhas opiniões. Com certeza, esse amigo, que desempenhou papel tão relevante em minha vida, deveria reaparecer em outros pontos desses fluxos de pensamentos. Sim, pois ele tinha um conhecimento especial das conseqüências das afecções do nariz e de suas cavidades acessórias, e chamara a atenção do mundo científico para algumas notáveis relações entre os ossos turbinados e os órgãos sexuais femininos. (Cf. as três estruturas recurvadas na garganta de Irma.) Eu tomara providências para que Irma fosse examinada por ele, para ver se suas dores gástricas poderiam ser de origem nasal. Mas ele próprio sofria de rinite supurativa, o que me causava angústia; e houve sem dúvida uma alusão a isso na piemia que me ocorreu vagamente em relação às metástases do sonho.

Injeções como essas não deveriam ser aplicadas de forma tão impensada. Aqui, uma acusação de irreflexão era feita diretamente contra meu amigo Otto. Pareceu-me recordar ter pensado em qualquer coisa da mesma natureza naquela tarde, quando as palavras e a expressão dele pareceram demonstrar que estava tomando partido contra mim. Fora uma idéia mais ou menos assim: "Com que facilidade os pensamentos dele são influenciados! Com que descaso ele tira conclusões apressadas!" — Independentemente disso, essa frase no sonho lembrou-me mais uma vez meu amigo morto, que com tanta pressa recorrera a injeções de cocaína. Como já tive ocasião de dizer, eu nunca havia considerado a idéia de que a droga fosse ministrada por injeções. Notei também que, ao acusar Otto de irreflexão no manuseio de substâncias químicas, eu estava mais uma vez aludindo à história da infeliz Mathilde, que dera margem à mesma acusação contra mim. Aqui, eu estava evidentemente reunindo exemplos de minha conscienciosidade, mas também do inverso.

E, provavelmente, a seringa não estava limpa. Essa era mais uma acusação contra Otto, porém derivada de uma fonte diferente. Ocorre que, na véspera, eu encontrara por acaso o filho de uma velhinha de oitenta e dois anos na qual eu tinha de aplicar uma injeção de morfina duas vezes ao dia. No momento, ela se encontrava no campo e, disse-me o filho, estava sofrendo de flebite. Eu logo pensara que deveria ser uma infiltração provocada por uma seringa suja. Orgulhava-me do fato de, em dois anos, não haver causado uma única infiltração; empenhava-me constantemente em me certificar de que a seringa estava limpa. Em suma, eu era consciencioso. A flebite remeteu-me mais uma vez a minha mulher, que sofrera de trombose durante uma das vezes em que estava grávida, e então me vieram à lembrança três situações' semelhantes, envolvendo minha esposa, Irma e a falecida Mathilde. A identidade dessas situações evidentemente me permitira, no sonho, substituir as três figuras entre si.

Acabo de concluir a interpretação do sonho.[1] Enquanto a efetuava, tive certa dificuldade em manter a distância todas as idéias que estavam fadadas a ser provocadas pela comparação entre o conteúdo do sonho e os pensamentos ocultos por trás dele. Entrementes, compreendi o "sentido" do sonho. Tomei consciência de uma intenção posta em prática pelo sonho e que deveria ter sido meu motivo para sonhá-lo. O sonho realizou certos desejos provocados em mim pelos fatos da noite anterior (a notícia que me fora dada por Otto e minha redação do caso clínico). Em outras palavras, a conclusão do sonho foi que eu não era responsável pela persistência das dores de Irma, mas sim Otto. De fato, Otto me aborrecera com suas observações sobre a cura incompleta de Irma, e o sonho me proporcionou minha vingança, devolvendo a reprimenda a ele. O sonho me eximiu da responsabilidade pelo estado de Irma, mostrando que este se devia a outros fatores — e produziu toda uma série de razões. O sonho representou um estado de coisas especí-

---

1 [*Nota de rodapé acrescentada* em 1909:] Embora deva-se entender que não relatei tudo o que me ocorreu durante o processo de interpretação.

132

fico, tal como eu desejaria que fosse. *Assim, seu conteúdo foi a realização de um desejo, e seu motivo foi um desejo.*

Tudo isso saltava aos olhos. Mas muitos dos detalhes do sonho também se tornaram inteligíveis para mim do ponto de vista da realização de desejos. Não só me vinguei de Otto por se apressar demais em tomar partido contra mimm ao representá-lo como um médico que se mostrara apressado demais em seu tratamento (ao aplicar a injeção), como também me vinguei dele por ter-me dado o licor que tinha cheiro de álcool amílico. E, no sonho, encontrei uma expressão que ligava as duas reprimendas: a injeção era um preparado de propil. Isso não me satisfez, e levei minha vingança mais longe, estabelecendo um contraste entre ele e seu concorrente mais digno de confiança. Eu parecia estar dizendo: "Gosto mais *dele* do que de *você*". Mas Otto não foi a única pessoa a sofrer os efeitos da minha ira. Vinguei-me também de minha paciente desobediente, trocando-a por outra mais sensata e menos resistente. Também não permiti que o Dr. M. escapasse às conseqüências de sua contradição, mas lhe mostrei, por meio de uma alusão clara, que ele era um ignorante no assunto ("*Sobrevirá uma disenteria*, etc."). Com efeito, eu parecia estar lhe voltando as costas para recorrer a alguém dotado de maiores conhecimentos (a meu amigo que me falara de trimetilamina), tal como me voltara de Irma para sua amiga e de Otto para Leopold. "Levem essa gente daqui! Em vez deles dêem-me três outros de minha escolha! Então ficarei livre dessas recriminações imerecidas!" A falta de fundamento das recriminações me foi provada no sonho de maneira extremamente complexa. *Eu* não merecia a culpa pelas dores de Irma, já que ela própria era culpada, por se recusar a aceitar minha solução. *Eu* não tinha nada a ver com as dores de Irma, já que eram de natureza orgânica e totalmente incuráveis pelo tratamento psicológico. As dores de Irma podiam ser satisfatoriamente explicadas por sua viuvez (cf. a trimetilamina), que *eu* não tinha meios de alterar. As dores de Irma tinham sido provocadas pelo fato de Otto ter-lhe aplicado, sem a devida cautela, uma injeção de uma droga inadequada — coisa que *eu* nunca teria feito. As dores de Irma eram o resultado de uma injeção com agulha suja, tal como a flebite da velhinha de quem eu cuidava — ao passo que *eu* nunca provoquei nenhum dano com minhas injeções. Notei, é verdade, que essas explicações das dores de Irma (que contribuíam para me isentar de culpa) não eram inteiramente compatíveis entre si e, a rigor, eram mutuamente excludentes. Toda a apelação — pois o sonho não passara disso — lembrava com nitidez a defesa apresentada pelo homem acusado por um de seus vizinhos de lhe haver devolvido danificada uma chaleira tomada de empréstimo. O acusado asseverou, em primeiro lugar, ter devolvido a chaleira em perfeitas condições; em segundo, que a chaleira tinha um buraco quando a tomara emprestada; e, em terceiro, que jamais pedira emprestada a chaleira a seu vizinho. Tanto melhor: se apenas uma dessas três linhas de defesa fosse aceita como válida, o homem teria de ser absolvido.

Alguns outros temas, que não estavam ligados de forma tão evidente a minha absolvição pela doença de Irma, desempenharam seu papel no sonho: a doença de minha filha e a da minha paciente do mesmo nome, o efeito prejudicial da cocaína, o distúrbio de meu paciente que se encontrava em viagem pelo Egito, minha preocupação com a saúde de minha mulher e de meu irmão e do Dr. M., meus próprios males físicos, e minha aflição por meu amigo ausente que sofria de rinite supurativa. Mas, ao considerar todas essas coisas, vi que podiam ser todas enfeixadas num único grupo de idéias e rotuladas, por assim dizer, como "interesse por minha própria saúde e pela saúde de outras pessoas — conscienciosidade profissional". Veio-me à mente a obscura impressão desagradável que experimentara quando Otto me trouxe a notícia do estado de Irma. Esse grupo de idéias que haviam desempenhado um papel no sonho permitiu-me, retrospectivamente, traduzir em palavras aquela impressão passageira. Era como se ele me houvesse dito: "Você não leva seus deveres médicos com a devida seriedade. Você não é consciencioso; não cumpre o que se comprometeu a fazer". A partir daí, foi como se esse grupo de idéias se tivesse colocado a minha disposição, para que eu pudesse apresentar provas de como eu era extremamente consciencioso, da profundidade com que me interessava pela saúde de meus parentes, amigos e pacientes. Era um fato digno de nota que esse material tenha também incluído algumas lembranças desagradáveis, que mais davam apoio à acusação de meu amigo Otto do que a minha própria defesa. O material era, como se poderia dizer, imparcial; mas, não obstante, havia uma ligação inconfundível entre esse grupo mais amplo de pensamentos subjacentes ao sonho e o tema mais restrito do sonho, que me deu margem ao desejo de ser inocentado da doença de Irma.

Não tenho a pretensão de haver desvendado por completo o sentido desse sonho, nem de que sua interpretação esteja sem lacunas. Poderia dedicar muito mais tempo a ele, tirar dele outras informações e examinar novos problemas por ele levantados. Eu próprio conheço os pontos a partir dos quais outras linhas de raciocínio poderiam ser seguidas. Mas as considerações que surgem no caso de cada um de meus próprios sonhos me impedem de prosseguir em meu trabalho interpretativo. Se alguém se vir tentado a expressar uma condenação apressada de minha reticência, recomendo-lhe que faça a experiência de ser mais franco do que eu. No momento, estou satisfeito com a obtenção dessa parcela de novos conhecimentos. Se adotarmos o método de interpretação de sonhos que aqui indiquei, verificaremos que os sonhos têm mesmo um sentido e estão longe de constituir a expressão de uma atividade fragmentária do cérebro, como alegam as autoridades. *Quando o trabalho de interpretação se conclui, percebemos que o sonho é a realização de um desejo.*

CAPÍTULO III

O SONHO É A REALIZAÇÃO
DE UM DESEJO

Quando, após passarmos por um estreito desfiladeiro, de repente emergimos num trecho de terreno elevado, onde o caminho se divide e as mais belas vistas se desdobram por todos os lados, podemos parar por um momento e considerar em que direção deveremos começar a orientar nossos passos. É esse o nosso caso, agora que ultrapassamos a primeira interpretação de um sonho. Encontramo-nos em plena luz de uma súbita descoberta. Não se devem assemelhar os sonhos aos sons desregulados que saem de um instrumento musical atingido pelo golpe de alguma força externa, e não tocado pela mão de um instrumentista; eles não são destituídos de sentido, não são absurdos; não implicam que uma parcela de nossa reserva de representações esteja adormecida enquanto outra começa a despertar. Pelo contrário, são fenômenos psíquicos de inteira validade — realizações de desejos; podem ser inseridos na cadeia dos atos mentais inteligíveis da vigília; são produzidos por uma atividade mental altamente complexa.

Contudo, mal começamos a nos alegrar com essa descoberta, e já somos assaltados por uma torrente de questões. Se, como nos diz a interpretação dos sonhos, um sonho representa um desejo realizado, qual a origem da notável e enigmática forma em que se expressa a realização de um desejo? Por que alteração passaram os pensamentos oníricos antes de se transformarem no sonho manifesto que recordamos ao despertar? Como se dá essa alteração? Qual a fonte do material que se modificou, transformando-se em sonho? Qual a fonte das numerosas peculiaridades que se devem observar nos pensamentos oníricos — tais como, por exemplo, o fato de poderem ser mutuamente contraditórios? (Cf. a analogia da chaleira emprestada, na p. 134). Pode um sonho dizer-nos algo de novo sobre nossos processos psíquicos internos? Pode seu conteúdo corrigir opiniões que sustentamos durante o dia?

Proponho que, por ora, deixemos de lado todas essas questões e sigamos mais adiante, ao longo de uma trilha específica. Aprendemos que um sonho pode representar um desejo como realizado. Nossa primeira preocupação deve ser indagar se esta é uma característica universal dos sonhos, ou se, por acaso, terá sido meramente o conteúdo do sonho específico (o sonho da injeção de Irma) que foi o primeiro a ser por nós analisado. Pois, mesmo que estejamos dispostos a constatar que todo sonho tem um sentido e um valor psíquico, deve permanecer em aberto a possibilidade de que esse sentido não seja o mesmo em todos os sonhos. Nosso primeiro sonho foi a realização de um desejo; um segundo poderia revelar-se como um temor realizado; o conteúdo de um terceiro talvez fosse uma reflexão, ao passo que um quarto poderia apenas reproduzir uma lembrança. Encontramos outros sonhos impregnados de desejo, além desse? Ou será, talvez, que não há outros sonhos senão os sonhos relativos a desejo?

É fácil provar que os sonhos muitas vezes se revelam, sem qualquer disfarce, como realizações de desejos, de modo que talvez pareça surpreendente que a linguagem dos sonhos não tenha sido compreendida há muito tempo. Por exemplo, há um sonho que posso produzir em mim mesmo quantas vezes quiser — experimentalmente, por assim dizer. Se à noite eu comer anchovas ou azeitonas, ou qualquer outro alimento muito salgado, ficarei com sede de madrugada, e a sede me acordará. Mas meu despertar será precedido por um sonho, sempre com o mesmo conteúdo, ou seja, o de que estou bebendo. Sonho estar engolindo água em grandes goles, e ela tem o delicioso sabor que nada senão uma bebida fresca pode igualar quando se está morrendo de sede. Então acordo e tenho que tomar uma bebida de verdade. Esse sonho simples é ocasionado pela sede da qual me conscientizo ao acordar. A sede dá origem a um desejo de beber, e o sonho me mostra esse desejo realizado. Ao fazê-lo, ele executa uma função — que seria fácil adivinhar. Durmo bem e não costumo ser acordado por nenhuma necessidade física. Quando consigo aplacar minha sede *sonhando* que estou bebendo, não preciso despertar para saciá-la. Esse é, portanto, um sonho de conveniência. O sonhar toma o lugar da ação, como o faz muitas vezes em outras situações da vida. Infelizmente, minha necessidade de água para aplacar a sede não pode satisfazer-se num sonho da mesma forma que se satisfaz minha sede de vingança contra meu amigo Otto e o Dr. M.; mas a boa intenção está presente em ambos os casos. Não faz muito tempo, esse mesmo sonho passou por algumas modificações. Eu já sentira sede antes mesmo de adormecer e esvaziara um copo d'água que estava na mesa ao lado da cama. Algumas horas depois, durante a madrugada, tive um novo ataque de sede, e isso teve resultados inconvenientes. Para me servir de água, eu teria de me levantar e apanhar o copo que estava na mesa ao lado da cama de minha esposa. Assim, tive um sonho apropriado, em que minha mulher me dava de

137

beber de um vaso; esse vaso era uma urna cinerária etrusca que eu trouxera de uma viagem à Itália e da qual mais tarde me desfizera. Mas sua água tinha um sabor tão salgado (evidentemente por causa das cinzas da urna) que acordei. É de notar a forma conveniente como tudo se organizava nesse sonho. Visto que sua única finalidade era realizar um desejo, o sonho poderia ser completamente egoísta. O amor ao comodismo e à conveniência não é realmente compatível com a consideração pelas outras pessoas. A introdução da urna cinerária foi, provavelmente, outra realização de desejo. Eu lamentava que o vaso já não estivesse em meu poder — tal como o copo d'água na mesa-de-cabeceira de minha mulher estava fora de meu alcance. Também a urna, como suas cinzas, ajustava-se ao sabor salgado em minha boca, que já então se tornara mais forte e que eu sabia estar fadado a me acordar.[1]

Esses sonhos de conveniência eram muito freqüentes em minha juventude. Tendo adquirido, desde quando consigo recordar, o hábito de trabalhar até altas horas da noite, sempre tive dificuldade de acordar cedo. Costumava então sonhar que me havia levantado e estava de pé ao lado do lavatório; passado algum tempo, já não conseguia disfarçar de mim mesmo o fato de que realmente ainda estava na cama, só que, nesse meio tempo, dormira um pouco mais. Um desses sonhos indolentes, expresso numa forma particularmente divertida e refinada, foi-me relatado por um jovem colega médico que parece partilhar de meu gosto pelo sono. A proprietária da pensão em que ele morava, nas proximidades do hospital, tinha instruções rigorosas de acordá-lo na hora todas as manhãs, mas não era nada fácil cumpri-las. Certa manhã, o sono parecia especialmente doce. A senhoria gritou através da porta: "Acorde, *Herr* Pepi! Está na hora de ir para o hospital!" Em resposta a isso, ele sonhou que estava deitado numa cama num quarto de hospital, e que havia um cartão acima

---

1   Weygandt (1893, p. 41) tinha conhecimento da ocorrência de sonhos com a sede, pois escreveu: "A sensação de sede é percebida com maior precisão do que qualquer outra; sempre dá origem a uma idéia de estar sendo saciada. A maneira como é representada a saciação da sede no sonho varia e extrai sua forma especial de alguma lembrança próxima. Outra característica geral nesses casos é que, logo após a idéia da sede sendo aplacada, segue-se uma decepção ante o pequeno efeito produzido pela bebida imaginária". Weygandt, contudo, não se apercebe do fato de que essa reação do sonho a um estímulo é universalmente válida. Outras pessoas atacadas pela sede durante a noite podem acordar sem ter tido um sonho, mas isso não constitui nenhuma objeção a meu experimento. Mostra, simplesmente, que elas dormem pior do que eu. — [*Acrescentado* em 1914:] Confronte-se, nesse sentido, Isaías 29, 8: "Será o mesmo que quando um homem faminto sonha, e eis que come; mas desperta, e sua alma está vazia; ou quando um homem sedento sonha, e eis que bebe; mas desperta, e eis que desfalece, e sua alma tem apetite".

do leito onde estava escrito: "Pepi H., estudante de medicina, idade: 22 anos". Enquanto sonhava, ele dizia a si mesmo: "Como já *estou* no hospital, não há necessidade de ir até lá" — e, virando-se para o outro lado, continuou a dormir. Desse modo, ele confessou abertamente o motivo de seu sonho.

Eis aqui outro sonho em que, mais uma vez, o estímulo produziu seu efeito durante o sono. Uma das minhas pacientes, que fora obrigada a se submeter a uma operação no maxilar, operação essa que tomara um rumo desfavorável, recebeu ordens dos médicos para usar um aparelho de resfriamento no lado do rosto, dia e noite. Logo que adormecia, porém, costumava afastá-lo. Um dia, depois de ela ter mais uma vez jogado o aparelho no chão, pediram-me que falasse sério com ela a esse respeito. "Dessa vez, realmente não pude evitar", respondeu. "Foi por causa de um sonho que tive à noite. Sonhei que estava num camarote na ópera, e que estava apreciando muitíssimo o espetáculo. Mas *Herr* Karl Meyer estava na casa de saúde e se queixava amargamente de dores no maxilar. Assim, eu disse a mim mesma que, como não estava sentindo nenhuma dor, não precisava do aparelho; e joguei-o fora." O sonho dessa pobre sofredora parece quase uma representação concreta de uma frase que às vezes sai da boca de pessoas em situações desagradáveis: "Posso pensar em muitas coisas mais agradáveis do que isto". O sonho dá uma imagem de uma dessas coisas mais agradáveis. O *Herr* Karl Meyer para quem a autora do sonho transplantou suas dores era, dentre seus conhecidos, o rapaz mais desinteressante que ela pôde lembrar.

A realização de desejos pode ser detectada com igual facilidade em alguns outros sonhos que colhi de pessoas normais. Um amigo meu, que conhece minha teoria dos sonhos e falou dela com sua mulher, disse-me certo dia: "Minha mulher pediu que eu lhe dissesse que ontem sonhou que estava menstruada. Você pode imaginar o que isso significa". E eu realmente podia. O fato de essa jovem esposa ter sonhado que estava menstruada significava que suas regras não tinham vindo. Eu bem podia acreditar que ela ficaria satisfeita em continuar desfrutando um pouco mais de sua liberdade, antes de arcar com o fardo da maternidade. Foi uma maneira delicada de anunciar sua primeira gravidez. Outro amigo meu escreveu-me dizendo que, não muito tempo antes, sua mulher sonhara ter observado algumas manchas de leite na frente de seu vestido. Também esse foi um aviso de gravidez, mas não da primeira. A jovem mãe estava desejando que pudesse ter mais alimento para dar a seu segundo filho do que tivera para o primeiro.

Uma jovem ficara isolada da sociedade por semanas a fio enquanto cuidava do filho durante uma doença infecciosa. Após a recuperação da criança, sonhou que estava numa festa na qual, entre outros, conheceu Alphonse Daudet, Paul Bourget e Marcel Prévost; todos foram afabilíssimos com ela e muito divertidos. Todos esses autores se pareciam com seus retratos, exceto Marcel Prévost, cuja fotografia ela jamais vira; e ele se parecia com... o funcionário da desinfecção que fumigara o quarto do doente na véspera e que fora seu primeiro visitante após tanto tempo. Assim, parece possível fornecer uma tradução completa do sonho: "Já é hora de fazer alguma coisa mais divertida do que essa perpétua assistência a doentes".

Esses exemplos talvez bastem para mostrar que os sonhos que só podem ser compreendidos como realizações de desejos e que trazem seu sentido estampado no rosto, sem nenhum disfarce, encontram-se sob as mais freqüentes e variadas condições. Em sua maioria, são sonhos simples e curtos, que apresentam um agradável contraste com as composições confusas e exuberantes que têm predominantemente atraído a atenção das autoridades. Não obstante, será compensador determo-nos por um momento nesse sonhos simples. É de esperar que encontremos as mais simples formas de sonhos nas *crianças*, já que não há dúvida alguma que suas produções psíquicas são menos complicadas que as dos adultos. A psicologia infantil, em minha opinião, está destinada a prestar à psicologia do adulto serviços tão úteis quanto os que a investigação da estrutura ou do desenvolvimento dos animais inferiores prestou para a pesquisa da estrutura das classes superiores de animais. Poucos esforços deliberados foram feitos até agora para se utilizar a psicologia infantil com essa finalidade.

Os sonhos das crianças pequenas são freqüentemente pura realização de desejos e são, nesse caso, muito desinteressantes se comparados com os sonhos dos adultos. Não levantam problemas para serem solucionados, mas, por outro lado, são de inestimável importância para provar que, em sua natureza essencial, os sonhos representam realizações de desejos. Pude reunir alguns exemplos desses sonhos a partir de material fornecido por meus próprio filhos.

Tenho que agradecer a uma excursão que fizemos à encantadora aldeia de Hallstatt, no verão de 1896, por dois sonhos: um deles foi de minha filha, que contava então oito anos e meio, e o outro, de seu irmão, de cinco anos e três meses. Devo explicar, à guisa de preâmbulo, que estávamos passando o verão na encosta de uma colina perto de Aussee, de onde, quando fazia bom tempo, descortinávamos uma esplêndida vista do Dachstein. A Simony Hütte era claramente visível por telescópio. As crianças fizeram repetidas tentativas de vê-la por meio desse instrumento — não sei dizer com que grau de sucesso. Antes de nossa excursão, eu dissera às crianças que Hallstatt ficava no sopé do Dachstein. Elas aguardaram o dia com grande expectativa. De Hallstatt caminhamos até o Echerntal, que deliciou as crianças com sua sucessão de paisagens cambiantes. Uma das crianças, porém, o menino de cinco anos, foi aos poucos ficando inquieto. Toda vez que divisávamos uma nova montanha, ele perguntava se era o Dachstein, e eu tinha de dizer "Não, é apenas um dos contrafortes". Depois de ter formulado a pergunta várias vezes, ele caiu em completo silêncio, recusando-se categoricamente a subir conosco a encosta íngreme que leva à cascata. Achei que estava cansado. Mas, na manhã seguinte, ele veio a mim com uma expressão radiante e disse: "Ontem à noite sonhei que estávamos na Simony Hütte". Então eu o compreendi. Quando eu falara sobre o Dachstein, ele tinha esperado subir a montanha durante nossa excursão a Hallstatt e encontrar-se perto da cabana sobre a qual tanto se falara em relação ao telescópio. Mas, ao descobrir que estava sendo ludibriado com contrafortes e uma queda-d'água, sentiu-se decepcionado e abatido. O sonho foi uma compensação. Tentei descobrir seus detalhes, mas eles eram escassos: "Você precisa galgar degraus durante seis horas" — o que correspondia ao que lhe haviam dito.

A mesma excursão despertou desejos também na menina de oito anos e meio — desejos que tiveram de ser satisfeitos num sonho. Tínhamos levado conosco para Hallstatt o filho de doze anos de nosso vizinho. Ele já era um galanteador de mão cheia, e havia sinais de ter conquistado a afeição da jovenzinha. Na manhã seguinte, ela me contou o seguinte sonho: "Imagine só! Sonhei que Emil fazia parte da família e chamava vocês de 'Papai' e 'Mamãe', e dormia conosco no quarto grande como os meninos. Aí, mamãe entrou e jogou um punhado de barras grandes de chocolate, embrulhadas em papel azul e verde, embaixo de nossas camas". Os irmãos dela, que evidentemente não haviam herdado a faculdade de entender os sonhos, seguiram a orientação das autoridades e declararam que o sonho era absurdo. A própria menina defendeu pelo menos uma parte do sonho; e saber *qual* parte lança luz sobre a teoria das neuroses. "É claro que é absurdo Emil fazer parte da família; mas a parte sobre as barras de chocolate não é." Era precisamente quanto a esse ponto que eu estava em dúvida, mas a mãe da menina deu-me então a explicação. No caminho da estação para casa, as crianças haviam parado em frente a uma máquina automática, da qual estavam habituadas a obter justamente aquele tipo de barras de chocolate, embrulhadas em brilhante papel metálico. Quiseram algumas, mas a mãe, com razão, decidira que o dia já havia realizado um número suficiente de desejos e deixara a realização desse a cargo do sonho. Eu não havia observado esse incidente. Mas a parte do sonho que fora censurada por minha filha imediatamente se tornou mais clara para mim. Eu mesmo ouvira meu bem-comportado hóspede dizer às crianças, no passeio, que esperassem até que papai e mamãe os alcançassem. O sonho da menina transformara esse parentesco temporário numa adoção permanente. Sua afeição ainda não podia visualizar quaisquer outras modalidades de companheirismo senão as que foram representadas no sonho, e que se baseavam em sua relação com os irmãos. Naturalmente, era impossível descobrir, sem lhe perguntar, por que as barras de chocolate foram atiradas embaixo da cama.

Um de meus amigos relatou-me um sonho muito semelhante ao do meu filho. Quem o teve foi uma menina de oito anos. O pai dessa menina saíra para uma caminhada com várias crianças até Dornbach, com a idéia de visitar a Rohrer Hütte. Como estivesse ficando tarde, porém, tinha voltado, prometendo às crianças compensar-lhes a decepção noutra oportunidade. A caminho de casa, passaram pelo marco que assinala a trilha que sobe até o Hameau. As crianças pediram então que as levassem até o Hameau; porém, mais uma vez, pela mesma razão, tiveram de ser consoladas com a promessa de outro dia. Na manhã seguinte, a menina de oito anos dirigiu-se ao pai e disse, com expressão satisfeita: "Papai, ontem à noite sonhei que o senhor foi com a gente à Rohrer Hütte e ao Hameau". Em sua impaciência, ela antecipara a realização das promessas do pai.

Eis aqui um sonho igualmente direto, provocado pela beleza dos panoramas de Aussee em outra de minhas filhas, que contava então três anos e três meses. Ela atravessara o lago pela primeira vez e, para ela, a travessia fora curta demais: quando alcançamos o ponto de desembarque, não quis sair do barco e chorou amargamente. Na manhã seguinte, disse: "Ontem de noite fui para o lago". Esperemos que sua travessia no sonho tenha sido de uma duração mais satisfatória.

Meu filho mais velho, então com oito anos, já tinha sonhos de ver suas fantasias realizadas: sonhou que estava andando de carruagem com Aquiles e que Diomedes era o condutor. Como se pode imaginar, ele ficara

142

excitado, na véspera, com um livro sobre as lendas da Grécia, dado a sua irmã mais velha.

Caso eu possa incluir na categoria dos sonhos as palavras ditas pelas crianças durante o sono, posso citar, a esta altura, um dos sonhos mais infantis de toda a minha coleção. Minha filha mais nova, então com dezenove meses de idade, tivera um ataque de vômitos certa manhã e, como conseqüência, ficara sem alimento o dia inteiro. Na madrugada seguinte a esse dia de fome, nós a ouvimos exclamar excitadamente enquanto dormia: "Anna Fleud, molangos, molangos silvestles, omeéte, pudim!" Naquela época, Anna tinha o hábito de usar seu próprio nome para expressar a idéia de se apossar de algo. O menu incluía perfeitamente tudo o que lhe devia parecer constituir uma refeição desejável. O fato de os morangos aparecerem nele em duas variedades era uma manifestação contra os regulamentos domésticos de saúde. Baseava-se no fato, que ela sem dúvida havia observado, de sua ama ter atribuído sua indisposição a uma indigestão de morangos. Assim, ela retaliou no sonho contra esse veredicto indesejável.[1]

Embora tenhamos em alta conta a felicidade da infância, por ser ela ainda inocente de desejos sexuais, não nos devemos esquecer da fonte fértil de decepção e renúncia, e conseqüentemente de estímulo ao sonho, que pode ser proporcionada pelas duas outras grandes pulsões[2] vitais. Eis aqui outro exemplo disso. Meu sobrinho, com um ano e dez meses, fora encarregado de me cumprimentar por meu aniversário e de me presentear com uma cesta de cerejas, que ainda estavam fora de estação nessa época do ano. Ele parece ter achado a tarefa difícil, pois ficava repetindo "Celejas nela", mas era impossível induzi-lo a entregar o presente. Contudo, ele encontrou um meio de compensação. Estava habituado, todas as manhãs, a contar à mãe que

---

[1] A mesma façanha foi realizada pouco depois por um sonho produzido pela avó dessa menina — suas idades, somadas, alcançavam cerca de setenta anos. Ela fora obrigada a ficar sem se alimentar por um dia inteiro, por causa de um distúrbio proveniente de um rim flutuante. Durante a noite seguinte, sem dúvida imaginando estar de volta ao apogeu de sua meninice, sonhou que tinha sido "convidada" para as duas refeições principais e se servido, em ambas, das mais apetitosas iguarias.

[2] [*Nota de rodapé acrescentada* em 1911:] Um estudo mais detido da vida mental das crianças ensinou-nos, por certo, que as forças pulsionais sexuais, em sua forma infantil, desempenham um papel bastante relevante, que tem passado despercebido por demasiado tempo, na atividade psíquica das crianças. Também esse estudo mais detido deu margem para despertar algumas dúvidas no tocante à felicidade da infância, tal como tem sido retrospectivamente concebida pelos adultos. Cf. meus *Três Ensaios sobre a Teoria da Sexualidade*, 1950d.

tinha tido um sonho com o "soldado branco" — um oficial da guarda envergando sua túnica branca, que ele um dia ficara na rua a contemplar com admiração. No dia seguinte ao sacrifício do aniversário, ele acordou com uma notícia animadora, que só poderia ter-se originado num sonho: "Hermann comeu todas as celejas!"[1]

---

1 [*Nota de rodapé acrescentada* em 1911:] Deve-se mencionar o fato de que as crianças logo começam a ter sonhos mais complicados e menos transparentes, e que, por outro lado, os adultos, em certas circunstâncias, muitas vezes têm sonhos de caráter similarmente simples e infantil. A profusão de material inesperado que pode ocorrer nos sonhos das crianças de quatro ou cinco anos é demonstrada por exemplos em minha "Análise de uma Fobia num Menino de Cinco Anos" (1909*b*) e em Jung (1910*a*). — [*Acrescentado* em 1914:] — Com respeito às interpretações analíticas dos sonhos infantis, ver também von Hug-Hellmuth (1911 e 1913), Putnam (1912), van Raalte (1912), Spielrein (1913) e Tausk (1913). Há também sonhos infantis relatados por Bianchieri (1912), Busemann (1909 e 1910), Doglia e Bianchieri (1910-11) e, em particular, Wiggam (1909), que enfatiza a tendência dos sonhos à realização de desejos. — [*Acrescentado* em 1911:] Por outro lado, os sonhos de tipo infantil parecem ocorrer em especial freqüência nos adultos quando estes se acham em circunstâncias externas inusitadas. Assim, Otto Nordenskjöld (1904, v. 1., p. 336 e seg.) escreve o seguinte sobre os membros de sua expedição ao passarem o inverno na Antártida: "O rumo tomado por nossos pensamentos mais íntimos era indicado com muita clareza por nossos sonhos, que nunca foram mais nítidos ou numerosos do que nessa época. Mesmo aqueles dentre nós que, noutras situações, só raramente sonhavam, tinham longas histórias a narrar pela manhã, quando trocávamos nossas últimas experiências nesse mundo de imaginação. Todas diziam respeito ao mundo exterior, que então se achava tão distante de nós, embora muitas vezes fossem adaptadas a nossas circunstâncias reais. Um de meus companheiros teve um sonho particularmente característico, no qual estava de volta à sala de aula de sua escola, onde tinha a tarefa de esfolar focas em miniatura, preparadas especialmente para fins didáticos. Comer e beber, contudo, eram o pivô em torno do qual, na maioria das vezes, giravam nossos sonhos. Um de nós, que tinha o dom especial de comparecer a grandes almoços durante a madrugada, orgulhava-se quando conseguia relatar, pela manhã, que 'liquidara com um jantar de três pratos'. Outro de nós sonhava com fumo, com montanhas inteiras de fumo, enquanto um terceiro sonhava com um navio chegando a todo o pano pelo mar aberto. Há mais um sonho que vale a pena relatar: o carteiro trazia a correspondência e dava uma longa explicação sobre o motivo por que tivéramos de esperar tanto por ela: ele a entregara no endereço errado e só havia conseguido recuperá-la com grande dificuldade. Sonhávamos, é claro, com coisas ainda mais impossíveis. Mas uma extraordinária falta de imaginação era exibida por quase todos os sonhos que eu próprio tive ou cuja descrição ouvi. Seria certamente de grande interesse psicológico que todos esses sonhos pudessem ser registrados. E é fácil compreender quanto ansiávamos pelo sono, visto que ele podia oferecer a cada um de nós tudo o que mais ardentemente desejávamos." — [*Acrescentado* em 1914:] De acordo com Du Prel (1885, p. 231), "Mungo Park, quando estava prestes a morrer de sede numa de suas viagens pela África, sonhava incessantemente com os vales e as campinas de sua pátria, bem providos de água. De modo semelhante, o Barão Trenck, que sofria os tormentos da fome quando prisioneiro na fortaleza de Magdeburgo, sonhava estar rodeado de suntuosas refeições; e George Back, que tomou parte na primeira expedição de Franklin, quando estava quase morrendo de fome em decorrência de suas terríveis privações, sonhava constante e regularmente com refeições abundantes".

Eu mesmo não sei com que sonham os animais. Mas um provérbio, para o qual minha atenção foi despertada por um de meus alunos, alega realmente saber. "Com que", pergunta o provérbio, "sonham os gansos?" E responde: "Com milho".[1] Toda a teoria de que os sonhos são realizações de desejos se acha contida nessas duas frases.[2]

Como se vê, poderíamos ter chegado mais depressa a nossa teoria do sentido oculto dos sonhos simplesmente observando o uso lingüístico. É verdade que a linguagem comum às vezes se refere aos sonhos com desprezo. (A frase *"Träume sind Schäume"* [Os sonhos são espuma] parece destinada a apoiar a apreciação científica dos sonhos.) Via de regra, porém, o uso comum trata os sonhos, acima de tudo, como abençoados realizadores de desejos. Sempre que vemos nossas expectativas ultrapassadas por um acontecimento, exclamamos em nossa alegria: "Eu nunca teria imaginado tal coisa, nem mesmo em meus sonhos mais fantásticos!"

---

1 [*Nota de rodapé acrescentada* em 1911:] Um provérbio húngaro citado por Ferenczi vai ainda mais longe e declara que "os porcos sonham com bolotas e os gansos, com milho". — [*Acrescentado* em 1914:] Diz um provérbio judaico: "Com que sonham as galinhas? — Com milhete" (Bernstein e Segel, 1908, p. 116).

2 [*Nota de rodapé acrescentada* em 1914:] Estou longe de procurar sustentar que fui o primeiro autor a ter a idéia de derivar os sonhos dos desejos. (Cf. as frases iniciais de meu próximo capítulo.) Aqueles que dão importância a expectativas desse tipo podem voltar à Antiguidade clássica e citar Herófilo, médico que viveu no reinado de Ptolomeu I. Segundo Büchsenschütz (1868, p. 33), ele distinguia três espécies de sonhos: os que são enviados pelos deuses, os que são naturais e surgem quando a mente forma uma imagem de algo que lhe é agradável e que irá acontecer, e os que são de natureza mista e decorrem, por livre e espontânea vontade, do surgimento de imagens em que vemos aquilo que desejamos. J. Stärcke (1913) chamou atenção para um sonho da coleção de Scherner, que esse mesmo autor descreve como a realização de um desejo. Escreve Scherner (1861, p. 239): "A imaginação da sonhadora realizou seu desejo de vigília com tal rapidez simplesmente porque esse desejo estava emocionalmente ativo nela". Scherner classifica esse sonho entre os "sonhos de temperamento"; ao lado deles, situa os "sonhos de desejo erótico" em homens e mulheres, e os "sonhos de mau humor". É claro que não há nenhuma possibilidade de Scherner atribuir mais importância aos desejos na instigação dos sonhos do que a qualquer outro estado mental de vigília; há ainda menos possibilidade de ele ter relacionado os desejos com a natureza essencial do sonhar.

CAPÍTULO IV

A DISTORÇÃO NOS SONHOS

Se agora eu afirmar que o sentido de *todos* os sonhos é a realização de um desejo, isto é, que não pode haver nenhum sonho além dos sonhos desejantes, desde já estou certo de que depararei com a mais categórica refutação.

"Não há nada de novo", dirão, "na idéia de que *alguns* sonhos devam ser encarados como realizações de desejos; as autoridades assinalaram esse fato há muito tempo. Cf. Radestock (1879, p. 137 e seg.), Volkelt (1875, p. 110 e seg.), Purkinje (1846, p. 456), Tissié (1898, p. 70), Simon (1888, p. 42, a propósito dos sonhos de fome do Barão Trenck quando prisioneiro), e um trecho em Griesinger (1845, p. 89).[1] Mas afirmar que não há outros sonhos senão os de realização de desejos constitui apenas mais uma generalização injustificável, embora felizmente fácil de refutar. Afinal de contas, ocorrem numerosos sonhos que contêm os mais penosos temas, mas nenhum sinal de qualquer realização de desejo. Eduard von Hartmann, o filósofo do pessimismo, é provavelmente quem mais se afasta da teoria da realização de desejos. Em sua *Philosophie des Unbewussten* (1890, v. 2, p. 344), escreve: 'Quando se trata de sonhos, vemos todas as contrariedades da vida de vigília transportadas para o estado de sono; a única coisa que *não* encontramos é aquilo que pode, até certo ponto, reconciliar um homem culto com a vida — o prazer científico e artístico'. Mas até mesmo observadores menos descontentes insistem em que a dor e o desprazer são mais comuns nos sonhos do que o prazer: por exemplo, Scholz (1893, p. 57), Volkelt (1875, p. 80) e outros. Com efeito, duas senhoras, Florence Hallam e Sarah Weed (1896, p. 499), chegaram realmente a dar expressão estatística, baseada num estudo de seus próprios sonhos, à preponderância do desprazer no sonho. Verificaram que 57,2% dos sonhos são 'desagradáveis' e apenas 28,6% decididamente 'agradáveis'. E, afora esses sonhos, que levam para o sono as várias emoções penosas da vida, existem sonhos de angústia, em

---

1 [*Nota de rodapé acrescentada* em 1914:] Já um autor tão distante como o neoplatônico Plotino é citado por Du Prel (1885, p. 276) por afirmar: "Quando nossos desejos são despertados, a imaginação vem à tona e, por assim dizer, apresenta-nos os objetos desses desejos".

que o mais terrível de todos os sentimentos desprazerosos nos retém em suas garras até despertarmos. E as vítimas mais comuns desses sonhos de angústia são precisamente as crianças,[1] cujos sonhos o senhor descreveu como indisfarçáveis realizações de desejos."

De fato, parece que os sonhos de angústia tornam impossível asseverar como proposição geral (baseada nos exemplos citados em meu último capítulo) que os sonhos são realizações de desejos; na verdade, eles parecem caracterizar tal proposição como um absurdo.

Não obstante, não há grande dificuldade em enfrentar essas objeções aparentemente irrefutáveis. É necessário apenas observar o fato de que minha teoria não se baseia numa consideração do conteúdo manifesto dos sonhos, mas se refere aos pensamentos que o trabalho de interpretação mostra estarem por trás dos sonhos. Devemos estabelecer um contraste entre os conteúdos *manifesto* e *latente* dos sonhos. Não há dúvida de que existem sonhos cujo conteúdo manifesto é de natureza extremamente aflitiva. Mas terá alguém tentado interpretar esses sonhos? Revelar os pensamentos latentes que se encontram por trás deles? Se não for assim, as duas objeções levantadas contra minha teoria são inconsistentes: é ainda possível que os sonhos aflitivos e os sonhos de angústia, uma vez interpretados, revelem-se como realizações de desejos.[2]

Quando, no decorrer de um trabalho científico, deparamos com um problema de difícil solução, muitas vezes constitui uma boa medida tomar um segundo problema juntamente com o original — da mesma forma que é mais fácil quebrar duas nozes juntas do que cada uma em separado. Assim, não só nos defrontamos com a pergunta "Como podem os sonhos aflitivos

---

1 Cf. Debacker (1881) sobre o *pavor nocturnus*.

2 [*Nota de rodapé acrescentada* em 1909:] É difícil fazer justiça à obstinação com que os leitores e críticos deste livro fecham os olhos a essa consideração e desprezam a distinção fundamental entre o conteúdo manifesto e o conteúdo latente dos sonhos. — [*Acrescentado* em 1914:] Por outro lado, na literatura do assunto nada se aproxima tanto da minha hipótese como um trecho do ensaio de James Sully intitulado "The Dream as a Revelation" (O Sonho como uma Revelação) (1893, p. 364). O fato de só agora eu o estar citando pela primeira vez não é sinal de menosprezo: "Parece então, afinal, que os sonhos não são um extremo absurdo como os qualificaram autoridades como Chaucer, Shakespeare e Milton. As agregações caóticas de nossa fantasia noturna possuem uma importância e transmitem novos conhecimentos. Como uma carta cifrada, a inscrição onírica, quando examinada de perto, perde sua primeira impressão de disparate e assume o aspecto de uma mensagem séria e inteligível. Ou, para variar ligeiramente a imagem, podemos dizer que, como um palimpsesto, o sonho revela, sob seus caracteres superficiais destituídos de valor, vestígios de uma comunicação antiga e preciosa".

147

e os sonhos de angústia ser realizações de desejos?", como também nossas reflexões permitem-nos acrescentar uma segunda pergunta: "Por que é que os sonhos de conteúdo irrelevante, que se revelam como realizações de desejos, não expressam seu sentido sem disfarces?" Tomemos, por exemplo, o sonho da injeção de Irma, que abordei exaustivamente. Não foi, de modo algum, de natureza aflitiva, e a interpretação mostrou-o como exemplo marcante da realização de um desejo. Mas por que deveria ele precisar de qualquer interpretação? Por que não expressou diretamente o que queria dizer? À primeira vista, o sonho da injeção de Irma não dava nenhuma impressão de representar como realizado um desejo do sonhador. Meus leitores não terão tido tal impressão; mas nem eu a tive antes de haver efetuado a análise. Descrevamos esse comportamento dos sonhos, que tanto carece de explicação, como "o fenômeno da distorção dos sonhos". Assim, nosso segundo problema é: qual a origem da distorção onírica?

É possível que nos ocorram de imediato diversas soluções possíveis para o problema, como, por exemplo, que existe alguma incapacidade, durante o sono, para darmos expressão direta a nossos pensamentos oníricos. Mas a análise de certos sonhos nos força a adotar outra explicação para a distorção neles existente. Exemplificarei esse ponto por meio de outro sonho que tive. Mais uma vez, esse procedimento me envolverá numa multiplicidade de indiscrições, mas a elucidação minuciosa do problema compensará meu sacrifício pessoal.

PREÂMBULO. — Na primavera de 1897, soube que dois professores de nossa universidade me haviam recomendado para nomeação como *professor extraordinarius*. A notícia me surpreendeu e muito me alegrou, pois implicava o reconhecimento por dois homens eminentes, que não poderia ser atribuído a quaisquer considerações de ordem pessoal. Mas logo me preveni para não ligar ao fato nenhuma expectativa. Nos últimos anos, o Ministério desconsiderara esse tipo de recomendações, e vários de meus colegas, que eram mais velhos do que eu e pelo menos se igualavam a mim em termos de mérito, em vão vinham esperando por uma nomeação. Eu não tinha motivos para crer que viesse a ter melhor sorte. Determinei-me, portanto, a encarar o futuro com resignação. Até onde eu me conhecia, não era um homem ambicioso; vinha seguindo minha profissão com êxito gratificante, mesmo sem as vantagens proporcionadas por um título. Além disso, não havia meios de eu dizer que as uvas estavam verdes ou maduras: elas pendiam alto demais sobre minha cabeça.

Certa noite, recebi a visita de um amigo — um dos homens cujo exemplo eu tomara como advertência para mim. Por um tempo considerável, ele fora candidato à promoção ao cargo de professor, categoria que, em nossa sociedade, transforma o médico num semideus para seus pacientes. Menos resignado que eu, porém, ele tinha o hábito de ir de vez em quando cumprimentar o pessoal das repartições do Ministério, com vistas a promover seus interesses. Estivera fazendo uma dessas visitas pouco antes de vir ver-me. Contou-me que, nessa ocasião, pressionara o nobre funcionário e lhe perguntara à queima-roupa se a demora de sua nomeação não se prendia, de fato, a considerações sectárias. A resposta fora que, em vista do atual estado de coisas, sem dúvida era verdade que, no momento, Sua Excelência não estava em condições, etc. etc. "Pelo menos sei onde estou agora", concluíra meu amigo. Isso não foi novidade para mim, embora estivesse fadado a fortalecer meu sentimento de resignação, pois as mesmas considerações sectárias se aplicavam ao meu próprio caso.

Na manhã seguinte a essa visita, tive o seguinte sonho, que foi notável, entre outras coisas, por sua forma. Consistiu em dois pensamentos e duas imagens — sendo cada pensamento seguido por uma imagem. Entretanto, exporei aqui apenas a primeira metade do sonho, visto que a outra metade não tem nenhuma relação com a finalidade para a qual descrevo o sonho.

I. ... *Meu amigo R. era meu tio. — Eu tinha por ele um grande sentimento de afeição.*

II. *Vi seu rosto diante de mim, um tanto modificado. Era como se tivesse sido repuxado no sentido do comprimento. Uma barba amarela que o circundava destacava-se de maneira especialmente nítida.*

Seguiam-se as duas outras partes que omitirei — mais uma vez, uma idéia seguida de uma imagem.

A interpretação do sonho ocorreu da seguinte forma.

Quando, no decorrer da manhã, o sonho me veio à cabeça, ri alto e disse: "O sonho é absurdo!" Mas ele se recusava a ir embora e me seguiu o dia inteiro, até que finalmente, à noite, comecei a me repreender: "Se um de seus pacientes que estivesse interpretando um sonho não encontrasse nada melhor para dizer do que afirmar que ele era um absurdo, você o questionaria sobre isso e suspeitaria de que o sonho tinha por trás de si alguma história desagradável, da qual o paciente queria evitar conscientizar-se. Pois trate-se da mesma maneira". Sua opinião de que o sonho é absurdo significa apenas que você tem uma resistência interna contra a interpretação dele. Não se deixe enganar dessa maneira." Assim, dei início à interpretação.

"R. era meu tio." Que poderia significar isso? Nunca tive mais do que um tio — o Tio Josef.[1] Havia um história triste ligada a ele. Certa vez — há mais de trinta anos —, em sua ansiedade de ganhar dinheiro, ele se deixou envolver num tipo de transação que é severamente punido pela lei, e foi efetivamente castigado por isso. Meu pai, cujos cabelos se embranqueceram de tristeza em poucos dias, costumava sempre dizer que Tio Josef não era um mau homem, mas apenas um tolo; essas eram suas palavras. De modo que, se meu amigo R. era meu Tio Josef, o que eu estava querendo dizer era que R. era um tolo. Difícil de acreditar e extremamente desagradável! — Mas havia o rosto que eu via no sonho, com suas feições alongadas e a barba amarela. Meu tio, de fato, tinha um rosto como aquele, alongado e emoldurado por uma bela barba loura. Meu amigo R. fora, a princípio, extremamente moreno; mas quando as pessoas de cabelos pretos começam a ficar grisalhas, elas pagam um tributo pelo esplendor de sua juventude. Fio por fio, sua barba negra começa a passar por uma desagradável mudança de cor: primeiro, para um castanho avermelhado, depois, para um castanho amarelado, e só então para um grisalho definitivo. A barba de meu amigo R. estava, naquela ocasião, passando por essa fase — e também, por coincidência, a minha própria, como eu havia observado com insatisfação. O rosto que vi no sonho era, ao mesmo tempo, o de meu amigo R. e o de meu tio. Era como uma das fotografias compostas por Galton. (Para ressaltar as semelhanças familiares, Galton costumava fotografar vários rostos na mesma chapa.) Assim, não havia dúvida de que eu realmente queria dizer que meu amigo R. era um tolo — como meu Tio Josef.

Eu ainda não tinha nenhuma idéia sobre qual poderia ser a finalidade dessa comparação, contra a qual continuava a lutar. Ela não ia muito longe, afinal, já que meu tio era um criminoso, ao passo que meu amigo R. tinha

---

1 É surpreendente observar o modo como minha memória — minha memória de vigília — se estreitou nesse ponto para fins da análise. Na realidade, conheci cinco de meus tios, e amei e honrei um deles. Mas, no momento em que superei minha resistência à interpretação do sonho, disse a mim mesmo que nunca tivera mais de um tio — aquele a quem se visava no sonho.

um caráter sem mácula... salvo por uma multa que lhe fora imposta por ter derrubado um menino com sua bicicleta. Poderia eu ter tido esse crime em mente? Isso teria sido ridicularizar a comparação. Nesse ponto, lembrei-me de outra conversa que tivera alguns dias antes com outro colega, N., e agora que pensava nela, lembrei que girara em torno do mesmo assunto. Eu havia encontrado N. na rua. Ele também fora recomendado para o cargo de professor. Ouvira falar da homenagem que me fora prestada e me deu parabéns por isso, mas eu, sem hesitar, recusei-me a aceitá-los. "Você é a última pessoa", disse-lhe, "que deveria fazer essa espécie de brincadeira; você sabe quanto vale essa recomendação por sua própria experiência". "Quem é que pode dizer?" respondeu ele — gracejando, ao que me pareceu; "havia uma coisa clara contra *mim*. Você não sabe que certa vez uma mulher abriu um processo judicial contra mim? Nem é preciso dizer que o caso foi arquivado. Foi uma tentativa ignominiosa de chantagem, e tive a maior dificuldade em evitar que a acusadora deixasse de ser punida. Mas talvez eles estejam usando isso no Ministério como desculpa para não me nomearem. Mas *você* tem um caráter impecável." Isso me disse quem era o criminoso e, ao mesmo tempo, mostrou-me como o sonho devia ser interpretado e qual era sua finalidade. Meu Tio Josef representava meus dois colegas que não tinham sido nomeados para o cargo de professor — um por ser tolo, e o outro, por ser criminoso. Agora, eu também compreendia por que tinham sido representados sob esse aspecto. Se a nomeação de meus amigos R. e N. tinha sido adiada por motivos "sectários", minha própria nomeação também era duvidosa; no entanto, se eu pudesse atribuir a rejeição de meus dois amigos a outras razões, que não se aplicavam a mim, minhas esperanças permaneceriam intocadas. Fora esse o método adotado por meu sonho: ele transformara um deles, R., num tolo, e o outro, N., num criminoso, ao passo que *eu* não era uma coisa nem outra; assim, já não tínhamos mais nada em comum; eu podia me regozijar com minha nomeação para o cargo de professor e podia evitar a penosa conclusão de que o relato de R. sobre o que lhe dissera o alto funcionário devia aplicar-se igualmente a mim.

Mas senti-me obrigado a levar ainda mais longe minha interpretação do sonho; senti que ainda não havia terminado de lidar satisfatoriamente com ele. Ainda estava inquieto com a despreocupação com que degradara dois respeitados colegas para manter aberto meu próprio acesso ao cargo de professor. No entanto, a insatisfação com minha conduta havia diminuído desde que eu me apercebera do valor que se deve atribuir às expressões nos sonhos. Eu estava pronto a negar com toda veemência que realmente considerasse R. um tolo e que não acreditasse na história de N. sobre a chantagem. Tampouco acreditava que Irma tivesse de fato ficado gravemente enferma por haver recebido uma injeção do preparado de propil de Otto. Em ambos os casos, o que meus sonhos haviam expressado era apenas *meu desejo de que fosse assim*. A afirmação na qual meu desejo se materializara soava menos absurda no segundo sonho do que no primeiro; o sonho mais recente usou com maior habilidade os fatos reais em sua construção, tal como uma calúnia bem engendrada do tipo que faz com que as pessoas sintam que "aí tem coisa". Afinal, um dos professores da própria faculdade de meu amigo R. votara contra ele, e meu amigo N. me fornecera inocentemente, ele próprio, o material para minhas difamações. Não obstante, devo repetir, o sonho me parecia requerer maior elucidação.

Recordei então que havia outra parte do sonho intocada pela interpretação. Depois de me ocorrer a idéia de que R. era meu tio, eu havia experimentado um caloroso sentimento de afeição por ele no sonho. De onde vinha esse sentimento? Eu nunca tivera nenhuma afeição espontânea por Tio Josef. Apreciava meu amigo R. e o estimara durante muitos anos, mas, se me dirigisse a ele e expressasse meus sentimentos em termos que se aproximassem do grau de afeto que sentira no sonho, não há nenhuma dúvida de que ele teria ficado perplexo. Minha afeição por ele pareceu-me artificial e exagerada — tal como o julgamento de suas qualidades intelectuais, que eu expressara ao fundir sua personalidade com a de meu tio, embora, *nesse* caso, o exagero tivesse corrido no sentido oposto. Mas uma nova percepção começou a despontar em mim. A afeição, no sonho, não dizia respeito ao conteúdo latente, aos pensamentos que estavam por trás do sonho; estava em contradição com eles e tinha o propósito de ocultar a verdadeira interpretação do sonho. E é provável que essa fosse precisamente sua *raison d'être*. Lembrei-me de minha resistência em proceder à interpretação, de quanto a havia adiado, e de como declarara que o sonho era puro absurdo. Meus tratamentos psicanalíticos ensinaram-me como se deve interpretar um repúdio dessa natureza: ele não tinha nenhum valor como julgamento, mas era simplesmente uma expressão de emoção. Quando minha filhinha não queria uma maçã que lhe era oferecida, afirmava que a maçã estava azeda sem havê-la provado. E, quando meus pacientes se comportavam como a menina, eu sabia que estavam preocupados com uma representação que desejavam recalcar. O mesmo se aplicava a meu sonho. Eu não queria interpretá-lo porque a interpretação encerrava algo que eu estava combatendo. Quando concluí a interpretação, entendi contra o que estivera lutando — isto é, a afirmação de que R. era um tolo. A afeição que eu sentia por R. não podia provir dos pensamentos oníricos latentes, mas se originara, sem dúvida, dessa luta que eu travava. Se meu sonho estava distorcido nesse aspecto em relação a seu conteúdo latente — e distorcido para o seu oposto —, então a afeição manifesta no sonho atendera ao propósito dessa distorção. Em outras palavras, a distorção, nesse caso, era deliberada e constituía um meio de *dissimulação*. Meus pensamentos oníricos tinham incluído uma calúnia contra R. e, para que eu não pudesse notá-la, o que apareceu no sonho foi o oposto: um sentimento de afeição por ele.

Pareceu-me que essa seria uma descoberta de validade geral. É verdade que, como ficou demonstrado nos exemplos citados no Capítulo III, há alguns sonhos que são realizações indisfarçadas de desejos. Mas, nos casos em que a realização de desejo é irreconhecível, em que é disfarçada, deve ter havido alguma inclinação para se erguer uma defesa contra o desejo; e, graças a essa defesa, o desejo é incapaz de se expressar, a não ser de forma distorcida. Tentarei encontrar um paralelo para esse evento interno da mente na vida social. Onde podemos encontrar uma distorção semelhante de um ato psíquico na vida social? Somente quando há duas pessoas envolvidas, e uma das quais possui certo grau de poder que a segunda é obrigada a levar em consideração. Nesse caso, a segunda pessoa distorce seus atos psíquicos, ou, como se poderia dizer, dissimula. A polidez que pratico todos os dias é, numa grande medida, uma dissimulação desse tipo; e quando interpreto meus sonhos para meus leitores, sou obrigado a adotar distorções semelhantes. O poeta se queixa da necessidade dessas distorções, com as palavras:

Das Beste, was du wissen kannst,
Darfst du den Buben doch nicht sagen.[1]

Dificuldade semelhante enfrenta o escritor político que tem verdades desagradáveis a dizer aos que estão no poder. Se as apresentar sem disfarces, as autoridades reprimirão suas palavras — depois de proferidas, no caso de um pronunciamento oral, mas de antemão, caso ele pretenda fazê-lo num

---

1 [Mefistófeles, no *Fausto*, de Goethe, Parte 1 [Cena 4]: "Afinal, o melhor do que você sabe não pode ser dito aos meninos".

texto impresso. O escritor tem de estar precavido contra a censura e, por causa dela, precisa atenuar e distorcer a expressão de sua opinião. Conforme o rigor e a sensibilidade da censura, ele se vê compelido a simplesmente abster-se de certas formas de ataque ou a falar por meio de alusões em vez de referências diretas, ou tem que ocultar seu pronunciamento objetável sob algum disfarce aparentemente inocente: por exemplo, pode descrever uma contenda entre dois mandarins do Império do Meio, quando as pessoas que de fato tem em mente são autoridades de seu próprio país. Quanto mais rigorosa a censura, mais amplo será o disfarce e mais engenhoso o meio empregado para pôr o leitor no rastro do verdadeiro sentido.[1]

---

1 [*Nota de rodapé acrescentada* em 1919:] A Dra. H. von Hug-Hellmuth (1915) registrou um sonho que talvez se preste melhor do que qualquer outro para justificar minha escolha de nomenclatura. Nesse exemplo, a distorção onírica adotou os mesmos métodos que a censura postal para eliminar trechos que lhe parecessem condenáveis. A aludida censura torna esses trechos ilegíveis, colocando sobre eles uma tarja negra; a censura do sonho substituiu-os por um murmúrio incompreensível.

A fim de tornar o sonho inteligível, devo explicar que a pessoa que o teve, uma senhora culta e muito estimada, contava cinqüenta anos de idade. Era viúva de um oficial de alta patente, falecido cerca de doze anos antes, e mãe de filhos adultos, um dos quais se encontrava no campo de batalha na época do sonho.

Eis então o sonho — que trata de "serviços amorosos" em tempo de guerra. [*"Liebesdienste"* significa, em primeiro lugar, "serviços prestados por amor", isto é, "serviços não remunerados", mas o termo obviamente convida a outra interpretação.] "A paciente dirigiu-se ao Hospital da Guarnição N.º 1 e informou ao sentinela do portão que precisava falar com o Chefe do Serviço Médico (mencionando um nome que lhe era desconhecido), pois queria oferecer-se como voluntária para o serviço hospitalar. Ela pronunciou a palavra 'serviço' de tal forma que o suboficial entendeu imediatamente que ela queria dizer 'serviço amoroso'. Como se tratava de uma senhora, após alguma hesitação ele lhe permitiu que passasse. Em vez de encontrar o Chefe do Serviço Médico, porém, ela chegou a um aposento grande e sombrio onde diversos oficiais e médicos do exército estavam de pé ou sentados em torno de uma longa mesa. Abordou um cirurgião da equipe com seu pedido, e ele compreendeu o que ela queria dizer mal ela havia pronunciado algumas palavras. O enunciado real de sua fala no sonho foi: 'Eu e muitas outras mulheres e moças de Viena estamos prontas para...' — nesse ponto do sonho, suas palavras se transformaram num sussurro inteligível — '... para as tropas — oficiais e outras patentes, sem distinção'. Pela expressão do rosto dos oficiais, em parte constrangida, em parte maliciosa, ela pôde ver que todos entenderam corretamente o que ela queria dizer. Prosseguiu a senhora: 'Estou cônscia de que nossa decisão pode parecer surpreendente, mas nossa intenção é realmente séria. Ninguém pergunta a um soldado no campo de batalha se ele deseja morrer ou não'. Seguiu-se um incômodo silêncio de alguns minutos. O cirurgião pôs então um braço em volta de sua cintura e disse: 'Suponha, madame, que isso realmente chegasse a (murmúrio)'. Ela se afastou dele, pensando com seus botões: 'Ele é igual a todos os outros', e retrucou: 'Deus do céu, sou uma velha e nunca chegaria a isso. Além do mais, há uma condição que deve ser observada: a idade tem de ser respeitada. Nunca deve acontecer que uma mulher... (murmúrio)... um mero garoto. Isso seria terrível'. 'Compreendo perfeitamente', respondeu o cirurgião. Alguns dos oficiais, entre eles um que tinha sido pretendente à mão dela na juventude, caíram na gargalhada. A seguir,

O fato de os fenômenos da censura e da distorção onírica corresponderem uns aos outros nos mínimos detalhes justifica nossa pressuposição de que sejam similarmente determinados. Podemos, portanto, supor que os sonhos recebem sua forma em cada ser humano mediante a ação de duas forças psíquicas (ou podemos descrevê-las como correntes ou sistemas) e que uma dessas forças constrói o desejo que é expresso pelo sonho, enquanto a outra exerce uma censura sobre esse desejo onírico e, pelo emprego dessa censura, acarreta forçosamente uma distorção na expressão do desejo. Resta indagar sobre a natureza do poder desfrutado por essa segunda instância, que lhe permite exercer sua censura. Quando temos em mente que os pensamentos oníricos latentes não são conscientes antes de se proceder a uma análise, ao passo que o conteúdo manifesto do sonho é conscientemente lembrado, parece plausível supor que o privilégio fruído pela segunda instância seja o de permitir que os pensamentos penetrem na consciência. Nada, ao que parece, pode atingir a consciência a partir do primeiro sistema sem passar pela segunda instância; e a segunda instância não permite que passe coisa alguma sem exercer seus direitos e fazer as modificações que julgue adequadas no pensamento que busca acesso à consciência. A propósito, isso nos permite formar um quadro bem definido da "natureza essencial" da consciência: vemos o processo de conscientização de algo como um ato psíquico específico, distinto e independente do processo de formação de uma representação ou idéia; e encaramos a consciência como um órgão sensorial que percebe dados surgidos em outros lugares. É possível demonstrar que esses pressupostos básicos são absolutamente indispensáveis à psicopatologia. Devemos, porém, adiar maiores considerações sobre eles para um momento posterior.

Aceitando-se esse quadro das duas instâncias psíquicas e de sua relação com a consciência, há uma completa analogia, na vida política,

---

a senhora pediu para ser levada à presença do Chefe do Serviço Médico, pessoa do seu conhecimento, para que todo o assunto pudesse ser debatido: mas constatou, para sua consternação, que não conseguia recordar-lhe o nome. Não obstante, o cirurgião, com o máximo de cortesia e respeito, indicou-lhe o caminho até o segundo andar, por uma escada de ferro em espiral muito estreita que levava diretamente da sala aos andares superiores do edifício. Enquanto subia, ela ouviu um oficial dizer: 'Essa é uma tremenda decisão para se tomar — não importa se a mulher é moça ou velha! Belo gesto o dela!' Sentindo simplesmente que estava cumprindo seu dever, ela subiu uma escada interminável. — O sonho se repetiu duas vezes no decorrer de algumas semanas, apresentando, segundo observou a senhora, algumas modificações destituídas de qualquer importância e significado."

com a extraordinária afeição que senti em meu sonho por meu amigo R., que foi tratado com tanto desprezo durante a interpretação do sonho. Imaginemos uma sociedade em que esteja havendo uma luta entre um governante cioso de seu poder e uma opinião pública alerta. O povo está revoltado contra uma autoridade impopular e exige sua demissão. Mas o autocrata, para mostrar que não precisa levar em conta o desejo popular, escolhe esse momento para conferir uma alta honraria à citada autoridade, embora não haja nenhuma outra razão para fazê-lo. De maneira idêntica, minha segunda instância, que domina o acesso à consciência, distinguiu meu amigo R. com uma exibição de afeição excessiva, simplesmente porque os impulsos de desejo pertencentes ao primeiro sistema, por suas próprias razões particulares, para as quais estavam voltados naquele momento, resolveram condená-lo como um tolo.[1]

Essas considerações talvez nos levem a achar que a interpretação dos sonhos poderá permitir-nos tirar, em relação à estrutura de nosso aparelho psíquico, as conclusões que em vão temos esperado da filosofia. Não pretendo, contudo, seguir essa linha de pensamento; mas, tendo esclarecido a questão da distorção dos sonhos, voltarei ao problema de onde partimos. A questão levantada foi de que modo os sonhos com um conteúdo aflitivo podem decompor-se em realizações de desejos. Vemos agora que isso é possível, se a distorção do sonho tiver ocorrido e se o conteúdo penoso servir apenas para disfarçar algo que se deseja. Tendo em mente nosso pressuposto da existência de duas instâncias psíquicas, podemos ainda dizer que os sonhos aflitivos de fato encerram alguma coisa que é penosa para a *segunda* instância, mas que, ao mesmo tempo, realiza um desejo por parte da *primeira* instância. São sonhos de desejos, na medida em que todo sonho decorre da primeira instância; a relação da segunda instância com os sonhos é de

1 [*Nota de rodapé acrescentada* em 1911:] Os sonhos hipócritas com essa descrição não constituem fatos incomuns em meu próprio caso ou no de outras pessoas. Enquanto estava empenhado em solucionar certo problema científico, vi-me perturbado, por várias noites seguidas, por um sonho um tanto confuso que tinha como tema a reconciliação com um amigo que eu deixara de lado muitos anos antes. Na quarta ou quinta ocasião, consegui finalmente compreender o sentido do sonho. Era uma incitação para que eu abandonasse meus últimos resquícios de consideração pela pessoa em questão e me libertasse dela por completo, e que fora hipocritamente disfarçada em seu oposto. Já relatei, em outro trabalho, um "sonho edipiano hipócrita" de um homem no qual os impulsos hostis e os desejos de morte contidos nos pensamentos oníricos foram substituídos pela afeição manifesta. Outra espécie de sonho hipócrita será mencionada adiante, no Capítulo VI.

natureza *defensiva*, e não *criativa*.[1] Se nos limitássemos a considerar em que a segunda instância contribui para os sonhos, jamais conseguiríamos chegar a um entendimento deles: todas as charadas que as autoridades têm observado nos sonhos permaneceriam insolúveis.

O fato de os sonhos realmente terem um significado secreto que representa a realização de um desejo tem de ser provado novamente pela análise em cada caso específico. Escolherei, portanto, alguns sonhos com um conteúdo aflitivo e tentarei analisá-los. Alguns deles são sonhos de pacientes histéricos, que exigem extensos preâmbulos e uma incursão ocasional nos processos psíquicos característicos da histeria. Mas não posso escapar a esse agravamento das dificuldades de apresentar minha tese.

Como já expliquei, quando empreendo o tratamento analítico de um paciente psiconeurótico, seus sonhos são invariavelmente discutidos entre nós. No decurso dessas discussões, sou obrigado a dar-lhe todas as explicações psicológicas que permitiram a mim mesmo chegar a uma compreensão de seus sintomas. A partir daí, fico sujeito a uma crítica implacável, por certo não menos severa do que a que tenho de esperar dos membros de minha própria profissão. E meus pacientes invariavelmente contradizem minha asserção de que todos os sonhos são realizações de desejos. Eis aqui, portanto, alguns exemplos do material de sonhos apresentados contra mim como provas em contrário.

"O senhor sempre me diz", começou uma inteligente paciente minha, "que o sonho é um desejo realizado. Pois bem, vou lhe contar um sonho cujo tema foi exatamente o oposto — um sonho em que um de meus desejos *não* foi realizado. Como o senhor enquadra isso em sua teoria? Foi este o sonho:

"Eu queria oferecer uma ceia, mas não tinha nada em casa além de um pequeno salmão defumado. Pensei em sair e comprar alguma coisa, mas então me lembrei que era domingo à tarde e que todas as lojas estariam fechadas. Em seguida, tentei telefonar para alguns fornecedores, mas o telefone estava com defeito. Assim, tive de abandonar meu desejo de oferecer uma ceia".

---

1 [*Nota de rodapé acrescentada* em 1930:] Mais adiante depararemos também com exemplos em que, ao contrário, um sonho expressa um desejo por parte da *segunda* instância.

Respondi, naturalmente, que a análise era a única forma de decidir quanto ao sentido do sonho, embora admitisse que, à primeira vista, ele se afigurava sensato e coerente, e parecia ser o inverso da realização de um desejo. "Mas de que material decorreu o sonho? Como sabe, a instigação de um sonho é sempre encontrada nos acontecimentos da véspera."

ANÁLISE. — O marido de minha paciente, um açougueiro atacadista, honesto e competente, comentara com ela, na véspera, que estava ficando muito gordo e que, por isso, pretendia começar um regime de emagrecimento. Propunha-se levantar cedo, fazer exercícios físicos, ater-se a uma dieta rigorosa e, acima de tudo, não aceitar mais convites para cear. — Ela acrescentou, rindo, que o marido, no lugar onde almoçava regularmente, travara conhecimento com um pintor que o pressionara a lhe permitir que pintasse seu retrato, pois nunca vira feições tão expressivas. O marido, contudo, replicara, à sua maneira rude, que ficava muito agradecido, mas tinha a certeza de que o pintor preferiria parte do traseiro de uma bonita garota a todo o seu rosto.[1] Ela estava muito apaixonada pelo marido e caçoava muito dele. Ela também implorara a ele que não lhe desse nenhum caviar.

Perguntei-lhe o que significava isso, e ela explicou que havia muito tempo desejava comer um sanduíche de caviar todas as manhãs, mas relutava em fazer essa despesa. Naturalmente, o marido a deixaria obtê-lo imediatamente, se ela lhe tivesse pedido. Mas, ao contrário, ela lhe pedira que *não* lhe desse caviar, para poder continuar a mexer com ele por causa disso.

Essa explicação me pareceu pouco convincente. Em geral, essas razões insuficientes ocultam motivos inconfessáveis. Fazem-nos lembrar os pacientes hipnotizados de Bernheim. Quando um deles executa uma sugestão pós-hipnótica e lhe perguntam por que está agindo daquela maneira, em vez de dizer que não tem a menor idéia, ele se sente compelido a inventar alguma razão obviamente insatisfatória. O mesmo, sem dúvida, se aplicava a minha paciente e ao caviar. Vi que ela fora obrigada a criar para si mesma um desejo

---

1 Cf. a expressão "posar para um retrato", e os versos de Goethe:
   Und wenn er keinen Hintern hat,
   Wie mag der Edle sitzen?

   [E se não tiver nenhum traseiro,
   Como poderá o Sr. Lorde sentar-se?]
                    (De "Totalität", 1814-15.)]

não realizado na vida real, e o sonho representava essa renúncia posta em prática. Mas por que precisaria ela de um desejo não realizado?

As associações que ela apresentara até então não tinham sido suficientes para interpretar o sonho. Pressionei-a para que apresentasse outras. Após uma pausa curta, como a que corresponderia à superação de uma resistência, ela prosseguiu dizendo que, na véspera, visitara uma amiga de quem confessava ter ciúmes porque seu marido (de minha paciente) estava constantemente a elogiá-la. Felizmente, essa sua amiga é muito ossuda e magra, e o marido de minha paciente admira figuras mais cheinhas. Perguntei-lhe o que havia conversado com sua amiga magra. Naturalmente, respondeu, sobre o desejo dela de engordar um pouco. A amiga também lhe perguntara: "Quando é que você vai nos convidar para outro jantar? A sua comida é tão boa!"

Agora o sentido do sonho estava claro, e pude dizer à minha paciente: "É como se, quando ela fez essa sugestão, a senhora tivesse dito a si mesma: 'Pois sim! Vou convidá-la para comer em minha casa só para que você possa engordar e atrair meu marido ainda mais! Prefiro nunca mais oferecer um jantar'. O que o sonho lhe disse foi que a senhora não podia oferecer nenhuma ceia, e assim estava realizando seu desejo de não ajudar sua amiga a ficar mais cheinha. O fato de que o que as pessoas comem nas festas as engorda lhe fora lembrado pela decisão de seu marido de não aceitar mais convites para jantar, em benefício de seu plano de emagrecer". Só faltava agora alguma coincidência que confirmasse a solução. O salmão defumado do sonho ainda não fora explicado. "Como foi", perguntei, "que a senhora chegou ao salmão que apareceu em seu sonho?" "Oh", exclamou ela, "salmão defumado é o prato predileto de minha amiga!" Acontece que eu mesmo conheço a senhora em questão e posso afirmar o fato de que ela se ressente tanto de não comer salmão quanto minha paciente de não comer caviar.

O mesmo sonho admite uma outra interpretação, mais sutil, que de fato se torna inevitável se levarmos em conta um detalhe adicional. (As duas interpretações não são mutuamente contraditórias, mas ambas cobrem o mesmo terreno; constituem um bom exemplo do fato de que os sonhos, como todas as outras estruturas psicopatológicas, têm regularmente mais de um sentido.) Minha paciente, como se pode lembrar, ao mesmo tempo que estava ocupada com seu sonho de renúncia a um desejo, também tentava criar um desejo renunciado (pelo sanduíche de caviar) na vida real. Sua amiga também dera expressão a um desejo — de engordar —, e não seria de surpreender que minha paciente tivesse sonhado que o desejo de sua amiga não fora realizado, pois o próprio desejo de minha paciente era que o de sua amiga (engordar) não se realizasse. Mas, em vez disso, ela sonhou que um de seus *próprios* desejos não era realizado. Portanto, o sonho adquirirá nova interpretação se supusermos que a pessoa nele indicada não era ela mesma, e sim a amiga: que ela se colocara no lugar da amiga, ou, como poderíamos dizer, que se "identificara" com a amiga. Creio que ela de fato fizera isso, e a circunstância de ter criado um desejo renunciado na vida real foi prova dessa identificação.

Qual é o sentido da identificação histérica? Isso exige uma explicação um tanto extensa. A identificação é um fator altamente importante no mecanismo dos sintomas histéricos. Ela permite aos pacientes expressarem em seus sintomas não apenas suas próprias experiências, como também as de um grande número de outras pessoas: permite-lhes, por assim dizer, sofrer em nome de toda uma multidão de pessoas e desempenhar sozinhas todos os papéis de uma peça. Dirão que isso não passa da conhecida imitação histérica, da capacidade dos histéricos de imitarem quaisquer sintomas de outras pessoas que possam ter despertado sua atenção — solidariedade, por assim dizer, intensificada até o ponto da reprodução. Isso, porém, não faz mais do que indicar-nos a trilha percorrida pelo processo psíquico na imitação histérica. Essa trilha é diferente do ato mental que se processa ao longo dela. Este é um pouco mais complicado do que o quadro comum da imitação histérica; consiste numa inferência inconsciente, como um exemplo deixará claro. Suponhamos que um médico esteja tratando de uma paciente sujeita a um tipo específico de espasmo numa enfermaria hospitalar, em meio a muitos outros pacientes. Ele não mostrará nenhuma surpresa se constatar, numa manhã, que essa forma específica de ataque histérico encontrou imitadores. Dirá apenas: "Os outros pacientes viram isso e o copiaram; é um caso de contágio psíquico". Isso é verdade; mas o contágio psíquico ocorreu mais ou menos nos seguintes moldes: em geral, os pacientes sabem mais a respeito uns dos outros do que o médico sobre qualquer um deles; e uma vez terminada a visita do médico, eles voltam sua atenção para os companheiros. Imaginemos que essa paciente tenha tido seu ataque num determinado dia; ora, os outros descobrirão rapidamente que ele foi causado por uma carta recebida de casa, pelo reflorescimento de um romance infeliz, ou coisa semelhante. Sua solidariedade é despertada e eles fazem a seguinte inferência, embora ela não consiga penetrar na consciência: "Se uma causa como esta pode produzir um ataque assim, posso ter o mesmo tipo de ataque, já que tenho as mesmas razões para isso". Se essa inferência fosse capaz de penetrar na consciência, é possível que desse margem a um *medo* de ter a mesma espécie de ataque. Mas, na verdade, a inferência se processa numa região psíquica diferente e conseqüentemente resulta na concretização real do temido sintoma. Assim, a identificação não constitui uma simples imitação, mas uma *assimilação* baseada numa pretensão etiológica semelhante; ela expressa uma analogia e decorre de um elemento comum que permanece no inconsciente.

A identificação é empregada com mais freqüência na histeria para expressar um elemento *sexual* comum. Uma mulher histérica se identifica mais rapidamente — embora não exclusivamente — em seus sintomas com as pessoas com quem tenha tido relações sexuais, ou com as pessoas que tenham tido relações sexuais com as mesmas pessoas que ela. O costume lingüístico leva isso em conta, pois fala-se em duas pessoas apaixonadas como sendo "uma só". Nas fantasias histéricas, tal como nos sonhos, é suficiente, para fins de identificação, que o sujeito tenha *pensamentos* sobre relações sexuais, sem que estas tenham necessariamente ocorrido na realidade. Assim, a paciente cujo sonho venho discutindo estava simplesmente seguindo as normas dos processos histéricos de pensamento ao expressar ciúme da amiga (que, aliás, ela própria sabia ser injustificado), ocupar seu lugar no sonho e identificar-se como ela por meio da criação de um sintoma — o desejo renunciado. O processo poderia expressar-se verbalmente da seguinte maneira: minha paciente colocou-se no lugar da amiga, no sonho, porque esta estava ocupando o lugar de minha paciente junto ao marido e porque ela (minha paciente) queria tomar o lugar da amiga no alto conceito em que o marido a tinha.[1]

Uma contradição a minha teoria dos sonhos, levantada por outra de minhas pacientes (a mais sagaz de todas as que relatam seus sonhos), resolveu-se de maneira mais simples, porém com base no mesmo padrão, a saber, que a não-realização de um desejo significava a realização de outro. Certo dia, eu lhe expliquei que os sonhos são realizações de desejos. No dia

---

1 Eu próprio lamento a inserção, em minha argumentação, de excertos provenientes da psicopatologia da histeria. Sua apresentação fragmentária e o desligamento de seu contexto não podem deixar de reduzir seu efeito esclarecedor. Se, no entanto, eles servirem para indicar a íntima ligação entre a questão dos sonhos e das psiconeuroses, terão cumprido a finalidade para a qual foram inscritos.

seguinte, ela me trouxe um sonho em que estava viajando com a sogra até o lugar no campo onde iriam passar juntas as férias. Ora, eu sabia que ela se rebelara violentamente contra a idéia de passar o verão perto da sogra e que, poucos dias antes, conseguira evitar a temida proximidade reservando aposentos numa estação de veraneio muito distante. E agora, seu sonho desfizera a solução que ela havia desejado: não seria isso a mais contundente contradição possível de minha teoria de que, nos sonhos, os desejos são realizados? Sem dúvida; e bastou seguir a conseqüência lógica do sonho para chegar a sua interpretação. O sonho mostrou que eu estava errado. *Logo, ela desejava que eu estivesse errado, e seu sonho mostrou esse desejo realizado.* Mas seu desejo de que eu estivesse errado, que se realizou em relação a suas férias de verão, dizia respeito, de fato, a um outro assunto mais sério. Pois, mais ou menos nessa época, eu havia inferido do material produzido em sua análise que, num período específico de sua vida, deveria ter ocorrido algo que foi relevante na determinação de sua doença. Ela contestara isso, visto não ter nenhuma lembrança de tal coisa, mas, logo depois, ficou provado que eu estava certo. Assim, seu desejo de que eu estivesse errado, que se transformou em seu sonho de passar as férias com a sogra, correspondia a um desejo bastante justificado de que os fatos de que ela então vinha se conscientizando pela primeira vez nunca tivessem ocorrido.

Aventurei-me a interpretar — sem nenhuma análise, mas apenas por meio de um palpite — um pequeno episódio ocorrido com um amigo meu que freqüentara a mesma classe que eu durante todo o nosso curso secundário. Um dia, ele ouviu uma palestra que proferi perante uma pequena platéia sobre a idéia inédita de que os sonhos eram realizações de desejos. Foi para casa e sonhou que *perdera todos os seus casos* (ele era advogado), e depois me contestou nesse assunto. Fugi à questão, dizendo-lhe que, afinal de contas, não se podem ganhar *todos* os casos. Mas pensei comigo mesmo: "Considerando que, por oito anos a fio, sentei-me no banco da frente como primeiro da classe, enquanto ele ficava ali pelo meio, ele dificilmente pode deixar de alimentar um desejo, remanescente de seus tempos de escola, de que mais dia menos dia, *eu* venha a me tornar um completo fracasso".

Um sonho de natureza mais sombria também foi apresentado contra mim por uma paciente como objeção à teoria dos sonhos de desejo.

A paciente, um moça de pouca idade, assim começou: "Como o senhor deve estar lembrado, minha irmã agora só tem um menino — Karl: ela perdeu o filho mais velho, Otto, quando eu ainda morava com ela. Otto era meu favorito; de certa forma, eu o criei. Também gosto do menorzinho, mas, é claro, nem de longe tanto quanto gostava do que morreu. Então, ontem à noite, sonhei que *via Karl morto diante de mim. Estava deitado em seu caixãozinho, com as mãos postas e velas a seu redor — de fato, exatamente como o pequeno Otto, cuja morte foi um golpe tão forte para mim.* Agora me diga: o que pode significar isso? O senhor me conhece. Será que sou uma pessoa tão má a ponto de desejar que minha irmã perca o único filho que ainda tem? Ou será que o sonho significa que eu preferiria que Karl estivesse morto, em vez de Otto, de quem eu gostava muito mais?"

Assegurei-lhe que esta última interpretação estava fora de cogitação. E, depois de refletir um pouco, pude dar-lhe a interpretação correta do sonho, posteriormente confirmada por ela. Pude fazê-lo porque estava familiarizado com toda a história prévia da autora do sonho.

Essa moça ficara órfã em tenra idade e fora criada na casa de uma irmã muito mais velha. Entre os amigos que freqüentavam a casa, havia um homem que deixou uma impressão duradoura em seu coração. Por algum tempo, pareceu que suas relações mal admitidas com ele levariam ao casamento, mas esse desenlace feliz foi reduzido a cinzas pela irmã, cujos motivos jamais foram plenamente explicados. Depois do rompimento, esse homem deixou de freqüentar a casa e, pouco depois da morte do pequeno Otto, para quem ela voltara sua afeição nesse ínterim, minha paciente fixou residência própria sozinha. Não conseguiu, contudo, libertar-se de seu apego pelo amigo da irmã. Seu orgulho ordenava que o evitasse, mas ela não conseguiu transferir seu amor para nenhum dos outros admiradores que se apresentaram depois. Sempre que se anunciava que o objeto de suas afeições, que era por profissão um homem de letras, ia proferir uma palestra em algum lugar, ela estava invariavelmente na platéia; e aproveitava todas as oportunidades possíveis de contemplá-lo a distância em campo neutro. Lembrei-me de que ela me dissera, na véspera, que o Professor iria a um certo concerto, e que ela pretendia ir também para ter o prazer de dar uma olhadela nele mais uma vez. Isso ocorrera na véspera do sonho, e o concerto iria realizar-se no dia em que ela o relatou a mim. Foi-me portanto fácil construir a interpretação correta, e perguntei-lhe se podia pensar em alguma coisa que tivesse acontecido após a morte do pequeno Otto. Ela respondeu de pronto:

"É claro; o Professor veio visitar-nos de novo depois de uma longa ausência, e eu o vi mais uma vez ao lado do caixão do pequeno Otto". Isso era exatamente o que eu esperava, e interpretei o sonho desta forma: "Se o outro menino morresse agora, aconteceria a mesma coisa. Você passaria o dia com sua irmã, e o Professor certamente viria apresentar seus pêsames, de modo que você o veria mais uma vez nas mesmas condições que na outra ocasião. O sonho significa apenas seu desejo de vê-lo mais uma vez, um desejo contra o qual você vem lutando internamente. Sei que você tem na bolsa uma entrada para o concerto de hoje. Seu sonho foi um sonho de impaciência: antecipou em algumas horas a visão que você vai ter dele hoje".

A fim de ocultar seu desejo, ela evidentemente escolhera uma situação em que tais desejos costumam ser suprimidos, uma situação em que se está tão repleto de tristeza que não se tem nenhum pensamento amoroso. Contudo, é bem possível que, mesmo na situação real da qual o sonho foi uma réplica exata, junto ao caixão do menino mais velho a quem ela amara ainda mais, talvez ela não tenha podido suprimir seus ternos sentimentos pelo visitante que estivera ausente por tanto tempo.

Um sonho semelhante de outra paciente recebeu uma explicação diferente. Quando jovem ela se destacara por sua inteligência viva e disposição alegre; e essas características ainda podiam ser observadas, pelo menos nas idéias que lhe ocorriam durante o tratamento. No decorrer de um sonho um tanto longo, essa senhora imaginou ver sua única filha, de quinze anos de idade, morta "numa caixa". Estava parcialmente inclinada a utilizar essa cena como uma objeção à teoria da realização dos desejos, embora ela própria suspeitasse de que o detalhe da "caixa" devia estar apontando para outra visão do sonho.[1] No decorrer da análise, ela lembrou que, numa reunião na noite anterior, falara-se um pouco sobre a palavra inglesa *"box"* e as várias formas pelas quais ela poderia ser traduzida em alemão — tais como *"Schachtel"* ["caixa"], *"Loge"* ["camarote de teatro"], *"Kasten"* ["arca"], *"Ohrfeige"* ["murro no ouvido"], e assim por diante. Outras partes do mesmo sonho nos permitiram descobrir ainda que ela havia pensado que *"box"*, em inglês, se relacionava com o *"Büchse"* ["receptáculo"] em alemão, e que depois fora atormentada pela lembrança de que *"Büchse"* é empregado como termo vulgar para designar os órgãos genitais femininos.

---

1 Como o salmão defumado no sonho da ceia abandonada.

164

Fazendo uma certa concessão aos limites de seus conhecimentos de anatomia topográfica, poder-se-ia presumir, portanto, que a criança que jazia na caixa significava um embrião no útero. Após ter sido esclarecida quanto a esse ponto, ela não negou mais que a imagem onírica correspondesse a um desejo seu. Como tantas jovens casadas, ela não ficara nada satisfeita ao engravidar, e, mais de uma vez, tinha-se permitido desejar que a criança que trazia no ventre morresse. De fato, num acesso de cólera após uma cena violenta com o marido, ela batera com os punhos cerrados no próprio corpo para atingir a criança lá dentro. Dessa forma, a criança morta era de fato a realização de um desejo, mas de um desejo que fora posto de lado quinze anos antes. Dificilmente se pode ficar admirado com o fato de um desejo realizado após uma demora tão prolongada não ser reconhecido. Muitas coisas haviam mudado nesse intervalo.

Terei de voltar ao grupo de sonhos a que pertencem os dois últimos exemplos (sonhos que tratam da morte de parentes a quem o sonhador é afeiçoado) quando vier a considerar os sonhos "típicos". Poderei então mostrar, mediante outros exemplos, que, apesar de seu conteúdo não desejado, todos esses sonhos devem ser interpretados como realizações de desejos.

Devo o sonho seguinte não a um paciente, mas a um inteligente jurista de minhas relações. Ele o narrou a mim, mais uma vez, para me impedir de fazer uma generalização apressada da teoria dos sonhos de desejos. *"Sonhei"*, disse meu informante, *"que chegava a minha casa de braço dado com uma senhora. Havia uma carruagem fechada em frente à casa e um homem dirigiu-se a mim, mostrou-me suas credenciais de policial e me solicitou que o acompanhasse. Pedi-lhe que me concedesse algum tempo para pôr meus negócios em ordem.* Será que o senhor acha que eu tenho um desejo de ser preso?" — Naturalmente que não, tive que concordar. O senhor sabe por acaso sob que acusação foi preso? — "Sim, por infanticídio, creio eu." — Infanticídio? Mas por certo o senhor sabe que esse é um crime que só pode ser praticado por uma mãe contra um recém-nascido, não sabe? — "É verdade."[1] — E em que circunstâncias o

---

1 Muitas vezes acontece que o primeiro relato de um sonho é incompleto e a lembrança das partes omitidas só emerge no decorrer da análise. Essas partes acrescentadas posteriormente costumam sempre fornecer a chave da interpretação do sonho. Cf. o exame do esquecimento dos sonhos apresentado mais adiante.

senhor teve o sonho? Que aconteceu na noite anterior? — "Preferiria não lhe dizer. É um assunto delicado." — Mesmo assim, terei de ouvi-lo; caso contrário, teremos de desistir da idéia de interpretar o sonho. — "Muito bem; então, escute. Ontem não passei a noite em casa, e sim com uma dama que significa muito para mim. Ao acordarmos pela manhã, houve outro contato entre nós, depois do qual dormi novamente e tive o sonho que lhe descrevi." — Ela é casada? — "É." — E o senhor não quer ter um filho com ela, não é verdade? — "Ah, não; isso poderia nos denunciar." — Então o senhor não pratica o coito normal? — "Tomo a precaução de retirar antes da ejaculação." — Acho que posso presumir que o senhor usou esse expediente várias vezes durante a noite, e que depois de repeti-lo pela manhã sentiu-se um pouco inseguro sobre tê-lo executado com êxito. — "É possível, sem dúvida." — Nesse caso, seu sonho foi a realização de um desejo. Tranqüilizou-o com a idéia de que o senhor não havia gerado uma criança, ou, o que dá no mesmo, de que matara uma criança. Os elos intermediários são fáceis de apontar. O senhor deve estar lembrado de que, alguns dias atrás, falávamos das dificuldades do casamento, e de como é incoerente que não haja nenhuma objeção a que se pratique o coito de modo a não permitir que ocorra a fertilização, ao passo que qualquer interferência depois que o óvulo e o sêmen se unem e um feto é formado é punida como crime. Depois disso, lembramos a controvérsia medieval sobre o momento exato em que a alma penetra no feto, já que é apenas depois disso que o conceito de assassinato se torna aplicável. Sem dúvida, o senhor também conhece o tétrico poema de Lenau em que o assassinato de crianças e a prevenção da natalidade são igualados. — "O curioso é que pensei em Lenau esta manhã, por mero acaso, ao que me pareceu." — Um eco posterior de seu sonho. E agora posso mostrar-lhe outra realização incidental de desejo contida em seu sonho. O senhor chegou em casa de braços dados com a dama. Logo, estava levando-a para casa,[1] em vez de passar a noite na casa dela, como fez na realidade. É possível que haja mais de uma razão para que a realização do desejo que constitui o cerne do sonho tenha-se disfarçado de forma tão desagradável. Talvez o senhor tenha ficado sabendo, por meu artigo sobre a etiologia da neurose de angústia, que considero o *coitus interruptus* como um dos fatores etiológicos no desenvolvimento da angústia neurótica, não é? Seria condizente com isso que, depois de praticar o ato sexual

---

1 [O termo alemão *"heimführen"* significa tanto "levar para casa" como "casar".]

várias vezes dessa maneira, o senhor ficasse com uma inquietação que depois se transformaria num elemento da construção de seu sonho. Além disso, o senhor utilizou essa inquietação para ajudar a disfarçar a realização do desejo. A propósito, sua referência ao infanticídio não foi explicada. Como é que o senhor foi dar com esse crime especificamente feminino? — "Tenho de admitir que, alguns anos atrás, vi-me envolvido numa ocorrência desse tipo. Fui responsável pela tentativa de uma moça de evitar a conseqüência de uma ligação amorosa comigo por meio de um aborto. Nada tive a ver com o fato de ela pôr em prática sua intenção, mas, por muito tempo, senti-me naturalmente muito nervoso com a idéia de que a história viesse a público." — Compreendo perfeitamente. Essa lembrança fornece uma segunda razão pela qual o senhor deve ter-se preocupado com a suspeita de que seu expediente pudesse não ter funcionado.

Um jovem médico que me ouviu descrever esse sonho durante um ciclo de palestras deve ter ficado muito impressionado com ele, pois imediatamente o reproduziu, aplicando o mesmo padrão de pensamento a outro tema. Um dia antes, ele entregara sua declaração de imposto de renda, que havia preenchido com perfeita honestidade, pois tinha muito pouco a declarar. Então, sonhou que *um conhecido seu foi procurá-lo após sair de uma reunião de membros da comissão de impostos e informou-o de que, embora não se tivesse levantado qualquer objeção a nenhuma das outras declarações, a dele provocara suspeitas generalizadas e uma pesada multa lhe fora imposta.* O sonho foi uma realização precariamente disfarçada de seu desejo de ser conhecido como um médico possuidor de grande renda. Isso faz lembrar a célebre história da moça que foi aconselhada a não aceitar um certo pretendente, porque ele tinha um gênio violento e por certo iria espancá-la se se casassem. "Ah, se ao menos ele já tivesse começado a me espancar!", respondeu ela. Seu desejo de se casar era tão intenso que estava disposta a aceitar, de quebra, essa ameaça de aborrecimento, chegando mesmo a transformá-la num desejo.

Os sonhos muito freqüentes, que parecem contradizer minha teoria, por terem como tema a frustração de um desejo ou a ocorrência de algo claramente indesejado, podem ser reunidos sob o título de "sonhos de contradesejo". Se esses sonhos forem considerados como um todo, parece-me possível buscar sua origem em dois princípios; ainda não mencionei um deles, embora desempenhe um papel relevante não apenas nos sonhos das pessoas, como também em suas vidas. Uma das duas forças propulsoras que levam a esses sonhos é o desejo de que eu esteja errado. Tais sonhos aparecem regularmente no curso de meus tratamentos, quando um paciente se encontra num estado de resistência a mim; e posso contar como quase certo provocar um deles depois de explicar a um paciente, pela primeira vez, minha teoria de que os sonhos são realizações de desejos.[1] De fato, é de esperar que a mesma coisa aconteça com alguns dos leitores deste livro: eles estarão prontos a ter um de seus desejos frustrado num sonho, caso seu desejo de que eu esteja errado possa se realizar.

Esse mesmo ponto é ilustrado por um último sonho dessa natureza que citarei aqui, obtido de uma paciente em tratamento. Foi o sonho de uma moça que tivera êxito em sua luta para continuar seu tratamento comigo, contrariando a vontade dos parentes e dos especialistas cujas opiniões tinham sido consultadas. *Sonhou que seus familiares a haviam proibido de continuar a me consultar. Lembrou-me então a promessa que eu lhe fizera de, se necessário, continuar o tratamento sem honorários. A isso, respondi: "Não posso fazer nenhuma concessão em questões de dinheiro".* É preciso admitir que não foi fácil identificar a realização de desejo nesse exemplo. Mas, em todos esses casos, descobre-se um segundo enigma cuja solução ajuda a desvendar o primeiro. Qual a origem das palavras que ela pôs em minha boca? Naturalmente, eu não lhe dissera nada semelhante, mas um de seus irmãos — o que maior influência exercia sobre ela — tivera a gentileza de me atribuir esse sentimento. O sonho, portanto, pretendia provar que o irmão dela estava certo. E não era apenas em seus sonhos que ela insistia em que ele tinha razão; a mesma idéia dominava toda a sua vida e era o motivo de sua doença.

Um sonho que à primeira vista parece trazer dificuldades especiais para a teoria da realização de desejos foi sonhado e interpretado por um médico, e relatado por August Stärcke (1911): *"Vi em meu dedo indicador esquerdo o primeiro indício [Primäraffekt] de sífilis na falange terminal". A consideração de que, independentemente do conteúdo indesejado do sonho, ele parece claro e coerente, poderia dissuadir-nos de analisá-lo.* No entanto, se estivermos dispostos a enfrentar o trabalho envolvido, descobriremos que *"Primäraffekt"* equivalia a uma *"prima affectio"* (um primeiro amor), e que

---

1 [*Nota de rodapé acrescentada* em 1911:] Nestes últimos anos, alguns "sonhos de contradesejo" semelhantes têm sido relatados a mim por pessoas que ouviram minhas conferências, como reação a travarem conhecimento, pela primeira vez, com minha teoria dos sonhos como desejos.

a úlcera repelente representava, para citar as palavras de Stärcke, "realizações de desejos com uma alta carga emocional".

O segundo motivo para os sonhos de contradesejo é tão óbvio que é fácil deixá-lo passar despercebido, como eu mesmo fiz por um bom tempo. Há um componente masoquista na constituição sexual de muitas pessoas, que decorre da inversão de um componente agressivo e sádico em seu oposto. Aqueles que encontram prazer não na inflição de dor *física* a eles, mas na humilhação e na tortura mental, podem ser descritos como "masoquistas mentais". Percebe-se de imediato que essas pessoas podem ter sonhos de contradesejo e sonhos desprazerosos que são, ainda assim, realizações de desejos, pois satisfazem suas inclinações masoquistas. Citarei um desses sonhos, produzido por um rapaz que, em sua infância, havia atormentado imensamente seu irmão mais velho, por quem tinha um apego homossexual. Tendo seu caráter passado por uma modificação fundamental, ele teve o seguinte sonho, dividido em três partes: *I. Seu irmão mais velho estava mexendo com ele. II. Dois homens se acariciavam com um objetivo homossexual. III. Seu irmão vendera o negócio cujo diretor ele próprio aspirava a tornar-se.* Ele despertou deste último sonho com sentimentos extremamente aflitivos. Não obstante, tratava-se de um sonho de desejo masoquista e poderia ser traduzido assim: "Seria bem feito para mim se meu irmão me confrontasse com essa venda, como punição por todos os tormentos que ele teve de aturar de mim".

Espero que os exemplos anteriores sejam suficientes (até que se levante a próxima objeção) para fazer com que pareça plausível que mesmo os sonhos de conteúdo aflitivo devem ser interpretados como realizações de desejos.[1] Ninguém, tampouco, há de considerar mera coincidência que a interpretação desses sonhos nos tenha feito deparar, todas as vezes, com tópicos sobre os quais as pessoas relutam em falar ou pensar. O sentimento aflitivo provocado por esses sonhos é idêntico à repugnância que tende (em geral com êxito) a nos impedir de discutir ou mencionar tais tópicos, e que cada um de nós tem de superar quando, apesar disso, sente-se compelido a penetrar neles. Mas o sentimento de desprazer que assim se repete nos

---

1 [A seguinte frase foi incluída no texto, de forma ligeiramente diferente, em 1919, e impressa como nota de rodapé em 1925:] Devo ressaltar que o assunto ainda não está definitivamente esgotado; voltarei a ele posteriormente.

sonhos não nega a existência de um desejo. Todos têm desejos que prefeririam não revelar a outras pessoas, e desejos que não admitem nem sequer perante si mesmos. Por outro lado, é justificável ligarmos o caráter desprazeroso de todos esses sonhos com o fato da distorção onírica. E é justificável concluirmos que esses sonhos são distorcidos, e que a realização de desejo neles contida é disfarçada a ponto de se tornar irreconhecível, precisamente em vista da repugnância que se sente pelo tema do sonho ou pelo desejo dele derivado, bem como da intenção de recalcá-los. Demonstra-se, assim, que a distorção do sonho é de fato um ato da censura. Estaremos levando em conta tudo o que foi trazido à luz por nossa análise dos sonhos desprazerosos se fizermos a seguinte modificação na fórmula com que procuramos expressar a natureza dos sonhos: *o sonho é uma realização (disfarçada) de um desejo (suprimido ou recalcado).*[1]

---

1 [*Nota de rodapé acrescentada* em 1914:] Um grande escritor vivo que, segundo fui informado, recusa-se a ouvir falar em psicanálise ou interpretação de sonhos, chegou independentemente a uma fórmula quase idêntica para a natureza dos sonhos. Ele fala no sonho como "a emergência não autorizada de anseios e desejos suprimidos, sob características e nome falsos" (Spitteler, 1914, p. 1).

[*Acrescentado* em 1911:] Anteciparei algumas questões que serão discutidas mais adiante, citando nesse ponto a ampliação e modificação da fórmula básica acima feita por Otto Rank: "Com base e com a ajuda do material sexual infantil recalcado, os sonhos representam regularmente desejos atuais, e também, em geral, eróticos, como realizados, numa forma velada e simbolicamente disfarçada" (Rank, 1910).

[*Acrescentado* em 1925:] Em parte alguma declarei ter adotado a fórmula de Rank como minha. A versão mais curta, tal como enunciada no texto acima, me parece suficiente. Mas o mero fato de eu haver mencionado a modificação de Rank foi o bastante para desencadear inúmeras acusações contra a psicanálise, no sentido de que ela teria asseverado que "todos os sonhos têm um conteúdo sexual".

Se essa frase for tomada no sentido que se quis dar a ela, simplesmente mostra a maneira inescrupulosa pela qual os críticos estão habituados a desempenhar suas funções, e a presteza com que os antagonistas desconsideram as afirmações mais claras, quando elas não dão margem para suas inclinações agressivas. Apenas algumas páginas antes eu havia mencionado a variedade dos desejos cujas realizações são encontradas nos sonhos das crianças (desejos de tomar parte numa excursão ou de velejar num lago, ou de compensar uma refeição perdida, e assim por diante); e em outros trechos eu havia discutido sonhos sobre a fome, sonhos estimulados pela sede ou pelas necessidades excretórias, e sonhos de mera conveniência. Nem mesmo o próprio Rank fez uma afirmação categórica. Os termos que empregou foram "e também, *em geral*, eróticos", e o que ele disse pode ser amplamente confirmado nos sonhos da maioria dos adultos.

A situação seria diferente se "sexual" fosse empregado por meus críticos no sentido em que é agora comumente utilizado na psicanálise — no sentido de "Eros". Mas é muito pouco provável que meus opositores tenham tido em mente o interessante problema de determinar se todos os sonhos são criados por forças pulsionais "libidinais", em contraste com as forças "destrutivas".

Resta examinar os sonhos de angústia como uma subespécie particular dos sonhos de conteúdo aflitivo. A idéia de considerá-los como sonhos de desejo encontrará muito pouca receptividade por parte dos não esclarecidos. Não obstante, posso abordar os sonhos de angústia muito sucintamente neste ponto. Eles não nos apresentam um novo aspecto do problema dos sonhos; aquilo com que nos confrontam é toda a questão da angústia neurótica. A angústia que sentimos num sonho é apenas *aparentemente* explicada pelo conteúdo do sonho. Se submetermos o conteúdo do sonho à análise, verificaremos que a angústia do sonho não se justifica melhor pelo conteúdo do sonho do que, digamos, a angústia de uma fobia se justifica pela representação com que se relaciona a fobia. Sem dúvida, é verdade, por exemplo, que é possível cair de uma janela, e portanto há razão para se exercer certo grau de cautela nas proximidades de uma janela; mas não vemos por que a angústia sentida a esse respeito numa fobia deva ser tão grande e persiga o paciente muito além da oportunidade de sua ocorrência. Assim, constatamos que a mesma coisa pode ser validamente afirmada em relação à fobia e aos sonhos de angústia: em ambos os casos, a angústia está apenas superficialmente ligada à representação que a acompanha; ela se origina em outra fonte.

Já que existe uma estreita ligação entre a angústia nos sonhos e nas neuroses, ao examinar a primeira precisarei referir-me à última. Num trabalho sucinto sobre a neurose de angústia (1895*b*), argumentei há algum tempo que a angústia neurótica se origina da vida sexual e corresponde à libido que se desviou de sua finalidade e não encontrou aplicação. Desde então, essa fórmula tem resistido à prova do tempo, permitindo-nos agora inferir dela que os sonhos de angústia são sonhos de conteúdo sexual cuja respectiva libido se transformou em angústia. Haverá oportunidade, mais adiante, de fundamentar essa afirmação na análise dos sonhos de alguns pacientes neuróticos. Também no decurso de mais uma tentativa de chegar a uma teoria dos sonhos, terei oportunidade de examinar mais uma vez os determinantes dos sonhos de angústia e sua compatibilidade com a teoria da realização de desejos.

CAPÍTULO V

O MATERIAL E AS FONTES DOS SONHOS

Quando a análise do sonho da injeção de Irma nos mostrou que um sonho poderia ser a realização de um desejo, nosso interesse foi a princípio inteiramente absorvido pela questão de saber se teríamos chegado a uma característica universal dos sonhos e sufocamos temporariamente nossa curiosidade sobre quaisquer outros problemas científicos que pudessem surgir durante o trabalho de interpretação. Tendo seguido um caminho até o fim, podemos agora voltar sobre nossos passos e escolher outro ponto de partida para nossas incursões através dos problemas da vida onírica: por ora, podemos deixar de lado o tópico da realização de desejos, embora ainda estejamos longe de tê-lo esgotado.

Agora que a aplicação de nosso método para a interpretação dos sonhos nos permite descobrir neles um conteúdo *latente*, que é muito mais significativo do que seu conteúdo *manifesto*, surge de imediato a tarefa premente de reexaminar um por um os vários problemas levantados pelos sonhos, para ver se não estaremos agora em condições de encontrar soluções satisfatórias para os enigmas e as contradições que pareciam inabordáveis enquanto só tínhamos conhecimento do conteúdo manifesto.

No primeiro capítulo, apresentei um relato pormenorizado dos pontos de vista das autoridades sobre a relação dos sonhos com a vida de vigília e sobre a origem do material dos sonhos. Sem dúvida, meus leitores se recordarão também das três características da memória nos sonhos, tão freqüentemente comentadas, porém nunca explicadas:

(1) Os sonhos mostram uma clara preferência pelas impressões dos dias imediatamente anteriores. Cf. Robert, Strümpell, Hildebrandt e Hallam e Weed.

(2) Fazem sua escolha com base em princípios diferentes de nossa memória de vigília, já que não relembram o que é essencial e importante, mas o que é acessório e despercebido.

(3) Têm à sua disposição as impressões mais primitivas da nossa infância e até fazem surgir detalhes desse período de nossa vida que, mais uma vez, parecem-nos triviais e que, em nosso estado de vigília, acreditamos terem caído no esquecimento há muito tempo.[1]

---

1 A visão, adotada por Robert, de que a finalidade dos sonhos é aliviar nossa memória das impressões inúteis do dia, obviamente deixa de ser sustentável caso imagens mnêmicas

Todas essas peculiaridades demonstradas pelos sonhos no que diz respeito à escolha de material só foram, é claro, estudadas por autores mais antigos em conexão com o conteúdo *manifesto* dos sonhos.

---

irrelevantes de nossa infância surjam com freqüência nos sonhos. Caso contrário, só poderíamos concluir que os sonhos desempenham sua função de maneira extremamente insatisfatória.

MATERIAL RECENTE E IRRELEVANTE NOS SONHOS

Se examinar minha própria experiência com a questão da origem dos elementos incluídos no conteúdo dos sonhos, deverei começar pela afirmação de que, em todo sonho, é possível encontrar um ponto de contato com as experiências do dia anterior. Esse ponto de vista é confirmado por cada um dos sonhos que investigo, sejam eles meus ou de qualquer outra pessoa. Tendo em mente esse fato, posso, ocasionalmente, começar a interpretação de um sonho procurando o acontecimento da véspera que o acionou; em muitos casos, de fato, isso constitui o método mais fácil. Nos dois sonhos que analisei pormenorizadamente em meus últimos capítulos (o sonho da injeção de Irma e o de meu tio de barba amarela), a relação com o dia anterior é tão evidente que não exige nenhum outro comentário. Mas, para mostrar a regularidade com que se pode identificar essa ligação, percorrerei os registros de meus próprios sonhos e darei alguns exemplos. Citarei apenas o suficiente do sonho para indicar a fonte que estamos procurando:

(1) *Eu estava visitando uma casa à qual tinha dificuldade em ter acesso...; nesse ínterim, deixava uma senhora* ESPERANDO.
Fonte: Eu tivera uma conversa com uma parenta na noite anterior, na qual lhe dissera que ela teria que *esperar* por uma compra que desejava fazer até... etc.

(2) *Eu tinha escrito uma* MONOGRAFIA *sobre uma certa espécie* (indistinta) *de planta.*
Fonte: Naquela manhã eu vira uma *monografia* sobre o gênero Ciclâmen na vitrina de uma livraria.

(3) *Eu via duas mulheres na rua,* MÃE E FILHA, *sendo a segunda uma paciente minha.*
Fonte: Uma de minhas pacientes me explicara, na noite anterior, as dificuldades que sua *mãe* vinha antepondo à continuação de seu tratamento.

(4) *Fiz na livraria de S. e R. a assinatura de um periódico que custava* VINTE FLORINS *por ano.*
Fonte: Minha mulher me lembrara na véspera que eu ainda lhe devia *vinte florins* para as despesas semanais da casa.

(5) *Recebi* UMA COMUNICAÇÃO *do* COMITÊ *Social-Democrata, tratando-me como se eu fosse um* MEMBRO.

Fonte: Eu havia recebido *comunicações*, simultaneamente, do *Comitê de Eleições Liberais* e do *Conselho da Liga Humanitária*, sendo que deste último órgão eu era de fato *um membro*.

(6) *Um homem de pé em* UM PENHASCO NO MEIO DO MAR, À MANEIRA DE BÖCKLIN.

Fonte: *Dreyfus* na *Île du Diable*; eu recebera notícias, ao mesmo tempo, de meus parentes na *Inglaterra*, etc.

Pode-se levantar a questão de determinar se o ponto de contato com o sonho são invariavelmente os acontecimentos do dia *imediatamente* anterior, ou se ele pode remontar a impressões oriundas de um período bem mais extenso do passado mais recente. É improvável que essa questão envolva qualquer assunto de importância teórica; não obstante, estou inclinado a decidir em prol da exclusividade das solicitações do dia imediatamente anterior ao sonho — ao qual me referirei como o "dia do sonho". Sempre que se afigura, a princípio, que a fonte de um sonho foi uma impressão de dois ou três dias antes, a pesquisa mais detida tem-me convencido de que a impressão foi lembrada na véspera, e assim tem sido possível demonstrar que uma reprodução da impressão, ocorrida no dia precedente, poderia ser inserida entre o dia do acontecimento original e o momento do sonho; além disso, tem sido possível indicar a eventualidade do dia anterior que teria levado à lembrança da impressão mais antiga.

Por outro lado, não me sinto convencido de que haja qualquer intervalo regular de importância biológica entre a impressão diurna instigadora e seu ressurgimento no sonho. (Swoboda, 1904, mencionou um intervalo inicial de dezoito horas a esse respeito.)[1]

Havelock Ellis, que também dispensou certa atenção a esse ponto, declara ter sido incapaz de encontrar qualquer periodicidade dessa ordem em seus sonhos, apesar de tê-la procurado. Ele registra um sonho em que estava na Espanha e desejava ir a um lugar chamado Daraus, Varaus ou

---

1 [*Nota de rodapé acrescentada* em 1911:] Como mencionei num pós-escrito ao meu primeiro capítulo, Hermann Swoboda fez uma ampla aplicação ao campo mental dos intervalos biológicos periódicos de 23 e 28 dias descobertos por Wilhelm Fliess. Asseverou ele, em particular, que esses períodos determinam o surgimento dos elementos que aparecem nos sonhos. Nenhuma modificação essencial da interpretação dos sonhos estaria em jogo se esse fato ficasse estabelecido; ele simplesmente proporcionaria uma nova fonte de origem do material onírico. Recentemente, contudo, fiz algumas pesquisas sobre meus próprios sonhos para verificar até que ponto

Zaraus. Ao acordar, não pôde lembrar-se de nenhum topônimo semelhante e pôs o sonho de lado. Alguns meses depois, descobriu que Zaraus era, na verdade, o nome de uma estação na linha entre San Sebastian e Bilbao, pela qual seu trem havia passado 250 dias antes de ele ter o sonho.

---

a "teoria da periodicidade" é aplicável a eles. Para esse fim, selecionei alguns elementos oníricos especialmente relevantes cujo momento de aparecimento na vida real podia ser determinado com certeza.

I. Sonho de 1º-2 de Outubro de 1910

(Fragmento)... *Em alguma parte da Itália. Três filhas me mostravam algumas pequenas antiguidades, como se estivéssemos numa loja de objetos antigos, e estavam sentadas em meu colo. Fiz o seguinte comentário sobre um dos objetos: "Ora, você recebeu isso de mim", e vi claramente diante de mim um pequeno relevo em perfil com as feições nítidas de Savonarola.*

Quando vira eu pela última vez um retrato de Savonarola? Meu diário de viagem comprovava que eu estivera em Florença em 4 e 5 de setembro. Enquanto estive lá, pensei em mostrar a meu companheiro de viagem o medalhão com as feições do monge fanático, inserido no calçamento da Piazza della Signoria, que assinala o local onde ele foi queimado. Apontei-o a ele, creio, na manhã do dia 3. Entre essa impressão e seu reaparecimento no sonho decorreram 27 + 1 dias — o "período feminino" de Fliess. Lamentavelmente para o caráter conclusivo desse exemplo, no entanto, devo acrescentar que, no próprio "dia do sonho", recebi a visita (pela primeira vez desde minha volta) de um colega médico, pessoa capaz, porém de aparência sombria, que havia muitos anos eu apelidara de "Rabi Savonarola". Apresentou-me um paciente que estava sofrendo os efeitos de um acidente com o expresso de Pontebba, no qual eu próprio viajara uma semana antes, e meus pensamentos foram assim reconduzidos a minha recente visita à Itália. O aparecimento, no conteúdo do sonho, do elemento destacado "Savonarola" é assim explicado pela visita de meu colega no dia do sonho; e o intervalo de 28 dias fica destituído de sua importância.

II. Sonho de 10-11 de Outubro de 1910

Eu estava novamente realizando experimentos químicos no laboratório da Universidade. Hofrat L. convidou-me para ir a algum lugar e foi andando à minha frente pelo corredor, segurando uma lamparina ou outro objeto à sua frente na mão erguida, e com a cabeça esticada para a frente numa atitude peculiar, havendo nele uma espécie de expressão clarividente (hipermétrope?). Depois, atravessamos um espaço aberto... (O restante foi esquecido.)

O ponto mais relevante do conteúdo desse sonho foi a maneira como o Hofrat L. segurava a lamparina (ou lente de aumento) diante de si, com os olhos perscrutando a distância. Fazia muitos anos desde a última vez que o vira, mas percebi de imediato que ele era apenas uma figura substituta no lugar de alguma outra pessoa, alguém maior do que ele — Arquimedes, cuja estátua se ergue perto da Fonte de Aretusa, em Siracusa, naquela mesma atitude, segurando seu espelho côncavo e voltando o olhar em direção ao exército sitiante dos romanos. Quando vira eu aquela estátua pela primeira (e última) vez? Segundo meu diário, fora na noite de 17 de setembro; e, entre esse momento e a ocasião do sonho, 13 + 10 = 23 dias haviam decorrido — o "período masculino" de Fliess.

Infelizmente, ao passarmos à interpretação mais detalhada desse sonho, novamente verificamos que a coincidência perde parte de seu caráter concludente. A causa excitante do sonho foi a notícia que recebi, no dia do sonho, de que a clínica em cuja sala de conferências eu podia, por cortesia, apresentar minhas palestras, seria em breve transferida para outro local. Presumi que sua nova localização ficaria muito fora de mão e disse a mim mesmo que, nesse caso, de nada adiantaria eu ter uma sala de conferências a meu dispor. A partir desse ponto, meus pensamentos devem ter

176

Creio, portanto, que o agente instigador de todo sonho encontra-se entre as experiências sobre as quais ainda não se "consultou o travesseiro". Assim, as relações entre o conteúdo de um sonho e as impressões do passado mais recente (com a única exceção do dia imediatamente anterior à noite do sonho) não diferem sob nenhum aspecto de suas relações com as impressões que datam de qualquer período mais remoto. Os sonhos podem selecionar seu material de qualquer parte da vida do sonhador, contanto que haja uma linha de pensamento ligando a experiência do dia do sonho (as impressões "recentes") com as mais antigas.

Mas por que essa preferência pelas impressões recentes? Teremos alguma idéia sobre esse ponto, se submetermos um dos sonhos da série que acabo de citar a uma análise mais completa. Para essa finalidade, escolherei o

---

retornado ao início de minha carreira como conferencista universitário, quando na verdade eu não tinha sala de conferências e meus esforços para arranjar uma encontravam pouca receptividade por parte dos Hofrats e professores nos cargos de poder. Nessas circunstâncias, eu procurara L., que, nessa época, ocupava o cargo de reitor da Universidade e que eu acreditava ter uma disposição amistosa a meu respeito, para me queixar de minhas dificuldades. Ele prometeu ajudar-me, mas não tive dele mais nenhuma notícia. No sonho, ele era Arquimedes, dando-me um ποῦ στῶ [apoio] e me levando, ele próprio, para o novo local. Qualquer um familiarizado com a prática da interpretação adivinhará que os pensamentos oníricos não estavam exatamente livres de idéias de vingança e de arrogância. Parece claro, em todo o caso, que, sem essa causa excitante, Arquimedes dificilmente teria entrado em meu sonho naquela noite; tampouco estou convencido de que a impressão forte e ainda recente em mim provocada pela estátua em Siracusa não teria produzido seu efeito após algum intervalo de tempo diferente.

III. Sonho de 2-3 de Outubro de 1910

(Fragmento)... *Algo sobre o Professor Oser, que havia, ele próprio, preparado* o menu *para mim, o que teve um efeito muito tranqüilizador...* (Mais alguma coisa que foi esquecida.)

Esse sonho foi uma reação a um distúrbio digestivo naquele dia, que me fez considerar se eu deveria consultar um de meus colegas para que me prescrevesse uma dieta. Minha razão para escolher Oser para esse fim, tendo ele morrido durante o verão, remontava à morte de outro professor universitário a quem eu muito admirava, e que ocorrera pouco antes (em 1º de outubro). Quando falecera Oser? e quando é que eu fora informado de sua morte? De acordo com um parágrafo nos jornais, ele havia falecido em 22 de agosto. Eu estava na Holanda nessa época e havia tomado providências para que meu jornal de Viena me fosse remetido regularmente, de modo que devo ter lido sobre sua morte em 24 ou 25 de agosto. Mas, aqui, o intervalo não corresponde mais a nenhum dos dois períodos. Corresponde a 7 + 30 + 2 = 39 dias, ou, possivelmente, 40 dias. Não pude lembrar-me de ter falado ou pensado em Oser nesse meio tempo.

Intervalos como este, que não podem ser encaixados na teoria da periodicidade sem maiores manipulações, ocorrem com muito mais freqüência em meus sonhos do que os intervalos que *podem* ser encaixados. A única relação que verifico ocorrer com regularidade é a relação em que insisti no texto e que liga o sonho a alguma impressão do dia do sonho.

Eu escrevera uma monografia sobre certa planta. O livro estava diante de mim e, no momento, eu virava uma página dobrada que continha uma ilustração colorida. Encadernado com cada exemplar havia um espécime seco da planta, como se tivesse sido retirado de um herbário.

ANÁLISE

Naquela manhã, eu vira um novo livro na vitrina de uma livraria, trazendo o título *O Gênero Ciclâmen* — evidentemente uma *monografia* sobre essa planta.

Os ciclamens, refleti, eram as *flores prediletas* de minha mulher e me repreendi por lembrar-me tão raramente de *levar flores* para ela, coisa que lhe agradava. — A questão de *"levar flores"* lembrou-me um episódio que eu repetira recentemente para um círculo de amigos e que havia usado como prova em favor de minha teoria de que o esquecimento é, com muita freqüência, determinado por um objetivo inconsciente, e que sempre permite que se deduzam as intenções secretas da pessoa que esquece. Uma jovem estava habituada a receber um buquê de flores do marido em seu aniversário. Certo ano, esse símbolo da afeição dele não se manifestou e ela irrompeu em pranto. O marido chegou em casa e não teve nenhuma idéia da razão por que ela estava chorando, até que ela lhe disse que era o dia de seu aniversário. Ele levou a mão à cabeça e exclamou: "Me desculpe, mas eu esqueci por completo! Vou sair agora mesmo para buscar suas *flores*". Mas não houve meio de consolá-la, pois ela reconheceu que o esquecimento do marido era uma prova de que ela já não ocupava o mesmo lugar de antes em seus pensamentos. — Essa senhora, Sra. L., encontrara minha mulher dois dias antes de eu ter o sonho, dissera-lhe que estava se sentindo muito bem e perguntara por mim. Alguns anos antes, ela me procurara para tratamento.

Comecei então outra vez. Certa feita, recordei-me, eu realmente *havia* escrito algo da natureza de uma *monografia sobre uma planta*, a saber, uma dissertação sobre a *planta da coca*, que atraíra a atenção de Karl Koller para as propriedades anestésicas da cocaína. Eu mesmo havia indicado essa aplicação do alcalóide em meu artigo publicado, mas não fora suficientemente meticuloso para levar o assunto adiante. Isso me fez lembrar que, na manhã do dia após o sonho — não tivera tempo de interpretá-lo senão à noite —, eu havia pensado na cocaína, numa espécie de devaneio. Se algum dia tivesse glaucoma, pensei, iria até Berlim e me faria operar, incógnito, na casa de meu amigo, por um cirurgião recomendado por ele. O cirurgião que me operasse, que não teria nenhuma idéia de minha identidade, vangloriar-se-ia mais uma vez das facilidades com que essas operações podiam ser realizadas desde a introdução da cocaína, e eu não daria a menor indicação de que eu próprio tivera participação na descoberta. Essa fantasia me levou a reflexões de como é difícil para um médico, no final das contas, procurar tratamento para si próprio com seus colegas de profissão. O cirurgião oftalmologista de Berlim não me conheceria, e eu poderia pagar seus honorários como qualquer outra pessoa. Só depois de me haver lembrado desse devaneio foi que compreendi que a lembrança de um evento específico estava por trás dele. Logo após a descoberta de Koller, meu pai caiu vítima de glaucoma; um amigo meu, o Dr. Königstein, cirurgião oftalmologista, o operou, enquanto o Dr. Koller se encarregou da anestesia de cocaína e comentou o fato de que esse caso reunira todos os três homens que haviam participado da introdução da cocaína.

Meus pensamentos prosseguiram então até o momento em que eu me lembrara pela última vez dessa questão da cocaína. Fora alguns dias antes, quando eu examinava um exemplar de um *Festschrift* em que alunos reconhecidos tinham celebrado o jubileu de seu professor e diretor do laboratório. Entre as pretensões de distinção do laboratório enumeradas nesse livro vi uma menção ao fato de que Koller ali fizera sua descoberta das propriedades anestésicas da cocaína. Percebi então, subitamente, que meu sonho estava ligado a um acontecimento da noite anterior. Eu voltara para casa a pé justamente com o Dr. Königstein e conversara com ele sobre um assunto que nunca deixa de provocar minhas emoções sempre que é levantado. Enquanto conversava com ele no saguão de entrada, o Professor *Gärtner* [Jardineiro] e a esposa vieram juntar-se a nós, e não pude deixar de felicitar ambos por sua aparência *viçosa*. Mas o Professor Gärtner era um dos autores do *Festschrift* que acabo de mencionar, e é bem possível que me tenha feito lembrar dele. Além disso, a Sra. L., cujo desapontamento no aniversário descrevi anteriormente, foi mencionada — embora, é verdade, apenas em relação a outro assunto — em minha conversa com o Dr. Königstein.

Farei uma tentativa de interpretar também os outros determinantes do conteúdo do sonho. Havia um *espécime seco da planta* incluído na monografia, como se ela fosse um *herbário*. Isso me levou a uma recordação de minha escola secundária. Nosso diretor, certa vez, reuniu os meninos das classes mais adiantadas e confiou-lhes o herbário da escola para ser examinado e limpo. Alguns *vermezinhos* — traças de livros — tinham penetrado nele. Parece que o diretor não confiava muito em minha ajuda, pois entregou-me apenas algumas folhas. Estas, como ainda me lembro, compreendiam algumas Crucíferas. Eu nunca tivera um contato especialmente íntimo com a botânica. Em meu exame preliminar de botânica, também recebi uma Crucífera para identificar — e não consegui fazê-lo. Minhas perspectivas não teriam sido muito brilhantes, se eu não tivesse podido contar com meus conhecimentos teóricos. Passei das Crucíferas para as Compostas. Ocorreu-me que as alcachofras eram Compostas e que, na verdade, eu poderia com justiça chamá-las de minhas *flores favoritas*. Sendo mais generosa do que eu, minha mulher muitas vezes me trazia do mercado essas minhas flores favoritas.

Vi *diante de mim* a monografia que eu escrevera. Também isso me remeteu a alguma coisa. Eu recebera na véspera uma carta de meu amigo de Berlim em que ele demonstrava sua capacidade de visualização: "Estou extremamente ocupado com seu livro dos sonhos. *Vejo-o concluído diante de mim e vejo a mim mesmo virando-lhe as páginas*". Como invejei nele esse dom de vidente! Se ao menos *eu* pudesse vê-lo concluído diante de mim!

A ilustração colorida dobrada. Quando estudante de medicina, eu era vítima constante de um impulso de só aprender as coisas em *monografias*. Apesar de meus recursos limitados, consegui adquirir muitos volumes das atas de sociedades médicas e ficava fascinado com suas *ilustrações coloridas*. Orgulhava-me de minha ânsia de perfeição. Ao começar eu mesmo a publicar trabalhos, vira-me obrigado a fazer meus próprios desenhos para ilustrá-los, e lembrei-me que um deles tinha saído tão ruim que um colega, brincalhão, zombara de mim por causa disso. Seguiu-se então — e não pude compreender bem como — uma lembrança da minha infância. Certa vez, meu pai se divertira ao entregar um livro com *ilustrações coloridas* (um relato de uma viagem pela Pérsia) a mim e à mais velha das minhas irmãs para que o destruíssemos. Nada fácil de justificar do ponto de vista educativo! Nessa época, eu tinha cinco anos de idade e minha irmã ainda não fizera três, e a imagem de nós dois, jubilosamente reduzindo o livro a frangalhos (folha por folha, como uma *alcachofra*, percebi-me dizendo), foi quase a única lembrança plástica que guardei desse período de minha vida. Depois, quando me tornei estudante, desenvolvi a paixão de colecionar e possuir livros, que era análoga a minha predileção por estudar em monografias: um *passatempo favorito*. (A idéia de *"favorito"* já surgira em relação aos ciclamens e às alcachofras.) Eu me tornara uma traça de livros[1] (cf. herbário). Desde que me entendo por gente, sempre liguei essa minha primeira paixão à lembrança infantil que mencionei aqui. Ou melhor, eu tinha reconhecido

---

1 Expressão inglesa correspondente à expressão portuguesa "rato de biblioteca". (N. T.)

que a cena infantil era uma "lembrança encobridora" para minhas posteriores propensões bibliófilas.[1] E cedo descobri, é claro, que as paixões muitas vezes levam à dor. Quando tinha dezessete anos, contraí uma dívida um tanto vultosa com meu livreiro e não tinha como pagá-la; e meu pai teve dificuldade em aceitar como desculpa que minhas inclinações poderiam ter tomado um rumo pior. A recordação dessa experiência dos anos posteriores de minha juventude me fez lembrar imediatamente a conversa com meu amigo, o Dr. Königstein, pois no decurso dela havíamos discutido a mesma questão de eu ser criticado por ficar absorto demais em meus *passatempos favoritos*.

Por motivos que não nos interessam, não prosseguirei na interpretação desse sonho, indicando simplesmente a direção por ela tomada. No decorrer do trabalho de análise, lembrei-me de minha conversa com o Dr. Königstein e fui conduzido a ela a partir de mais de uma direção. Quando levo em conta os assuntos abordados nessa conversa, o sentido do sonho se torna inteligível para mim. Todos os fluxos de pensamento que partem do sonho — os pensamentos sobre as flores favoritas de minha esposa e minhas, sobre a cocaína, sobre a dificuldade do tratamento médico entre colegas, sobre minha preferência por estudar monografias e sobre minha negligência para com certos ramos da ciência, como a botânica —, todos esses fluxos de pensamento, quando levados adiante, acabavam por conduzir a uma ou outra das numerosas ramificações de minha conversa com o Dr. Königstein. Mais uma vez, o sonho, como o que analisamos primeiro — o sonho da injeção de Irma —, revela-se como uma autojustificação, uma defesa de meus próprios direitos. Na verdade, ele levou o assunto levantado no primeiro sonho um estágio adiante e o examinou com referência ao material novo que surgira no intervalo entre os dois sonhos. Mesmo a forma aparentemente irrelevante de que se revestiu o sonho mostra ter tido importância. O que ela quis dizer foi: "Afinal de contas, sou o homem que escreveu o valioso e memorável trabalho (sobre a cocaína)", tal como eu dissera a meu favor no primeiro sonho: "Sou um estudioso esforçado e consciencioso". Em ambos os casos, aquilo em que eu insistia era: "Posso permitir-me fazer isto". Não há necessidade, porém, de eu levar a interpretação do sonho mais adiante, já que meu único objetivo ao relatá-lo foi ilustrar, por meio de um exemplo, a relação entre o conteúdo de um sonho e a experiência da véspera que o provocou. Enquanto eu me apercebia apenas do conteúdo *manifesto* do sonho, ele parecia estar relacionado somente com um *único* evento do dia do sonho. Mas, uma vez efetuada a análise, surgiu uma *segunda* fonte do

---

1 Cf. meu trabalho sobre lembranças encobridoras.

sonho em outra experiência do mesmo dia. A primeira dessas duas impressões com que o sonho se ligou era irrelevante, um fato secundário: eu vira um livro numa vitrina cujo título atraíra por um momento minha atenção, mas cujo assunto dificilmente me interessaria. A segunda experiência tivera um alto grau de importância psíquica: eu mantivera uma boa hora de conversa animada com meu amigo oftalmologista, no decorrer da qual lhe dera algumas informações que estavam fadadas a afetar de perto a nós dois, e tinham-se avivado em mim algumas lembranças que me haviam despertado a atenção para uma grande variedade de tensões internas em minha própria mente. Além disso, a conversa fora interrompida antes de sua conclusão por causa dos conhecidos que se juntaram a nós.

Devemos agora perguntar qual foi a relação das duas impressões do dia do sonho entre si e com o sonho da noite subseqüente. No conteúdo manifesto do sonho, só se fez alusão à impressão *irrelevante*, o que parece confirmar a idéia de que os sonhos têm uma preferência por captar detalhes sem importância da vida de vigília. Todas as correntes da interpretação, por outro lado, levaram à impressão *importante*, àquela que justificadamente agitara meus sentimentos. Se o sentido do sonho for julgado, como deve ser, por seu conteúdo latente, tal como relevado pela análise, um fato novo e significativo é inesperadamente trazido à luz. O enigma de por que os sonhos se interessam apenas por fragmentos sem valor da vida de vigília parece haver perdido todo o seu significado; tampouco é possível continuar a sustentar que a vida de vigília não é levada adiante nos sonhos e que estes são, portanto, uma atividade psíquica desperdiçada num material descabido. A verdade é o oposto: nossos pensamentos oníricos são dominados pelo mesmo material que nos ocupou durante o dia e só nos damos o trabalho de sonhar com as coisas que nos deram motivo para reflexão durante o dia.

Por que é então que, embora a causa de meu sonho tenha sido uma impressão diurna pela qual eu fora justificadamente agitado, sonhei, na realidade, com uma coisa irrelevante? A explicação mais óbvia, sem dúvida, é que, mais uma vez, estamos diante de um dos fenômenos da distorção onírica, que em meu último capítulo liguei a uma força psíquica atuando como censura. Minha lembrança da monografia sobre o gênero Ciclâmen serviria, assim, à finalidade de constituir uma *alusão* à conversa com meu amigo, tal como o "salmão defumado" do sonho com a ceia abandonada servira de *alusão* à idéia da sonhadora sobre sua amiga. A única questão prende-se aos elos intermediários que permitiram à impressão da monografia servir de alusão à conversa com o oftalmologista, considerando que, à primeira vista, não há nenhuma ligação óbvia entre elas. No exemplo da ceia que não se concretizou, a ligação foi dada imediatamente: sendo o prato predileto da amiga, o "salmão defumado" constituiu um integrante imediato do grupo de representações que provavelmente seriam despertadas na mente da sonhadora pela personalidade de sua amiga. No outro exemplo, houve duas impressões soltas que, à primeira vista, só tinham em comum o fato de terem ocorrido no mesmo dia: eu vira a monografia pela manhã e tivera a conversa na mesma noite. A análise permitiu-nos solucionar o problema da seguinte maneira: tais ligações, quando não estão presentes logo de início, são retrospectivamente urdidas entre o conteúdo de representações de uma impressão e o de outra. Já chamei atenção para os elos intermediários no presente caso através das palavras que grifei em meu relatório da análise. Se não tivesse havido influências de outro setor, a representação da monografia sobre o Ciclâmen teria apenas conduzido, imagino eu, à idéia de ele ser a flor favorita de minha mulher e, possivelmente, também ao buquê ausente da Sra. L. Não creio que esses pensamentos de fundo teriam sido suficientes para evocar um sonho. Como nos diz *Hamlet*:

> *Senhor, para dizer-nos isso era supérfluo*
> *Que algum fantasma deixasse a sepultura.*

Mas, vejam bem, foi-me lembrado na análise que o homem que interrompeu nossa conversa se chamava Gärtner [Jardineiro] e que eu havia pensado que sua mulher tinha uma aparência *viçosa*. E mesmo agora, ao escrever estas palavras, recordo-me que uma de minhas pacientes, que tinha o encantador nome de *Flora*, foi por algum tempo o pivô de nossa discussão. Esses devem ter sido os elos intermediários, decorrentes do grupo botânico de idéias, que formaram a ponte entre as duas experiências daquele dia, a irrelevante e a estimulante. Estabeleceu-se a seguir um outro conjunto de ligações — as que cercam a idéia da cocaína, que tinha todo o direito de servir como elo entre a figura do Dr. Königstein e uma monografia sobre botânica que eu havia escrito; e essas ligações fortaleceram a fusão entre os dois grupos de representações, de modo que se tornou possível a parte de uma experiência servir de alusão à outra.

Estou preparado para ver essa explicação ser alvo de ataques, sob a alegação de ser arbitrária ou artificial. O que, poderão perguntar, teria acontecido se o Professor Gärtner e sua esposa de aparência viçosa não tivessem vindo ao nosso encontro, ou se a paciente sobre a qual falávamos se chamasse Anna em vez de Flora? A resposta é simples. Se essas cadeias de pensamento tivessem estado ausentes, outras, sem dúvida, teriam sido escolhidas. É bastante fácil construir tais cadeias, como demonstram os trocadilhos e as charadas que as pessoas fazem todos os dias para se divertir. O reino dos chistes não conhece fronteiras. Ou, indo um passo além, se não tivesse havido nenhuma possibilidade de forjar elos intermediários suficientes entre as duas impressões, o sonho simplesmente teria sido diferente. Outra impressão irrelevante do mesmo dia — pois torrentes dessas impressões penetram em nossa mente e são depois esquecidas — teria tomado o lugar da "monografia" no sonho, estabelecido um elo com o assunto da conversa e servido para representá-lo no conteúdo do sonho. Visto que a monografia, e não qualquer outra idéia, foi na verdade escolhida para servir a essa função, devemos supor que ela era a mais adequada à ligação. Não é necessário seguirmos o exemplo de Hänschen Schlau, de Lessing, e nos surpreendermos ante o fato de que "somente os ricos são os que têm mais dinheiro".

Um processo psicológico pelo qual, segundo nossa exposição, as experiências irrelevantes tomam o lugar das psiquicamente significativas, não pode deixar de despertar suspeita e espanto. Será nossa tarefa, num capítulo posterior, tornar mais inteligíveis as peculiaridades dessa operação aparentemente irracional. Neste momento, estamos apenas interessados nos *efeitos* de um processo cuja realidade vi-me compelido a admitir mediante inúmeras observações, regularmente recorrentes, feitas na análise dos sonhos. O que ocorre seria algo da natureza de um "deslocamento" — de ênfase psíquica, talvez? — por meio de elos intermediários; desse modo, representações que originalmente só tinham uma carga *fraca* de intensidade recebem a carga de representações que eram originalmente *intensamente* "catexizadas", e acabam por adquirir força suficiente para invadir a consciência. Tais deslocamentos não constituem nenhuma surpresa para nós quando se trata de lidar com quantidades de *afeto* ou com as atividades motoras em geral. Quando uma solteirona solitária transfere sua afeição para os animais, ou um solteirão se torna um entusiástico colecionador, quando um soldado defende um pedaço de pano colorido — uma bandeira — com o sangue de suas veias, quando alguns segundos de pressão extra num aperto de mão significam o êxtase para o apaixonado, ou quando, em *Otelo*, um lenço perdido desencadeia uma explosão de cólera — todos esses são exemplos de deslocamentos psíquicos aos quais não fazemos nenhuma objeção. Mas, quando ouvimos dizer que uma decisão quanto ao que alcançará nossa consciência e ao que será mantido fora dela — o que *pensaremos*, em suma — foi tomada da mesma forma e com base nos mesmos princípios, ficamos com a impressão de que se trata de um evento patológico; e quando essas coisas acontecem na vida de vigília, nós as taxamos de erros de pensamento. Antecipei as conclusões a que seremos posteriormente conduzidos para sugerir que o processo psíquico que vimos em ação no deslocamento onírico, muito embora não possa ser considerado uma perturbação patológica, difere do normal e deve ser considerado um processo de natureza mais *primária*.

Assim, o fato de o conteúdo dos sonhos incluir restos de experiências triviais deve ser explicado como uma manifestação da distorção onírica (por deslocamento); e cabe lembrar que chegamos à conclusão de que a distorção onírica seria o produto de uma censura que opera na passagem entre duas instâncias psíquicas. É de esperar que a análise de um sonho revele regularmente sua fonte verdadeira e psiquicamente significativa na vida de vigília, embora a ênfase se tenha deslocado da lembrança dessa fonte para a de uma fonte irrelevante. Essa explicação nos coloca em completo conflito com a teoria de Robert, que deixa de ter qualquer serventia para nós. Pois o fato que Robert se propõe explicar é um fato inexistente. Sua aceitação dele repousa num mal-entendido, em sua não-substituição do conteúdo *aparente* dos sonhos por seu significado *real*. E existe ainda outra objeção que se pode levantar contra a teoria de Robert. Se fosse realmente da alçada dos sonhos aliviar nossa memória das "sobras" das lembranças diurnas através de uma atividade psíquica especial, nosso sono seria mais atormentado e mais trabalhoso do que nossa vida mental quando estamos acordados. E isso porque o número de impressões irrelevantes contra as quais nossa memória precisaria ser protegida é, sem sombra de dúvida, imensamente grande: a noite não seria longa o bastante para lidar com tal massa. É muito mais provável que o processo de esquecimento das impressões irrelevantes prossiga sem a intervenção ativa de nossas forças psíquicas.

Não obstante, não nos devemos apressar em deixar de lado as idéias de Robert sem maior consideração. Ainda não explicamos o fato de uma das impressões irrelevantes da vida de vigília, uma impressão que data, além disso, do dia precedente ao sonho, contribuir invariavelmente para o conteúdo do sonho. As ligações entre essa impressão e a verdadeira fonte do sonho no inconsciente nem sempre estão prontas para o uso; como vimos, elas só podem ser estabelecidas retrospectivamente, no decurso do trabalho do sonho, com vistas, por assim dizer, a tornar viável o deslocamento pretendido. Portanto, deve haver alguma força imperativa no sentido de se estabelecerem ligações precisamente com uma impressão recente, embora irrelevante, e esta deve possuir algum atributo que a torne especialmente adequada para esse fim. Se assim não fosse, seria igualmente fácil para os pensamentos oníricos deslocar sua ênfase para algum componente sem importância em seu *próprio* círculo de representações.

As seguintes observações poderão ajudar-nos a elucidar esse ponto. Se no decorrer de um único dia tivermos duas ou mais experiências adequadas à provocação de um sonho, este fará uma referência conjunta a elas como um todo único; *ele é forçado a combiná-las numa unidade*. Eis aqui um exemplo. Numa tarde de verão, entrei num compartimento de um vagão de trem onde encontrei dois conhecidos que eram estranhos um ao outro. Um deles era um eminente colega médico, e o outro era membro de uma família ilustre com a qual eu mantinha relações profissionais. Apresentei os dois cavalheiros um ao outro, mas, durante toda a longa viagem, eles conduziram sua conversa tomando-me como intermediário, de modo que logo me vi discutindo vários assuntos alternadamente, primeiro com um e depois com o outro. Pedi a meu amigo médico que usasse sua influência em prol de um conhecido comum que estava iniciando sua clínica. O médico respondeu que estava convencido da capacidade do rapaz, mas que sua má aparência lhe dificultaria o acesso às famílias da classe alta, ao que retruquei que essa era exatamente a razão pela qual ele necessitava de uma ajuda influente. Voltando-me para meu outro companheiro de viagem, perguntei pela saúde de sua tia — mãe de um de meus pacientes —, que na ocasião estava gravemente enferma. Na noite seguinte, sonhei que o jovem em cujo benefício eu intercedera estava sentado numa elegante sala de estar, em meio a um grupo seleto, composto de todas as pessoas ilustres e ricas que eu conhecia, e que, com a desenvoltura de um homem de sociedade, proferia uma oração fúnebre pela velha senhora (que, no meu sonho, já havia falecido), tia de meu segundo companheiro de viagem. (Devo confessar que não me dava muito bem com essa senhora.) Assim, meu sonho, mais uma vez, elaborava ligações entre os dois conjuntos de impressões do dia anterior e os combinava numa única situação.

Muitas experiências como essas levam-me a afirmar que o trabalho do sonho está sujeito a uma espécie de exigência de combinar todas as fontes que agiram como estímulos ao sonho numa única unidade no próprio sonho.[1]

Passarei agora a investigar se a fonte instigadora de um sonho, revelada pela análise, tem de ser, invariavelmente, um evento recente (e significativo), ou se uma experiência interna, isto é, a *lembrança* de um evento psiquicamente importante — um fluxo de pensamentos —, pode assumir o papel de instigadora do sonho. A resposta, baseada num grande número de análises, é decididamente favorável à segunda alternativa. O sonho pode ser instigado por um processo interno que se tornou, por assim dizer, um evento recente, graças à atividade do pensamento durante o dia anterior.

---

1 A tendência do trabalho do sonho a fundir numa ação única todos os acontecimentos de interesse que ocorrem simultaneamente já foi observada por vários autores; por exemplo, Delage (1891, p. 41) e Delbœuf (1885, p. 237), que fala em *"rapprochement forcé"* ["convergência forçada"].

Este parece ser o momento apropriado para enumerar as diferentes condições às quais constatamos que as fontes dos sonhos estão sujeitas. A fonte de um sonho pode ser:

(*a*) uma experiência recente e psiquicamente significativa, que é diretamente representada no sonho,[1] ou

(*b*) várias experiências recentes e significativas, combinadas numa única unidade pelo sonho,[2] ou

(*c*) uma ou mais experiências recentes e significativas, representadas no conteúdo do sonho pela menção a uma experiência contemporânea, mas irrelevante,[3] ou

(*d*) uma experiência interna significativa (por exemplo, uma lembrança ou um fluxo de pensamentos), que é, nesse caso, *invariavelmente* representada no sonho por uma menção a uma impressão recente, mas irrelevante.[4]

Veremos que, na interpretação dos sonhos, uma condição é sempre atendida: um componente do conteúdo do sonho é a repetição de uma impressão recente do dia anterior. Essa impressão a ser representada no sonho pode pertencer, ela própria, ao círculo de representações que cercam o verdadeiro instigador do sonho — quer como parte essencial, quer como parte insignificante dele — ou pode provir do campo de uma impressão irrelevante que passa a ser vinculada às idéias que cercam o instigador do sonho por elos mais ou menos numerosos. A aparente multiplicidade das condições dominantes depende, na verdade, de um deslocamento ter acontecido ou não; e vale a pena ressaltar que a ocorrência dessas alternativas nos permite explicar a gama de contrastes entre os diferentes sonhos, com a mesma facilidade com que a teoria médica encontra uma possibilidade de fazê-lo através de sua hipótese de células cerebrais que vão do estado parcial ao estado total de vigília.

Convém ainda observar, se considerarmos esses quatro casos possíveis, que um elemento psíquico que seja significativo, mas não recente (por exemplo, uma seqüência de idéias ou uma lembrança), pode ser substituído, para fins de formação de um sonho, por um elemento que seja recente mas irrelevante, bastando para isso que duas condições sejam satisfeitas: (1) o conteúdo do sonho deve estar ligado a uma experiência recente, e (2) o instigador do sonho ainda deve ser um processo psiquicamente significativo. Apenas num único caso — o caso (*a*) — essas duas condições são satisfeitas

---

1 Como no sonho da injeção de Irma e no sonho do meu tio de barba amarela.
2 Como na oração fúnebre do jovem médico.
3 Como no sonho da monografia sobre botânica.
4 A maioria dos sonhos de meus pacientes, durante a análise, é dessa natureza.

por uma mesma e única impressão. Deve-se notar, além disso, que as impressões irrelevantes passíveis de ser utilizadas para a construção de um sonho enquanto estão recentes perdem essa capacidade tão logo ficam um dia (ou, no máximo, alguns dias) mais velhas. Disso devemos concluir que o caráter recente de uma impressão lhe confere uma espécie de valor psíquico para fins de construção do sonho, que equivale, de certo modo, ao valor das lembranças ou seqüências de idéias emocionalmente carregadas. A base do valor assim conferido às impressões recentes no tocante à construção dos sonhos só se tornará clara no decurso de nossas discussões psicológicas subseqüentes. [1]

Quanto a isso, aliás, deve-se notar que podem ocorrer modificações em nosso material mnêmico e de representações durante a noite, sem que sejam observadas por nossa consciência. Somos freqüentemente aconselhados, antes de tomarmos uma decisão final sobre algum assunto, a "consultar o travesseiro", e esse conselho é obviamente justificado. Mas aqui, passamos da psicologia dos sonhos para a do sono, e esta não é a última ocasião em que seremos tentados a fazê-lo.[2]

Entretanto, é possível levantar uma objeção que ameaça abalar estas últimas conclusões. Se as impressões irrelevantes só podem penetrar num sonho se são recentes, como é o que o conteúdo dos sonhos abrange também elementos de um período mais antigo da vida, os quais, na época em que eram recentes, não possuíam, para empregar as palavras de Strümpell, nenhum valor psíquico, e, portanto, deveriam ter sido esquecidos há muito tempo — em outras palavras, elementos que não são nem novos nem psiquicamente significativos?

---

1 Ver o trecho sobre "transferência" no Capítulo VII.

2 [*Nota de rodapé acrescentada* em 1919:] Uma importante contribuição ao papel desempenhado pelo material recente na construção dos sonhos foi feita por Pötzl (1917), num trabalho que contém uma profusão de implicações. Numa série de experimentos, Pötzl solicitou aos sujeitos que fizessem um desenho do que haviam registrado conscientemente de um quadro exposto à visão deles num taquistoscópio [instrumento para expor um objeto à visão durante um lapso de tempo extremamente curto]. Depois disso, ele voltou sua atenção para os sonhos produzidos pelos sujeitos na noite seguinte, e pediu-lhes mais uma vez que fizessem desenhos de partes apropriadas desses sonhos. Ficou demonstrado sem sombra de dúvida que os detalhes do quadro exposto que não haviam sido notados pelo sujeito forneceram material para a construção do sonho, ao passo que os detalhes que tinham sido conscientemente percebidos e registrados no desenho feito após a exposição não se repetiriam no conteúdo manifesto do sonho. O material captado pelo trabalho do sonho foi por ele modificado para fins de construção do sonho em seu conhecido estilo "arbitrário" (ou, mais precisamente, "autocrático"). As questões levantadas pelo experimento de Pötzl ultrapassam em muito a esfera da interpretação dos sonhos tal como tratada no presente volume. De passagem, vale a pena assinalar o contraste entre esse novo método de estudar a formação dos sonhos experimentalmente e a grosseira técnica anterior para introduzir no sonho estímulos que interrompiam o sono do sujeito.

Pode-se responder de forma satisfatória a essa objeção mediante uma referência às descobertas da psicanálise dos neuróticos. A explicação é que o deslocamento que substitui o material psiquicamente importante por material irrelevante (tanto nos sonhos como no pensamento) já ocorreu, nesses casos, no período de vida primitivo em questão, e desde então se fixou na memória. Esses elementos específicos, que eram originalmente irrelevantes, já não o são agora, a partir do momento em que assumiram (por meio do deslocamento) o valor do material psiquicamente significativo. Nada que tenha *realmente* continuado a ser irrelevante pode ser reproduzido num sonho.

O leitor concluirá acertadamente, com base nos argumentos anteriores, que estou afirmando não existirem instigadores oníricos irrelevantes — e, por conseguinte, que não há sonhos "inocentes". São essas, no sentido mais estrito e mais absoluto, minhas opiniões — se deixar de lado os sonhos das crianças e, talvez, breves reações, nos sonhos, a sensações experimentadas durante a noite. Afora isso, o que sonhamos é manifestamente reconhecível como psiquicamente significativo, ou é distorcido e não pode ser julgado até que o sonho tenha sido interpretado, depois do que se verificará mais uma vez ser ele significativo. Os sonhos nunca dizem respeito a trivialidades: não permitimos que nosso sono seja perturbado por tolices.[1] Os sonhos aparentemente inocentes revelam ser justamente o inverso quando nos damos ao trabalho de analisá-los. São, se é que posso dizê-lo, lobos na pele do cordeiro. Dado que esse é outro ponto em que posso esperar que me contradigam, e já que me apraz contar com uma oportunidade de mostrar a distorção onírica em ação, selecionarei alguns sonhos "inocentes" de meus registros e os submeterei a análise.

I

Uma jovem inteligente e culta, reservada e retraída em seu comportamento, relatou o seguinte: *Sonhei que chegava tarde demais ao mercado e não conseguia nada nem do açougueiro, nem da mulher que vende legumes.* Um

---

1 [*Nota de rodapé acrescentada* em 1914:] Havelock Ellis, um amável crítico deste livro, escreve (1911, p. 166): "Este é o ponto em que muitos dentre nós já não podemos acompanhar Freud". Havelock Ellis, contudo, não realizou nenhuma análise dos sonhos e se recusa a crer que é impossível basear a nossa avaliação no conteúdo manifesto deles.

sonho inocente, sem dúvida; mas os sonhos não são tão simples assim, de modo que pedi que ela o narrasse com maiores detalhes. Imediatamente, fez-me o seguinte relato: *Sonhou que estava indo ao mercado com a cozinheira, que carregava a cesta. Depois de ter pedido algo, o açougueiro lhe disse: "Isso não está mais disponível", e lhe ofereceu outra coisa, acrescentando: "Isso também é bom". Ela rejeitou a oferta e se dirigiu à vendedora de legumes, que tentou fazê-la comprar um legume estranho que estava atado em molhos; mas era de cor negra. Disse ela: "Não reconheço isso; não vou levá-lo".*

A ligação do sonho com o dia anterior era bem direta. Ela realmente fora ao mercado tarde demais e não conseguira comprar nada. A situação parecia amoldar-se à frase *"Die Fleischbank war schon geschlossen"* ["o açougue estava fechado"]. Fiquei alerta: não era essa, ou antes, seu oposto, uma descrição vulgar de certa espécie de descuido nos trajes de um homem?[1] Mas a própria sonhadora não empregou a frase; talvez tivesse evitado empregá-la. Esforcemo-nos, então, por chegar a uma interpretação dos detalhes do sonho.

Quando alguma coisa num sonho tem o caráter de discurso direto, isto é, quando é dita ou ouvida e não simplesmente pensada (e é fácil, em geral, estabelecer a distinção com segurança), então isso provém de algo realmente falado na vida de vigília — embora, por certo, esse algo seja tratado meramente como matéria-prima e possa ser cortado e ligeiramente alterado e, mais especialmente, desligado de seu contexto.[2] Ao fazer uma interpretação, um dos métodos consiste em partir desse tipo de expressão oral. Qual seria, então, a origem da observação do açougueiro *"Isso não está mais disponível"*? A resposta é que ela viera de mim mesmo. Alguns dias antes, eu havia explicado à paciente que as primeiras lembranças da infância *"não estavam mais disponíveis* como tais", mas eram substituídas, na análise, por "transferências" e sonhos. Portanto, *eu* era o açougueiro, e ela estava rejeitando essas transferências de velhos hábitos de pensar e sentir para o presente. — Novamente, qual seria a origem de sua própria observação no sonho: *"Não reconheço isso; não vou levá-lo"*? Para fins da análise, isso teve de ser fracionado. *"Não reconheço isso"* era algo que ela dissera na véspera à cozinheira, com quem tivera uma discussão; mas naquele momento, ela prosseguira: *"Comporte-se direito!"* Nesse ponto ocorrera claramen-

---

1 [*"Du hast deine Fleischbank offen"* ("seu açougue está aberto"): gíria vienense correspondente a "sua braguilha está aberta".]

2 Ver minha análise da fala nos sonhos em meu capítulo sobre o trabalho do sonho. Somente um autor nesse assunto parece ter reconhecido a fonte das expressões orais que ocorrem nos sonhos: Delbœf (1885, 226), que as compara a chavões.

te um deslocamento. Entre as duas frases que empregara com a cozinheira, ela havia escolhido a que era insignificante para inclusão no sonho. Mas somente a frase suprimida, *"Comporte-se direito!"*, é que se enquadrava no restante do conteúdo do sonho: essas teriam sido as palavras adequadas para serem usadas se alguém se aventurasse a fazer sugestões impróprias e se esquecesse de "fechar seu açougue". As alusões subjacentes ao incidente com a vendedora de legumes foram mais uma confirmação de que nossa interpretação estava na pista certa. Um legume vendido em molho (atado no sentido do comprimento, como a paciente acrescentou depois), e também negro, só poderia ser uma combinação onírica de aspargos e rabanetes (espanhóis) negros. Nenhuma pessoa sagaz de qualquer dos sexos pedirá uma interpretação dos aspargos. Mas o outro legume — *"Schwarzer Rettig"* ["rabanete negro"] — pode ser entendido como uma exclamação — *"Schwarzer, rett' dich!"* ["Negrinho! Dê o fora!"] —; por conseguinte, também ela parece sugerir o mesmo tema sexual de que suspeitáramos desde o início, quando nos sentimos inclinados a introduzir a expressão sobre o açougue estar fechado no relato original do sonho. Não precisamos investigar agora o sentido integral do sonho. Isso, pelo menos, está bem claro: ele *tinha* um sentido, e este estava longe de ser inocente.[1]

II

Eis aqui outro sonho inocente, tido pela mesma paciente, e que em certo sentido se correlaciona com o anterior. *O marido perguntou-lhe: "Você não acha que devemos mandar afinar o piano?" E ela respondeu: "Não vale a pena; de qualquer maneira, os martelos precisam ser restaurados".*

Mais uma vez, isso foi a repetição de um fato real do dia anterior. O marido lhe fizera essa pergunta e ela dera uma resposta dessa ordem. Mas qual seria a explicação para ela ter sonhado com isso? Ela me disse que o

---

1 Se alguém tiver a curiosidade de saber, posso acrescentar que o sonho ocultava uma fantasia de eu me comportar de maneira imprópria e sexualmente provocante, e de a paciente erguer uma defesa contra minha conduta. Caso essa interpretação pareça inacreditável, basta-me apontar os numerosos casos em que os médicos sofrem acusações do mesmo tipo por parte de mulheres histéricas. Mas, nesses casos, a fantasia emerge na consciência, sem disfarces e sob a forma de um delírio, em vez de ser distorcida e aparecer apenas como um sonho. — [*Acrescentado* em 1909:] Esse sonho ocorreu no início do tratamento psicanalítico da paciente. Só depois é que vim a saber que ela repetira nele o trauma inicial do qual surgira sua neurose. Desde então, tenho deparado com o mesmo comportamento em outros pacientes: tendo sido expostos a uma violência sexual na infância, eles procuram, por assim dizer, efetivar uma repetição dela em seus sonhos.

piano era um *caixa* velha e *repulsiva*, que fazia um *barulho* horroroso, que pertencia ao marido desde antes do casamento[1] e assim por diante. Mas a chave da solução só foi dada por estas palavras suas: *"Não vale a pena"*. Estas derivavam de uma visita que ela fizera na véspera a uma amiga. Haviam-lhe sugerido que tirasse o casaco, mas ela recusara com as seguintes palavras: "Muito obrigada, mas *não vale a pena*, só posso ficar por alguns minutos". Enquanto ela me dizia isso, lembrei-me de que, durante a análise do dia anterior, ela de repente segurara o casaco, do qual um dos botões se desabotoara. Era como se estivesse dizendo: "Por favor, não olhe; *não vale a pena*". Da mesma forma, a "caixa" [*"Kasten"*] era um substituto de "peito", "caixa torácica" [*"Brustkasten"*]; e a interpretação do sonho nos levou de volta, imediatamente, à época de seu desenvolvimento físico na puberdade, quando ela começara a ficar insatisfeita com seu corpo. Dificilmente podemos duvidar de que remetia a tempos ainda mais remotos, se levarmos em conta o termo *"repulsivo"* e o *"barulho horroroso"*, e se nos lembrarmos de quantas vezes — tanto nos *doubles entendres* como nos sonhos — os hemisférios menores do corpo da mulher são usados, quer como contrastes, quer como substitutos, em lugar dos maiores.

III

Interromperei esta série por um momento para inserir um breve sonho inocente produzido por um rapaz. Ele sonhou que *estava novamente vestindo seu sobretudo de inverno, o que era uma coisa terrível*. A razão aparente desse sonho fora um súbito retorno do tempo frio. Se examinarmos mais de perto, porém, observaremos que as duas pequenas partes que compõem o sonho não estão em completa harmonia, pois o que poderia haver de "terrível" em vestir um sobretudo pesado ou grosso no frio? Além disso, a inocência do sonho foi decisivamente abalada pela primeira associação que ocorreu ao sonhador na análise. Lembrou-se de que uma dama lhe confiara, na véspera, que seu filho mais novo devia sua existência a um preservativo rasgado. Com base nisso, ele pôde reconstruir seus pensamentos. Um preservativo fino era perigoso, mas um preservativo grosso era ruim. O preservativo foi adequadamente representado como um sobretudo, visto que nos enfiamos em ambos. Mas uma eventualidade como a que a dama lhe descrevera certamente seria "terrível" para um homem solteiro.

E agora voltemos a nossa inocente sonhadora.

---

1 Isso foi uma substituição da idéia oposta, como o decorrer da análise deixará claro.

Ela estava colocando uma vela num castiçal, mas a vela se quebrou de modo que não ficava de pé adequadamente. As colegas de sua escola disseram que ela era desajeitada, mas a diretora disse que não era culpa dela. Mais uma vez, a causa do sonho fora um acontecimento real. No dia anterior, ela realmente pusera uma vela num castiçal, embora esta não tivesse se quebrado. Certo simbolismo transparente estava sendo utilizado nesse sonho. Uma vela é um objeto que pode excitar os órgãos genitais femininos e, quando está quebrada, de modo que não possa ficar de pé adequadamente, significa que o homem é impotente. (*"Não era culpa dela."*) Mas poderia uma jovem cuidadosamente educada, que fora poupada do impacto de tudo o que fosse feio, ter sabido que uma vela podia ser usada para esse fim? O fato é que ela própria pôde indicar como foi que obteve essa informação. Certa feita, quando estavam num barco a remo no Reno, outra embarcação com alguns estudantes passaram por eles. Estavam muito animados e cantavam, ou antes, gritavam, uma canção:

> *Wenn die Königin von Schweden,*
> *Bei geschlossenen Fensterläden*
> *Mit Apollokerzen...* [1]

Ou ela não conseguiu ouvir ou não entendeu a última palavra, e teve de pedir ao marido que lhe desse a explicação necessária. O verso foi substituído no conteúdo do sonho por uma recordação inocente de alguma tarefa que ela executara desajeitadamente quando estava na escola, e a substituição foi possibilitada graças ao elemento comum *postigos fechados*. A ligação entre os temas masturbação e impotência é bastante óbvia. O "Apolo" do conteúdo latente desse sonho ligava-o a um sonho anterior em que aparecia a virgem Palas. Nada inocente, portanto.

---

1 ["Quando a Rainha da Suécia, atrás de postigos fechados, ... com velas Apolo." "Velas Apolo" era o nome comercial de uma famosa marca de velas. Esse é um trecho de uma conhecida canção estudantil que tem numerosas estrofes semelhantes. A palavra que falta é *"onaniert"* (masturba-se).]

Para que não fiquemos tentados, com demasiada facilidade, a tirar dos sonhos conclusões sobre a vida real do sonhador, acrescentarei mais um sonho da mesma paciente, que de novo tem uma aparência inocente. *"Sonhei"*, disse ela, *"com o que realmente fiz ontem: enchi tanto uma maleta de livros que tive dificuldade em fechá-la, e sonhei exatamente com o que aconteceu mesmo."* Nesse exemplo, a própria narradora colocou a ênfase principal na consonância entre o sonho e a realidade. Todas essas opiniões e comentários sobre um sonho, embora se façam presentes no pensamento de vigília, invariavelmente fazem parte, na verdade, do conteúdo latente do sonho, como confirmaremos por outros exemplos mais adiante. O que nos foi dito, portanto, é que aquilo que o sonho descrevia tinha realmente acontecido na véspera. Ocuparia muito espaço explicar como foi que me ocorreu a idéia de utilizar a língua inglesa na interpretação. Bata dizer que, mais uma vez, o que estava em questão era uma "caixinha" (cf. o sonho da criança morta na "caixa", que estava tão cheia que não se podia pôr mais nada nela. De qualquer modo, nada mau desta vez.

Em todos esses sonhos "inocentes", o motivo da censura é, obviamente, o fator sexual. Esse, porém, é um assunto de importância primordial que tenho de deixar de lado.

(B)

O MATERIAL INFANTIL COMO FONTE DOS SONHOS

Como todos os outros autores nesse assunto, com exceção de Robert, assinalei como terceira peculiaridade do conteúdo dos sonhos poder ele incluir impressões que remontam à primeira infância e que não parecem ser acessíveis à memória de vigília. Naturalmente, é difícil determinar se isso ocorre ou não com freqüência, visto que a origem dos elementos oníricos em questão não é reconhecida após o despertar. A prova de que aquilo com que estamos lidando são impressões da infância deve, portanto, ser estabelecida por meio de indícios externos, e é raro haver oportunidade de fazê-lo. Um exemplo particularmente convincente é o apresentado por Maury, sobre o homem que um dia tomou a decisão de visitar sua terra natal após uma ausência de mais de vinte anos. Durante a noite que antecedeu a partida, sonhou que estava num lugar inteiramente desconhecido e que ali encontrava um estranho na rua e conversara com ele. Ao chegar em casa, verificou que o lugar desconhecido era real e ficava bem nas imediações de sua cidade natal, e que o estranho do sonho vinha a ser um amigo de seu pai já falecido, que ainda morava lá. Essa foi uma prova conclusiva de que, em sua infância, ele vira tanto o homem como o lugar. Esse sonho também deve ser interpretado como um sonho de impaciência, tal como o da moça que tinha uma entrada de teatro na bolsa, o da criança cujo pai lhe prometera levá-la a uma excursão até o Hameau e sonhos semelhantes. Os motivos que levaram os autores dos sonhos a reproduzirem uma impressão específica de sua infância, e não qualquer outra, não podem, é claro, ser descobertos sem uma análise.

Alguém que freqüentou um de meus ciclos de palestras e que se gabava de que seus sonhos muito raramente sofriam distorção relatou-me que, não fazia muito tempo, sonhara ver *seu antigo tutor na cama com a babá* que estivera com sua família até os seus onze anos de idade. No sonho, ele identificou o local onde ocorrera a cena. Seu interesse tinha sido despertado e ele contara o sonho a seu irmão mais velho, que, rindo, confirmou a veracidade do que ele havia sonhado. O irmão se lembrava muito bem daquilo, pois tinha seis anos na época. Os amantes tinham o hábito de embriagar o menino mais velho com cerveja, sempre que as circunstâncias eram favoráveis às relações sexuais durante a noite. O menino mais novo — o sonhador —, que contava então três anos de idade e dormia no quarto com a ama, não era considerado um empecilho.

Há outra maneira de estabelecer com certeza, sem o auxílio da interpretação, que um sonho contém elementos da infância. É quando o sonho é do tipo que se chama "recorrente", isto é, quando se teve o sonho pela primeira vez na infância e depois ele reaparece constantemente, de tempos em tempos, durante o sono adulto. Posso acrescentar aos exemplos conhecidos desses sonhos alguns de meus próprios registros, embora eu mesmo nunca tenha experimentado um deles. Um médico de trinta e poucos anos relatou-me que, desde os primórdios de sua infância até a época atual, um leão amarelo aparecia freqüentemente em seus sonhos; e pôde fornecer uma descrição minuciosa dele. Esse leão de seus sonhos surgiu um dia em forma concreta, como um enfeite de porcelana há muito desaparecido. O rapaz soube, então, por intermédio da mãe, que esse objeto fora seu brinquedo predileto durante a primeira infância, embora ele próprio houvesse esquecido esse fato.

Se passarmos agora do conteúdo manifesto dos sonhos para os pensamentos oníricos que só a análise revela, constataremos, para nosso espanto, que as experiências da infância também desempenham seu papel em sonhos cujo conteúdo jamais levaria alguém a supô-lo. Devo um exemplo particularmente agradável e instrutivo de um sonho dessa natureza ao meu respeitado colega do leão amarelo. Depois de ler a narrativa de Nansen sobre sua expedição polar, ele sonhou que estava num campo de gelo e aplicava ao bravo explorador um tratamento galvânico contra um ataque de ciática do qual ele estava sofrendo. No processo de análise do sonho, ele pensou numa história que datava de sua infância e que, aliás, foi a única coisa a tornar o sonho inteligível. Um belo dia, quando tinha três ou quatro anos, ele ouvira os mais velhos conversarem sobre viagens de descobrimento e perguntara ao pai se aquilo era uma doença grave. Evidentemente, confundira *"Reisen"* ["viagens"] com *"Reissen"* ["cólicas"], e seus irmãos e irmãs providenciaram para que ele jamais esquecesse esse erro embaraçoso.

Houve um exemplo semelhante disso quando, no transcurso de minha análise do sonho da monografia sobre o gênero Ciclâmen, tropecei na lembrança infantil de meu pai, quando eu era um garoto de cinco anos, dando-me um livro com ilustrações coloridas para que eu o destruísse.

Talvez se possa pôr em dúvida se essa lembrança realmente desempenhou algum papel na determinação da forma assumida pelo conteúdo do sonho, ou se, antes, não terá sido o processo de análise que estruturou subseqüentemente a ligação. Mas a abundância de elos associativos e seu entrelaçamento justificam nossa aceitação da primeira alternativa: eiclâmen — flor favorita — prato predileto — alcachofras; desmantelar como a uma alcachofra, folha por folha (expressão que soa constantemente em nossos ouvidos em relação ao desmembramento paulatino do Império Chinês) — herbário — traças de livros, cujo alimento favorito são os livros. Além disso, posso assegurar a meus leitores que o sentido último do sonho, que não revelei, está intimamente relacionado com o assunto da cena infantil.

No caso de outro grupo de sonhos, demonstra-nos a análise que o desejo real que instigou o sonho e cuja realização é por ele representada provém da infância; de modo que, para nossa surpresa, *verificamos que a criança e seus impulsos continuam vivos no sonho.*

Neste ponto, retomarei mais uma vez a interpretação de um sonho que já verificamos ser instrutivo — o sonho em que meu amigo R. era meu tio. Acompanhamos sua interpretação até o ponto de reconhecer nitidamente como uma de suas motivações meu desejo de ser nomeado para o cargo de professor, e explicamos a afeição que senti no sonho por meu amigo R. como um produto de oposição e revolta contra as calúnias a meus dois colegas contidas nos pensamentos oníricos. O sonho foi meu mesmo; portanto, posso prosseguir sua análise dizendo que meus sentimentos ainda não estavam satisfeitos com a solução até então alcançada. Eu sabia que no estado de vigília minha opinião sobre os colegas que foram tão maltratados nos pensamentos oníricos teria sido bem diferente; e a força de meu desejo de não partilhar do destino deles na questão da indicação parecia-me insuficiente para explicar a contradição entre minhas avaliações deles no estado de vigília e no sonho. Se fosse realmente verdade que minha ânsia de que se dirigissem a mim por um título diferente era tão forte assim, isso mostrava uma ambição patológica que eu não reconhecia em mim mesmo e que acreditava ser-me estranha. Eu não saberia dizer como as outras pessoas que acreditavam conhecer-me iriam julgar-me a esse respeito. Talvez eu fosse realmente ambicioso; mas, sendo assim, minha ambição há muito se transferira para objetos bem diferentes do título e do posto de *professor extraordinarius.*

Qual, então, poderia ter sido a origem da ambição que produziu o sonho em mim? Nesse ponto, recordei-me de uma história que ouvira muitas vezes em minha infância. Na época de meu nascimento, uma velha camponesa profetizara à minha orgulhosa mãe que, com seu primeiro filho, ela havia trazido ao mundo um grande homem. Essas profecias devem ser muito comuns: existem inúmeras mães cheias de expectativas felizes e inúmeras velhas camponesas e outras do gênero que compensam a perda de seu poder de controle sobre as coisas do mundo atual concentrando-o no futuro. Nem teria a profetisa nada a perder com o que disse. Teria sido esta a origem de minha sede de grandeza? Mas isso me fez recordar outra experiência, que datava dos últimos anos de minha infância, e que oferecia uma explicação ainda melhor. Meus pais tinham o hábito, quando eu era um menino de onze ou doze anos, de levar-me ao Prater.[1] Uma noite, quando lá estávamos sentados num restaurante, nossa atenção foi atraída por um homem que ia de mesa em mesa e, em troca de uma pequena esmola, improvisava uma composição poética sobre qualquer tópico que lhe fosse apresentado. Mandaram-me trazer o poeta à nossa mesa e ele mostrou sua gratidão ao mensageiro. Antes de perguntar qual seria o tema escolhido, dedicou-me algumas linhas, declarando em sua inspiração que, quando eu crescesse, provavelmente seria um Ministro do Gabinete. Eu ainda me lembrava muito bem da impressão que essa segunda profecia me havia causado. Aqueles eram os tempos do Ministério *"Bürger"*.[2] Pouco antes, meu pai levara para casa retratos desses profissionais da classe média — Herbst, Giskra, Unger, Berger e os demais — e nós havíamos iluminado a casa em homenagem a eles. Havia até mesmo alguns judeus entre eles. Assim, dali por diante, todo estudante judeu aplicado levava a pasta de Ministro do Gabinete em sua sacola. Os eventos daquele período sem dúvida tiveram alguma relação com o fato de que, até pouco antes de meu ingresso na Universidade, fora minha intenção estudar Direito, e só no último momento é que eu mudei de opinião. A carreira ministerial está definitivamente barrada aos médicos. Mas agora, voltemos a meu sonho. Comecei a compreender que meu sonho me conduzira do melancólico presente às animadoras esperanças dos dias do Ministério *"Bürger"*, que o desejo que ele fizera o máximo por realizar remontava

---

1 [O famoso parque nos arredores de Viena.]
2 [O "Ministério da Classe Média" — um governo de caráter liberal, eleito após a implantação da nova constituição austríaca em 1867.]

àqueles tempos. Ao maltratar meus dois eminentes e eruditos colegas por serem judeus, e ao tratar um deles como simplório e o outro como criminoso, estava comportando-me como se eu fosse o Ministro, colocara-me no lugar do Ministro. Virei a mesa sobre Sua Excelência violentamente! Ele se recusara a me nomear *professor extraordinarius*, e eu me desforrara no sonho, tomando-lhe o lugar.

Em outro exemplo tornou-se evidente que, embora o desejo que instigou o sonho fosse um desejo atual, ele recebera um poderoso reforço de lembranças que se estendiam a épocas muito distantes da infância. O que tenho em mente é uma série de sonhos que se baseiam num anseio de visitar Roma. Ainda por muito tempo, sem dúvida, terei de continuar a satisfazer esse anseio em meus sonhos, pois, na estação do ano em que me é possível viajar, a permanência em Roma deve ser evitada por motivos de saúde.[1] Por exemplo, sonhei certa vez que contemplava, da janela de um vagão de trem, o Tibre e a Ponte Sant'Angelo. O trem começou a se afastar e ocorreu-me que eu mal havia posto os pés na cidade. O panorama que vi em meu sonho fora tirado de uma famosa gravura que eu vislumbrara por um momento na véspera, na sala de estar de um de meus pacientes. Noutra ocasião, alguém me levava ao alto de uma colina e me mostrava Roma meio envolta em brumas; estava tão distante que fiquei surpreso por ter dela uma visão tão clara. Havia mais coisas no conteúdo desse sonho do que me sinto disposto a descrever com pormenores, mas o tema da "terra prometida vista de longe" era óbvio nele. A cidade que assim vi pela primeira vez, imersa em brumas, era... Lübeck; e o protótipo da colina ficava em... Gleichenberg. Num terceiro sonho, eu finalmente chegara a Roma, como o próprio sonho me informou, mas fiquei desapontado ao constatar que o cenário estava longe de ter um caráter urbano. *Havia um estreito regato de águas negras; numa de suas margens havia penhascos negros e, na outra, pradarias com grandes flores brancas. Notei um certo Herr Zucker* (que eu conhecia ligeiramente) *e decidi perguntar-lhe o caminho para a cidade.* Eu estava claramente fazendo uma vã tentativa de ver, em meu sonho, uma cidade que jamais vira na vida de vigília. Decompondo a paisagem do sonho em seus

---

1 [*Nota de rodapé acrescentada* em 1909:] Descobri há muito tempo que basta um pouco de coragem para se realizarem desejos até então considerados inatingíveis; [*acrescentado* em 1925:] e daí por diante tornei-me um constante peregrino a Roma.

elementos, descobri que as flores brancas me levavam a Ravenna, que eu tinha visitado e que, pelo menos por algum tempo, suplantara Roma como capital da Itália. Nos pântanos ao redor de Ravenna encontramos belíssimos lírios que cresciam em águas negras. Como tínhamos tido grande dificuldades de retirá-los da água, o sonho os fez crescer em pradarias, como os narcisos em nossa própria Aussee. O penhasco negro, tão próximo da água, lembrou-me nitidamente o vale Tepl, perto de Karlsbad. *"Karlsbad"* permitiu-me explicar o curioso detalhe de eu haver perguntado o caminho a *Herr* Zucker. O material de que se tecia o sonho incluía, nesse ponto, duas daquelas jocosas anedotas judaicas que contêm tão profunda e por vezes amarga sabedoria mundana, e que tanto apreciamos citar em nossas conversas e cartas. Eis a primeira: a história da *"constituição"*. Um judeu sem dinheiro metera-se furtivamente, sem passagem, no expresso para *Karlsbad*. Foi apanhado, e toda vez que os bilhetes eram conferidos, ele era retirado do trem e tratado com uma severidade cada vez maior. Numa das estações de sua *via dolorosa*, encontrou-se com um conhecido que lhe perguntou para onde estava viajando. "Para Karlsbad", foi sua resposta, "se minha constituição puder agüentar." Minha lembrança passou então para outra história: a de um judeu que não sabia falar francês e a quem haviam recomendado que, quando chegasse a Paris, perguntasse o caminho para a *rue* Richelieu. A própria Paris fora, durante muitos anos, outra meta dos meus anseios; e a sensação de bem-aventurança com que pela primeira vez pisei em suas calçadas me pareceu uma garantia de que outros de meus desejos seriam também realizados. "Perguntar o caminho", além disso, era uma alusão direta a *Roma*, já que é bem sabido que todos os caminhos levam até lá. Da mesma forma, o nome *Zucker* [açúcar] constituía novamente uma alusão a *Karlsbad*, pois temos o hábito de recomendar um tratamento lá para qualquer pessoa que sofra do mal *constitucional* do diabetes.[1] A instigação desse sonho fora uma proposta feita por meu amigo de Berlim de que nos encontrássemos em Praga na Páscoa. O que ali iríamos debater teria incluído algo com uma outra relação com "açúcar" e "diabetes".

Um quarto sonho, que ocorreu logo depois do último, levou-me a Roma mais uma vez. Eu via a esquina de uma rua diante de mim e ficava surpreso por encontrar tantos cartazes em alemão ali afixados. Eu escrevera a meu

---

1 [O termo alemão para "diabetes" é *"Zuckerkrankheit"* ("doença do açúcar").]

amigo na véspera, com uma visão profética, dizendo achar que Praga talvez não fosse um lugar agradável para as perambulações de um alemão. Assim, o sonho expressou, ao mesmo tempo, o desejo de encontrá-lo em Roma, em vez de em uma cidade boêmia, e um desejo, que provavelmente remontava aos meus dias de estudante, de que a língua alemã fosse mais tolerada em Praga. Aliás, devo ter compreendido o tcheco nos primeiros anos de minha infância, pois nasci numa pequena cidade da Morávia com uma população eslava. Uma canção de ninar tcheca, que ouvi quando tinha dezessete anos, fixou-se em minha memória com tal facilidade que até hoje posso repeti-la, embora não tenha nenhuma idéia do que significa. Assim, também não faltavam ligações com meus primeiros anos de infância nesses sonhos.

Foi em minha última viagem à Itália, que, entre outros lugares, me fez passar pelo Lago Trasimene, que finalmente — depois de ter visto o Tibre e de ter retornado com tristeza quando me encontrava apenas a cinqüenta milhas de Roma — descobri de que maneira meu anseio pela cidade eterna fora reforçado por impressões de minha mocidade. Eu estava no processo de elaborar um plano para contornar Roma no ano seguinte e ir até Nápoles, quando me ocorreu uma frase que devo ter lido em um de nossos autores clássicos:[1] "Qual dos dois, pode-se argumentar, andou de um lado para outro em seu gabinete com maior impaciência, depois de ter elaborado seu plano de ir a Roma — Winckelmann, o Vice-Comandante, ou Aníbal, o Comandante-em-Chefe?" Na realidade, eu vinha seguindo as pegadas de Aníbal. Como ele, estava destinado a não ver Roma; e também ele se deslocara para a Campanha quando todos os esperavam em Roma. Mas Aníbal, com quem eu viera a me assemelhar nesses aspectos, fora o herói predileto de meus últimos tempos de ginásio. Como tantos meninos daquela idade, eu simpatizara, nas Guerras Púnicas, não com os romanos, mas com os cartagineses. E quando nas séries mais avançadas comecei a compreender pela primeira vez o que significava pertencer a uma raça estrangeira, e os sentimentos anti-semitas entre os outros rapazes me advertiram de que eu precisava assumir uma posição definida, a figura do general semita elevou-se ainda mais em meu conceito. Para minha mente juvenil, Aníbal e Roma simbolizavam o conflito entre a tenacidade dos judeus e a organização da Igreja Católica. E a importância crescente dos efeitos do movimento anti-semita em nossa vida emocional ajudou a fixar as idéias e sentimentos daqueles primeiros anos. Assim, o desejo de ir a Roma se

---

1 [*Nota de rodapé acrescentada* em 1925:] O autor em questão deve sem dúvida ter sido Jean Paul.

transformara, em minha vida onírica, num disfarce e num símbolo para muitos outros desejos apaixonados. Sua realização seria perseguida com toda a perseverança e obsessão do cartaginês, embora se afigurasse, no momento, tão pouco favorecida pelo destino quanto fora o desejo de Aníbal, durante toda a sua vida, de entrar em Roma.

Nesse ponto, fui novamente confrontado com um evento de minha juventude, cuja força ainda era demonstrada em todas essas emoções e em todos esses sonhos. Eu devia ter dez ou doze anos quando meu pai começou a me levar consigo em suas caminhadas e a me revelar, em suas conversas, seus pontos de vista sobre as coisas do mundo em que vivemos. Foi assim que, numa dessas ocasiões, ele me contou uma história para me mostrar como as coisas estavam melhores naquela época do que nos seus dias. "Quando eu era jovem", disse ele, "fui dar um passeio num sábado pelas ruas da cidade onde você nasceu; estava bem vestido e usava um novo gorro de pele. Um cristão dirigiu-se a mim e, de um só golpe, atirou meu gorro na lama e gritou: 'Judeu! saia da calçada!'" — "E o que fez o senhor?", perguntei-lhe. "Desci da calçada e apanhei meu gorro", foi sua resposta mansa. Isso me pareceu uma conduta pouco heróica por parte do homem grande e forte que segurava o garotinho pela mão. Contrastei essa situação com outra que se ajustava melhor aos meus sentimentos: a cena em que o pai de Aníbal, Amílcar Barca,[1] fez seu filho jurar perante o altar da casa que se vingaria dos romanos. Desde essa época Aníbal estivera presente em minhas fantasias.

Creio poder remontar às origens de meu entusiasmo pelo general cartaginês recuando mais um passo em minha infância; portanto, mais uma vez, seria apenas questão da transferência de uma relação emocional já formada para um novo objeto. Um dos primeiros livros em que pus as mãos depois que aprendi a ler foi a história do Consulado e do Império, de Thiers. Ainda me lembro de quando colocava etiquetas com os nomes dos marechais de Napoleão nas costas achatadas de meus soldadinhos de madeira. E, naquela época, meu favorito declarado já era Massena (ou, para dar ao nome sua forma judaica, Manasseh).[2] (Sem dúvida, essa preferência era também

---

1 [*Nota de rodapé acrescentada* em 1909:] Na primeira edição, aparecia em vez disso o nome de Asdrúbal: um erro intrigante, que expliquei em meu livro *Sobre a Psicopatologia da Vida Cotidiana* (1901*b*), Capítulo X (2).

2 [*Nota de rodapé acrescentada* em 1930:] A propósito, têm-se lançado dúvidas quanto à origem judaica do marechal.

parcialmente explicável pelo fato de o meu aniversário cair no mesmo dia que o dele, exatamente cem anos depois.) O próprio Napoleão se assemelha a Aníbal, por terem ambos atravessado os Alpes. É possível até que o desenvolvimento desse ideal marcial possa ser remetido a uma época ainda mais remota de minha infância: a época em que, com a idade de três anos, eu tinha uma estreita relação, às vezes amistosa, mas às vezes hostil, com um menino um ano mais velho que eu, e aos desejos que essa relação deve ter suscitado no mais fraco de nós dois.

Quanto mais alguém se aprofunda na análise de um sonho, com mais freqüência chega ao rastro de experiências infantis que desempenharam seu papel entre as fontes do conteúdo latente desse sonho.

Já vimos que é muito raro um sonho reproduzir as recordações de tal maneira que elas constituam, sem abreviação ou modificação, a *totalidade* de seu conteúdo manifesto. Não obstante, há alguns exemplos indubitáveis da ocorrência disso e posso acrescentar mais alguns, novamente relacionados com cenas de infância. Apresentou-se a um de meus pacientes num sonho uma reprodução quase não distorcida de um episódio sexual, que foi prontamente reconhecida como uma lembrança verdadeira. Sua recordação do evento, de fato, nunca se perdera por completo na vida de vigília, embora tivesse sido muito obscurecida, e seu ressurgimento foi conseqüência do trabalho já realizado na análise. Aos doze anos, o sonhador fora visitar um colega de escola que estava acamado, e este, provavelmente num movimento acidental, descobriu o corpo. À vista dos órgãos genitais do amigo, meu paciente foi tomado por uma espécie de compulsão e também se descobriu, segurando o pênis do outro. O amigo olhou-o com indignação e assombro, ao que ele, tomado de grande embaraço, largou-o. Essa cena se repetiu num sonho vinte e três anos depois, incluindo todos os pormenores de seus sentimentos na época. Modificou-se, porém, no sentido de que o sonhador assumiu o papel passivo em vez do ativo, enquanto a figura de seu colega de escola foi substituída por alguém pertencente a sua vida contemporânea.

É verdade que, de modo geral, a cena da infância só é representada no conteúdo manifesto do sonho por uma alusão, e só se pode chegar a ela através de uma interpretação do sonho. Tais exemplos, quando registrados, não trazem grande convicção, visto que, por via de regra, não existe nenhuma outra prova da ocorrência dessas experiências da infância: quando remontam a uma idade muito prematura, elas já não são reconhecidas como lembranças. A justificação geral para que se infira a ocorrência dessas experiências infantis a partir dos sonhos é proporcionada por toda uma série de fatores do trabalho psicanalítico que são coerentes entre si e, portanto, parecem suficientemente confiáveis. Se eu registrar algumas dessas experiências infantis conjeturais arrancadas de seu contexto para fins de interpretação dos sonhos, talvez elas não causem grande impressão, especialmente por eu não poder citar todo o material em que se basearam as interpretações. Não obstante, não permitirei que isso me impeça de relatá-las.

I

Todos os sonhos de uma de minhas pacientes se caracterizavam por ela estar sempre "apressada": estava sempre com uma pressa enorme de chegar a algum lugar a tempo de não perder um trem, e assim por diante. Num dos sonhos, *ela ia visitar uma amiga; a mãe lhe disse que tomasse um táxi e que não fosse a pé, mas, em vez disso, ela saiu correndo e a toda a hora levava um tombo.* — O material que surgiu na análise levou a lembranças de *correr de um lado para outro* e de fazer travessuras na infância (o leitor sabe o que os vienenses chamam de *"eine Hetz"* ["uma investida", "uma corrida furiosa"]). Um sonho específico relembrou o jogo infantil predileto de dizer uma frase, *"Die Kuh rannte, bis sie fiel"* ["A vaca correu até cair"], tão depressa que ela soa como se fosse uma única palavra [disparatada] — outra *corridinha*, na verdade. Todas essas correrias inocentes com as amiguinhas foram lembradas porque tomavam o lugar de outras menos inocentes.

II

Eis aqui o sonho de outra paciente: *Ela estava numa grande sala em que havia todo tipo de máquinas, tal como imaginava que seria um instituto ortopédico. Disseram-lhe que eu não dispunha de tempo e que ela teria que receber o tratamento junto com outros cinco. Ela se recusou, porém, e não queria deitar-se na cama — ou lá o que fosse — que se destinava a ela. Ficou a um canto e esperou que eu lhe dissesse que não era verdade. Entrementes, os outros riam dela e diziam que essa era a sua maneira de "ir levando".* — *Simultaneamente, era como se ela estivesse fazendo uma porção de quadradinhos.*

204

A primeira parte do conteúdo desse sonho relacionava-se com o tratamento e era uma transferência para mim. A segunda parte encerrava uma alusão a uma cena da infância. As duas partes estavam ligadas pela menção à cama.

O *instituto ortopédico* remontava a uma observação feita por mim, na qual eu comparara o tratamento, tanto em sua extensão quanto em sua natureza, a um tratamento *ortopédico*. Quando comecei seu tratamento, vi-me compelido a dizer-lhe que, no momento, *não dispunha de muito tempo para ela*, embora depois pudesse dedicar-lhe uma hora inteira diariamente. Isso mexeu com sua antiga sensibilidade, que constitui um traço predominante do caráter das crianças inclinadas à histeria: elas são insaciáveis em matéria de amor. Minha paciente era a caçula de uma família de seis filhos (donde *junto com outros cinco*) e tinha sido, portanto, a favorita do pai; mesmo assim, parece ter sentido que seu adorado pai lhe dedicava muito pouco de seu tempo e sua atenção. — Sua *espera de que eu lhe dissesse que não era verdade* tinha a seguinte origem: um jovem aprendiz de alfaiate levara-lhe um vestido e ela lhe dera o dinheiro em pagamento. Depois, perguntara ao marido se, caso o menino perdesse o dinheiro, ela teria que pagá-lo novamente. O marido, para *implicar* com ela, dissera-lhe que sim. (A *implicância* no sonho.) Ela continuou a perguntar-lhe repetidas vezes e *esperou que ele dissesse, afinal, que não era verdade*. Foi então possível inferir que, no conteúdo latente do sonho, ocorrera-lhe a idéia de saber se ela teria que me pagar o dobro caso eu lhe dispensasse o dobro do tempo — idéia que ela considerou avara ou *suja*. (A falta de asseio na infância é muitas vezes substituída nos sonhos pela avareza; o elo entre as duas é a palavra "sujo".) Se todo o trecho sobre *esperar que eu dissesse,* etc., servia, no sonho, como um circunlóquio para o termo "sujo", então o fato de ela *"ficar de pé a um canto"* e *"não se deitar na cama"* combinava com o termo, na qualidade de componentes de uma cena de infância: uma cena em que ela sujara a cama e fora punida tendo de ficar de pé a um canto, com a ameaça de que o pai não a amaria mais e de que os irmãos e irmãs ririam dela, e assim por diante. — Os *quadradinhos* relacionavam-se com sua sobrinha, que lhe mostrara o truque aritmético de dispor algarismos em nove quadrados (creio que isso está certo), de tal modo que eles somem quinze em todas as direções.

Um homem sonhou o seguinte: *Viu dois meninos brigando — filhos de tanoeiros, a julgar pelas ferramentas que se achavam por perto. Um dos meninos jogou o outro no chão; o que foi derrubado usava brincos de pedras azuis. Ele correu em direção ao atacante com sua bengala erguida, para castigá-lo. Este correu em busca de proteção até uma mulher que estava de pé junto a uma cerca de madeira, como se fosse a mãe dele. Era uma mulher da classe operária e estava de costas para o sonhador. Finalmente, ela se voltou e dirigiu-lhe um olhar terrível, de modo que ele fugiu apavorado. Via-se a carne vermelha de suas pálpebras inferiores à mostra.*

O sonho utilizara copiosamente eventos triviais do dia anterior. Ele de fato vira dois meninos na rua, um dos quais derrubou o outro no chão. Quando ele se precipitou para impedir a briga, ambos saíram correndo. — *Filhos de tanoeiros.* Isso só foi explicado por um sonho subseqüente, no qual ele empregou a expressão *"arrancando o fundo de um barril".* — A partir de sua experiência, ele achava que *brincos de pedras azuis* eram basicamente usados por prostitutas. Ocorreu-lhe então um verso de um conhecido poema burlesco sobre *dois meninos*: "O outro menino chamava-se Marie" (isto é, era uma menina). — *A mulher de pé.* Após a cena com os dois meninos, ele fora fazer uma caminhada pelas margens do Danúbio e aproveitara a solidão do lugar para urinar numa *cerca de madeira*. Mais adiante, uma senhora idosa respeitavelmente trajada sorrira para ele de maneira muito amigável e quisera dar-lhe seu cartão de visita. Visto que a mulher do sonho estava de pé na mesma posição que ele ao urinar, devia tratar-se de uma mulher urinando. Isso coincide com sua *aparência* terrível e com a *carne vermelha à mostra*, que só poderia relacionar-se com a abertura dos órgãos genitais causada pela posição abaixada. Isso, visto em sua infância, reapareceu numa lembrança posterior como *"carne viva"* — como uma ferida.

O sonho combinou duas oportunidades que ele tivera, quando menino, de ver os órgãos genitais de garotinhas: quando *eram derrubadas no chão* e quando estavam *urinando*. E, da outra parte do contexto, emergiu uma lembrança de ele ser *castigado* ou ameaçado por seu pai pela curiosidade sexual que demonstrara nessas ocasiões.

Por trás do seguinte sonho (produzido por uma senhora idosa) havia toda uma gama de lembranças da infância, combinadas da melhor forma possível numa única fantasia. *Ela saiu com uma pressa enorme para tratar de alguns assuntos. No Graben,[1] caiu de joelhos, como se estivesse prostrada. Um grande número de pessoas reuniu-se em torno dela, especialmente condutores de táxi, mas ninguém a ajudou a levantar-se. Ela fez várias tentativas vãs, e deve ter finalmente alcançado êxito, pois foi posta num táxi que iria levá-la para casa. Alguém atirou uma cesta grande e muito carregada (como uma cesta de compras) pela janela depois que ela entrou.*

Essa era a mesma senhora que sempre se sentia "apressada" em seus sonhos, assim como havia corrido e feito traquinagens quando criança. A primeira cena do sonho derivava, evidentemente, da visão de um cavalo caído; da mesma forma, o termo *"prostrada"* referia-se à corrida de cavalos. Em sua juventude, ela cavalgara, e, sem dúvida, quando era ainda mais nova, tinha realmente *sido* um cavalo. O *cair* relacionava-se com uma lembrança da primeira infância, ligada ao filho de dezessete anos do porteiro da casa, que caíra na rua com um ataque epilético e fora levado para casa numa carruagem. Ela, naturalmente, apenas *ouvira* falar sobre isso, mas a idéia dos ataques epiléticos (da "doença das *quedas*") dominara sua imaginação e, mais tarde, influenciara a forma assumida por seus próprios ataques histéricos. — Quando uma mulher sonha que está caindo, isso tem quase invariavelmente uma conotação sexual: ela se imagina como uma *"mulher decaída"*. Este sonho, em particular, praticamente não deixou qualquer margem para dúvidas, já que o local onde minha paciente caiu foi o Graben, uma parte de Viena que é notória como área de prostituição. A *cesta de compras* [Korb] levou a mais de uma interpretação. Fez com que se lembrasse de numerosas *recusas* [Körbe][2] que fizera a seus pretendentes, bem como das que ela própria se queixava de ter recebido posteriormente. Isso também estava ligado ao fato de que *ninguém a ajudou a levantar-se*, o que ela mesma explicou como uma recusa. A *cesta de compras* lembrou-lhe

---

1 [Um dos principais centros comerciais de Viena.]
2 [O termo *"Korb"* ("cesta") é comumente empregado para a rejeição de uma proposta de casamento.]

ainda fantasias que já haviam surgido em sua análise, nas quais ela era casada com alguém de condição social muito inferior à sua e tinha de fazer as compras de mercado ela própria. E, finalmente, a cesta podia servir como um objeto característico de uma criada. Nesse ponto, surgiram outras lembranças da infância. Em primeiro lugar, de uma cozinheira que fora despedida por furto, e que *caíra de joelhos* e suplicara para ser perdoada. Ela própria tinha doze anos naquela época. Depois, de uma empregada que fora despedida por causa de um caso amoroso com o *cocheiro* da família (que, aliás, casou-se com ela depois). Assim, essa lembrança era também uma das fontes dos cocheiros (*condutores*)[1] do sonho (que, ao contrário do cocheiro real, não soergueram a mulher decaída). Restava explicar o fato de a cesta ser *atirada pela janela depois que ela entrou.* Isso a fez lembrar-se de *despachar* bagagens a serem *enviadas* por trem, do costume rural de os namorados subirem e entrarem pela *janela* de suas namoradas, e de outros pequenos episódios de sua vida no campo: de como um cavalheiro lançara algumas *ameixas azuis* para uma senhora *pela janela* de seu quarto, e de como sua própria irmã mais nova se assustara com o idiota da aldeia olhando *por sua janela.* Uma lembrança obscura de seus dez anos de idade começou então a emergir, de uma babá do interior que se entregara a cenas amorosas (das quais a menina poderia ter visto algo) com um dos criados da casa, e que, juntamente com seu amante, tinha sido *mandada embora, posta para fora* (o oposto da imagem onírica "atirada *para dentro*") — uma história de que já nos havíamos aproximado partindo de várias outras direções. A bagagem ou mala de um criado é desdenhosamente designada, em Viena, como "sete *ameixas*": "arrume suas sete ameixas e dê o fora!"

Meus registros naturalmente abrangem uma grande coletânea de sonhos de pacientes cuja análise levou a impressões infantis obscuras ou inteiramente esquecidas, muitas vezes remontando aos três primeiros anos de vida. Mas seria arriscado aplicar quaisquer conclusões extraídas delas aos sonhos em geral. As pessoas em questão eram, na totalidade dos casos, neuróticas e, em particular, histéricas; e é possível que o papel desempenhado pelas cenas infantis em seus sonhos fosse determinado pela natureza de sua neurose, e não pela natureza dos sonhos. Não obstante, ao analisar meus próprios sonhos — e, afinal, não estou fazendo isso por causa de nenhum

---

1 [A palavra alemã é a mesma (*Kutscher*) em ambos os casos.]

208

sintoma patológico gritante —, ocorre com a mesma freqüência que, no conteúdo latente de um sonho, eu depare inesperadamente com uma cena de infância, e imediatamente toda uma série de meus sonhos se vincula com associações que se ramificam de alguma experiência de minha infância. Já dei alguns exemplos disso, e terei outros a dar em conexão com uma variedade de aspectos. Talvez eu não possa encerrar melhor esta seção do que relatando um ou dois sonhos meus em que ocasiões recentes e experiências há muito esquecidas da infância se uniram como fontes do sonho.

I

Fatigado e faminto após uma viagem, fui dormir, e as principais necessidades vitais começaram a anunciar sua presença em meu sono. Tive o seguinte sonho:

Entrei numa cozinha à procura de pudim. Lá havia três mulheres de pé; uma delas era a estalajadeira e revolvia algo na mão, como se estivesse fazendo Knödel *[bolinhos de massa]. Ela respondeu que eu devia esperar até que ela estivesse pronta. (Essas não foram palavras pronunciadas com clareza.) Fiquei impaciente e saí com um sentimento de ofensa. Vesti um sobretudo. Mas o primeiro que experimentei era longo demais para mim. Tirei-o, bastante surpreso ao verificar que era forrado de pele. O segundo que vesti tinha uma longa tira com um desenho turco gravado. Um estranho de rosto alongado e barbicha pontuda apareceu e tentou impedir-me de vesti-lo, dizendo que era dele. Mostrei-lhe então que era todo bordado com um desenho turco. Ele perguntou: "Que têm os (desenhos, galões...) turcos a ver com o senhor?" Mas, em seguida, ficamos muito amáveis um com o outro.*

Quando comecei a analisar esse sonho, pensei inesperadamente no primeiro romance que li (quando contava treze anos, talvez; aliás, comecei no fim do primeiro volume. Nunca soube o nome do romance ou de seu autor; mas guardo uma viva lembrança de seu final. O herói enlouquecia e ficava a chamar pelos nomes das três mulheres que haviam trazido maior felicidade e dor para sua vida. Um desses nomes era *Pélagie*. Eu ainda não tinha nenhuma idéia de onde levaria essa lembrança na análise. Em relação às três mulheres, pensei nas três Parcas que fiam o destino do homem, e soube que uma das três mulheres — a estalajadeira do sonho — era a mãe que dá a vida, e além disso (como no meu próprio caso), dá à criatura viva seu primeiro alimento. O amor e a fome, refleti, reúnem-se no seio de uma mulher. Um rapaz que era grande admirador da beleza feminina falava, certa vez — assim diz a história —, da bonita ama-de-leite que o amamentara quando ele era bebê: "Lamento", observou ele, "não ter aproveitado melhor aquela oportunidade". Eu tinha o hábito de citar esse caso para explicar o fator da "ação postergada" no mecanismo das psiconeuroses. — Uma das Parcas, portanto, esfregava as palmas das mãos como se estivesse fazendo bolinhos de massa: estranha ocupação para uma Parca, e que exigia uma explicação. Esta foi fornecida por outra lembrança anterior de minha infância. Quando tinha seis anos de idade e recebi de minha mãe as primeiras lições, esperava-se que eu acreditasse que éramos todos feitos de barro, e, portanto, que ao barro deveríamos retornar. Isso não me agradou e expressei dúvidas sobre a doutrina. Ao que então minha mãe esfregou as palmas das mãos — exatamente como fazia ao preparar bolinhos de massa, só que não havia massa entre elas — e me mostrou as escamas enegrecidas de *epidermis* produzidas pela fricção como prova de que éramos feitos de barro. Meu assombro ante essa demonstração visual não teve limites, e aceitei a crença que posteriormente iria ouvir expressa nas palavras: *"Du bist der Natur einen Tod schuldig"*.[1] Assim, foram realmente as Parcas que encontrei na cozinha ao entrar nela — como tantas vezes fizera na infância quando sentia fome, enquanto minha mãe, de pé junto ao fogo, me advertia de que eu devia esperar até que o jantar ficasse pronto. — E agora, quanto aos bolinhos de massa — os Knödel! Pelo menos um dos meus professores na Universidade — e precisamente aquele a quem devo meus conhecimentos histológicos (por exemplo, da *epidermis*) — se lembrava de uma pessoa contra quem fora obrigado a mover um processo por *plagiar* seus escritos sempre que ouvia o nome *Knödl*. A idéia de plágio — de apropriar-se do que quer que se possa, mesmo que pertença a outra pessoa — levava claramente à segunda parte do sonho, na qual eu era tratado como se fosse o ladrão que durante algum tempo praticou suas atividades de furtar sobretudos nas salas de conferências. Eu havia anotado a palavra "plagiar" sem pensar nela, por ter-me ocorrido; mas então observei que ela podia estabelecer uma ponte [*Brücke*] entre diferentes partes do conteúdo manifesto do sonho. Uma cadeia de

---

1 ["Deves à Natureza uma morte."] Ambas as emoções ligadas a essas cenas infantis — assombro e submissão ao inevitável — haviam ocorrido num sonho que eu tivera pouco antes deste e que me fizera lembrar pela primeira vez desse evento de minha infância.

associações (*Pélagie* — *plagiar* — *plagióstomos*[1] ou tubarões [*Haifische*] — *a bexiga natatória de um peixe* [*Fischblase*]) ligou o antigo romance com o caso de Knödl e com os sobretudos, que se referiam claramente a dispositivos empregados na técnica sexual. (Cf. os sonhos aliterativos de Maury.) Sem dúvida, era uma cadeia de idéias muito artificial e sem sentido, mas eu nunca poderia tê-la construído na vida de vigília, a menos que já tivesse sido construída pelo trabalho do sonho. E, como se a necessidade de estabelecer ligações forçadas não considerasse *nada* sagrado, o nome honrado de Brücke (cf. a *ponte* verbal acima) lembrou-me o Instituto em que passei as horas mais felizes de minha vida estudantil, livre de todos os outros desejos —

So wird's Euch an der Weisheit Brüsten
Mit jedem Tage mehr gelüsten[2]

— em completo contraste com os desejos que agora me *atormentavam* em meus sonhos. Finalmente, veio-me à lembrança outro professor muito respeitado — seu nome, Fleischl [*"Fleisch"* = "carne"], tal como Knödl, soava como algo para comer — e uma cena aflitiva em que as *escamas de epiderme* desempenhavam certo papel (minha mãe e a estalajadeira), bem como a *loucura* (o romance) e uma droga do dispensário que elimina a *fome*: a cocaína.

Poderia continuar a seguir as intricadas seqüências de idéias dentro dessa linha e explicar completamente a parte do sonho que ainda não analisei; mas devo desistir neste ponto, porque o sacrifício pessoal exigido seria grande demais. Apanharei apenas um dos fios da meada, que está apto a nos levar diretamente a um dos pensamentos do sonho subjacentes a essa confusão. O estranho de rosto alongado e barba pontuda que tentou impedir que eu vestisse o sobretudo tinha as feições de um lojista de Spalato, de quem minha mulher comprara diversos artigos *turcos*. Chamava-se Popović, nome equívoco[3] sobre o qual um escritor humorístico, Stettenheim, já fez um comentário sugestivo: "Ele me disse o nome e, enrubescendo, pressionou minha mão". Mais uma vez, apanhei-me fazendo mau uso de um nome,

---

1 Evitei deliberadamente estender-me sobre os plagióstomos; eles me fizeram lembrar de uma ocasião desagradável em que me envergonhei diante desse mesmo professor da Universidade.
2 ["Assim, aos *seios* da Sabedoria vos apegando,
   Vereis cada dia mais enlevo trazer-vos."
   Goethe, *Fausto*, Parte I (Cena 4)]
3 [*"Popo"* é uma palavra infantil alemã para "bumbum".]

como já fizera com Pélagie, Knödl, Brücke e Fleischl. Seria difícil negar que brincar com nomes dessa maneira era uma espécie de travessura infantil. Mas, se eu me entregava a isso, era como um ato de retaliação, pois meu próprio nome fora alvo de gracejos leves como esses em incontáveis ocasiões.[1] Goethe, lembrei-me, comentara em algum lugar a sensibilidade das pessoas em relação a seus nomes: como parecemos transformar-nos neles como se fossem nossa própria *pele*. Ele dissera isso *à propos* de um verso escrito sobre seu nome por Herder:

"Der du von Göttern abstammst, von Gothen oder vom Kote." [...]

"So seid ihr Götterbilder auch zu Staub."[2]

Notei que minha digressão sobre o tema do uso incorreto dos nomes estava apenas levando a essa queixa. Mas devo fazer uma interrupção aqui. — A compra que minha mulher fez em Spalato lembrou-me uma outra compra, feita em Cattaro, em relação à qual eu fora cauteloso demais, de modo que perdi uma oportunidade de fazer ótimas aquisições. (Cf. a oportunidade não aproveitada com a ama-de-leite.) Pois uma das idéias que minha fome introduziu no sonho foi esta: "Nunca se deve desprezar uma oportunidade, mas sempre tomar o que se pode, mesmo quando isso implica praticar um pequeno delito. Nunca se deve desprezar uma oportunidade, já que a vida é curta, e a morte, inevitável". Uma vez que essa lição de *"carpe diem"* tinha, entre outros sentidos, uma conotação sexual, e uma vez que o desejo que ela expressava não se detinha ante a idéia de agir mal, ele tinha motivos para temer a censura e foi obrigado a se ocultar atrás de um sonho. Toda espécie de pensamentos de sentido *contrário* encontraram então expressão: lembranças de uma época em que o sonhador se contentava com um alimento *espiritual*, idéias restritivas de todo tipo, e até ameaças dos mais revoltantes castigos sexuais.

---

1 [*"Freud"* é o termo alemão correspondente a "alegria".]
2 [O primeiro desses versos vem de um bilhete jocoso escrito por Herder a Goethe, com o pedido de empréstimo de alguns livros: "Tu que és o rebento dos deuses ou dos godos ou do esterco — (Goethe, manda-os para mim!)". O segundo verso, uma outra associação livre de Freud, é tirado da famosa cena do reconhecimento de *Iphigenie auf Tauris*, de Goethe. Ifigênia, sabendo por intermédio de Pílades da morte de tantos heróis durante o cerco de Tróia, exclama: "Também vós, divinas figuras, vos transformastes em pó!"]

O sonho seguinte exige um preâmbulo bastante longo:

Eu me dirigia à Estação Oeste [em Viena] a fim de tomar o trem para passar minhas férias de verão em Aussee, mas havia chegado à plataforma enquanto um trem anterior, que ia para Ischl, ainda se encontrava na estação. Lá, vi o Conde Thun, que mais uma vez ia a Ischl para ter uma audiência com o Imperador. Embora estivesse chovendo, ele chegara numa carruagem aberta. Passara direto pela entrada que dava acesso aos Trens Locais. O fiscal de bilhetes no portão não o havia reconhecido e tentara pedir-lhe o bilhete, mas o conde o afastara com um breve e abrupto movimento da mão, sem lhe dar qualquer explicação. Depois que o trem para Ischl partiu, eu deveria ter deixado novamente a plataforma e voltado à sala de espera, e tive certa dificuldade de arranjar as coisas de modo que me permitissem permanecer na plataforma. Passei o tempo vigiando atentamente, para ver se aparecia alguém que tentasse conseguir um compartimento reservado utilizando alguma espécie de "pisto-lão". Pretendia, nesse caso, protestar energicamente, isto é, reivindicar direitos iguais. Entrementes, estivera cantarolando uma melodia que reconheci como sendo a ária de Fígaro em *Le Nozze di Figaro*:

> *Se vuol ballare, signor contino,*
> *Se vuol ballare, signor contino,*
> *Il chitarino le suonerò*[1]

(Duvido um pouco de que alguém mais pudesse reconhecer a melodia.)

A noite inteira eu me sentira animado e com espírito combativo. Mexera com meu garçom e com o cocheiro do táxi — sem, espero, tê-los ofendido. E agora, todo tipo de idéias insolentes e revolucionárias me passavam pela cabeça, combinando com as palavras de Fígaro e com minhas lembranças da comédia de Beaumarchais que eu vira encenada pela *Comédie française*. Pensei na frase sobre os grandes cavalheiros que se tinham dado o trabalho de nascer, e no *droit du Seigneur* que o Conde Almaviva tentou exercer sobre Susanna. Pensei também em como nossos maliciosos jornalistas da oposição

---

1 ["Se o Senhor Conde quiser bailar,
Se o senhor Conde quiser bailar,
Vou tocar-lhe uma canção..."]

faziam piadas com o nome do Conde Thun, chamando-o, em vez disso, de "Conde Nichtsthun".[1] Não que eu o invejasse. Ele estava a caminho de uma audiência espinhosa com o Imperador, enquanto *eu* era o verdadeiro Conde Faz-Nada — de partida para minhas férias. Seguiu-se toda espécie de projetos agradáveis para as férias. Nesse momento, chegou à plataforma um cavalheiro que reconheci como um inspetor de exames médicos do governo, o qual, por suas atividades nessa função, ganhara o lisonjeiro apelido de "parceiro de soneca do Governo".[2] Pediu que lhe arranjassem um meio-compartimento de primeira classe em virtude de seu cargo oficial, e ouvi um ferroviário dizer a outro: "Onde devemos pôr o cavalheiro com o meio-bilhete de primeira classe?" Esse, pensei com meus botões, era um belo exemplo de privilégio; afinal, *eu* tinha pago o preço integral de uma passagem de primeira classe. E de fato obtive um compartimento, mas não um vagão com corredor, de modo que não haveria um toalete disponível durante a noite. Queixei-me a um funcionário sem conseguir nenhum êxito, mas espicacei-o sugerindo que, de qualquer modo, ele devia mandar fazer um buraco no chão do compartimento para atender às possíveis necessidades dos passageiros. E, de fato, acordei às quinze para as três da madrugada com grande vontade de urinar, depois de ter tido o seguinte sonho:

Uma multidão de pessoas, uma reunião de estudantes. — Um conde (Thun ou Taaffe) estava falando. Foi desafiado a dizer algo sobre os alemães, e declarou, com um gesto desdenhoso, que a flor predileta deles era a unha-de-cavalo, e pôs uma espécie de folha deteriorada — ou melhor, o esqueleto amassado de uma folha — em sua lapela. Enfureci-me — então me enfureci,[3] embora ficasse surpreso por tomar essa atitude.

(A seguir, de maneira menos distinta:) *Era como se eu estivesse na Aula,[4] as entradas estavam fechadas por cordões de isolamento e tínhamos que fugir. Abri caminho por uma série de salas lindamente mobiliadas,*

---

1 ["Conde Faz-Nada". *"Thun"* é a palavra alemã correspondente a "fazer".]
2 [*"Beischläfer"*, literalmente "aquele que dorme com alguém", porque costumava ir dormir em vez de fiscalizar.]
3 Essa repetição insinuou-se em meu registro do sonho, aparentemente por inadvertência. Deixei ficar, visto que a análise demonstrou que era importante. [O alemão é *"ich fahre auf"; "fahren"* também significa "dirigir veículo" ou "viajar" e é repetidamente empregado nesses sentidos posteriormente no sonho.]
4 [O grande salão de cerimônias da Universidade.]

evidentemente dependências ministeriais ou públicas, com móveis estofados numa cor entre o marrom e o violeta; por fim, cheguei a um corredor onde estava sentada uma zeladora, uma mulher corpulenta e idosa. Evitei dirigir-lhe a palavra, mas, evidentemente, ela achou que eu tinha o direito de passar, pois perguntou se devia acompanhar-me com o candeeiro. Indiquei-lhe, com uma palavra ou um gesto, que ela devia parar na escadaria, e achei que estava sendo muito astuto por evitar assim a fiscalização na saída. Cheguei ao térreo e encontrei um caminho ascendente estreito e íngreme, pelo qual segui.

(Tornando-se indistinto novamente) ... *Era como se o segundo problema fosse sair da cidade, tal como o primeiro fora sair da casa. Eu estava num tílburi e ordenei ao cocheiro que me levasse a uma estação. "Não posso ir com o senhor ao longo da própria linha férrea", disse eu, depois de ele ter levantado alguma objeção, como se eu o tivesse fatigado demais. Era como se eu já tivesse viajado com ele parte da distância que normalmente se percorre de trem. As estações estavam fechadas por cordões de isolamento. Fiquei sem saber se deveria ir para Krems ou Znaim, mas refleti que a Corte estaria residindo lá, de modo que optei por Graz ou algum lugar assim. Estava agora sentado no compartimento, que era como um vagão da Stadtbahn* [a ferrovia suburbana]; *e em minha lapela eu trazia um objeto singular pregueado e alongado, e ao lado dele algumas violetas de cor castanho-violeta feitas de um material rígido. Isso impressionava muito as pessoas.* (Nesse ponto, a cena se interrompeu.)

Eu estava de novo em frente à estação, mas dessa vez em companhia de um cavalheiro idoso. Pensei num plano para permanecer incógnito, e então vi que esse plano já fora posto em prática. Era como se pensar e experimentar fossem uma coisa só. Ele parecia ser cego, pelo menos de um olho, e eu lhe entreguei um urinol de vidro para homens (que tivemos de comprar ou tínhamos comprado na cidade). Logo, eu era enfermeiro e tinha de dar-lhe o urinol porque ele era cego. Se o condutor nos visse assim, por certo nos deixaria sair sem reparar em nós. Aqui, a atitude do homem e de seu pênis urinando apareceram de forma plástica. (Foi nesse ponto que acordei, sentindo necessidade de urinar.)

O sonho como um todo dá a impressão de ser da ordem de uma fantasia em que o sonhador foi reconduzido ao ano da Revolução de 1848. Algumas lembranças desse ano me tinham sido recordadas pelo Jubileu [do Imperador

Francisco José] em 1898, bem como uma curta viagem que eu fizera ao *Wachau*, no decorrer da qual visitara Emmersdorf,[1] o local de retiro do líder estudantil Fischhof, a quem certos elementos do conteúdo manifesto do sonho talvez aludissem. Minhas associações levaram-me então à Inglaterra e à casa de meu irmão lá. Ele costumava mexer freqüentemente com sua mulher com as palavras "Cinqüenta Anos Atrás" (extraídas do título de um dos poemas de Lorde Tennyson), que seus filhos costumavam corrigir por "*quinze anos* atrás". Essa fantasia revolucionária, contudo, que derivara de idéias despertadas em mim ao ver o Conde Thun, era como a fachada de uma igreja italiana, no sentido de não ter nenhuma relação orgânica com a estrutura por trás dela. Mas diferia dessas fachadas por ser desordenada e cheia de lacunas, e pelo fato de partes da construção interna terem irrompido nela em muitos pontos.

A primeira situação do sonho era um amálgama de várias cenas que posso isolar. A atitude insolente adotada pelo Conde no sonho foi copiada de uma cena em meu curso secundário quando eu tinha *quinze anos*. Havíamos tramado uma conspiração contra um professor impopular e ignorante, cuja mola mestra fora um de meus colegas de escola, que desde aquela época parecia ter adotado *Henrique VIII da Inglaterra* como seu modelo. A liderança do ataque principal foi outorgada a mim, e o sinal para a revolta aberta seria um debate sobre a importância do Danúbio para a Áustria (cf. *o Wachau*). Um de nossos colegas de conspiração era o único aristocrata da turma, que, em vista do notável comprimento de seus membros, era chamado "a Girafa". Ele estava de pé, como o Conde em meu sonho, depois de ser repreendido pelo tirano da escola, o professor de *língua alemã*. A *flor predileta* e o *colocar em sua lapela* algo da natureza de uma flor (que por último me fez pensar numas orquídeas que eu levara no mesmo dia para uma amiga, e também numa rosa-de-jericó[2]) eram um lembrete marcante da cena de uma das peças histó-ricas de Shakespeare que representava o início das Guerras das Rosas *Verme-lhas* e *Brancas*. (A menção a Henrique VIII abriu caminho para essa lembrança.) — A partir desse ponto, foi apenas um passo para os cravos vermelhos e brancos. (Dois pequenos dísticos, um em *alemão* e o outro em *espanhol*, insinuaram-se na análise nesse ponto:

---

1 [O Wachau é um trecho do vale do Danúbio cerca de cinqüenta milhas acima de Viena. — *Nota de rodapé acrescentada* em 1925:] Isso é um erro, mas não um lapso desta vez. Só depois vim a saber que o Emmersdorf no Wachau não deve ser confundido com o local do mesmo nome que foi o refúgio do líder revolucionário Fischhof.

2 [A "planta da Ressurreição", cuja folhagem seca se abre com a umidade.]

Rosen, Tulpen, Nelken,
alle Blumen welken.   .

Isabelita, no llores,
que se marchitan las flores.[1]

O aparecimento de um dístico *espanhol* reconduziu ao Fígaro.) Aqui em Viena, os cravos brancos tinham-se tornado um emblema do anti-semitismo, e os vermelhos, dos social-democratas. Por trás disso havia a lembrança de uma provocação anti-semita durante uma viagem de trem pelos belos campos da Saxônia (cf. *Anglo-Saxão*). — A terceira cena que contribuiu para a formação da primeira situação do sonho datava de meus primeiros tempos de estudante. Houve um debate num clube *alemão* de estudantes sobre a relação entre a filosofia e as ciências naturais. Eu era um jovem imaturo, cheio de teorias materialistas, e me lancei à frente para dar expressão a um ponto de vista extremamente unilateral. A isto, alguém que era mais velho que eu e meu superior, alguém que desde então tem demonstrado sua habilidade para liderar homens e organizar grandes grupos (e que também, aliás, tem um nome derivado do Reino Animal), levantou-se e nos passou uma boa descompostura: também ele, disse-nos, havia alimentado porcos em sua juventude e voltara arrependido à casa de seu pai. *Enfureci-me* (como no sonho) e retruquei rudemente [*"saugrob"*, literalmente "grosso como um suíno"], dizendo que, como agora sabia que ele tinha alimentado *porcos* na juventude, já não ficava *surpreso* com o tom de seus discursos. (No sonho, eu ficava *surpreso* com minha atitude nacionalista germânica.) Houve uma comoção geral e fui conclamado por muitos dos presentes a retirar minhas observações, mas recusei-me a fazê-lo. O homem que eu insultara era sensato demais para considerar o incidente um *desafio*, e deixou que o assunto morresse.

Os demais elementos dessa primeira situação do sonho derivavam de camadas mais profundas. Qual o significado do pronunciamento do Conde sobre a unha-de-cavalo? Para encontrar a resposta, segui uma série de associações: unha-de-cavalo [*"Huflattich"*, literalmente "alface-do-casco"] — alface — salada — cão-de-manjedoura [*"Salathund"*, literalmente "cão-

---

1 ["Rosas, tulipas, cravos: todas as flores fenecem." (Versos freqüentemente encontrados nos "livros de chavões" do século XIX.) — *Isabelita*, não chores, que as flores murcham."]

da-salada"]. Aqui estava uma coleção de xingamentos: "Gir-affe" [*"Affe"* corresponde, em alemão, a "macaco"], "suíno", "cachorro" — e eu poderia ter chegado a "burro", se tivesse feito um desvio por outro nome e insultado mais outro professor acadêmico. Além disso, traduzi "unha-de-cavalo" — não sei se acertada ou erroneamente — pelo francês *"pisse-en-lit"*.[1] Essa informação derivava do *Germinal*, de Zola, no qual se mandava uma criança colher essa planta para fazer salada. O termo francês para *"cão"* — *"chien"* — me fez lembrar a função principal (*"chier"*, em francês, comparado com *"piser"* para a função secundária). Breve, pensei, eu teria coligido exemplos de impropriedades nos três estados da matéria — sólido, líquido e gasoso —, pois esse mesmo livro, *Germinal*, que muito tinha a ver com a revolução iminente, continha um relato de uma espécie muito peculiar de competição — para a produção de uma excreção gasosa conhecida pelo nome de *flatus*.[2] Vi então que o caminho que levava a *flatus* fora preparado com grande antecedência: de *flores*, passando pelo dístico *espanhol, Isabelita, Isabel* e Fernão, *Henrique VIII*, história *inglesa*, até a Armada que navegou contra a *Inglaterra* e após cuja derrota cunhou-se uma medalha com a inscrição "*Flavit* et dissipati sunt",[3] pois a tempestade dispersara a esquadra espanhola. Eu havia pensado, meio seriamente, em usar essas palavras como epígrafe do capítulo sobre "Terapia", se algum dia chegasse a ponto de produzir um relato pormenorizado de minha teoria e tratamento da histeria.

Passando agora ao segundo episódio do sonho, estou impossibilitado de lidar com ele com tantos detalhes — em consideração à censura. Ocorre que eu estava me colocando no lugar de um prestigioso personagem daqueles tempos revolucionários, que também tivera uma aventura com uma águia [*Adler*] e que se diz ter sofrido de incontinência intestinal, e assim por diante. Pensei comigo mesmo que *não havia justificativa para eu passar* pela censura nesse ponto, muito embora a maior parte da história me tivesse sido narrada por um Hofrat (um *consiliarius aulicus* [conselheiro da corte] — cf.

---

1 [*"Pissenlit"* significa, na verdade, "dente-de-leão".]

2 A rigor, não no *Germinal*, mas em *La terre*, erro que só observei após haver concluído a análise. — Nota-se a ocorrência das mesmas letras em *"Huflattich"* ["unha-de-cavalo"] e *"flatus"*.

3 ["Ele soprou e eles foram dispersados." — *Nota de rodapé acrescentada* em 1925:] Um biógrafo voluntário, o Dr. Fritz Wittels, acusou-me de haver omitido o nome de Jeová do lema acima. [*Acrescentado* em 1930:] O medalhão inglês traz o nome da divindade em letras hebraicas sobre uma nuvem em segundo plano. Está colocado de tal forma que pode ser considerado como parte quer do desenho, quer da inscrição.

Aula). A sucessão de aposentos públicos do sonho provinha do carro-salão de Sua Excelência, que eu conseguira vislumbrar. Mas as "salas" [*Zimmer*] também significavam "mulheres" [*Frauenzimmer*], como ocorre com freqüência nos sonhos[1] — nesse caso, "mulheres públicas". Na figura da zeladora eu estava mostrando minha falta de gratidão para com uma espirituosa senhora de idade e retribuindo mal sua hospitalidade e as muitas boas histórias que ouvira quando fui recebido em sua casa. — A alusão ao candeeiro remontava a Grillparzer, que introduziu um encantador episódio de natureza semelhante, pelo qual ele passara na realidade, em sua tragédia sobre Hero e Leandro, *Des Meeres und der Liebe Wellen* [*As Ondas do Mar e do Amor*] — a Armada e a *tempestade*.[2]

Devo também abster-me de qualquer análise pormenorizada dos dois episódios restantes do sonho. Simplesmente selecionarei os elementos que conduzem às duas cenas de infância exclusivamente em função das quais embarquei no exame desse sonho. Pode-se suspeitar, com justa razão, que o que me obriga a fazer essa supressão é o material sexual; mas não há necessidade de nos contentarmos com essa explicação. Afinal, há muitas coisas de que se tem que fazer segredo para outras pessoas, mas das quais não se guarda nenhum segredo para si próprio; e a questão aqui não é a razão por que sou obrigado a ocultar a solução, mas diz respeito aos motivos da censura *interna* que esconderam de mim o verdadeiro conteúdo do sonho. Por isso, devo explicar que a análise desses três [últimos] episódios do sonho mostrou que eles eram gabolices impertinentes, produtos de uma megalomania absurda que há muito havia sido suprimida de minha vida de vigília, e algumas de suas ramificações haviam até mesmo chegado ao conteúdo manifesto do sonho (por exemplo, *"achei que estava sendo muito astuto"*), e a qual, aliás, explicava meu exuberante bom humor na noite que antecedeu o sonho. A presunção se estendia a todas as esferas; por exemplo, a menção

---

1 [*"Frauenzimmer"*, literalmente "apartamento de mulheres", é comumente empregado em alemão como um termo ligeiramente pejorativo para "mulher".]

2 [*Nota de rodapé acrescentada* em 1911:] Num interessante trabalho, Silberer (1910) tentou demonstrar, partindo dessa parte de meu sonho, que o trabalho do sonho pode conseguir reproduzir não apenas os pensamentos oníricos latentes, como também os processos psíquicos que ocorrem durante a formação do sonho. (É a isso que ele chama "o fenômeno funcional".) [*Acrescentado* em 1914:] Mas ele está, penso eu, desprezando o fato de que "os processos psíquicos que ocorrem durante a formação dos sonhos" eram, como o restante, parte do *material* de meus pensamentos. Nesse sonho jactancioso, é evidente que eu estava orgulhoso por ter descoberto tais processos.

a *Graz* remontava à gíria "qual é o preço de Graz?", que externa a auto-satisfação de uma pessoa que se sente extremamente bem de vida. O primeiro episódio do sonho pode também ser incluído entre as fanfarronices por qualquer um que se lembre do incomparável relato do grande Rabelais sobre a vida e os atos de Gargântua e seu filho Pantagruel.

Eis o material relativo à duas cenas de infância que prometi a meus leitores. Eu havia comprado uma mala nova para a viagem, de cor *castanho-violeta*. Esta cor aparece mais de uma vez no sonho: as violetas de tom *castanho-violeta feitas de material rígido* e, ao lado delas, uma coisa conhecida por *"Mädchenfänger"* ["pega-moças"][1] — e os móveis dos aposentos ministeriais. As crianças geralmente acreditam que as pessoas *ficam impressionadas* com qualquer coisa *nova*. A seguinte cena de minha infância me foi descrita, e minha lembrança da descrição tomou o lugar da recordação da própria cena: parece que, quando tinha dois anos, eu ainda *molhava a cama* ocasionalmente, e quando era repreendido por isso, *consolava* meu pai prometendo comprar-lhe uma bela cama *nova e vermelha* em N., a cidade mais próxima com alguma importância. Essa fora a origem da oração entre parênteses do sonho, no sentido de que *tínhamos comprado ou tivemos de comprar* o urinol na cidade: devemos sempre cumprir nossas promessas. (Note-se, também, a justaposição simbólica do urinol masculino e da mala ou caixa feminina. Essa minha promessa exibia toda a megalomania da infância. Já nos deparamos com o importante papel desempenhado nos sonhos pelas dificuldades das crianças em relação à micção (cf. o sonho relatado na p. 206). Também já tomamos conhecimento, pela psicanálise de pacientes neuróticos, da íntima relação entre o urinar na cama e o traço de caráter da ambição.

Quando eu tinha sete ou oito anos, houve outra cena doméstica da qual me lembro com muita clareza. Uma noite, antes de ir dormir, desprezei as normas formuladas pelo decoro e obedeci aos apelos da natureza no quarto de meus pais, na presença deles. No decorrer de sua reprimenda, meu pai deixou escapar as seguintes palavras: "Esse menino não vai dar em nada". Isso deve ter sido um golpe terrível para minha ambição, pois ainda há

---

1 [Essa palavra, comumente empregada no sentido de "mulherengo", parece aqui ser um termo de gíria para designar um tipo de botoeira de lapela. Cf. palavras correspondentes, como "mantilha" (*"fascinator"*) e "pega-rapaz", usadas nos Estados Unidos para designar penteado e arranjos de cabeça femininos.]

referências a essa cena recorrendo constantemente em meus sonhos, e estão sempre ligadas a uma enumeração de minhas realizações e sucessos, como se eu quisesse dizer: "Estão vendo, eu *dei* em alguma coisa". Essa cena, portanto, forneceu o material para o episódio final do sonho, no qual — por vingança, é claro — os papéis foram invertidos. O homem mais velho (claramente meu pai, pois a cegueira num olho se referia a seu glaucoma unilateral)[1] agora urinava diante de mim, tal como eu urinara na presença dele em minha infância. Na referência a seu glaucoma eu fazia com que ele se lembrasse da cocaína, que o havia ajudado na operação, como se, dessa maneira, eu tivesse mantido minha promessa. Além disso, estava me divertindo à sua custa; tinha de entregar-lhe o urinol porque ele era cego e me deleitava com as alusões a minhas descobertas ligadas à teoria da histeria, das quais me sentia muito orgulhoso.[2]

---

1 Há outra interpretação. Ele tinha um olho só, como Odin, o deus-pai. — *Odhins Trost* [*Consolação de Odin,* romance mitológico de Felix Dahn (1880)]. — O consolo que eu lhe oferecia na cena da primeira infância com a promessa de lhe comprar uma cama nova.

2 Eis aqui mais algum material interpretativo. Fazê-lo pegar o vidro [urinol] fez-me recordar a história do roceiro que foi ao oculista, experimentando um par de óculos após o outro e, ainda assim, não conseguindo ler. — (*Pega*-roceiro [*Bauernfänger,* "trapaceiro"]: *pega*-moças [*Mädchenfänger*] no episódio anterior do sonho.) — A maneira como o pai, em *La terre,* de Zola, era tratado entre os camponeses depois de ficar senil. — A trágica retaliação presente no fato de meu pai sujar a cama como uma criança durante o últimos dias de sua vida; daí meu aparecimento no sonho como *enfermeiro.* — *"Aqui era como se pensar e experimentar fossem uma coisa só."* Isso me fez lembrar uma peça literária fortemente revolucionária de Oskar Panizza, na qual Deus Pai é ignominiosamente tratado como um velho paralítico. No caso dele, vontade e ação eram representadas como uma coisa só, e ele tinha de ser impedido de praguejar e amaldiçoar por um de seus arcanjos, uma espécie de Ganimedes, porque suas imprecações seriam prontamente realizadas. — O fato de eu fazer *planos* era uma censura a meu pai que tinha origem num período posterior. E realmente, todo o conteúdo rebelde do sonho, com sua *lèse majesté* e seu desprezo pelas altas autoridades, remontava à rebeldia contra meu pai. Um príncipe é conhecido como o pai de seu país; o pai é a mais velha, a primeira e, para os filhos, a única autoridade, e de seu poder autocrático evoluíram as outras autoridades sociais no curso da história da civilização humana — exceto na medida em que o "matriarcado" exige uma restrição dessa assertiva. — A frase *"pensar e experimentar eram uma coisa só"* fazia referência à explicação dos sintomas histéricos, e o *"urinol masculino"* fazia parte do mesmo contexto. Não preciso explicar a um vienense o princípio do *"Gschnas".* Consiste em confeccionar o que parecem ser objetos raros e preciosos com materiais triviais e, de preferência, cômicos e sem valor (por exemplo, fazer armaduras com caçarolas, fiapos de palha e pãezinhos) — um passatempo favorito nas reuniões boêmias em Viena. Eu tinha observado que é precisamente isso o que fazem os pacientes histéricos; lado a lado com o que realmente lhes aconteceu, eles elaboram inconscientemente eventos imaginários amedrontadores e perversos, que eles constroem a partir do material mais inocente e cotidiano de sua experiência. É a essas fantasias que seus sintomas estão ligados primordialmente, e não a suas lembranças de fatos reais, sejam eles graves ou igualmente inocentes. Essa revelação me ajudara a superar muitas dificuldades e me dera um prazer especial.

As duas cenas de micção de minha infância estavam, de qualquer modo, estreitamente ligadas ao tema da megalomania; mas sua emergência enquanto eu viajava para Aussee foi ainda auxiliada pela circunstância fortuita de que não havia um toalete contíguo a meu compartimento e de que eu tinha motivos para prever a dificuldade que de fato surgiu ao amanhecer. Despertei com as sensações de uma necessidade física. Poder-se-ia, penso eu, ficar inclinado a supor que essas sensações tinham sido o verdadeiro agente provocador do sonho, mas prefiro adotar outro ponto de vista, a saber, o de que o desejo de urinar só foi despertado pelos pensamentos do sonho. É muito raro eu ser perturbado em meu sono por necessidades físicas de qualquer natureza, sobretudo no horário em que acordei nessa ocasião, aos quinze para as três da madrugada. E talvez possa refutar uma outra objeção observando que em outras viagens, realizadas em condições mais confortáveis, raramente senti necessidade de urinar quando acordava cedo. Mas, seja como for, não há mal algum em deixar esse ponto sem solução.

Minhas experiências na análise dos sonhos chamaram ainda a minha atenção para o fato de que as seqüências de idéias que remontam à mais remota infância surgem até mesmo de sonhos que parecem, à primeira vista, ter sido inteiramente interpretados, visto que suas fontes e seu desejo instigador são descobertos sem dificuldade. Vi-me, portanto, obrigado a perguntar a mim mesmo se essa característica não seria mais uma precondição essencial do sonhar. Enunciado em termos gerais, isso implicaria que todo sonho estaria ligado, em seu conteúdo manifesto, a experiências recentes, e, em seu conteúdo latente, às experiências mais antigas. E de fato pude mostrar, em minha análise da histeria, que essas experiências antigas permanecem recentes, no sentido próprio do termo, até o presente imediato. Ainda é extremamente difícil demonstrar a verdade dessa suspeita, e terei de voltar, com respeito a outra questão (Capítulo VII), a um exame do provável papel desempenhado pelas experiências primitivas da infância na formação dos sonhos.

Das três características da memória nos sonhos, enumeradas no início deste capítulo, uma — a preferência pelo material não essencial no conteúdo dos sonhos — foi satisfatoriamente esclarecida ao se atribuir sua origem à

O que me possibilitou fazer referências a isso por meio do elemento onírico "urinol masculino" foi o seguinte: tinham-me dito que, na última noite de *"Gschnas"*, um cálice envenenado que pertencera a Lucrécia Borgia fora exibido; seu componente central e principal tinha sido um *urinol masculino* do tipo utilizado nos hospitais.

distorção dos sonhos. Pudemos confirmar a existência das outras duas — a ênfase no material recente e no material infantil —, mas não pudemos explicá-las com base nos motivos que nos levam a sonhar. Essas duas características, cuja explicação e apreciação ainda não foram descobertas, não devem ser esquecidas. Seu lugar apropriado deve ser buscado alhures — quer na psicologia do estado de sono, quer no exame da estrutura do aparelho mental, em que nos envolveremos posteriormente, depois que tivermos compreendido que a interpretação dos sonhos é como uma janela pela qual podemos vislumbrar o interior desse aparelho.

Existe, contudo, outra inferência decorrente destas últimas análises de sonhos, para a qual chamarei a atenção imediatamente. Os sonhos muitas vezes parecem ter mais de um sentido. Não só, como mostraram nossos exemplos, podem abranger várias realizações de desejos, uma ao lado da outra, como também pode haver uma sucessão de sentidos ou realizações de desejos superpostos uns aos outros, achando-se na base a realização de um desejo que data da primeira infância. E aqui surge mais uma vez a questão de verificar se não seria mais correto asseverar que isso ocorre "invariavelmente", e não "freqüentemente".[1]

---

1 [*Nota de rodapé acrescentada* em 1914:] O fato de os sentidos dos sonhos se disporem em camadas superpostas é um dos problemas mais delicados, embora também um dos mais interessantes, da interpretação dos sonhos. Quem quer que se esqueça dessa possibilidade facilmente se perderá e será levado a fazer afirmações insustentáveis sobre a natureza dos sonhos. Contudo, persiste o fato de que pouquíssimas pesquisas foram feitas sobre esse assunto. Até agora, a única pesquisa minuciosa foi a de Otto Rank sobre a estratificação mais ou menos regular dos símbolos nos sonhos provocados por pressão na bexiga.

AS FONTES SOMÁTICAS DOS SONHOS

Se tentarmos interessar um leigo culto nos problemas dos sonhos e, com esse propósito em vista, lhe perguntarmos quais são, em sua opinião, as fontes das quais eles surgem, veremos, de modo geral, que ele se sente seguro de possuir a resposta para essa parte da pergunta. Ele pensa imediatamente nos efeitos produzidos na construção dos sonhos pelos distúrbios ou dificuldades digestivas — "os sonhos decorrem da indigestão" —, pelas posturas acidentalmente assumidas pelo corpo e por outros pequenos incidentes durante o sono. Nunca lhe parece ocorrer que, uma vez levados em conta todos esses fatores, ainda reste algo que precise de explicação.

Já examinei longamente, no capítulo de abertura (Seção C), o papel atribuído pelos autores científicos às fontes somáticas de estimulação na formação dos sonhos; basta-me, portanto, recordar aqui apenas os resultados dessa investigação. Verificamos que se distinguiam três espécies diferentes de fontes somáticas de estimulação: os estímulos sensoriais objetivos provenientes de objetos externos, os estados internos de excitação dos órgãos sensoriais com base puramente subjetiva, e os estímulos somáticos provenientes do interior do corpo. Percebemos, além disso, que as autoridades se inclinavam a colocar em segundo plano, ou a excluir inteiramente, quaisquer possíveis fontes *psíquicas* dos sonhos, em favor desses estímulos somáticos. Em nosso exame das afirmações feitas em prol das fontes somáticas de estimulação, chegamos às seguintes conclusões. A importância das excitações *objetivas* dos órgãos sensoriais (consistindo, em parte, em estímulos fortuitos durante o sono e, em parte, em excitações que não podem deixar de influenciar nem mesmo uma mente adormecida) é estabelecida a partir de numerosas observações e foi confirmada experimentalmente. O papel desempenhado pelas excitações sensoriais *subjetivas* parece ser demonstrado pela recorrência de imagens sensoriais hipnagógicas nos sonhos. E, por fim, parece que, embora seja impossível provar que as imagens e representações que ocorrem em nossos sonhos possam ser atribuídas aos estímulos somáticos *internos* no grau em que se afirmou que isso se dá, essa origem, ainda assim, encontra apoio na influência universalmente reconhecida que exercem em nossos sonhos os estados de excitação de nossos órgãos digestivos, urinários e sexuais.

Assim, ao que parece, a "estimulação nervosa" e a "estimulação somática" seriam as fontes somáticas dos sonhos — isto é, segundo muitos autores, sua única fonte.

Por outro lado, já encontramos diversas manifestações de dúvida que pareciam implicar uma crítica não à *correção*, é verdade, mas à *suficiência* da teoria da estimulação somática.

Por mais seguros de sua base concreta que se sentissem os defensores dessa teoria — especialmente no que concerne aos estímulos nervosos acidentais e externos, já que estes podem ser detectados no conteúdo dos sonhos sem qualquer dificuldade —, nenhum deles pôde deixar de perceber que é impossível atribuir a profusão de material de representações dos sonhos apenas aos estímulos nervosos externos. A Srta. Mary Whiton Calkins (1893, p. 312) examinou seus próprios sonhos e os de uma outra pessoa durante seis semanas com essa questão em mente. Verificou que em apenas 13,2% e 6,7 % deles, respectivamente, foi possível traçar o elemento de percepção sensorial externa; ao passo que, dos casos do conjunto de sonhos, apenas dois eram decorrentes de sensações orgânicas. Temos aqui a confirmação estatística daquilo que fui levado a suspeitar a partir de um exame apressado de minhas próprias experiências.

Já se propôs muitas vezes separar os "sonhos devidos à estimulação nervosa" de outras formas de sonhos, como uma subespécie que já foi completamente investigada. Assim, Spitta divide os sonhos em "sonhos devidos à estimulação nervosa" e "sonhos devidos à associação". Essa solução, todavia, estava fadada a permanecer insatisfatória enquanto fosse impossível demonstrar o elo entre as fontes somáticas de um sonho e seu conteúdo de representações. Assim, além da primeira objeção — a freqüência insuficiente das fontes externas de estimulação —, havia uma segunda — a explicação insuficiente dos sonhos proporcionada por essas fontes. Temos o direito de esperar que os defensores dessa teoria nos dêem explicações sobre dois pontos: primeiro, por que é que o estímulo externo de um sonho não é percebido em sua verdadeira natureza, sendo invariavelmente mal interpretado (cf. os sonhos provocados pelo despertador na p. 46 e seg.); e segundo, por que é que a reação da mente perceptiva a esses estímulos mal interpretados leva a resultados de uma variedade tão imprevisível.

A título de resposta a essas questões, Strümpell (1877, p. 108 e seg.) nos diz que, como a mente se retrai do mundo externo durante o sono, ela é incapaz de dar uma interpretação correta aos estímulos sensoriais objetivos e é obrigada a construir ilusões com base no que é, em muitos aspectos, uma impressão indeterminada. Para citar suas próprias palavras: "Tão logo uma sensação, um complexo de sensações, um sentimento ou um processo psíquico de qualquer espécie surge na mente durante o sono, como resultado de um estímulo nervoso externo ou interno, e isso é percebido pela mente, esse processo convoca imagens sensoriais do círculo de experiências deixadas na mente pelo estado de vigília — ou seja, percepções anteriores — que são puras ou se fazem acompanhar de seus valores psíquicos apropriados. O processo se cerca, por assim dizer, de um número maior ou menor de imagens desse tipo e, através delas, a impressão derivada do estímulo nervoso adquire seu valor psíquico. Falamos aqui (como costumamos fazer no caso do comportamento de vigília) sobre a mente adormecida 'interpretar' as impressões causadas pelo estímulo nervoso. O resultado dessa interpretação é o que chamamos de um 'sonho devido à estimulação nervosa', isto é, um sonho cujos componentes são determinados por um estímulo nervoso que produz seus efeitos psíquicos na mente segundo as leis da reprodução".

Wundt diz algo praticamente idêntico a essa teoria ao afirmar que as representações que ocorrem nos sonhos derivam, pelo menos em sua maior parte, de estímulos sensoriais, incluindo especialmente as sensações cenestésicas, e são, por esse motivo, principalmente ilusões imaginativas e, provavelmente apenas em pequeno grau, representações mnêmicas puras intensificadas até assumirem a forma de alucinações. Strümpell (1877, p. 84) descobriu um símile adequado para a relação que subsiste nessa teoria entre os conteúdos de um sonho e seus estímulos, ao escrever que "é como se os dez dedos de um homem que nada sabe de música vagassem sobre o teclado de um piano". Assim, um sonho não é, segundo essa visão, um fenômeno mental baseado em motivos psíquicos, e sim o resultado de um estímulo fisiológico que se expressa em sintomas psíquicos, pois o aparato sobre o qual o estímulo incide não é capaz de outra forma de expressão. Uma pressuposição semelhante também está subjacente, por exemplo, à famosa analogia por meio da qual Meynert tentou explicar as idéias obsessivas: a analogia de um mostrador de relógio no qual certos algarismos sobressaem por estarem estampados de maneira mais proeminente do que os demais.

Por mais popular que se tenha tornado a teoria da estimulação somática dos sonhos, e por mais atraente que ela possa parecer, seu ponto fraco é facilmente demonstrado. Todo estímulo somático onírico que exija que o aparelho mental adormecido o interprete por meio da construção de uma ilusão pode dar origem a um número ilimitado de tais tentativas de interpretação — isto é, pode ser representado no conteúdo do sonho por uma imensa variedade de representações.[1] Mas a teoria proposta por Strümpell e Wundt é incapaz de produzir qualquer motivo que reja a relação entre um estímulo externo e a representação onírica escolhida para sua interpretação — isto é, é incapaz de explicar o que Lipps (1883, p. 170) chama de a "notável escolha freqüentemente feita" por esses estímulos "no curso de sua atividade produtiva". Outras objeções foram ainda levantadas contra a pressuposição em que se baseia toda a teoria da ilusão — a pressuposição de que a mente adormecida é incapaz de reconhecer a verdadeira natureza dos estímulos sensoriais objetivos. Burdach, o fisiologista, mostrou-nos há muito tempo que, mesmo no sono, a mente é perfeitamente capaz de interpretar de maneira correta as impressões sensoriais que a alcançaram e de reagir segundo essa interpretação correta; lembrou ele o fato de que determinadas impressões sensoriais que parecem importantes para aquele que dorme podem ser excetuadas da negligência geral a que tais impressões ficam sujeitas durante o sono (como no caso da mãe que está amamentando ou da ama-de-leite em relação à criança sob sua responsabilidade), e que é mais certo uma pessoa adormecida ser acordada pelo som de seu próprio nome do que por alguma impressão auditiva indiferente — tudo isso implica que a mente diferencia as sensações durante o sono. Burdach então inferiu dessas observações que o que devemos presumir durante o estado de sono não é uma *incapacidade de interpretar* os estímulos sensoriais, mas uma *falta de interesse* neles. Os mesmos argumentos usados por Burdach em 1830 foram novamente apresentados por Lipps, sem qualquer modificação, em 1883, em sua crítica à teoria da estimulação somática. Assim, a mente parece comportar-se como o adormecido da anedota. Quando alguém lhe perguntou se estava dormindo,

---

1 [*Nota de rodapé acrescentada* em 1914:] Mourly Vold produziu uma obra em dois volumes contendo relatórios detalhados e precisos de uma série de sonhos produzidos experimentalmente. Eu recomendaria um estudo dessa obra a quem quer que deseje convencer-se de como as condições dos experimentos descritos nela lançam pouca luz sobre o conteúdo de sonhos específicos e de como esses experimentos costumam ser de pouca valia para a compreensão dos problemas dos sonhos.

ele respondeu "Não". Mas quando o interlocutor prosseguiu dizendo "Então empreste-me dez florins", ele recorreu a um subterfúgio e respondeu: "Estou dormindo".

A insuficiência da teoria da estimulação somática dos sonhos pode ser demonstrada de outras maneiras. A observação mostra que os estímulos externos não me compelem necessariamente a sonhar, muito embora tais estímulos apareçam no conteúdo de meu sonho quando chego de fato a sonhar. Vamos supor, digamos, que eu seja submetido a um estímulo táctil enquanto estiver dormindo. Uma multiplicidade de reações diferentes estará então aberta diante de mim. Posso desprezar o estímulo e, ao acordar, constatar, por exemplo, que minha perna está descoberta ou que há alguma pressão em meu braço; a patologia fornece exemplos bastante numerosos em que vários estímulos sensoriais e motores poderosamente excitantes permanecem sem efeito durante o sono. Ou, então, posso ficar ciente da sensação em meu sono — posso ficar ciente dela, como se diz, "através" de meu sono (que é o que acontece, por via de regra, no caso dos estímulos dolorosos), mas sem que se transforme a dor num sonho. E, em terceiro lugar, posso reagir ao estímulo acordando para livrar-me dele.[1] É somente como a quarta possibilidade que o estímulo nervoso pode levar-me a sonhar. Contudo, as outras possibilidades se concretizam pelo menos com a mesma freqüência desta última — a de construir um sonho. E isso não poderia acontecer, a menos que o motivo para sonhar estivesse *em outra parte que não nas fontes somáticas de estimulação.*

Alguns outros autores — Scherner e o filósofo Volkelt, que adotou os pontos de vista de Scherner — fizeram uma estimativa justa das lacunas que aqui indiquei na explicação de que os sonhos são um resultado da estimulação somática. Esses autores tentaram definir com mais precisão as atividades mentais que levam à produção de imagens oníricas tão diversificadas a partir dos estímulos somáticos; em outras palavras, eles tentaram encarar o sonhar novamente como algo essencialmente *mental* — como uma atividade psíquica. Scherner não apenas retratou as características psíquicas reveladas na produção dos sonhos em termos carregados de sentimento poético e resplan-

---

1 [*Nota de rodapé acrescentada* em 1919:] Cf. Landauer (1918) sobre o comportamento durante o sono. Qualquer um pode observar pessoas adormecidas realizando ações que obviamente têm um sentido. Um homem adormecido não fica reduzido a um idiotismo completo; ao contrário, é capaz de atos lógicos e deliberados.

decentes de vida; ele acreditava, também, ter descoberto o princípio segundo o qual a mente lida com os estímulos a ela apresentados. Em sua opinião, o trabalho do sonho, quando a imaginação é libertada dos grilhões diurnos, procura dar uma representação *simbólica* da natureza do órgão do qual provém o estímulo e da natureza do próprio estímulo. Assim, ele fornece uma espécie de "livro do sonho" para servir como guia para a interpretação dos sonhos, que possibilita deduzir das imagens oníricas inferências sobre as sensações somáticas, o estado dos órgãos e o caráter dos estímulos em questão. "Assim, a imagem de um gato expressa um estado irritadiço, mau humor, e a imagem de um pão macio e de coloração clara representa a nudez física." O corpo humano como um todo é retratado pela imaginação onírica como uma casa, e os diferentes órgãos do corpo, como partes de uma casa. Nos "sonhos com um estímulo dental", um saguão de entrada com teto alto e abobadado corresponde à cavidade oral, e uma escadaria, à descida da garganta até o esôfago. "Nos sonhos devidos a dores de cabeça, o alto da cabeça é representado pelo teto de um quarto coberto de aranhas repulsivas, semelhantes a sapos." Uma multiplicidade desses símbolos é empregada pelos sonhos para representar o mesmo órgão. "Assim, o pulmão, no ato de respirar, será simbolicamente representado por uma fornalha chamejante, com as labaredas crepitando com um som semelhante ao da passagem de ar; o coração será representado por caixas ou cestas vazias, e a bexiga, por objetos redondos em forma de sacos, ou, mais geralmente, por objetos ocos." "É de suma importância o fato de que, ao final de um sonho, o órgão em questão ou sua função, com freqüência, é claramente revelado, e por via de regra, em relação ao próprio corpo sonhador. Assim, um sonho com um estímulo dental normalmente termina com o sonhador visualizando a si mesmo ao arrancar um dente da boca."

Não se pode dizer que essa teoria da interpretação dos sonhos tenha sido recebida de maneira muito favorável por outros autores do ramo. Sua característica principal parece ser sua extravagância; e há uma hesitação até mesmo em reconhecer a justificação que, na minha opinião, ela pode reivindicar. Como se terá percebido, ela envolve uma retomada da interpretação dos sonhos por meio do *simbolismo* — o mesmo método que era empregado na Antiguidade, com a exceção de que o campo de onde se extraem as interpretações fica restrito aos limites do corpo humano. Sua falta de qualquer técnica de interpretação que possa ser cientificamente apreendida reduz em muito a aplicação da teoria de Scherner. Ela parece dar margem a interpretações arbitrárias, sobretudo porque, também em seu caso, o mesmo estímulo pode ser representado no conteúdo onírico de inúmeras maneiras diferentes. Assim, até mesmo o discípulo de Scherner, Volkelt, viu-se impossibilitado de confirmar a idéia de que o corpo era representado por uma casa. Certamente também surgirão objeções ao fato de que, mais uma vez, a mente fica sobrecarregada com o trabalho do sonho como uma função inútil e sem objetivo; pois, segundo a teoria que estamos examinando, a mente se contenta em fazer fantasias sobre o estímulo de que se ocupa, sem o mais remoto indício de qualquer coisa da ordem de uma *eliminação* do estímulo.

Há uma crítica em particular, no entanto, que é gravemente prejudicial à teoria de Scherner sobre a simbolização dos estímulos somáticos. Esses estímulos estão sempre presentes, e geralmente se afirma que a mente é mais acessível a eles durante o sono do que quando desperta. É difícil entender, então, por que é que a mente não sonha continuamente a noite inteira e, na verdade, por que não sonha todas as noites com todos os órgãos. Pode-se fazer uma tentativa de evitar essa crítica, acrescentando-se a condição adicional de que, para suscitar a atividade onírica, é necessário que excitações *especiais* provenham dos olhos, dos ouvidos, dos dentes, dos intestinos, etc. Mas surge então a dificuldade de provar a natureza objetiva de tais aumentos de estímulo — o que só é possível num pequeno número de casos. Se os sonhos de voar são uma simbolização da subida e descida dos lobos dos pulmões, então, como Strümpell já assinalou, esses sonhos teriam de ser muito mais freqüentes do que são, ou seria necessário provar um aumento da atividade respiratória no decorrer deles. Há uma terceira possibilidade, que é a mais provável de todas, qual seja, a de que talvez haja motivos especiais temporariamente atuantes dirigindo a atenção para sensações viscerais que estão presentes de maneira uniforme em todos os momentos. Essa possibilidade, entretanto, leva-nos além do alcance da teoria de Scherner.

O valor dos pontos de vista expostos por Scherner e Volkelt está no fato de eles chamarem atenção para diversas características do conteúdo dos sonhos que exigem explicação e parecem prometer novas descobertas. É perfeitamente verdadeiro que os sonhos contêm simbolizações de órgãos e funções do corpo, e que a presença de água num sonho com freqüência assinala um estímulo urinário, e que os órgãos genitais masculinos podem ser representados por um bastão erguido ou por uma coluna, e assim por diante. No caso dos sonhos em que o campo visual fica repleto de movimento e cores vivas, em contraste com a insipidez de outros sonhos, dificilmente se poderá deixar de interpretá-los como "sonhos com um estímulo visual"; tampouco se pode contestar o papel desempenhado pelas ilusões no caso dos sonhos que se caracterizam por ruídos e confusão de vozes. Scherner relata um sonho com duas fileiras de meninos bonitos e louros, postados um de frente para o outro ao longo de uma ponte, que se atacam entre si e então retornam à posição original, até que finalmente o sonhador se viu sentado numa ponte, arrancando um dente enorme de sua boca. De maneira semelhante, Volkelt relata um sonho em que apareciam duas fileiras de gavetas num armário e que, mais uma vez, terminou com o sonhador arrancando um dente. Formações oníricas como essas, que são registradas em grande número pelos dois autores, impedem que descartemos a teoria de Scherner como uma invenção inútil sem procurarmos seu cerne de verdade. A tarefa que nos confronta, portanto, é encontrar outro tipo de explicação para a suposta simbolização do que se alega ser um estímulo dental.

Durante toda esta discussão da teoria das fontes somáticas dos sonhos, abstive-me de usar o argumento baseado em minha análise dos sonhos. Caso seja possível provar, através de um procedimento não empregado por outros autores em seu material onírico, que os sonhos possuem um valor próprio como atos psíquicos, que os desejos são o motivo de sua construção e que as experiências do dia anterior fornecem .o material imediato para seu conteúdo, qualquer outra teoria dos sonhos que despreze um procedimento de pesquisa tão importante e que, por conseguinte, represente os sonhos como uma reação psíquica inútil e enigmática a estímulos somáticos estará condenada, sem necessidade maior de críticas específicas. De outra forma — e isso parece bastante improvável — teria de haver duas espécies bem diferentes de sonhos, uma das quais só *eu* pude observar, e outra que só pôde ser percebida pelos autores mais antigos. Resta apenas, portanto, encontrar em minha teoria dos sonhos um lugar para os fatos em que se baseia a atual teoria da estimulação somática dos sonhos.

Já demos o primeiro passo nessa direção ao propor a tese de que o trabalho do sonho está sujeito à exigência de combinar em uma unidade todos os estímulos ao sonhar que estiverem simultaneamente em ação. Verificamos que, quando restam do dia anterior duas ou mais experiências capazes de criar uma impressão, os desejos delas derivados se combinam num único sonho, e, de modo similar, que a impressão psiquicamente significativa e as experiências irrelevantes da véspera são reunidas no material onírico, sempre desde que seja possível estabelecer entre elas idéias comunicantes. Assim, o sonho parece ser uma reação a tudo o que está simultaneamente presente na mente adormecida como material correntemente ativo. Tomando como base a análise que conduzimos até aqui, vemos o material dos sonhos como uma coletânea de resíduos psíquicos e traços mnêmicos, à qual (em virtude da preferência mostrada por material recente e infantil) fomos levados a atribuir uma qualidade até aqui indefinível de ser "correntemente ativo". Podemos por isso antever, sem grandes dificuldades, o que acontecerá se um material novo, sob a forma de sensações, for acrescentado durante o sono a essas lembranças correntemente ativas. É também graças ao fato de serem correntemente ativas que essas excitações sensoriais são importantes para o sonho; elas se unem ao outro material psíquico correntemente ativo para fornecer aquilo que é usado para a construção do sonho. Em outras palavras, os estímulos que surgem durante o sono são incorporados numa realização de desejos cujos outros componentes são os conhecidos "restos diurnos" psíquicos. Essa combinação não *precisa* ocorrer; como já assinalei, há mais de uma maneira de reagir a um estímulo somático durante o sono. Quando ela *efetivamente* ocorre, isso significa que foi possível encontrar, para servir de conteúdo do sonho, um material de representações de tal ordem que é capaz de representar ambos os tipos de fontes do sonho: a somática e a psíquica.

A natureza essencial do sonho não é alterada pelo fato de se acrescentar material somático a suas fontes psíquicas: o sonho continua a ser a realização de um desejo, não importa de que maneira a expressão dessa realização de desejo seja determinada pelo material correntemente ativo.

Estou disposto a abrir espaço, neste ponto, para a atuação de diversos fatores especiais que podem emprestar uma importância variável aos estímulos externos em relação aos sonhos. A meu ver, é uma combinação de fatores individuais fisiológicos e fortuitos, produzidos pelas circunstâncias do momento, que determina como uma pessoa se comportará nos casos específicos de uma estimulação objetiva relativamente intensa durante o sono. A profundidade habitual ou acidental de seu sono, tomada em conjunto com a intensidade do estímulo, possibilitará, num caso, que ela suprima o estímulo, para que seu sono não seja interrompido e, noutro caso, fará com que ela acorde ou tente superar o estímulo incorporando-o num sonho. De acordo com essas várias combinações possíveis, os estímulos objetivos externos encontrarão expressão nos sonhos com maior ou menor freqüência em uma pessoa do que em outra. No meu próprio caso, como tenho um sono excelente e me recuso obstinadamente a permitir que qualquer coisa o perturbe, é muito raro as causas externas de excitação conseguirem penetrar em meus sonhos; ao passo que as motivações psíquicas obviamente me fazem sonhar com muita facilidade. De fato, só anotei um único sonho em que uma fonte objetiva e dolorosa de estímulo é reconhecível, e será muito instrutivo examinar o efeito que o estímulo externo produziu neste sonho em particular.

Eu montava um cavalo cinzento, a princípio tímida e desajeitadamente, como se apenas me reclinasse sobre ele. Encontrei um de meus colegas, P., que montava ereto um cavalo, envergando um terno de tweed, *e que chamou minha atenção para alguma coisa (provavelmente minha postura incorreta). Comecei então a me sentir sentado com firmeza e conforto cada vez maiores em meu cavalo muito inteligente, e percebi que me sentia inteiramente à vontade ali. Minha sela era uma espécie de almofadão, que preenchia completamente o espaço entre o pescoço e a garupa do animal. Assim, passei a cavalgar bem no meio de dois carros de transporte. Depois de cavalgar um pouco rua acima, voltei-me e tentei desmontar, primeiro diante de uma capelinha aberta que ficava de frente para a rua. Depois, desmontei realmente diante de outra capela que ficava perto da primeira. Meu hotel ficava na mesma rua; eu poderia ter deixado o cavalo ir até lá sozinho, mas preferi guiá-lo até aquele ponto. Era como se eu fosse ficar envergonhado por chegar lá a cavalo. Um engraxate estava em pé diante do hotel; mostrou-me um bilhete meu que fora encontrado e riu de mim por causa dele. No bilhete estava escrito, duplamente sublinhado: "Sem comida", e depois outra observação (indistinta) como "Sem trabalho", juntamente com uma idéia vaga de que eu estava numa cidade estranha e não estava trabalhando.*

Ninguém suporia, à primeira vista, que esse sonho se tivesse originado sob a influência, ou antes, sob a compulsão de um estímulo doloroso. Mas, desde alguns dias antes, eu vinha sofrendo de furúnculos que transformavam cada movimento numa tortura; e por fim, surgira um furúnculo do tamanho de uma maçã na base do meu escroto, o que me causava a mais intolerável dor a cada passo que eu dava. Lassidão febril, perda de apetite e o trabalho árduo que, não obstante, eu continuava a fazer — tudo isso se combinara com a dor para me deixar deprimido. Eu estava impossibilitado de cumprir adequadamente minhas funções de médico. Havia, porém, uma atividade para a qual, dada a natureza e a situação de meu problema, eu estaria certamente menos apto do que para qualquer outra, e esta era... montar a cavalo. E foi precisamente essa a atividade em que o sonho me colocou: ele foi a mais enérgica negação de minha doença que se poderia imaginar. Na verdade não sei montar, nem tive, com exceção deste, sonhos com cavalgadas. Só me sentei num cavalo uma vez na vida, e mesmo assim, sem sela, e não gostei. Nesse sonho, porém, eu cavalgava como se não tivesse um furúnculo em meu períneo — ou melhor, *porque eu não queria ter um*. Minha sela, a julgar por sua descrição, era o cataplasma que me tornara possível adormecer. Sob sua influência mitigante, eu provavelmente não estivera consciente de minha dor nas primeiras horas de sono. As sensações dolorosas então se apresentaram e tentaram despertar-me; nesse ponto o sonho chegou e disse suavemente: "Não! Continue a dormir! Não há necessidade de acordar. Você não tem furúnculos, pois está andando a cavalo, e com certeza não poderia cavalgar se tivesse um furúnculo bem nesse lugar". E o sonho foi bem-sucedido. A dor foi silenciada e continuei a dormir.

Mas o sonho não se contentou em "eliminar por sugestão" meu furúnculo pela insistência obstinada numa representação que era incompatível com ele, comportando-se assim como o delírio alucinatório da mãe que perdera o filho ou do comerciante cujos prejuízos tinham acabado com sua fortuna.[1] Os detalhes da sensação que estava sendo repudiada e da imagem empregada para reprimir essa sensação também serviram ao sonho como meio de ligar à situação onírica *outro* material que estava correntemente ativo em minha mente e dar representação a esse material. Eu montava um cavalo *cinzento*, cor esta que correspondia precisamente à cor de *pimenta-e-sal* da roupa que meu colega P. estava usando na última vez que o encontrei no interior. A causa de meus furúnculos fora atribuída à ingestão de alimentos *muito condimentados* — uma etiologia que era ao menos preferível ao *açúcar* [diabetes] que também poderia ocorrer no contexto dos furúnculos. Meu amigo P. gostava de *ficar a cavaleiro* em relação a mim desde que me tirara uma de minhas pacientes com quem eu havia conseguido alguns *efeitos notáveis*. (No sonho, eu começava cavalgando tangencialmente — como o *feito* de um cavaleiro habilidoso.) Mas, na realidade, tal como o cavalo na anedota do cavaleiro de domingo, essa paciente me levara para onde bem desejava. Assim, o cavalo adquiriu o significado simbólico de uma paciente. (No sonho, ele era *muito inteligente*.) *"Eu me sentia inteiramente à vontade*

---

1 Cf. o trecho de Griesinger e minhas observações em meu segundo artigo sobre as neuropsicoses de defesa (Freud, 1896*b*).

lá" referia-se à posição que eu ocupara na casa dessa paciente antes de ser substituído por P. Não muito antes, um de meus poucos protetores entre os principais médicos desta cidade me fizera o seguinte comentário, com relação a essa mesma casa: "Você me dá a impressão de estar firme na sela lá". Era um *feito* notável, também, poder prosseguir em meu trabalho psicoterápico durante oito ou dez horas por dia enquanto estava sentindo tanta dor. Mas eu sabia que não poderia prosseguir por muito tempo em meu trabalho peculiarmente difícil, a menos que estivesse em perfeita saúde física; e meu sonho estava repleto de alusões sombrias à situação em que me encontraria nessa eventualidade. (*O bilhete* que os neurastênicos trazem consigo para mostrar ao médico: *sem dinheiro, sem trabalho.*) Mais adiante na interpretação, vi que o trabalho do sonho conseguira descobrir um caminho da situação desejável de cavalgar para algumas cenas de rixas de minha tenra infância que devem ter ocorrido entre mim e um sobrinho meu, um ano mais velho, que agora vivia na Inglaterra. Além disso, o sonho tirara alguns de seus elementos de minhas viagens pela Itália: a rua do sonho era composta de impressões de Verona e Siena. Uma interpretação ainda mais profunda levou a pensamentos oníricos sexuais, e lembrei-me do sentido que as referências à Itália pareciam ter nos sonhos de uma paciente que nunca visitara aquele adorável país: *"gen Italien"* [para a Itália] — *"Genitalien"* [genitais]; e isso também estava ligado à casa em que eu precedera meu amigo P. como médico, assim como à situação de meu furúnculo.

Num outro sonho consegui êxito semelhante em rechaçar uma ameaça de interrupção de meu sono, proveniente dessa vez de um estímulo sensorial. Nesse caso, todavia, foi apenas por acaso que pude descobrir o elo entre o sonho e seu estímulo acidental, e assim compreender o sonho. Numa manhã em pleno verão, enquanto estava hospedado numa cidade montanhosa de veraneio no Tirol, acordei sabendo ter sonhado que *o Papa havia morrido.* Não consegui interpretar esse sonho — um sonho não visual — e só me lembrei, como parte de sua base, de ter lido num jornal, pouco tempo antes, que Sua Santidade estava sofrendo de uma ligeira indisposição. Durante a manhã, contudo, minha mulher me perguntou se eu ouvira o barulho terrível feito pelo repicar dos sinos naquela manhã. Eu não ouvira sino nenhum, mas então compreendi meu sonho. Ele fora uma reação, por parte de minha necessidade de dormir, ao barulho com que os pios tiroleses haviam tentado acordar-me. Eu me vingara deles extraindo a inferência que formou o conteúdo do sonho, e então continuara a dormir sem dar maior atenção ao barulho.

Os sonhos citados nos capítulos anteriores incluíram diversos que poderiam servir de exemplos da elaboração desses chamados estímulos nervosos. Meu sonho de beber água em grandes goles é um exemplo. O estímulo somático foi, aparentemente, sua única fonte, e o desejo derivado da sensação (isto é, a sede) parecia ser sua única motivação. Dá-se um caso semelhante com outros sonhos simples em que um estímulo somático parece, por si só, capaz de construir um desejo. O sonho da paciente que afastou do rosto o aparelho resfriador durante a noite apresenta um método incomum de reagir a um estímulo doloroso com uma realização de desejo: foi como se a paciente conseguisse ficar temporariamente em analgesia, ao mesmo tempo que atribuía suas dores a outra pessoa.

Meu sonho com as três Parcas foi claramente um sonho de fome. Mas conseguiu desviar o desejo de nutrição para o anseio infantil pelo seio materno e se valeu de um desejo inocente como anteparo para um desejo mais sério, que não podia ser tão abertamente exibido. Meu sonho sobre o Conde Thun mostrou como uma necessidade física acidental pode ser vinculada aos mais intensos impulsos mentais (mas, ao mesmo tempo, os mais intensamente suprimidos). E um caso como o relatado por Garnier (1872, v. 1, p. 476), de como o primeiro-cônsul incorporou o barulho da explosão de uma bomba num sonho de batalha antes de despertar dele, revela com clareza bastante especial a natureza do único motivo que leva a atividade mental a se ocupar de sensações durante o sono. Um jovem advogado, recém-saído de seu primeiro processo importante de falência, adormecendo certa tarde, comportou-se exatamente da mesma forma que o grande Napoleão. Teve um sonho com um certo G. Reich, de *Husyatin*, que conhecera durante um caso de falência; o nome "Husyatin" continuou a se impor a sua atenção até que ele acordou e viu que sua mulher (que sofria de um catarro brônquico) estava tendo um violento acesso de tosse [em alemão, *"husten"*].

Comparemos esse sonho de Napoleão I (que, aliás, tinha um sono extremamente profundo) com o do estudante sonolento que foi acordado por sua senhoria e informado de que era hora de ir para o hospital, e que passou a sonhar que estava numa cama do hospital e continuou a dormir, sob o pretexto de que, já que estava no hospital, não havia necessidade de se levantar e ir até lá. Este último sonho foi claramente um sonho de conveniência. O sonhador admitiu sua motivação para sonhar sem nenhum disfarce; mas, ao mesmo tempo, deixou escapar um dos segredos dos sonhos em geral. Todos os sonhos são, num certo sentido, sonhos de conveniência; servem à finalidade de prolongar o sono, em vez de acordar. Os *sonhos são* GUARDIÃES *do sono, e não perturbadores dele*. Teremos oportunidade, mais adiante, de justificar esse ponto de vista em relação aos fatores despertadores de ordem *psíquica*, mas já estamos em condições de mostrar que ele também se aplica ao papel desempenhado pelos estímulos externos objetivos. Ou a mente não presta a mínima atenção às oportunidades de sensações durante o sono — caso possa fazê-lo a despeito da intensidade dos estímulos e da importância que sabe possuírem; ou se vale de um sonho para negar os estímulos; ou, em terceiro lugar, se for obrigada a reconhecê-los, busca uma interpretação deles que transforme a sensação correntemente ativa em parte integrante de uma situação que seja desejada e compatível com o dormir. A sensação correntemente ativa é incorporada no sonho *para ser despojada de realidade*. Napoleão pôde continuar a dormir — com a convicção de que o que estava tentando perturbá-lo era apenas uma lembrança onírica do ribombar dos canhões de Arcole.[1]

Assim, o desejo de dormir (no qual o ego consciente se concentra e que, juntamente com a censura do sonho e a "elaboração secundária" que mencionarei adiante, representa a contribuição do ego consciente para o sonhar), deve, na totalidade dos casos, ser reconhecido como um dos motivos da formação dos sonhos, e todo sonho bem-sucedido é uma realização desse desejo. Examinaremos num outro ponto as relações existentes entre esse desejo universal, invariavelmente presente e imutável de dormir e os demais desejos, dos quais ora um ora outro é realizado pelo conteúdo do sonho. Mas encontramos no desejo de dormir o fator capaz de preencher a lacuna na teoria de Strümpell e Wundt e de explicar a maneira perversa e caprichosa como são interpretados os estímulos externos. A interpretação correta, que a mente adormecida é perfeitamente capaz de fazer, envolveria um interesse ativo e exigiria que o sono fosse interrompido; por essa razão, entre todas as interpretações possíveis, só são admitidas aquelas que são compatíveis com a censura absoluta exercida pelo desejo de dormir. "É o rouxinol e não a cotovia", pois, se fosse a cotovia, isso significaria o término da noite dos amantes. Entre as interpretações do estímulo que são assim

---

1 As duas fontes de que extraí esse sonho não estão de acordo quanto ao relato dele.

237

admissíveis, seleciona-se então aquela que pode proporcionar o melhor vínculo com os impulsos desejantes que se ocultam na mente. Assim, tudo é inequivocamente determinado e nada fica por conta de uma decisão arbitrária. A interpretação errônea não é uma ilusão, e sim, como se poderia dizer, uma evasão. Aqui, porém, mais uma vez — tal como quando, em obediência à censura do sonho, uma substituição é efetuada por deslocamento —, temos de admitir que estamos diante de um ato que se desvia dos processos psíquicos normais.

Quando os estímulos nervosos externos e os estímulos somáticos internos são suficientemente intensos para forçar a atenção psíquica para eles, então — desde que seu resultado *seja* sonhar e não acordar — eles servem como um ponto fixo para a formação de um sonho, um núcleo em seu material; busca-se então uma realização de desejo que corresponda a esse núcleo, tal como (ver atrás) se buscam representações intermediárias entre dois estímulos psíquicos do sonho. Nesta medida, é verdade que, em diversos sonhos, o conteúdo onírico é ditado pelo elemento somático. Nesse exemplo extremo, é possível até que um desejo que não esteja de fato correntemente ativo seja invocado para fins de construção de um sonho. O sonho, porém, não tem outra opção senão representar um desejo na situação de ter sido realizado; ele enfrenta, por assim dizer, o problema de procurar um desejo que possa representar-se como realizado pela sensação correntemente ativa. Quando esse material imediato é de natureza dolorosa ou aflitiva, isso não significa necessariamente que não possa ser utilizado para a construção de um sonho. A mente tem a seu dispor desejos cuja realização produz desprazer. Isso parece autocontraditório, mas torna-se inteligível quando levamos em conta a presença de duas instâncias psíquicas e uma censura entre elas.

Como vimos, há na mente desejos "recalcados" que pertencem ao primeiro sistema e a cuja realização se opõe o segundo sistema. Ao afirmar que tais desejos existem, não estou fazendo uma declaração histórica no sentido de que eles tenham existido um dia e tenham sido abolidos mais tarde. A teoria do recalque, que é essencial ao estudo das psiconeuroses, afirma que esses desejos recalcados *ainda existem* — embora ao mesmo tempo haja uma inibição que os detém. O uso lingüístico atinge o alvo ao falar da "supressão" desses impulsos. Os arranjos psíquicos que permitem a esses impulsos impor sua realização continuam a existir e a funcionar perfeitamente. Na eventualidade, contudo, de um desejo recalcado desse tipo ser levado a efeito, e de sua inibição pelo segundo sistema (o sistema que é admissível à consciência) ser derrotada, essa derrota encontra expressão como desprazer. Concluindo: se sensações de natureza desprazerosa provenientes de fontes somáticas ocorrem durante o sono, o trabalho do sonho utiliza essa ocorrência para representar — sujeita à continuidade da censura em maior ou menor grau — a realização de algum desejo que é normalmente suprimido.

É esse estado de coisas que possibilita a existência de um grupo de sonhos de angústia — estruturas oníricas desfavoráveis do ponto de vista da teoria da realização de desejo. Um segundo grupo revela um mecanismo diferente, pois a angústia nos sonhos pode ser de natureza psiconeurótica: pode originar-se de excitações psicossexuais — caso em que a angústia corresponde à libido recalcada. Quando isso ocorre, a angústia, como a totalidade do sonho de angústia, tem a significação de um sintoma neurótico, e nos aproximamos do limite em que a finalidade de realização de desejo dos sonhos cai por terra. Mas há alguns sonhos de angústia em que o sentimento de angústia é somaticamente determinado — quando, por exemplo, ocorre uma dificuldade de respiração devida a doenças pulmonares ou cardíacas; — e, em tais casos, a angústia é explorada a fim de contribuir para a realização, sob a forma de sonhos, de desejos energicamente suprimidos, que, se fossem sonhados por motivos *psíquicos*, levariam a uma libertação semelhante de angústia. Mas não há dificuldade em conciliar esses dois grupos aparentemente diferentes. Em ambos os grupos de sonhos, há dois fatores psíquicos envolvidos: uma inclinação para um afeto e um conteúdo de representações; e estes se relacionam intimamente entre si. Quando um deles está correntemente ativo, evoca o outro, mesmo num sonho; num dos casos, a angústia somaticamente determinada evoca o conteúdo de representações suprimido, e no outro o conteúdo de representações, com sua concomitante excitação sexual, livre de repressão, evoca uma liberação de angústia. Podemos dizer que, no primeiro caso, um afeto somaticamente determinado recebe uma interpretação psíquica; ao passo que, no outro caso, embora o todo seja psiquicamente determinado, o conteúdo que fora suprimido é facilmente substituído por uma interpretação somática apropriada à angústia. As dificuldades que tudo isso oferece à nossa compreensão pouco têm a ver com os sonhos: surgem do fato de estarmos aqui tocando no problema da produção da angústia e no problema do recalque.

Não há dúvida de que a cenestesia física está entre os estímulos somáticos internos capazes de ditar o conteúdo dos sonhos. Ela pode fazer isso, não no sentido de poder proporcionar o conteúdo do sonho, mas no sentido de ser capaz de impor aos pensamentos oníricos uma escolha do material a ser representado no conteúdo, ao destacar parte do material como sendo adequado à sua própria natureza e reter uma outra parte. Afora isso, as sensações cenestésicas remanescentes do dia anterior se conectam, sem dúvida, aos resíduos psíquicos que têm influência tão importante nos sonhos. Essa disposição geral pode persistir inalterada no sonho ou pode ser dominada, e assim, caso seja desprazerosa, pode ser transformada em seu oposto.

Portanto, em minha opinião, as fontes somáticas de estimulação durante o sono (isto é, as sensações durante o sono), a menos que sejam de intensidade incomum, desempenham na formação dos sonhos papel semelhante ao desempenhado pelas impressões recentes, mas irrelevantes, remanescentes do dia anterior. Ou seja, creio que elas são introduzidas para ajudar na formação de um sonho caso se ajustem apropriadamente ao conteúdo de representações derivado das fontes psíquicas do sonho, mas não de outra forma. São tratadas como um material barato e sempre à mão, que é empregado sempre que necessário, em contraste com um material precioso que determina, ele próprio, o modo como deverá ser empregado. Quando, para adotar um símile, um patrono das artes leva a um artista uma pedra rara, como um pedaço de ônix, e lhe pede que crie uma obra de arte com ela, o tamanho da pedra, sua cor e suas marcas ajudam a decidir que busto ou que cena será nela representada. Ao passo que, no caso de um material uniforme e abundante, tal como o mármore ou o arenito, o artista simplesmente segue uma idéia que se apresente em sua própria mente. É só dessa maneira, ao que me parece, que podemos explicar o fato de o conteúdo onírico proporcionado por estímulos somáticos de intensidade não incomum deixar de aparecer em todos os sonhos ou todas as noites.[1]

---

1 [*Nota de rodapé acrescentada* em 1914:] Rank mostrou em diversos trabalhos que certos sonhos despertadores produzidos por estímulos orgânicos (sonhos com estímulo urinário e sonhos com emissão ou orgasmo) são especialmente adequados para demonstrar a luta entre a necessidade de dormir e as exigências das necessidades orgânicas, assim como a influência das últimas sobre o conteúdo dos sonhos.

Talvez eu possa ilustrar melhor o que quero dizer com um exemplo, que além disso reconduzirá à interpretação do sonho.

Um dia, eu vinha tentando descobrir qual poderia ser o significado das sensações de estar inibido, de estar grudado no lugar, de não poder fazer alguma coisa, e assim por diante, que ocorrem com tanta freqüência nos sonhos e se relacionam tão de perto com os sentimentos de angústia. Naquela noite, tive o seguinte sonho:

Eu estava vestido de forma muito incompleta e subia as escadas de um apartamento térreo para um andar mais alto. Subia três degraus de cada vez e estava encantado com minha agilidade. De repente, vi uma criada descendo as escadas — isto é, vindo em minha direção. Fiquei envergonhado e tentei apressar-me, e nesse ponto instalou-se a sensação de estar inibido: eu estava colado aos degraus e incapaz de sair do lugar.

ANÁLISE. — A situação do sonho é extraída da realidade cotidiana. Ocupo dois pavimentos de uma casa em Viena, que se ligam apenas pela escada pública. Meu consultório e meu gabinete ficam no primeiro andar, e minhas acomodações domésticas, um pavimento acima. Quando, tarde da noite, termino meu trabalho, no andar inferior, subo as escadas para meu quarto. Na noite anterior à do sonho, eu realmente fizera um pequeno trajeto com a roupa meio desalinhada — isto é, tinha retirado o colarinho, a gravata e os punhos. No sonho, isso tinha sido transformado num grau maior de desalinho, mas, como de costume, indeterminado. Geralmente, subo as escadas de dois em dois ou de três em três degraus; e isto foi reconhecido no próprio sonho como uma realização de desejo: a facilidade com que eu conseguia isso me tranqüilizava quanto ao funcionamento do meu coração. Ademais, esse método de subir escadas estabelecia um contraste eficiente com a inibição da segunda metade do sonho. Mostrou-me — o que não precisava de comprovação — que os sonhos não encontram nenhuma dificuldade em representar atos motores realizados com perfeição. (Basta recordarmos os sonhos de estar voando.)

As escadas que eu subia, no entanto, não eram as de minha casa. De início, deixei de percebê-lo, e somente a identidade da pessoa que encontrei esclareceu-me qual era o local pretendido. Essa pessoa era a criada da senhora que eu visitava duas vezes ao dia a fim de lhe aplicar injeções; e as escadas eram também exatamente como as de sua casa, que eu tinha de subir duas vezes por dia.

Ora, como entraram em meu sonho essas escadas e essa figura feminina? O sentimento de vergonha por não estar completamente vestido é, sem dúvida, de natureza sexual; mas a criada com quem sonhei era mais velha do que eu, era grosseira e estava longe de ser atraente. A única resposta que me ocorreu para o problema foi esta: quando fazia minhas visitas matutinas a essa casa, eu costumava, em geral, ser tomado por um desejo de tossir ao subir a escadaria, e o produto de minha expectoração caía na escada, pois em nenhum dos pavimentos havia uma escarradeira; e a idéia que eu tinha era que a limpeza das escadas não deveria ser mantida através do meu sacrifício, e sim possibilitada pela instalação de uma escarradeira. A zeladora, uma mulher igualmente idosa e grosseira (mas com instintos de limpeza, como eu estava disposto a admitir), encarava a questão de modo diferente. Ela ficava à minha espera para ver se mais uma vez eu me serviria livremente da escada e, quando constatava que eu o fizera, eu costumava ouvi-la resmungar em tom audível; e por vários dias depois disso, ela omitia o cumprimento habitual quando nos encontrávamos. Na véspera do sonho, o grupo de zeladoria recebera um reforço sob a forma da criada. Como sempre, eu havia concluído minha rápida visita à paciente, quando a criada me interceptou no saguão e observou: "O senhor podia ter limpado os sapatos, doutor, antes de entrar na sala hoje. O senhor tornou a sujar todo o tapete vermelho com os pés". Esta era a única razão para o aparecimento da escadaria e da criada em meu sonho.

Havia uma conexão interna entre subir as escadas correndo e cuspir nos degraus. Tanto a faringite como os problemas cardíacos são considerados castigos pelo vício do fumo. E, em virtude desse hábito, minha reputação de asseio não era das melhores em minha própria casa, quanto mais na outra; por isso as duas se fundiram no sonho.

Devo adiar a continuação de minha interpretação deste sonho até que possa explicar a origem do sonho típico de estar incompletamente vestido. Assinalarei apenas, como conclusão provisória a ser tirada do presente sonho, que uma sensação de movimento inibido nos sonhos é produzida sempre que o contexto específico a requer. A causa dessa parte do conteúdo do sonho não pode ter sido a ocorrência de alguma modificação especial em meus poderes de movimentação durante o sono, já que apenas um momento antes eu me vira (quase como que para confirmar esse fato) subindo agilmente os degraus.

(D)

SONHOS TÍPICOS

Em geral, não estamos em condições de interpretar um sonho de outra pessoa, a menos que ela se disponha a nos comunicar os pensamentos inconscientes que estão por trás do conteúdo do sonho. A aplicabilidade prática de nosso método de interpretar sonhos fica, por conseguinte, severamente restrita.[1] Vimos que, como regra geral, cada pessoa tem liberdade de construir seu mundo onírico segundo suas peculiaridades individuais e assim torná-lo ininteligível para outras pessoas. Parece agora, contudo, que, em completo contraste com isto, há um certo número de sonhos que quase todo o mundo tem da mesma forma e que estamos acostumados a presumir que tenham o mesmo sentido para todos. Além disso, há um interesse especial ligado a esses sonhos típicos porque, presumivelmente, eles decorrem das mesmas fontes em todos os casos e, assim, parecem particularmente aptos a esclarecer as fontes dos sonhos.

É, portanto, com expectativas muito particulares que tentaremos aplicar nossa técnica de interpretação a esses sonhos típicos; e é com grande relutância que temos de confessar que nossa arte desaponta nossas expectativas precisamente em relação a esse material. Ao tentarmos interpretar um sonho típico, o sonhador, em geral, deixa de produzir as associações que em outros casos nos levariam a compreendê-lo, ou então suas associações tornam-se obscuras e insuficientes, de modo que não conseguimos resolver nosso problema com sua ajuda. Veremos, numa parte posterior deste trabalho, por que isso se dá e como podemos compensar esse defeito em nossa técnica. Meus leitores também descobrirão o motivo por que, neste ponto, só posso abordar alguns membros do grupo de sonhos típicos e preciso adiar meu exame dos demais até esse ponto ulterior de minha análise.

---

1 [*Nota de rodapé acrescentada* em 1925:] Essa afirmação de que nosso método de interpretar sonhos não pode ser aplicado a menos que tenhamos acesso ao material associativo do sonhador requer uma complementação: nossa atividade interpretativa, num determinado caso, independe dessas associações — a saber, quando o sonhador emprega elementos *simbólicos* no conteúdo do sonho. Em tais casos, usamos o que é, estritamente falando, um método secundário e auxiliar de interpretação de sonhos (ver adiante).

(α) Sonhos Embaraçosos de Estar Despido

Os sonhos de estar nu ou insuficientemente vestido na presença de estranhos ocorrem, por vezes, com a característica adicional de haver completa ausência de um sentimento como o de vergonha por parte do sonhador. Interessam-nos aqui, entretanto, apenas os sonhos de estar nu em que de fato se *sente* vergonha e embaraço e se faz uma tentativa de fugir ou esconder-se, sendo-se então dominado por uma estranha inibição que impede os movimentos e faz o sujeito sentir-se incapaz de alterar sua constrangedora situação. Somente com este acompanhamento é que o sonho é típico; sem ele, a essência de seu tema pode ser incluída em todas as variedades de contexto ou pode ser adornada com acompanhamentos individuais. Sua essência [em sua forma típica] está num sentimento aflitivo da ordem da vergonha e no fato de que se deseja ocultar a nudez, em geral pela locomoção, mas se constata estar impossibilitado de fazê-lo. Creio que a grande maioria de meus leitores já terá estado nessa situação em sonho.

A natureza do desalinho envolvido, usualmente, está longe de ser clara. O sonhador pode dizer "eu estava de camisola", mas esta raramente é uma imagem nítida. O tipo de desalinho costuma ser tão vago que a descrição se expressa como uma alternativa: "Eu estava de camisola ou de anágua". Em geral, a falha na toalete do sonhador não é tão grave que pareça justificar a vergonha a que dá origem. No caso de um homem que tenha usado o uniforme do Imperador, a nudez é freqüentemente substituída por alguma quebra do regulamento sobre os uniformes: "Eu caminhava pela rua sem meu sabre e vi alguns oficiais vindo em minha direção", ou "Eu estava sem a gravata", ou ainda, "Eu estava usando calças civis", e assim por diante.

As pessoas em cuja presença o sonhador sente vergonha são quase sempre estranhos, com traços indeterminados. No sonho típico, nunca se dá o caso de a roupa que causa tanto embaraço suscitar objeções ou sequer ser percebida pelos espectadores. Ao contrário, eles adotam expressões faciais indiferentes ou (como observei num sonho particularmente claro) solenes e tensas. Este é um ponto sugestivo.

O embaraço do sonhador e a indiferença dos espectadores oferecem-nos, quando vistos em conjunto, uma daquelas contradições tão comuns nos sonhos. Afinal de contas, estaria mais de acordo com os sentimentos do sonhador que os estranhos o olhassem com assombro e escárnio ou com indignação. Mas essa característica objetável da situação foi, a meu ver,

244

descartada pela realização do desejo, enquanto alguma força conduziu à retenção das demais características; e as duas partes do sonho ficam, conseqüentemente, em desarmonia uma com a outra. Temos uma prova interessante de que o sonho, na forma em que aparece — parcialmente distorcido pela realização do desejo —, não foi corretamente entendido. Pois ele se tornou a base de um conto de fadas com que todos estamos familiarizados na versão de Hans Andersen — *A Roupa Nova do Imperador* —, e que foi recentemente posto em versos por Ludwig Fulda em seu *O Talismã*. O conto de Hans Andersen relata-nos como dois impostores tecem para o Imperador um traje dispendioso que, segundo eles, só seria visível para as pessoas de virtude e lealdade. O Imperador sai com essa vestimenta invisível e todos os espectadores, intimidados pelo poder do tecido de atuar como uma pedra de toque, fingem não notar a nudez do Imperador.

É esta exatamente a situação de nosso sonho. Não chega a ser precipitado presumir que a ininteligibilidade do conteúdo do sonho, tal como ele existe na lembrança, o tenha levado a ser remodelado sob uma forma destinada a dar sentido à situação. Neste processo, todavia, essa situação é privada de seu significado original e empregada em usos diferentes. Mas, como veremos adiante, é comum ao pensamento consciente de um segundo sistema psíquico compreender mal o conteúdo de um sonho dessa maneira, e esse mal-entendido deve ser considerado um dos fatores na determinação da forma final assumida pelos sonhos. Além disso, veremos que mal-entendidos semelhantes (que ocorrem, dessa vez, dentro de uma mesma personalidade psíquica) desempenham um papel preponderante na construção das obsessões e fobias.

No caso de nosso sonho, estamos em condições de indicar o material em que se baseia a má interpretação. O impostor é o sonho e o Imperador é o próprio sonhador; o propósito moralizador do sonho revela um conhecimento obscuro do fato de que o conteúdo onírico latente diz respeito a desejos proibidos que foram vítimas do recalque. Pois o contexto em que esse tipo de sonho aparece durante minhas análises de neuróticos não deixa dúvida de que ele se baseia em lembranças da mais tenra infância. Somente na nossa infância é que somos vistos em trajes inadequados, tanto por membros de nossa família como por estranhos — babás, criadas e visitas; e é só então que não sentimos vergonha de nossa nudez.[1] Podemos observar

---

1 Uma criança desempenha também seu papel no conto de fadas, pois foi uma criancinha que exclamou subitamente: "Mas ele está nu!"

como o despir-se tem um efeito quase excitante em muitas crianças, mesmo em seus anos posteriores, em vez de fazê-las sentir-se envergonhadas. Elas riem, pulam e se dão palmadas, enquanto a mãe ou quem quer que esteja presente as reprova e diz: "Uh, que escândalo! Não façam isso!" As crianças freqüentemente manifestam um desejo de se exibir. É difícil passarmos por um vilarejo do interior em nossa parte do mundo sem encontrarmos uma criança de dois ou três anos levantando a camisa diante de nós — em nossa homenagem, talvez. Um de meus pacientes guarda uma lembrança consciente de uma cena de seus oito anos quando, na hora de dormir, quis ir dançar no quarto ao lado — onde dormia sua irmãzinha —, vestindo seu camisão, mas foi impedido por sua babá. Na história da mais tenra infância dos neuróticos, um importante papel é desempenhado pela exposição a crianças do sexo oposto; na paranóia, os delírios de estar sendo observado ao vestir-se e despir-se encontram sua origem nesse tipo de experiência, ao passo que, entre as pessoas que permanecem no estágio da perversão, há uma categoria na qual esse impulso infantil alcança o nível de um sintoma — a categoria dos "exibicionistas".

Quando voltamos os olhos para esse período isento de vergonha na infância, ele nos parece um paraíso; e o próprio Paraíso nada mais é do que uma fantasia grupal da infância do indivíduo. Por isso é que a humanidade vivia nua no Paraíso, sem que um sentisse vergonha na presença do outro; até que chegou um momento em que a vergonha e a angústia despertaram, seguiu-se a expulsão e tiveram início a vida sexual e as tarefas da atividade cultural. Mas podemos reconquistar esse Paraíso todas as noites em nossos sonhos. Já expressei a suspeita de que as impressões da primeira infância (isto é, desde a época pré-histórica até aproximadamente o final do terceiro ano de vida) lutam para alcançar sua reprodução, por sua própria natureza e independentemente, talvez, de seu conteúdo real, e que sua repetição constitui a realização de um desejo. Portanto, os sonhos de estar despido são sonhos de exibição.[1]

O núcleo de um sonho de exibição situa-se na figura do próprio sonhador (não como era em criança, mas tal como aparece no presente) e em seu traje

---

1 [*Nota de rodapé acrescentada* em 1911:] Ferenczi registrou diversos sonhos interessantes de nudez produzidos por *mulheres*. Não houve dificuldade em identificar sua origem no desejo infantil de exibir-se; mas eles diferiam em alguns aspectos dos sonhos "típicos" de nudez que comentei no texto.

inadequado (que emerge indistintamente, seja em virtude de camadas superpostas de inúmeras lembranças posteriores de estar desalinhado, seja como decorrência da censura). Acrescentam-se a isso as figuras das pessoas em cuja presença o sonhador se sente envergonhado. Não sei de nenhum caso em que os espectadores reais da cena infantil de exibição tenham aparecido no sonho; o sonho raramente é uma lembrança simples. Curiosamente, as pessoas a quem era dirigido nosso interesse sexual na infância são omitidas de todas as reproduções que ocorrem nos sonhos, na histeria e na neurose obsessiva. É só na paranóia que esses espectadores reaparecem e, embora permaneçam invisíveis, sua presença é inferida com uma convicção fanática. O que toma o lugar deles nos sonhos — "uma porção de estranhos" que não prestam a menor atenção ao espetáculo oferecido — não é nada mais, nada menos, do que o contrário imaginário do único indivíduo familiar diante de quem o sonhador se expunha. Aliás, "uma porção de estranhos" aparece com freqüência nos sonhos em muitos outros contextos, representando sempre o oposto imaginário do "sigilo".[1] Deve-se salientar que, até na paranóia, quando se restaura o estado de coisas original, essa inversão para o oposto é observada. O sujeito sente que já não está sozinho, não tem nenhuma dúvida de estar sendo observado, mas os observadores são "uma porção de estranhos" cuja identidade permanece curiosamente vaga.

Além disso, o recalque desempenha um papel nos sonhos de exibição, pois a aflição experimentada nesses sonhos é uma reação, por parte do segundo sistema, ao fato de o conteúdo da cena de exibição ter encontrado expressão a despeito do veto imposto a ele. Para que se evitasse a aflição, a cena nunca deveria ser revivida.

Voltaremos posteriormente à sensação de estar inibido. Ela serve admiravelmente, nos sonhos, para representar um conflito da vontade ou uma negativa. O objetivo inconsciente requer que a exibição continue; a censura exige que ela cesse.

Não há dúvida de que os vínculos entre nossos sonhos típicos, os contos de fadas e o material de outros tipos de literatura ficcional não são poucos nem acidentais. Por vezes acontece que o olhar penetrante de um escritor de ficção tenha uma compreensão analítica do processo de transformação do qual ele não costuma ser mais do que o instrumento. Quando isso se dá, ele pode seguir

---

1 [*Nota de rodapé acrescentada* em 1909:] Por motivos óbvios, a presença de "toda a família" num sonho tem o mesmo significado.

247

o processo em sentido inverso e, desse modo, identificar a origem do texto imaginativo num sonho. Um de meus amigos chamou-me a atenção para a seguinte passagem de *Der grüne Heinrich*, de Gottfried Keller: "Espero, meu caro Lee, que você jamais aprenda por experiência própria a verdade peculiar e *maliciosa* dos apuros de Ulisses quando apareceu, nu e coberto de lama, diante dos olhos de Nausícaa e suas servas! Devo eu dizer-lhe como isso pode acontecer? Vejamos o nosso exemplo. Se você estiver vagando por terras estranhas, longe de sua pátria e de tudo que lhe é caro, se tiver visto e ouvido muitas coisas, conhecido a tristeza e a inquietação, e se sentir desolado e desesperançado, então infalivelmente sonhará, uma noite, que está se aproximando de casa; você a verá resplandecente e iluminada nas mais vivas cores, e as mais doces, mais caras e mais amadas formas se encaminharão em sua direção. Então, subitamente, você perceberá que está em trapos, nu e empoeirado. Será tomado de indizível vergonha e terror, tentará encontrar abrigo e se esconder, e acordará banhado em suor. Este, enquanto respirarem os homens, será o sonho do viajante infeliz; e Homero evocou a imagem de seus apuros da mais profunda e eterna natureza do homem".

A mais profunda e eterna natureza do homem, em cuja evocação nos seus ouvintes o poeta está acostumado a confiar, reside nos impulsos da mente que têm suas raízes numa infância que desde então se tornou pré-histórica. Os desejos suprimidos e proibidos da infância irrompem no sonho por trás dos desejos irrepreensíveis do exilado que são capazes de penetrar na consciência; e é por isso que o sonho que encontra expressão concreta na lenda de Nausícaa termina, por via de regra, como um sonho de angústia.

Meu próprio sonho de correr escada acima e de logo depois sentir-me colado aos degraus foi igualmente um sonho de exibição, já que traz as marcas essenciais desses sonhos. Deve ser possível, portanto, buscar sua origem em experiências ocorridas durante minha infância, e se estas puderam ser descobertas, elas nos possibilitarão julgar até que ponto o comportamento da criada em relação a mim — sua acusação de eu ter sujado o tapete — contribuiu para garantir-lhe um lugar em meu sonho. Por acaso, posso fornecer os pormenores necessários. Numa psicanálise, aprende-se a interpretar a proximidade temporal como representativa de um vínculo temático. Duas idéias que ocorrem em seqüência imediata e sem qualquer conexão aparente são, de fato, parte de uma só unidade que tem de ser descoberta, exatamente do mesmo modo que, seu eu escrever seqüencialmente um *"a"* e um *"b"*, eles terão de ser pronunciados como uma única sílaba, *"ab"*. O mesmo se aplica aos sonhos. O sonho da escadaria a que me referi foi um de uma série; e eu já compreendia a interpretação dos outros membros da série. Como esse sonho em particular estava cercado pelos demais, deveria estar versando sobre o mesmo assunto. Ora, esses outros sonhos baseavam-se na lembrança de uma babá a cujos cuidados estive entregue desde alguma data em minha mais tenra infância até os dois anos e meio. Chego até a guardar dela uma obscura lembrança consciente. Segundo o que me contou minha mãe há não muito tempo, ela era velha e feia, mas muito perspicaz e eficiente. Do que posso inferir de meus próprios sonhos, o tratamento que ela me dispensava não era sempre excessivo em amabilidades, e suas palavras podiam ser ríspidas se eu deixasse de atingir o padrão de limpeza exigido. E assim, a criada, uma vez que tomara a si a tarefa de dar prosseguimento a esse trabalho educacional, adquiriu o direito de ser tratada, em meu sonho, como uma reencarnação da velha babá pré-histórica. É razoável supor que o menino amasse a velha que lhe ensinava essas lições, apesar do tratamento ríspido que ela lhe dispensava.[1]

(β) Sonhos sobre a Morte de Pessoas Queridas

Outro grupo de sonhos que podem ser qualificados como típicos são os que envolvem a morte de um parente amado — por exemplo, de um dos pais, de um irmão ou irmã ou de um filho. Duas classes desses sonhos devem ser distinguidas de imediato: aqueles em que o sonhador não é afetado pela tristeza e, ao acordar, fica atônito ante sua falta de sentimentos, e aqueles em que o sonhador fica profundamente abalado com essa morte e pode até chorar amargamente durante o sono.

Não precisamos examinar os sonhos da primeira dessas classes, pois não há por que considerá-los "típicos". Se os analisarmos, veremos que têm um sentido diverso do sentido aparente e que se destinam a ocultar algum outro desejo. Assim foi o sonho da tia que viu o único filho da irmã deitado em seu caixão. Aquilo não significava que ela desejasse ver o sobrinho

---

1 Eis aqui uma "superinterpretação" do mesmo sonho: como *"spuken"* [assombrar] é uma atividade dos *espíritos*, *"spucken"* [cuspir] na escada" poderia ser livremente traduzido como *"esprit d'escalier"*. Essa expressão é equivalente à falta de resposta pronta [*"Schlagfertigkeit"*, literalmente, "presteza no ataque"] — uma falha da qual, a rigor, devo confessar-me culpado. Será que à minha babá também faltava essa qualidade?

morto; como constatamos, ocultava meramente o desejo de ver uma determinada pessoa de quem ela gostava e que não via fazia muito tempo — uma pessoa que ela um dia encontrara, depois de um intervalo igualmente longo, junto ao caixão de outro sobrinho. Esse desejo, que era o verdadeiro conteúdo do sonho, não dava margem à tristeza e, por conseguinte, nenhuma tristeza foi sentida no sonho. Convém notar que o afeto vivenciado no sonho pertence a seu conteúdo latente, e não ao conteúdo manifesto, e que o conteúdo *afetivo* do sonho permaneceu intocado pela distorção que se apoderou de seu conteúdo de *representações*.

Muito diferentes são os sonhos da outra classe — aqueles em que o sonhador imagina a morte de um ente querido e é, ao mesmo tempo, dolorosamente afetado. O sentido desses sonhos, como indica seu conteúdo, é um desejo de que a pessoa em questão venha a morrer. E, como devo esperar que os sentimentos de todos os meus leitores e os de quaisquer outras pessoas que tenham tido sonhos semelhantes se rebelem contra minha afirmação, devo tentar fundamentar as provas em que ela está calcada na mais ampla base possível.

Já examinei um sonho que nos ensinou que os desejos representados nos sonhos como realizados nem sempre são desejos atuais. Podem também ser desejos do passado, que foram abandonados, recobertos por outros e recalcados, e aos quais temos de atribuir uma espécie de existência prolongada apenas em função de sua reemergência num sonho. Eles não estão mortos em nosso sentido da palavra, mas são apenas como as sombras da Odisséia, que despertavam para alguma espécie de vida tão logo provavam sangue. No sonho da criança morta na "caixa", o que estava em jogo era um desejo que fora imediato quinze anos antes, e cuja existência naquela época foi admitida com franqueza. Posso acrescentar — e talvez isso não deixe de ter uma relação com a teoria dos sonhos — que mesmo por trás desse desejo havia uma lembrança da infância mais remota da sonhadora. Quando era pequenina — a data exata não pôde ser fixada com certeza —, ela ouviu dizer que sua mãe caíra em profunda depressão durante a gravidez da qual ela foi o fruto, e que havia desejado ardentemente que a criança que trazia no ventre morresse. Quando a própria sonhadora cresceu e engravidou, simplesmente seguiu o exemplo da mãe.

Quando alguém sonha, com todos os sinais de dor, que seu pai, mãe, irmão ou irmã morreu, eu jamais usaria esse sonho como prova de que ele deseja a morte dessa pessoa *no presente*. A teoria dos sonhos não exige tanto; ela se satisfaz com a inferência de que essa morte foi desejada numa outra ocasião durante a infância do sonhador. Temo, porém, que essa ressalva não apazigúe os opositores; eles negarão qualquer possibilidade de terem *algum dia* nutrido essa idéia, com a mesma energia com que insistem em que não abrigam nenhum desejo dessa natureza agora. Devo, por isso, reconstruir parte da vida mental desaparecida das crianças com base nos indícios do presente.[1]

Consideremos, primeiro, a relação das crianças com seus irmãos e irmãs. Não sei por que pressupomos que essa relação deva ser amorosa, pois os exemplos de hostilidade entre irmãos e irmãs adultos impõe-se à experiência de todos, e muitas vezes podemos comprovar o fato de que essa desunião se originou na infância ou sempre existiu. Mas é também verdade que inúmeros adultos, que mantêm relações afetuosas com seus irmãos e irmãs e estão prontos a apoiá-los hoje, passaram sua infância em relações quase ininterruptas de inimizade com eles. O filho mais velho maltrata o mais novo, fala mal dele e rouba-lhe os brinquedos, ao passo que o mais novo se consome num ódio impotente contra o mais velho, a quem inveja e teme, ou enfrenta seu opressor com os primeiros sinais do amor à liberdade e do senso de justiça. Seus pais queixam-se de que as crianças não se dão bem, mas não conseguem descobrir por quê. É fácil perceber que mesmo o caráter de uma criança boa não é o que desejaríamos encontrar num adulto. As crianças são completamente egoístas; sentem suas necessidades intensamente e lutam de maneira impiedosa para satisfazê-las — especialmente contra os rivais, outras crianças, e, acima de tudo, contra seus irmãos e irmãs. Mas nem por isso chamamos uma criança de "má": dizemos que ela é "levada"; ela não é mais responsável por suas maldades em nosso julgamento do que ante os olhos da lei. E é certo que seja assim, pois podemos esperar que, antes do fim do período que consideramos como infância, os impulsos altruístas e a moralidade despertem no pequenino egoísta e (para usar os termos de Meynert) um ego secundário se superponha ao primário e o iniba. É verdade, sem dúvida, que a moral não se instala na mesma época em todos os casos e que a extensão da infância amoral varia nos diferentes indivíduos. Quando essa moral deixa de se desenvolver, costumamos falar em

---

1 [*Nota de rodapé acrescentada* em 1909:] Cf. minha "Análise de uma Fobia num Menino de Cinco Anos" (1909*b*) e meu artigo "Sobre as Teorias Sexuais Infantis" (1908*c*).

"degeneração", embora estejamos de fato diante de uma inibição do desenvolvimento. Depois de já ter sido recoberto pelo desenvolvimento posterior, o caráter primário pode ainda vir à tona, pelo menos em parte, nos casos de doença histérica. Há uma semelhança realmente impressionante entre o que se conhece como caráter histérico e o caráter de uma criança levada. A neurose obsessiva, ao contrário, corresponde a uma supermoralidade imposta como um peso de reforço contra os primeiros sinais do caráter primário.

Muitas pessoas, portanto, que amam seus irmãos e irmãs e se sentiriam desoladas se eles morressem, abrigam desejos maléficos contra eles em seu inconsciente, datando de épocas anteriores; e estes podem se realizar nos sonhos.

É de particular interesse, contudo, observar o comportamento das criancinhas de até dois ou três anos, ou um pouco mais velhas, para com seus irmãos e irmãs menores. Há, por exemplo, o caso de uma criança que até então fora filha única; e eis que lhe dizem que a cegonha trouxera um novo bebê. Ela examina o recém-chegado de alto a baixo e declara decisivamente: "A cegonha pode levar ele embora de novo!"[1] Sou seriamente de opinião que uma criança é capaz de fazer uma estimativa justa dos contratempos que terá de esperar nas mãos do pequeno estranho. Uma senhora conhecida minha, que hoje se dá muito bem com uma irmã quatro anos mais nova, contou-me que recebeu a notícia da chegada desta com a seguinte ressalva: "Mas mesmo assim não vou dar a ela minha boina vermelha". Mesmo que só mais tarde a criança venha a compreender a situação, sua hostilidade datará desse momento. Sei de um caso em que uma menininha de menos de três anos tentou estrangular um bebê em seu berço porque pressentia que sua permanência não lhe traria nada de bom. As crianças nessa época da vida são capazes de ciúmes com diversos graus de intensidade e obviedade. Do mesmo modo, na eventualidade de a irmãzinha de fato desaparecer após algum tempo, a criança mais velha verá toda a afeição da casa novamente concentrada nela. Se, depois disso, a cegonha trouxer mais um bebê, é

---

1 [*Nota de rodapé acrescentada* em 1909:] Hans, de três anos e meio (cuja fobia foi objeto da análise mencionada na nota precedente), exclamou logo após o nascimento de uma irmã, quando sofria de febre e dor de garganta: "Não *quero* uma irmãzinha!" Durante sua neurose, dezoito meses depois, ele confessou francamente o desejo de que sua mãe deixasse o neném cair na banheira para que morresse. Ao mesmo tempo, Hans era uma criança de boa índole e afetuosa, que logo passou a gostar dessa mesma irmã e adorava, em particular, tomá-la sob sua proteção.

bastante lógico que o pequeno favorito alimente o desejo de que seu novo competidor tenha o mesmo destino do primeiro, para que ele próprio possa ser tão feliz quanto era originalmente e durante o intervalo. Normalmente, é claro, essa atitude de uma criança para com uma irmã ou um irmão mais novo ocorre simplesmente em virtude da diferença de idade entre os dois. Quando essa diferença é longa o bastante, uma menina mais velha já começa a sentir os seus instintos maternais despertarem em relação ao indefeso recém-nascido.

Os sentimentos hostis para com os irmãos e irmãs devem ser muito mais freqüentes na infância do que é capaz de perceber o olhar distraído do observador adulto.

No caso de meus próprios filhos, que se seguiram uns aos outros em rápida sucessão, perdi a oportunidade de fazer esse tipo de observação; mas estou agora compensando essa negligência através da observação de um sobrinho cujo domínio autocrático foi abalado, após uma duração de quinze meses, pelo aparecimento de uma rival. É verdade que estou informado de que o rapazinho se comporta da maneira mais cavalheiresca para com sua irmãzinha, de que beija sua mão e a afaga; mas pude convencer-me de que, antes mesmo do final de seu segundo ano, ele se valeu de seus poderes de fala para criticar alguém a quem não podia deixar de considerar supérfluo. Sempre que a conversa se voltava para ela, ele costumava intervir e exclamar com petulância: "Muito flacota, muito flacota!" Durante os últimos meses, o crescimento do neném fez progressos suficientes para colocá-lo fora do alcance desse motivo específico de desprezo, e o garotinho encontrou outra base para sua afirmação de que ela não merece tanta atenção assim: em todas

---

1 [*Nota de rodapé acrescentada* em 1914:] As mortes assim experimentadas na infância podem ser rapidamente esquecidas na família; mas a pesquisa psicanalítica mostra que elas têm influência muito importante nas neuroses subseqüentes.

2 [*Nota de rodapé acrescentada* em 1914:] Desde quando isso foi escrito, um grande número de observações foi feito e registrado na literatura da psicanálise sobre a atitude originalmente hostil das crianças para com seus irmãos e irmãs e para com um de seus pais. O autor e poeta Spitteler deu-nos um relato particularmente autêntico e ingênuo dessa atitude infantil, extraído de sua própria infância: "Além do mais, havia ali um segundo Adolf: uma criaturinha que afirmavam ser meu irmão, embora eu não conseguisse ver qual era sua utilidade, e menos ainda por que era que faziam tanto alarde sobre ele quanto a meu próprio respeito. A meu ver eu já era suficiente: por que havia de querer um irmão? E ele não era apenas inútil, era definitivamente um estorvo. Quando eu importunava minha avó, ele queria importuná-la também. Quando eu saía para passear de carrinho, ele se sentava de frente para mim e ocupava metade do espaço, de modo que estávamos fadados a chutar um ao outro".

as ocasiões propícias, ele chama atenção para o fato de que ela não tem dentes.[1] Todos nos lembramos de como a filha mais velha de outra irmã minha, na época uma menina de seis anos, passou meia hora insistindo junto a cada uma de suas tias, sucessivamente, para que concordassem com ela: "Lucie ainda não entende isso, não é?", ficava a perguntar. Lucie era sua rival — dois anos e meio mais nova do que ela.

Em nenhuma de minhas pacientes, para citar um exemplo, deixei de esbarrar nesse sonho com a morte de um irmão ou de uma irmã, correspondendo a um aumento da hostilidade. Só encontrei uma única exceção, e foi fácil interpretá-la como uma confirmação da regra. Numa ocasião, durante uma sessão analítica, explicava esse assunto a uma senhora, já que, em vista de seu sintoma, a discussão do tema me parecia relevante. Para meu assombro, ela respondeu nunca ter tido um desses sonhos. Entretanto, ocorreu-lhe outro sonho que, aparentemente, não tinha nenhuma relação com o assunto — um sonho que ela tivera pela primeira vez quando estava com quatro anos e era ainda a caçula da família, e que havia sonhado repetidamente desde então: *Uma multidão de crianças — todas, suas irmãs, irmãos e primos de ambos os sexos — brincava ruidosamente num campo. De repente, todas criaram asas, voaram para longe e desapareceram.* Ela não tinha nenhuma idéia do sentido desse sonho, mas não é difícil reconhecer que, em sua forma original, ele fora um sonho sobre a morte de todos os seus irmãos e irmãs, e só fora ligeiramente influenciado pela censura. Posso ousar sugerir a seguinte análise. Por ocasião da morte de um membro dessa multidão de crianças (nesse exemplo, os filhos de dois irmãos tinham sido criados juntos como uma só família), a sonhadora, que ainda não completara quatro anos na época, deve ter perguntado a algum adulto sensato o que acontecia com as crianças quando elas morriam. A resposta deve ter sido: "Elas criam asas e viram anjinhos". No sonho que se seguiu a essa informação, todos os irmãos e irmãs da sonhadora tinham asas como pequenos anjos e — é este o ponto principal — voavam para longe. Nossa pequena infanticida ficou só, por mais estranho que pareça: a única sobrevivente do grupo inteiro! É improvável que estejamos errados em supor que o fato de as crianças brincarem ruidosamente num *campo* antes de voarem para longe

---

1 [*Nota de rodapé acrescentada* em 1909:] O pequeno Hans, quando tinha três anos e meio, deu vazão a uma crítica esmagadora a sua irmã com palavras mais ou menos idênticas. Era por não ter dentes, supunha ele, que ela não conseguia falar.

aponta para as borboletas. E como se a menina tivesse sido levada, pela mesma cadeia de idéias dos povos da Antiguidade, a imaginar a alma com asas de borboleta.

Neste ponto, alguém talvez interrompa: "Admitindo-se que as crianças tenham impulsos hostis em relação a seus irmãos e irmãs, como pode a mente de uma criança chegar a tal extremo de depravação, a ponto de desejar a *morte* de seus rivais ou de coleguinhas mais fortes do que ela, como se a pena de morte fosse a única punição para todos os crimes?" Quem quer que fale assim terá deixado de levar em conta que a idéia infantil de estar "morto" pouco tem em comum com a nossa, a não ser por essa palavra. As crianças nada sabem dos horrores da decomposição, de congelar no túmulo gelado, dos terrores do eterno nada — idéias que as pessoas adultas acham tão difíceis de tolerar, como é provado por todos os mitos de uma vida futura. O medo da morte não tem nenhum sentido para uma criança; daí ela brincar com a palavra terrível e usá-la como ameaça contra algum coleguinha: "Se você fizer isso de novo, você vai morrer, como o Franz!" Entrementes, a pobre mãe estremece e se lembra, talvez, de que a maior parte da raça humana não consegue sobreviver aos anos da infância. Foi efetivamente possível a um menino, que tinha mais de oito anos nessa época, dizer a sua mãe, ao voltar de uma visita ao Museu de História Natural: "Gosto tanto de você, mamãe! Quando você morrer, vou mandar empalhá-la neste quarto, para poder ver você o tempo *todo*". Como é pequena a semelhança entre a idéia que uma criança faz da morte e a nossa![1]

Para as crianças que, além disso, são poupadas da visão das cenas de sofrimento que precedem a morte, estar "morto" significa aproximadamente o mesmo que ter "ido embora" — ter deixado de incomodar os sobreviventes. A criança não estabelece nenhuma distinção quanto ao modo como essa ausência é provocada: se é devida a uma viagem, a uma demissão, a uma separação ou à morte.[2] Se, durante a fase pré-histórica de uma criança, sua

---

1 [*Nota de rodapé acrescentada* em 1909:] Fiquei atônito ao ouvir um menino extremamente inteligente, de dez anos, comentar após a morte súbita de seu pai: "Sei que papai está morto, mas o que não consigo entender é por que ele não vem para casa jantar". — [*Acrescentado* em 1919:] Mais material sobre esse assunto pode ser encontrado nos primeiros volumes do periódico *Imago*, sob o título contínuo de "Von wahren Wesen der Kinderseele" ["A Verdadeira Natureza da Alma Infantil"], organizado pela Dra. H. von Hug-Hellmuth.

2 [*Nota de rodapé acrescentada* em 1919:] Uma observação feita por um pai que tinha conhecimentos de psicanálise captou o momento exato em que sua filha de quatro anos, extremamente inteligente, percebeu a distinção entre "ter ido embora" e "estar morto". A pequena estivera

babá é despedida, e se, logo depois, sua mãe morre, esses dois eventos se sobrepõem numa série única em sua memória, como é revelado pela análise. Quando as pessoas estão ausentes, as crianças não sentem falta delas com grande intensidade; muitas mães aprenderam isso, para sua tristeza, quando, após ficarem longe de casa por algumas semanas nas férias de verão, são recebidas, na volta, com a notícia de que nem uma só vez os filhos perguntaram por mamãe. Quando a mãe realmente viaja para "aquele país inexplorado de cujas fronteiras nenhum viajante regressa", de início, parecem esquecê-la, e só depois é que começam a lembrar-se da mãe morta.

Assim, quando uma criança tem motivos para desejar a ausência de outra, nada a impede de dar a seu desejo a forma da morte da outra criança. E a reação psíquica aos sonhos que contêm desejos de morte prova que, apesar do conteúdo diferente desses desejos no caso das crianças, eles são, não obstante, de uma maneira ou de outra, idênticos aos desejos expressos nos mesmos termos pelos adultos.

Mas se os desejos de morte de uma criança contra seus irmãos e irmãs são explicados pelo egoísmo infantil que a faz considerá-los seus rivais, como iremos explicar seus desejos de morte contra seus pais, que a cercam de amor e suprem suas necessidades, e cuja preservação esse mesmo egoísmo deveria levá-la a desejar?

Uma solução para essa dificuldade é fornecida pela observação de que os sonhos com a morte de pais se aplicam com freqüência preponderante ao genitor do mesmo sexo do sonhador, isto é, que os homens sonham predominantemente com a morte do pai, e as mulheres, com a morte da mãe. Não posso afirmar que isso ocorra universalmente, mas a preponderância no sentido que indiquei é tão evidente que precisa ser explicada por um fator de importância geral.[1] Dito sem rodeios, é como se uma preferência sexual

---

irrequieta durante a refeição e observou que uma das criadas da pensão onde estavam hospedados a olhava com desconfiança. "Eu queria que Josefine morresse", foi o comentário da criança para o pai. "Por que morresse?", indagou o pai com brandura; "não seria bastante ela ir embora?" "Não", respondeu a menina, "porque aí ela ia voltar de novo." O irrestrito amor-próprio (o narcisismo) das crianças considera qualquer interferência um ato de *lèse majesté*, e seus sentimentos exigem (como o código draconiano) que qualquer crime dessa ordem receba a única forma de punição que não admite graus.

1 [*Nota de rodapé acrescentada* em 1925:] Essa situação é freqüentemente obscurecida pela emergência de um impulso autopunitivo que ameaça o sonhador, a título de reação moral, com a perda do genitor a quem ele ama.

se fizesse sentir numa tenra idade: como se os meninos olhassem o pai, e as meninas a mãe como seus rivais no amor, rivais cuja eliminação não poderia deixar de trazer-lhes vantagens.

Antes que essa idéia seja rejeitada como monstruosa, é conveniente, também nesse caso, considerar as relações reais vigentes — desta vez, entre pais e filhos. Devemos distinguir entre o que os padrões culturais de devoção filial exigem dessa relação e o que a observação cotidiana mostra ser a realidade. Mais de uma causa de hostilidade se esconde na relação entre pais e filhos — uma relação que propicia as mais amplas oportunidades de surgimento de desejos que não podem passar pela censura.

Consideremos, primeiramente, a relação entre pai e filho. A sacralidade que atribuímos aos mandamentos explicitados no Decálogo tem toldado, penso eu, nossa capacidade de perceber os fatos reais. Mal parecemos ousar observar que a maior parte da humanidade desobedece ao Quinto Mandamento. Tanto nas camadas mais baixas como nos estratos mais elevados da sociedade humana, a devoção filial tem o hábito de ceder a outros interesses. As obscuras informações que nos são trazidas pela mitologia e pelas lendas das eras primitivas da sociedade humana fornecem-nos uma imagem desagradável do poder despótico do pai e da crueldade com que ele o usava. Cronos devorou seus filhos, tal como o javali devora as crias da javalina, enquanto Zeus castrou o pai,[1] fazendo-se rei em seu lugar. Quanto mais irrestrita era a autoridade paterna na família antiga, mais o filho, como seu sucessor predestinado, via-se na posição de um inimigo, e mais impaciente devia ficar para tornar-se chefe, ele próprio, através da morte do pai. Mesmo em nossas famílias de classe média, os pais se inclinam, por via de regra, a recusar a seus filhos a independência e os meios necessários para obtê-la, fomentando assim o crescimento do germe de hostilidade que é inerente à sua relação. Um médico estará freqüentemente em condição de notar como a tristeza de um filho pela morte do pai não consegue suprimir sua satisfação por ter finalmente conquistado sua liberdade. Em nossa sociedade de hoje, os pais tendem a se agarrar desesperadamente ao que resta de uma *potestas patris familias* agora triste-

---

1 [*Nota de rodapé acrescentada* em 1909:] Ou pelo menos é o que se afirma que ele fez, segundo alguns mitos. Segundo outros, a emasculação só foi executada por Cronos em seu pai Urano. Quanto à importância mitológica desse tema, cf. Rank, 1909, [*acrescentado* em 1914:] e Rank, 1912c, Capítulo IX, Seção 2.

mente antiquada; e o autor que, como Ibsen, destaca em seus escritos a luta imemorial entre pais e filhos pode ter certeza de produzir um efeito.

As causas de conflito entre filha e mãe surgem quando a filha começa a crescer e ansiar por liberdade sexual, mas se descobre sob a tutela da mãe, enquanto esta, por outo lado, é advertida pelo crescimento da filha de que é chegado o momento em que ela própria deve abandonar suas pretensões à satisfação sexual.

Tudo isso é patente aos olhos de todos. Mas não nos ajuda em nosso esforço de explicar os sonhos com a morte dos pais em pessoas cuja devoção a eles foi irrepreensivelmente estabelecida há muito tempo. As discussões precedentes, além disso, já nos prepararam para saber que o desejo de morte contra os pais remonta à primeira infância.

Essa suposição é confirmada, com uma certeza que não deixa margem a dúvidas, no caso dos psiconeuróticos, quando sujeitos à análise. Com eles aprendemos que os desejos sexuais de uma criança — se é que, em seu estágio embrionário, eles mereçam ser chamados assim — despertam muito cedo, e que o primeiro amor da menina é por seu pai, enquanto os primeiros desejos infantis do menino são pela mãe. Por conseguinte, o pai se transforma num rival perturbador para o menino, e a mãe, para a menina; e já demonstrei, no caso dos irmãos e irmãs, com que facilidade esses sentimentos podem levar a um desejo de morte. Também os pais dão mostras, em geral, da parcialidade sexual: uma predileção natural costuma fazer com que o homem tenda a mimar excessivamente suas filhinhas, enquanto sua mulher toma o partido dos filhos homens, muito embora os dois, quando seu julgamento não é perturbado pela magia do sexo, mantenham uma rigorosa fiscalização sobre a educação dos filhos. A criança está perfeitamente ciente dessa parcialidade e se volta contra aquele de seus pais que se opõe a demonstrá-la. Ser amada por um adulto não traz para a criança apenas a satisfação de uma necessidade especial; significa igualmente que ela conseguirá o que quiser também em todos os demais aspectos. Assim, ela estará seguindo sua própria pulsão sexual e, ao mesmo tempo, conferindo um novo vigor à inclinação demonstrada por seus pais, se sua escolha entre eles coincidir com a deles.

Os sinais dessas preferências infantis, em sua maior parte, passam despercebidos; no entanto, alguns deles podem ser observados mesmo depois dos primeiros anos da infância. Uma menina de oito anos a quem conheço, quando sua mãe é chamada a se afastar da mesa, aproveita essa ocasião para proclamar-se sua sucessora: "Agora, *eu* vou ser a mamãe. Você quer mais verduras,

Karl? Então se sirva!" e assim por diante. Uma menina de quatro anos, particularmente esperta e cheia de vida, em quem esse dado da psicologia infantil é especialmente visível, declarou com toda a franqueza: "Mamãe agora pode ir embora. Aí papai vai ter que casar comigo e eu vou ser mulher dele". O fato de tal desejo ocorrer numa criança não é absolutamente incompatível com o estar ternamente ligada à mãe. Um menino a quem se permite que durma ao lado da mãe enquanto o pai está fora de casa, mas que tem de voltar para o quarto das crianças e para alguma pessoa de quem gosta muito menos tão logo o pai retorna, pode facilmente começar a formar um desejo de que o pai esteja *sempre* ausente, de modo que ele próprio possa conservar seu lugar ao lado da querida e adorável mamãezinha. Uma maneira óbvia de concretizar esse desejo seria se o pai estivesse morto, pois a criança aprendeu uma coisa com a experiência — a saber, que as pessoas "mortas", como o vovô, estão sempre ausentes e nunca mais voltam.

Embora essas observações sobre crianças pequenas se ajustem perfeitamente à interpretação que propus, elas não transmitem uma convicção tão completa quanto a que é imposta ao médico pelas psicanálises de neuróticos adultos. No segundo caso, os sonhos do tipo que estamos considerando são introduzidos na análise num contexto tal que é impossível deixar de interpretá-los como sonhos *de realização de desejos*.

Certo dia, uma de minhas pacientes estava aflita e chorosa. "Nunca mais quero voltar a ver meus parentes", disse ela; "eles devem achar que sou horrível." Prosseguiu então, quase sem transição alguma, dizendo que se lembrava de um sonho, embora, naturalmente, não tivesse nenhuma idéia do que ele significava. Quando tinha quatro anos, ela sonhara que *um lince ou uma raposa*[1] *estava andando no telhado; então alguma coisa caíra, ou ela havia caído; e depois, sua mãe fora levada para fora de casa, morta* — e ela chorou amargamente. Eu lhe disse que esse sonho devia significar que, quando criança, ela teria desejado ver a mãe morta, e devia ser por causa do sonho que ela achava que seus parentes deviam considerá-la horrível. Mal acabei de dizer isso, ela forneceu um material que lançou luz sobre o sonho. "Olho de lince" era um xingamento que lhe fora dirigido por um moleque de rua quando ela era muito pequena. Quando tinha três anos de idade, uma telha caíra na cabeça de sua mãe, fazendo-a sangrar violentamente.

---

1 [Os termos alemães para esses animais são muito semelhantes: *"Luchs"* e *"Fuchs"*.]

Tive certa vez a oportunidade de proceder a um estudo pormenorizado de uma jovem que passara por uma multiplicidade de condições psíquicas. Sua doença começou com um estado de excitação confusional durante o qual ela exibiu uma aversão toda especial pela mãe, batendo nela e tratando-a com grosseria toda vez que ela se aproximava de sua cama, ao passo que, nesse mesmo período, mostrava-se dócil e afetuosa para com uma irmã muitos anos mais velha que ela. Seguiu-se um estado em que ela ficou lúcida, mas um tanto apática e sofrendo de um sono muito agitado. Foi durante essa fase que comecei a tratá-la e a analisar seus sonhos. Um imenso número desses sonhos dizia respeito, com maior ou menor grau de disfarce, à morte da mãe: numa ocasião, ela comparecia ao enterro de uma velha; noutra, ela e a irmã estavam sentadas à mesa, trajadas de luto. Não havia nenhuma dúvida quanto ao sentido desses sonhos. À medida que seu estado foi melhorando, surgiram fobias histéricas. A mais torturante delas era o medo de que algo pudesse ter acontecido à mãe. A moça era obrigada a correr para casa, de onde quer que estivesse, para se convencer de que a mãe ainda estava viva. Este caso, considerado em conjunto com o que eu havia aprendido de outras fontes, foi muito instrutivo: exibia, traduzidos, por assim dizer, em diferentes línguas, os vários modos pelos quais o aparelho psíquico reagiu a uma mesma representação excitante. No estado confusional, no qual, segundo creio, a segunda instância psíquica foi dominada pela primeira, que é normalmente suprimida, sua hostilidade inconsciente para com a mãe encontrou uma poderosa expressão *motora*. Quando se instalou o estado mais calmo, reprimida a rebelião e restabelecido o domínio da censura, a única região acessível em que sua hostilidade poderia realizar o desejo da morte da mãe era a região do sonho. Quando um estado normal se estabeleceu ainda mais firmemente, levou ao surgimento de sua preocupação exagerada com a mãe, como uma contra-reação histérica e um fenômeno defensivo. Em vista disso, já não é difícil compreender por que as moças histéricas são tantas vezes apegadas a suas mães com um afeto tão exagerado.

Numa outra ocasião, tive a oportunidade de chegar a uma compreensão profunda da mente inconsciente de um rapaz cuja vida se tornara quase impossível em virtude de uma neurose obsessiva. Ele estava impossibilitado de sair à rua porque era torturado pelo medo de matar toda pessoa que encontrasse. Passava seus dias preparando um álibi para a eventualidade de ser acusado de um dos assassinatos cometidos na cidade. Desnecessário acrescentar que era um homem de moral e educação igualmente elevadas. A análise (que, aliás, o levou a recuperar-se) mostrou que a base dessa torturante obsessão era um impulso de assassinar seu pai extremamente severo. Esse impulso, para surpresa dele, fora conscientemente expressado quando ele tinha sete anos, mas se originara, é claro, numa fase muito anterior de sua infância. Após a penosa doença e a morte do pai, surgiram no paciente as auto-recriminações obsessivas — ele tinha então 31 anos —, tomando a forma de uma fobia transferida para estranhos. Não se podia esperar, achava ele, que uma pessoa capaz de querer empurrar o próprio pai num precipício, do alto de uma montanha, fosse respeitar as vidas daqueles com quem tivesse uma relação menos estreita; ele tinha toda a razão de se fechar em seu quarto.

Em minha experiência, que já é extensa, o papel principal na vida mental de todas as crianças que depois se tornam psiconeuróticas é desempenhado por seus pais. Apaixonar-se por um dos pais e odiar o outro figuram entre os componentes essenciais do acervo de impulsos psíquicos que se formam nessa época e que é tão importante na determinação dos sintomas da neurose posterior. Não acredito, todavia, que os psiconeuróticos difiram acentuadamente, nesses aspectos, dos outros seres humanos que permanecem normais — isto é, que eles sejam capazes de criar algo absolutamente novo e peculiar a eles próprios. É muito mais provável — e isto é confirmado por observações ocasionais de crianças normais — que eles se diferenciem apenas por exibirem, numa escala ampliada, sentimentos de amor e ódio pelos pais, os quais ocorrem de maneira menos óbvia e intensa nas mentes da maioria das crianças.

Essa descoberta é confirmada por uma lenda da Antiguidade clássica que chegou até nós: uma lenda cujo poder profundo e universal de comover só pode ser compreendido se a hipótese que propus com respeito à psicologia infantil tiver validade igualmente universal. O que tenho em mente é a lenda do Rei Édipo e a tragédia de Sófocles que traz o seu nome.

Édipo, filho de Laio, Rei de Tebas, e de Jocasta, foi enjeitado quando criança porque um oráculo advertira Laio de que a criança ainda por nascer seria o assassino de seu pai. A criança foi salva e cresceu como príncipe numa corte estrangeira, até que, em dúvida quanto a sua origem, também ele interrogou o oráculo e foi alertado para evitar sua cidade, já que estava predestinado a assassinar seu pai e receber sua mãe em casamento. Na estrada que o levava para longe do local que ele acreditava ser seu lar, encontrou-se com o Rei Laio e o matou numa súbita rixa. Em seguida dirigiu-se a Tebas e decifrou o enigma apresentado pela Esfinge que lhe barrava o caminho. Por gratidão, os tebanos fizeram-no rei e lhe deram a mão de Jocasta em casamento. Ele reinou por muito tempo com paz e honra, e aquela que, sem que ele o soubesse, era sua mãe, deu-lhe dois filhos e duas filhas. Por fim, então, irrompeu uma peste e os tebanos mais uma vez consultaram o oráculo. É nesse ponto que se inicia a tragédia de Sófocles. Os mensageiros trazem de volta a resposta de que a peste cessará quando o assassino de Laio tiver sido expulso do país.

Mas ele, onde está ele? Onde se há de ler agora
O desbotado registro dessa culpa de outrora?

A ação da peça não consiste em nada além do processo de revelação, com engenhosos adiamentos e a sensação sempre crescente — um processo que pode ser comparado ao trabalho de uma psicanálise — de que o próprio Édipo é o assassino de Laio, mas também de que é o filho do homem assassinado e de Jocasta. Estarrecido ante o ato abominável que inadvertidamente perpetrara, Édipo cega a si próprio e abandona o lar. A predição do oráculo fora cumprida.

Édipo Rei é o que costuma ser chamado uma tragédia do destino. Diz-se que seu efeito trágico reside no contraste entre a suprema vontade dos deuses e as vãs tentativas da humanidade de escapar ao mal que a ameaça. A lição que, segundo se afirma, o espectador profundamente comovido deve extrair da tragédia é a submissão à vontade divina e o reconhecimento de sua própria impotência. Os dramaturgos modernos, por conseguinte, tentaram alcançar um efeito trágico semelhante, tecendo o mesmo contraste num enredo inventado por eles mesmos. Mas os espectadores ficaram a contemplar, impassíveis, enquanto uma praga ou um vaticínio oracular se realizava apesar de todos os esforços de algum homem inocente: as tragédias do destino posteriores falharam em seu efeito.

Se *Édipo Rei* comove tanto uma platéia moderna quanto fazia com a platéia grega da época, a explicação só pode ser que seu efeito não está no contraste entre o destino e a vontade humana, mas deve ser procurado na natureza específica do material com que esse contraste é exemplificado. Deve haver algo que desperta dentro de nós uma voz que está pronta a reconhecer a força compulsiva do destino no *Édipo*, ao passo que podemos descartar como meramente arbitrários os desígnios do tipo formulado em *Die Ahnfrau* ou em outras modernas tragédias do destino. E há realmente um fator dessa natureza presente na história do Rei Édipo. Seu destino comove-nos apenas porque poderia ter sido o nosso — porque o oráculo lançou sobre nós, antes de nascermos, a mesma maldição que caiu sobre ele. É destino de todos nós, talvez, dirigir nosso primeiro impulso sexual para nossa mãe, e nosso primeiro ódio e primeiro desejo assassino, para nosso pai. Nossos sonhos nos convencem de que é isso o que acontece. O Rei Édipo, que assassinou Laio, seu pai, e se casou com Jocasta, sua mãe, simplesmente nos mostra a realização de nossos próprios desejos infantis. Contudo, mais afortunados que ele, conseguimos, na medida em que não nos tenhamos tornado psiconeuróticos, desprender nossos impulsos sexuais de nossas mães e esquecer nosso ciúme de nossos pais. Ali está alguém em quem esses desejos primevos de nossa infância foram realizados, e dele recuamos com toda a força do recalque pelo qual esses desejos, desde aquela época, foram contidos dentro de nós. Enquanto traz à luz, à medida que desvenda o passado, a culpa de Édipo, o poeta nos compele a reconhecer nossa própria alma secreta, onde esses mesmos impulsos, embora suprimidos, ainda podem ser encontrados. O contraste com que nos confronta o coro final —

Fitai de Édipo o horror,
Dele que o obscuro enigma desvendou, mais nobre e sábio vencedor.
Alto no céu sua estrela se acendeu, ansiada e irradiante de esplendor:
Ei-lo que em mar de angústia submergiu, calcado sob a vaga em seu
furor.

— tem o impacto de uma advertência a nós mesmos e a nosso orgulho, nós que, depois de nossa infância, tornamo-nos tão sábios e tão poderosos aos nossos próprios olhos. Como Édipo, vivemos na ignorância desses desejos repugnantes à moral, que nos foram impostos pela Natureza; e após sua revelação, é bem possível que todos busquemos fechar os olhos às cenas de nossa infância.[1]

---

1 [*Nota de rodapé acrescentada* em 1914:] Nenhuma das descobertas da investigação psicanalítica provocou negações tão acirradas, oposição tão feroz — ou distorções tão divertidas — por parte dos críticos quanto essa indicação dos impulsos infantis para o incesto, que persistem no inconsciente. Recentemente, chegou-se até a fazer uma tentativa, a despeito de toda a experiência, de demonstrar que o incesto só deveria ser entendido como "simbólico". — Ferenczi (1912) propôs uma engenhosa "superinterpretação" do mito de Édipo, baseada num trecho de uma das cartas de Schopenhauer. — [*Acrescentado* em 1919:] Estudos posteriores demonstraram que o "complexo de Édipo", em que se tocou pela primeira vez nesses parágrafos de *A Interpretação*

Há uma indicação inconfundível no texto da própria tragédia de Sófocles, de que a lenda de Édipo brotou de algum material onírico primitivo que tinha como conteúdo a aflitiva perturbação da relação de uma criança com seus pais, em virtude dos primeiros sinais da sexualidade. Num ponto em que Édipo, embora não tenha sido ainda esclarecido, começa a se sentir perturbado por sua recordação do oráculo, Jocasta o consola fazendo referência a um sonho que muitas pessoas têm, ainda que, na opinião dela, não faça nenhum sentido:

> Muito homem desde outrora em sonhos tem deitado
> Com aquela que o gerou. Menos se aborrece
> Quem com tais presságios sua alma não perturba.

Hoje, como outrora, muitos homens sonham ter relações sexuais com suas mães, e mencionam esse fato com indignação e assombro. Essa é claramente a chave da tragédia e o complemento do sonho de o pai do sonhador estar morto. A história de Édipo é a reação da imaginação a esses dois sonhos típicos. E, assim como esses sonhos, quando produzidos por adultos, são acompanhados por sentimentos de repulsa, também a lenda precisa incluir horror e autopunição. Sua modificação adicional se origina, mais uma vez, de uma elaboração secundária que interpreta mal o material, e que procurou explorá-la para fins teológicos (cf. o material onírico dos sonhos de exibição, p. 245 e seg.). A tentativa de harmonizar a onipotência divina com a responsabilidade humana deve, naturalmente, falhar em relação a esse tema, tal como em relação a qualquer outro.

Outra das grandes criações da poesia trágica, o *Hamlet* de Shakespeare, tem suas raízes no mesmo solo que *Édipo Rei*. Mas o tratamento modificado do mesmo material revela toda a diferença na vida mental dessas duas épocas, bastante separadas, da civilização: o avanço secular do recalque na vida emocional da espécie humana. No *Édipo*, a fantasia infantil desejosa que subjaz ao texto é abertamente exposta e realizada, como ocorreria num sonho. Em *Hamlet* ela permanece recalcada; e — tal como no caso de uma neurose — só ficamos cientes de sua existência através de suas conseqüên-

dos Sonhos, lança uma luz de insuspeitada importância sobre a história da raça humana e a evolução da religião e da moral (ver meu *Totem e Tabu*, 1912-13).

cias inibidoras. Estranhamente, o efeito esmagador produzido por essa tragédia mais moderna revelou-se compatível com o fato de as pessoas permanecerem em completa ignorância quanto ao caráter do herói. A peça se alicerça nas hesitações de Hamlet em cumprir a tarefa de vingança que lhe é designada; mas seu texto não oferece nenhuma razão ou motivo para essas hesitações, e uma imensa variedade de tentivas de interpretá-las não trouxe nenhum resultado. Segundo a visão que se originou em Goethe e é ainda hoje predominante, Hamlet representa o tipo de homem cujo poder de ação direta é paralisado por um desenvolvimento excessivo do intelecto. (Ele está "amarelecido, com a palidez do pensamento".) Segundo outra visão, o dramaturgo tentou retratar um caráter patologicamente indeciso, que poderia ser classificado de neurastênico. O enredo do drama nos mostra, contudo, que Hamlet está longe de ser representado como uma pessoa incapaz de tomar qualquer atitude. Nós o vemos fazer isso em duas ocasiões: primeiro, num súbito rompante de cólera, quando trespassa com a espada o curioso que escuta a conversa por trás da tapeçaria, e em segundo lugar, de maneira premeditada e até ardilosa, quando, com toda a insensibilidade de um príncipe da Renascença, envia os dois cortesãos à morte que fora planejada para ele mesmo. O que é, então, que o impede de cumprir a tarefa imposta pelo fantasma do pai? A resposta, mais uma vez, está na natureza peculiar da tarefa. Hamlet é capaz de fazer qualquer coisa — salvo vingar-se do homem que eliminou seu pai e tomou o lugar deste junto a sua mãe, o homem que lhe mostra os desejos recalcados de sua própria infância realizados. Desse modo, o ódio que deveria impeli-lo à vingança é nele substituído por auto-recriminações, por escrúpulos de consciência que o fazem lembrar que ele próprio, literalmente, não é melhor do que o pecador a quem deve punir. Aqui traduzi em termos conscientes o que se destinava a permanecer inconsciente na mente de Hamlet; e, se alguém se inclinar a chamá-lo de histérico, só poderei aceitar esse fato como algo que está implícito em minha interpretação. A aversão pela sexualidade expressa por Hamlet em sua conversa com Ofélia ajusta-se muito bem a isto: a mesma aversão que iria apossar-se da mente do poeta em escala ascendente durante os anos que se seguiram, e que alcançou sua expressão máxima em *Timon de Atenas*. Pois, é claro, só pode ser a própria mente do poeta que nos confronta em Hamlet. Observo num livro sobre Shakespeare, de Georg Brandes, uma declaração de que *Hamlet* foi escrito logo após a morte do pai de Shakespeare (em 1601), isto é, sob o impacto imediato de sua perda e, como bem podemos presumir, enquanto seus sentimentos infantis sobre o pai tinham sido recentemente revividos. Sabe-se também que o próprio filho de Shakespeare, que morreu em tenra idade, trazia o nome de "Hamnet", que é idêntico a "Hamlet". Assim como *Hamlet* versa sobre a relação entre um filho e seus pais, *Macbeth* (escrito aproximadamente no mesmo período) aborda o tema da falta de filhos. Entretanto, assim como todos os sintomas neuróticos e, aliás, todos os sonhos são passíveis de ser "superinterpretados", e na verdade precisam sê-lo, se pretendermos compreendê-los na íntegra, também todos os textos genuinamente criativos são o produto de mais de um único motivo e mais de um único impulso na mente do poeta, e são passíveis de mais de uma interpretação. No que escrevi, tentei apenas interpretar a camada mais profunda dos impulsos anímicos do escritor criativo.[1]

Não posso abandonar o tema dos sonhos típicos sobre a morte de parentes queridos sem acrescentar mais algumas palavras que lançam luz sobre sua importância para a teoria dos sonhos em geral. Nesses sonhos, encontramos realizada a situação extremamente incomum de um pensamento onírico formado por um desejo recalcado que foge inteiramente à censura e passa para o sonho sem modificação. Deve haver fatores especiais em ação para possibilitar esse fato, e creio que a ocorrência desses sonhos é facilitada por dois desses fatores. Em primeiro lugar, nenhum desejo parece mais distante de nós do que este: "não poderíamos nem *sonhar*" — assim acreditamos — em desejar uma coisa dessas. Por essa razão, a censura do sonho não está armada para enfrentar tal monstruosidade, da mesma forma que o código penal de Sólon não continha nenhuma punição para o parricídio. Em segundo lugar, nesse caso o desejo recalcado e insuspeitado coincide parcialmente, com enorme freqüência, com um resíduo do dia anterior sob a forma de uma *preocupação* com a segurança da pessoa em questão. Essa preocupação só consegue penetrar no sonho valendo-se do desejo correspondente, enquanto o desejo pode disfarçar-se por trás da preocupação que se tornou ativa durante o dia. Podemos inclinar-nos a pensar que as coisas são

---

1 [*Nota de rodapé acrescentada* em 1919:] Essas indicações de uma explicação psicanalítica de *Hamlet* foram desde então ampliadas por Ernest Jones e defendidas contra outros pontos de vista propostos na literatura sobre o assunto (ver Jones, 1910*a*). — [*Acrescentado* em 1930:] A propósito, nesse meio tempo, deixei de crer que o autor das obras de Shakespeare tenha sido o homem de Stratford. — [*Acrescentado* em 1919:] Outras tentativas de uma análise de *Macbeth* podem ser encontradas num trabalho meu e num de Jekels (1917).

mais simples do que isso e que o sujeito simplesmente dá continuidade, durante a noite e nos sonhos, àquilo que esteve revolvendo na mente durante o dia; nesse caso, porém, estaremos deixando os sonhos da morte de pessoas que são caras ao sonhador inteiramente no ar e sem qualquer ligação com nossa explicação dos sonhos em geral, e assim estaremos nos apegando, sem nenhuma necessidade, a um enigma perfeitamente passível de solução.

É também instrutivo considerar a relação desses sonhos com os sonhos de angústia. Nos sonhos que vimos examinando, um desejo recalcado encontrou um meio de fugir à censura — e à distorção que a censura implica. O resultado invariável disso é que se experimentam sentimentos dolorosos no sonho. Da mesma forma, os sonhos de angústia só ocorrem quando a censura é total ou parcialmente subjugada; e, por outro lado, a subjugação da censura é facilitada nos casos em que a angústia já foi produzida como uma sensação imediata decorrente de fontes somáticas. Assim, podemos ver claramente a finalidade para a qual a censura exerce sua função e promove a distorção dos sonhos: ela o faz *para impedir a produção de angústia ou de outras formas de afeto aflitivo.*

Falei mais atrás sobre o egoísmo da mente das crianças, e posso agora acrescentar, com a sugestão de uma possível ligação entre os dois fatos, que os sonhos têm a mesma característica. Todos eles são inteiramente egoístas: o ego amado aparece em todos eles, muito embora possa estar disfarçado. Os desejos que neles se realizam são invariavelmente desejos do ego, e, quando um sonho parece ter sido provocado por um interesse altruísta, estamos apenas sendo enganados pelas aparências. Eis aqui algumas análises de exemplos que parecem contradizer essa afirmação.

I

Uma criança com menos de quatro anos de idade contou ter sonhado que *vira um prato enorme com um grande pedaço de carne assada e legumes. De repente, toda a carne foi comida — inteira, sem ser cortada. Ela não viu a pessoa que a comeu.*[1]

---

1 O aparecimento, nos sonhos, de coisas de grande tamanho e em grandes quantidades e números, assim como de exageros em geral, pode constituir outra característica infantil. As crianças não

267

Quem teria sido a pessoa desconhecida cujo suntuoso banquete de carne constitui o tema do sonho do menininho? Suas experiências durante o dia do sonho devem esclarecer-nos sobre o assunto. Por ordem médica, ele fora submetido a uma dieta de leite nos últimos dias. Na noite do sonho ele se comportara mal e, como castigo, fora mandado para a cama sem jantar. Ele já havia passado por essa cura pela fome numa ocasião anterior e se portara com muita bravura. Sabia que não conseguiria nada, mas não se permitia demonstrar, nem mesmo por uma única palavra, que estava com fome. A educação já começara a surtir efeito nele: encontrou expressão em seu sonho, que exibe o início da distorção onírica. Não há nenhuma dúvida de que a pessoa cujos desejos eram visados nessa generosa refeição — de carne, ainda por cima — era ele próprio. Mas, como sabia que isso não lhe era permitido, ele não se aventurou a sentar-se pessoalmente para desfrutar a refeição, como fazem as crianças famintas nos sonhos (cf. o sonho de minha filhinha Anna com os morangos, na p. 143). A pessoa que comeu a refeição permaneceu no anonimato.

II

Sonhei, certa noite, que via na vitrina de uma livraria um novo volume de uma das séries de monografias para conhecedores que tenho o hábito de comprar — monografias sobre grandes artistas, sobre história mundial, sobre cidades famosas, etc. *A nova série era intitulada "Oradores Famosos" ou "Discursos", e seu primeiro volume trazia o nome do Dr. Lecher.*

Quando analisei isso, pareceu-me improvável que devesse preocupar-me, em meus sonhos, com a fama do Dr. Lecher, o incansável orador do grupo dos obstrucionistas do Partido Nacionalista Alemão no Parlamento. O caso foi que, alguns dias antes, eu recebera alguns pacientes novos para tratamento psicológico, e agora era obrigado a falar durante dez ou doze horas todos os dias. Assim, eu próprio é que era o orador incansável.

---

têm nenhum desejo mais ardente do que o de serem grandes e crescidas, e de obterem tanto das coisas quanto as pessoas adultas. Elas são difíceis de satisfazer, não conhecem a palavra "bastante" e insistem insaciavelmente na repetição das coisas de que desfrutaram ou cujo sabor apreciaram. É somente a influência civilizadora da educação que lhes ensina a moderação e como se contentarem ou se resignarem. Todos sabem que os neuróticos são igualmente inclinados a serem extravagantes e imoderados.

III

De outra feita, sonhei que um homem conhecido meu, que fazia parte dos quadros da Universidade, me dizia: "*Meu filho, o Míope*". Seguiu-se então um diálogo constituído por curtas observações e réplicas. Depois disso, houve ainda um terceiro fragmento do sonho no qual figurávamos eu próprio e meus filhos. No que dizia respeito ao conteúdo latente do sonho, o Professor M. e seu filho eram testas-de-ferro — um mero anteparo para encobrir a mim e a meu filho mais velho. Terei de voltar a este sonho mais adiante, em virtude de outra de suas características.

IV

O sonho que se segue constitui outro exemplo de sentimentos egoístas realmente baixos, ocultos por trás de uma preocupação afetiva.

Meu amigo Otto parecia doente. Seu rosto estava marrom e ele tinha olhos esbugalhados.

Otto é o médico da minha família, e devo-lhe mais do que algum dia poderei retribuir: ele cuida da saúde de meus filhos há muitos anos, trata deles com êxito quando adoecem e, além disso, sempre que as circunstâncias lhe dão uma desculpa, lhes dá presentes. Ele nos visitara no dia do sonho, e minha mulher havia comentado que ele parecia fatigado e tenso. Naquela noite, tive meu sonho, que o apresentou com alguns dos sinais da doença de Basedow. Quem quer que interprete este sonho sem levar em consideração minhas normas concluirá que eu estava preocupado com a saúde de meu amigo e que essa preocupação foi concretizada no sonho. Isso não apenas contradiria minha afirmação de que os sonhos são realizações de desejos, como também minha outra afirmação de que eles só são acessíveis a impulsos egoístas. Mas eu gostaria que alguém que interpretasse o sonho dessa forma tivesse a bondade de me explicar por que meus temores por Otto levaram à doença de *Basedow* — um diagnóstico para o qual sua aparência real não dá o menor fundamento. Minha análise, por outro lado, trouxe à tona o seguinte material, oriundo de uma ocorrência de seis anos antes. Num grupinho que incluía o Professor R., seguíamos de carruagem em completa escuridão pela floresta de N., que ficava a algumas horas de viagem do lugar onde estávamos passando nossas férias de verão. O cocheiro, que não estava inteiramente sóbrio, lançou-nos, com veículo e tudo, num barranco, e foi apenas por sorte que todos escapamos ilesos. Fomos obrigados, contudo, a passar a noite numa estalagem vizinha, onde a notícia do acidente nos trouxe grande dose de solidariedade. Um cavalheiro com sinais inconfundíveis da doença de Basedow — aliás, exatamente como no sonho, apenas com a descoloração castanha da pele do rosto e os olhos esbugalhados, mas sem bócio — colocou-se à nossa inteira disposição e perguntou o que poderia fazer por nós. O Professor R. respondeu, à sua maneira incisiva: "Nada, a não ser me emprestar um camisolão de dormir". Ao que o gentil cavalheiro retrucou: "Lamento, mas não posso fazer isso", e deixou o aposento.

À medida que continuei com minha análise, ocorreu-me que Basedow era não só o nome de um médico, mas também o de um famoso educador. (Em meu estado de vigília eu já não me sentia tão seguro disso.) Mas meu amigo Otto era a pessoa a quem eu pedira que cuidasse da educação física de meus filhos, especialmente na época da puberdade (daí o camisolão de dormir), caso alguma coisa me acontecesse. Ao atribuir a meu amigo Otto, no sonho, os sintomas de nosso nobre auxiliador, eu estava evidentemente dizendo que, se alguma coisa me acontecesse, ele faria tão pouco pelas crianças quanto o Barão L. fizera naquela ocasião, apesar de suas amáveis ofertas de assistência. Isso parece ser prova suficiente do substrato egoísta do sonho.[1]

Mas onde encontrar sua realização de desejo? Não em eu me vingar de meu amigo Otto, cuja sina parece ser a de sofrer maus-tratos em meus sonhos, mas na consideração seguinte. Ao mesmo tempo que, no sonho, representei Otto como o Barão L., identifiquei-me com outra pessoa, a saber, o Professor R., pois, assim como na história, R. fizera um pedido ao Barão

---

1 [*Nota de rodapé acrescentada* em 1911:] Quando Ernest Jones fazia uma conferência científica sobre o egoísmo dos sonhos perante uma platéia norte-americana, uma senhora instruída se opôs a essa generalização não científica, dizendo que o autor do presente trabalho só podia julgar os sonhos dos austríacos e não tinha nada que falar dos sonhos dos americanos. No que lhe dizia respeito, ela estava certa de que todos os seus sonhos eram exclusivamente altruístas. — [*Acrescentado* em 1925:] À guisa de desculpa por essa patriótica senhora, posso observar que a declaração de que os sonhos são inteiramente egoístas não deve ser mal-entendida. Visto que o que quer que ocorra no pensamento pré-consciente pode passar para um sonho (quer para o seu conteúdo manifesto, quer para os pensamentos latentes do sonho), essa possibilidade está igualmente aberta aos impulsos altruístas. Da mesma forma, um impulso afetivo ou erótico em relação a outra pessoa, caso esteja presente no inconsciente, pode surgir num sonho. A verdade da afirmação feita no texto acima fica, assim, restrita ao fato de que, entre os instigadores inconscientes de um sonho, com muita freqüência encontramos impulsos egoístas que parecem ter sido superados na vida de vigília.

L., eu também fizera um pedido a Otto. E esta é a questão. O Professor R., com quem eu realmente não me arriscaria a me comparar à maneira comum, assemelhava-se a mim no sentido de ter seguido um rumo independente fora do mundo acadêmico, e só obtivera seu merecido título na velhice. Assim, mais uma vez, eu estava querendo ser Professor! De fato, as próprias palavras "na velhice" eram uma realização de desejo, pois implicavam que eu viveria o bastante para ver meus filhos atravessarem a época da puberdade.

[(γ) OUTROS SONHOS TÍPICOS]

Não tenho nenhuma experiência própria de outras espécies de sonhos típicos, nas quais o sonhador se descobre voando em pleno ar, com o acompanhamento de sensações agradáveis, ou se vê caindo, com sensações de angústia; e o que quer que tenha a dizer sobre o assunto se origina de psicanálises. As informações proporcionadas por estas últimas forçam-me a concluir que também esses sonhos reproduzem impressões da infância; isto é, eles se relacionam com jogos que envolvem movimento, que são extraordinariamente atraentes para as crianças. Não existe um único tio que não tenha mostrado a uma criança como voar, precipitando-se pela sala com ela nos braços estendidos, ou que não tenha brincado de deixá-la cair, balançando-a nos joelhos e de repente esticando as pernas, ou levantando-a bem alto e então fingindo que vai deixá-la cair. As crianças se deliciam com tais experiências e nunca se cansam de pedir que elas sejam repetidas, especialmente se houver nelas algo que provoque um pequeno susto ou uma tontura. Anos depois, elas repetem essas experiências nos sonhos; nestes, porém, elas deixam de fora as mãos que as sustinham, de modo que flutuam ou caem sem apoio. O prazer que as crianças pequenas experimentam nas brincadeiras desse tipo (bem como nos balanços e gangorras) é bem conhecido, e quando elas passam a ver façanhas acrobáticas num circo, sua lembrança de tais brincadeiras é revivida.[1] Os ataques histéricos nos meninos às vezes consistem meramente em reproduções de façanhas dessa espécie,

---

1 [*Nota de rodapé acrescentada* em 1925:] A pesquisa analítica nos tem mostrado que, além do prazer dos órgãos envolvidos, existe outro fator que contribui para o prazer experimentado pelas crianças nas façanhas acrobáticas e para sua repetição nos ataques histéricos. Esse outro fator é uma imagem mnêmica, muitas vezes inconsciente, da observação de relações sexuais, quer entre seres humanos, quer entre animais.

executadas com grande habilidade. Não é incomum que esses jogos de movimento, embora inocentes em si, dêem origem a sensações sexuais.[1] As "estripulias" [*"Hetzen"*] infantis, se é que posso empregar uma palavra que comumente descreve todas essas atividades, são o que se repete nos sonhos de voar, cair, sentir tonteiras e assim por diante, enquanto as sensações prazerosas ligadas a essas experiências são transformadas em angústia. Com bastante freqüência, porém, como toda mãe sabe, as estripulias entre as crianças realmente terminam em brigas e lágrimas.

Assim, tenho bons motivos para rejeitar a teoria de que o que provoca os sonhos de voar e cair é o estado de nossas sensações tácteis durante o sono, ou as sensações de movimento de nossos pulmões, etc. A meu ver, essas sensações são reproduzidas, elas próprias, como parte da lembrança a que remonta o sonho, isto é, são parte do *conteúdo* do sonho, e não sua fonte.

Não posso, contudo, esconder de mim mesmo que sou incapaz de fornecer qualquer explicação completa sobre essa classe de sonhos típicos. Meu material deixou-me em apuros precisamente neste ponto. Devo, entretanto, insistir na afirmação geral de que todas as sensações tácteis e motoras que ocorrem nesses sonhos típicos são evocadas tão logo se verifica qualquer motivo psíquico para utilizá-las, e podem ser desprezadas quando não surge tal necessidade delas. Sou também de opinião que a relação desses sonhos com as experiências infantis já foi plenamente corroborada a partir das indicações que obtive nas análises de psiconeuróticos. Não sei dizer, porém, que outros significados podem ligar-se à lembrança dessas sensações no curso de fases posteriores da vida — significados diferentes, talvez, em cada caso individual, apesar da aparência típica dos sonhos; e gostaria de poder preencher essa lacuna mediante uma análise cuidadosa de exemplos claros. Se alguém se sentir surpreso com o fato de, a despeito da freqüência precisamente dos sonhos de voar, cair, extrair dentes, etc., eu estar me queixando de falta de material sobre esse tópico específico, devo explicar

---

1 Um jovem colega médico, que é inteiramente livre de qualquer tipo de distúrbio nervoso, deu-me a seguinte informação sobre este ponto: "Sei, por experiência própria, que na minha infância eu tinha uma sensação estranha em meus órgãos genitais quando estava num balanço, especialmente quando o movimento para baixo alcançava seu maior impulso. Embora não possa dizer que realmente gostasse dessa sensação, tenho de qualificá-la como prazerosa". — Os pacientes me têm relatado com freqüência que as primeiras ereções prazerosas de que se lembram ocorreram em sua infância, enquanto subiam em coisas aqui e ali. — A psicanálise deixa perfeitamente claro que os primeiros impulsos sexuais muitas vezes têm suas raízes em jogos que envolvem correrias e lutas durante a infância.

que eu mesmo não tive nenhum sonho dessa natureza desde que voltei minha atenção para o tema da interpretação dos sonhos. Ademais, os sonhos dos neuróticos, dos quais de outro modo eu me poderia valer, nem sempre podem ser interpretados — não, pelo menos, em muitos casos, de modo a revelarem a totalidade de seu sentido oculto; uma força psíquica particular, que se relacionou com a estruturação original da neurose e que é mais uma vez acionada quando se fazem tentativas de solucioná-la, impede-nos de interpretar esses sonhos até seu último segredo.

[δ] Sonhos com Exames

Quem quer que tenha passado pelo vestibular no final de seus estudos escolares queixa-se da obstinação com que é perseguido por sonhos angustiantes de ter sido reprovado, ou de ser obrigado a refazer o exame, etc. No caso dos que obtiveram um grau universitário, esse sonho típico é substituído por outro que os representa como tendo fracassado em seus exames universitários finais; e é em vão que fazem objeções, mesmo enquanto ainda estão adormecidos, de que há anos vêm exercendo a medicina ou trabalhando como conferencistas da Universidade ou como chefes de escritório. As lembranças inextirpáveis dos castigos que sofremos por nossas más ações na infância tornam-se ativas em nós mais uma vez e se ligam aos dois pontos cruciais de nossos estudos — o *"dies irae, dies illa"* de nossos exames mais duros. A "angústia de prestar exames" dos neuróticos deve sua intensificação a esses mesmos medos infantis. Quando deixamos de ser estudantes, nossos castigos já não nos são infligidos por nossos pais ou por aqueles que nos criaram, ou, posteriormente, por nossos professores. As implacáveis cadeias causais da vida real se encarregam de nossa educação ulterior, e passamos a sonhar com o vestibular ou com os exames finais (e quem não tremeu nessas ocasiões, mesmo que estivesse bem preparado para as provas?) sempre que, tendo feito algo errado ou deixado de fazer alguma coisa de maneira apropriada, esperamos ser punidos por esse acontecimento — em suma, sempre que sentimos o fardo da responsabilidade.

Por uma explicação adicional sobre os sonhos com exames tenho de agradecer a um experiente colega, que certa vez declarou, numa reunião científica, que, ao que ele soubesse, os sonhos com o vestibular só ocorriam nas pessoas que tinham sido aprovadas, e nunca nas que foram reprovadas nele. Ao que parece, portanto, os sonhos de angústia referentes a exames (os quais, como já foi confirmado repetidas vezes, surgem quando o sonhador tem alguma responsabilidade pela frente no dia seguinte e teme que haja um fiasco) procuram alguma ocasião do passado em que uma grande angústia se tenha revelado injustificada e tenha sido desmentida pelos acontecimentos. Esse, portanto, seria um exemplo notável de o conteúdo de um sonho ser mal interpretado pela instância de vigília. O que é considerado um protesto indignado contra o sonho — "Mas eu já sou médico, etc.!" — seria, na realidade, o consolo trazido pelo sonho, e seu enunciado, por conseguinte, seria: "Não tenha medo do amanhã! Pense só em como você estava ansioso antes do vestibular e, no entanto, nada lhe aconteceu. Você já é médico, etc.!" E a angústia que é atribuída ao sonho decorreria, na realidade, dos restos diurnos.

Os testes a que tenho submetido essa explicação em mim mesmo e em outras pessoas, embora não tenham sido suficientemente numerosos, têm confirmado sua validade. Por exemplo, eu próprio fui reprovado em Medicina Forense em meus exames finais, mas nunca tive de enfrentar essa matéria nos sonhos, ao passo que, com muita freqüência, tive que prestar exames de Botânica, Zoologia ou Química. Fiz prova dessas matérias com uma ansiedade bastante justificada, mas, fosse pela graça do destino ou dos examinadores, escapei à punição. Em meus sonhos com provas escolares, tratava-se invariavelmente de um teste de História, matéria em que me saí brilhantemente — embora apenas, é verdade, porque [no exame oral] meu bondoso mestre (o benfeitor de um olho só de outro sonho, ver p. 54) não deixou de notar que, no papel que lhe devolvi com as perguntas, eu havia riscado com a unha a questão do meio entre as três formuladas, para avisar-lhe que não insistisse naquela pergunta específica. Um de meus pacientes, que resolvera não fazer o vestibular na primeira vez, mas depois foi aprovado, e que em seguida foi reprovado em seu exame para o exército, não tendo jamais obtido uma patente, contou-me que sonha com freqüência com o primeiro desses exames, mas nunca com o segundo.

A interpretação dos sonhos com exames enfrenta a dificuldade a que já me referi como sendo característica da maioria dos sonhos típicos. Só raramente o material que o sonhador nos fornece nas associações é suficiente para interpretarmos o sonho. Somente reunindo um número considerável de exemplos desses sonhos é que poderemos chegar a uma melhor compreensão deles. Não faz muito tempo cheguei à conclusão de que a objeção "Você já é médico, etc.!" não apenas oculta um consolo, como também significa uma recriminação. Esta seria: "Você já está muito velho agora, com uma idade muito avançada, mas ainda continua a fazer essas coisas estúpidas e infantis". Essa mescla de autocrítica e consolo corresponderia, assim, ao conteúdo latente dos sonhos com exames. Sendo assim, não supreenderia que as auto-recriminações por ser "estúpido" e "infantil" nestes últimos exemplos se referissem à repetição de atos sexuais repreensíveis.

Wilhelm Stekel, que propôs a primeira interpretação dos sonhos com o vestibular [*"Matura"*], era de opinião que eles estavam regularmente relacionados com provas sexuais e com a maturidade sexual. Minha experiência confirmou várias vezes seu ponto de vista.

CAPÍTULO VI

O TRABALHO DO SONHO

Todas as tentativas feitas até hoje de solucionar o problema dos sonhos têm lidado diretamente com seu conteúdo *manifesto*, tal como se apresenta em nossa memória. Todas essas tentativas esforçaram-se para chegar a uma interpretação dos sonhos a partir de seu conteúdo manifesto, ou (quando não havia qualquer tentativa de interpretação) por formar um juízo quanto à natureza deles com base nesse mesmo conteúdo manifesto. Somos os únicos a levar algo mais em conta. Introduzimos uma nova classe de material psíquico entre o conteúdo manifesto dos sonhos e as conclusões de nossa investigação: a saber, seu conteúdo *latente*, ou (como dizemos) os "pensamentos do sonho", obtidos por meio de nosso método. É desses pensamentos do sonho, e não de seu conteúdo manifesto, que depreendemos seu sentido. Estamos, portanto, diante de uma nova tarefa que não tinha existência prévia, ou seja, a tarefa de investigar as relações entre o conteúdo manifesto dos sonhos e os pensamentos oníricos latentes, e de desvendar os processos pelos quais estes últimos se transformaram naquele.

Os pensamentos do sonho e o conteúdo do sonho nos são apresentados como duas versões do mesmo assunto em duas linguagens diferentes. Ou, mais apropriadamente, o conteúdo do sonho é como uma transcrição dos pensamentos oníricos em outro modo de expressão cujos caracteres e leis sintáticas é nossa tarefa descobrir, comparando o original e a tradução. Os pensamentos do sonho tornam-se imediatamente compreensíveis tão logo tomamos conhecimento deles. O conteúdo do sonho, por outro lado, é expresso, por assim dizer, numa escrita pictográfica cujos caracteres têm de ser individualmente transpostos para a linguagem dos pensamentos do sonho. Se tentássemos ler esses caracteres segundo seu valor pictórico, e não de acordo com sua relação simbólica, seríamos claramente induzidos ao erro. Suponhamos que eu tenha diante de mim um quebra-cabeça feito de figuras, um rébus. Ele retrata uma casa com um barco no telhado, uma letra solta do alfabeto, a figura de um homem correndo, com a cabeça misteriosamente desaparecida, e assim por diante. Ora, eu poderia ser erroneamente levado a fazer objeções e a declarar que o quadro como um todo, bem como suas partes integrantes, não fazem sentido. Um barco não tem nada que estar no telhado de uma casa e um homem sem cabeça não pode correr. Além disso, o homem é maior do que a casa e, se o quadro inteiro pretende representar uma paisagem, as letras do alfabeto estão deslocadas nele, pois esses objetos não ocorrem na natureza. Obviamente, porém, só podemos fazer um juízo adequado do quebra-cabeça se pusermos de lado essas críticas da composição inteira e de suas partes, e se, em vez disso, tentarmos substituir cada elemento isolado por uma sílaba ou palavra que possa ser representada por aquele elemento de um modo ou de outro. As palavras assim compostas já não deixarão de fazer sentido, podendo formar uma frase poética de extrema beleza e significado. O sonho é um quebra-cabeça pictográfico desse tipo, e nossos antecessores no campo da interpretação dos sonhos cometeram o erro de tratar o rébus como uma composição pictórica, e, como tal, ela lhes pareceu absurda e sem valor.

(A)

O TRABALHO DE CONDENSAÇÃO

A primeira coisa que se torna clara para quem quer que compare o conteúdo do sonho com os pensamentos oníricos é que ali se efetuou um trabalho de *condensação* em larga escala. Os sonhos são curtos, insuficientes e lacônicos em comparação com a gama e riqueza dos pensamentos oníricos. Se um sonho for escrito, talvez ocupe meia página. A análise que expõe os pensamentos oníricos subjacentes a ele poderá ocupar seis, oito ou doze vezes mais espaço. Essa relação varia com os diferentes sonhos, mas, até onde vai minha experiência, sua direção nunca muda. De modo geral, subestima-se o volume de compressão ocorrido, pois fica-se inclinado a considerar os pensamentos do sonho trazidos à luz como o material completo, ao passo que, se o trabalho de interpretação for levado mais adiante, poderá revelar ainda mais pensamentos ocultos por trás do sonho. Já tive ocasião de assinalar que, de fato, nunca é possível ter certeza de que um sonho foi completamente interpretado. Mesmo que a solução pareça satisfatória e sem lacunas, resta sempre a possibilidade de que o sonho tenha ainda outro sentido. Rigorosamente falando, portanto, é impossível determinar o volume de condensação.

Há uma resposta, que à primeira vista parece extremamente plausível, ao argumento de que a grande desproporção entre o conteúdo do sonho e os pensamentos do sonho implica que o material psíquico passou por um extenso processo de condensação no curso da formação do sonho. Temos muitas vezes a impressão de que sonhamos muito durante toda a noite e depois nos esquecemos da maior parte do que foi sonhado. Sob esse ponto de vista, o sonho que recordamos ao acordar seria apenas um remanescente fragmentário de todo o trabalho do sonho, e este, se pudéssemos recordá-lo em sua totalidade, bem poderia ser tão extenso quanto os pensamentos oníricos. Há sem dúvida alguma verdade nisso: os sonhos certamente podem ser reproduzidos com a máxima exatidão se tentarmos lembrá-los tão logo acordamos, e nossa lembrança deles se torna cada vez mais incompleta à medida que se aproxima a noite. Mas, por outro lado, é possível mostrar que a impressão de termos sonhado muito mais do que podemos reproduzir baseia-se, muitas vezes, numa ilusão, cuja origem examinarei depois. Além disso, a hipótese de que a condensação ocorre durante o trabalho do sonho não é afetada pela possibilidade de os sonhos serem esquecidos, uma vez que essa hipótese é comprovada pela quantidade de representações que se relacionam com cada fragmento individual retido do sonho. Mesmo supondo que grande parte do sonho tenha escapado à lembrança, isso pode apenas ter impedido que tivéssemos acesso a outro grupo de pensamentos oníricos. Não há justificativa para supor que os fragmentos perdidos do sonho teriam relação com os mesmos pensamentos que já obtivemos a partir dos fragmentos do sonho que sobreviveram.[1]

Em vista do imenso número de associações produzidas na análise para cada elemento individual do conteúdo de um sonho, alguns leitores poderão ser levados a questionar se, por princípio, é justificável considerarmos como parte dos pensamentos do sonho todas as associações que nos ocorrem durante a análise subseqüente — se é justificável, em outras palavras, supormos que todos esses pensamentos já estavam ativos durante o estado de sono e desempenharam algum papel na formação do sonho. Não será mais provável que tenham surgido no decorrer da análise novas cadeias de idéias que não tiveram nenhuma participação na formação do sonho? Só posso dar um assentimento parcial a essa argumentação. Sem dúvida é verdade que algumas cadeias de idéias surgem pela primeira vez durante a análise. Mas em todos esses casos podemos convencer-nos de que essas novas ligações só se estabelecem entre idéias que já estavam conectadas de alguma outra forma nos pensamentos do sonho. As novas ligações são, por assim dizer, circuitos fechados ou curtos-circuitos possibilitados pela existência de outras vias de ligação mais profundas. Deve-se admitir que a grande maioria das idéias que são reveladas na análise já estava em ação durante o processo de formação do sonho, uma vez que, depois de se elaborar uma sucessão de idéias que parecem não ter nenhuma ligação com a formação de um sonho, de repente se esbarra numa idéia que está representada em seu conteúdo e que é indispensável para sua interpretação, mas que não poderia ter sido alcançada senão por essa linha específica de abordagem. Posso aqui recordar o sonho da monografia de botânica, que dá a impressão de ser produto de um surpreendente volume de condensação, muito embora eu não tenha relatado sua análise integralmente.

Como, então, devemos retratar as condições psíquicas durante o período de sono que precede os sonhos? Estarão todos os pensamentos do sonho

---

1 [*Nota de rodapé acrescentada* em 1914:] A ocorrência da condensação nos sonhos já foi sugerida por muitos autores. Du Prel (1885, p. 85) tem um trecho em que diz estar absolutamente certo de que houve um processo de condensação dos grupos de representações nos sonhos.

presentes, um ao lado do outro? Ou será que ocorrem em seqüência? Ou haverá diversas cadeias de idéias partindo simultaneamente de centros diferentes e depois se unindo? Em minha opinião, não há necessidade, no momento, de formar qualquer representação plástica sobre as condições psíquicas no decorrer da formação dos sonhos. Não se deve esquecer, porém, que estamos lidando com um processo *inconsciente* de pensamento, que pode diferir com facilidade do que percebemos durante a reflexão intencional acompanhada pela consciência.

Persiste o fato inegável, contudo, de que a formação dos sonhos baseia-se num processo de condensação. Como se dá essa condensação?

Ao refletirmos que somente uma pequena minoria de todos os pensamentos oníricos revelados é reproduzida no sonho por um de seus elementos representativos, poderíamos concluir que a condensação se apresenta por *omissão*: quer dizer, que o sonho não é uma tradução fiel ou uma projeção ponto por ponto dos pensamentos do sonho, mas uma versão altamente incompleta e fragmentária deles. Essa visão, como logo descobriremos, é extremamente inadequada. Mas podemos tomá-la como um ponto de partida provisório e passar para uma outra questão. Se apenas alguns elementos dos pensamentos do sonho conseguem penetrar no conteúdo do sonho, quais são as condições que determinam sua seleção?

Para que lancemos alguma luz sobre essa questão, devemos voltar nossa atenção para os elementos do conteúdo do sonho que devem ter preenchido tais condições. E o material mais favorável para essa pesquisa será um sonho para cuja construção tenha contribuído um processo particularmente intenso de condensação. Começarei, então, por escolher para esse propósito o sonho que já registrei na p. 178 e segs.

I

O SONHO DA MONOGRAFIA DE BOTÂNICA

CONTEÚDO DO SONHO. — *Eu havia escrito uma monografia sobre um gênero (não especificado) de plantas. O livro estava diante de mim e,*

280

naquele momento, eu virava uma ilustração colorida dobrada. Inserido no exemplar havia um espécimen seco da planta.

O elemento que mais se destacava nesse sonho era a *monografia de botânica*. Isso vinha das impressões do dia do sonho: eu de fato vira uma monografia sobre o gênero Ciclâmen na vitrina de uma livraria. Não havia menção desse gênero no conteúdo do sonho; tudo o que restava nele era a monografia e sua relação com a botânica. A "monografia de botânica" revelou de imediato sua ligação com o *trabalho sobre cocaína* que eu havia escrito certa vez. De "cocaína", as cadeias de idéias levaram, por um lado, ao *Festschrift* e a certos acontecimentos num laboratório da Universidade, e, por outro, a um amigo meu, o Dr. Königstein, cirurgião oftalmologista que participara da introdução da cocaína. A figura do Dr. Königstein fez-me lembrar ainda a conversa interrompida que eu tivera com ele na noite anterior e minhas várias reflexões sobre o pagamento por serviços médicos entre colegas. Essa conversa foi o verdadeiro instigador correntemente ativo do sonho; a monografia sobre o ciclâmen também foi uma impressão correntemente ativa, porém de natureza irrelevante. Como pude perceber, a "monografia de botânica" do sonho revelou-se uma "entidade intermediária comum" entre as duas experiências da véspera: foi extraída, sem nenhuma alteração, da impressão irrelevante, e foi ligada ao acontecimento psiquicamente significativo por abundantes conexões associativas.

Entretanto, não só a idéia composta, "monografia de botânica", como também cada um de seus componentes, "botânica" e "monografia", separadamente, levaram por numerosas vias de ligação a um ponto cada vez mais profundo no emaranhado dos pensamentos do sonho. "Botânica" se relacionava à figura do Professor *Gärtner* [Jardineiro], à aparência *viçosa* de sua mulher, à minha paciente *Flora* e à senhora [Sra. L.] sobre quem eu contara a história das *flores* esquecidas. Gärtner, por sua vez, levou ao laboratório e à minha conversa com Königstein. Minhas duas pacientes [Flora e Sra. L.] tinham sido mencionadas no decorrer dessa conversa. Uma cadeia de idéias ligou a senhora das flores às *flores favoritas* de minha mulher, e daí ao título da monografia que eu vira por um momento durante o dia. Além desses, "botânica" fez lembrar um episódio em minha escola secundária e um exame da época em que eu estava na Universidade. A um novo tópico abordado em minha conversa com o Dr. Königstein — meus passatempos *favoritos* — veio juntar-se, por meio do elo intermediário do que eu, de brincadeira, chamava de minha *flor favorita*, a alcachofra, uma cadeia de idéias proveniente das flores esquecidas. Por trás das "alcachofras" estavam, de um lado, meus pensamentos sobre a Itália e, de outro, uma cena de minha infância que fora o início do que depois vieram a ser minhas relações íntimas com os livros. Assim, "botânica" era um ponto nodal sistemático no sonho. Para ele convergiam numerosas cadeias de idéias que, como posso garantir, tinham entrado apropriadamente no contexto da conversa com o Dr. Königstein. Estamos aqui numa fábrica de pensamentos onde, como na "obra-prima do tecelão",

> *Ein Tritt tausend Fäden regt,*
> *Die Schifflein herüber hinüber schiessen,*
> *Die Fäden ungesehen fliessen,*
> *Ein Schlag tausend Verbindungen schlägt.*[1]

Da mesma forma, a "monografia" do sonho também toca em dois assuntos: a parcialidade de meus estudos e o custo dispendioso de meus passatempos favoritos.

Essa primeira investigação leva-nos a concluir que os elementos "botânica" e "monografia" penetraram no conteúdo do sonho porque possuíam inúmeros contatos com a maioria dos pensamentos oníricos, ou seja, porque constituíam "pontos nodais" para os quais convergia um grande número de pensamentos oníricos, porque tinham vários sentidos ligados à interpretação do sonho. A explicação desse fato fundamental também pode ser formulada de outra maneira: cada um dos elementos do conteúdo do sonho revelou ter sido "sobredeterminado" — ter sido representado muitas vezes nos pensamentos oníricos.

Descobrimos ainda mais quando passamos a examinar os demais componentes do sonho em relação a seu aparecimento nos pensamentos oníricos. A *ilustração colorida* que eu estava desdobrando levou a um novo tema — as críticas de meus colegas a minhas atividades — e a outro tema que já estava representado no sonho — meus passatempos favoritos; e levou, além disso, à lembrança infantil em que eu fazia em pedaços um livro com ilustrações coloridas. O *espécimen seco da planta* tocava no episódio do

---

1 [... um só pedal mil fios move,
Nas lançadeiras que vão e vêm,
Urdem-se os fios despercebidos
E a trama infinda vai indo além.
      Goethe, *Fausto*, Parte I [Cena 4]

herbário em minha escola secundária e dava um destaque especial essa lembrança.

A natureza da relação entre o conteúdo do sonho e os pensamentos oníricos torna-se assim visível. Não só os elementos de um sonho são repetidamente determinados pelos pensamentos oníricos como também cada pensamento do sonho é representado neste último por vários elementos. As vias associativas levam de um elemento do sonho para vários pensamentos oníricos e de um pensamento onírico para vários elementos do sonho. Assim, o sonho não é estruturado por cada pensamento ou grupo de pensamentos do sonho isoladamente, encontrando (de forma abreviada) representação separada no conteúdo do sonho — do modo como um eleitorado escolhe seus representantes parlamentares; o sonho é, antes, construído por toda a massa de pensamentos oníricos, submetida a uma espécie de processo manipulativo em que os elementos que têm apoios mais numerosos e mais fortes adquirem o direito de acesso ao conteúdo do sonho — de maneira análoga à eleição por *scrutin de liste*. No caso de todos os sonhos que submeti a uma análise dessa natureza, encontrei invariavelmente confirmados estes mesmos princípios fundamentais: os elementos oníricos são construídos a partir de toda a massa de pensamentos oníricos e cada um desses elementos mostra ter sido multiplamente determinado em relação aos pensamentos oníricos.

Certamente não será descabido ilustrar a ligação entre o conteúdo do sonho e os pensamentos oníricos por mais um exemplo, que se distingue pela trama particularmente engenhosa de suas relações recíprocas. É um sonho produzido por um de meus pacientes — um homem que eu estava tratando em virtude de claustrofobia. Logo ficará evidente o motivo por que decidi dar a essa produção onírica excepcionalmente inteligente o título de:

II

"UM SONHO ENCANTADOR"

Ele estava se dirigindo com um grande grupo à Rua X, onde havia uma estalagem despretensiosa (o que não é verdade). Nela se representava uma peça. Ora ele era platéia, ora ator. Terminado o espetáculo, eles tinham de mudar de roupa para voltar à cidade. Alguns integrantes da companhia foram levados a aposentos no andar térreo e outros a aposentos no primeiro andar. Surgiu então uma discussão. Os que estavam em cima ficaram zangados porque os de baixo não estavam prontos, e eles não podiam descer. O irmão dele estava lá em cima e ele estava embaixo, e se aborreceu com o irmão porque estavam sendo muito pressionados. (Essa parte estava obscura.) *Além disso, tinha-se decidido e combinado, já na chegada deles, quem ficaria em cima e quem deveria ficar embaixo. Depois, ele ia subindo sozinho a ladeira da Rua X em direção à cidade. Andava com tal dificuldade e tamanho esforço que parecia colado no lugar. Um senhor idoso dirigiu-se a ele e começou a insultar o Rei da Itália. No alto da ladeira ele pôde andar com muito mais facilidade.*

Sua dificuldade em subir a ladeira foi tão evidente que, depois de acordar, ele ficou por algum tempo em dúvida se aquilo teria sido sonho ou realidade.

Não teríamos uma opinião muito elevada desse sonho, a julgar por seu conteúdo manifesto. Desafiando as regras, começarei sua interpretação pela parte que o sonhador descreveu como a mais nítida.

A dificuldade sonhada, e provavelmente vivida por ele durante o sonho — a penosa subida pela ladeira, acompanhada de dispnéia —, era um dos sintomas que o paciente de fato exibira anos antes e que, na época, fora atribuído, juntamente com certos outros sintomas, à tuberculose. (A probabilidade é que esta tenha sido histericamente simulada.) A sensação peculiar de movimento inibido que ocorre nesse sonho já nos é familiar a partir dos sonhos de exibição, e vemos mais uma vez que se trata de um material disponível a qualquer momento para qualquer outra finalidade de representação. A parte do conteúdo do sonho que descrevia como a subida começara com dificuldade e se tornara fácil no fim da ladeira me fez recordar, quando a ouvi, a magistral introdução a *Safo* de Alfonse Daudet. Esse famoso trecho descreve como um jovem carrega sua amante nos braços escada acima: no início, ela é leve como uma pluma, porém, quanto mais ele sobe, maior parece seu peso. A cena inteira prenuncia o curso de sua ligação amorosa, e Daudet pretendia fazer dela uma advertência aos jovens no sentido de não permitirem que suas afeições se prendessem seriamente a moças de origem humilde e de passado duvidoso.[1]

---

1 [*Nota de rodapé acrescentada* em 1911:] O que escrevi adiante, na seção sobre simbolismo, a respeito do significado dos sonhos de subir, lança luz sobre o tipo de imagens escolhidas pelo romancista.

Embora soubesse que meu paciente estivera envolvido com uma moça do meio teatral num caso amoroso que recentemente rompera, eu não esperava que meu palpite para uma interpretação se justificasse. Além disso, a situação de *Safo* era o *inverso* do que fora no sonho. No sonho, a subida que antes fora difícil, tornara-se posteriormente fácil, ao passo que o simbolismo do romance só faria sentido se algo que tivesse começado com facilidade terminasse por se tornar um fardo pesado. Mas, para meu espanto, o paciente respondeu que minha interpretação se ajustava muito bem a uma peça que ele vira no teatro na noite anterior. Chamava-se *Rund um Wien* [Ao redor de Viena] e retratava a carreira de uma moça que começara respeitável, depois se transformara numa *demi-mondaine* e tivera *liaisons* com homens em posições elevadas, e assim "subira na vida", mas que acabara "descendo na vida". A peça, além disso, fez com que se lembrasse de outra, a que assistira alguns anos antes, chamada *Von Stufe zu Stufe* [Passo a Passo], e que fora anunciada num cartaz exibindo uma escadaria com um lance de *degraus*.

Continuemos com a interpretação. A atriz com quem ele tivera essa recente *liaison* tumultuada morava na Rua X. Não há nada que se assemelhe a uma estalagem nessa rua. Mas, ao passar parte do verão em Viena por causa dessa dama, ele havia se alojado [em alemão *"abgestiegen"*, literalmente "descido os degraus"] num pequeno hotel nas vizinhanças. Ao sair do hotel, ele disse ao cocheiro da carruagem de aluguel: "De qualquer maneira, tenho sorte por não ter apanhado nenhum verme". (Esta, aliás, era outra de suas fobias.) A isso o cocheiro retrucara: "Como é que alguém pode se hospedar num lugar desses! Isso não é um hotel, é só uma *estalagem*".

A idéia da estalagem trouxe-lhe à mente, de imediato, uma citação:

> *Bei einem Wirte wundermild,*
> *Da war ich jüngst zu Gaste.*[1]

O estalajadeiro do poema de Uhland era uma *macieira*; e uma segunda citação deu então prosseguimento à sua cadeia de idéias:

---

[1] [Literalmente: "Recentemente fui hóspede de uma *estalagem* com um estalajadeiro gentilíssimo". (Uhland, *Wanderlieder*, 8, "Einkehr".)]

FAUST (*mit der Jungen tanzend*):
   Einst hatt' ich einen schönen Traum;
   Da sah ich einen Apfelbaum,
   Zwei schöne Äpfel glänzten dran,
   Sie reizten mich, ich stieg hinan.

DIE SCHÖNE:

   Der Äpfelchen begehrt ihr sehr,
   Und schon vom Paradiese her.
   Von Freuden fühl' ich mich bewegt,
   Dass auch mein Garten solche trägt.[1]

Não existe a menor dúvida quanto ao que representavam a macieira e as maçãs. Além disso, os seios encantadores da atriz estavam entre os atrativos que haviam seduzido o sonhador.

O contexto da análise deu-nos todos os motivos para supor que o sonho remontava a uma impressão da infância. Se assim for, deveria referir-se à ama-de-leite do sonhador, agora um homem de quase trinta anos. Para um bebê, os seios da ama-de-leite não são nada mais, nada menos que uma estalagem. A ama-de-leite, bem como *Safo*, de Daudet, pareciam ser alusões à amante que o paciente recentemente abandonara.

O irmão (mais velho) do paciente também aparecia no conteúdo do sonho; ele estava lá *em cima* enquanto o próprio sonhador ficava *embaixo*. Isso, mais uma vez, era o *inverso* da situação real, pois, como eu sabia, o irmão perdera sua posição social, enquanto o paciente mantivera a dele. Ao repetir para mim o conteúdo do sonho, o paciente evitara dizer que seu irmão estava lá em cima e ele próprio, "no andar térreo". Esse relato teria exposto

---

1 [FAUSTO (*dançando com a Jovem Feiticeira*):
         Veio-me um dia *um sonho encantador;*
         A *macieira* eu estava a contemplar,
         E duas maçãs, luzindo com rubor,
         Me seduziram a *nela trepar.*
   A BELA FEITICEIRA:
         Maçãs tens desejado com ardor,
         E desde que cresceram no Paraíso.
         Comove-me saber, com um sorriso,
         Que delas meu jardim é produtor.
               Goethe, *Fausto*, Parte I [Cena 21, Walpurgisnacht]

a situação com demasiada clareza, uma vez que, aqui em Viena, quando dizemos que alguém está *"no andar térreo"*, queremos dizer que perdeu seu dinheiro e sua posição — em outras palavras, que *"desceu na vida"*. Ora, devia haver uma razão para que parte desse trecho do sonho fosse representada por seu *inverso*. Além disso, a inversão deveria aplicar-se também a alguma outra relação entre os pensamentos oníricos e o conteúdo do sonho; e temos um indício de onde buscar essa inversão. Evidentemente, ela deve estar no final do sonho, onde, mais uma vez, houve uma *inversão* da dificuldade de subir escadas descrita em *Safo*. Podemos então ver facilmente qual é a inversão pretendida. Em *Safo*, o homem carregava uma mulher que tinha um relacionamento sexual com ele; nos pensamentos do sonho, essa posição estava *invertida*, e uma mulher carregava um homem. E, como isso só pode acontecer na infância, a referência era, mais uma vez, à ama-de-leite, carregando o peso do bebê em seus braços. Portanto, o final do sonho fazia uma referência simultânea a Safo e à ama-de-leite.

Assim como o autor do romance, ao escolher o nome "Safo", tinha em mente uma alusão a práticas lésbicas, também as partes do sonho que falavam de pessoas *"lá em cima"* e *"lá embaixo"* aludiam a fantasias de natureza sexual que ocupavam a mente do paciente, e que, como desejos suprimidos, não deixavam de ter relação com sua neurose. (A interpretação do sonho não nos mostrou, por si só, que o que estava assim representado no sonho eram fantasias e não lembranças de fatos reais; e uma análise nos dá apenas o *conteúdo* de um pensamento e deixa a nosso critério determinar sua realidade. À primeira vista, fatos reais e imaginários aparecem nos sonhos como tendo igual validade; e isso ocorre não apenas nos sonhos, como também na produção de estruturas psíquicas mais importantes.)

Um "grande grupo" significava, como já sabemos, um segredo. O irmão dele era apenas o representante (introduzido na cena infantil por uma "fantasia retrospectiva") de todos os seus rivais posteriores na afeição das mulheres. O episódio do cavalheiro que insultava o Rei da Itália relacionava-se, mais uma vez, por intermédio de uma experiência recente e irrelevante em si mesma, com pessoas de categoria inferior que forçam seu ingresso na alta sociedade. Era como se a criança ao seio estivesse recebendo uma advertência paralela à que Daudet fizera aos rapazes.[1]

---

1 O caráter imaginário da situação relacionada com a ama-de-leite do sonhador foi comprovado pelo fato objetivamente estabelecido de que, no caso dele, a ama-de-leite fora a mãe. Posso

Para oferecer uma terceira oportunidade de estudarmos a condensação na formação dos sonhos, fornecerei parte da análise de outro sonho, que devo a uma mulher madura que está em tratamento psicanalítico. Como seria de esperar pelos graves estados de angústia de que sofria a paciente, seus sonhos continham um número muito grande de idéias sexuais cujo reconhecimento inicial a surpreendeu e alarmou. Como não poderei levar a interpretação do sonho até o fim, seu material parecerá enquadrar-se em vários grupos sem nenhuma ligação visível.

III

"O SONHO DO BESOURO-DE-MAIO"

CONTEÚDO DO SONHO. — *Ela se lembrou de que tinha dois besouros-de-maio numa caixa e precisava libertá-los, caso contrário ficariam sufocados. Abriu a caixa e os besouros estavam em estado de esgotamento. Um deles voou pela janela aberta, mas o outro foi esmagado pelo caixilho da janela enquanto ela a fechava a pedido de alguém.* (Sinais de repulsa.)

ANÁLISE. — O marido da paciente estava temporariamente ausente de casa e a filha de quatorze anos vinha dormindo na cama ao lado dela. Na noite anterior, a menina lhe chamara a atenção para uma mariposa que caíra em seu copo d'água, mas ela não a retirara e ficara penalizada pelo pobre inseto na manhã seguinte. O livro que estivera lendo à noite contava como alguns meninos haviam atirado um gato em água fervente e descrevia as convulsões do animal. Essas foram as duas causas precipitantes do sonho — em si mesmas, irrelevantes. Ela prosseguiu então no assunto da *crueldade para com os animais*. Alguns anos antes, quando passavam o verão em certo lugar, a filha da paciente havia sido muito cruel com os animais. Apanhava borboletas e pedia *arsênico* à mãe para matá-las. Numa outra ocasião, uma mariposa com um alfinete atravessado no corpo continuara a voar pelo quarto durante muito tempo; de outra feita, algumas lagartas que a menina

recordar, a esse respeito, a história que repeti na p. 210, sobre o rapaz que lamentava não ter aproveitado melhor suas oportunidades com a ama-de-leite. Um arrependimento da mesma ordem foi sem dúvida a fonte do presente sonho.

estava guardando para que se transformassem em crisálidas morreram de fome. Numa idade ainda mais tenra, essa mesma menina tinha o hábito de arrancar as asas de *besouros* e borboletas. Mas hoje, ficava horrorizada diante de todas essas ações cruéis — tornara-se muito bondosa.

A paciente refletiu a respeito dessa contradição. Ela lhe trouxe à lembrança uma outra contradição, entre a aparência e o caráter, tal como George Elliot a retrata em *Adam Bede*: uma moça que era bonita, porém fútil e ignorante, e outra que era feia, mas de caráter elevado; um nobre que seduziu a moça tola, e um operário que tinha sentimentos e ações de verdadeira nobreza. Como era impossível, comentou ela, reconhecer essas coisas nas pessoas! Quem poderia imaginar, olhando para *ela*, que ela era atormentada por desejos sensuais?

No mesmo ano em que a menina começara a colecionar borboletas, o distrito em que se encontravam tinha sido seriamente atingido por uma praga de *besouro-de-maio*. As crianças ficaram furiosas com os insetos e os *esmagavam* sem piedade. Naquela ocasião, minha paciente vira um homem que arrancava as asas dos besouros-de-maio e, em seguida, comia-lhes os corpos. Ela própria nascera em *maio* e se casara em *maio*. Três dias após o casamento, escrevera aos pais dizendo quanto se sentia feliz. Mas isso estava longe de ser verdade.

Na noite anterior ao sonho ela estivera remexendo em algumas cartas antigas e lera algumas delas — umas sérias, outras cômicas — em voz alta para os filhos. Havia uma carta muito divertida de um professor de piano que a cortejara quando mocinha, e outra de um admirador de *berço nobre*.[1]

Ela se censurava porque uma de suas filhas pusera as mãos num livro "pernicioso" de Maupassant.[2] O *arsênico* que a menina tinha pedido fez com que se recordasse das *pílulas de arsênico* que restauraram o vigor juvenil do Duque de Mora em *O Nababo* [de Daudet].

"Libertá-los" fez com que ela pensasse num trecho de *A Flauta Mágica*:

> *Zur Liebe kann ich dich nicht zwingen,*
> *Doch geb ich dir die Freiheit nicht.*[3]

---

1 Esse fora o verdadeiro instigador do sonho.
2 Neste ponto faz-se necessária uma interpolação: "os livros desse tipo são um *veneno* para uma moça". A própria paciente mergulhara muitas vezes na leitura de livros proibidos, quando jovem.
3 [Não temas que a amar jamais te forçarei;
Mas é cedo demais para que eu *te liberte*.
(Sarastro a Pamina no *Finale* do Ato I.)]

Os "besouros-de-maio" também a fizeram pensar nas palavras de Kätchen:

Verliebt ja wie ein Käfer bist du mir.[1]

E, em meio a tudo isso, veio uma citação de *Tannhäuser*:

Weil du von böser Lust beseelt...[2]

Ela vivia numa preocupação constante com o marido ausente. Seu medo de que algo pudesse acontecer-lhe em sua viagem encontrava expressão em numerosas fantasias de vigília. Pouco tempo antes, no decorrer de sua análise, ela havia deparado, entre seus pensamentos inconscientes, com uma queixa sobre o marido estar "ficando senil". A idéia desejante oculta pelo presente sonho talvez seja mais simples de conjecturar se eu mencionar que, alguns dias antes de ter o sonho, ela ficara horrorizada, em meio a seus afazeres cotidianos, com uma frase no modo imperativo que lhe veio à cabeça e que visava ao marido: "Vá se enforcar!" Ocorre que, algumas horas antes, ela lera em algum lugar que, quando um homem é enforcado, ele tem uma forte ereção. Era o desejo de uma ereção que havia emergido do recalque sob esse disfarce pavoroso. "Vá se enforcar!" equivalia a "Consiga uma ereção a qualquer preço!" As pílulas de arsênico do Dr. Jenkins em *O Nababo* enquadravam-se nisso. Mas minha paciente também tinha conhecimento de que o afrodisíaco mais poderoso, as cantáridas (comumente conhecidas como "moscas espanholas"), era preparado com *besouros esmagados*. Fora esse o sentido da parte principal do conteúdo do sonho.

Abrir e fechar *janelas* era um dos principais temas de discussão entre ela e o marido. Ela própria era aerofílica em seus hábitos de dormir; o marido era aerofóbico. O *esgotamento* era o principal sintoma de que ela se queixava na época do sonho.

---

1 ["Estás loucamente apaixonada por mim." Literalmente: "Estás apaixonada por mim como um *besouro*". De *Kätchen von Heilbronn*, de Kleist, IV, 2.] — Outra cadeia de idéias levou a *Penthesilea*, do mesmo poeta, e à idéia de *crueldade* para com um amante.
2 [Literalmente: "Porque foste inspirado por tal *prazer maligno*".]

Em todos os três sonhos que acabo de registrar, indiquei por meio de grifos os pontos em que um dos elementos do conteúdo do sonho reapareceu nos pensamentos oníricos, de modo a indicar com clareza a multiplicidade das ligações que surgem a partir dos primeiros. No entanto, uma vez que a análise de nenhum desses sonhos foi seguida até o fim, talvez valha a pena considerar um sonho cuja análise foi registrada exaustivamente, para mostrar como seu conteúdo é sobredeterminado. Para esse fim, tomarei o sonho da injeção de Irma. Será fácil verificar, a partir desse exemplo, que o trabalho de condensação utiliza mais de um método na construção dos sonhos.

A principal figura do conteúdo do sonho era minha paciente Irma. Ela aparecia com suas feições da vida real, e, portanto, em primeiro lugar, representava a si mesma. Mas a posição em que a examinei junto à janela derivava de outra pessoa: da dama pela qual, como indicaram os pensamentos oníricos, eu queria trocar minha paciente. Na medida em que Irma parecia ter uma membrana diftérica, que me fez recordar minha angústia com relação à minha filha mais velha, ela representava essa criança e, por trás desta, uma vez que tinha o mesmo nome que minha filha, estava oculta a figura de minha paciente que sucumbira ao envenenamento. No curso posterior do sonho, a figura de Irma adquiriu ainda outros significados, sem que ocorresse qualquer alteração em sua imagem visual no sonho. Ela se transformou numa das crianças que havíamos examinado no departamento neurológico do hospital infantil, onde meus dois amigos revelaram suas índoles contrastantes. A figura de minha própria filha foi, evidentemente, o degrau para essa transição. A resistência "de Irma" em abrir a boca trouxe uma alusão a outra senhora que eu examinara certa vez, e, através da mesma conexão, à minha mulher. Além disso, as alterações patológicas que descobri em sua garganta envolviam alusões a toda uma série de outras figuras.

Nenhuma dessas figuras com que deparei ao acompanhar "Irma" apareceu no sonho em forma corporal. Estavam ocultas por trás da figura onírica de "Irma", que assim se transformou numa imagem coletiva dotada, há que admitir, de diversas características contraditórias. Irma tornou-se a representante de todas essas outras figuras que tinham sido sacrificadas ao trabalho de condensação, já que transferi para *ela*, ponto por ponto, tudo o que me fazia lembrar-me *delas*.

Existe outro meio pelo qual se pode produzir uma "figura coletiva" para fins de condensação onírica, ou seja, reunindo-se as feições reais de duas ou mais pessoas numa única imagem onírica. Foi assim que se construiu o Dr. M.

de meu sonho. Ele trazia o nome do Dr. M., falava e agia como ele; mas suas características físicas e suas doenças pertenciam a outra pessoa, ou melhor, a meu irmão mais velho. Uma característica única, seu aspecto pálido, fora duplamente determinada, uma vez que era comum a ambos na vida real.

O Dr. R. de meu sonho com meu tio de barba amarela era uma figura composta semelhante. Em seu caso, porém, a imagem onírica fora construída de outra forma ainda. Não combinei as feições de uma pessoa com as de outra, omitindo da imagem mnêmica, nesse processo, certos traços de cada uma delas. O que fiz foi adotar o procedimento por que Galton produzia retratos de família: a saber, projetando duas imagens sobre uma chapa única, de modo que certas feições comuns a ambas eram realçadas, enquanto as que não se ajustavam uma à outra se anulavam mutuamente e ficavam indistintas na fotografia. No sonho com meu tio, a barba loura emergia de forma proeminente de um rosto que pertencia a duas pessoas e que estava conseqüentemente indistinto; aliás, a barba envolvia ainda uma alusão a meu pai e a mim mesmo por meio da idéia intermediária de ficar grisalho.

A construção de figuras coletivas e compostas é um dos principais métodos por que a condensação atua nos sonhos. Logo terei ocasião de abordá-los em outro contexto.

A ocorrência da idéia de "disenteria" no sonho da injeção de Irma também teve uma determinação múltipla: primeiro, em virtude da sua semelhança fonética com "difteria" e, em segundo lugar, por causa da sua ligação com o paciente que eu enviara ao Oriente e cuja histeria não fora reconhecida.

Outro exemplo interessante de condensação nesse sonho foi a menção nele feita a "propilos". O que estava contido nos pensamentos oníricos não era "propilos", mas "amilos". Poder-se-ia supor que um único deslocamento ocorrera nesse ponto na construção do sonho. Foi realmente isso o que aconteceu. Mas o deslocamento serviu às finalidades da condensação, como é provado pelo acréscimo que se segue à análise do sonho. Quando permiti que minha atenção se demorasse um pouco mais na palavra "propilos", ocorreu-me que soava como "Propileu". Mas há propileus não só em Atenas, como também em Munique. Um ano antes do sonho eu tinha ido a Munique visitar um amigo que estava gravemente enfermo na ocasião — o mesmo amigo a que aludi inequivocamente no sonho por intermédio da palavra "trimetilamina", que ocorreu logo depois de "propilos".

Deixarei de lado o modo surpreendente como, nesse caso, tal como em outras análises de sonhos, utilizam-se associações da mais variada importância intrínseca para estabelecer ligações de idéias, como se tivessem peso igual, e cederei à tentação de apresentar, por assim dizer, uma imagem plástica do processo pelo qual os amilos, nos pensamentos oníricos, foram substituídos por propilos no conteúdo do sonho.

Por um lado, vemos o grupo de representações ligado a meu amigo Otto, que não me compreendia, que tomava partido contra mim e que me presenteara com um licor com aroma de amilo. Por outro, vemos — ligado ao primeiro grupo por seu próprio contraste — o grupo de representações relacionado com meu amigo de Berlim, que *de fato* me compreendia, que tomava meu partido, e a quem eu devia tantas informações valiosas que tratavam, entre outras coisas, da química dos processos sexuais.

As causas excitantes recentes — os instigadores reais do sonho — determinaram o que iria atrair minha atenção no grupo "Otto"; o amilo se achava entre esses elementos selecionados, que estavam predestinados a fazer parte do conteúdo do sonho. O copioso grupo "Wilhelm" veio à tona precisamente por estar em contraste com "Otto", e nele se enfatizaram os elementos que faziam eco aos que já tinham sido despertados em "Otto". Ao longo de todo o sonho, de fato, fiquei tentando trocar alguém que me aborrecia por alguém que pudesse oferecer um contraste agradável em relação a ele; ponto por ponto, eu evocava um amigo contra um opositor. Assim, o amilo do grupo "Otto" produziu no outro grupo lembranças do campo da química; dessa maneira, a trimetilamina, que recebia apoio de várias direções, penetrou no conteúdo do sonho. O próprio "amilo" poderia ter entrado sem alteração no conteúdo do sonho, mas ficou sob a influência do grupo "Wilhelm", pois toda a gama de lembranças abrangida por esse nome foi vasculhada para que se encontrasse algum elemento que pudesse proporcionar uma determinação bilateral para "amilos". "Propilos" estava intimamente associado com "amilos", e Munique, do grupo "Wilhelm", com seu "propileu", vinha a seu encontro. Os dois grupos de idéias convergiram para "propilos-propileu", e, como que por um ato de conciliação, esse elemento intermediário foi o que penetrou no conteúdo do sonho. Aqui se construiu uma entidade intermediária comum que admitia determinação múltipla. É evidente, portanto, que a determinação múltipla deve tornar mais fácil a um elemento impor-se ao conteúdo do sonho. No sentido de estruturar um elo intermediário dessa natureza, a atenção é deslocada, sem hesitação, daquilo que é realmente pretendido para alguma associação vizinha.

Nosso estudo do sonho da injeção de Irma já nos permitiu adquirir certo discernimento dos processos de condensação no decorrer da formação dos sonhos. Pudemos observar alguns de seus detalhes, tais como o modo como se dá preferência aos elementos que ocorrem várias vezes nos pensamentos do sonho, como se formam novas unidades (sob a forma de figuras coletivas e estruturas compostas) e como se constroem entidades intermediárias comuns. As demais questões relativas à *finalidade* da condensação e aos fatores que tendem a produzi-la não serão levantadas até que tenhamos considerado toda a questão dos processos psíquicos que atuam na formação dos sonhos. Contentar-nos-emos, por ora, em reconhecer o fato de que a condensação onírica é uma característica notável da relação entre os pensamentos oníricos e o conteúdo do sonho.

O trabalho de condensação nos sonhos pode ser percebido com o máximo de clareza quando lida com palavras e nomes. É verdade, em geral, que as palavras são freqüentemente tratadas, nos sonhos, como se fossem coisas, e por essa razão tendem a se combinar exatamente do mesmo modo que as representações de coisas. Os sonhos desse tipo oferecem os mais divertidos e curiosos neologismos.

I

Certa ocasião, um colega médico me enviou um artigo que tinha escrito, no qual a importância de uma recente descoberta fisiológica era, em minha opinião, superestimada, e no qual, acima de tudo, o assunto era tratado de maneira demasiado emocional. Na noite seguinte, sonhei com uma frase que se referia claramente a esse artigo: *"Está escrito num estilo positivamente norekdal"*. A análise dessa palavra causou-me, de início, alguma dificulda-de. Não havia dúvida alguma de que era uma paródia dos superlativos [alemães] *"colossal"* e *"piramidal"*, mas sua origem não era muito fácil de adivinhar. Finalmente, vi que a monstruosidade era composta por dois nomes: "Nora" e "Ekdal" — personagens de duas peças famosas de Ibsen [*Casa de Bonecas* e *O Pato Selvagem*]. Algum tempo antes, eu lera um artigo de jornal sobre Ibsen, escrito pelo mesmo autor cuja última obra eu estava criticando no sonho.

II

Uma de minhas pacientes narrou-me um sonho curto que terminava num composto verbal sem sentido. Sonhou que estava com o marido numa festa de camponeses e dizia: *"Isso vai terminar num 'Maistollmütz' geral"*. No sonho, ela experimentava uma vaga sensação de que se tratava de uma espécie de pudim de milho — uma espécie de polenta. A análise dividiu a palavra em *"Mais"* ["milho"], *"toll"* ["louco"], *"mannstoll"* ["ninfomaníaca" — literalmente, "louca por homens"] e *Olmütz* [uma cidade da Morávia]. Verificou-se que todos esses fragmentos eram remanescentes de uma conversa que ela tivera à mesa com parentes. As seguintes palavras estavam por trás de *"Mais"* (além de uma referência à Exposição do Jubileu recém-inaugurada): *"Meissen"* (uma figura de porcelana de Meissen [Dresden] representando um pássaro); *"Miss"* (a governanta inglesa de seus parentes acabara de partir para *Olmütz*); e *"mies"* (termo judaico de gíria empregado em tom de brincadeira para significar "repulsivo"). Uma longa cadeia de idéias e associações partia de cada sílaba dessa confusão verbal.

III

Um rapaz foi surpreendido pelo toque da campainha tarde da noite; tratava-se de um conhecido que desejava deixar-lhe um cartão de visita. Na mesma noite, o rapaz teve o seguinte sonho: *Um homem ficara trabalhando até tarde da noite para consertar o telefone de sua casa. Depois que ele foi embora, o aparelho continuou a tocar — não continuamente, mas com toques intermitentes. Seu criado foi buscar o homem de volta, e este comentou: "É engraçado como até mesmo as pessoas que são 'tutelrein' geralmente são inteiramente incapazes de lidar com uma coisa dessas"*.

Veremos que a causa excitante irrelevante do sonho só abrange um de seus elementos. Esse episódio só adquiriu alguma importância pelo fato de o sonhador tê-lo colocado na mesma série de uma experiência anterior, que, apesar de igualmente irrelevante em si, recebera da imaginação dele um significado substitutivo. Quando menino, morando com o pai, ele havia entornado um copo de água no chão, quando estava meio adormecido. Os fios de telefone tinham ficado encharcados e seu *tilintar contínuo* perturbara o sono do pai. Como o tilintar contínuo correspondia a ficar molhado, os *"toques intermitentes"* foram utilizados para representar gotas caindo. A palavra *"tutelrein"* pôde ser analisada em três sentidos e levou, dessa maneira, a três dos assuntos representados nos pensamentos oníricos. *"Tutel"* é um termo jurídico para designar "guarda" ["tutela"]. *"Tutel"* (ou possivelmente *"Tuttel"*) é também um termo vulgar para o seio feminino. A parte restante da palavra, *"rein"* ["limpo"], combinada com a primeira parte de *"Zimmertelegraph"* ["telefone doméstico"], forma *"zimmerrein"* ["treinado em casa"] — que se relaciona estreitamente a molhar o chão e, além disso, tinha um som muito semelhante ao do nome de um membro da família do sonhador.[1]

IV

Num sonho confuso e um tanto extenso que eu *mesmo* tive, cujo ponto central parecia ser uma viagem marítima, a escala seguinte parecia chamar-se *"Hearsing"*, e depois dela vinha *"Fliess"*. Esta última palavra era o nome de meu amigo de B., que muitas vezes fora o objetivo de minhas viagens. "Hearsing" era um composto. Parte dela derivava de nomes de lugares ao longo da ferrovia suburbana perto de Viena, que tão freqüentemente terminam em "ing": Hietzing, Liesing, Mödling (Medelitz, *"meae deliciae"*, era seu antigo nome — ou seja, *"meine Freud"* ["meu deleite"]). A outra parte derivou-se da palavra inglesa *"hearsay"* (boato). Esta sugeria calúnia e

---

1 Na vida de vigília, essa mesma espécie de análise e síntese das sílabas — uma química silábica, de fato — desempenha seu papel num grande número de chistes: "Qual é a maneira mais barata de obter prata? Você segue uma aléia de choupos prateados [*Pappeln*, que significa tanto "choupos" como "murmúrio"] e exige silêncio. O murmúrio então cessa e a prata é liberada". O primeiro leitor e crítico deste livro — e é provável que seus sucessores lhe sigam o exemplo — protestou que "o sonhador parece engenhoso e divertido demais". Isso é inteiramente verdadeiro, desde que se refira apenas ao sonhador; só seria uma objeção se fosse estendido ao intérprete do sonho. Na realidade de vigília, tenho pouco direito a ser considerado uma pessoa espirituosa. Se meus sonhos parecem divertidos, não é por minha causa, mas por causa das condições psicológicas peculiares sob as quais os sonhos são construídos; e esse fato está intimamente ligado à teoria dos chistes e do cômico. Os sonhos se tornam engenhosos e divertidos porque o caminho mais direto e mais fácil para a expressão de suas idéias é barrado: eles são forçados a ser assim. O leitor pode convencer-se de que os sonhos de meus pacientes parecem pelo menos tão repletos de chistes e trocadilhos quanto os meus próprios, ou até mais. — [*Acrescentado* em 1909:] Não obstante, essa objeção levou-me a comparar a técnica dos chistes com o trabalho do sonho, e os resultados encontram-se no livro que publiquei sobre *Os Chistes e Sua Relação com o Inconsciente* (1905c).

estabeleceu a ligação do sonho com seu instigador irrelevante da véspera: um poema no periódico *Fliegende Blätter* sobre um anão caluniador chamado "Sagter Hatergesagt" ["disse-que-disse"]. Se a sílaba "ing" fosse acrescentada ao nome "Fliess", teríamos "Vlissingen", que era com certeza a escala na viagem marítima que meu irmão fazia sempre que vinha da Inglaterra nos visitar. Mas o nome inglês para Vlissingen é "Flushing", que em inglês significa "enrubescer", o que me fez lembrar dos pacientes que tratei por sofrerem de ereutofobia, e também de um artigo recente de Bechterew sobre essa neurose, que me causara certo aborrecimento.

V

Em outra ocasião, tive um sonho que consistia em duas partes separadas. A primeira parte era a palavra *"Autodidasker"*, da qual me recordava nitidamente. A segunda era a reprodução exata de uma fantasia curta e inofensiva que eu produzira alguns dias antes. Essa fantasia era no sentido de que, quando encontrasse o Professor N. da próxima vez, eu deveria dizer-lhe: "O paciente sobre cujo estado eu recentemente o consultei está, na verdade, sofrendo apenas de uma neurose, justamente como o senhor suspeitava". Assim, o neologismo "Autodidasker" precisava satisfazer duas condições: em primeiro lugar, deveria ter ou representar um sentido composto; e em segundo, esse sentido deveria estar firmemente relacionado com a intenção, que eu reproduzira na vida de vigília, de me desculpar junto ao Professor N.

A palavra "Autodidasker" pôde ser com facilidade decomposta em "Autor" [autor], "Autodidakt" [autodidata] e "Lasker", com a qual também associei o nome de Lassalle. A primeira dessas palavras levou à causa precipitante do sonho — desta vez, uma causa significativa. Eu dera a minha mulher diversos volumes de autoria de um célebre escritor que era amigo de meu irmão, e que, como fui informado, era natural da minha região de nascimento: J. J. David. Uma noite, ela me falou da profunda impressão que lhe havia causado a trágica história de um dos livros de David a respeito da maneira como um homem talentoso se arruinara; e nossa conversa se voltou para um exame dos dons de que víamos indícios em nossos próprios filhos. Sob o impacto do que estivera lendo, minha mulher externou uma preocupação com as crianças, e eu a consolei com o comentário de que aqueles eram precisamente os perigos que podiam ser afastados por meio de uma boa educação. Meu fluxo de idéias prosseguiu no decorrer da noite; tomei a preocupação de minha mulher e entremeei nela todo tipo de outras coisas. Um comentário feito pelo autor a meu irmão sobre o tema do casamento indicou a meus pensamentos um caminho pelo qual eles poderiam vir a ser representados no sonho. Esse caminho levou a Breslau, para onde uma dama com quem mantínhamos grandes laços de amizade se dirigira a fim de casar-se e ali fixar residência. A preocupação que eu sentia com o perigo de cair na ruína por causa de uma mulher — pois esse era o cerne de meus pensamentos oníricos — encontrou um exemplo em Breslau nos casos de Lasker e Lassalle, o qual possibilitou dar uma imagem simultânea das duas maneiras por que essa influência fatal pode ser exercida.[1] *"Cherchez la femme"*, a frase em que esses pensamentos podiam ser resumidos, levou-me, tomada em outro sentido, a meu irmão ainda solteiro, cujo nome é Alexander. Percebi então que "Alex", a forma abreviada do nome pela qual o chamamos, tem quase o mesmo som de um anagrama de "Lasker", e que esse fator devia ter tido sua participação na condução de meus pensamentos pelo caminho via Breslau.

No entanto, o jogo que eu aqui fazia com nomes e sílabas tinha ainda outro sentido. Expressava o desejo de que meu irmão pudesse ter uma vida doméstica feliz, e o fazia dessa forma. No romance de Zola sobre a vida de um artista, *L'oeuvre*, cujo tema deve ter estado próximo de meus pensamentos oníricos, o autor, como se sabe, introduziu a si mesmo e a sua própria felicidade doméstica como um episódio. Ele aparece sob o nome de "Sandoz". É provável que se obtenha essa transformação da seguinte maneira: se escrevemos "Zola" de trás para frente (o tipo de coisa que as crianças tanto gostam de fazer), chegaremos a "Aloz". Sem dúvida, isso parecia muito pouco disfarçado. Assim, ele substituiu "Al", que é a primeira sílaba de "Alexander", por "Sand", que é a terceira sílaba do mesmo nome: e assim nasceu "Sandoz". Meu próprio "Autodidasker" surgiu da mesmíssima forma.

Devo agora explicar como foi que minha fantasia de dizer ao Professor N. que o paciente que ambos havíamos examinado sofria apenas de uma neurose se insinuou no sonho. Pouco antes do fim de meu ano de trabalho, iniciei o tratamento de um novo paciente que frustrou por completo meus poderes de diagnóstico. A presença de uma grave doença orgânica — talvez

---

1 Lasker morreu de tabes, ou seja, como resultado de uma infecção (sífilis) contraída de uma mulher; Lassalle, como todos sabem, foi abatido num duelo por causa de uma mulher.

alguma degeneração da medula espinhal — sugeriu-se acentuadamente, mas não pôde ser estabelecida. Teria sido tentador diagnosticar uma neurose (o que teria solucionado todas as dificuldades), não fosse o paciente haver repudiado com tanta energia a história sexual sem a qual eu me recuso a reconhecer a presença de uma neurose. Em minha perplexidade, procurei ajuda do médico a quem, como muitas outras pessoas, respeito mais do que qualquer outro homem, e perante cuja autoridade estou inteiramente pronto a me inclinar. Ele escutou minhas dúvidas, disse-me que eram justificadas, e então emitiu sua opinião: "Mantenha o homem em observação; deve ser uma neurose". Como soubesse que ele não partilhava de meus conceitos sobre a etiologia das neuroses, não apresentei minha contra-argumentação, mas não escondi meu ceticismo. Alguns dias depois, informei ao paciente que nada podia fazer por ele e recomendei que procurasse outra orientação. Diante disso, para meu intenso espanto, ele começou a se desculpar por ter mentido para mim. Estava muito envergonhado de si mesmo, disse, e então revelou precisamente a etiologia sexual que eu vinha esperando e sem a qual ficara impossibilitado de aceitar sua doença como uma neurose. Fiquei aliviado, mas, ao mesmo tempo, humilhado. Tive de admitir que meu orientador, não se deixando enganar pela consideração da anamnese, enxergara com mais clareza do que eu. E me propus dizer-lhe exatamente isso quando o encontrasse da próxima vez — que *ele* estava certo e *eu*, errado.

Foi precisamente isso o que fiz no sonho. Mas que espécie de realização de desejo teria havido em confessar que eu estava errado? Estar errado, porém, era justamente o que eu *desejava*. Eu queria estar errado em meus temores, ou, para ser mais exato, queria que minha mulher, cujos temores eu adotara nos pensamentos do sonho, estivesse enganada. O tema em torno do qual girava a questão de certo ou errado no sonho não estava muito longe daquilo com que os pensamentos do sonho estavam realmente relacionados. Havia a mesma alternativa entre prejuízo orgânico e funcional causado por uma mulher, ou, mais apropriadamente, pela sexualidade: paralisia tabética ou neurose? (O tipo de morte de Lassalle podia ser displicentemente classificado nesta última categoria.)

Nesse sonho de trama cerrada e, depois de cuidadosamente interpretado, muito transparente, o Professor N. desempenhou um papel não só por causa dessa analogia e do meu desejo de estar errado, e em virtude das suas ligações incidentais com Breslau e com a família de nossa amiga que ali se fixara após o casamento, como também por causa do seguinte episódio que ocorreu no fim de nossa consulta. Depois de dar sua opinião e assim encerrar nossa discussão médica, ele passou a assuntos mais pessoais: "Quantos filhos você tem agora?" –– "Seis." Ele fez um gesto de admiração e interesse. — "Meninas ou meninos?" — "Três e três: são meu orgulho e meu tesouro." — "Bem, então, trate de se prevenir! As meninas são bastante seguras, mas educar meninos leva a dificuldades mais tarde." — Protestei que os meus se haviam comportado muito bem até ali. É evidente que esse segundo diagnóstico, sobre o futuro de meus meninos, não me agradou mais do que o primeiro, consoante o qual meu paciente estava sofrendo de uma neurose. Assim, essas duas impressões estavam ligadas por sua contigüidade, pelo fato de terem sido experimentadas numa mesma ocasião; e, ao inserir a história da neurose em meu sonho, eu a estava colocando em lugar da conversa sobre criação de filhos, que tinha mais ligação com os pensamentos do sonho, já que se referia tão de perto às preocupações posteriormente externadas por minha mulher. Assim, até meu medo de que N. pudesse ter razão no que dissera sobre a dificuldade de educar meninos encontrou um lugar no sonho, pois jazia oculto por trás da representação de meu desejo de que eu mesmo estivesse errado em abrigar tais temores. A mesma fantasia serviu, sem alterações, para representar ambas as alternativas opostas.

IV

"Hoje cedo,[1] entre o sonhar e o despertar, experimentei um belo exemplo de condensação verbal. No meio de uma massa de fragmentos oníricos de que mal podia lembrar-me, fui detido, por assim dizer, por uma palavra que vi diante de mim como se estivesse meio manuscrita e meio impressa. A palavra era *'erzefilisch'* e fazia parte de uma frase que se insinuara em minha memória consciente, independente de qualquer contexto e em completo isolamento: 'Isso tem uma influência *erzefilisch* nas emoções sexuais'. Soube imediatamente que a palavra deveria na verdade ter sido *'erzieherisch'* ['educacional']. E fiquei em dúvida, por algum tempo, se o segundo *'e'* de *'erzefilisch'* não teria sido um *'i'*. Com respeito a isso, ocorreu-me a palavra 'sífilis' e, começando a analisar o sonho enquanto estava ainda meio adormecido, quebrei a cabeça num esforço para descobrir como aquela

---

1 Citado de Marcinowski [1911].

palavra podia ter entrado em meu sonho, já que eu nada tinha a ver com essa doença, quer pessoalmente, quer profissionalmente. Pensei então em *'erzeh-lerisch'* [outra palavra sem sentido], e isso explicou o *'e'* da segunda sílaba de *'erzefilisch'*, fazendo-me lembrar que, na noite anterior, eu fora solicitado por nossa governanta [*Erzieherin*] a lhe dizer alguma coisa a respeito do problema da prostituição, e lhe dera o livro de Hesse sobre a prostituição para influenciar sua vida emocional — que não se desenvolvera com inteira normalidade; depois disso, eu tinha conversado [*erzählt*] muito com ela sobre o problema. Vi então, de uma só vez, que a palavra 'sífilis' não devia ser tomada literalmente, mas representava 'veneno' — naturalmente, em relação à vida sexual. Quando traduzida, portanto, a frase do sonho tinha bastante lógica: 'Minha conversa [*Erzählung*] pretendia ter uma influência educacional [*erzieherisch*] sobre a vida emocional de nossa governanta [*Erzieherin*]; mas temo que talvez tenha tido, ao mesmo tempo, um efeito venenoso'. *'Erzefilisch'* compunha-se de *'erzäh-'* e *'erzieh-'*."

As malformações verbais nos sonhos se assemelham muito às que são conhecidas na paranóia, mas que também estão presentes na histeria e nas obsessões. Os truques lingüísticos feitos pela crianças, que, às vezes, tratam realmente as palavras como se fossem objetos, e além disso inventam novas línguas e formas sintáticas artificiais, constituem a fonte comum dessas coisas tanto nos sonhos como nas psiconeuroses.

A análise das formas verbais absurdas que ocorrem nos sonhos é particularmente adequada para exibir as realizações do trabalho do sonho em termos de condensação. O leitor não deve inferir da escassez dos exemplos que forneci que esse tipo de material é raro ou observado apenas excepcionalmente. Pelo contrário, é muito comum. Mas em decorrência do fato de que a interpretação dos sonhos depende do tratamento psicanalítico, apenas um número muito reduzido de exemplos é observado e registrado, e as análises desses exemplos, em geral, só são inteligíveis para os peritos na patologia das neuroses. Assim, um sonho dessa natureza foi relatado pelo Dr. von Karpinska (1914), contendo a forma verbal absurda *"Svingnum elvi"*. Vale também a pena mencionar os casos em que aparece num sonho uma palavra que não é, em si mesma, sem sentido, mas que perdeu seu significado próprio e combina diversos outros significados com os quais está relacionada da mesmíssima forma que estaria uma palavra "sem sentido". Foi isso o que ocorreu, por exemplo, no sonho do menino de dez anos sobre uma "categoria", que foi registrado por Tausk (1913). "Categoria", nesse caso, significava "órgãos genitais femininos", e "categorizar" significava o mesmo que "urinar".

Quando ocorrem frases faladas nos sonhos, e elas são expressamente distinguidas como tais dos pensamentos, a norma invariável é que as palavras faladas no sonho derivam de palavras faladas lembradas no material onírico. O texto do enunciado é então mantido inalterado, ou externado com algum ligeiro deslocamento. Um enunciado, num sonho, muitas vezes é composto por vários enunciados relembrados, permanecendo o texto idêntico, mas sendo-lhe atribuídos, se possível, vários significados, ou um sentido diferente do original. Um comentário dito num sonho é, não raro, apenas uma alusão a uma ocasião em que o comentário em questão foi feito.[1]

---

1 [*Nota de rodapé acrescentada* em 1909:] Não faz muito tempo, encontrei uma única exceção a essa regra no caso de um rapaz que sofria de obsessões, ao mesmo tempo que mantinha intactos seus dons intelectuais altamente desenvolvidos. As palavras faladas que ocorriam em seus sonhos não derivavam de observações que ele próprio tivesse feito ou ouvido. Continham o texto não distorcido de suas idéias obsessivas, que, na vida de vigília, só alcançavam sua consciência sob forma modificada.

(B)

O TRABALHO DE DESLOCAMENTO

Ao fazer nossa coletânea de exemplos de condensação nos sonhos, a existência de outra relação, provavelmente da mesma importância, já tinha ficado evidente. Via-se que os elementos que se destacam como os principais componentes do conteúdo manifesto do sonho estão longe de desempenhar o mesmo papel nos pensamentos oníricos. E, como corolário, pode-se afirmar o inverso dessa asserção: o que é claramente a essência dos pensamentos oníricos não precisa, de modo algum, ser representado no sonho. O sonho tem, por assim dizer, um foco diferente daquele dos pensamentos oníricos — seu conteúdo tem elementos diferentes como ponto central. Assim, no sonho da monografia de botânica, por exemplo, o ponto central do conteúdo do sonho era, evidentemente, o elemento "botânica", ao passo que os pensamentos oníricos diziam respeito às complicações e conflitos que surgem entre colegas por suas obrigações profissionais, e ainda à acusação de que eu tinha o hábito de fazer sacrifícios demais em prol de meus passatempos. O elemento "botânica" não estava presente de modo algum nesse núcleo dos pensamentos oníricos, a menos que a ele se ligasse vagamente por uma antítese — o fato de que a botânica jamais figurara entre meus estudos favoritos. No sonho de meu paciente sobre *Safo*, a posição central era ocupada por subir e descer e por estar em cima e embaixo; os pensamentos oníricos, porém, versavam sobre os perigos das relações sexuais com pessoas de classe social inferior. De modo que apenas um único elemento dos pensamentos oníricos parece ter penetrado no conteúdo do sonho, embora esse elemento fosse desproporcionalmente ampliado. De forma semelhante, no sonho dos besouros-de-maio, cujo tópico foram as relações entre sexualidade e crueldade, é certo que o fator crueldade surgiu no conteúdo do sonho; mas o fez com respeito a outra coisa e sem qualquer menção à sexualidade, ou seja, fora de seu contexto e por conseguinte transformado em algo estranho. Mais uma vez, em meu sonho sobre meu tio, a barba loura que formava seu ponto central não parece ter tido qualquer ligação em seu significado com meus desejos ambiciosos, que, como vimos, constituíam o núcleo dos pensamentos oníricos. Tais sonhos dão uma impressão justificável de "deslocamento". Em completo contraste com esses

303

exemplos, podemos ver que, no sonho da injeção de Irma, os diferentes elementos puderam reter, durante o processo de construção do sonho, o lugar aproximado que ocupavam nos pensamentos oníricos. Essa relação adicional entre os pensamentos oníricos e o conteúdo do sonho, inteiramente variável em seu sentido ou direção, destina-se, a princípio, a causar espanto. Ao considerarmos um processo psíquico na vida normal e verificarmos que uma de suas várias representações integrantes foi destacada das demais e adquiriu um grau especial de nitidez na consciência, costumamos encarar esse efeito como prova de que uma dose especialmente elevada de valor psíquico — um grau particular de interesse — está ligada a essa representação predominante. Mas agora descobrimos que, no caso dos diferentes elementos dos pensamentos oníricos, esse tipo de valor não persiste ou é desconsiderado no processo da formação do sonho. Nunca há dúvida quanto a quais dos elementos dos pensamentos oníricos têm o mais alto valor psíquico; tomamos ciência disso por julgamento direto. No curso da formação de um sonho, esses elementos essenciais, carregados como estão de um intenso interesse, podem ser tratados como se tivessem um valor reduzido e seu lugar pode ser tomado, no sonho, por outros elementos sobre cujo pequeno valor nos pensamentos oníricos não há nenhuma dúvida. À primeira vista, é como se nenhuma atenção fosse dispensada à intensidade psíquica[1] das várias representações ao se proceder à escolha entre elas para o sonho, e como se a única coisa considerada fosse o maior ou menor grau de multiplicidade de sua determinação. O que aparece nos sonhos, poderíamos supor, não é o que é *importante* nos pensamentos oníricos, mas o que neles ocorre repetidas vezes. Mas essa hipótese não nos ajuda muito em nossa compreensão da formação dos sonhos, visto que, a julgar pela natureza das coisas, parece evidente que os dois fatores da determinação múltipla e do valor psíquico intrínseco devem necessariamente atuar no mesmo sentido. As representações mais importantes entre os pensamentos oníricos serão, quase com certeza, as que com mais freqüência ocorrem neles, uma vez que os diferentes pensamentos oníricos, por assim dizer, delas se irradiarão. Não obstante, o sonho pode rejeitar os elementos que são altamente enfatizados em si próprios e reforçados a partir de muitas direções, e selecionar para seu conteúdo outros elementos que possuam apenas o segundo desses atributos.

---

1 A intensidade, valor ou grau de interesse *psíquico* de uma representação devem, obviamente, ser distinguidos da intensidade *sensorial* ou da intensidade da imagem apresentada.

Para resolver essa dificuldade, utilizaremos outra impressão derivada de nossa investigação da sobredeterminação do conteúdo do sonho. Talvez alguns dos que leram essa investigação já tenham chegado à conclusão independente de que a sobredeterminação dos elementos dos sonhos não é uma descoberta muito importante, já que é evidente. E isso porque, na análise, partimos dos elementos do sonho e anotamos todas as associações que surgem a partir deles, de modo que nada há de surpreendente no fato de, no conjunto de pensamentos assim reunido, depararmos com esses mesmos elementos com uma freqüência singular. Não posso aceitar essa objeção, mas eu próprio expressarei em palavras algo que não soa muito diferente dela. Entre os pensamentos que a análise traz à luz, há muitos que estão relativamente afastados do núcleo do sonho e que parecem interpolações artificiais feitas para algum objetivo específico. Tal objetivo é fácil de adivinhar. São precisamente *eles* que constituem uma ligação, quase sempre forçada e exagerada, entre o conteúdo do sonho e os pensamentos oníricos; e se esses elementos fossem eliminados da análise, o resultado seria, muitas vezes, que as partes integrantes do conteúdo do sonho ficariam não apenas sem sobredeterminação, mas também sem qualquer determinação satisfatória. Seremos levados a concluir que a determinação múltipla que decide o que será incluído num sonho nem sempre é um fator primordial na construção do sonho, mas é freqüentemente o produto secundário de uma força psíquica que ainda nos é desconhecida. Não obstante, a determinação múltipla deve ser importante na escolha dos elementos específicos que entrarão num sonho, pois é patente que um considerável dispêndio de esforço é empregado para produzi-la nos casos em que ela não provém sem auxílio do material do sonho.

Portanto, parece plausível supor que, no trabalho do sonho, está em ação uma força psíquica que, por um lado, despoja os elementos com alto valor psíquico de sua intensidade, e, por outro, *por meio da sobredeterminação,* cria, a partir de elementos de baixo valor psíquico, novos valores, que depois penetram no conteúdo do sonho. Se este for o caso, ocorrem *uma transferência e um deslocamento de intensidades psíquicas* no processo de formação do sonho, e é como resultado destes que se verifica a diferença entre o texto do conteúdo do sonho e o dos pensamentos oníricos. O processo que estamos aqui presumindo é nada menos do que a parcela essencial do trabalho do sonho, merecendo ser descrito como o "deslocamento onírico". O deslocamento onírico e a condensação onírica são os dois fatores dominantes a cuja atividade podemos, em essência, atribuir a forma assumida pelos sonhos.

Não penso tampouco que teremos qualquer dificuldade em reconhecer a força psíquica que se manifesta nos fatos do deslocamento onírico. A conseqüência do deslocamento é que o conteúdo do sonho não se assemelha mais ao núcleo dos pensamentos oníricos, e que o sonho não apresenta mais do que uma distorção do desejo onírico que existe no inconsciente. Mas já estamos familiarizados com a distorção onírica. Descobrimos sua origem na censura que é exercida por uma instância psíquica da mente sobre outra. O deslocamento onírico é um dos principais métodos pelos quais essa distorção é obtida. *Is fecit cui profuit.*[1] Podemos presumir, portanto, que o deslocamento onírico se dá por influência da mesma censura — ou seja, a censura da defesa endopsíquica.[2]

---

1 [O velho refrão jurídico: "Praticou a ação quem dela se beneficiou".]
2 [*Nota de rodapé acrescentada* em 1909:] Uma vez que posso dizer que o cerne de minha teoria dos sonhos reside em derivar a distorção onírica da censura, inserirei aqui a última parte de uma história de *Phantasien eines Realisten* [Fantasias de um Realista], de "Lynkeus" (Viena, 2ª edição, 1900), na qual encontrei essa característica fundamental de minha teoria mais uma vez exposta. O título da história é "Träumen wie Wachen" ["Sonhando como Se Estivesse Acordado"]:
"Sobre um homem que tem o notável atributo de nunca sonhar coisas absurdas...
— Esse seu esplêndido dom de sonhar como se estivesse acordado é conseqüência de suas virtudes, de sua bondade, de seu senso de justiça e de seu amor à verdade; é a serenidade moral de sua natureza que me faz compreender tudo sobre você.
— Mas, quando medito apropriadamente sobre o assunto — respondeu o outro —, chego quase a acreditar que todos são como eu, e que ninguém em absoluto jamais sonha coisas absurdas. Qualquer sonho que possamos lembrar com clareza o bastante para depois descrevê-lo, em outras palavras, qualquer sonho que não seja um sonho febril, deve *sempre* fazer sentido, e não há possibilidade de ser de outra maneira. Pois coisas que fossem mutuamente contraditórias não poderiam agrupar-se num todo único. O fato de o tempo e o espaço serem muitas vezes confundidos não afeta o verdadeiro conteúdo do sonho, uma vez que, sem dúvida, nenhum dos dois é importante para sua verdadeira essência. Muitas vezes fazemos a mesma coisa na vida de vigília. Basta pensarmos nos contos de fadas e nos muitos produtos ousados da imaginação, que estão repletos de sentido e dos quais somente um homem sem inteligência poderia dizer: 'Isso é um absurdo porque é impossível'.
— Ah, se a gente sempre soubesse como interpretar os sonhos da maneira certa, como você acaba de fazer com o meu! — disse o amigo.
— Essa, por certo, não é uma tarefa simples; mas, com um pouquinho de atenção por parte do próprio sonhador, sem dúvida sempre terá êxito. Você pergunta por que é que, na maioria das vezes, ela *não* tem êxito. Nas outras pessoas, como você, parece haver sempre algo que se oculta em seus sonhos, algo impuro num sentido especial e superior, certa qualidade secreta em seu ser que é difícil de entender. E é por isso que muitas vezes seus sonhos parecem não ter sentido ou ser até absurdos. Mas, no sentido mais profundo, não é nada disso; aliás, não pode ser assim em absoluto — pois é sempre o mesmo homem, esteja ele acordado ou sonhando."

A questão da interação desses fatores — deslocamento, condensação e sobredeterminação — na construção dos sonhos, bem como a questão de qual deles é o fator dominante e qual é o fator subordinado — tudo isso deixaremos de lado para uma investigação posterior. Mas podemos enunciar provisoriamente uma segunda condição que deve ser atendida pelos elementos dos pensamentos oníricos que penetram no sonho: *eles têm que escapar da censura imposta pela resistência*. E daqui por diante, ao interpretarmos os sonhos, levaremos em conta o deslocamento onírico como um fato inegável.

(C)

OS MEIOS DE REPRESENTAÇÃO NOS SONHOS

No processo de transformar os pensamentos latentes no conteúdo manifesto de um sonho, vimos dois fatores em ação: a condensação e o deslocamento oníricos. À medida que prosseguirmos em nossa investigação encontraremos, além destes, dois outros determinantes que exercem indubitável influência na escolha do material que terá acesso ao sonho.

Primeiramente, porém, mesmo com o risco de parecer que estou interrompendo nosso progresso, gostaria de dar uma olhadela preliminar nos processos envolvidos na realização da interpretação de um sonho. Não posso negar que a maneira mais fácil de tornar claros esses processos e de defender sua fidedignidade das críticas seria tomar como amostra algum sonho específico, proceder à sua interpretação (como fiz com o sonho da injeção de Irma em meu segundo capítulo) e, em seguida, reunir os pensamentos oníricos descobertos e reconstruir, a partir deles, o processo através do qual o sonho foi formado — em outras palavras, completar a análise de um sonho por meio de uma síntese dele. De fato, executei essa tarefa, para minha própria orientação, com diversas amostras, mas não posso reproduzi-las aqui, já que estou proibido de fazê-lo por motivos relacionados com a natureza do material psíquico em jogo — motivos que são de muitas espécies e que serão aceitos como válidos por qualquer pessoa sensata. Tais considerações interferiram menos na *análise* dos sonhos, uma vez que uma análise poderia ser incompleta e, não obstante, conservar seu valor, muito embora penetrasse apenas um pouco na trama do sonho. No caso da *síntese* de um sonho, porém, não vejo como ela poderia ser convincente a menos que fosse completa. Eu só poderia dar uma síntese completa de sonhos de pessoas desconhecidas do público leitor. Visto, contudo, que essa condição é preenchida apenas por meus pacientes, que são neuróticos, devo adiar essa parte de minha exposição do assunto até que possa — em outro volume — conduzir a elucidação psicológica das neuroses até um ponto em que ela possa estabelecer contato com nosso tópico atual.[1]

---

1 [*Nota de rodapé acrescentada* em 1909:] Desde que escrevi as palavras acima, publiquei uma análise e síntese completas de dois sonhos em meu "Fragmento da Análise de um Caso de

Minhas tentativas de estruturar sonhos por síntese a partir dos pensamentos oníricos ensinaram-me que o material que emerge no curso da interpretação não é todo do mesmo valor. Parte dele é composta dos pensamentos oníricos essenciais — ou seja, aqueles que substituem completamente o sonho, e que, se não houvesse censura dos sonhos, seriam suficientes para substituí-lo. A outra parte do material deve ser em geral considerada de menor importância. Tampouco é possível sustentar o ponto de vista de que todos os pensamentos desse segundo tipo tenham uma participação na formação do sonho. Pelo contrário, pode haver entre eles associações que se relacionem com acontecimentos ocorridos *depois* do sonho, entre os momentos do sonho e da interpretação. Essa parte do material inclui todas as vias de ligação que levaram do conteúdo manifesto do sonho aos pensamentos oníricos latentes, bem como as associações intermediárias e de ligação por meio das quais, no decorrer do processo de interpretação, chegamos a descobrir essas vias de ligação.

Estamos interessados, aqui, apenas nos pensamentos oníricos essenciais. Estes geralmente emergem como um complexo de idéias e lembranças da mais intricada estrutura possível, com todos os atributos das cadeias de idéias que nos são familiares na vida de vigília. Não raro, são cadeias de idéias que partem de mais de um centro, embora tendo pontos de contato. Cada cadeia de idéias é quase invariavelmente acompanhada por sua contrapartida contraditória, vinculada a ela por associação antitética.

As diferentes porções dessa complicada estrutura mantêm, é claro, as mais diversificadas relações lógicas entre si. Podem representar o primeiro e o segundo planos, digressões e ilustrações, condições, seqüências de provas e contra-argumentações. Quando a massa inteira desses pensamentos oníricos é submetida à pressão do trabalho do sonho, e quando seus elementos são revolvidos, transformados em fragmentos e aglutinados — quase como uma massa de gelo —, surge a questão do que acontece às conexões lógicas que até então formaram sua estrutura. Que representação fornecem os sonhos para "se", "porque", "como", "embora", "ou ... ou", e todas as outras conjunções sem as quais não podemos compreender as frases ou os enunciados?

Histeria". — [*Acrescentado* em 1914:] A análise de Otto Rank, "Ein Traum, der sich selbst deutet" ["Um Sonho Que Interpreta a Si Mesmo", 1910], merece menção como a interpretação mais completa já publicada de um sonho de considerável extensão.

Num primeiro momento, nossa resposta deve ser que os sonhos não têm a seu dispor meios de representar essas relações lógicas entre os pensamentos oníricos. Em sua maioria, os sonhos desprezam todas essas conjunções, e é só o conteúdo substantivo dos pensamentos oníricos que eles dominam e manipulam. A restauração dos vínculos que o trabalho do sonho destruiu é uma tarefa que tem de ser executada pelo processo interpretativo.

A incapacidade dos sonhos de expressarem essas coisas deve estar na natureza do material psíquico de que estes se compõem. As artes plásticas da pintura e da escultura vivem, a rigor, sob uma limitação semelhante, quando comparadas à poesia, que pode valer-se da fala; e aqui, mais uma vez, a razão de sua incapacidade está na natureza do material que essas duas formas de arte manipulam em seu esforço de expressar alguma coisa. Antes que a pintura se familiarizasse com as leis de expressão pelas quais se rege, ela fez tentativas de superar essa desvantagem. Nas pinturas antigas, pequenas etiquetas eram penduradas na boca das pessoas representadas, contendo, em caracteres escritos, os enunciados que o pintor perdia a esperança de representar pictoricamente.

Neste ponto, talvez se levante uma objeção contra a idéia de que os sonhos são incapazes de representar relações lógicas. Pois existem sonhos em que ocorrem as mais complicadas operações intelectuais, em que as afirmações são contrariadas ou confirmadas, ridicularizadas ou comparadas, tal como acontece ao pensamento de vigília. Aqui, porém, mais uma vez as aparências enganam. Se nos aprofundarmos na interpretação de sonhos como esses, verificaremos que tudo isso *faz parte do material dos pensamentos oníricos e não é uma representação do trabalho intelectual realizado durante o próprio sonho*. O que é reproduzido pelo aparente ato de pensar no sonho é o *tema* dos pensamentos oníricos e não as *relações mútuas entre eles*, cuja asserção constitui o ato de pensar. Exporei alguns exemplos disso mais adiante. Mas a conclusão mais fácil de estabelecer a esse respeito é que todas as frases orais que ocorrem nos sonhos e são especificamente descritas como tais constituem reproduções não modificadas ou ligeiramente modificadas de enunciados que também se encontram entre as lembranças do material dos pensamentos oníricos. Esse tipo de enunciado muitas vezes não passa de uma alusão a algum acontecimento incluído entre os pensamentos oníricos, e o sentido do sonho pode ser totalmente diferente.

Não obstante, não negarei que uma atividade crítica de pensamento, que não é uma simples repetição do material dos pensamentos oníricos, tem *efetivamente* uma participação na formação dos sonhos. Terei de elucidar o papel desempenhado por esse fator no fim deste exame. Ficará evidente, então, que essa atividade de pensamento não é produzida pelos pensamentos oníricos, mas pelo próprio sonho, depois de, num certo sentido, este já ter sido concluído.

Provisoriamente, portanto, é possível dizer que as relações lógicas entre os pensamentos oníricos não recebem nenhuma representação isolada nos sonhos. Por exemplo, quando ocorre uma contradição num sonho, ou ela é uma contradição do próprio sonho ou uma contradição oriunda do tema de um dos pensamentos oníricos. Uma contradição num sonho só pode corresponder a uma contradição *entre* os pensamentos oníricos de maneira extremamente indireta. Mas, assim como a arte da pintura finalmente encontrou um modo de expressar por outros meios que não as etiquetas balouçantes pelo menos a *intenção* das palavras dos personagens representados — afeição, ameaças, advertências e assim por diante —, há também um meio possível pelo qual os sonhos podem levar em conta algumas das relações lógicas entre seus pensamentos oníricos, efetuando uma modificação apropriada no método de representação característico dos sonhos. A experiência demonstra que os diferentes sonhos variam muito nesse aspecto. Enquanto alguns sonhos desprezam completamente a seqüência lógica de seu material, outros tentam dar uma indicação tão completa quanto possível dela. Ao fazê-lo, os sonhos se afastam ora mais, ora menos amplamente do texto de que dispõem para manipular. Aliás, os sonhos variam de forma semelhante em seu tratamento da seqüência *cronológica* dos pensamentos oníricos, caso tal seqüência tenha-se estabelecido no inconsciente (como, por exemplo, no sonho da injeção de Irma).

Que meios possui o trabalho do sonho para indicar nos pensamentos oníricos essas relações que são tão difíceis de representar? Tentarei enumerá-los um a um.

Em primeiro lugar, os sonhos levam em conta, de maneira geral, a ligação que inegavelmente existe entre todas as partes dos pensamentos oníricos, combinando todo o material numa única situação ou acontecimento. Eles reproduzem a *ligação lógica* pela *simultaneidade no tempo*. Nesse aspecto, agem como o pintor que, num quadro da Escola de Atenas ou do Parnaso, representa num único grupo todos os filósofos ou todos os poetas. É verdade que, de fato, eles nunca se reuniram num único salão ou num único cume de montanha, mas certamente formam um grupo no sentido conceitual.

Os sonhos levam esse método de reprodução aos menores detalhes. Sempre que nos mostram dois elementos muito próximos, isso garante que existe alguma ligação especialmente estreita entre o que corresponde a eles nos pensamentos oníricos. Da mesma forma, em nosso sistema de escrita, *"ab"* significa que as duas letras devem ser pronunciadas numa única sílaba. Quando se deixa uma lacuna entre o *"a"* e o *"b"*, isso significa que o *"a"* é a última letra de uma palavra e o *"b"*, a primeira da seguinte. Do mesmo modo, as colocações nos sonhos não consistem em partes fortuitas e desconexas do material onírico, mas em partes que são mais ou menos estreitamente ligadas também nos pensamentos oníricos.

Para representar *relações causais,* os sonhos possuem dois procedimentos que são, em essência, idênticos. Suponhamos que os pensamentos oníricos fossem do seguinte teor: "Uma vez que isso foi assim e assim, tal e tal estava fadado a acontecer". Nesse caso, o método mais comum de representação seria introduzir a oração subordinada como um sonho introdutório e acrescentar a oração principal como o sonho principal. Se interpretei corretamente, a seqüência temporal pode ser invertida. Mas a parte mais extensa do sonho sempre corresponde à oração principal.

Uma de minhas pacientes forneceu certa vez um excelente exemplo desse modo de representar a causalidade num sonho, que mais adiante registrarei na íntegra. Consistia num breve prelúdio e num fragmento muito difuso de sonho que enfocava, em grau acentuado, um único tema, e que poderia ser intitulado "A Linguagem das Flores".

O sonho introdutório foi o seguinte: *Ela entrou na cozinha, onde estavam as suas duas empregadas, e repreeendeu-as por não terem aprontado seu "lanchinho". Ao mesmo tempo, ela viu uma enorme quantidade de louça comum de cerâmica, emborcada na cozinha para escorrer; estava amontoada em pilhas. As duas criadas foram buscar água e tiveram de entrar numa espécie de rio que chegava até bem junto da casa ou entrava no quintal.* Seguiu-se então o sonho principal, que começava assim: *Ela estava descendo de uma elevação sobre algumas paliçadas construídas de forma estranha e se sentia contente por seu vestido não ter ficado preso nelas... etc.*

O sonho introdutório relacionava-se com a casa dos pais da sonhadora. Sem dúvida, ela muitas vezes ouvira a mãe empregar as palavras que apareceram no sonho. As pilhas de louça comum provinham de uma modesta loja de ferragens que se localizava no mesmo prédio. A outra parte do sonho continha uma referência ao pai dela, que sempre corria atrás das empregadas e que acabou contraindo uma doença fatal durante uma inundação. (A casa ficava perto da margem de um rio.) Assim, o pensamento oculto por trás do sonho introdutório dizia o seguinte: "Como nasci nesta casa, em circunstâncias tão mesquinhas e deprimentes..." O sonho principal tomou o mesmo pensamento e apresentou-o numa forma modificada pela realização de desejo: "Sou de alta linhagem". Assim, o verdadeiro pensamento subjacente era: "Como sou de linhagem tão baixa, o curso de minha vida tem sido dessa e daquela forma".

A divisão de um sonho em duas partes desiguais não significa invariavelmente, até onde posso ver, que exista uma relação causal entre os pensamentos por trás das duas partes. Muitas vezes, é como se o mesmo material fosse representado nos dois sonhos a partir de diferentes pontos de vista. (Isso é certamente o que acontece quando uma série de sonhos durante uma noite termina numa emissão ou num orgasmo — uma série em que a necessidade somática encontra o caminho para uma expressão progressivamente mais clara.) Ou então os dois sonhos podem ter brotado de centros separados no material onírico, e seu conteúdo pode superpor-se, de modo que o que é o centro de um sonho está presente como mera sugestão no outro, e *vice-versa*. Todavia, em certo número de sonhos, uma divisão em um sonho preliminar mais curto e uma seqüência mais longa significa, de fato, que há uma relação causal entre as duas partes.

O outro método de representar uma relação causal adapta-se ao material menos extenso e consiste na transformação de uma imagem onírica, seja ela de uma pessoa ou de uma coisa, em outra. A existência de uma relação causal só deve ser levada a sério se a transformação realmente ocorrer diante de nossos olhos, e não se apenas notarmos que uma coisa apareceu no lugar de outra.

Afirmei que os dois métodos de representar uma relação causal eram essencialmente idênticos. Em ambos os casos a causação é representada pela seqüência temporal: num deles, por uma seqüência de sonhos e, no outro, pela transformação direta de uma imagem em outra. Na grande maioria dos casos, cabe confessar, a relação causal não é, em absoluto, representada, mas se perde na confusão de elementos que inevitavelmente ocorre no processo do sonhar.

A alternativa "ou... ou" não pode ser expressa em sonhos, seja de que maneira for. Ambas as alternativas costumam ser inseridas no texto do sonho como se fossem igualmente válidas. O sonho da injeção de Irma contém um exemplo clássico disso. Seus pensamentos latentes diziam nitidamente: "Não sou responsável pela persistência das dores de Irma; a responsabilidade está *ou* na resistência dela a aceitar minha solução, *ou* nas condições sexuais desfavoráveis em que ela vive e que eu não posso alterar, *ou* no fato de que suas dores de modo algum são histéricas, mas de natureza orgânica". O sonho, por outro lado, preencheu *todas* essas possibilidades (que eram quase mutuamente exclusivas), e não hesitou em acrescentar uma quarta solução, baseada no desejo do sonho. Após interpretar o sonho, procedi à inserção do "ou... ou" no contexto dos pensamentos oníricos.

Quando, no entanto, ao reproduzir um sonho, seu narrador se sente inclinado a utilizar "ou... ou" — por exemplo, "era ou um jardim ou uma sala de estar" —, o que estava presente nos pensamentos oníricos não era uma alternativa, e sim um "e", uma simples adição. "Ou... ou" é predominantemente empregado para descrever um elemento onírico que tenha uma característica de imprecisão — que, contudo, é passível de ser desfeita. Em tais casos, a norma de interpretação é: trate as duas aparentes alternativas como se fossem de igual validade e ligue-as por um "e".

Por exemplo, certa ocasião um amigo meu estava na Itália e eu fiquei sem seu endereço por um bom tempo. Tive então um sonho no qual recebia um telegrama com o endereço abaixo. Vi-o impresso em azul no formulário telegráfico. A primeira palavra era vaga:

"Via", talvez,
ou *"Villa"*, $\Big\}$; a segunda estava clara:
ou possivelmente até (*"Casa"*) *"Secerno"*.

A segunda palavra soava como algum nome italiano e me fez lembrar as discussões que eu tivera com meu amigo sobre a questão da etimologia. Também expressava minha raiva dele por ter mantido seu endereço em *segredo* para mim por tanto tempo. Por outro lado, cada uma das três alternativas da primeira palavra revelou ser, na análise, um ponto de partida independente e igualmente válido para uma cadeia de idéias.

Durante a noite anterior ao funeral de meu pai, tive um sonho com um aviso, placar ou cartaz impresso — bem semelhante aos avisos proibindo que se fume nas salas de espera das estações de trem — onde aparecia ou:

"Pede-se que você feche os olhos"

ou: "Pede-se que você feche um olho".

Costumo escrever isto na forma:

o(s)

"Pede-se que você feche   olho(s)".

um

Cada uma dessas duas versões tinha um sentido próprio e levou numa direção diferente quando o sonho foi interpretado. Eu escolhera o ritual mais simples possível para o funeral, pois conhecia as opiniões de meu pai sobre essas cerimônias. Mas alguns outros membros da família não simpatizavam com tal simplicidade puritana e achavam que ficaríamos desonrados aos olhos dos que comparecessem ao enterro. Daí uma das versões: "Pede-se que você feche um olho", ou seja, "feche os olhos a" ou "faça vista grossa". Aqui, é particularmente fácil ver o sentido da imprecisão expressa pelo "ou ... ou". O trabalho do sonho não conseguiu estabelecer um enunciado unificado para os pensamentos oníricos, que, ao mesmo tempo, pudesse ser ambíguo; e, conseqüentemente, as duas principais linhas de pensamento começaram a divergir até no conteúdo manifesto do sonho.

Em alguns casos, a dificuldade de representar uma alternativa é superada dividindo-se o sonho em duas partes de igual extensão.

A maneira como os sonhos tratam a categoria dos contrários e dos contraditórios é extremamente interessante. Ela é simplesmente ignorada. O "não" não parece existir no que diz respeito aos sonhos. Eles mostram uma preferência particular por combinar os contrários numa unidade ou por representá-los como uma só coisa. Os sonhos se sentem à vontade, além disso, para representar qualquer elemento por seu oposto imaginário, de modo que não há maneira de decidir, à primeira vista, se qualquer elemento que admita um contrário está presente nos pensamentos oníricos como positivo ou negativo.[1]

---

1 [*Nota de rodapé acrescentada* em 1911:] Fiquei atônito ao saber por um folheto de autoria de K. Abel, *O Sentido Antitético das Palavras Primitivas* (1884) (a resenha que fiz dele, 1910*e*) — e o fato foi confirmado por outros filólogos —, que as línguas mais antigas se comportam

Num dos sonhos registrados logo acima, cuja primeira oração já foi interpretada ("como minha linhagem foi tal e tal"), a sonhadora se viu descendo sobre paliçadas, segurando um ramo florido na mão. Em conexão com essa imagem ela pensou no anjo segurando um buquê de lírios nos quadros da Anunciação — o nome dela era Maria — e nas meninas de túnicas brancas andando nas procissões de *Corpus Christi*, quando as ruas são decoradas com ramos verdes. Assim, o ramo florido do sonho aludia, sem dúvida alguma, à inocência sexual. Contudo, o ramo estava coberto de flores *vermelhas*, cada uma delas semelhante a uma camélia. No final de sua caminhada — assim prosseguia o sonho —, os botões em flor já estavam bem murchados. Seguiram-se então algumas alusões inconfundíveis à menstruação. Por conseguinte, o mesmo ramo que era carregado como um lírio e por uma menina inocente era também uma alusão à *Dame aux camélias*, que, como sabemos, costumava usar uma camélia branca, salvo durante suas regras, quando usava uma vermelha. O mesmo ramo em flor (cf. "des Mädchens Blüten" ["os botões da donzela"] no poema de Goethe "Der Müllerin Verrat") representava tanto a inocência sexual como seu contrário. E o mesmo sonho que expressava sua alegria por ter conseguido passar pela vida imaculadamente apresentava vislumbres, em certos pontos (por exemplo, nas flores que murcham), da cadeia de idéias contrárias — de ela ter sido culpada de vários pecados contra a pureza sexual (em sua infância). Ao analisar o sonho, foi possível distinguir claramente as duas cadeias de idéias, das quais a consoladora parecia ser a mais superficial, e a auto-reprovadora, a mais profunda — cadeias de idéias que eram diametralmente opostas uma à outra, mas cujos elementos semelhantes, embora contrários, foram representados pelos mesmos elementos no sonho manifesto.

Uma e apenas uma dessas relações lógicas é extremamente favorecida pelo mecanismo da formação do sonho; a saber, a relação de semelhança, consonância ou aproximação — a relação de "tal como". Essa relação, ao

---

exatamente como os sonhos quanto a esse aspecto. A princípio, dispõem de uma única palavra para descrever os dois contrários nos pontos extremos de uma seqüência de qualidades ou atividades (por exemplo, "forte-fraco", "velho-moço", "longe-perto", "unir-separar"); só formam termos distintos para os dois contrários por um processo secundário de efetuar pequenas modificações na palavra comum. Abel demonstra esse ponto particularmente com base no egípcio antigo, mas mostra que existem vestígios evidentes do mesmo curso de desenvolvimento também nas línguas semíticas e indo-germânicas.

contrário de qualquer outra, pode ser representada nos sonhos de múltiplas maneiras.[1] Os paralelos ou exemplos de "tal como" inerentes ao material dos pensamentos oníricos constituem as primeiras fundações para a construção de um sonho; e uma boa parte do trabalho do sonho consiste em criar novos paralelos nos casos em que os que já estão presentes não conseguem penetrar no sonho em virtude da censura imposta pela resistência. A representação da relação de semelhança é auxiliada pela tendência do trabalho do sonho à condensação.

A semelhança, a consonância, a posse de atributos comuns — tudo isso é representado nos sonhos pela unificação, que pode já estar presente no material dos pensamentos oníricos ou pode ser construída. A primeira dessas possibilidades pode ser descrita como "identificação", e a segunda, como "composição". A identificação é empregada quando se trata de *pessoas*; a composição, quando as *coisas* são o material da unificação. Não obstante, a composição também pode aplicar-se às pessoas. As localidades são freqüentemente tratadas como pessoas.

Na identificação, apenas uma das pessoas ligadas por um elemento comum consegue ser representada no conteúdo manifesto do sonho, enquanto a segunda ou as demais pessoas parecem ser suprimidas dele. Mas essa figura encobridora única aparece no sonho em todas as relações e situações que se aplicam quer a ela, quer às figuras que ela encobre. Na composição, quando esta se estende às pessoas, a imagem onírica contém traços que são peculiares a uma ou outra das pessoas em questão, mas não comuns a elas; de modo que a combinação desses traços leva ao aparecimento de uma nova unidade, uma figura composta. O processo efetivo de composição pode ser realizado de várias maneiras. Por um lado, a figura onírica pode ter o nome de uma das pessoas que com ela se relacionam — neste caso, sabemos diretamente, de maneira análoga a nosso conhecimento de vigília, que esta ou aquela pessoa é visada —, enquanto seus traços visuais podem pertencer à outra pessoa. Ou, por outro lado, a própria imagem onírica pode ser composta de traços visuais que na realidade pertencem em parte a uma pessoa e em parte à outra. Ou, ainda, a participação da segunda pessoa na imagem onírica pode estar não em seus traços visuais, mas nos gestos que atribuímos a ela, nas palavras que a fazemos pronunciar, ou na situação em

---

1 [*Nota de rodapé acrescentada* em 1914:] Cf. a observação de Aristóteles sobre os requisitos de um intérprete de sonhos, citada atrás na p. 113*n*2.

317

que a colocamos. Nesse último caso, a distinção entre a identificação e a construção de uma figura composta começa a perder sua nitidez. Mas é também possível que a formação de uma figura composta dessa natureza seja malsucedida. Quando isso ocorre, a cena no sonho é atribuída a *uma* das pessoas em questão, enquanto a outra (e, em geral, a mais importante) aparece como uma figura acompanhante, sem qualquer outra função. O sonhador pode descrever essa posição numa frase como: "Minha mãe também estava lá" (Stekel). Um elemento dessa espécie no conteúdo do sonho pode ser comparado aos "determinantes" empregados na escrita hieroglífica, que não visam a ser pronunciados, servindo meramente para elucidar outros sinais.

O elemento comum que justifica, ou, antes, causa a combinação das duas pessoas pode ser representado no sonho ou omitido dele. Em geral, a identificação ou construção de uma pessoa composta se dá exatamente para fins de evitar a representação do elemento comum. Em vez de dizer: "*A* tem sentimentos hostis para comigo, e o mesmo ocorre com *B*", formo uma figura composta por *A* e *B* no sonho, ou imagino *A* executando um ato de alguma outra natureza, que é característico de *B*. A figura onírica assim construída aparece no sonho num contexto inteiramente novo, e o fato de ela representar tanto *A* como *B* justifica que eu insira no ponto apropriado o sonho do elemento que é comum a ambos, a saber, uma atitude hostil para comigo. Muitas vezes, é possível chegar dessa maneira a um volume notável de condensação no conteúdo de um sonho; poupo-me a necessidade de fornecer uma representação direta de circunstâncias muito complicadas relativas a uma dada pessoa, se puder encontrar outra pessoa a quem algumas dessas circunstâncias se apliquem igualmente. É também fácil ver quanto esse método de representação por meio da identificação pode servir bem para se fugir à censura causada pela resistência, que impõe condições tão severas ao trabalho do sonho. Aquilo a que a censura faz objeção pode estar precisamente em certas representações que, no material dos pensamentos oníricos, estão ligadas a uma pessoa específica; assim, passo a procurar uma segunda pessoa que também esteja ligada ao material objetável, mas apenas a uma parte dele. O contato entre as duas pessoas nesse aspecto censurável justifica então minha construção de uma figura composta caracterizada por traços irrelevantes oriundos de ambas. Essa figura, obtida por identificação ou por composição, torna-se então admissível ao conteúdo do sonho, sem censura, e assim, utilizando a condensação do sonho, atendi às reivindicações da censura onírica.

Quando um elemento comum entre duas pessoas é representado num sonho, isso costuma ser uma pista de que devemos procurar outro elemento comum oculto cuja representação tenha sido impossibilitada pela censura. Fez-se um deslocamento no tocante ao elemento comum para, por assim dizer, facilitar sua representação. O fato de a figura composta aparecer oníricos com um elemento comum irrelevante leva-nos a concluir que outro elemento comum e nada irrelevante está presente nos pensamentos oníricos.

Portanto, a identificação ou a produção de figuras compostas servem a várias finalidades nos sonhos: em primeiro lugar, para representar um elemento comum a duas pessoas, em segundo, para representar um elemento comum *deslocado*, e, em terceiro, também para expressar um elemento comum meramente *imaginário*. Visto que desejar que duas pessoas tivessem um elemento comum muitas vezes coincide com a troca de uma pela outra, esta segunda relação também se expressa nos sonhos por meio da identificação. No sonho da injeção de Irma, eu desejava trocá-la por outra paciente: ou seja, desejava que a outra mulher pudesse ser minha paciente, tal como Irma. O sonho levou em conta esse desejo, mostrando-me uma pessoa que se chamava Irma, mas que era examinada numa posição em que eu só havia tido oportunidade de ver a outra mulher. No sonho com meu tio, uma troca dessa natureza tornou-se o ponto central: eu me identifiquei com o ministro ao tratar e julgar meus colegas tão mal quanto ele.

De acordo com a minha experiência, e até hoje não encontrei nenhuma exceção para esta regra, todo sonho versa sobre o próprio sonhador. Os sonhos são inteiramente egoístas.[1] Sempre que meu próprio ego não aparece no conteúdo do sonho, mas somente alguma pessoa estranha, posso presumir com segurança que meu próprio ego está oculto, por identificação, por trás dessa outra pessoa; posso inserir meu ego no contexto. Em outras ocasiões, quando meu próprio ego *de fato aparece* no sonho, a situação em que isso ocorre pode me mostrar que alguma outra pessoa se encontra oculta, por identificação, por trás de meu ego. Nesse caso, o sonho estaria me alertando para, ao interpretá-lo, transferir para mim mesmo o elemento comum oculto ligado a essa outra pessoa. Há também sonhos em que meu ego aparece

---

1 [*Nota de rodapé acrescentada* em 1925:] Cf. a nota de rodapé da p. 270.

juntamente com outras pessoas que, uma vez desvendada a identificação, revelam-se mais uma vez como meu ego. Essas identificações então me possibilitariam conectar ao meu ego certas representações cuja aceitação fora proibida pela censura. Assim, meu ego pode ser representado num sonho várias vezes, ora diretamente, ora por meio da identificação com pessoas estranhas. Por meio de várias dessas identificações torna-se possível condensar uma quantidade extraordinária de material do pensamento.[1] O fato de o ego do próprio sonhador aparecer num sonho várias vezes, ou de várias formas, não é, no fundo, mais estranho do que o fato de o ego estar presente num pensamento consciente várias vezes ou em lugares e contextos diferentes— por exemplo, na frase "quando *eu* penso em como *eu* fui uma criança sadia".

As identificações no caso de nomes próprios de *localidades* se desvendam ainda mais facilmente do que no caso de pessoas, já que aqui não há interferência por parte do ego, que ocupa uma posição tão dominante nos sonhos. Num de meus sonhos sobre Roma, o lugar em que me encontrava chamava-se Roma, mas eu ficava atônito com a quantidade de cartazes em alemão na esquina de uma rua. Esse segundo ponto era uma realização de desejo, que imediatamente me fez pensar em Praga; e o próprio desejo talvez datasse de uma fase nacionalista-alemã pela qual passei durante minha juventude, mas que depois superei. Na ocasião em que tive o sonho, havia uma perspectiva de eu encontrar meu amigo em Praga; de modo que a identificação de Roma com Praga pode ser explicada como um elemento desejoso comum: eu preferiria encontrar meu amigo em Roma e gostaria de trocar Praga por Roma para fins desse encontro.

A possibilidade de criar estruturas compostas destaca-se como a mais importante entre as características que tantas vezes emprestam aos sonhos uma aparência fantástica, pois introduz no conteúdo dos sonhos elementos que nunca poderiam ter sido objetos de percepção real. O processo psíquico de construir imagens compostas nos sonhos é, evidentemente, o mesmo de quando imaginamos ou retratamos um centauro ou um dragão na vida de vigília. A única diferença é que o que determina a produção da figura imaginária na vida de vigília é a impressão que a nova estrutura em si

---

1 Quando não sei com certeza atrás de qual das figuras que aparecem no sonho devo procurar o meu ego, obedeço à seguinte norma: a pessoa que, no sonho, sente a mesma emoção que eu mesmo experimento em meu sono é aquela que oculta meu ego.

pretende causar, ao passo que a formação da estrutura composta num sonho é determinada por um fator estranho à sua forma real — a saber, o elemento comum nos pensamentos oníricos. As estruturas compostas nos sonhos podem ser formadas de uma grande variedade de maneiras. O mais ingênuo desses procedimentos representa meramente os atributos de uma coisa, acompanhados pelo conhecimento de que também pertencem a uma outra coisa. Uma técnica mais elaborada combina os traços de ambos os objetos numa nova imagem e, ao proceder assim, utiliza com habilidade quaisquer semelhanças que os dois objetos acaso possuam na realidade. A nova estrutura pode parecer inteiramente absurda ou dar-nos a impressão de um sucesso da imaginação, conforme o material e a habilidade com que seja aglutinada. Quando os objetos a serem condensados numa só unidade são incongruentes demais, o trabalho do sonho muitas vezes se contenta em criar uma estrutura composta com um núcleo relativamente distinto, acompanhado por diversos traços menos distintos. Nesse caso, é possível dizer que o processo de unificação numa imagem única falhou. As duas representações se superpõem e produzem algo da ordem de uma competição entre as duas imagens visuais. Poder-se-ia chegar a representações semelhantes num desenho, caso se tentasse ilustrar o modo pelo qual um conceito geral é formado a partir de várias imagens perceptivas isoladas.

Os sonhos são, é claro, uma massa dessas estruturas compostas. Forneci alguns exemplos delas em sonhos que já analisei; e acrescentarei agora mais alguns. No sonho relatado mais adiante, na p. 343 e seg., que descreve o curso da vida da paciente "na linguagem das flores", o ego do sonho segurava na mão um ramo florido que, como vimos, representava tanto a inocência como o pecado sexual. O ramo, graças à posição das flores sobre ele, também fez a sonhadora lembrar-se da flor de *cerejeira*; as próprias flores, consideradas individualmente, eram *camélias,* e, além disso, a impressão geral era a de um crescimento *exótico*. O fator comum entre os elementos dessa estrutura composta foi indicado pelos pensamentos oníricos. O ramo florido era composto de alusões a presentes que lhe tinham sido oferecidos com o propósito de conquistar, ou tentar conquistar, seu favores. Assim, tinham-lhe dado *cerejas* na infância e, num momento posterior de sua vida, um pé de *camélias*; já "exótico" era uma alusão a um naturalista muito viajado que tentara conquistar suas boas graças com o desenho de uma flor. — Outra de minhas pacientes produziu, num de seus sonhos, algo intermediário entre uma cabine de banho à beira-mar, um quartinho externo no campo e um sótão numa casa de cidade. Os dois primeiros elementos têm em comum uma ligação com pessoas nuas e em desalinho; e sua combinação com o terceiro elemento leva à conclusão de que (em sua infância) um sótão também fora uma cena de desnudamento. — Outro sonhador produziu uma localidade composta a partir de dois lugares onde se fazem "tratamentos", sendo um deles meu consultório e o outro, o local de entretenimento onde ele conhecera sua mulher. — Uma moça sonhou, depois de seu irmão mais velho ter-lhe prometido um banquete de caviar, que as pernas desse mesmo irmão estavam *inteiramente cobertas de grãos negros de caviar.* O elemento de *"contágio"* (no sentido moral) e a lembrança de uma *erupção cutânea* em sua infância, que lhe cobrira inteiramente as pernas de manchas *vermelhas*, em vez de negras, tinham-se combinado com os *grãos de caviar* num conceito novo — a saber, o conceito de *"o que ela pegara de seu irmão".* Nesse sonho, como em outros, as partes do corpo humano eram tratadas como objetos. — Num sonho registrado por Ferenczi, ocorreu uma imagem composta que era formada da figura de um *médico* e de um *cavalo* e que além disso vestia um camisão de dormir. O elemento comum a esses três componentes foi descoberto na análise depois de a paciente reconhecer que o camisão de dormir era uma alusão a seu pai numa cena da infância. Em todos os três casos, o que estava em jogo era um objeto de sua curiosidade sexual. Quando criança, ela fora muitas vezes levada por sua babá a um haras militar onde teve amplas oportunidades de satisfazer o que, na época, era sua curiosidade ainda não inibida.

Afirmei anteriormente que os sonhos não têm meios de expressar a relação de contradição, um contrário ou um "não". Farei agora uma primeira negação dessa afirmação. Uma classe de casos que podem ser reunidos sob o título de "contrários" é, como já vimos, simplesmente representada por identificação — ou seja, casos em que a idéia de uma troca ou substituição pode ser posta em ligação com o contraste. Apresentei vários exemplos disso. Outra classe de contrários nos pensamentos oníricos, que se enquadram numa categoria que pode ser descrita como "pelo contrário" ou "justamente o inverso", penetra nos sonhos de uma maneira notável, que quase merece ser descrita como uma piada. O "justamente o inverso" não é representado, em si mesmo, no conteúdo do sonho, mas revela sua presença no material pelo fato de uma parte do conteúdo onírico, que já foi construída e que por acaso (por algum outro motivo) lhe é adjacente, ser — como numa reflexão posterior, por assim dizer — virada pelo avesso. O processo é mais fácil de ilustrar do que de descrever. No interessante sonho do "em cima e embaixo", a representação da subida no sonho tornou-se o inverso do que era em seu protótipo nos pensamentos oníricos — ou seja, na cena introdutória de *Safo*, de Daudet: no sonho, a subida era difícil no começo, porém mais fácil depois, ao passo que, na cena de Daudet, era fácil no início, porém cada vez mais difícil depois. Além disso, o "lá em cima" e o "lá embaixo" na relação entre o sonhador e seu irmão foram representados de maneira invertida no sonho. Isso apontou para a presença de uma relação invertida ou contrária entre duas partes do material dos pensamentos oníricos, e fomos encontrá-la na fantasia infantil do sonhador de ser carregado por sua ama-de-leite, que era o contrário da situação do romance, onde o herói estava carregando sua amante. Do mesmo modo, em meu sonho do ataque de Goethe a *Herr* M. (ver adiante, p. 437 e seg.), existe um "justamente o inverso" semelhante, que tem de ser posto em ordem antes que o sonho possa ser interpretado com êxito. No sonho, Goethe fazia um ataque a um jovem, *Herr* M.; na situação real contida nos pensamentos oníricos, um homem importante, meu amigo, fora atacado por um jovem escritor desconhecido. No sonho, fiz um cálculo baseando-me na data da morte de Goethe; na realidade, o cálculo fora feito a partir do ano de nascimento do paciente paralítico. O pensamento que se revelou decisivo nos pensamentos oníricos foi uma contradição da idéia de que Goethe deveria ser tratado como um lunático. "Justamente o inverso", dizia o sonho; "se você não compreende o livro, é *você* que é um débil mental, e não o autor." Creio, além disso, que todos esses sonhos de virar as coisas ao contrário incluem uma referência às implicações desdenhosas da idéia de "voltar as costas a alguma coisa".[1] (Por exemplo, o virar as costas do sonhador em relação a seu irmão no sonho de *Safo*.) É relevante observar, além disso, a freqüência com que a inversão é empregada precisamente nos sonhos oriundos de impulsos homossexuais recalcados.

Aliás, a inversão, ou transformação de uma coisa em seu oposto, é um dos meios de representação mais favorecidos pelo trabalho do sonho, e pode ser utilizada nos sentidos mais diversos. Ela serve, em primeiro lugar, para

---

1 [O alemão *"Kehrseite"* pode significar tanto "inverso" como "traseiro". Cf. a expressão vulgar inglesa *"arse upwards"* ("de bunda para cima") em lugar de *"upside down"* ("de cabeça para baixo") e de *"the wrong way round"* ("pelo lado avesso").]

dar expressão à realização de um desejo em referência a algum elemento específico dos pensamentos oníricos. "Ah, se ao menos tivesse sido ao contrário!" Esta é muitas vezes a melhor maneira de expressar a reação do ego a um fragmento desagradável da memória. Além disso, a inversão tem uma utilidade muito especial como auxílio à censura, pois produz uma massa de distorção no material a ser representado, e isto tem um efeito decididamente paralisante, para começar, sobre qualquer tentativa de compreender o sonho. Por essa razão, quando um sonho se recusa obstinadamente a revelar seu sentido, sempre vale a pena verificar o efeito de inverter alguns elementos específicos de seu conteúdo manifesto; depois disso, muitas vezes toda a situação torna-se logo evidente.

E, além da inversão do assunto, a inversão *cronológica* não deve ser negligenciada. Uma técnica bastante comum da distorção onírica consiste em representar o resultado de um acontecimento ou a conclusão de uma cadeia de idéias no início de um sonho, e em colocar no final as premissas em que se basearam a conclusão ou as causas que levaram ao acontecimento. Alguém que deixe de levar em conta esse método técnico adotado pela distorção onírica ficará inteiramente perdido quando se deparar com a tarefa de interpretar um sonho.[1]

Em alguns casos, de fato, só é possível chegar ao sentido de um sonho depois de se ter efetuado um bom número de inversões de seu conteúdo sob vários aspectos. Por exemplo, no caso de um jovem neurótico obsessivo, ocultava-se por trás de um de seus sonhos a lembrança de um desejo de morte que datava de sua infância e era dirigido contra seu pai, a quem ele temia. Eis aqui o texto do sonho: *Seu pai o repreendia por voltar para casa tão tarde.* O contexto em que o sonho ocorreu no tratamento psicanalítico e as

---

1 [*Nota de rodapé acrescentada* em 1909:] Os ataques histéricos por vezes se valem da mesma espécie de inversão cronológica para ocultar dos observadores seu significado. Por exemplo, uma moça histérica precisava representar algo da ordem de um breve romance num de seus ataques — um romance sobre o qual ela tivera uma fantasia em seu inconsciente após um encontro com alguém na ferrovia suburbana. Imaginou como o homem fora atraído pela beleza de seu pé e lhe dirigira a palavra enquanto ela estava lendo; ao que então ela partira com ele e tivera uma apaixonada cena de amor. Seu ataque *começou* com uma representação dessa cena de amor por meio de contorções convulsivas do corpo, acompanhadas por movimentos dos lábios para representar os beijos e de retesamento dos braços para representar os abraços. Em seguida, ela correu para a sala ao lado, sentou-se numa cadeira, levantou a saia para mostrar o pé, fingiu que estava lendo um livro e falou comigo (isto é, me respondeu). — [*Acrescentado* em 1914:] Cf. a esse respeito o que diz Artemidoro: "Ao interpretar as imagens vistas em sonhos, deve-se, às vezes, acompanhá-las desde o começo até o fim e, às vezes, desde o fim até o começo..."

associações do paciente mostraram, contudo, que as palavras originais provavelmente eram que *ele* estava com raiva do *pai*, e que, em sua opinião, o pai sempre voltava para casa *cedo* demais. Ele teria preferido que o pai não voltasse para casa *em absoluto*, e isso era a mesma coisa que um desejo de morte contra o pai. Isso porque, quando era muito pequeno, no decorrer da ausência temporária do pai, ele cometeu um ato de agressão sexual contra alguém e, como punição, foi ameaçado com estas palavras: "Espere só até seu pai voltar!"

Se desejarmos levar mais adiante nosso estudo das relações entre o conteúdo do sonho e os pensamentos oníricos, o melhor plano será tomar os próprios sonhos como nosso ponto de partida e considerar o que certas características *formais* do método de representação nos sonhos significam em relação aos pensamentos subjacentes a elas. As mais destacadas dentre essas características formais, que não podem deixar de nos impressionar nos sonhos, são as diferenças de intensidade sensorial entre imagens oníricas específicas e na nitidez de certas partes dos sonhos ou de sonhos inteiros quando comparados a outros.

As diferenças de intensidade entre imagens oníricas específicas abrangem toda a gama que se estende desde uma nitidez de definição que nos sentimos inclinados, sem dúvida injustificadamente, a considerar como maior do que a da realidade, e um irritante caráter vago que declaramos ser característico dos sonhos, porque não é inteiramente comparável a nenhum grau de indistinção que alguma vez tenhamos percebido nos objetos reais. Além disso, em geral descrevemos a impressão que temos de um objeto indistinto num sonho como "fugaz", enquanto sentimos que as imagens oníricas que são mais nítidas foram percebidas por uma extensão considerável de tempo. Surge então a questão de investigar, no material dos pensamentos oníricos, o que é que determina essas diferenças na nitidez de partes específicas do conteúdo de um sonho.

Devemos começar por contrariar certas expectativas que quase inevitavelmente se apresentam. Como o material de um sonho pode incluir sensações reais experimentadas durante o sono, é provável que se presuma que estas, ou os elementos do sonho delas oriundos, recebem destaque no conteúdo do sonho, aparecendo com intensidade especial; ou, de forma inversa, que aquilo que aparece com uma nitidez especial num sonho pode ser atribuído a sensações reais ocorridas durante o sono. Na minha experiência, porém, isso nunca foi confirmado. Não se constata que os elementos de um sonho derivados de impressões reais no decorrer do sono (ou seja, de estímulos nervosos) se distingam, por sua nitidez, de outros elementos que surjam de lembranças. O fator da realidade não tem importância alguma na determinação da intensidade das imagens oníricas.

Do mesmo modo, poder-se-ia esperar que a intensidade *sensorial* (ou seja, a nitidez) de imagens oníricas específicas estivesse relacionada com a intensidade *psíquica* dos elementos nos pensamentos oníricos correspondentes a elas. Nestes últimos, a intensidade psíquica coincide com o *valor* psíquico: os elementos mais intensos são também os mais importantes — os que formam o ponto central dos pensamentos oníricos. Sabemos, é verdade, que são precisamente estes elementos que, em virtude da censura, em geral não conseguem penetrar no conteúdo do sonho; não obstante, é bem possível que seus derivados imediatos, que os representam no sonho, tivessem um grau mais elevado de intensidade, sem por isso constituir, necessariamente, o centro do sonho. Mas também essa expectativa é frustrada pelo estudo comparativo dos sonhos e do material de que derivam. A intensidade dos elementos de um não tem nenhuma relação com a intensidade dos elementos do outro: o fato é que ocorre uma completa "transposição de todos os valores psíquicos" entre o material dos pensamentos oníricos e o sonho. Muitas vezes, um derivado direto daquilo que ocupa uma posição dominante nos pensamentos oníricos só pode ser descoberto justamente em algum elemento transitório do sonho ofuscado por imagens mais poderosas.

A intensidade dos elementos de um sonho é determinada de outra forma — e por dois fatores independentes. Em primeiro lugar, é fácil perceber que os elementos pelos quais a realização de desejo se expressa são representados com especial intensidade. E, em segundo, a análise mostra que os elementos mais nítidos de um sonho constituem o ponto de partida do maior número de cadeias de idéias — que os elementos mais nítidos são também aqueles que possuem o maior número de determinantes. Não estaremos alterando o sentido dessa afirmação de base empírica se a enunciarmos nestes termos: os elementos do sonho que apresentam o maior grau de intensidade são aqueles em cuja formação se despendeu o maior volume de condensação. Podemos esperar que algum dia seja possível expressar esse determinante juntamente com o outro (isto é, a relação com a realização de desejo) numa única fórmula.

O problema de que acabo de tratar — as causas da maior ou menor intensidade ou clareza de elementos específicos de um sonho — não deve ser confundido com outro problema, que se relaciona com a clareza variável de sonhos inteiros ou de partes de sonhos. No primeiro caso, a clareza contrasta com a indeterminação, mas, no segundo, contrasta com a confusão. De qualquer modo, não há dúvida de que o aumento e a redução das qualidades nessas duas escalas correm paralelamente. Uma parte de um sonho que nos pareçe clara geralmente contém elementos intensos; um sonho obscuro, por outro lado, é composto de elementos de pequena intensidade. Todavia, o problema apresentado pela escala que se estende desde o que é aparentemente claro até o que é obscuro e confuso é muito mais complicado do que o problema dos graus variáveis de nitidez dos elementos do sonho. De fato, por motivos que serão apresentados mais adiante, o primeiro desses problemas ainda não pode ser examinado.

Em alguns casos, verificamos, para nossa surpresa, que a impressão de clareza ou indistinção fornecida por um sonho não tem absolutamente nenhuma relação com a constituição do próprio sonho, mas decorre do material dos pensamentos oníricos e é parte integrante dele. Assim, lembro-me de um sonho que me causou a impressão, quando acordei, de ser tão bem construído, impecável e claro que, ainda meio tonto de sono, pensei em introduzir uma nova categoria de sonhos que não estariam sujeitos aos mecanismos de condensação e deslocamento, mas deveriam ser descritos como "fantasias durante o sono". Um exame mais atento provou que essa raridade entre os sonhos exibia em sua estrutura as mesmas lacunas e os mesmos defeitos de qualquer outro; e, por essa razão, abandonei a categoria de "fantasias oníricas".[1] O conteúdo do sonho, uma vez obtido, representou-me expondo a meu amigo uma teoria difícil e há muito desejada sobre a bissexualidade; e o poder de realização de desejos do sonho era responsável por considerarmos essa teoria (que, aliás, não foi fornecida no sonho) como clara e impecável. Assim, o que eu tomara por um julgamento sobre o sonho completo era, na realidade, uma parte, e de fato a parte essencial, do conteúdo do sonho. Nesse caso, o trabalho do sonho tinha invadido, por assim dizer, meus primeiros pensamentos de vigília, e me transmitira como um *julgamento* sobre o sonho a parte do material dos pensamentos oníricos que ele

---

1 [*Nota de rodapé acrescentada* em 1930:] Se acertadamente ou não, agora não tenho certeza.

não tinha conseguido representar com exatidão no sonho. Certa vez deparei com uma contrapartida exata disso no sonho de uma paciente no decorrer da análise. De início, ela se recusou terminantemente a contá-lo a mim, "porque era muito indistinto e confuso". Finalmente, em meio a repetidos protestos de que não tinha certeza de que seu relato estivesse correto, ela me informou que várias pessoas tinham entrado no sonho — ela própria, o marido e o pai — e que era como se ela não soubesse se seu marido era seu pai, ou quem era seu pai, ou algo dessa espécie. Esse sonho, considerado juntamente com suas associações durante a sessão analítica, mostrou, sem sombra de dúvida, que se tratava da história bastante comum da criada que era obrigada a confessar que estava esperando um bebê, mas estava incerta quanto a "quem era realmente o pai (da criança)".[1] Logo, também nesse caso, a falta de clareza exibida pelo sonho fazia parte do material que o instigara, ou seja, parte desse material estava representada na *forma* do sonho. *A forma de um sonho, ou a forma como é sonhado, é empregada, com freqüência surpreendente, para representar seu tema oculto.*

As explicações a respeito de um sonho ou os comentários aparentemente inocentes a seu respeito servem, muitas vezes, para disfarçar da maneira mais sutil parte do que foi sonhado, embora, de fato, acabem traindo-a. Por exemplo, um sonhador comentou que, num dado ponto, "o sonho tinha sido limpo"; e a análise levou a uma lembrança infantil de ele escutar alguém se limpando depois de defecar. Ou vejamos então outro exemplo que merece ser registrado com pormenores. Um rapaz teve um sonho muito claro que o fez recordar-se de algumas fantasias de sua infância que haviam permanecido conscientes. Sonhou que era noite e que ele se encontrava num hotel, numa estação de veraneio. Confundiu o número de seu quarto e entrou num outro em que uma mulher idosa e suas duas filhas estavam se despindo para dormir. Ele então prosseguiu: "Aqui existem umas lacunas no sonho; alguma coisa está faltando. Finalmente, havia um homem·no quarto que tentou me expulsar, e eu tive de lutar com ele." O sonhador fez esforços inúteis para recordar a essência e o tema da fantasia infantil a que o sonho evidentemente fazia alusão; até que, por fim, surgiu a verdade de que aquilo que ele estava procurando já se encontrava em seu poder, em seu comentário sobre a parte obscura do sonho. As "lacunas" eram os orifícios genitais das mulheres que

---

1 Seus sintomas histéricos concomitantes eram amenorréia e uma grande depressão (que era o principal sintoma dessa paciente).

estavam indo dormir; e "alguma coisa está faltando" descrevia a característica principal dos órgãos genitais femininos. Quando era mais novo, ele tinha uma curiosidade enorme de ver os órgãos genitais de uma mulher e estava inclinado a sustentar a teoria sexual infantil segundo a qual as mulheres possuem órgãos masculinos.

Uma lembrança análoga de outro sonhador assumiu uma forma muito semelhante. Ele sonhou o seguinte: *"Eu estava entrando no Restaurante Volksgarten com a Srta. K...*, vinha então um pedaço obscuro, uma interrupção..., *em seguida, eu estava no salão de um bordel, onde vi duas ou três mulheres, uma delas de combinação e calcinhas".*

ANÁLISE. — A Srta. K. era a filha de seu antigo chefe, e, como ele próprio admitiu, uma irmã substituta para ele. O rapaz raramente tivera oportunidade de conversar com ela, mas, certa ocasião, tiveram uma conversa em que "foi exatamente como se tivéssemos tomado consciência de nosso sexo, como se eu devesse dizer 'eu sou um homem e você é uma mulher'". Ele fora ao restaurante em questão apenas uma vez, com a irmã de seu cunhado, uma moça que nada significava para ele. Outra vez, fora com um grupo de três senhoras até a entrada do mesmo restaurante. Essas damas eram sua irmã, sua cunhada e a irmã do cunhado que acabamos de mencionar. Todas elas lhe eram altamente indiferentes, mas todas três se enquadravam na categoria de "irmãs". Raras vezes ele visitara um bordel — apenas duas ou três vezes na vida.

A interpretação baseou-se no "pedaço obscuro" e na "interrupção" do sonho, e propôs o ponto de vista de que, em sua curiosidade infantil, ele havia ocasionalmente inspecionado, mesmo que só raras vezes, os órgãos genitais de uma irmã alguns anos mais nova que ele. Alguns dias depois, ele teve uma lembrança consciente da má ação a que o sonho aludia.

O conteúdo de todos os sonhos que ocorrem na mesma noite faz parte do mesmo todo; o fato de estarem divididos em várias seções, bem como o agrupamento e o número dessas seções — tudo isso tem sentido e pode ser encarado como uma informação proveniente dos pensamentos latentes do sonho. Ao interpretar sonhos que consistam em várias seções principais ou, em geral, sonhos que ocorram durante a mesma noite, não se deve desprezar a possibilidade de que sonhos separados e sucessivos dessa natureza tenham o mesmo significado e possam estar dando expressão aos mesmos impulsos através de materiais diferentes. Sendo assim, o primeiro desses sonhos homólogos é muitas vezes o mais distorcido e tímido, ao passo que o seguinte será mais confiante e nítido.

Os sonhos do Faraó na Bíblia sobre as vacas e as espigas de milho, interpretados por José, eram desse tipo. Eles são relatads com maiores detalhes por Josefo (*História Antiga dos Judeus,* Livro 2, Capítulo 5) do que pela Bíblia. Depois de narrar seu primeiro sonho, disse o Rei: "Após ter tido essa visão, despertei de meu sono; e, estando em desordem e pensando comigo mesmo o que devia ser essa aparição, adormeci novamente, e vi outro sonho, mais maravilhoso que o anterior, que me assustou e perturbou ainda mais..." Após ouvir o relato do sonho do Rei, respondeu José: "Esse sonho, ó Rei, embora visto sob duas formas, significa exatamente o mesmo fato..."

Em sua "Contribuição à Psicologia do Boato", Jung (1910*b*) descreve como o sonho erótico disfarçado de uma escolar foi compreendido por suas colegas sem qualquer interpretação e como foi elaborado e modificado depois. Observa ele em relação a uma dessas histórias oníricas: "A idéia final numa longa série de imagens oníricas contém precisamente aquilo que a primeira imagem da série tentara retratar. A censura mantém o complexo a distância o maior tempo possível, mediante uma sucessão de novos encobridores simbólicos, deslocamentos, disfarces inocentes, etc." (ibid., p. 87). Scherner (1861, p.166) estava bem familiarizado com essa peculiaridade do método de representação nos sonhos e o descreve, no tocante à sua teoria dos estímulos orgânicos, como uma lei especial: "Em última análise, contudo, em todas as estruturas oníricas simbólicas provenientes de estímulos nervosos específicos, a imaginação observa uma lei geral: no começo de um sonho, ela só retrata o objeto do qual provém o estímulo por meio das mais remotas e inexatas alusões, mas, no final, depois que a efusão pictórica se esgotou, ela representa cruamente o próprio estímulo, ou, conforme o caso, o órgão envolvido ou a função desse órgão, e com isso o sonho, tendo designado sua causa orgânica real, atinge seu objetivo".

Otto Rank (1910) forneceu uma bela confirmação dessa lei de Scherner. Um sonho de uma moça, relatado por ele, compunha-se de dois sonhos isolados, sonhados, com um intervalo entre eles, no decorrer da mesma noite, tendo o segundo terminado num orgasmo. Foi possível efetuar uma interpretação pormenorizada desse segundo sonho, mesmo sem muitas contribuições da sonhadora; e o número de ligações entre os conteúdos dos dois sonhos possibilitou ver que o primeiro sonho representava, de maneira mais tímida, a mesma coisa que o segundo. De modo que este, o sonho com o orgasmo, contribuiu para a completa explicação do primeiro. Rank acertadamente baseia nesse exemplo toda uma argumentação sobre a importância geral dos sonhos com orgasmo ou emissão para a teoria do sonhar.

Não obstante, em minha experiência, raramente temos condições de interpretar a clareza ou confusão de um sonho pela presença de certeza ou dúvida em seu material. Posteriormente, terei de revelar um fator na formação dos sonhos que ainda não mencionei e que exerce a influência determinante sobre a escala dessas qualidades em qualquer sonho específico.

Às vezes, num sonho em que a mesma situação e cenário persistem por algum tempo, ocorre uma interrupção que é descrita com estas palavras: "Aí foi como se, ao mesmo tempo, fosse outro lugar, e lá aconteceu tal e tal coisa". Após algum tempo, o fio da meada do sonho pode ser retomado, e descobre-se que aquilo que o interrompeu era uma oração subordinada no material onírico — um pensamento intercalado. Uma oração condicional nos pensamentos oníricos é representada no sonho por uma simultaneidade: "se" transforma-se em "quando".

Qual é o sentido da sensação de movimento inibido que aparece com tamanha freqüência nos sonhos e que se aproxima tanto da angústia? O sujeito tenta mover-se para a frente, mas se vê colado ao chão, ou tenta alcançar algo, mas é retido por uma série de obstáculos. Um trem está prestes a partir, mas fica-se impossibilitado de apanhá-lo. O sujeito ergue a mão para revidar um insulto, mas verifica que ela está impotente. E assim por diante. Já deparamos com essa sensação nos sonhos de exibição, mas ainda não fizemos nenhuma tentativa séria de interpretá-la. Uma resposta fácil, mas insuficiente, seria dizer que a paralisia motora prevalece no sono e que dela tomamos conhecimento na sensação que estamos examinando. Mas pode-se perguntar por que, nesse caso, não estamos perpetuamente sonhando com esses movimentos inibidos; e é razoável supor que essa sensação, embora possa ser evocada a qualquer momento durante o sono, sirva para facilitar algum tipo específico de representação, sendo despertada apenas quando o material dos pensamentos oníricos precisa ser representado dessa maneira.

Esse "não poder fazer nada" nem sempre aparece nos sonhos como uma sensação, mas é às vezes, simplesmente, parte do conteúdo do sonho. Um caso dessa natureza me parece particularmente apto a lançar luz sobre o sentido desse aspecto do sonhar. Eis aqui uma versão abreviada de um sonho em que, aparentemente, fui acusado de desonestidade. *O local era uma mescla de um sanatório particular e de várias outras instituições. Um criado apareceu para me convocar para um exame. Eu sabia, no sonho, que algo havia desaparecido e que o exame se devia a uma suspeita de que eu me apropriara do artigo desaparecido.* (A análise demonstrou que o exame devia ser entendido em dois sentidos e incluía um exame médico.) *Ciente de minha inocência e do fato de que eu ocupava o posto de consultor no estabelecimento, acompanhei o criado tranqüilamente. À porta, fomos recebidos por outro criado, que disse, apontando para mim: "Por que você o trouxe? Ele é uma pessoa respeitável". Entrei então, desacompanhado, num grande saguão onde havia máquinas, que me lembraram um Inferno com seus instrumentos de tortura diabólicos. Estendido num aparelho vi um de meus colegas, que tinha todos os motivos para reparar em mim; mas ele não prestou nenhuma atenção. Disseram-me então que eu podia ir. Mas não consegui encontrar meu chapéu e, afinal, não pude ir.*

A realização de desejo do sonho estava, evidentemente, em eu ser reconhecido como um homem honesto e informado de que podia ir embora. Devia haver, portanto, toda espécie de material nos pensamentos oníricos contradizendo isso. O fato de eu poder ir embora era um sinal de minha absolvição. Por conseguinte, se aconteceu algo no final do sonho que me impediu de ir, parece plausível supor que o material suprimido que continha a contradição estava se fazendo sentir naquele ponto. O fato de eu não conseguir encontrar meu chapéu, portanto, significava: "Afinal de contas, o senhor *não* é um homem honesto". Assim, o "não poder fazer alguma coisa", nesse sonho, foi uma forma de expressar uma contradição — um "não" —; de modo que minha declaração anterior de que os sonhos não podem expressar o "não" requer uma correção.[1]

---

1 Na análise completa havia uma referência a um fato de minha infância, obtido pela seguinte cadeia associativa: "Der Mohr hat seine Schuldigkeit getan, der Mohr *kann gehen*". ["O mouro cumpriu seu dever, o mouro *pode ir*" (Schiller, *Fiesco,* III, 4). Veio então uma adivinhação jocosa: "Quantos anos tinha o mouro quando cumpriu seu dever?" — "Um ano, porque já podia ir [*"gehen"* significa tanto "ir" como "andar"]." (Ao que parece, vim ao mundo com uma quantidade tão grande de cabelos negros que minha jovem mãe declarou que eu era um pequeno

Em outros sonhos, nos quais a "não-execução" de um movimento ocorre como uma *sensação*, e não simplesmente como uma *situação*, a sensação da inibição de um movimento dá uma expressão mais enérgica à mesma contradição — expressa uma volição que é contraposta por uma contravolição. Assim, a sensação de inibição de um movimento representa um *conflito da vontade*. Veremos mais adiante que a paralisia motora que acompanha o sono é precisamente um dos determinantes fundamentais do processo psíquico enquanto se sonha. Ora, um impulso transmitido pelas vias motoras nada mais é do que uma volição, e o fato de termos tanta certeza de que sentiremos esse impulso inibido durante o sono é o que torna todo o processo tão adequado para representar um ato de volição e um "não" que a ele se opõe. É também fácil perceber, com base em minha explicação da angústia, por que a sensação de uma inibição da vontade se aproxima tanto da angústia e se liga a ela com tanta freqüência nos sonhos. A angústia é um impulso libidinal que tem origem no inconsciente e é inibido pelo pré-consciente.[1] Quando, portanto, a sensação de inibição está ligada à angústia num sonho, deve tratar-se de um ato de volição que um dia foi capaz de gerar libido — em outras palavras, deve tratar-se de um impulso sexual.

Examinarei em outro ponto (ver adiante) o sentido e a importância psíquica do juízo que muitas vezes surge nos sonhos, expresso na frase "afinal, isto é apenas um sonho". Por enquanto direi apenas, a título de antecipação, que ele se destina a minimizar a importância do que está sendo sonhado. O interessante problema correlato do que significa quando parte do conteúdo de um sonho é descrito no próprio sonho como sendo "sonhado" — o enigma do "sonho dentro do sonho" — foi solucionado num sentido semelhante por Stekel, que analisou alguns exemplos convincentes. A intenção é, mais uma vez, minimizar a importância do que é "sonhado" no sonho, retirar-lhe sua realidade. O que é sonhado num sonho, depois que se

---

mouro.) — O fato de eu não conseguir encontrar meu chapéu era uma ocorrência da vida de vigília que foi utilizada em mais de um sentido. Nossa empregada, que era um gênio para guardar coisas, o havia escondido. — O fim desse sonho também ocultava uma rejeição de alguns pensamentos melancólicos sobre a morte: "Estou longe de ter cumprido meu dever, de modo que ainda não devo ir-me". — O nascimento e a morte foram abordados nele, tal como o tinham sido no sonho de Goethe e do paciente paralítico, que eu tivera pouco tempo antes.

1 [*Nota de rodapé acrescentada* em 1930:] À luz de conhecimentos posteriores, esta afirmação já não pode ser sustentada.

acorda do "sonho dentro do sonho", é o que o desejo do sonho procura colocar no lugar de uma realidade eliminada. Deve-se supor, então, que o que foi "sonhado" no sonho é uma representação da realidade, a verdadeira lembrança, ao passo que a continuação do sonho, pelo contrário, meramente representa o que o sonhador deseja. Incluir algo num "sonho dentro do sonho" equivale, assim, a desejar que a coisa descrita como sonho nunca tivesse acontecido. Em outras palavras, quando um evento específico é inserido num sonho como sonho pelo próprio trabalho do sonho, isso implica a mais firme confirmação da realidade do evento — sua *afirmação* mais forte. O trabalho do sonho se serve do sonhar como forma de repúdio, confirmando assim a descoberta de que os sonhos são realizações de desejos.

(D)

CONSIDERAÇÃO À REPRESENTABILIDADE

Ocupamo-nos até agora com a investigação dos meios pelos quais os sonhos representam as relações entre os pensamentos oníricos. No curso dessa pesquisa, porém, tocamos mais de uma vez no tópico adicional da natureza geral das modificações por que passa o material dos pensamentos oníricos para fins da formação de um sonho. Descobrimos que esse material, despojado em grande parte de suas relações, é submetido a um processo de compressão, enquanto, ao mesmo tempo, os deslocamentos de intensidade entre seus elementos promovem necessariamente uma transposição psíquica dos valores do material. Os deslocamentos que examinamos até agora consistiam na substituição de alguma representação específica por outra estreitamente associada a ela em algum aspecto, e foram utilizados para facilitar a condensação, na medida em que, por meio deles, em vez de *dois* elementos, um único elemento intermediário comum a ambos penetra no sonho. Ainda não nos referimos a nenhum outro tipo de deslocamento. As análises nos mostram, contudo, que existe uma outra espécie, e que ela se revela numa mudança da *expressão verbal* dos pensamentos em questão. Em ambos os casos, há um deslocamento ao longo de uma cadeia de associações; mas um processo de tal natureza pode ocorrer em várias esferas psíquicas, e o resultado do deslocamento pode ser, num caso, a substituição de um elemento por outro, enquanto o resultado em outro caso pode ser o de um elemento isolado ter sua *forma verbal* substituída por outra.

Esta segunda espécie de deslocamento que ocorre na formação dos sonhos tem não apenas grande interesse teórico, como é também especialmente adequada para explicar o aparecimento do fantástico absurdo em que os sonhos se disfarçam. A direção tomada pelo deslocamento geralmente resulta no fato de uma expressão insípida e abstrata do pensamento onírico ser trocada por uma expressão pictórica e concreta. A vantagem e, conseqüentemente, o objetivo dessa troca saltam aos olhos. Uma coisa pictórica é, do ponto de vista do sonho, uma coisa *passível de ser representada*: pode ser introduzida numa situação em que as expressões abstratas oferecem à representação nos sonhos o mesmo tipo de dificuldades que um editorial político num jornal ofereceria a um ilustrador. Mas não somente a representabilidade, como também os interesses da condensação e da censura podem beneficiar-se dessa troca. Um pensamento onírico não é utilizável enquanto expresso em forma abstrata, mas, uma vez transformado em linguagem pictórica, os contrastes e identificações do tipo que o trabalho do sonho requer, e que ele cria nos casos em que já não estão presentes, podem ser estabelecidos com mais facilidade do que antes entre a nova forma de expressão e o restante do material subjacente ao sonho. Isso se dá porque, em todas as línguas, os termos concretos, em decorrência da história de seu desenvolvimento, são mais ricos em associações do que os conceituais. Podemos supor que boa parte do trabalho intermediário executado durante a formação de um sonho, que procura reduzir os pensamentos oníricos dispersos à expressão mais sucinta e unificada possível, se processa no sentido de encontrar transformações verbais apropriadas para os pensamentos isolados. Qualquer pensamento cuja forma de expressão porventura seja fixa por outras razões, atua de maneira determinante e seletiva sobre as possíveis formas de expressão destinadas aos outros pensamentos, e talvez o faça desde o início — como ocorre ao se compor um poema. Quando um poema tem de ser escrito em rimas, o segundo verso de um dístico é limitado por duas condições: precisa expressar um significado apropriado e a expressão desse significado deve rimar com o primeiro verso. Sem dúvida, o melhor poema será aquele em que deixamos de notar a intenção de encontrar uma rima, em que os dois pensamentos, por influência mútua, escolheram desde o início uma expressão verbal que permitiu o surgimento de uma rima com apenas um ligeiro ajuste subseqüente.

Em alguns casos, esse tipo de mudança de expressão ajuda a condensação onírica de modo ainda mais direto, descobrindo uma forma de palavras que, devido a sua ambigüidade, seja capaz de dar expressão a mais de um dos pensamentos oníricos. Dessa maneira, todo o campo do chiste verbal é posto à disposição do trabalho do sonho. Não há por que nos surpreendermos com o papel desempenhado pelas palavras na formação dos sonhos. As palavras, por serem o ponto nodal de numerosas representações, podem ser consideradas como predestinadas à ambigüidade; e as neuroses (por exemplo, na estruturação de obsessões e fobias), tanto quanto os sonhos, servem-se à vontade das vantagens assim oferecidas pelas palavras para fins de condensação e disfarce.[1] É fácil demonstrar que também a distorção do

---

1 [*Nota de rodapé acrescentada* em 1909:] Ver meu livro sobre os chistes (1905c) e o emprego de "pontes verbais" na solução de sintomas neuróticos.

sonho se beneficia do deslocamento de expressão. Quando uma palavra ambígua é empregada no lugar de duas de significado inequívoco, o resultado é desnorteador; e se o nosso sóbrio método de expressão cotidiano é substituído por um método pictórico, nossa compreensão fica paralisada, principalmente porque um sonho nunca nos diz se seus elementos devem ser interpretados literalmente ou num sentido figurado, ou se devem ser ligados ao material dos pensamentos oníricos diretamente ou por intermédio de alguma locução intercalada. Ao se interpretar qualquer elemento onírico, em geral não se pode saber com certeza:

(*a*) se ele deve ser tomado num sentido positivo ou negativo (como uma relação antitética),

(*b*) se deve ser interpretado historicamente (como uma lembrança),

(*c*) se deve ser interpretado simbolicamente, ou

(*d*) se sua interpretação deve depender de seu enunciado. Contudo, apesar de toda essa ambigüidade, é lícito dizer que as produções do trabalho do sonho — que, convém lembrar, *não são feitas com a intenção de serem entendidas* — não apresentam a seus tradutores maior dificuldade do que as antigas inscrições hieroglíficas àqueles que procuram lê-las.

Já apresentei vários exemplos de representações nos sonhos que só conseguem se manter pela ambigüidade de seu enunciado (por exemplo, "Ela abriu a boca como devia" no sonho da injeção de Irma, e "Afinal, não pude ir", no sonho que citei por último). Registrarei agora um sonho em que a transformação de pensamentos abstratos em imagens desempenhou um papel considerável. A distinção entre esse tipo de interpretação dos sonhos e a interpretação por meio do simbolismo também pode ser traçada com muita nitidez. No caso da interpretação simbólica dos sonhos, a chave da simbolização é arbitrariamente escolhida pelo intérprete, ao passo que, em nossos casos de disfarce verbal, as chaves são geralmente conhecidas e estabelecidas pelo uso lingüístico firmemente consagrado. Quando se dispõe da idéia certa no momento exato, é possível solucionar no todo ou em parte esse tipo de sonho, até mesmo independentemente das informações do sonhador.

Uma senhora conhecida minha teve o seguinte sonho: *Ela estava na Ópera. Encenava-se uma ópera de Wagner, que se estendeu até quinze para as oito da manhã. Havia mesas postas nas primeiras filas da platéia, onde as pessoas estavam comendo e bebendo. Seu primo, que acabara de voltar da lua-de-mel, estava sentado a uma das mesas com sua jovem esposa, e havia um aristocrata sentado ao lado deles. A mulher de seu primo, ao que parecia, trouxera-o com ela da lua-de-mel, muito abertamente, como quem trouxesse um chapéu. No meio das poltronas havia uma torre alta, com uma plataforma no topo circundada por uma grade de ferro. Lá em cima estava o maestro, que tinha as feições de Hans Richter. Ele corria em círculos junto à grade e transpirava abundantemente; e dessa posição regia a orquestra, que estava agrupada em torno da base da torre. Ela própria estava sentada num camarote com uma amiga* (que eu conhecia). *Sua irmã mais nova queria, das poltronas, entregar-lhe um grande pedaço de carvão, sob a alegação de que ela não sabia que iria demorar tanto, e àquela altura devia estar simplesmente congelando. (Como se os camarotes precisassem ser aquecidos durante o longo espetáculo.)*

Muito embora estivesse bem focalizado numa única situação, o sonho, sob outros aspectos, era bastante absurdo: a torre no meio da platéia, por exemplo, com o maestro regendo a orquestra lá do alto! E, acima de tudo, o carvão que sua irmã lhe entregava! Abstive-me deliberadamente de pedir uma análise do sonho. Mas, como tivesse algum conhecimento das relações pessoais da sonhadora, pude interpretar certas partes do sonho independentemente dela. Eu sabia que ela simpatizara muito com um músico cuja carreira fora prematuramente interrompida pela loucura. Assim, resolvi considerar a torre entre as poltronas em sentido metafórico. Pude ver então que o homem que ela queria ver no lugar de Hans Richter *erguia-se qual uma torre muito acima* dos outros membros da orquestra. A torre poderia ser descrita como uma imagem composta formada por aposição. A parte inferior de sua estrutura representava a grandeza do homem; a grade no topo, por trás da qual ele corria em círculos como um prisioneiro ou um animal enjaulado — o que era uma alusão ao nome do infeliz[1] — representava seu destino final. As duas idéias poderiam ter-se reunido na palavra *"Narrenturm"*.[2]

Tendo assim descoberto o modo de representação adotado pelo sonho, poderíamos tentar utilizar a mesma chave para solucionar seu segundo aparente absurdo — o carvão entregue à sonhadora por sua irmã. "Carvão" deve significar "amor secreto":

---

1 [*Nota de rodapé acrescentada* em 1925:] Hugo Wolf [lobo].
2 [Literalmente, "Torre dos Idiotas" — antiga expressão para designar hospício.]

338

Kein Feuer, *keine* Kohle
kann brennen so heiss
als wie heimliche Liebe,
von der niemand nichts weiss.[1]

Ela própria e sua amiga tinham ficado solteiras [alemão *"sitzen geblieben"*, literalmente, "ficado sentadas"]. Sua irmã mais nova, que ainda tinha perspectivas de casamento, entregou-lhe o carvão "por não ter sabido que *iria demorar tanto"*. O sonho não especificava *o que* demoraria tanto. Se isso fosse uma história, diríamos "a encenação"; mas, como se trata de um sonho, podemos tomar a oração como uma entidade independente, chegar à conclusão de que foi empregada de maneira ambígua e acrescentar as palavras "até ela se casar". Nossa interpretação do "amor secreto" também é confirmada pela menção ao primo da sonhadora, sentado com a mulher nas poltronas da platéia, pelo romance *ostensivo* atribuído à noiva. O sonho estava dominado pela antítese entre o amor secreto e o amor aparente e entre o ardor da própria sonhadora e a frieza da jovem esposa. Em ambos os casos, além disso, havia alguém em "posição elevada" — um termo que se aplica igualmente ao aristocrata e ao músico no qual se haviam depositado tão grandes esperanças.

A discussão precedente levou-nos enfim à descoberta de um terceiro fator cuja participação na transformação dos pensamentos do sonho no conteúdo onírico não deve ser subestimada: a saber, a *consideração à representabilidade no material psíquico peculiar que os sonhos utilizam —* ou seja, na sua maior parte, a representabilidade em imagens visuais. Entre os vários pensamentos acessórios ligados aos pensamentos oníricos essenciais, dá-se preferência àqueles que admitem representação visual; e o trabalho do sonho não se furta ao esforço de remodelar pensamentos inadaptáveis numa nova forma verbal — mesmo numa que seja menos usual —, contanto que esse processo facilite a representação e, desse modo, alivie a pressão

---

1   [Nenhum *fogo* nem *carvão*
Pode arder com tal calor
Quanto arde o *amor secreto*
Do qual ninguém sabe nada.
       Volkslied alemã.]

psicológica causada pela constrição da ação de pensar. Esse ato de verter o conteúdo de um pensamento num outro molde pode, ao mesmo tempo, atender às finalidades da atividade de condensação e criar ligações, que de outro modo talvez não se fizessem presentes, com algum outro pensamento; quanto a este segundo pensamento, ele já pode ter tido sua forma original de expressão modificada, com o objetivo de ir ao encontro do primeiro a meio caminho andado.

Herbert Silberer (1909) sugere uma boa maneira de observar diretamente a transformação de pensamentos em imagens no processo de formação dos sonhos e, assim, estudar isoladamente esse fator do trabalho do sonho. Quando, achando-se num estado de fadiga e sonolência, ele se impunha alguma tarefa intelectual, verificava que, muitas vezes, um pensamento lhe escapava e em seu lugar surgia uma imagem, que ele então reconhecia como um substituto do pensamento. Silberer descreve esses substitutos com o termo não muito apropriado de "auto-simbólicos". Citarei aqui alguns exemplos do artigo de Silberer e terei a oportunidade, em virtude de certas características dos fenômenos em pauta, de voltar a eles mais adiante.

"*Exemplo 1.* — Pensei em ter de revisar um trecho irregular num ensaio.

"*Símbolo.* — Vi-me aplainando um pedaço de madeira."

"*Exemplo 5.* — Eu me esforçava por me convencer do objetivo de certos estudos metafísicos que me propunha fazer. Seu objetivo, refleti, era o esforço de conquistar formas de consciência e camadas de existência cada vez mais elevadas na busca dos fundamentos da existência.

"*Símbolo.* — Eu estava empurrando uma longa faca por baixo de um bolo, como se quisesse levantar uma fatia.

"*Interpretação.* — Meu movimento com a faca significava 'meu esforço de conquista' em questão. [...] Eis a explicação do simbolismo. Vez por outra, cabe a mim nas refeições cortar um bolo e distribuir as porções. Realizo essa tarefa com uma faca longa e flexível, o que exige algum cuidado. Em particular, levantar as fatias sem fazer sujeira depois de terem sido cortadas traz certas dificuldades; a faca deve ser empurrada cuidadosamente *por baixo* da fatia (correspondente ao lento 'esforço de conquista' para chegar aos 'fundamentos'). Mas há ainda outro simbolismo nessa imagem, pois o bolo do símbolo era um bolo 'Dobos' — um bolo com diversas 'camadas' através das quais, ao cortá-lo, a faca tem de penetrar (as 'camadas' da consciência e do pensamento)."

"*Exemplo 9.* — Eu perdera o fio da meada numa cadeia de idéias. Tentei reencontrá-lo, mas tive de admitir que o ponto de partida me escapara completamente.
"*Símbolo.* — Parte de uma matriz de linotipo com as últimas linhas caídas."

Em vista do papel desempenhado pelos chistes, citações, canções e provérbios na vida mental das pessoas cultas, estaria em total acordo com nossas expectativas que esses tipos de disfarce fossem utilizados com extrema freqüência para representar os pensamentos oníricos. Qual é, por exemplo, num sonho, o significado de diversas carroças, cada qual repleta de uma espécie diferente de legume? Elas representam um contraste desejado com *"Kraut und Rüben"* [literalmente, "couves e nabos"], isto é, com "de pernas para o ar" e, portanto, com "desordem". Surpreende-me que esse sonho só me tenha sido relatado uma vez.[1] Só no caso de alguns temas emergiu um simbolismo onírico universalmente válido, com base em alusões e substitutos verbais genericamente conhecidos. Além disso, os sonhos compartilham boa parte desse simbolismo com as psiconeuroses, as lendas e os usos populares.

De fato, ao examinarmos o assunto mais detidamente, somos forçados a reconhecer o fato de que o trabalho do sonho nada faz de original ao efetuar essas substituições. Para atingir seus objetivos — neste caso, possibilitar uma representação tolhida pela censura — ele simplesmente percorre as vias que já encontra estabelecidas no inconsciente; e dá preferência às transformações do material recalcado que também pode se tornar consciente sob a forma de chistes ou alusões, e que é tão comum nas fantasias dos pacientes neuróticos. Neste ponto, chegamos de repente a uma compreensão das interpretações de sonhos feitas por Scherner, cuja exatidão essencial defendi em outros trechos. A preocupação da imaginação com o corpo do próprio sujeito de modo algum é peculiar aos sonhos ou característica apenas deles. Minhas análises têm-me indicado que ele costuma estar presente nos pensamentos inconscientes dos neuróticos e que deriva da curiosidade sexual, que, nos rapazes ou moças em crescimento, volta-se para os órgãos genitais do sexo oposto e também para os de seu próprio sexo. Tampouco a casa, como

---

1 [*Nota de rodapé acrescentada* em 1925:] De fato, nunca voltei a encontrar essa imagem, de modo que perdi a confiança na correção da interpretação.

acertadamente insistiram Scherner e Volkelt, é o único círculo de representações empregado para simbolizar o corpo; e isto se aplica tanto aos sonhos quanto às fantasias inconscientes da neurose. É verdade que conheço pacientes que preservaram o simbolismo arquitetônico para o corpo e os órgãos genitais (o interesse sexual estende-se muito além da esfera da genitália externa). Para esses pacientes, os pilares e as colunas representam as pernas (como no *Cântico de Salomão*), todo portão representa um dos orifícios corporais (um "buraco"), todo encanamento de água lembra aparelho urinário, e assim por diante. Mas o círculo de representações que gira em torno da vida das plantas ou da cozinha pode, com igual presteza, ser escolhido para ocultar imagens sexuais.[1] No primeiro caso, o caminho já foi bem preparado pelo uso lingüístico, ele próprio um precipitado de símiles imaginativos que remontam à longínqua antiguidade: por exemplo, a vinha do Senhor, a semente e o jardim da donzela no *Cântico de Salomão*. Os detalhes mais repulsivos e também os mais íntimos da vida sexual podem ser pensados e sonhados em alusões aparentemente inocentes a atividades culinárias; e os sintomas da histeria jamais poderiam ser interpretados se nos esquecêssemos de que o simbolismo sexual pode encontrar seu melhor esconderijo por trás do que é corriqueiro e insignificante. Há um sentido sexual válido por trás da intolerância da criança neurótica ao sangue ou à carne crua ou de suas náuseas ante a visão de ovos ou macarrão, e também por trás do enorme exagero, nos neuróticos, do natural horror humano às cobras. Sempre que as neuroses se valem de disfarces como esses, estão percorrendo trilhas por onde passou toda a humanidade nas épocas mais remotas da civilização — trilhas cuja continuada existência em nossos dias, sob o mais diáfano dos véus, torna-se evidente nos usos lingüísticos, nas superstições e nos costumes.

Insiro aqui o sonho "florido" de uma de minhas pacientes que já prometi registrar. Indiquei por meio de grifos os elementos nele presentes que devem receber uma interpretação sexual. A sonhadora perdeu muito de sua simpatia por esse lindo sonho depois que ele foi interpretado.

. (*a*) SONHO INTRODUTÓRIO: *Ela entrou na cozinha, onde estavam suas duas empregadas, e as repreendeu por não terem aprontado seu "lanchinho". Ao mesmo tempo, viu uma grande quantidade de louça emborcada*

---

1 [*Nota de rodapé acrescentada* em 1914:] Provas abundantes disto encontram-se nos três volumes suplementares a Fuchs (1909-12).

para secar, louça comum de barro amontoada em pilhas. Acréscimo posterior: *As duas empregadas foram buscar água e tiveram de entrar numa espécie de rio que chegava até bem junto da casa, entrando pelo quintal.*[1]

(*b*) SONHO PRINCIPAL:[2] *Ela estava descendo de uma elevação*[3] *sobre umas paliçadas ou cercas de construção estranha reunidas para formar grandes painéis que consistiam em quadradinhos de pau-a-pique.*[4] *Não eram feitos para se subir; ela teve dificuldade em encontrar um lugar onde pôr os pés e ficou contente por seu vestido não ter-se prendido em lugar nenhum, de modo que ela continuou respeitável à medida que prosseguia.*[5] *Ela segurava um* GRANDE RAMO *na mão;*[6] *na realidade, era como uma árvore, todo recoberto de* FLORES VERMELHAS, *e se ramificava e espalhava.*[7] *Havia uma idéia de que fossem* FLORES *de cerejeira; mas também pareciam* CAMÉLIAS *duplas, embora, é claro, estas não cresçam em árvores. Ao descer, ela estava primeiro com* UM, *depois, de repente, com* DOIS, *e depois com* UM *outra vez.*[8] *Ao chegar lá embaixo, as* FLORES *da parte inferior já estavam bem* DESBOTADAS. *Então, depois que já havia descido, ela viu um criado que — sentia-se inclinada a dizer — estava penteando uma árvore semelhante, ou seja, estava usando um* PEDAÇO DE MADEIRA *para arrancar umas* MECHAS ESPESSAS DE CABELO *que dela pendiam como musgo. Outros trabalhadores haviam cortado* RAMOS *semelhantes de um* JARDIM *e tinham-nos jogado na* ESTRADA, *onde* FICARAM CAÍDOS, *de modo que* MUITAS PESSOAS PEGARAM ALGUNS. *Mas ela perguntou se isso estava certo — se podia* PEGAR UM TAMBÉM.[9] *Um* HOMEM *jovem* (alguém que ela conhecia,

---

1 Quanto à interpretação desse sonho introdutório, que deve ser interpretado como uma oração subordinada causal, ver p. 312.

2 Que descreve o curso de sua vida.

3 Sua alta linhagem: uma antítese desejada ao sonho introdutório.

4 Imagem composta que unia dois locais: o que se conhecia como "sótão" de sua casa, onde ela costumava brincar com o irmão, o objeto de suas fantasias posteriores, e a fazenda de um tio malvado que costumava implicar com ela.

5 Uma antítese desejada de uma lembrança real da fazenda do tio, onde ela costumava tirar a roupa enquanto dormia.

6 Tal como o anjo carrega o ramalhete de lírios nos quadros da Anunciação.

7 Para a explicação dessa imagem composta, ver p. 316: inocência, menstruação, *A Dama das Camélias.*

8 Referindo-se à multiplicidade de pessoas envolvidas em sua fantasia.

9 Isto é, se poderia puxar um, ou seja, masturbar-se. [*"Sich einen herunterreissen"* ou *"ausreissen"* (literalmente, "dar uma puxada para baixo" ou "para fora") são termos alemães vulgares que significam "masturbar-se".]

343

um forasteiro) *estava de pé no jardim; dirigiu-se a ele para perguntar de que modo* RAMOS*como aqueles poderiam ser* TRANSPLANTADOS PARA SEU PRÓPRIO JARDIM.[1] *Ele a abraçou, ao que ela se debateu e perguntou o que ele estava pensando, e se achava que podiam abraçá-la daquela maneira. Ele lhe respondeu que não havia mal nenhum, que era permitido.[2] Em seguida, disse estar disposto a entrar no* OUTRO JARDIM *com ela, para lhe mostrar como era feito o plantio, e acrescentou algo que ela não conseguiu entender bem: "Seja como for, preciso de três* JARDAS(depois ela forneceu esse dado como *três jardas quadradas) ou três braças de terra." Era como se ele lhe estivesse pedindo alguma coisa em troca de sua boa vontade, como se pretendesse* RECOMPENSAR-SE NO JARDIM DELA, *ou como se quisesse* BURLAR *alguma lei, para tirar vantagem disso sem causar mal a ela. Se ele realmente lhe mostrou algo, ela não tinha nenhuma idéia.*

Esse sonho, que expus em virtude de seus elementos simbólicos, pode ser descrito como "biográfico". Tais sonhos ocorrem com freqüência durante a psicanálise, mas talvez sejam bastante raros fora dela.[3]

Naturalmente, disponho desse tipo de material em profusão, mas relatá-lo nos lançaria num exame profundo demais das condições neuróticas. Tudo leva à mesma conclusão, a saber, que não há necessidade de presumir a operação de qualquer atividade simbolizadora peculiar da mente no trabalho do sonho, mas sim que os sonhos se servem de quaisquer simbolizações que já estejam presentes no pensamento inconsciente, pois elas se ajustam melhor aos requisitos da formação do sonho, em virtude de sua representabilidade, e também porque, em geral, elas escapam da censura.

---

1 O ramo já representava há algum tempo o órgão genital masculino; aliás, também fazia uma alusão clara a seu sobrenome.

2 Isso, bem como o que vem a seguir, relacionava-se com as precauções no casamento.

3 [*Nota de rodapé acrescentada* em 1911:] Um sonho "biográfico" semelhante será encontrado mais adiante, como o terceiro de meus exemplos do simbolismo onírico. Outro foi detalhadamente registrado por Rank, e outro, que deve ser lido "de trás para a frente", por Stekel (1909, p. 486).

(E)

REPRESENTAÇÃO POR SÍMBOLOS NOS SONHOS
— OUTROS SONHOS TÍPICOS

A análise desse último sonho, de cunho biográfico, é uma prova clara de que reconheci desde o início a presença do simbolismo nos sonhos. Mas foi apenas gradualmente, e à medida que minha experiência foi aumentando, que cheguei a uma apreciação plena de sua extensão e importância, e o fiz sob a influência das contribuições de Wilhelm Stekel (1911), sobre quem não será fora de propósito dizer algumas palavras aqui.

Esse autor, que talvez tenha prejudicado a psicanálise tanto quanto a beneficiou, trouxe à baila um grande número de traduções insuspeitadas dos símbolos; a princípio, elas foram recebidas com ceticismo, mas depois foram confirmadas em sua maior parte e tiveram de ser aceitas. Não estarei minimizando o valor dos serviços de Stekel ao acrescentar que a reserva cética com que suas propostas foram recebidas não deixava de ter sua justificativa. E isso porque os exemplos com que ele confirmava suas interpretações muitas vezes eram pouco convincentes, e ele utilizou um método que deve ser rejeitado como cientificamente indigno de confiança. Stekel chegou a suas interpretações dos símbolos por meio da intuição, graças a um dom peculiar para a compreensão direta deles. Mas não se pode contar com a existência desse dom em termos gerais; sua eficácia está isenta de qualquer crítica e, por conseguinte, seus resultados não podem pleitear credibilidade. É como se se procurasse basear o diagnóstico das doenças infecciosas nas impressões olfativas recebidas à cabeceira do paciente — embora, indubitavelmente, tenha havido clínicos capazes de realizar mais do que as outras pessoas por meio do sentido do olfato (que geralmente é atrofiado), e que realmente conseguiam diagnosticar um caso de febre entérica através do olfato.

Os avanços da experiência psicanalítica chamaram nossa atenção para pacientes que demonstravam esse tipo de compreensão direta do simbolismo onírico num grau surpreendente. Muitas vezes, eram pessoas que sofriam de demência precoce, de modo que, por algum tempo, houve uma tendência a suspeitar de que todo sonhador dotado dessa apreensão dos símbolos fosse vítima daquela doença. Mas não é esse o caso. Trata-se de um dom ou peculiaridade pessoal que não possui nenhum significado patológico visível.

Quando nos familiarizamos com o abundante emprego do simbolismo para representar o material sexual nos sonhos, ficamos propensos a nos perguntar se muitos desses símbolos não ocorrem com um significado fixo, como os "logogramas" da taquigrafia; e ficamos tentados a elaborar um novo "livro dos sonhos", baseados no princípio da decifração. Quanto a esse ponto, há que dizer o seguinte: esse simbolismo não é peculiar aos sonhos, mas é característico da representação inconsciente, em particular no povo, e é encontrado no folclore e nos mitos populares, nas lendas, nas expressões idiomáticas, na sabedoria dos provérbios e nos chistes correntes num grau mais extenso do que nos sonhos.

Estaríamos, portanto, indo muito além da esfera da interpretação dos sonhos, se fôssemos fazer justiça à importância dos símbolos e examinar os numerosos problemas, em grande parte ainda não resolvidos, que estão ligados ao conceito de símbolo.[1] Devemos restringir-nos aqui a assinalar que a representação por símbolos encontra-se entre os métodos indiretos de representação, mas que há inúmeras indicações de que não devemos englobá-las com outras formas de representação indireta, sem que sejamos capazes de formar um quadro conceitual claro de suas características distintivas. Em diversos casos, o elemento comum entre um símbolo e o que ele representa é óbvio; em outros, acha-se oculto, e a escolha do símbolo parece enigmática. São justamente estes últimos casos que devem ser capazes de lançar luz sobre o sentido final da relação simbólica, e eles indicam que esta é de natureza genética. As coisas que hoje estão simbolicamente ligadas provavelmente estiveram unidas em épocas pré-históricas pela identidade conceitual e lingüística.[2] A relação simbólica parece ser uma relíquia e um marco de identidade anterior. No tocante a isso, podemos observar como, em muitos casos, o emprego de um símbolo comum se estende por mais

---

1 [*Nota de rodapé acrescentada* em 1911:] Cf. as obras de Bleuler e de seus discípulos de Zurique, Maeder, Abraham, etc., sobre o simbolismo, e também dos autores não médicos aos quais eles se referem (Kleinpaul, etc.). [*Acrescentado* em 1914:] O que há de mais pertinente nesse assunto encontra-se em Rank e Sachs (1913, Capítulo 1). [*Acrescentado* em 1925:] Ver ainda Jones (1916).

2 [*Nota de rodapé acrescentada* em 1925:] Este ponto de vista seria corroborado por uma teoria formulada pelo Dr. Hans Sperber (1912). Ele é de opinião que todas as palavras primitivas se referiam a coisas sexuais, mas depois perderam seu significado sexual por serem aplicadas a outras coisas e atividades que eram comparadas às sexuais.

tempo do que o uso de uma língua comum, como já foi ressaltado por Schubert (1814).[1] Diversos símbolos são tão antigos quanto a própria linguagem, enquanto outros (por exemplo "dirigível", "Zeppelin") vão sendo continuamente cunhados inclusive em nossos dias.

Os sonhos se valem desse simbolismo para a representação disfarçada de seus pensamentos latentes. Aliás, muitos dos símbolos são, habitualmente ou quase habitualmente, empregados para expressar a mesma coisa. Não obstante, a plasticidade peculiar do material psíquico nunca deve ser esquecida. Muitas vezes, um símbolo tem de ser interpretado em seu sentido próprio, e não simbolicamente, ao passo que, em outras ocasiões, o sonhador pode tirar de suas lembranças particulares o poder de empregar como símbolos sexuais toda espécie de coisas que não são normalmente empregadas como tais. Quando um sonhador dispõe de uma escolha entre diversos símbolos, ele se decide em favor daquele cujo tema está ligado ao restante do material de seus pensamentos — em outras palavras, daquele que tem motivos individuais para sua aceitação, além dos motivos típicos.

Embora as investigações posteriores à época de Scherner tenham tornado impossível contestar a existência do simbolismo onírico — até mesmo Havelock Ellis admite ser indubitável que nossos sonhos estão plenos de simbolismo —, é preciso confessar que a presença de símbolos nos sonhos pode facilitar sua interpretação, mas também pode torná-la mais difícil. Em geral, a técnica de interpretar segundo as associações livres do sonhador deixa-nos em apuros quando chegamos aos elementos simbólicos do conteúdo do sonho. A consideração pela crítica científica nos proíbe de voltar ao julgamento arbitrário do intérprete de sonhos, tal como era empregado nos tempos antigos e parece ter sido revivido nas interpretações imprudentes de Stekel. Somos assim obrigados, ao lidar com os elementos do conteúdo do sonho que devem ser reconhecidos como simbólicos, a adotar uma técnica combinada que, por um lado, baseie-se nas associações do sonhador e, por outro, preencha as lacunas provenientes do conhecimento dos símbolos pelo intérprete. Devemos aliar uma cautela crítica na decifração dos

---

1 [*Nota de rodapé acrescentada* em 1914:] Por exemplo, segundo Ferenczi, um navio deslocando-se na água aparece nos sonhos de micção de sonhadores húngaros, embora o termo *"schiffen"* ["navegar" / "urinar"] seja desconhecido na língua húngara. Nos sonhos de pessoas de língua francesa e outras línguas românicas, usa-se um quarto para simbolizar uma mulher, embora essas línguas nada tenham de semelhante ao termo alemão *"Frauenzimmer"* ["mulher"; literalmente, "quarto de mulher"].

símbolos a um estudo cuidadoso destes em sonhos que forneçam exemplos particularmente claros de seu uso, a fim de desarmarmos qualquer acusação de arbitrariedade na interpretação dos sonhos. As incertezas que ainda se prendem a nossas atividades como intérpretes de sonhos decorrem, em parte, de nossos conhecimentos incompletos, que podem ser progressivamente ampliados à medida que avançarmos, mas também decorrem de certas características dos próprios símbolos oníricos. Freqüentemente, eles não possuem um significado único, podendo mesmo possuir inúmeros sentidos e, como ocorre com a escrita chinesa, a interpretação correta só pode ser alcançada, em cada ocasião, partindo-se do contexto. Essa ambigüidade dos símbolos vincula-se à característica dos sonhos de admitirem uma "superinterpretação" — de representarem num único conteúdo pensamentos e desejos que são, muitas vezes, de natureza muito divergente.

Levando em conta essas restrições e ressalvas, darei agora prosseguimento ao tema. O Imperador e a Imperatriz (ou o Rei e a Rainha) de fato representam, em geral, os pais do sonhador; e o Príncipe ou Princesa representa a própria pessoa que sonha. Mas aos grandes homens também é atribuída uma autoridade tão alta quanto a do Imperador, e por essa razão Goethe, por exemplo, aparece como um símbolo paterno em alguns sonhos (Hitschmann, 1913). — Todos os objetos alongados, tais como varas, troncos de árvores e guarda-chuvas (sendo o ato de abrir este último comparável a uma ereção) podem representar o órgão masculino — e pode-se dizer o mesmo de todas as armas longas e afiadas, como facas, punhais e lanças. Outro símbolo freqüente, embora não inteiramente inteligível, da mesma coisa são as lixas de unhas — possivelmente por causa do movimento de esfregar para cima e para baixo. — As caixas, estojos, arcas, armários e fornos representam o útero, o mesmo acontecendo com os objetos ocos, navios e toda espécie de recipientes. — Os quartos, nos sonhos, costumam ser mulheres (*"Frauenzimmer"*); quando as várias entradas e saídas deles também são representadas, essa interpretação dificilmente fica sujeita a dúvidas.[1] — Com respeito a isso, o interesse em saber se o quarto

---

1 [*Nota de rodapé acrescentada* em 1919:] "Um de meus pacientes, que morava numa pensão, sonhou que *encontrava uma das empregadas e lhe perguntava qual era seu número. Para surpresa dele, ela respondeu:* '14'. De fato, ele havia iniciado uma ligação amorosa com essa moça e lhe fizera várias visitas em seu quarto. Ela temia, como era natural, que a senhoria viesse

está aberto ou trancado é facilmente inteligível (cf. o primeiro sonho de Dora em meu "Fragmento da Análise de um Caso de Histeria", 1905*e*.) Não há necessidade de designar explicitamente a chave que abre o quarto; em sua balada do Conde Eberstein, Uhland utilizou o simbolismo de fechaduras e chaves para compor um encantador exemplo de obscenidade. — Sonhar que se passa por uma série de cômodos representa um bordel ou um harém. Mas, como demonstrou Sachs através de alguns exemplos claros, essa imagem também pode ser empregada (por antítese) para representar o casamento. — Encontramos um vínculo interessante com as investigações sexuais da infância quando alguém sonha com dois quartos que eram originalmente um, ou quando vê um quarto que lhe é familiar dividido em dois no sonho, ou vice-versa. Na infância, os órgãos genitais femininos e o ânus são considerados como uma única área — o "traseiro" (segundo a "teoria da cloaca" própria da infância), e só mais tarde é que se faz a descoberta de que essa região do corpo compreende duas cavidades e orifícios separados. — Os degraus, escadas de mão ou escadarias, ou, conforme o caso, subir ou descer por eles, são representações do ato sexual.[1] — As paredes lisas pelas quais sobe o sonhador e as fachadas de casas pelas quais ele desce — muitas vezes, com grande angústia — correspondem a corpos humanos eretos, e

---

a desconfiar, e, no dia anterior ao sonho, havia proposto que eles se encontrassem num quarto desocupado. Este quarto era, na realidade, o de nº '14', ao passo que, no sonho, era a própria mulher que trazia esse número. Dificilmente se poderia imaginar uma prova mais clara de identificação entre uma mulher e um quarto" (Jones, 1914*a*). Cf. Artemidoro, *Oneirocritica*, Livro II, Capítulo X: "Assim, por exemplo, a alcova representa uma esposa, se tal houver na casa". (Trad. para o alemão de F. S. Krauss, 1881, p. 110.)

1 [*Nota de rodapé acrescentada* em 1911:] Repetirei aqui o que escrevi sobre este assunto em outro texto (Freud, 1910*d*): "Há pouco tempo, soube que um psicólogo cujos pontos de vista diferem um pouco dos nossos comentara com um de nós que, afinal de contas, sem dúvida exagerávamos a significação sexual oculta dos sonhos: seu próprio sonho mais comum era o de subir escadas, e certamente não poderia haver nada de sexual *nisso*. Fomos alertados por essa objeção e passamos a voltar nossa atenção para o aparecimento de degraus, escadarias e escadas de mão nos sonhos, e logo estávamos em condição de mostrar que as escadarias (e coisas análogas) eram, indubitavelmente, símbolos da cópula. Não é difícil descobrir em que se baseia essa comparação: chegamos ao topo numa série de movimentos rítmicos e com crescente falta de ar, e então, com alguns saltos rápidos, podemos voltar para a base. Assim, o padrão rítmico da cópula é reproduzido quando se sobe uma escada. Tampouco devemos nos abster de apresentar as provas oriundas do uso lingüístico. Ele nos mostra que 'trepar' [alemão *'steigen'*] é empregado como equivalente direto do ato sexual. Referimo-nos a um homem como *'Steiger'* ['trepador'] e falamos em *'nachsteigen'* ['correr atrás', literalmente, 'trepar atrás']. Em francês, os degraus de uma escada são chamados *'marches'* e *'un vieux marcheur'* tem o mesmo significado que o nosso *'ein alter Steiger'* ['um velho libertino']."

provavelmente repetem no sonho lembranças de um bebê subindo em seus pais ou na babá. As paredes "lisas" são homens; em seu medo, o sonhador freqüentemente se agarra a "projeções" nas fachadas das casas. — As mesas, as mesas postas para a refeição e as tábuas também representam mulheres — sem dúvida por antítese, visto que os contornos de seus corpos são eliminados nos símbolos. "Madeira" parece, por suas conexões lingüísticas, representar, de modo geral, "material" feminino. O nome da Ilha da "Madeira" significa "madeira" em português.[1] Visto que "cama e mesa" constituem o casamento, esta última muitas vezes ocupa o lugar da primeira nos sonhos, e o complexo de idéias sexuais é, na medida do possível, transposto para o complexo de comer. — No tocante às peças do vestuário, um chapéu feminino pode muitas vezes ser interpretado sem sombra de dúvida como um órgão genital e, além disso, como *o de um homem*. O mesmo se aplica a um sobretudo ou casaco [alemão *"Mantel"*], embora, neste caso, não fique claro até que ponto o emprego do símbolo se deva a uma assonância verbal. Nos sonhos produzidos por homens, a gravata aparece com freqüência como símbolo do pênis. Sem dúvida, isso ocorre não apenas porque as gravatas são objetos longos, pendentes e peculiares aos homens, mas também porque podem ser escolhidas de acordo com o gosto — uma liberdade que, no caso do objeto simbolizado, é negada pela Natureza.[2] Os homens que se valem desse símbolo nos sonhos são muitas vezes ávidos por gravatas na vida real e possuem coleções inteiras delas. — É altamente provável que todos os aparelhos e máquinas complicados que aparecem nos sonhos representem os órgãos genitais (e, em geral, os masculinos) — na descrição dos quais o simbolismo dos sonhos é tão infatigável quanto o "trabalho do chiste". Tampouco há qualquer dúvida de que todas as armas e instrumentos são usados como símbolos do órgão masculino: por exemplo, arados, martelos, rifles, revólveres, punhais, sabres, etc. — Da mesma forma, muitas paisagens nos sonhos, especialmente as que contenham pontes ou colinas cobertas

---

1 [Esta frase, ainda que constitua uma redundância em nosso idioma, foi conservada a fim de não mutilar o texto original. (N. T.)]

2 [*Nota de rodapé acrescentada* em 1914:] Compare-se com o desenho feito por um paciente maníaco de dezenove anos, reproduzido em *Zbl. Psychoanal.*, nº 2, p. 675. Representa um homem com uma gravata que consiste numa cobra que se volta na direção de uma moça. Ver também a história de "O Homem Acanhado", em *Anthropophyteia*, nº 6, p. 334: uma dama entrou num banheiro e ali esbarrou num cavalheiro que mal teve tempo de pôr a camisa. Ele ficou extremamente envergonhado, mas, cobrindo apressadamente a garganta com a parte da frente da camisa, exclamou: "Desculpe-me, mas não estou de gravata".

de vegetação, podem ser claramente reconhecidas como descrições dos órgãos genitais. Marcinowski publicou uma coletânea de sonhos ilustrados por seus autores com desenhos que aparentemente representam paisagens e outras localidades que aparecem nos sonhos. Esses desenhos mostram com grande nitidez a distinção entre o sentido manifesto e o sentido latente de um sonho. Enquanto, para olhos inocentes, eles aparecem como plantas, mapas e assim por diante, uma inspeção mais cuidadosa mostra que representam o corpo humano, os órgãos genitais, etc., e só então é que os sonhos se tornam inteligíveis (ver a esse respeito os trabalhos de Pfister sobre criptogramas e quebra-cabeças pictográficos). Também no caso de neologismos ininteligíveis, vale a pena ponderar se eles não poderiam constituir-se de componentes com um significado sexual. — As crianças, nos sonhos, freqüentemente representam os órgãos genitais, e, de fato, tanto os homens quanto as mulheres têm o hábito de se referir afetuosamente a seus órgãos genitais como os "pequeninos". Stekel tem razão em reconhecer um "irmãozinho" como o pênis. Brincar com uma criancinha, bater nela, etc., muitas vezes representam a masturbação nos sonhos. — Para representar simbolicamente a castração, o trabalho do sonho utiliza a calvície, o corte de cabelos, a queda dos dentes e a decapitação. Quando um dos símbolos comuns do pênis aparece duplicado ou multiplicado num sonho, isso deve ser considerado como um rechaço da castração. O aparecimento de lagartos nos sonhos — animais cujas caudas voltam a crescer quando arrancadas — tem o mesmo significado (cf. o sonho com lagartos na p. 31 e seg.). — Muitos dos animais que são utilizados como símbolos genitais na mitologia e no folclore desempenham o mesmo papel nos sonhos: por exemplo, peixes, caracóis, gatos, camundongos (por causa dos pêlos pubianos) e, acima de tudo, os símbolos mais importantes do órgão masculino — as cobras. Os animaizinhos e os vermes representam crianças pequenas — por exemplo, irmãos e irmãs indesejados. Ver-se infestado por vermes constitui, muitas vezes, um sinal de gravidez. — Um símbolo bem recente do órgão masculino nos sonhos merece menção: o dirigível, cujo uso nesse sentido se justifica por sua relação com voar, bem como, às vezes, por sua forma.

Diversos outros símbolos foram apresentados, com exemplos comprobatórios, por Stekel, mas ainda não foram suficientemente verificados. Os escritos de Stekel, e em particular seu *Die Sprache des Traumes* (1911), contêm a mais completa coleção de interpretações de símbolos. Muitas delas mostram perspicácia, e um exame ulterior demonstrou que estão corretas:

por exemplo, sua seção sobre o simbolismo da morte. Mas a falta de senso crítico desse autor e sua tendência à generalização a qualquer preço lançam dúvidas sobre outras de suas interpretações ou as tornam inutilizáveis, de modo que é altamente aconselhável ter cautela ao aceitar suas conclusões. Portanto, contento-me em chamar a atenção apenas para algumas de suas descobertas.

Segundo Stekel, "direita" e "esquerda" têm, nos sonhos, um sentido ético. "A via à direita significa sempre o caminho da retidão, e a da esquerda, o do crime. Assim, 'esquerda' pode representar homossexualismo, incesto ou perversão, e 'direita' pode representar casamento, relações sexuais com uma prostituta e assim por diante, sempre encarados do ponto de vista moral individual do sujeito" (Stekel, 1909, p. 466 e segs.). — Os parentes, nos sonhos, geralmente desempenham o papel de órgãos genitais (ibid., p. 473). Só posso confirmar isso no caso de filhos, filhas e irmãs menores — isto é, apenas na medida em que eles se enquadram na categoria de "pequeninos". Por outro lado, deparei com casos indubitáveis em que "irmãs" simbolizavam os seios, e "irmãos", os hemisférios maiores. — Stekel explica que a impossibilidade de alcançar uma carruagem significa tristeza por uma diferença de idade que não se pode superar (ibid., p. 479). — A bagagem com que se viaja é uma carga de pecados, diz ele, que tem um efeito opressivo (loc. cit.). Mas justamente a bagagem muitas vezes se revela como um símbolo inconfundível dos órgãos genitais do próprio sonhador. — Stekel também atribui significados simbólicos fixos aos números, tais como com freqüência aparecem nos sonhos. Mas essas explicações não parecem ter sido verificadas de forma satisfatória, nem parecem ter uma validade geral, embora as interpretações de Stekel costumem parecer plausíveis nos casos individuais. Seja como for, o número três tem sido confirmado em diversos casos como um símbolo dos órgãos genitais masculinos.

Uma das generalizações propostas por Stekel diz respeito ao duplo significado dos símbolos genitais. "Onde", pergunta ele, "haverá um símbolo que — contanto que a imaginação admita isso de algum modo — não possa ser empregado tanto num sentido masculino como feminino?" Seja como for, a oração entre travessões elimina grande parte da certeza dessa afirmação, visto que, de fato, a imaginação nem sempre admite isso. Mas penso que vale a pena observar que, em minha experiência, a generalização de Stekel não se sustenta em face da maior complexidade dos fatos. Além dos símbolos que podem representar com a mesma freqüência tanto os

352

órgãos genitais masculinos quanto os femininos, existem alguns que designam um dos sexos predominantemente ou quase exclusivamente, e ainda outros que são conhecidos *apenas* com um significado masculino ou feminino. Pois é fato que a imaginação não admite que objetos e armas longos e rígidos sejam utilizados como símbolos dos órgãos genitais femininos, ou que objetos ocos, tais como arcas, estojos, caixas, etc., sejam empregados como símbolo dos órgãos masculinos. É verdade que a tendência dos sonhos e das fantasias inconscientes a empregarem bissexualmente os símbolos sexuais trai uma característica arcaica, pois na infância a distinção entre os órgãos genitais dos dois sexos é desconhecida e a mesma espécie de genitália é atribuída a ambos. Mas também é possível ser levado a supor erroneamente que um símbolo sexual seja bissexual, caso se esqueça de que em alguns sonhos há uma inversão geral do sexo, de modo que o que é masculino é representado como feminino, e vice-versa. Tais sonhos podem, por exemplo, expressar o desejo de uma mulher de ser homem.

Os órgãos genitais também podem ser representados nos sonhos por outras partes do corpo: o órgão masculino, por uma mão ou um pé, e o orifício genital feminino, pela boca, um ouvido ou mesmo um olho. As secreções do corpo humano — muco, lágrimas, urina, sêmen, etc. — podem substituir umas às outras nos sonhos. Esta última afirmativa de Stekel, que é correta em termos gerais, foi justificadamente criticada por Reitler (1913*b*), segundo o qual ela exigiria uma certa ressalva: o que de fato acontece é que as secreções importantes, como o sêmen, são substituídas por secreções irrelevantes.

Espera-se que essas indicações muito incompletas possam servir para estimular outros a empreenderem um estudo geral mais cuidadoso do assunto.[1] Eu próprio tentei dar uma explicação mais elaborada do simbolismo dos sonhos em minhas *Conferências Introdutórias sobre Psicanálise (1916-17)*.

---

1 [*Nota de rodapé acrescentada* em 1911:] Por mais que o ponto de vista de Scherner sobre o simbolismo dos sonhos possa diferir do que é desenvolvido nestas páginas, devo insistir que esse autor deve ser considerado como o verdadeiro descobridor do simbolismo nos sonhos, e que as pesquisas de psicanálise finalmente trouxeram reconhecimento para seu livro, publicado há tantos anos (em 1861) e por tanto tempo considerado fantasioso.

Acrescentarei agora alguns exemplos do emprego desses símbolos nos sonhos, com a intenção de indicar como se torna impossível chegar à interpretação de um sonho quando se exclui o simbolismo onírico, e como se é irresistivelmente levado a aceitá-lo em muitos casos. Ao mesmo tempo, contudo, gostaria de fazer uma advertência categórica contra a supervalorização da importância dos símbolos na interpretação dos sonhos, contra a restrição do trabalho de traduzir os sonhos a uma simples tradução de símbolos, e contra o abandono da técnica de utilização das associações do sonhador. As duas técnicas de interpretação dos sonhos devem ser complementares; mas, tanto na prática como na teoria, o primeiro lugar continua a ser ocupado pelo processo que descrevi inicialmente e que atribui uma importância decisiva aos comentários feitos pelo sonhador, ao passo que a tradução de símbolos, tal como a expliquei, está também a nosso dispor como método auxiliar.

UM CHAPÉU COMO SÍMBOLO DE UM HOMEM
(OU DOS ÓRGÃOS GENITAIS MASCULINOS)

(Extrato do sonho de uma jovem que sofria de agorafobia decorrente de medos de sedução.)

"Eu ia andando pela rua, no verão, usando um chapéu de palha de formato peculiar; sua parte central estava virada para cima e as partes laterais pendiam para baixo" (a descrição tornou-se hesitante neste ponto), *"de tal modo que um lado estava mais baixo que o outro. Eu estava alegre e com um espírito autoconfiante, e, ao passar por um grupo de jovens oficiais, pensei: 'Nenhum de vocês pode me fazer mal algum!'"*

Como nada lhe ocorresse em relação ao chapéu no sonho, eu disse: "Sem dúvida, o chapéu era um órgão genital masculino, com sua parte central erguida e as duas partes laterais pendentes. Talvez possa parecer estranho que um chapéu seja um homem, mas você deve estar lembrada da expressão *'Unter die Haube kommen'* ['achar um marido' (literalmente, 'entrar debaixo da touca')]". Intencionalmente, não lhe fiz nenhuma interpretação sobre o detalhe das duas partes laterais que pendiam de forma desigual, embora sejam precisamente esses detalhes que apontam o caminho para se chegar a uma interpretação. Prossegui dizendo que, como tinha um marido com órgãos genitais tão bons, não havia necessidade de ela temer os oficiais — nenhuma necessidade, bem entendido, de que ela desejasse alguma coisa deles, visto que, em geral, ela ficava impossibilitada de ir passear sem proteção e desacompanhada, devido a suas fantasias de ser seduzida. Eu já lhe pudera dar esta última explicação sobre sua angústia em várias ocasiões, com base em outro material.

A maneira como a paciente reagiu a esse material foi notável. Ela retirou sua descrição do chapéu e sustentou jamais ter dito que as duas partes laterais estavam penduradas. Eu tinha certeza demais do que ouvira para me deixar confundir, e mantive minha posição. Ela ficou em silêncio algum tempo e, depois, encontrou coragem suficiente para perguntar o que significava um dos testículos de seu marido ser mais caído do que o outro, e se o mesmo acontecia com todos os homens. Desse modo, o detalhe notável do chapéu foi explicado e a interpretação foi aceita por ela.

Na época em que minha paciente me contou esse sonho, eu há muito estava familiarizado com o símbolo do chapéu. Outros casos menos transparentes haviam-me levado a supor que o chapéu também pode representar os órgãos genitais femininos.[1]

II

UMA "FILHINHA" COMO ÓRGÃO GENITAL — "SER ATROPELADA" COMO SÍMBOLO DAS RELAÇÕES SEXUAIS

(Outro sonho da mesma paciente agorafóbica.)

Sua mãe mandara sua filhinha embora, de modo que ela teve de seguir sozinha. Entrou então num trem com a mãe e viu sua pequerrucha andar diretamente até os trilhos, de modo que certamente seria atropelada. Ouviu o estalar de seus ossos. (Isso produziu nela uma sensação desconfortável, mas nenhum pavor real.) Olhou ao redor, pela janela do vagão do trem, para ver se as partes não podiam ser vistas por trás. Em seguida, repreendeu a mãe por ter feito a pequerrucha ir embora sozinha.

ANÁLISE. — Não é nada fácil dar uma interpretação completa do sonho. Ele fazia parte de um ciclo de sonhos e só podia ser entendido na íntegra se considerado em relação com os outros. Há dificuldade em obter, com suficiente isolamento, o material necessário para estabelecer o simbolismo.

— Em primeiro lugar, a paciente declarou que a viagem de trem devia ser interpretada historicamente, como uma alusão a uma viagem que ela fizera ao sair de um sanatório de doenças nervosas por cujo diretor, é desnecessário dizer, tinha-se apaixonado. A mãe a havia levado embora, e o médico aparecera na estação e lhe entregara um buquê de flores como presente de despedida. Fora muito embaraçoso que a mãe testemunhasse essa homenagem. Nesse ponto, portanto, a mãe aparecia como alguém que interferia em suas tentativas de ter um caso amoroso; e, de fato, fora este o papel desempenhado por essa senhora severa durante a adolescência da paciente.

---

1 [*Nota de rodapé acrescentada* em 1911:] Cf. um exemplo em Kirchgraber (1912). Stekel (1909, p. 475) registra um sonho em que um chapéu com uma pena recurvada, fincada no meio dele, simbolizava um homem (impotente).

— Sua associação seguinte relacionou-se com a frase "olhou ao redor para ver se as partes não podiam ser vistas por trás". A fachada do sonho levaria, naturalmente, a se pensar nas partes de sua filhinha, que tinha sido atropelada e mutilada. Mas sua associação tomou um rumo inteiramente diverso. Ela lembrou-se de que, certa vez, vira o pai despido no banheiro, por trás; passou então a falar nas distinções entre os sexos e ressaltou o fato de què os órgãos genitais do homem podem ser vistos por trás, mas os da mulher, não. Em relação a isso, ela própria interpretou que "a filhinha" significava os órgãos genitais, e que "sua pequerrucha" — a paciente tinha uma filha de quatro anos — era sua própria genitália. Repreendeu a mãe por esperar que ela vivesse como se não tivesse órgãos genitais, e assinalou que a mesma recriminação fora expressa na primeira frase do sonho: "sua mãe mandara sua filhinha embora, de modo que ela teve de seguir sozinha". Na imaginação dela, "andar sozinha pelas ruas" significava não ter um homem, não ter nenhuma relação sexual ("*coire*", em latim [de onde se origina "coitus"], significa literalmente "ir com") — e ela não gostava disso. Todos os seus relatos indicavam que, quando menina, ela de fato sofrera com o ciúme da mãe devido à preferência demonstrada pelo pai para com a filha.[1]

A interpretação mais profunda desse sonho foi indicada por outro sonho da mesma noite, no qual a paciente se identificou com seu irmão. Ela de fato fora uma menina com características de menino, e muitas vezes lhe disseram que ela deveria ter sido um menino. Essa identificação com o irmão deixou particularmente claro que "a pequerrucha" significava um órgão genital. A mãe estava ameaçando seu irmão (ou ela) de castração, o que só poderia ser um castigo por brincar com o pênis; assim, a identificação também provou que ela própria se masturbara quando criança — uma lembrança que até então só tivera quando aplicada a seu irmão. A informação fornecida pelo segundo sonho mostrou que ela devia ter tomado conhecimento do órgão masculino numa idade precoce e depois esquecido isso. Além disso, o segundo sonho aludia à teoria sexual infantil segundo a qual meninas são meninos castrados. Quando lhe sugeri que ela tivera essa crença infantil, confirmou imediatamente o fato, dizendo-me ter ouvido a história do garoti-

---

1 [Somente na edição de 1911, a seguinte frase foi acrescentada neste ponto: "Stekel [1909, 473], baseando-se num uso idiomático muito comum, sugeriu que 'o pequerrucho' ou 'a pequerrucha' são símbolos dos órgãos genitais masculinos ou femininos".]

nho que diz à garotinha: "Cortado?", ao que a menininha responde: "Não, sempre foi assim".

Portanto, mandar a pequerrucha (o órgão genital) embora no primeiro sonho também se relacionava com a ameaça de castração. Sua queixa final contra a mãe era por não tê-la dado à luz como um menino.

O fato de que "ser atropelada" simboliza as relações sexuais não ficaria óbvio partindo-se desse sonho, embora tenha sido confirmado por muitas outras fontes.

III

OS ÓRGÃOS GENITAIS REPRESENTADOS
POR EDIFÍCIOS, DEGRAUS E POÇOS

(Sonho de um rapaz inibido por seu complexo paterno.)

Ele estava passeando com o pai num lugar que certamente deveria ser o Prater, já que ele viu a ROTUNDA, *com um* PEQUENO ANEXO EM FRENTE A ELA *ao qual estava preso* UM BALÃO CATIVO, *embora parecesse bem* MOLE. *O pai lhe perguntou para que servia aquilo tudo; ele ficou surpreso com a pergunta, mas lhe explicou. A seguir, entraram num pátio onde havia uma grande folha de estanho estendida. Seu pai queria* ARRANCAR *um pedaço grande dela, mas primeiro olhou em volta para ver se havia alguém. Ele lhe disse que bastaria falar com o contramestre para poder levar um pedaço sem nenhum problema.* UMA ESCADA *descia desse pátio até* UM POÇO, *cujas paredes eram acolchoadas com uma espécie de material macio, como uma poltrona de couro. Na extremidade do poço havia uma plataforma alongada, e então começava outro* POÇO..

ANÁLISE. — Esse sonhador pertencia a um tipo de pessoa cujas perspectivas terapêuticas não são favoráveis: até certo ponto, não oferecem absolutamente nenhuma resistência à análise, mas, a partir daí, mostram-se quase inacessíveis. Ele interpretou esse sonho quase sem ajuda. "A Rotunda", disse, "eram meus órgãos genitais, e o balão cativo em frente a ela era meu pênis, de cuja flacidez tenho motivos para me queixar." Entrando então em maiores detalhes, podemos traduzir a Rotunda como o traseiro (habitualmente considerado pelas crianças como parte dos órgãos genitais) e o

358

pequeno anexo à frente dela como o saco escrotal. O pai lhe perguntava, no sonho, o que era tudo aquilo, isto é, qual a finalidade e a função dos órgãos genitais. Parecia plausível inverter essa situação e transformar o sonhador no indagador. Visto que ele de fato jamais fizera essas perguntas ao pai, tivemos de encarar o pensamento onírico como um desejo, ou considerá-lo como uma oração condicional, tal como: "Se eu tivesse pedido a meu pai esclarecimentos sexuais..." Logo encontraremos a continuação desse pensamento em outra parte do sonho.

O pátio onde estava estendida a folha de estanho não deve ser tomado simbolicamente à primeira vista. Derivava do estabelecimento comercial do pai do sonhador. Por motivos de discrição, usei "estanho" em lugar de outro material, com o qual o pai realmente lidava, mas não fiz nenhuma outra modificação na linguagem do sonho. O sonhador havia ingressado na firma do pai e fizera violenta objeção às práticas um tanto suspeitas de que dependiam, em parte, os rendimentos da empresa. Por conseguinte, o pensamento onírico que acabo de interpretar poderia prosseguir desta forma: "(Se lhe tivesse perguntado), ele me teria enganado do mesmo modo que engana seus clientes". No tocante ao "arrancar" que serviu para representar a desonestidade do pai nos negócios, o próprio sonhador apresentou uma segunda explicação — a saber, que isso representava a masturbação. Não só eu já estava familiarizado com essa interpretação, como havia algo para confirmá-la no fato de que a natureza secreta da masturbação foi representada por seu inverso: podia ser praticada abertamente. Exatamente como seria de esperar, a atividade masturbatória também foi deslocada para o pai do sonhador, tal como a pergunta na primeira cena do sonho. Ele interpretou prontamente o poço como uma vagina, tendo em conta o acolchoado macio de suas paredes. Acrescentei, com base nos conhecimentos que obtive de outras fontes, que descer escadas — assim como subir, em outros casos — descrevia relações sexuais vaginais (ver minhas observações, citadas anteriormente na p. 349n1.)

O próprio sonhador deu uma explicação biográfica do fato de o primeiro poço ser seguido por uma plataforma alongada e, logo depois, por outro poço. Ele tivera relações sexuais por algum tempo, mas depois as havia abandonado por causa de inibições, e agora esperava poder reiniciá-las com a ajuda do tratamento. O sonho, porém, foi-se tornando mais vago ao chegar ao final, e deve parecer provável a quem quer que esteja familiarizado com essas coisas que a influência de outro tema já estivesse se fazendo sentir na segunda cena do sonho, sendo indicada pelos negócios do pai, por sua conduta fraudulenta e pela interpretação do primeiro poço como uma vagina: tudo isso apontava para uma ligação com a mãe do sonhador.

IV

O ÓRGÃO MASCULINO REPRESENTADO POR PESSOAS
E O ÓRGÃO FEMININO REPRESENTADO POR UMA PAISAGEM

(Sonho de uma mulher inculta cujo marido era policial, relatado por B. Dattner.)

"... Então alguém invadiu a casa e ela se assustou e chamou um policial. Mas ele entrara calmamente numa igreja,[1] à qual se chegava subindo alguns degraus,[2] *acompanhado de dois vagabundos. Atrás da igreja havia uma colina*[3] *e, mais acima, um bosque cerrado.*[4] *O policial usava capacete, gola com insígnia de metal e uma capa.*[5] *Tinha a barba castanha. Os dois vagabundos, que acompanhavam pacificamente o policial, tinham aventais semelhantes a sacos atados na cintura.*[6] *Em frente à igreja uma trilha levava até a colina; de ambos os lados cresciam relva e moitas cerradas, que iam se tornando cada vez mais espessas e, no alto da colina, transformavam-se num verdadeiro bosque.*"

V

SONHOS DE CASTRAÇÃO EM CRIANÇAS

(*a*) Um menino de três anos e cinco meses, que obviamente não gostava da idéia de que seu pai voltasse da frente de batalha, acordou certa manhã perturbado e excitado. Pôs-se a repetir: *"Por que papai estava carregando*

---

1 "Ou capela (= vagina)."
2 "Símbolo da cópula."
3 *"Mons veneris."*
4 "Pêlos pubianos."
5 "De acordo com um perito, os demônios de capas e capuzes são de natureza fálica."
6 "As duas metades do escroto."

360

a cabeça numa bandeja? Ontem de noite papai estava carregando a cabeça numa bandeja ".

(*b*) Um estudante que agora sofre de grave neurose obsessiva recorda-se de ter tido o seguinte sonho repetidamente durante o sexto ano de vida: *Ia ao barbeiro para cortar o cabelo. Uma mulher grande e de aspecto severo se dirigia a ele e lhe cortava fora a cabeça. Ele reconhecia a mulher como sua mãe.*

VI

SIMBOLISMO URINÁRIO

A seqüência de desenhos reproduzida foi encontrada por Ferenczi num jornal humorístico húngaro chamado *Fidibusz*, e ele percebeu de imediato como os desenhos serviriam bem para ilustrar a teoria dos sonhos. Otto Rank já os reproduziu num trabalho (1912*a*).

Os desenhos trazem o título "Sonho de uma Babá Francesa"; mas é somente o último quadro, que mostra a babá sendo despertada pelos gritos da criança, que nos diz que os sete quadros anteriores representam as fases de um sonho. O primeiro quadro retrata o estímulo que teria feito a moça adormecida acordar: o garotinho se deu conta de uma necessidade e pede ajuda para satisfazê-la. Mas, no sonho, a sonhadora, em vez de se achar no quarto, está levando o menino para passear. No segundo quadro, ela já o levou à esquina de uma rua onde ele está urinando — e pode continuar a dormir. Mas o estímulo para despertar continua; na verdade, aumenta. O garotinho, verificando que não está sendo atendido, grita cada vez mais alto. Quanto mais insiste imperiosamente em que a babá acorde e o auxilie, mais insistente se torna a certeza do sonho de que tudo vai bem e de que não há necessidade de ela acordar. Ao mesmo tempo, o sonho traduz o estímulo crescente nas dimensões crescentes de seus símbolos. A corrente de água produzida pelo menino que urina vai-se avolumando cada vez mais. No quarto quadro, já é grande o bastante para fazer flutuar um barco a remo; mas seguem-se uma gôndola, um veleiro e, por fim, um transatlântico. O engenhoso artista, dessa maneira, retratou habilmente a luta entre o desejo obstinado de dormir e um estímulo inexaurível para acordar.

361

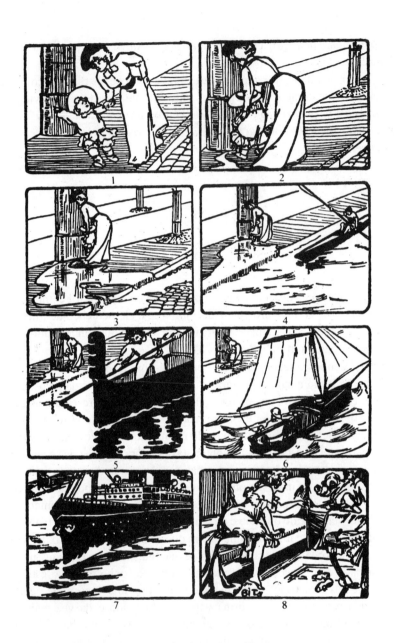

SONHO DE UMA BABÁ FRANCESA

UM SONHO COM ESCADA

(Relatado e Interpretado por Otto Rank.)

"Tenho de agradecer ao mesmo colega a quem devo o sonho do estímulo dental por um sonho de polução igualmente transparente:

"'Eu ia descendo às pressas a escada, perseguindo uma menininha que me havia feito alguma coisa, a fim de castigá-la. No pé da escada, alguém (uma mulher adulta?) deteve a criança para mim. Agarrei-a, mas não sei se bati nela, pois de repente me vi no meio da escada copulando com a menina (como se fosse no ar). Não era uma verdadeira cópula; eu apenas esfregava minha genitália em seus órgãos genitais externos e, enquanto o fazia, eu os via com extrema nitidez, bem como a cabeça dela, que estava voltada para cima e para o lado. Durante o ato sexual eu via penderem acima de mim, à minha esquerda (também como se fora no ar), duas pequenas pinturas — paisagens representando uma casa circundada de árvores. Na parte inferior do quadro menor, em vez da assinatura do pintor, eu via meu próprio nome, como se a pintura se destinasse a ser um presente de aniversário para mim. A seguir, vi uma etiqueta diante dos dois quadros, que dizia que também se podiam conseguir pinturas mais baratas. (Vi então a mim mesmo, muito indistintamente, como se estivesse deitado na cama no patamar), e fui despertado pela sensação de umidade causada pela polução que tivera'.

"INTERPRETAÇÃO. — Na noite do dia do sonho, o sonhador estivera numa livraria e, enquanto esperava ser atendido, olhara para alguns quadros que ali estavam expostos e que representavam temas semelhantes aos do sonho. Aproximara-se de um quadrinho que lhe agradara particularmente para ver o nome do artista — mas este lhe era inteiramente desconhecido.

"Mais tarde, na mesma noite, quando estava com alguns amigos, ele ouviu a história de uma empregada da Boêmia que se vangloriava de que seu filho ilegítimo fora 'feito na escada'. O sonhador indagou sobre os pormenores desse fato bastante incomum e soube que a empregada tinha voltado para sua terra com seu admirador, indo para a casa dos pais, onde não houvera nenhuma oportunidade de relações sexuais, e que, em sua excitação, o homem copulara com ela na escada. O sonhador aludiu jocosamente a uma expressão maliciosa empregada para descrever vinhos adulterados e disse que, de fato, a criança provinha de uma 'vindima de escada de adega'.

"São essas as conexões com o dia anterior, que surgiram com certa insistência no conteúdo onírico e foram reproduzidas pelo sonhador sem qualquer dificuldade. Mas ele trouxe à baila, com a mesma facilidade, um antigo fragmento de lembrança infantil que também fora usado no sonho. A escada pertencia à casa onde ele passara a maior parte de sua infância e, em particular, onde pela primeira vez travara conhecimento consciente com os problemas do sexo. Brincara com freqüência nessa escada e, entre outras coisas, costumava deslizar pelo corrimão, descendo montado nele — o que lhe dera sensações sexuais. Também no sonho, ele correra escada abaixo com uma rapidez extraordinária — de fato, com tanta rapidez que, segundo seu próprio relato específico, não pusera os pés nos degraus, mas 'voara' escada abaixo, como as pessoas costumam dizer. Caso se leve em consideração a experiência infantil, a parte inicial do sonho parece representar o fator da excitação sexual. — Mas o sonhador também fizera muitas brincadeiras de natureza sexual com os filhos dos vizinhos nessa mesma escada e no prédio adjacente, e satisfizera seus desejos da mesma forma que no sonho.

"Se levarmos em conta que as pesquisas de Freud sobre o simbolismo sexual indicaram que, nos sonhos, as escadarias e o ato de subir escadas representam quase invariavelmente a cópula, o sonho se tornará bem transparente. Sua força motivadora, como de fato foi demonstrado por seu resultado — uma polução —, era de natureza puramente libidinal. A excitação sexual do sonhador foi despertada durante o sono, sendo isso representado no sonho por sua precipitação escada abaixo. O elemento sádico da excitação sexual, baseado nas brincadeiras da infância, foi indicado pela perseguição e sujeição da criança. A excitação libidinal aumentou e exerceu pressão no sentido da ação sexual — representada no sonho por ele agarrar a criança e levá-la até o meio da escada. Até esse ponto, o sonho fora apenas *simbolicamente* sexual, e teria sido inteiramente ininteligível para qualquer intérprete de sonhos inexperiente. Mas esse tipo de satisfação simbólica não foi suficiente para garantir um sono tranqüilo, em vista da intensidade da excitação libidinal. A excitação levou a um orgasmo e, assim, revelou o fato de que todo o simbolismo da escada representava a cópula. — Este sonho fornece uma confirmação particularmente clara do ponto de vista de Freud de que uma das razões da utilização do ato de subir escadas como símbolo sexual é a natureza rítmica de ambas as atividades, pois o sonhador declarou expressamente que o

364

elemento definido com maior clareza no sonho inteiro foi o ritmo do ato sexual e seu movimento para cima e para baixo.

"Devo acrescentar uma palavra no tocante aos dois quadros que, independentemente de seu significado real, também figuraram num sentido simbólico como 'Weibsbilder'.[1] Isso ficou demonstrado de imediato por haver um quadro grande e um pequeno, do mesmo modo que uma menina grande (ou adulta) e uma pequena apareceram no sonho. O fato de que 'também se podiam conseguir pinturas mais baratas' levou ao complexo das prostitutas, ao passo que, por outro lado, o aparecimento do nome do sonhador no quadro pequeno e a idéia de que este era um presente de aniversário para ele foram indícios do complexo paterno. ('Nascido na escada' = 'gerado pela cópula'.)

"A cena vaga final, na qual o sonhador se viu deitado na cama no patamar e experimentou uma sensação de umidade, parece apontar, além da masturbação infantil, para uma época ainda mais remota da infância, e ter seu protótipo em cenas igualmente prazerosas de molhar a cama."

VIII

Um Sonho com Escadas Modificado

Um de meus pacientes, um homem cuja abstinência sexual lhe foi imposta por uma neurose grave e cujas fantasias se fixavam na mãe, sonhava repetidas vezes estar subindo escadas na companhia dela. Certa vez, fiz-lhe o comentário de que uma dose moderada de masturbação provavelmente lhe faria menos mal do que sua auto-restrição compulsiva, e isso provocou o seguinte sonho:

Seu professor de piano o repreendia por negligenciar seus estudos e por não praticar os "Études" de Moscheles e o "Gradus ad Parnassum" de Clementi.

À guisa de comentário, ele ressaltou que "Gradus" também são "degraus" e que o próprio teclado é uma escadaria, já que contém escalas [escadas de mão].

Cabe dizer que não há nenhum grupo de idéias que não possa representar fatos e desejos sexuais.

---

1 [Literalmente, "quadros de mulheres" — expressão idiomática corriqueira na língua alemã para designar "mulheres".]

A Sensação de Realidade e
a Representação da Repetição

Um homem que tem agora trinta e cinco anos relatou um sonho do qual se lembrava nitidamente e que declarou ter tido aos quatro anos de idade. *O advogado que estava encarregado do testamento de seu pai* — ele perdera o pai aos três anos — *trouxera duas peras grandes. Deram-lhe uma para comer; a outra ficou no parapeito da janela da sala de estar.* Ele acordou convencido da realidade do que havia sonhado e se pôs a pedir obstinadamente a segunda pêra à mãe, insistindo que estava no parapeito da janela. Sua mãe riu disso.

ANÁLISE. — O advogado era um velho cavalheiro jovial que, como o paciente tinha impressão de recordar, realmente trouxera algumas peras certa vez. O parapeito da janela era tal como ele o vira no sonho. Nada mais lhe ocorreu em relação a isso — apenas que a mãe lhe contara um sonho pouco antes. Havia dois pássaros pousados em sua cabeça, e ela se perguntou quando iriam embora; eles não foram, mas um deles voou até sua boca e sugou-a.

A falta de associações do paciente nos dá o direito de tentar uma interpretação por substituição simbólica. As duas pêras — *"pommes ou poires"* — eram os seios da mãe, que o haviam nutrido; o parapeito da janela era a projeção formada pelo busto dela — como as sacadas nos sonhos com casas. Sua sensação de realidade depois de acordar era justificada, pois sua mãe realmente o amamentara e, de fato, fizera-o por muito mais tempo que de hábito; e os seios da mãe ainda lhe estavam disponíveis. O sonho deve ser traduzido da seguinte maneira: "Dê-me (ou mostre-me) de novo seu seio, mãe, no qual eu costumava beber no passado". "No passado" foi representado por ele comer uma das peras; "de novo" foi representado por seu desejo pela outra. A *repetição temporal* de um ato é com freqüência indicada nos sonhos pela *multiplicação numérica* de um objeto.

É bastante notável, por certo, que o simbolismo já desempenhe seu papel no sonho de uma criança de quatro anos. Mas isso é a regra, e não a exceção. Pode-se afirmar com segurança que os sonhadores dispõem do simbolismo desde o início.

A seguinte lembrança espontânea de uma moça que tem agora vinte e sete anos mostra a idade precoce em que o simbolismo é empregado, tanto fora da vida onírica quanto dentro dela. *Ela tinha entre três e quatro anos de idade. Sua babá levou-a ao banheiro, juntamente com um irmão onze meses mais novo que ela e uma prima cuja idade se situava entre as dos dois, para fazerem suas necessidades antes de saírem para passear. Sendo a mais velha, ela se sentou no vaso sanitário, enquanto os outros dois sentaram-se em urinóis. Ela perguntou à prima: "Você também tem uma bolsa? Walter tem uma salsichinha; eu tenho uma bolsa". A prima respondeu: "É, eu também tenho uma bolsa". A babá ouviu, achando muita graça, o que eles diziam, e relatou a conversa à mãe das crianças, que reagiu com uma severa reprimenda.*

Intercalarei aqui um sonho (registrado num trabalho de Alfred Robitsek, 1912) em que o simbolismo belamente escolhido possibilitou uma interpretação, com apenas uma ligeira ajuda da sonhadora.

X

"A QUESTÃO DO SIMBOLISMO NOS SONHOS
DAS PESSOAS NORMAIS"

"Uma objeção levantada com freqüência pelos adversários da psicanálise, e que foi recentemente externada por Havelock Ellis (1911, p. 168), é o argumento de que, embora o simbolismo onírico talvez possa ocorrer como um produto da mente neurótica, não é encontrado em pessoas normais. Ora, a pesquisa psicanalítica não encontra nenhuma distinção fundamental, mas apenas quantitativa, entre a vida normal e a vida neurótica; e, de fato, a análise dos sonhos, onde os complexos recalcados estão atuantes tanto nas pessoas sadias quando nas doentes, mostra uma identidade completa nos mecanismos e no simbolismo empregados por elas. Na verdade, os sonhos ingênuos das pessoas sadias muitas vezes encerram um simbolismo muito mais simples, mais compreensível e mais característico do que os sonhos dos neuróticos, pois nestes, como resultado da ação mais poderosa da censura e, conseqüentemente, de uma distorção onírica mais extensa, o simbolismo pode ser obscuro e difícil de interpretar. O sonho registrado abaixo servirá para ilustrar esse fato. Foi sonhado por uma moça que não é neurótica, mas tem um caráter um tanto pudico e reservado. No decorrer de uma conversa que tive com ela, fiquei sabendo que estava noiva, mas que havia certas dificuldades que se antepunham a seu casamento e que, provavelmente, levariam ao adiamento dele. Por livre e espontânea vontade, ela me relatou o seguinte sonho.

"*'Estou arrumando o centro de uma mesa com flores para um aniversário'*.[1] Em resposta a uma pergunta, ela me disse que, no sonho, parecia estar em sua própria casa (onde não estava morando no momento) e tinha 'uma sensação de felicidade'.

"O simbolismo 'popular' possibilitou-me traduzir o sonho sem necessidade de ajuda. Era uma expressão de seus desejos nupciais: a mesa, com seu centro de flores, simbolizava ela própria e seus órgãos genitais; a moça representava como realizados seus desejos para o futuro, pois seus pensamentos já estavam ocupados com o nascimento de um bebê; logo, o casamento já ficara para trás havia muito tempo.

"Frisei-lhe que *'o "centro" de uma mesa'* era uma expressão inusitada (o que ela admitiu), mas não pude, é claro, formular-lhe outras perguntas diretas sobre esse ponto. Evitei cuidadosamente sugerir-lhe o significado dos símbolos, e apenas perguntei o que lhe vinha à cabeça em relação às partes isoladas do sonho. No curso da análise, sua reserva cedeu lugar a um evidente interesse na interpretação e a uma franqueza possibilitada pela seriedade da conversa.

"Quando lhe perguntei que flores apareciam no sonho, sua primeira resposta foi: *'flores caras; tem-se de pagar um bom preço por elas'*, e, em seguida, que tinham sido *'lírios-do-vale, violetas e cravinas ou cravos'*. Presumi que o termo 'lírio' aparecera no sonho em seu sentido popular, como símbolo da castidade; ela confirmou essa suposição, pois sua associação com 'lírio' foi *'pureza'*. *'Vale'* é um símbolo feminino freqüente nos sonhos, de modo que a combinação casual dos dois símbolos no nome inglês dessa flor foi empregado no simbolismo onírico para frisar a preciosidade de sua virgindade — *'flores caras, tem-se de pagar um bom preço por elas'* — e para expressar sua expectativa de que seu marido soubesse como apreciar-lhe o valor. A expressão *'flores caras, etc.'*, como se verá, possuía um significado diferente no caso de cada um dos três símbolos florais.

---

1 [Nessa análise, todo o material grifado ocorre em inglês na edição original alemã, exatamente como aqui reproduzido.]

"*'Violetas'*, aparentemente, era bem assexual; mas, com muita ousadia, ao que me pareceu, pensei poder desvendar um sentido secreto para essa palavra, num elo inconsciente com a palavra francesa *'viol'* ['estupro']. Para minha surpresa, a sonhadora forneceu como associação o termo inglês *'violate'* ['violar']. O sonho utilizara a grande similaridade casual entre as palavras *'violet'* e *'violate'* — a diferença em sua pronúncia está apenas na tonicidade de suas sílabas finais — para expressar, 'na linguagem das flores', as idéias da sonhadora sobre a violência da defloração (outro termo que emprega o simbolismo das flores) e, possivelmente, também, um traço masoquista de seu caráter. Um belo exemplo das 'pontes verbais' atravessadas pelas vias que levam ao inconsciente. As palavras *'tem-se de pagar um bom preço por elas'* significavam ter de pagar com a vida para ser esposa e mãe.

"No tocante a 'cravinas' [*pinks*], que ela passou a chamar de 'cravos' [*carnations*], pensei na ligação entre essa palavra e 'carnal'. Mas a associação da sonhadora foi *'cor'*. Ela acrescentou que *'cravos'* eram as flores que seu noivo lhe dava com freqüência e em grande quantidade. No final de suas observações, ela confessou, súbita e espontaneamente, não ter dito a verdade: o que lhe ocorrera não tinha sido *'cor'*, mas *'encarnação'* [*incarnation*] — a palavra que eu havia esperado. Aliás, o próprio termo 'cor' não era uma associação muito remota, mas determinada pelo significado de *'cravo'* [*carnation*] (cor de carne) — em outras palavras, era determinada pelo mesmo complexo. Essa falta de sinceridade mostrou ser esse o ponto também em que a resistência era maior, e correspondia ao fato de ser esse o ponto onde o simbolismo era mais claro e onde a luta entre a libido e seu recalque atingia o nível mais intenso em relação a esse tema fálico. O comentário da sonhadora no sentido de que seu noivo muitas vezes lhe dava esse tipo de flores era uma indicação não só do duplo sentido do termo *'cravos'* [*carnations*], como também de seu significado fálico no sonho. O oferecimento de flores, fator excitante do sonho oriundo da vida corrente da moça, foi empregado para expressar uma troca de dádivas sexuais: ela fazia de sua virgindade um presente e, em troca, esperava uma vida emocional e sexual plena. Também nesse ponto, as palavras *'flores caras, tem-se de pagar um bom preço por elas'* deviam ter o que, sem dúvida, era literalmente um significado financeiro. — Assim, o simbolismo das flores, nesse sonho, abrangia a feminilidade virginal, a masculinidade e uma alusão ao defloramento pela violência. Vale a pena salientar, nesse sentido, que o simbolismo sexual das flores, que de fato ocorre com muita freqüência em outros contextos, simboliza os órgãos sexuais humanos através das flores, que são os órgãos sexuais das plantas. Talvez seja verdade, de modo geral, que o oferecimento de flores entre aqueles que se amam tenha esse significado inconsciente.

"O aniversário para o qual ela estava-se preparando no sonho significava, sem dúvida, o nascimento de um bebê. Ela estava se identificando com o noivo e o estava representando no ato de 'arrumá-la' para um nascimento — isto é, copulando com ela. O pensamento latente talvez tenha sido o seguinte: 'Se eu fosse ele, não esperaria — defloraria minha noiva sem lhe pedir licença — empregaria a violência'. Isso foi indicado pelo termo 'violar' e, desse modo, o componente sádico da libido encontrou expressão.

"Numa camada mais profunda do sonho, a frase 'Estou arrumando... sem dúvida deve ter um significado auto-erótico, isto é, infantil.

"A sonhadora revelou também ter consciência, possível a ela apenas em sonho, de sua deficiência física: viu a si própria como uma mesa, sem projeções, e, por isso mesmo, depositou uma ênfase ainda maior na preciosidade do 'centro' — noutra ocasião empregou as palavras 'um centro de flores' —, isto é, em sua virgindade. O atributo horizontal da mesa também deve ter contribuído para o símbolo.

"Observe também a concentração do sonho: nada havia nele de supérfluo, cada palavra era um símbolo.

"Posteriormente, a sonhadora apresentou um adendo ao sonho: 'Estou decorando as flores com papel crepom verde'. Acrescentou tratar-se de um 'papel de fantasia', do tipo usado para cobrir vasos de flores comuns. E prosseguiu: 'para ocultar coisas desarrumadas, qualquer coisa visível que não fosse agradável aos olhos; há uma lacuna, um pequeno espaço nas flores. O papel parece veludo ou musgo'. — Para 'decorar' ela forneceu a associação 'decoro', como eu havia esperado. Disse que a cor verde predominava, e sua associação com ela foi 'esperança' — outro elo com a gravidez. — Nessa parte do sonho, o fator principal não era a identificação com um homem; as idéias de vergonha e de auto-revelação ocupavam o primeiro plano. Ela estava se embelezando para ele e admitindo defeitos físicos de que se envergonhava e que estava tentando corrigir. Suas associações 'veludo' e 'musgo' constituíam uma indicação clara de uma referência aos pêlos pubianos.

"Esse sonho, portanto, dava expressão a pensamentos de que a moça mal tinha consciência em sua vida de vigília — pensamentos que diziam respeito ao amor sensual e a seus órgãos. Ela estava sendo 'arrumada para um aniversário' — isto é, estava copulando com alguém. O medo de ser deflorada estava encontrando expressão, o mesmo acontecendo, talvez, com as idéias de um sofrimento prazeroso. Ela admitia para si própria suas deficiências físicas e as supercompensava mediante uma supervalorização da virgindade. Sua vergonha apresentava como desculpa para os sinais de sensualidade o fato de que a finalidade desta era a criação de um bebê. Considerações materiais, estranhas ao espírito dos enamorados, também encontraram um meio de expressar-se. O afeto ligado a esse sonho simples — uma sensação de felicidade — indicava que poderosos complexos emocionais nele haviam encontrado satisfação."

Ferenczi (1917) salientou, acertadamente, que o significado dos símbolos e o sentido dos sonhos podem ser alcançados com particular facilidade a partir, precisamente, dos sonhos das pessoas que não são iniciadas na psicanálise.

Neste ponto, intercalarei um sonho produzido por uma figura histórica contemporânea. Faço-o porque, no sonho, um objeto que de qualquer modo representaria apropriadamente um órgão masculino tem um atributo adicional que o estabeleceu da maneira mais clara possível como um símbolo fálico. Dificilmente se poderia tomar o fato de um chicote crescer até um comprimento interminável em qualquer outro sentido que não o de uma ereção. Além disso, o sonho também é um excelente exemplo do modo como pensamentos de natureza séria, muito distantes de qualquer elemento sexual, podem vir a ser representados por material sexual infantil.

XI

UM SONHO DE BISMARCK[1]

"Em sua obra *Gedanken und Erinnerungen*, Bismarck cita uma carta que escreveu ao Imperador Guilherme I em 18 de dezembro de 1881, no curso da qual ocorre o seguinte trecho: 'A comunicação de Vossa Majestade

---

1 A partir de um trabalho de Hanns Sachs.

estimula-me a relatar um sonho que tive na primavera de 1863, nos piores dias do Conflito, do qual nenhuma visão humana podia vislumbrar qualquer saída possível. Sonhei (como relatei logo que acordei a minha mulher e a outras testemunhas na manhã seguinte) que cavalgava por uma estreita trilha alpina, com um precipício à direita e rochas à esquerda. O caminho foi-se estreitando, de tal modo que o cavalo recusou-se a prosseguir e era impossível dar meia-volta ou desmontar, devido à falta de espaço. Então, com o chicote na mão esquerda, golpeei a rocha lisa e invoquei o nome de Deus. O chicote cresceu até atingir um comprimento interminável, a muralha rochosa desmoronou como um pedaço de cenário num palco e abriu-se um caminho largo com uma vista das colinas e florestas, como uma paisagem da Boêmia; havia tropas prussianas com estandartes, e mesmo em meu sonho me veio imediatamente a idéia de que eu deveria relatar isso a Vossa Majestade. Esse sonho se realizou e acordei regozijante e fortalecido. [...]'

"A ação desse sonho pode ser separada em duas seções. Na primeira parte, o sonhador viu-se num *impasse* do qual foi miraculosamente resgatado na segunda. A difícil situação em que cavalo e cavaleiro foram colocados é uma imagem onírica facilmente reconhecível da posição crítica do estadista, que ele talvez tivesse sentido com particular amargura ao ponderar sobre os problemas de sua política na noite anterior ao sonho. No trecho citado acima, o próprio Bismarck utiliza o mesmo símile ao descrever a desesperança de sua situação na época. O significado da imagem onírica, portanto, deve ter sido bem óbvio para ele. Ao mesmo tempo, é-nos apresentado um belo exemplo do 'fenômeno funcional' de Silberer. O processo ocorrido na mente do sonhador — com cada uma das soluções tentadas por seus pensamentos esbarrando em obstáculos intransponíveis, ao mesmo tempo que, ainda assim, ele não sabia e não podia desvencilhar-se do exame desses problemas — foi retratado com extrema propriedade pelo cavaleiro que não podia avançar nem recuar. Seu orgulho, que impedia que ele pensasse em render-se ou renunciar, foi expresso no sonho pelas palavras 'era impossível dar meia-volta ou desmontar'. Na qualidade de homem de ação que se empenhava incessantemente e lutava pelo bem dos outros, deve ter sido fácil para Bismarck comparar-se a um cavalo; e, de fato, ele assim fez em muitas ocasiões, como por exemplo em seu célebre dito: 'Um bom cavalo morre trabalhando'. Nesse sentido, as palavras 'o cavalo recusou-se a prosseguir' significavam nada mais nada menos do que o fato de que o extenuado estadista sentia uma necessidade de fugir às inquietações do presente imediato, ou, para expressá-lo de outra forma, de que estava no ato de se libertar dos grilhões do princípio de realidade através do sono e do sonho. A realização de desejo, que se tornou tão destacada na segunda parte do sonho, já tinha sido sugerida nas palavras 'trilha alpina'. Sem dúvida, Bismarck já sabia, nessa ocasião, que iria passar suas próximas férias nos Alpes — em Gastein; assim, o sonho, levando-o até lá, liberou-o de um só golpe de todos os fardos dos negócios de Estado.

"Na segunda parte do sonho, os desejos do sonhador foram representados como realizados de duas maneiras: indisfarçada e obviamente, e, além disso, simbolicamente. Sua realização foi simbolicamente representada pelo desaparecimento da rocha obstrutiva e pelo surgimento, em seu lugar, de um caminho amplo — a 'saída' que ele procurava, em sua forma mais conveniente; e foi indisfarçadamente representada na imagem das tropas prussianas que avançavam. Para explicar essa visão profética, não há absolutamente nenhuma necessidade de elaborar hipóteses místicas; a teoria freudiana da realização de desejo já é suficiente. Já por ocasião desse sonho, Bismarck desejava uma guerra vitoriosa contra a Áustria como a melhor saída para os conflitos internos da Prússia. Assim, o sonho estava representando esse desejo como realizado, justamente como é postulado por Freud, quando o sonhador viu as tropas prussianas com seus estandartes na Boêmia, isto é, em solo inimigo. A única peculiaridade do caso era que o sonhador em que estamos aqui interessados não se contentava com a realização de seu desejo num *sonho*, mas sabia como obtê-la na *realidade*. Um aspecto que não pode deixar de impressionar qualquer um que esteja familiarizado com a técnica psicanalítica da interpretação é o chicote — que crescia até atingir um 'comprimento interminável'. Já estamos familiarizados com o uso de chicotes, bastões, lanças e objetos semelhantes como símbolos fálicos; mas, quando um chicote possui ainda a característica mais notável de um falo, que é sua extensibilidade, dificilmente pode restar alguma dúvida. O exagero do fenômeno — seu crescimento até um 'comprimento interminável' — parece sugerir uma hipercatexia proveniente de fontes infantis. O fato de o sonhador ter tomado o chicote nas mãos era uma alusão clara à masturbação, embora a referência não dissesse respeito, é claro, às circunstâncias contemporâneas do sonhador, mas a desejos infantis do passado remoto. A interpretação descoberta pelo Dr. Stekel, de que, nos sonhos, a 'esquerda' representa o que é errado, proibido e pecaminoso, vem muito a calhar aqui, pois bem poderia aplicar-se à masturbação praticada na infância em face da proibição. Entre essa camada infantil mais profunda e a mais superficial, que se relacionava com os planos imediatos do estadista, é possível identificar uma camada intermediária que se relacionava com as outras duas. Todo o episódio de uma libertação miraculosa da necessidade, ao bater numa pedra e, ao mesmo tempo, invocar Deus como auxiliar, tem uma notável semelhança com a cena bíblica em que Moisés extrai água de uma rocha para os sedentos Filhos de Israel. Podemos presumir, sem hesitação, que essa passagem, com todos os seus pormenores, era familiar a Bismarck, que provinha de uma família protestante amante da Bíblia. Não seria improvável que, nessa época de conflito, Bismarck se comparasse a Moisés, o líder a quem o povo que ele procurou libertar recompensou com rebelião, ódio e ingratidão. Aqui, portanto, teríamos a ligação com os desejos contemporâneos do sonhador. Mas, por outro lado, o texto da Bíblia contém alguns detalhes que se aplicam bem a uma fantasia masturbatória. Moisés tomou a vara, desafiando a ordem de Deus, e o Senhor o puniu por essa transgressão dizendo-lhe que ele deveria morrer sem entrar na Terra Prometida. O ato proibido de apanhar a vara (no sonho, um ato inequivocamente fálico), a produção de líquido ao golpear com ela e a ameaça de morte — aí encontramos reunidos todos os principais fatores da masturbação infantil. Podemos observar com interesse o processo de revisão que fundiu essas duas imagens heterogêneas (originando-se, uma, da mente de um estadista de gênio, e a outra, dos impulsos da mente primitiva de uma criança) e que, por esse meio, conseguiu eliminar todos os fatores aflitivos. O fato de que segurar a vara era um ato proibido e de rebelião passou a ser indicado apenas simbolicamente, através da mão 'esquerda' que o praticou. Por outro lado, Deus foi invocado no conteúdo manifesto do sonho, como que para negar o mais ostensivamente possível qualquer idéia de uma proibição ou segredo. Das duas profecias feitas por Deus a Moisés — de que ele veria a Terra Prometida, mas nela não entraria —, a primeira é claramente representada como realizada ('a vista das colinas e florestas'), enquanto a segunda, altamente aflitiva, não é mencionada em absoluto. A água provavelmente foi sacrificada devido às exigências da elaboração secundária, que se esforçou com êxito por fundir esta cena e a primeira numa só unidade; em vez da água, a própria rocha caiu.

"Poder-se-ia esperar que ao término de uma fantasia masturbatória infantil que tivesse incluído o tema da proibição, a criança desejasse que as pessoas de autoridade em seu ambiente nada soubessem do que havia acontecido. No sonho, esse desejo foi representado por seu oposto, pelo desejo de informar ao Rei imediatamente o que acontecera. Mas essa inversão se ajustava de maneira excelente e muito discreta na fantasia de vitória contida na camada superficial dos pensamentos oníricos e numa parcela do conteúdo manifesto do sonho. Um sonho como esse, de vitória e conquista, muitas vezes serve de capa para um desejo de ser bem-sucedido numa conquista *erótica*; certas características do sonho, como, por exemplo, a de ter havido um obstáculo ao avanço do sonhador, mas, depois de ele fazer uso de um chicote extensível, ter-se aberto um caminho amplo, poderiam apontar nessa direção, mas elas fornecem uma base insuficiente para se inferir que uma tendência definida de pensamentos e desejos desse tipo teria perpassado o sonho. Temos aqui um exemplo perfeito de distorção onírica totalmente bem-sucedida. O que quer que tenha havido nele de desagradável foi trabalhado, de modo que nunca chegou a romper a camada superficial que se estendeu sobre o sonho como um manto protetor. Em conseqüência disso, foi possível evitar qualquer liberação de angústia. O sonho foi um caso ideal de desejo realizado com êxito, sem infringir a censura, de modo que bem podemos crer que o sonhador tenha despertado dele 'regozijante e fortalecido'."

Como último exemplo, eis aqui:

XII

O SONHO DE UM QUÍMICO

Isto foi sonhado por um jovem que vinha se esforçando por abandonar o hábito de se masturbar, em prol de relações sexuais com mulheres.

PREÂMBULO. — No dia anterior ao sonho, ele estivera ensinando um aluno sobre a reação de Grignard, na qual o magnésio é dissolvido em éter absolutamente puro através da ação catalisadora do iodo. Dois dias antes, quando a mesma reação estava sendo executada, ocorrera uma explosão que havia queimado a mão de um dos manipuladores.

SONHO. — (I) *Ele devia estar fazendo brometo de fenil-magnésio. Via o aparelho com particular nitidez, mas substituíra o magnésio por ele próprio. Percebeu-se então num estado singularmente instável. Ficava a dizer consigo mesmo: "Está tudo bem, as coisas estão funcionando, meus pés já estão começando a se dissolver, meus joelhos estão ficando moles ". Então, estendeu as mãos e apalpou os pés. Enquanto isso (como, não sabia dizer), tirou as pernas do recipiente e disse a si mesmo, mais uma vez: "Isso não pode estar certo. É, mas está ". Nesse ponto, acordou parcialmente e examinou o sonho consigo mesmo, para poder relatá-lo a mim. Estava na verdade assustado com a solução[1] do sonho. Sentiu-se extremamente excitado durante esse período de semi-adormecimento e ficou a repetir: "Fenil, fenil ".*

(II) *Ele estava em ——ing com sua família inteira e deveria estar em Schottentor às onze e meia para se encontrar com uma certa mulher. Mas só acordou às onze e meia, e disse para si mesmo: "É muito tarde. Não se pode chegar lá antes de meio-dia e meia ". No momento seguinte, viu toda a família sentada à mesa; via sua mãe com particular nitidez, e a empregada carregando a terrina de sopa. Então, pensou: "Bem, já que começamos a almoçar, é tarde demais para eu sair ".*

ANÁLISE. — Ele não tinha nenhuma dúvida de que mesmo a primeira parte do sonho tinha alguma relação com a mulher com quem ele ia se encontrar. (tivera o sonho na noite anterior ao esperado *rendez-vous*). Considerava o aluno a quem ensinara como uma pessoa particularmente desagradável. Tinha-lhe dito "Isso não está certo" porque o magnésio não dera nenhum sinal de ter sido afetado. E o aluno havia respondido, como se estivesse inteiramente despreocupado: "É, não está". O aluno devia representar ele próprio (o paciente), que era tão indiferente em relação à análise quanto o aluno a respeito da síntese. O "ele" do sonho que executava a operação representava a mim. Como eu devia considerá-lo desagradável por ser tão indiferente ao resultado!

Por outro lado, ele (o paciente) era o material que estava sendo utilizado para a análise (ou síntese). O que estava em jogo era o êxito do tratamento. A referência a suas pernas, no sonho, fez com que se lembrasse de uma experiência da noite anterior. Estava tendo uma aula de dança e se encontrara com uma moça a quem muito desejava conquistar. Abraçara-a com tanta força contra si que, em certo momento, ela deu um grito. Ao relaxar a pressão contra as pernas dela, sentiu sua forte pressão receptiva contra a parte inferior das coxas dele, descendo até os joelhos — o ponto mencionado em seu sonho. De modo que, nesse sentido, a mulher é que era o magnésio no comentário de que

---

1 [Alemão *"Auflösung"*; a mesma palavra empregada acima para "dissolver".]

as coisas finalmente estavam funcionando. Ele era feminino em relação a mim, assim como era masculino em relação à mulher. Se estava funcionando com a dama, estava funcionando com ele no tratamento. O fato de ele se apalpar e as sensações nos joelhos apontavam para a masturbação e se encaixavam com sua fadiga do dia anterior. — Seu encontro com a moça fora marcado, de fato, para as onze e meia. O desejo de não comparecer a ele, dormindo demais, e de ficar em casa com seus objetos sexuais (isto é, de se ater à masturbação) correspondia à sua resistência.

No tocante à repetição da palavra "fenil", ele me disse que sempre gostara muito desses radicais que terminavam em "-il", porque eram muito fáceis de usar: benzil, acetil, etc. Isso nada explicava. Mas, quando lhe sugeri *"Schlemihl"* como outro radical da série,[1] ele riu gostosamente e me disse que, durante o verão, lera um livro de Marcel Prévost no qual havia um capítulo sobre *"Les exclus de l'amour"*, que de fato continha algumas observações sobre *"les Schlémiliés"*. Ao lê-las, ele dissera consigo mesmo: "É assim mesmo que eu sou". — Se tivesse faltado ao encontro, isso teria sido outro exemplo de sua "schlemihlidade".

Poder-se-ia supor que a ocorrência do simbolismo sexual nos sonhos já foi experimentalmente confirmada por alguns trabalhos efetuados por K. Schrötter, em moldes propostos por H. Swoboda. Sujeitos em hipnose profunda receberam sugestões de Schrötter, e estas levaram à produção de sonhos dos quais grande parte do conteúdo era determinada pelas sugestões. Se ele desse ao sujeito a sugestão de que ele deveria sonhar com relações sexuais normais ou anormais, o sonho, obedecendo à sugestão, utilizaria símbolos que nos são familiares a partir da psicanálise em lugar do material sexual. Por exemplo, quando se deu a um sujeito do sexo feminino a sugestão de que sonhasse estar tendo relações homossexuais com uma amiga, esta apareceu no sonho carregando uma bolsa surrada, com uma etiqueta que trazia os dizeres "Só para damas". Afirmou-se que a mulher que teve esse sonho nunca tivera nenhum conhecimento do simbolismo nos sonhos ou da interpretação destes. Surgem, contudo, dificuldades em formarmos uma opinião sobre o valor desses interessantes experimentos, pela infeliz circunstância de o Dr. Schrötter ter-se suicidado pouco depois de efetuá-los. O único

---

1 [*"Schlemihl"*, que rima com as palavras terminadas em *"-il"*, é um termo de origem hebraica comumente empregado em alemão para designar uma pessoa azarada e incompetente.]

registro deles encontra-se numa comunicação preliminar publicada no *Zentralblatt für Psychoanalyse* (Schrötter, 1912)

Resultados semelhantes foram publicados por Roffenstein em 1923. Alguns experimentos realizados por Betlheim e Hartmann (1924) foram de particular interesse, visto não terem feito uso da hipnose. Esses experimentadores contaram anedotas de natureza grosseiramente sexual a pacientes que sofriam da síndrome de Korsakoff e observaram as distorções que ocorriam quando as anedotas eram reproduzidas pelos pacientes nesses estados confusionais. Constataram que os símbolos que nos são familiares a partir da interpretação dos sonhos também apareciam (por exemplo: subir escadas, apunhalar e atirar como símbolos de copulação, e facas e cigarros como símbolos do pênis). Os autores atribuíram especial importância ao aparecimento do símbolo da escada, pois, como observaram com razão, "nenhum desejo consciente de distorcer poderia ter chegado a um símbolo dessa natureza".

Somente agora, depois de termos avaliado adequadamente a importância do simbolismo nos sonhos, é que se nos torna possível retomar o tema dos sonhos típicos, interrompido na p. 275. Penso termos razões para dividir esses sonhos, *grosso modo*, em duas classes: os que realmente têm sempre o mesmo sentido e os que, apesar de terem conteúdo idêntico ou semelhante, devem, não obstante, ser interpretados de maneira extremamente variada. Entre os sonhos típicos da primeira categoria já tratei, com certa riqueza de detalhes, dos sonhos com exames.

Os sonhos em que se perde um trem merecem ser postos ao lado dos sonhos com exames por causa da similaridade de seu afeto, e sua explicação mostra que estaremos certos ao fazê-lo. Eles são sonhos de consolação para outra espécie de angústia sentida no sono — o medo de morrer. "Partir" numa viagem é um dos símbolos mais comuns e mais reconhecidos da morte. Esses sonhos dizem, de maneira consoladora, "Não se preocupe, você não morrerá (partirá)", tal como os sonhos com exames dizem, alentadoramente, "Não tenha medo, nenhum mal lhe acontecerá desta vez, tampouco". A dificuldade de compreender esses dois tipos de sonhos se deve ao fato de que o sentimento de angústia está ligado precisamente à expressão de consolo.

O sentido dos sonhos "com um estímulo dental", que muitas vezes tive de analisar em pacientes, escapou-me por muito tempo porque, para minha surpresa, havia invariavelmente resistências fortíssimas a sua interpretação. Provas esmagadoras fizeram com que, finalmente, eu não tivesse mais nenhuma dúvida de que, nos homens, a força motora desses sonhos não derivava de outra coisa senão dos desejos masturbatórios do período da puberdade. Analisarei dois desses sonhos, um dos quais é também um "sonho de voar". Ambos foram sonhados pela mesma pessoa — um rapaz com fortes inclinações homossexuais que, todavia, eram inibidas na vida real.

Ele estava assistindo a uma encenação de Fidélio *e se achava sentado nas primeiras filas da Ópera ao lado de L., um homem que lhe era agradável e com quem gostaria de fazer amizade. De repente, ele saiu voando pelos ares, bem por cima das poltronas, levou a mão à boca e arrancou dois de seus dentes.*

Ele próprio disse, a propósito do vôo, que era como se tivesse sido "jogado" no ar. Como se tratava de uma representação de *Fidélio*, as palavras

Wer ein holdes Weib errungen...

poderiam parecer adequadas. Mas a conquista da mais adorável das mulheres não estava entre os desejos do sonhador. Dois outros versos seriam mais apropriados:

Wem der grosse Wurf *gelungen,*
Eines Freundes Freund zu sein... [1]

O sonho de fato continha essa "grande jogada", que, contudo, não era apenas a realização de um desejo. Escondia também a dolorosa reflexão de que o sonhador muitas vezes fora infeliz em suas tentativas de amizade, e fora "jogado fora". Também escondia seu temor de que esse infortúnio pudesse repetir-se em relação ao rapaz ao lado de quem ele estava apreciando a

---

1 [*Wem der grosse Wurf gelungen,*
Eines Freundes Freund zu sein,
Wer ein holdes Weib errungen...

"Aquele que conseguiu a *grande jogada* de tornar-se amigo de um amigo, aquele que conquistou uma bela mulher...!"]

representação de *Fidélio*. E então se seguiu o que o exigente sonhador encarava como uma confissão vergonhosa: a de que, certa vez, após ter sido rejeitado por um de seus amigos, ele se masturbara duas vezes seguidas, no estado de excitação sensual provocado por seu desejo.

Eis aqui o segundo sonho: *Ele estava sendo tratado por dois professores universitários de suas relações, e não por mim. Um deles estava fazendo alguma coisa com seu pênis. Ele temia uma operação. O outro empurrava-lhe a boca com um bastão de ferro, de modo que ele perdeu um ou dois dentes. Estava amarrado com quatro panos de seda.*

Dificilmente se pode duvidar de que esse sonho tivesse um sentido sexual. Os panos de seda identificavam-no com um homossexual que ele conhecia. O sonhador nunca praticara o coito e nunca procurara ter relações sexuais com homens na vida real; e imaginava as relações sexuais segundo o modelo da masturbação da puberdade com que outrora estivera familiarizado.

As numerosas modificações do sonho típico com estímulos dentais (por exemplo, sonhos de que um dente é arrancado por outra pessoa, etc.) devem, penso eu, ser explicadas da mesma maneira.[1] É possível, porém, que nos intrigue descobrir como foi que os "estímulos dentais" passaram a ter esse significado. Mas eu gostaria de chamar atenção para a freqüência com que o recalque sexual se vale de transposições de uma parte inferior do corpo para uma parte superior. Graças a elas, torna-se possível, na histeria, que toda espécie de sensações e intenções sejam efetivadas, se não ali onde são apropriadas — em relação aos órgãos genitais —, pelo menos em relação a outras partes não objetáveis do corpo. Um exemplo de transposição dessa natureza é a substituição dos órgãos genitais pelo rosto no simbolismo do pensamento inconsciente. O uso lingüístico segue o mesmo modelo, ao reconhecer as nádegas [*"Hinterbacken"*, literalmente "bochechas traseiras"] como homólogas às bochechas, e ao traçar um paralelo entre os *"labia"* e os lábios que delimitam o orifício da boca. As comparações entre o nariz e o pênis são comuns, tornando-se a similaridade mais completa pela presença de pêlos em ambos os lugares. A única estrutura que não oferece qualquer possibilidade de analogia são os dentes; e é precisamente essa

---

1 [*Nota de rodapé acrescentada* em 1914:] Um dente arrancado por outra pessoa num sonho deve ser interpretado, por via de regra, como castração (como ter o cabelo cortado por um barbeiro, de acordo com Stekel). Deve-se, em geral, estabelecer uma distinção entre os sonhos com estímulos dentais e os sonhos com dentistas, como os registrados por Coriat (1913).]

combinação de semelhança e dissimilaridade que torna os dentes tão apropriados para fins de representação quando alguma pressão é exercida pelo recalque sexual.

Não posso ter a pretensão de que a interpretação dos sonhos com estímulos dentais como sonhos masturbatórios — uma interpretação cuja exatidão me parece indubitável — tenha sido inteiramente esclarecida.[1] Dei a explicação que podia e devo deixar o que resta sem solução. Mas posso chamar atenção para outro paralelo encontrado no uso lingüístico. Em nossa parte do mundo, o ato da masturbação é vulgarmente descrito como *"sich einen ausreissen"* ou *"sich einen herunterreissen"* [literalmente, "dar uma puxada para fora" ou "dar uma puxada para baixo"].[2] Nada sei da fonte dessa terminologia ou das imagens em que se baseia; mas "um dente" se enquadraria muito bem na primeira das duas expressões.

Segundo a crença popular, os sonhos com dentes que são arrancados devem ser interpretados como significando a morte de um parente, mas a psicanálise pode, no máximo, confirmar essa interpretação somente no sentido jocoso a que aludi acima. Nesse contexto, porém, citarei um sonho com estímulo dental que foi posto a minha disposição por Otto Rank.

"Um colega meu, que há algum tempo vem dedicando vivo interesse aos problemas da interpretação de sonhos, enviou-me a seguinte contribuição ao tema dos sonhos com estímulos dentais.

"'Há pouco tempo, sonhei que *estava no dentista e ele perfurava com a broca um dente posterior em meu maxilar inferior. Trabalhou nele por tanto tempo que o dente ficou inutilizado. Segurou-o então com um boticão e o extraiu com uma facilidade tão grande que provocou meu assombro. Disse-me que não me preocupasse com aquilo, pois não se tratava do dente que ele estava realmente tratando, e o colocou na mesa, onde o dente (um incisivo superior, ao que me pareceu então) desfez-se em várias camadas. Levantei-me da cadeira do dentista, aproximei-me mais do dente, com um sentimento de curiosidade, e levantei uma questão médica que me interes-*

---

1 [*Nota de rodapé acrescentada* em 1909:] Uma comunicação de C. G. Jung nos informa que os sonhos com estímulos dentais que ocorrem nas mulheres têm o sentido de sonhos com nascimentos. — [*Acrescentado* em 1919:] Ernest Jones forneceu uma clara confirmação disso. O elemento comum entre essa interpretação e a que é apresentada acima reside no fato de que, em ambos os casos (castração e nascimento), o que está em causa é a separação entre uma parte do corpo e o todo.

2 [*Nota de rodapé acrescentada* em 1911:] Cf. o sonho "biográfico" da p. 344.

381

sava. O dentista explicou-me, enquanto separava as várias partes do dente, de uma alvura impressionante, e as esmagava (pulverizava-as) com um instrumento, que ele estava ligado à puberdade e que era só antes da puberdade que os dentes se soltavam com tanta facilidade e que, no caso das mulheres, o fator decisivo era o nascimento de um filho.

"'Percebi então (enquanto estava parcialmente adormecido, creio eu) que o sonho se fizera acompanhar de uma poluição, que, no entanto, não pude relacionar com certeza a qualquer parte específica do sonho; fiquei muito inclinado a pensar que ela já havia ocorrido enquanto o dente era arrancado.

"'Passei então a sonhar com uma ocorrência que já não consigo recordar, mas que terminava *por eu deixar meu chapéu e meu paletó em algum lugar (possivelmente, na sala de espera do consultório do dentista), na esperança de que alguém os trouxesse a mim, e por sair às pressas, vestindo apenas meu sobretudo, para apanhar um trem que estava de partida. Consegui, no último momento, saltar para o último vagão, onde já havia alguém de pé. Não pude, entretanto, entrar no vagão, mas fui obrigado a viajar numa situação desconfortável da qual tentei escapar, com êxito no final. Entramos num grande túnel e dois trens, indo em direção oposta a nós, passaram por dentro do nosso trem, como se ele fosse o túnel. Eu olhava pela janela de um vagão como se estivesse do lado de fora.*

"'As seguintes experiências e idéias do dia anterior fornecem material para uma interpretação do sonho:

"'(I.) Eu vinha, de fato, fazendo um tratamento dentário recentemente, e na ocasião do sonho sentia dores contínuas no dente do maxilar inferior que era perfurado à broca no sonho, e no qual o dentista, também na realidade, havia trabalhado por mais tempo do que eu queria. Na manhã do dia do sonho, eu fora mais uma vez ao dentista por causa da dor, e ele sugerira que eu devia extrair outro dente no mesmo maxilar do que ele vinha tratando, dizendo que a dor provavelmente provinha desse outro. Este era um "dente do siso", que estava nascendo exatamente nessa época. A propósito disso, eu questionara a consciência médica do dentista.

"'(II.) Na tarde do mesmo dia, eu fora obrigado a pedir desculpas a uma senhora pelo meu mau humor devido a minha dor de dente; ela então me disse que estava com medo de mandar extrair um dente cuja coroa se desfizera quase por completo. Ela achava que extrair as "presas" era especialmente doloroso e perigoso, embora, por outro lado, um de seus conhecidos lhe tivesse dito que era mais fácil extrair dentes do maxilar superior, que era onde ficava o dela. Esse conhecido também lhe dissera que, certa vez, haviam-lhe extraído o dente errado quando ele estava sob anestesia, e isso aumentara o pavor que ela sentia da operação necessária. Ela me perguntou então se as "presas" eram molares ou caninos e o que se sabia a respeito delas. Ressaltei-lhe, por um lado, o elemento de superstição em todas essas opiniões, embora, ao mesmo tempo, frisasse o núcleo de verdade por trás de vários pontos de vista populares. Ela repetiu-me então o que acreditava ser uma crença popular muito antiga e difundida — a de que, se uma mulher grávida tivesse dor de dente, teria um menino.

"'(III.) Esse dito me interessou, ligado ao que diz Freud, em sua *Interpretação dos Sonhos*, sobre o significado típico dos sonhos com estímulos dentais como substitutos da masturbação, visto que, no dito popular, o dente e a genitália masculina (ou um menino) também estavam relacionados. Na noite do mesmo dia, portanto, li todo o trecho pertinente em *A Interpretação dos Sonhos* e ali encontrei, entre outras coisas, as seguintes afirmações, cuja influência sobre meu sonho pode ser observada tão claramente quanto a das duas outras experiências que mencionei. Freud escreve, a propósito dos sonhos com estímulos dentais, que, "nos homens, a força motora desses sonhos não derivava de outra coisa senão dos desejos masturbatórios do período da puberdade". E mais: "As numerosas modificações do sonho típico com estímulos dentais (por exemplo, sonhos de que um dente é arrancado por outra pessoa, etc.) devem, penso eu, ser explicadas da mesma maneira. É possível, porém, que nos intrigue descobrir como foi que os 'estímulos dentais' passaram a ter esse significado. Mas eu gostaria de chamar atenção para a freqüência com que o recalque sexual se vale de transposições de uma parte inferior do corpo para uma parte superior". (No sonho que examinamos aqui, do maxilar inferior para o superior.) "Graças a elas, torna-se possível, na histeria, que toda espécie de sensações e intenções sejam efetivadas, se não ali onde são apropriadas — em relação aos órgãos genitais —, pelo menos em relação a outras partes não objetáveis do corpo". E novamente: "Mas posso chamar atenção para outro paralelo encontrado no uso lingüístico. Em nossa parte do mundo, o ato da masturbação é vulgarmente descrito como *'sich einen ausreissen'* ou *'sich einen herunterreissen'*". Eu já estava familiarizado com essa expressão, nos primeiros anos de minha mocidade, como uma descrição da masturbação, e nenhum intérprete experiente dos sonhos terá qualquer dificuldade em descobrir o caminho que parte daqui até o material infantil subjacente ao sonho. Acrescentarei apenas que a facilidade com que o dente — que depois de sua extração transformou-se num incisivo superior — soltou-se no sonho me fez lembrar uma ocasião de minha infância em que eu próprio arranquei um incisivo superior que estava mole, sem dificuldade e sem dor. Esse fato, do qual ainda hoje me lembro com clareza em todos os seus detalhes, ocorreu no mesmo período precoce ao qual remontam minhas primeiras tentativas conscientes de masturbação. (Esta era uma lembrança encobridora.)

"'A referência de Freud a uma afirmação de C. G. Jung no sentido de que os "sonhos com estímulos dentais que ocorrem nas mulheres têm o sentido de sonhos com nascimentos", bem como a crença popular no significado da dor de dente nas mulheres grávidas, explicaram o contraste estabelecido no sonho entre o fator decisivo no caso de mulheres e homens (puberdade). A esse respeito, recordo-me de um sonho anterior que tive logo após uma visita ao dentista, e no qual sonhei que as coroas de ouro que tinham acabado de ser fixadas caíam; isso muito me aborreceu no sonho, por causa da considerável despesa que eu fizera e da qual ainda não me havia recuperado inteiramente na época. Esse outro sonho tornou-se então inteligível para mim (em vista de certa experiência minha) como um reconhecimento das vantagens materiais da masturbação sobre o amor objetal: este último, do ponto de vista econômico, seria, sob todos os aspectos, menos desejável (cf. as coroas de ouro);[1] e creio que a observação da senhora sobre o significado da dor de dente nas mulheres grávidas havia despertado novamente em mim essas seqüências de idéias.'

"Isso é tudo no que concerne à interpretação proposta por meu colega, que é altamente esclarecedora e à qual, penso eu, não se pode levantar qualquer objeção. Nada tenho a acrescentar a ela, salvo, talvez, uma sugestão quanto ao sentido provável da segunda parte do sonho. Esta parece ter representado a transição do sonhador entre a masturbação e as relações sexuais, que foi aparentemente realizada com grande dificuldade (cf. o túnel pelo qual os trens entravam e saíam em várias direções), bem como o perigo destas últimas (cf. a gravidez e o sobretudo). O sonhador se valeu, para essa finalidade, das pontes verbais 'Zahn-ziehen (Zug)' e 'Zahn-reissen (Reisen)'.[2]

---

1 [A coroa (*Krone*) era, nessa época, a unidade monetária austríaca.]

2 ["*Zahn-ziehen*" = "arrancar um dente"; "*Zug*" (da mesma raiz que "*ziehen*") = "trem" ou "puxar". "*Zahn-reissen*" = "arrancar um dente"; "*Reisen*" (cuja pronúncia não difere muito de "*reissen*") = "viajar".]

"Por outro lado, do ponto de vista teórico, o caso me parece interessante sob dois aspectos. Em primeiro lugar, oferece provas em favor da descoberta de Freud de que a ejaculação nos sonhos acompanha o ato de extrair um dente. Qualquer que seja a forma em que a poluição aparece, somos obrigados a considerá-la como uma satisfação masturbatória promovida sem a assistência de qualquer estimulação mecânica. Além disso, neste caso, a satisfação que acompanhou a poluição não estava, como geralmente acontece, dirigida a um objeto, ainda que apenas imaginário, mas não tinha objeto, se é que se pode dizer isso; foi completamente auto-erótica, ou, no máximo, exibiu um ligeiro vestígio de homossexualidade (com referência ao dentista).

"O segundo ponto que me parece merecer ênfase é o seguinte. Pode-se levantar a objeção plausível de que não há necessidade alguma de considerar o presente caso como uma confirmação do ponto de vista de Freud, visto que os fatos do dia anterior seriam suficientes, por si sós, para tornar inteligível o conteúdo do sonho. A ida do sonhador ao dentista, sua conversa com a dama e a leitura de *A Interpretação dos Sonhos* já seriam uma explicação suficiente de como foi que ele chegou a produzir esse sonho, especialmente uma vez que seu sono foi perturbado por uma dor de dente: chegariam mesmo a explicar, se necessário, como foi que o sonho serviu para ele se livrar da dor que lhe perturbava o sono — por meio da idéia de remover o dente dolorido e, simultaneamente, ao abafar com a libido a sensação dolorosa que o sonhador temia. Mas, mesmo que se dê o máximo desconto possível a tudo isso, não se pode sustentar seriamente que a simples leitura das explicações de Freud pudesse estabelecer no sonhador a ligação entre a extração de um dente e o ato da masturbação, ou que pudesse sequer acionar essa ligação, a menos que ela houvesse se estabelecido há muito tempo, como o próprio sonhador admite ter acontecido (na expressão *'sich einen ausreissen'*). Essa ligação pode ter sido revivida não apenas por sua conversa com a senhora, como também por uma circunstância que ele relatou logo depois. Ao ler *A Interpretação dos Sonhos*, ele não estava disposto, por motivos compreensíveis, a crer nesse sentido típico dos sonhos com estímulos dentais e sentira o desejo de saber se tal sentido se aplicava a *todos* os sonhos dessa espécie. O presente sonho confirmou o fato de que isso com efeito ocorria, ao menos no que lhe dizia respeito, e assim lhe mostrou por que ele fora obrigado a sentir dúvidas sobre o assunto. Também nesse aspecto, portanto, o sonho foi a realização de um desejo — a saber, o desejo de se convencer da faixa de aplicação e da validade desse ponto de vista de Freud."

O segundo grupo de sonhos típicos abrange aqueles em que o sonhador voa ou flutua no ar, cai, nada, etc. Qual é o sentido desses sonhos? É impossível dar uma resposta geral. Como veremos, eles significam algo diferente em cada caso; é apenas a matéria-prima das sensações neles contidas que deriva sempre da mesma fonte.

As informações proporcionadas pelos tratamentos psicanalíticos forçam-me a concluir que também esses sonhos reproduzem impressões da infância, ou seja, relacionam-se com jogos que envolvem movimento, que são extraordinariamente atraentes para as crianças. Não há um único tio que não tenha mostrado a uma criança como voar, correndo com ela pela sala em seus braços estendidos, ou que não tenha brincado de deixá-la cair, fazendo-a cavalgar em seu joelho e, de repente, estirando a perna, ou levantando-a bem alto e, subitamente, fingindo que vai deixá-la cair. As crianças adoram essas experiências e nunca se cansam de pedir que sejam repetidas, especialmente quando há nelas algo que cause um pequeno susto ou tonteira. Nos anos posteriores, elas repetem essas experiências nos sonhos; nestes, porém, deixam de fora as mãos que as sustinham, de modo que flutuam ou caem sem apoio. O prazer que as criancinhas extraem das brincadeiras desse tipo (bem como dos balanços e gangorras) é bem conhecido; quando vêem façanhas acrobáticas no circo, sua lembrança desses jogos é reavivada. Os ataques histéricos dos meninos por vezes consistem simplesmente em reproduções de façanhas dessa natureza, executadas com grande habilidade. Não raro esses jogos de movimento, embora inocentes em si mesmos, provocam sensações sexuais. As traquinagens [*"Hetzen"*] infantis, se me permitem empregar um termo que costuma ser usado para descrever todas essas atividades, são o que se repete nos sonhos de voar, cair, ter tonteiras e assim por diante, ao passo que as sensações prazerosas ligadas a essas experiências transformam-se em angústia. Mas com muita freqüência, como toda mãe sabe, a traquinagem entre crianças acaba em altercações e lágrimas.

Assim, tenho boas razões para rejeitar a teoria de que o que provoca os sonhos com vôos e quedas é o estado de nossas sensações tácteis durante o sono, ou as sensações do movimento de nossos pulmões, e assim por diante. A meu ver, mesmo essas sensações são reproduzidas como parte da lembrança à qual remonta o sonho: isto é, são parte do *conteúdo* do sonho, e não sua fonte.[1]

Portanto, esse material, que consiste em sensações de movimento de tipos semelhantes e oriundas da mesma fonte, é utilizado para representar toda espécie de pensamentos oníricos. Os sonhos de voar ou flutuar no ar (em geral, de cunho prazeroso) exigem as mais diversas interpretações; com algumas pessoas, essas interpretações têm de ser de caráter individual, ao passo que, com outras, podem ser até mesmo de natureza típica. Uma de minhas pacientes costumava sonhar, com muita freqüência, que estava flutuando a certa altura acima da rua, sem tocar o chão. Ela era muito baixa e tinha horror à contaminação envolvida no contato com outras pessoas. Seu sonho de flutuar realizava seus dois desejos, elevando seus pés do chão e alçando sua cabeça até uma camada mais alta de ar. Em outras mulheres, verifiquei que os sonhos de voar expressavam o desejo de "ser como um pássaro", enquanto outras tornavam-se anjos durante a noite, por não terem sido chamadas de anjos durante o dia. A estreita ligação entre voar e a representação de pássaros explica por que, nos homens, os sonhos de voar costumam ter um sentido claramente sensual; e não nos surpreenderemos ao ouvir dizer que este ou aquele sonhador se sente muito orgulhoso de seus poderes de vôo.

O Dr. Paul Federn (de Viena) formulou a atraente teoria de que um bom número desses sonhos de vôo são sonhos de ereção, pois o fenômeno notável da ereção, em torno do qual a imaginação humana gira sem cessar, não pode deixar de ser impressionante, uma vez que envolve uma aparente suspensão das leis da gravidade (cf., nesse contexto, os falos alados dos antigos).

É notável que Mourly Vold, um pesquisador de sonhos de espírito sóbrio e que não se inclina a interpretações de qualquer espécie, também apóie a interpretação erótica dos sonhos de voar ou flutuar (Vold, 1910-12, v. 2, p. 791). Ele se refere ao fator erótico como "o mais poderoso motivo dos sonhos de flutuar", chama atenção para a intensa sensação de vibração no corpo que acompanha tais sonhos e ressalta a freqüência com que estão ligados a ereções ou poluções.

Os sonhos de cair, por outro lado, costumam ser mais caracterizados pela angústia. Sua interpretação não oferece nenhuma dificuldade no caso das mulheres, que quase sempre aceitam o uso simbólico da queda como um

---

1 [*Nota de rodapé acrescentada* em 1930:] Estas observações sobre os sonhos de movimento são repetidas aqui porque o presente contexto as requer.

modo de descrever a rendição a uma tentação erótica. Tampouco esgotamos as fontes infantis dos sonhos de estar caindo. Quase toda criança caiu numa ocasião ou noutra, e depois foi levantada no colo e mimada; ou, caso tenha caído do berço à noite, foi levada para a cama da mãe ou da babá. As pessoas que têm sonhos freqüentes de estar nadando e sentem grande alegria em furar as ondas, e assim por diante, foram, em geral, pessoas que urinavam na cama, e repetem em seus sonhos um prazer de que há muito aprenderam a se abster. Logo veremos, através de mais de um exemplo, o que é que os sonhos de estar nadando são usados com mais facilidade para representar.

A interpretação de sonhos com fogo corrobora a regra de educação infantil que proíbe a uma criança "brincar com fogo" — para que não molhe a cama à noite. Pois, também no caso deles, há uma lembrança subjacente da enurese da infância. Em meu "Fragmento da Análise de um Caso de Histeria", forneci uma análise e síntese completas de um desses sonhos com fogo, ligado à história clínica da sonhadora, e mostrei quais impulsos da idade adulta esse material infantil pode ser utilizado para representar.

Seria possível mencionar todo um grupo de outros sonhos "típicos", se adotássemos esse termo no sentido de que o mesmo conteúdo manifesto dos sonhos é freqüentemente encontrado nos sonhos de pessoas diferentes. Por exemplo, poderíamos mencionar os sonhos de estar passando por ruas estreitas ou atravessando conjuntos inteiros de salas, e os sonhos com ladrões — contra os quais, a propósito, as pessoas nervosas tomam precauções *antes* de irem dormir; os sonhos de estar sendo perseguido por animais selvagens (ou por touros ou cavalos), ou de ser ameaçado por facas, punhais ou lanças — sendo estas duas últimas categorias típicas do conteúdo manifesto dos sonhos de pessoas que sofrem de angústia — e muitos mais. Uma pesquisa voltada exclusivamente para esse material recompensaria plenamente o trabalho envolvido. Mas, em vez disso, tenho duas[1] observações a fazer, embora elas não se apliquem apenas aos sonhos típicos.

---

1 [Este "duas" é um vestígio das edições de 1909 e 1911. A primeira observação começava com o parágrafo que se segue agora e prosseguia até o final da atual Seção E — até é a p. 396. A segunda observação vinha logo a seguir: era o trecho iniciado na p. 346 com as palavras "Quando nos familiarizamos" e que prossegue até as palavras "outro exemplo de sua 'schlemihlidade'", na p. 377, com as quais, naquelas duas edições, terminava o Capítulo V.]

Quanto mais nos envolvemos na atividade de desvendar os sonhos, mais somos levados a reconhecer que a maioria dos sonhos dos adultos versa sobre material sexual e dá expressão a desejos eróticos. Um juízo sobre esse ponto só pode ser formado pelos que realmente analisam os sonhos, ou seja, por aqueles que atravessam o conteúdo manifesto dos sonhos até chegar aos pensamentos oníricos latentes, e nunca pelos que se contentam em anotar o conteúdo manifesto (como Näcke, por exemplo, em seus escritos sobre sonhos sexuais). Permitam-me dizer, desde já, que este fato não é nada surpreendente, e está em completa harmonia com os princípios de minha explicação dos sonhos. Nenhum outro instinto é submetido, desde a infância, a tanta supressão quanto o instinto sexual, com seus numerosos componentes (cf. meus *Três Ensaios sobre a Teoria da Sexualidade*, 1905*d*); de nenhum outro instinto restam tantos e tão poderosos desejos inconscientes, prontos a produzir sonhos no estado de sono. Ao interpretarmos os sonhos, nunca podemos esquecer a importância dos complexos sexuais, embora também devamos, é claro, evitar o exagero de lhes atribuir importância exclusiva.

Podemos asseverar em relação a muitos sonhos, se forem cuidadosamente interpretados, que eles são bissexuais, visto que, incontestavelmente, admitem uma "superinterpretação" na qual se realizam os impulsos homossexuais do sonhador — impulsos, vale dizer, que são contrários a suas atividades sexuais normais. Sustentar, contudo, como o fazem Stekel (1911) e Adler (1910, etc.), que *todos* os sonhos devem ser interpretados bissexualmente parece-me uma generalização ao mesmo tempo indemonstrável e implausível, e que não estou preparado a apoiar. Em particular, não posso descartar o fato óbvio de que existem numerosos sonhos que satisfazem outras necessidades que não são eróticas, mesmo no sentido mais amplo do termo: os sonhos com a fome e a sede, os sonhos de conveniência, etc. Da mesma forma, declarações do tipo "o espectro da morte encontra-se por trás de todos os sonhos" (Stekel), ou "todo sonho mostra um avanço da orientação feminina para a masculina" (Adler), me parecem ir muito além de qualquer coisa que possa ser legitima-mente sustentada na interpretação dos sonhos.

A afirmação de que todos os sonhos exigem uma interpretação sexual, contra a qual os críticos se enfurecem de modo tão incessante, não ocorre em parte alguma de minha *Interpretação dos Sonhos*. Não se encontra em nenhuma das numerosas edições deste livro e está em evidente contradição com outros pontos de vista nele expressos.

Já demonstrei que sonhos notavelmente inocentes podem enearnar desejos cruamente eróticos, e poderia confirmar este fato por numerosos novos exemplos. Mas também é verdade que muitos sonhos que parecem *insignificantes* e que de modo algum seriam considerados peculiares se originam, como se constata através da análise, de impulsos desejantes que são claramente sexuais e, muitas vezes, de natureza inesperada. Quem, por exemplo, teria suspeitado da presença de um desejo sexual no seguinte sonho, antes de ele ser interpretado? O sonhador forneceu este relato: *Um pouco atrás de dois imponentes palácios havia uma casinha com as portas fechadas. Minha mulher conduziu-me pelo trecho de rua que levava à casinha e abriu a porta com um empurrão; a seguir, esgueirei-me com rapidez e facilidade para o interior de um pátio que subia por uma elevação.* No entanto, qualquer um que tenha alguma experiência na tradução de sonhos refletirá, de imediato, que penetrar em espaços estreitos e abrir portas fechadas encontram-se entre os símbolos sexuais mais comuns, e perceberá facilmente nesse sonho a representação de uma tentativa de *coitus a tergo* (entre as duas imponentes nádegas do corpo feminino). A passagem estreita que subia por uma inclinação representava, é claro, a vagina. A ajuda atribuída pelo sonhador a sua mulher força-nos a concluir que, na realidade, era apenas a consideração por ela que o impedia de fazer esse tipo de tentativa. Verificou-se que, no dia do sonho, fora morar na casa do sonhador uma moça que o atraíra e que lhe dera a impressão de que não levantaria grandes objeções a uma abordagem dessa espécie. A casinha entre os dois palácios era uma reminiscência do Hradshin [Cidadela] de Praga e era mais uma referência à mesma moça, que provinha desse lugar.

Quando insisto junto a um de meus pacientes sobre a freqüência dos sonhos edipianos, nos quais o sonhador tem relações sexuais com a própria mãe, ele muitas vezes responde: "Não tenho nenhuma lembrança de ter tido um sonho desses". Logo depois, contudo, surge a lembrança de algum outro sonho insignificante, que o paciente sonhou repetidas vezes. A análise mostra então que se trata de um sonho com este mesmo conteúdo — mais uma vez, um sonho edipiano. Posso afirmar com certeza que os sonhos *disfarçados* de relações sexuais com a própria mãe são muito mais freqüentes do que os sonhos diretos.[1]

---

1 [*Nota de rodapé acrescentada* em 1911:] Publiquei em outro texto um exemplo típico de um desses sonhos edipianos disfarçados. Outro exemplo, com uma análise pormenorizada, foi publicado por Otto Rank (1911a). — [*Acrescentado* em 1914:] Quanto a outros sonhos edipianos

Em alguns sonhos com paisagens ou outras localidades dá-se ênfase, no próprio sonho, a uma firme sensação de que já se esteve lá antes. (As ocorrências de *"déjà vu"* nos sonhos têm um significado especial.) Esses lugares são, invariavelmente, os órgãos genitais da mãe de quem sonha; não existe, de fato, nenhum outro lugar sobre o qual se possa asseverar com tal convicção que já se esteve lá antes.

---

disfarçados, nos quais se destaca o simbolismo dos olhos, ver Rank (1913). Outros trabalhos sobre os sonhos com os olhos e o simbolismo dos olhos, de Eder, Ferenczi e Reitler serão encontrados no mesmo lugar. A cegueira, na lenda de Édipo, assim como em outras situações, representa a castração. — [*Acrescentado* em 1911:] Aliás, a interpretação simbólica dos sonhos edipianos não disfarçados não era desconhecida dos antigos. Rank (1910, p. 534) escreve: "Assim, afirma-se que Júlio César teve um sonho de relações sexuais com a mãe, que foi explicado pelos intérpretes de sonhos como um augúrio favorável para ele tomar posse da terra (a Mãe Terra). Também é famoso o oráculo comunicado aos Tarquínios, o qual profetizava que a conquista de Roma caberia àquele dentre eles que primeiro beijasse a mãe (*'osculum matri tulerit'*). Isto foi interpretado por Brutus como uma referência à Mãe Terra. (*'Terram osculo contigit, scilicet quod ea communis mater omnium mortalium esset.'* ['Ele beijou a terra, dizendo que ela era a mãe comum de todos os mortais.'] Lívio, I, 56.)" — [*Acrescentado* em 1914:] Compare-se, a esse respeito, o sonho de Hípias relatado por Heródoto (VI, 107): "Quanto aos persas, foram guiados para Maratona por Hípias, filho de Pisístrato. Hípias, na noite anterior, tivera uma visão em seu sonho na qual pensava ter-se deitado com a própria mãe; interpretou esse sonho como uma indicação de que devia voltar a Atenas e recuperar seu poder, e assim morrer em idade avançada em sua própria mãe-pátria". — [*Acrescentado* em 1911:] Esses mitos e interpretações revelam um verdadeiro discernimento psicológico. Constatei que as pessoas que sabem serem preferidas ou favorecidas pela mãe dão mostras, em suas vidas, de uma autoconfiança peculiar e de um inabalável otimismo, que muitas vezes parecem atributos heróicos e trazem um êxito real àqueles que os possuem.

[*Acrescentado* em 1925:]

"EXEMPLO TÍPICO DE UM SONHO EDIPIANO DISFARÇADO: Um homem sonhou que *tinha uma ligação secreta com uma mulher com quem outro desejava casar-se. Estava preocupado com a possibilidade de que esse outro homem viesse a descobrir a ligação e o casamento proposto não se realizasse. Ele, portanto, comportava-se de maneira muito afetuosa para com o homem. Abraçava-o e beijava-o.* — Havia apenas um ponto de contato entre o conteúdo desse sonho e os fatos da vida do sonhador. Ele tinha uma ligação secreta com uma mulher casada, e um comentário ambíguo feito pelo marido dela, que era seu amigo, levara-o a suspeitar de que o marido talvez houvesse notado alguma coisa. Mas, na realidade, havia algo mais em jogo, cuja menção foi inteiramente evitada no sonho, mas que era a única coisa a fornecer uma chave para a sua compreensão. A vida do marido estava ameaçada por uma doença orgânica. Sua mulher estava preparada para a possibilidade de ele morrer de um momento para o outro, e o sonhador estava conscientemente ocupado com a intenção de se casar com a jovem viúva após a morte do marido. Essa situação externa situou o sonhador na constelação do sonho edipiano. Seu desejo era capaz de matar o homem para conseguir a mulher como esposa. O sonho expressou esse desejo numa forma hipocritamente distorcida. Em vez de ela já ser casada, o sonhador fez de conta que alguém queria se casar com ela, o que correspondia às suas próprias intenções secretas; e seus desejos hostis para com o marido dela foram ocultados por trás de demonstrações de afeto, que derivavam de sua lembrança de suas relações com o próprio pai na infância."

Houve apenas uma ocasião em que fiquei perplexo com um neurótico obsessivo que me contou um sonho no qual visitava uma casa em que já estivera *duas vezes*. Mas esse paciente específico já me narrara, havia bastante tempo, um episódio ocorrido quando tinha 6 anos. Uma vez, ele estava partilhando a cama da mãe e fez uso indevido dessa oportunidade, enfiando o dedo na genitália dela enquanto ela dormia.

Um grande número de sonhos, muitas vezes acompanhados de angústia e tendo por conteúdo temas como atravessar espaços estreitos ou estar na água, baseiam-se em fantasias da vida intra-uterina, da existência no ventre e do ato do nascimento. O que se segue é o sonho de um rapaz que, em sua imaginação, tirara partido de uma oportunidade intra-uterina para observar os pais copulando.

Ele estava num poço profundo, que tinha uma janela como a do Túnel Semmering. De início, viu uma paisagem deserta pela janela, mas depois inventou um quadro para se encaixar naquele espaço, que surgiu imedia- tamente e preencheu a lacuna. O quadro representava um campo que estava sendo lavrado a fundo por algum instrumento; e o ar puro, juntamente com a idéia de trabalho árduo que acompanhava a cena e com os torrões de terra preto-azulados, produzia uma impressão encantadora. Aí, ele seguiu adiante e viu um livro sobre educação aberto diante de si [...] e ficou surpreso que nele se dispensasse tanta atenção aos sentimentos sexuais (das crianças); e isso o levou a pensar em mim.

Eis aqui um belo sonho com água, produzido por uma paciente, que serviu a uma finalidade especial no tratamento. *Em sua estação de veraneio, no Lago de ———, ela mergulhou nas águas escuras, exatamente no ponto em que a pálida lua se espelhava.*

Sonhos como esse são sonhos de nascimento. Sua interpretação é alcan- çada invertendo-se o acontecimento relatado no sonho manifesto; assim, em vez de "mergulhar na água", temos de "sair da água", isto é, nascer.[1] Podemos descobrir o local de onde nasce uma criança trazendo à mente o emprego, em gíria, da palavra *"lune"* em francês [a saber, "traseiro"]. A lua pálida era, portanto, o branco traseiro que as crianças logo supõem ser o lugar de onde vieram. Qual era o sentido de a paciente desejar ter nascido em sua estação de

---

1 [*Nota de rodapé acrescentada* em 1914:] Quanto ao significado mitológico de nascer das águas, ver Rank (1909).

veraneio? Perguntei-lhe, e ela respondeu sem hesitar: "Não é justamente como se eu houvesse renascido através do tratamento?" Assim, o sonho foi um convite para que eu continuasse a tratá-la na estação de férias — isto é, para que a visitasse ali. Talvez também houvesse nele uma sugestão muito tímida do desejo da própria paciente de vir a ser mãe.[1]

Citarei outro sonho de nascimento, acompanhado de sua interpretação, extraído de um artigo de Ernest Jones. *"Ela estava na praia contemplando um garotinho, que parecia ser dela, entrando na água. Assim fez até que a água o cobriu, e ela só conseguia ver-lhe a cabeça subindo e descendo perto da superfície. A cena então mudou para o saguão apinhado de um hotel. O marido a deixou e ela 'começou a conversar com' um estranho.* Como se pôde constatar na análise, a segunda metade do sonho representava sua fuga do marido e o início de relações íntimas com uma terceira pessoa. [...] A primeira parte do sonho era uma fantasia de nascimento bastante evidente. Nos sonhos, como na mitologia, a saída da criança *das* águas uterinas é freqüentemente representada, por distorção, como a entrada da criança *na* água; entre muitos outros, os nascimentos de Adônis, Osíris, Moisés e Baco são ilustrações famosas disso. A subida e descida da cabeça na água lembraram de imediato à paciente a sensação dos movimentos do feto que ela experimentara em sua única gestação. Pensar no menino entrando na água induziu a um devaneio no qual ela se via retirando-o da água, levando-o para um berçário, dando-lhe banho, vestindo-o e instalando-o em sua casa.

"A segunda metade do sonho, portanto, representava pensamentos relacionados com a fuga amorosa, que pertenciam à primeira metade do conteúdo latente subjacente; a primeira metade do sonho correspondia à segunda metade do conteúdo latente, a fantasia de nascimento. Além dessa inversão da ordem, ocorreram outras inversões em cada metade do sonho. Na primeira metade, a criança *entrava* na água, e então sua cabeça vinha à tona; nos pensamentos oníricos subjacentes, ocorreu primeiro a sensação dos primeiros movimentos do feto e, em seguida, a criança *saiu* da água

---

[1] [*Nota de rodapé acrescentada* em 1909:] Foi só depois de muito tempo que aprendi a apreciar a importância das fantasias e pensamentos inconscientes sobre a vida no ventre. Eles oferecem uma explicação para o notável pavor que sentem muitas pessoas de serem enterradas vivas; e também proporcionam a base inconsciente mais profunda para a crença na sobrevivência após a morte, o que simplesmente representa uma projeção no futuro dessa estranha vida antes do nascimento. Além disso, o ato de nascer é a primeira experiência de angústia, e portanto a fonte e protótipo deste afeto.

(uma dupla inversão). Na segunda metade, o marido a deixava; nos pensamentos oníricos, ela deixava o marido."

Abraham (1909, p. 22 e segs.) relatou outro sonho de nascimento, produzido por uma jovem que se confrontava com seu primeiro parto. Um canal subterrâneo conduzia diretamente à água, partindo de um lugar no chão de seu quarto (canal genital — líquido amniótico). Ela erguia a porta de um alçapão no chão e uma criatura vestida numa pele marrom, muito semelhante a uma foca, imediatamente aparecia. Essa criatura vinha a ser o irmão mais novo da sonhadora, para quem ela sempre fora como uma mãe.

Rank mostrou, a partir de uma série de sonhos, que os sonhos de nascimento utilizam o mesmo simbolismo dos que têm um estímulo urinário. Nestes, o estímulo erótico é representado como um estímulo urinário; e a estratificação de sentido nesses sonhos corresponde a uma mudança que se processou no significado do símbolo desde a primeira infância.

Este é um ponto apropriado para se retornar a um tópico que foi interrompido num capítulo anterior: o problema do papel desempenhado na formação dos sonhos por estímulos orgânicos que perturbam o sono. Os sonhos que ocorrem sob a influência desses estímulos exibem abertamente não só a costumeira tendência à realização de desejo e ao atendimento da finalidade da conveniência, como também, muitas vezes, um simbolismo perfeitamente claro, pois não raro um estímulo só desperta o sonhador *depois que este faz uma tentativa vã de lidar com ele num sonho sob um disfarce simbólico*. Isso se aplica aos sonhos com poluição ou orgasmo, bem como aos provocados por uma necessidade de urinar ou defecar. "A natureza peculiar dos sonhos acompanhados de ejaculação não só nos coloca em condições de revelar diretamente certos símbolos sexuais já reconhecidos como típicos, mas que não obstante foram violentamente contestados, como também nos permite convencer-nos de que certas situações aparentemente inocentes não passam de um prelúdio simbólico a cenas claramente sexuais. Estas últimas são, em geral, representadas sem disfarces nos sonhos relativamente raros que são acompanhados de poluição, ao passo que, com muita freqüência, culminam em sonhos de angústia, que têm o mesmo resultado de despertar o sonhador" [Rank, 1912*a*, p. 55].

O simbolismo dos sonhos com estímulos urinários é particularmente transparente e é reconhecido desde as épocas mais remotas. Já Hipócrates expressava a opinião de que os sonhos com fontes e nascentes indicam um distúrbio da bexiga (Havelock Ellis). Scherner estudou a multiplicidade do simbolismo dos estímulos urinários e asseverou que "qualquer estímulo urinário de intensidade considerável converte-se invariavelmente numa estimulação das regiões sexuais e de suas representações simbólicas. [...] Muitas vezes, os sonhos com estímulos urinários são, ao mesmo tempo, representantes de sonhos sexuais".

Otto Rank, cuja abordagem — em seu trabalho sobre a estratificação dos símbolos nos sonhos que provocam o despertar — estou seguindo aqui, faz parecer altamente provável que um grande número de sonhos com estímulos urinários na verdade tenha sido causado por um estímulo *sexual*, que faz uma primeira tentativa de encontrar satisfação, regressivamente, na forma infantil do erotismo uretral. São particularmente instrutivos os casos em que o estímulo urinário assim instalado leva a acordar e esvaziar a bexiga, mas nos quais o sonho, não obstante, tem prosseguimento e a necessidade se expressa então em imagens claramente eróticas.[1]

Os sonhos com estímulo intestinal lançam luz, de maneira análoga, sobre o simbolismo neles envolvido e ao mesmo tempo confirmam a ligação entre o ouro e as fezes, que também é confirmada por numerosas provas oriundas da antropologia social (ver Freud, 1908b; Rank, 1912a; Dattner, 1913; e Reik, 1915). "Assim, por exemplo, uma mulher que estava recebendo tratamento médico devido a um distúrbio intestinal sonhou com alguém que estava enterrando um tesouro nas imediações de uma pequena cabana de madeira que se assemelhava a uma rústica instalação sanitária externa. Havia uma segunda parte do sonho em que ela limpava o traseiro de sua filhinha, que se sujara" [Rank, 1912a, p. 55].

Os sonhos de salvamento estão ligados aos sonhos de nascimento. Nos sonhos das mulheres, salvar, e principalmente salvar das águas, tem o mesmo significado de dar à luz; mas o sentido se modifica quando o sonhador é um homem.[2]

---

1 [*Nota de rodapé acrescentada* em 1919:] "Os mesmos símbolos que ocorrem em seu aspecto infantil nos sonhos da bexiga surgem com sentido eminentemente sexual em seus aspectos 'recentes': Água = urina = sêmen = líquido amniótico; navio = 'fazer água' (urinar) = útero (caixa); molhar-se = enurese = cópula = gravidez; nadar = bexiga cheia = morada dos que ainda não nasceram; chuva = urinar = símbolo de fertilidade; viagem (partida, saída) = sair da cama = relações sexuais (lua-de-mel); urinar = ejaculação" (Rank, 1912a, p. 95).

2 [*Nota de rodapé acrescentada* em 1911:] Um sonho desse tipo foi relatado por Pfister (1909).

Os ladrões, assaltantes e fantasmas, de que algumas pessoas sentem medo antes de ir dormir, e que às vezes perseguem suas vítimas depois de estarem adormecidas, são todos originários de uma mesma categoria de reminiscência infantil. São os visitantes noturnos que levantam as crianças e as carregam para impedir que molhem a cama, ou que levantam a roupa de cama para verificarem onde elas põem as mãos enquanto dormem. As análises de alguns desses sonhos de angústia tornaram possível que eu identificasse esses visitantes noturnos com maior exatidão. Em todos os casos, os ladrões representavam o pai do sujeito adormecido, ao passo que os fantasmas correspondiam a figuras femininas de camisolas brancas.

Quanto ao significado simbólico de salvar, ver Freud, 1910*d*, e Freud, 1910*h*. [*Acrescentado* em 1914:] Ver também Rank (1911*b*) e Reik (1911). [*Acrescentado* em 1919:] Ver, ainda, Rank (1914).

(F)

ALGUNS EXEMPLOS. —
CÁLCULOS E FALAS NOS SONHOS

Antes de encaixar o quarto dos fatores que regem a formação dos sonhos em seu lugar adequado, proponho citar diversos exemplos de minha coleção. Estes servirão, em parte, para ilustrar a interação dos três fatores que já conhecemos e, em parte, para fornecer provas confirmatórias do que foram, até agora, afirmações não fundamentadas, ou para indicar algumas conclusões que inevitavelmente decorrem delas. Ao fazer uma exposição do trabalho do sonho, tive uma enorme dificuldade em corroborar minhas descobertas através de exemplos. Os exemplos que confirmam proposições específicas só trazem convicção ao serem tratados no contexto da interpretação de um sonho como um todo. Caso sejam desligados de seu contexto, perdem sua virtude, ao passo que, por outro lado, uma interpretação de sonho que penetre mesmo um pouquinho abaixo da superfície logo se torna tão volumosa que nos faz perder o fio da seqüência de idéias que se destinava a ilustrar. Esta dificuldade técnica deverá me servir de desculpa se, no que se segue, eu concatenar toda sorte de coisas cujo único elo comum seja sua ligação com o conteúdo das seções precedentes deste capítulo.

Começarei por alguns exemplos de modos de representação peculiares ou inusitados nos sonhos.

Uma senhora teve o seguinte sonho: *Uma criada estava de pé numa escada, como se estivesse limpando uma janela, e tinha consigo um chimpanzé e um gato-gorila* (ela depois corrigiu isto para *um gato angorá*). *A empregada atirou violentamente os animais na sonhadora; o chimpanzé se aconchegou a ela, o que lhe causou grande repulsa.* — Este sonho atingiu seu propósito mediante um expediente extremamente simples: tomou uma figura de retórica literalmente e deu uma representação exata de seu enunciado. "Macaco", assim como os nomes de animais em geral, é empregado como insulto; e a situação do sonho não significava nada mais, nada menos, do que "atirar insultos". Ao longo desta série de sonhos, encontraremos vários outros exemplos da utilização desse recurso simples durante o trabalho do sonho.

Outro sonho adotou um procedimento muito semelhante. *Uma mulher tinha um filho com o crânio marcadamente deformado. A sonhadora ouvira dizer que a criança crescera assim devido a sua posição no útero. O médico disse que o crânio poderia ficar com um formato melhor mediante compressão, mas que isso danificaria o cérebro da criança. Ela refletiu que, como se tratava de um menino, isso lhe causaria menos mal.* — Esse sonho continha uma representação plástica do conceito abstrato de "impressões causadas nas crianças", com o qual a sonhadora deparara no curso das explicações que lhe foram dadas durante o tratamento.

O trabalho do sonho adotou um método ligeiramente diferente no seguinte exemplo. O sonho referia-se a uma excursão ao Hilmteich, perto de Graz. *O tempo lá fora estava terrível. Havia um péssimo hotel, a água gotejava das pareces do quarto e as roupas de cama estavam úmidas.* (Esta última parte do sonho foi narrada de forma menos direta do que a apresentei.) O sentido do sonho era o de "supérfluo". Essa idéia abstrata, que estava presente nos pensamentos oníricos, recebeu primeiro uma distorção um tanto forçada e recebeu a forma de "transbordante", "transbordando" ou "fluido"; depois disso, foi representada em diversas imagens semelhantes: água do lado de fora, água nas paredes no lado de dentro, água na umidade das roupas de cama — tudo fluindo ou "transbordando".

Não ficaremos surpresos em constatar que, para fins de representação nos sonhos, a grafia das palavras é muito menos importante do que seu som, especialmente se tivermos em mente que a mesma regra é válida ao se rimarem versos. Rank (1910, p. 482) registrou com pormenores e analisou de maneira integral o sonho de uma moça, no qual ela descrevia como estava andando pelos campos e cortando ricas espigas [*"Ähren"*] de cevada e trigo. Um amigo de sua juventude veio em sua direção, mas ela tentou evitar o encontro com ele. A análise mostrou que o sonho dizia respeito a um beijo — um "beijo respeitoso" [*"Kuss in Ehren"*, pronunciado da mesma forma que *"Ähren"*, com o significado literal de "beijo em sinal de honra"].[1] No sonho, as *"Ähren"*, que tinham de ser cortadas, e não arrancadas, apareciam como espigas de milho, enquanto, condensadas com *"Ehren"*, representavam um grande número de outros pensamentos.

---

1 [A referência é a um provérbio alemão: *"Einen Kuss in Ehren kann niemand verwehren"* ("Ninguém pode recusar um beijo respeitoso"). A sonhadora, na realidade, recebera seu primeiro beijo enquanto passeava por um milharal — um beijo entre as espigas de milho.]

Por outro lado, em outros casos, o curso da evolução lingüística facilitou muito as coisas para os sonhos, pois a linguagem tem sob seu comando toda uma gama de palavras que originalmente possuíam um significado pictórico e concreto, mas são hoje empregadas num sentido descolorido e abstrato. Tudo o que o sonho precisa fazer é devolver a essas palavras seu significado anterior e pleno, ou recuar um pouco até uma fase anterior de seu desenvolvimento. Um homem sonhou, por exemplo, que seu irmão estava numa *Kasten* ["caixa"]. No decorrer da interpretação, a *Kasten* foi substituída por um *Schrank* ["armário" — também utilizado em sentido abstrato para significar "barreira", "restrição"]. O pensamento onírico fora no sentido de que seu irmão deveria restringir-se [*"sich einschränken"*] — em vez de o próprio sonhador fazê-lo.

Outro homem sonhou que subia até o topo de uma montanha que dominava um *panorama extremamente vasto*. Nesse caso, ele estava se identificando com um irmão que editava um *panorama* sobre assuntos do *Extremo* Oriente.

Em *Der Grüne Heinrich*[1] relata-se um sonho em que um cavalo fogoso corria por um belo campo de aveia, onde cada grão era "uma amêndoa doce, uma passa e uma moeda nova de um *penny* [...] tudo embrulhado em seda vermelha e atado com um pedaço de cerda de porco". O autor (ou o sonhador) nos dá uma interpretação imediata dessa imagem onírica: o cavalo estava sentindo uma comichão agradável e exclamava *"Der Hafer sticht mich!"*.[2]

Segundo Henzen, os sonhos que envolvem trocadilhos e jogos de linguagem ocorrem com particular freqüência nas antigas sagas nórdicas, nas quais é difícil encontrar um sonho que não contenha uma ambigüidade ou um jogo de palavras.

Já seria uma tarefa por si só coligir esses modos de representação e classificá-los de acordo com seus princípios subjacentes. Algumas dessas representações quase poderiam ser descritas como chistes e dão a sensação de que nunca poderiam ser compreendidas sem a ajuda de quem sonhou.

(1) Um homem sonhou que *lhe perguntavam pelo nome de alguém, mas que não conseguia lembrar-se dele*. Ele próprio explicou que o significado disso era que "ele jamais sonharia com uma coisa dessas".

---

1 [Parte IV, Capítulo 6, do romance de Gottfried Keller.]
2 [Literalmente, "A aveia está me fazendo comichão", mas com o sentido idiomático de "A prosperidade me corrompeu".]

(2) Uma paciente contou-me um sonho em que *todas as pessoas eram particularmente grandes.* "Isso significa", prosseguiu ela, "que o sonho deve ter a ver com fatos de minha tenra infância, pois naquela época, é claro, todos os adultos me pareciam tremendamente grandes." Ela própria não aparecia no conteúdo desse sonho. — O fato de um sonho referir-se à infância pode também ser expresso de outra maneira, a saber, por uma tradução do tempo em espaço. Os personagens e cenas são vistos como se estivessem a uma grande distância, no fim de uma longa estrada, ou como se estivessem sendo olhados pelo lado errado de um par de binóculos.

(3) Um homem que, em sua vida profissional, tendia a utilizar uma fraseologia abstrata e vaga, embora fosse bastante perspicaz de modo geral, sonhou, certa ocasião, que *chegava a uma estação ferroviária no exato momento em que um trem se aproximava. O que aconteceu então foi que a plataforma se moveu em direção ao trem, enquanto este ficava totalmente parado* — uma inversão absurda do que realmente acontece. Esse pormenor não passava de uma indicação de que deveríamos esperar encontrar outra inversão no conteúdo do sonho. A análise do sonho fez com que o paciente se recordasse de alguns livros de gravuras nos quais havia ilustrações de homens de cabeça para baixo e andando apoiados nas mãos.

(4) Noutra ocasião, o mesmo sonhador me relatou um breve sonho que era quase uma reminiscência da técnica dos rébus. Sonhou *que seu tio lhe dava um beijo num automóvel.* Ele imediatamente me deu a interpretação, que eu mesmo jamais teria adivinhado: o sonho significava auto-erotismo. O conteúdo desse sonho poderia ter sido produzido como um chiste na vida de vigília.[1]

(5) Um homem sonhou que *estava tirando uma mulher de trás de uma cama.* O sentido disso era que ele estava lhe dando preferência.[2]

(6) Um homem sonhou que *era um oficial sentado à mesa em frente ao Imperador.* Isso significava que ele estava se colocando em oposição ao pai.

---

1 ["Auto" é a palavra alemã corriqueira para "automóvel".]
2 [A questão aqui é puramente verbal, e está calcada na similaridade das palavras alemãs que denotam "tirar" (*"hervorziehen"*) e "dar preferência a" (*"vorziehen"*).]

(7) Um homem sonhou que *estava tratando de alguém que tinha um membro quebrado.* A análise demonstrou que o osso quebrado [*"Knochenbruch"*] representava um casamento desfeito [*"Ehebruch"*, propriamente "adultério"].

(8) Nos sonhos, a hora do dia muitas vezes representa a idade do sonhador em algum período específico de sua infância. Assim, num sonho, "cinco e um quarto da manhã" significava a idade de cinco anos e três meses, o que era importante, visto que essa era a idade do sonhador por ocasião do nascimento de seu irmão mais novo.

(9) Eis aqui outro método de representar as idades num sonho. Uma mulher sonhou que *estava andando com duas menininhas cujas idades diferiam em quinze meses.* Ela não conseguiu se lembrar de nenhuma família de suas relações a quem isso se aplicasse. Ela mesma propôs a interpretação de que as duas crianças representavam ela própria e de que o sonho era um lembrete de que os dois acontecimentos traumáticos de sua infância estavam separados um do outro precisamente por esse intervalo. Um ocorrera quando ela tinha três anos e meio, e o outro, quando tinha quatro e três quartos.

(10) Não é de surpreender que uma pessoa em tratamento psicanalítico muitas vezes sonhe com ele e seja levada a dar expressão, em seus sonhos, às numerosas idéias e expectativas que o tratamento suscita. A imagem com maior freqüência escolhida para representá-lo é a de uma viagem, geralmente de automóvel, por ser este um veículo moderno e complicado. A velocidade do carro é então utilizada pelo paciente como uma oportunidade para dar vazão a comentários irônicos. — Se "o inconsciente", como elemento dos pensamentos de vigília do sujeito, tiver de ser representado num sonho, poderá ser substituído com muita propriedade por regiões subterrâneas. — Estas, quando ocorrem *sem* qualquer referência ao tratamento analítico, representam o corpo feminino ou o útero. — "Embaixo", nos sonhos, muitas vezes se relaciona com os órgãos genitais; "em cima", ao contrário, relaciona-se com o rosto, a boca ou o seio. — Os animais selvagens são empregados pelo trabalho do sonho, em geral, para representar os impulsos arrebatados de que o sonhador tem medo, quer sejam os seus próprios, quer os de outras pessoas. (Torna-se então necessário apenas um ligeiro deslocamento para que os animais selvagens passem a representar as pessoas possuídas por

essas paixões. Não é grande a distância entre isso e os casos em que um pai temido é representado por um animal de rapina, um cão ou um cavalo selvagem — uma forma de representação que lembra o totemismo.) Poder-se-ia dizer que os animais selvagens são empregados para representar a libido, uma força temida pelo ego e combatida por meio do recalque. É também freqüente o sonhador separar de si mesmo sua neurose, sua "personalidade doente", e retratá-la como uma pessoa independente.

(11) Eis aqui um exemplo registrado por Hanns Sachs (1911): "Sabemos, por *A Interpretação dos Sonhos*, de Freud, que o trabalho do sonho se vale de diferentes métodos para dar forma sensorial a palavras ou expressões. Se, por exemplo, a expressão a ser representada é ambígua, o trabalho do sonho pode explorar esse fato utilizando a ambigüidade como um ponto de desvio: quando um dos sentidos da palavra está presente nos pensamentos oníricos, o outro pode ser introduzido no sonho manifesto. Foi o que ocorreu no seguinte sonho curto, no qual se empregaram de maneira engenhosa, para fins de representação, impressões apropriadas do dia anterior. Eu estava resfriado no 'dia do sonho' e, sendo assim, resolvi, à noite, que se fosse possível evitaria sair da cama durante a madrugada. No sonho, eu parecia estar simplesmente dando continuidade ao que estivera fazendo durante o dia. Tinha estado ocupado em colar recortes de jornais num álbum e fizera o melhor possível para colocar cada um no lugar que lhe era adequado. Sonhei que *estava tentando colar um recorte no álbum. Mas ele não cabia na página* [*'er geht nicht auf die Seite'*], *o que me causava muita dor.* Acordei e percebi que a dor do sonho persistia sob a forma de uma dor em meu corpo, e fui obrigado a abandonar a decisão que tomara antes de me deitar. Meu sonho, em sua qualidade de guardião do meu sono, dera-me a ilusão de realizar meu desejo de ficar na cama, por meio de uma representação plástica da frase ambígua *'er geht nicht auf die Seite'* ['ele não vai ao banheiro']."

Podemos mesmo afirmar que o trabalho do sonho se serve, com o propósito de dar uma representação visual aos pensamentos oníricos, de quaisquer métodos a seu alcance, não importando se a crítica de vigília os considera legítimos ou ilegítimos. Isso expõe o trabalho do sonho a dúvidas e ridicularizações por parte de todos os que apenas *ouviram falar* da interpretação dos sonhos, mas nunca a praticaram. O livro de Stekel, *Die*

Sprache des Traumes (1911), é particularmente rico em exemplos desse tipo. Tenho evitado, contudo, citar exemplos dele, por causa da falta de senso crítico do autor e da arbitrariedade de sua técnica, que dão margem a dúvidas até mesmo nos espíritos livres de preconceitos.

(12) Os exemplos seguintes foram extraídos de um trabalho de V. Tausk (1914) sobre o uso de roupas e cores na produção de sonhos.

(*a*) A. sonhou que *via uma ex-governanta sua num vestido de lustrina* [*"Lüster"*] *preta que estava muito apertado em suas nádegas.* — Isso recebeu a explicação de que a governanta era lasciva [*"lüstern"*].

(*b*) C. sonhou que *via uma moça na Estrada de* ———, *banhada de luz branca e usando uma blusa branca.* — O sonhador tivera relações íntimas com uma certa Srta. White [Branca] pela primeira vez nessa estrada.

(*c*) *Frau* D. sonhou que *via o ator vienense Blasel, de oitenta anos de idade, deitado num sofá e envergando uma armadura completa* [*"in voller Rüstung"*]. *Ele começou a saltar sobre as mesas e as cadeiras, sacou de um punhal, olhou-se no espelho e brandiu o punhal no ar como se estivesse lutando com um inimigo imaginário.* — Interpretação: A sonhadora sofria de uma antiga doença da bexiga [*"Blase"*]. Deitava-se num divã em sua análise; quando se olhava no espelho, pensava consigo mesma que, apesar de sua idade e da moléstia, ainda parecia estar em plena forma [*"rüstig"*].

(13) UMA "GRANDE REALIZAÇÃO" NUM SONHO. — Um homem sonhou que *era uma mulher grávida deitada na cama. Achou a situação muito desagradável. Exclamou: "Preferia estar..."* (durante a análise, depois de se recordar de uma enfermeira, concluiu a frase com as palavras "quebrando pedras"). *Por trás da cama pendia um mapa cuja extremidade inferior era mantida esticada por uma barra de madeira. Ele arrancou a barra, segurando-lhe as duas extremidades. Em vez de se quebrar no sentido transversal, dividiu-se em duas metades no sentido do comprimento. Esta ação o aliviou e, ao mesmo tempo, ajudou no parto.*

Sem qualquer ajuda, ele interpretou o ato de arrancar a barra [*"Leiste"*] como uma grande realização [*"Leistung"*]. Estava fugindo de sua situação incômoda (no tratamento), arrancando-se de sua atitude feminina... O detalhe absurdo de a barra de madeira não se quebrar simplesmente, mas dividir-se no sentido longitudinal, foi explicado da seguinte forma: o sonhador lembrou-se de que essa combinação de duplicar e destruir era uma alusão à castração. Os sonhos muitas vezes representam a castração pela presença de dois símbolos do pênis, como a expressão desafiadora de um desejo antitético. Aliás, *"Leiste"* ["virilha"] é uma parte do corpo nas proximidades dos órgãos genitais. O sonhador resumiu a interpretação do sonho com a explicação de que seu significado era que ele levara a melhor sobre a ameaça de castração que o obrigara a adotar uma atitude feminina.

(14) Numa análise que eu estava conduzindo em francês, surgiu para a interpretação um sonho em que eu aparecia como um elefante. Naturalmente, perguntei ao sonhador por que fui representado naquela forma. *"Vous me trompez"* ["O senhor está me enganando"] foi sua resposta (*"trompe"* = "tromba").

O trabalho do sonho muitas vezes pode conseguir representar material muito refratário, como os nomes próprios, por um emprego forçado de associações inusitadas. Num de meus sonhos, *o velho Brücke me confiara a tarefa de fazer uma dissecação;... retirei algo que parecia um pedaço de papel prateado amassado.* (Voltarei a esse sonho mais adiante.) A associação com isso (à qual cheguei com certa dificuldade) foi "Stanniol".[1] Percebi então que eu estava pensando no nome Stannius, o autor de uma dissertação sobre o sistema nervoso dos peixes que eu muito admirara em minha juventude. A primeira tarefa científica que meu professor me confiou relacionava-se, de fato, com o sistema nervoso de um peixe, o *Ammocoetes*. Obviamente não havia como empregar o nome desse peixe num quebra-cabeça pictórico.

Neste ponto, não consigo resistir à tentação de registrar um sonho peculiar, que também é digno de nota por ter sido sonhado por uma criança, e que é facilmente explicável analiticamente. "Lembro-me de ter sonhado muitas vezes, quando criança", disse uma senhora, *"que Deus usava na cabeça um chapéu pontudo de papel.* Muitas vezes colocavam um desses chapéus na minha cabeça às refeições, para me impedir de olhar os pratos das outras crianças para ver qual era o tamanho das porções que lhes eram

---

1 [Papel prateado = folha de estanho; o *Stanniol* é um derivado do estanho.]

servidas. Como tinha ouvido dizer que Deus era onisciente, o sentido do sonho era que eu sabia tudo — apesar do chapéu que me era colocado na cabeça."

A natureza do trabalho do sonho e o modo como manipula seu material, os pensamentos oníricos, são demonstrados de forma instrutiva ao considerarmos os números e cálculos que ocorrem nos sonhos. Além disso, os números, nos sonhos, são supersticiosamente encarados como sendo especialmente significativos no tocante ao futuro. Escolherei, portanto, alguns exemplos desse tipo, retirados de minha coleção.

I

Extrato de um sonho apresentado por a uma senhora pouco antes do término de seu tratamento: *Ela ia pagar alguma coisa. Sua filha tirou 3 florins e 65* kreuzers *de sua bolsa (da mãe). A sonhadora lhe disse: "O que você está fazendo? Custa apenas 21* kreuzers". Devido a meu conhecimento da situação da sonhadora, esse fragmento de sonho me foi inteligível sem qualquer outra explicação de sua parte. Essa sonhadora viera do exterior e sua filha estava na escola em Viena. Ela poderia prosseguir em seu tratamento comigo desde que a filha permanecesse em Viena. O ano letivo da menina terminaria em três semanas, e isso significava também o término do tratamento da senhora. No dia anterior ao sonho, a diretora lhe perguntara se ela não consideraria deixar a filha na escola por mais um ano. Dessa sugestão, ela passara evidentemente a refletir que, nesse caso, também poderia continuar seu tratamento. Era a isso que o sonho se referia. Um ano equivale a 365 dias. As três semanas que restavam, tanto do ano letivo como do tratamento, equivaliam a 21 dias (embora as horas de tratamento fossem inferiores a isso). Os números, que nos pensamentos oníricos se referiam a espaços de tempo, estavam ligados, no sonho em si, a somas em dinheiro — não que não houvesse um sentido mais profundo em questão, pois "tempo é dinheiro". 365 *kreuzers* equivalem apenas a 3 florins e 65 *kreuzers*; e a insignificância das quantias que apareciam no sonho era, obviamente, o resultado da realização de desejo. O desejo da sonhadora reduziu o custo tanto do tratamento quanto das anuidades escolares.

II

Os números que apareceram num outro sonho envolviam circunstâncias mais complicadas. Uma senhora que, embora ainda jovem, era casada havia muitos anos, recebeu a notícia de que uma conhecida sua, Elise L., que era quase exatamente sua contemporânea, acabara de ficar noiva. Teve então o seguinte sonho. *Ela estava no teatro com o marido. Um setor das poltronas da platéia estava inteiramente vazio. O marido lhe disse que Elise L. e seu noivo também queriam ir, mas só haviam conseguido lugares ruins — três por 1 florim e 50 kreuzers — e, naturalmente, não puderam aceitá-los. Ela pensou que na verdade não teria havido mal algum se eles tivessem feito isso.*

Qual seria a origem do 1 florim e 50 *kreuzers*? Ela estava em algo que, na realidade, fora um acontecimento irrelevante da véspera. Sua cunhada recebera de presente do marido 150 florins, e se apressara a livrar-se deles comprando uma jóia. Convém notar que 150 florins são *cem* vezes mais do que 1 florim e 50 *kreuzers*. De onde teria vindo o *três*, que era o número das entradas de teatro? A única ligação aqui era que sua amiga, que acabara de ficar noiva, era o mesmo número de meses — *três* — mais nova que ela. Chegou-se à solução do sonho com a descoberta do significado das poltronas vazias. Elas eram uma alusão inalterada a um pequeno incidente que dera a seu marido uma boa oportunidade para caçoar dela. Ela planejara ir a uma das peças que tinham sido anunciadas para a semana seguinte e se dera ao trabalho de adquirir entradas com vários dias de antecedência; teve, portanto, de pagar uma taxa de reserva. Ao chegarem ao teatro, eles verificaram que um lado da casa estava quase vazio. Não havia *nenhuma necessidade de que ela se apressasse tanto.*

Permitam-me agora pôr os pensamentos oníricos em lugar do sonho: "Foi um *absurdo* casar tão cedo. Não *havia nenhuma necessidade de eu me apressar tanto*. Pelo exemplo de Elise L., vejo que eu teria arranjado um marido no final. Na verdade, teria conseguido um *cem vezes* melhor" (um *tesouro*), "se pelo menos tivesse *esperado*" (em antítese à *pressa* da cunhada). "Meu dinheiro" (ou dote) "poderia ter comprado *três* homens tão bons quanto este."

Pode-se observar que o sentido e o contexto dos números foram alterados em escala muito maior neste sonho do que no anterior. Os processos de modificação e distorção foram mais longe aqui; isto deve ser explicado pelo fato de os pensamentos oníricos terem de superar neste caso um grau particularmente elevado de resistência endopsíquica para poderem ser representados. Tampouco devemos desprezar o fato de que houve um elemento de absurdo no sonho, a saber, de *três* lugares serem tomados por *duas* pessoas. Vou-me adiantar à minha discussão sobre o absurdo nos sonhos, assinalando que esse detalhe absurdo no conteúdo do sonho tinha o objetivo de representar o pensamento onírico que recebera maior ênfase, a saber, "foi um *absurdo* casar tão cedo". O absurdo que tinha de encontrar um lugar no sonho foi engenhosamente suprido pelo número 3, que derivava, ele próprio, de um ponto de distinção inteiramente sem importância entre as duas pessoas que estavam sendo comparadas — a diferença de 3 meses entre a idade delas. A redução dos 150 florins reais para um florim e 50 correspondia ao *baixo valor* atribuído pela sonhadora a seu marido (ou tesouro) em seus pensamentos suprimidos.

III

O exemplo seguinte exibe os métodos de cálculo empregados pelos sonhos, que os levaram a um descrédito tão grande. Um homem sonhou que *estava acomodado numa cadeira na casa dos B.* — uma família com a qual se relacionara antes — *e lhes dizia: "Foi um grande erro vocês não terem deixado eu ficar com Mali".* — *"Quantos anos você tem?" perguntou então à moça.* — *"Nasci em 1882", respondeu ela.* — *"Oh, então você tem 28 anos."*

Visto que o sonho data de 1898, é evidente que isso foi um erro de cálculo, e a incapacidade do sonhador para fazer contas mereceria ser comparada à de um paralítico geral, a não ser que pudesse ser explicada de alguma outra forma. Meu paciente era uma dessas pessoas que, sempre que lhes acontece pôr os olhos numa mulher, não conseguem afastá-la de seus pensamentos. A paciente que, já havia alguns meses, costumava chegar regularmente a meu consultório depois dele, e que portanto ele sempre encontrava, era uma jovem; ele vivia fazendo perguntas a respeito dela e se esforçava ao máximo para lhe causar uma boa impressão. Foi a idade dela que ele calculou em 28 anos. Basta isto para explicar o resultado do cálculo aparente. Aliás, 1882 era o ano em que ele se havia casado. — Posso acrescentar que ele não conseguia deixar de entabular conversa com os dois outros membros do sexo feminino com quem deparava em minha casa — as duas empregadas (nenhuma delas jovem, de modo algum), uma ou outra das quais costumava abrir-lhe a porta; ele atribuía a falta de receptividade delas ao fato de considerarem-no um cavalheiro idoso de hábitos *acomodados*.

Eis aqui outro sonho que trata de números, caracterizado pela clareza da maneira pela qual foi determinado, ou antes, sobredeterminado. Devo tanto o sonho quanto sua interpretação ao Dr. B. Dattner. "O senhorio do prédio onde moro, que é agente de polícia, sonhou que *estava em serviço de rua.* (Isso era a realização de um desejo.) *Um inspetor que tinha na gola o número 22, seguido de 62 ou 26, aproximou-se dele. De qualquer maneira, havia vários dois nele.*

"O simples fato de que, ao relatar o sonho, ele decompôs o número 2262 demonstrou que seus componentes tinham sentidos isolados. Ele se recordava de que, na véspera, tinha havido uma conversa na delegacia sobre o tempo de serviço dos policiais. O ensejo disso fora um inspetor que havia se aposentado com seus proventos aos 62 anos. O sonhador tinha apenas 22 anos de serviço e faltavam 2 anos e 2 meses para que tivesse direito a uma pensão de 90%. O sonho representava, em primeiro lugar, a realização de um desejo há muito acalentado pelo sonhador — o de chegar ao posto de inspetor. O oficial superior com o '2262' na gola era ele próprio. Estava em serviço de rua — outro de seus desejos favoritos —, servira seus 2 anos e 2 meses restantes e agora, tal como o inspetor de 62 anos de idade, podia aposentar-se com a pensão integral."[1]

Ao tomarmos em conjunto estes e alguns exemplos que darei mais adiante, podemos dizer com segurança que o trabalho do sonho, na verdade, não efetua cálculo algum, quer correta, quer incorretamente; ele simplesmente coloca sob a *forma* de cálculo números que se acham presentes nos pensamentos oníricos e podem servir de alusões a um material que não pode ser representado de nenhuma outra maneira. Nesse aspecto, o trabalho do sonho trata os números como um meio para a expressão de seu propósito, precisamente da mesma forma que trata qualquer outra representação, inclusive os nomes próprios e as falas que ocorrem reconhecivelmente como representações verbais.

---

1 [*Nota de rodapé acrescentada* em 1914:] Quanto a análises de outros sonhos que contêm números, ver Jung, Marcinowski e outros. Estes implicam, muitas vezes, operações muito complexas com números, efetuadas pelo sonhador com surpreendente exatidão. Ver também Jones (1912*a*).

É que o trabalho do sonho não pode realmente *criar* falas. Por mais que figurem nos sonhos falas e conversas, sejam elas racionais ou irracionais, a análise invariavelmente prova que tudo o que o sonho fez foi extrair dos pensamentos oníricos fragmentos de falas realmente pronunciadas ou ouvidas. Ele trata esses fragmentos de maneira extremamente arbitrária. Não somente os arranca de seu contexto e os corta em pedaços, incorporando algumas partes e rejeitando outras, como muitas vezes os reúne numa nova ordem, de modo que uma fala que figura no sonho como um todo integrado revela-se, na análise, como uma combinação de três ou quatro fragmentos desconexos. Ao produzir essa nova versão, o sonho com freqüência abandona o sentido que as palavras possuíam originalmente nos pensamentos oníricos e lhes dá um novo sentido.[1] Se examinarmos detidamente uma fala

---

1 [*Nota de rodapé acrescentada* em 1909:] Nesse aspecto, as neuroses se comportam exatamente como os sonhos. Conheço uma paciente da qual um dos sintomas é que, involuntariamente e contra sua vontade, ela ouve — isto é, alucina — canções ou fragmentos de canções, sem poder compreender qual o papel que desempenham em sua vida psíquica. (A propósito, ela certamente não é paranóica.) A análise mostrou que, concedendo a si própria uma certa dose de liberdade, ela faz uso impróprio do texto dessas canções. Por exemplo, nos versos *"Leise, leise, Fromme Weise!"* [literalmente, "Mansinho, mansinho, piedosa melodia"], a última palavra foi apreendida por seu inconsciente como se tivesse a grafia *"Waise"* [= "órfã"], sendo ela própria a órfã. Do mesmo modo, *"O du selige, o du fröhliche"* ["Ó tu, abençoada e feliz..."] é a abertura de uma cantiga de Natal; ao interromper a citação antes da palavra Natal, ela a transformou numa canção de núpcias. — O mesmo mecanismo de distorção também pode atuar na ocorrência de uma idéia *desacompanhada* de alucinação. Por que é que um de meus pacientes era atormentado pela lembrança de um poema que tivera de aprender na juventude: *"Nächtlich am Busento lispeln..."* ["À noite, ao sibilar em Busento..."]? Porque sua imaginação não ia além da primeira parte dessa citação: *"Nächtlich am Busen"* ["À noite no seio"].

Estamos familiarizados com o fato de que esse mesmo artifício técnico é empregado pelos parodistas. Numa série de "Ilustrações aos Clássicos Alemães" publicada na *Fliegende Blätter*, havia uma que ilustrava a *"Siegesfest"*, de Schiller, trazendo ao lado a seguinte citação:

Und des frisch erkämpften Weibes
Freut sich der Atrid und strickt...

[E ao lado da mulher recém-conquistada
Regojiza-se o Átrida e tece...]

Nesse ponto, a citação foi interrompida. No original, os versos continuam:

... Um den Reiz des schönen Leibes
Seine Arme hochbeglückt.

[... Em torno dos encantos de seu belo corpo,
Seus braços radiantes de alegria.]

que ocorra num sonho, verificaremos que ela consiste, por um lado, em partes relativamente claras e compactas e, por outro, em partes que servem de material de ligação e que, provavelmente, foram inseridas num estágio posterior, do mesmo modo que, na leitura, inserimos quaisquer letras ou sílabas que possam ter sido acidentalmente omitidas. Assim, as falas nos sonhos têm uma estrutura similar à da brecha, na qual blocos razoavelmente grandes de vários tipos de rocha são consolidados por uma massa de ligação.

Rigorosamente falando, essa descrição aplica-se apenas às falas nos sonhos que possuem algo da qualidade sensorial da vocalização, e que são descritas pela própria pessoa que sonha como falas. Outros tipos de falas, que não são, por assim dizer, sentidas ·pelo sonhador como tendo sido ouvidas ou pronunciadas (isto é, que não têm nenhum acompanhamento acústico ou motor no sonho), são meramente pensamentos como os que ocorrem em nossa atividade de pensamento da vigília, e são muitas vezes transportados sem modificação para nossos sonhos. Outra fonte abundante desse tipo de fala indiferenciada, embora difícil de acompanhar, parece ser proporcionada pelo material que foi *lido*. Mas o que quer que se destaque acentuadamente nos sonhos como uma fala pode ser rastreado até sua origem em falas reais que tenham sido proferidas ou ouvidas pelo sonhador.

Alguns exemplos indicando que as falas nos sonhos têm essa origem já foram fornecidos por mim durante a análise de sonhos que citei para fins inteiramente diversos. Assim, no "inocente" sonho com o mercado relatado na p. 190, as palavras proferidas, "isso não está mais disponível", serviram para me identificar com o açougueiro, enquanto uma parte da outra fala, "não reconheço isso; não vou levá-lo", foi o que, de fato, tornou o sonho "inocente". A sonhadora, como se poderá recordar, após lhe ter sido feita certa sugestão pela cozinheira na véspera, respondera com as palavras: "Não reconheço isso; comporte-se direito!" A *primeira* parte dessa fala, que parecia inocente, foi transportada para o sonho à guisa de alusão à sua *segunda* parte, que se ajustava esplendidamente à fantasia subjacente ao sonho, mas que, ao mesmo tempo, a teria traído.

Eis aqui outro exemplo que pode servir por muitos, todos conducentes à mesma conclusão.

O sonhador se encontrava num grande pátio onde alguns cadáveres estavam sendo queimados. "Vou embora!" disse ele, "não suporto ver isso." (Isso não era claramente um fala.) *Encontrou-se então com os dois* aprendizes de açougueiro. "E então", perguntou, "estava gostoso?" "Não", respondeu um deles, "nem um pouquinho" — como se tivesse sido carne humana.

O pretexto inocente do sonho era o seguinte. O sonhador e sua mulher, depois do jantar, tinham feito uma visita a seus vizinhos, que eram pessoas excelentes, mas não exatamente *apetitosas*. A idosa e hospitaleira senhora estava justamente ceando e tentara *forçá-lo* (existe uma expressão de sentido sexual que é jocosamente empregada entre os homens para expressar esta idéia[1]) a provar um pouco. Ele recusou, dizendo não ter mais nenhum apetite: "Vamos", retrucou ela, "você consegue!", ou alguma coisa nesse sentido. Assim, ele foi obrigado a provar e a cumprimentou pela ceia, dizendo: "Estava muito gostoso". Ao ver-se novamente a sós com sua mulher, ele reclamou da insistência da vizinha e também da qualidade da comida. O pensamento "Não suporto ver isso", que também no sonho não chegou a emergir como uma fala em sentido estrito, era uma alusão aos encantos físicos da senhora de quem partira o convite, e deve ser entendido como uma afirmação de que ele não tinha nenhum desejo de olhá-los.

Outro sonho pode oferecer maiores esclarecimentos a este respeito; eu o relatarei aqui por causa da fala muito clara que formou seu ponto central, embora tenha de adiar sua explicação integral para depois de minha discussão dos afetos nos sonhos. Tive um sonho muito claro. *Eu fora ao laboratório de Brücke à noite e, em resposta a uma leve batida na porta, eu a abri para o* (falecido) *Professor Fleischl, que entrou com diversos estranhos e, após trocar algumas palavras, sentou-se à sua mesa. A seguir veio um segundo sonho. Meu amigo Fl. tinha vindo discretamente a Viena em julho. Encontrei-o na rua, conversando com meu* (falecido) *amigo P., e fui com eles a algum lugar onde se sentaram um diante do outro, como se estivessem a uma pequena mesa. Sentei-me à cabeceira, em sua parte mais estreita. Fl. falou sobre sua irmã e disse que havia três quartos de hora ela estava morta, acrescentando algo como "esse foi o limiar". Como P. não conseguisse entendê-lo, Fl. voltou-se para mim e me perguntou quanto eu havia contado a P. sobre suas coisas. Diante disso, dominado por estranhas emoções, tentei explicar a Fl. que P. (não podia entender coisa*

---

1 [*"Notzüchtigen"*, "forçar sexualmente", "violentar", é assim empregado em lugar de *"nötigen"*, "forçar" (no sentido comum).]

alguma, é claro, porque) não estava vivo. Mas o que realmente disse — e eu próprio notei o erro — foi "NON VIXIT". *Dirigi então a P. um olhar penetrante. Ante meu olhar fixo, ele empalideceu; e sua forma tornou-se indistinta e seus olhos adquiriram um tom azul doentio — e por fim, ele se dissolveu. Fiquei muito satisfeito com isso e compreendi então que Ernst Fleischl também não passara de uma aparição, um* "revenant" ["fantasma" — literalmente, "aquele que retorna"]; *e me pareceu perfeitamente possível que pessoas assim só existissem enquanto se quisesse, e que pudessem ser descartadas se outra pessoa o desejasse.*

Esse belo espécime reúne muitas das características dos sonhos — o fato de eu ter exercido minhas faculdades críticas durante o sono e de eu próprio haver notado meu erro quando disse *"Non vixit"*, em vez de *"Non vivit"* [isto é, "ele não viveu", em vez de "ele não estava vivo"]; minha maneira despreocupada de lidar com pessoas que estavam mortas e eram reconhecidas como mortas no próprio sonho; o absurdo de minha inferência final e a grande satisfação que me proporcionou. De fato, esse sonho exibe tantas dessas características intrigantes que eu daria muito para poder fornecer a solução completa de seus enigmas. Na verdade, porém, sou incapaz de fazê-lo — ou seja, de fazer o que fiz no sonho, de sacrificar à minha ambição pessoas a quem dou um imenso valor. Qualquer escamoteamento, contudo, destruiria o que sei muito bem ser o sentido do sonho; por isso me contentarei, tanto aqui como num contexto posterior, em selecionar apenas alguns de seus elementos para interpretação.

A característica central do sonho era uma cena em que eu aniquilava P. com um olhar. Seus olhos mudava para um azul estranho e sinistro e ele se dissolvia. Essa cena claramente foi copiada de outra que eu realmente vivenciara. Na ocasião que tenho em mente, eu era instrutor no Instituto de Fisiologia e tinha de começar a trabalhar de manhã cedo. Chegou aos ouvidos de *Brücke* que, às vezes, eu chegava tarde ao laboratório dos alunos. Certa manhã, ele apareceu pontualmente na hora em que o laboratório abria e aguardou minha chegada. Suas palavras foram breves e incisivas. Mas o importante não foram as palavras. O que me desarmou foram os terríveis olhos azuis com que me fitou e que me reduziram a zero — exatamente como aconteceu com P. no sonho, onde, para meu alívio, os papéis se inverteram. Ninguém que possa lembrar-se dos olhos desse grande homem, que preservaram sua beleza marcante mesmo na velhice, e que algum dia o tenha visto enfurecido, achará difícil imaginar as emoções do jovem pecador.

Muito tempo se passou, entretanto, antes que eu conseguisse descobrir a origem do *"Non vixit"* com que proferi minha sentença no sonho. Finalmente, porém, ocorreu-me que essas duas palavras tinham alto grau de clareza no sonho, não como palavras ouvidas ou faladas, mas como palavras *vistas*. Então percebi imediatamente de onde tinham saído. No pedestal do Monumento ao Imperador José, no Hofburg, em Viena, acham-se inscritas estas palavras expressivas:

*Saluti patriae vixit
non diu sed totus.*[1]

Extraí dessa inscrição apenas o bastante para que se encaixasse numa cadeia de idéias hostil que se encontrava entre os pensamentos oníricos, apenas o suficiente para dar a entender que "esse sujeito não tem nada que dar opinião no assunto — ele nem sequer está vivo". E isso me fez lembrar que eu tivera o sonho poucos dias depois da inauguração do monumento em homenagem a Fleischl nas galerias da Universidade. Nessa época, eu tornara a ver o monumento a Brücke e devo ter refletido (inconscientemente) com pesar sobre o fato de que a morte prematura de meu brilhante amigo P., cuja vida inteira fora devotada à ciência, furtara-lhe o merecido direito a um monumento naquele mesmo recinto. Assim, dei-lhe esse monumento em meu sonho; e, aliás, como me recordei, seu nome era Josef [José].[2]

Pelas regras da interpretação dos sonhos, nem assim eu tinha direito a passar do *Non vixit* derivado de minha recordação do Monumento ao Imperador José ao *Non vivit* exigido pelo sentido dos pensamentos oníricos.

---

1 ["Pelo bem de sua pátria, viveu não por tempo longo, mas integral." — *Nota de rodapé acrescentada* em 1925:] O verdadeiro texto da inscrição é:

*Saluti publicae vixit
non diu sed totus.*

A razão de meu equívoco, ao colocar *"patriae"* em vez de *"publicae"*, foi provavelmente inferida com acerto por Wittels.]

2 Posso acrescentar, como um exemplo de sobredeterminação, que minha desculpa por chegar muito atrasado ao laboratório residia no fato de que, depois de trabalhar até tarde da noite, eu tinha de percorrer, pela manhã, a longa distância entre a Rua *Kaiser Josef* e a Rua Währinger.

Devia haver algum outro elemento nos pensamentos oníricos que ajudasse a tornar possível a transição. Ocorreu-me então ser digno de nota que, na cena do sonho, havia uma convergência de uma corrente de sentimento hostil e uma afetiva para com meu amigo P., estando a primeira na superfície e a segunda oculta, mas ambas representadas na expressão única *Non vixit*. Como fosse digno de homenagens pela ciência, erigi-lhe um monumento comemorativo; mas, como era culpado de um desejo malévolo (que se expressou no final do sonho), eu o aniquilei. Notei que esta última frase tinha uma cadência toda especial, e devo ter tido algum modelo em minha mente. Onde se poderia encontrar uma antítese dessa natureza, uma justaposição como essa de duas reações opostas a uma única pessoa, ambas alegando ser completamente justificadas e, ainda assim, não incompatíveis? Somente numa passagem da literatura — mas uma passagem que causa profunda impressão no leitor: no discurso de autojustificação de Brutus em *Júlio César*, de Shakespeare; "Como César me amou, choro por ele; como foi afortunado, regozijo-me com isso; como era bravo, respeito-o; mas, como foi ambicioso, matei-o". A estrutura formal dessas frases e seu sentido antitético não eram exatamente os mesmos que desvendei no pensamento onírico? Assim, eu desempenhara o papel de Brutus no sonho. Se ao menos pudesse encontrar algum outro indício, no conteúdo do sonho, para confirmar esse surpreendente traço de união colateral! Ocorreu-me um indício possível: *"Meu amigo Fl. veio a Viena em julho"*. Não havia nenhuma base na realidade para esse detalhe do sonho. Que eu soubesse, meu amigo Fl. nunca estivera em Viena em julho. Mas o mês de julho recebeu esse nome em homenagem a Júlio César e poderia, portanto, representar muito bem a alusão que eu queria à idéia intermediária de eu desempenhar o papel de Brutus.[1]

Por estranho que pareça, realmente desempenhei o papel de Brutus uma vez. Em certa ocasião, atuei na cena entre Brutus e César, de Schiller, diante de uma platéia de crianças. Tinha quatorze anos na época e estava representando com um sobrinho um ano mais velho que eu. Ele viera da Inglaterra visitar-nos; e ele também era um *revenant*, pois era o companheiro de brincadeiras de meus primeiros anos de vida que nele retornava. Até o final de meus três anos, tínhamos sido inseparáveis. Tínhamos

---

1 Havia ainda a ligação entre "César" e "Kaiser" [Imperador].

amado um ao outro e lutado um com o outro; e essa relação infantil, como já sugeri acima, exerceu uma influência decisiva sobre todas as minhas relações subseqüentes com pessoas da mesma idade que a minha. Desde aquela época, meu sobrinho John tem tido muitas reencarnações, que reviveram ora um lado, ora outro de sua personalidade, fixada de forma inalterável em minha memória inconsciente. Deve ter havido ocasiões em que ele me tratou muito mal, e devo ter demonstrado coragem perante meu tirano, pois, anos mais tarde, falaram-me muitas vezes sobre um breve discurso feito por mim em minha própria defesa, quando meu pai, que era ao mesmo tempo avô de John, me disse em tom de acusação: "Por que você está batendo no John?" Minha resposta — eu ainda não tinha dois anos nessa época — foi "Bati nele porque ele me bateu". Deve ter sido essa cena de minha infância que desviou o *"Non vivit"* para *"Non vixit"*, pois, na linguagem das crianças mais velhas, o termo usado para bater é *"wichsen"* [pronunciado como o inglês *"vixen"*]. O trabalho do sonho não se envergonha de usar elos como esse. Havia pouco fundamento na realidade para minha hostilidade em relação a meu amigo P., que era muito superior a mim e, por esse motivo, se adequava perfeitamente para figurar como uma nova edição do meu antigo companheiro de brincadeiras. Essa hostilidade, portanto, certamente remontava a minhas complicadas relações infantis com John.

Como já disse, voltarei a este sonho mais tarde.

(G)

SONHOS ABSURDOS — ATIVIDADE
INTELECTUAL NOS SONHOS

No curso de nossas interpretações dos sonhos esbarramos tantas vezes no elemento do absurdo que não podemos mais adiar o momento de investigar sua origem e seu eventual significado. E isso porque convém lembrar que o caráter absurdo dos sonhos proporciona àqueles que lhes negam qualquer valor um de seus principais argumentos para encará-los como o produto sem sentido de uma atividade mental reduzida e fragmentada.

Começarei com alguns exemplos nos quais o absurdo é apenas aparente e desaparece tão logo o sentido do sonho é examinado mais detidamente. Eis aqui dois ou três sonhos que giram em torno (por acaso, como talvez pareça à primeira vista) do pai morto do sonhador.

I

Este é o sonho de um paciente que perdera o pai seis anos antes. *O pai sofrera uma grave calamidade. Estava viajando no trem noturno, que descarrilou. Os assentos do vagão se entrechocaram e sua cabeça foi comprimida de um lado ao outro. O sonhador o viu então deitado numa cama, com um ferimento no supercílio esquerdo que se estendia na direção vertical. Ficou surpreso de que tivesse havido uma calamidade com o pai (visto que já estava morto,* como acrescentou ao relatar-me o sonho). *Como estavam claros os olhos dele!*

De acordo com a teoria dominante dos sonhos, teríamos de explicar o conteúdo desse sonho da seguinte maneira. Para começar, devemos supor que, ao imaginar o acidente, o sonhador deve ter-se esquecido de que o pai jazia em seu túmulo havia vários anos; mas, à medida que o sonho prosseguiu, essa lembrança deve ter emergido, levando à surpresa ante seu próprio sonho enquanto ele ainda dormia. A análise nos ensina, contudo, que é completamente inútil procurar esse tipo de explicação. O sonhador encomendara um busto do pai a um escultor e o vira pela primeira vez dois dias antes do sonho. Era nisso que ele havia pensado como uma calamidade. O

416

escultor nunca vira seu pai e trabalhara utilizando fotografias. No dia imediatamente anterior ao sonho, o sonhador, em sua devoção filial, mandara um velho criado da família ao estúdio para ver se ele teria a mesma opinião a respeito da cabeça de mármore, a saber, que o espaço entre as têmporas era estreito demais. O paciente passou então a recordar o material que contribuíra para a produção do sonho. Sempre que seu pai era atormentado por preocupações de negócios ou dificuldades familiares, ele tinha o hábito de pressionar as mãos sobre as têmporas, como se achasse sua cabeça larga demais e quisesse comprimi-la. — Quando o paciente tinha quatro anos, viu quando uma pistola, que fora carregada acidentalmente, disparou e enegreceu os olhos do pai. (*"Como estavam claros os olhos dele!"*) — No ponto da testa em que o sonho situou o ferimento do pai, aparecia um sulco profundo, durante sua vida, sempre que ele estava pensativo ou triste. O fato de esse sulco ter sido substituído no sonho por um ferimento levou à segunda causa excitante do sonho. O sonhador tirara uma fotografia de sua filhinha. A chapa lhe havia escorregado das mãos e, quando ele a apanhou, havia uma rachadura que se estendia perpendicularmente pela testa da menina, indo até o supercílio. Ele não pôde evitar uma premonição supersticiosa a esse respeito, visto que, dias antes do falecimento de sua mãe, ele quebrara uma chapa fotográfica com o retrato dela.

O absurdo desse sonho não passava, assim, do resultado de um descuido na expressão verbal, que não soube distinguir o busto e a fotografia da pessoa real. Qualquer um de nós poderia dizer [olhando para uma fotografia]: "Há algo errado com papai, não acha?" A aparição do absurdo no sonho teria sido fácil de evitar; e, se nos fosse dado julgar por esse exemplo único, ficaríamos inclinados a pensar que o aparente absurdo fora permitido ou mesmo deliberado.

II

Eis aqui outro exemplo, semelhante em quase todos os aspectos ao primeiro, retirado de um de meus próprios sonhos. (Perdi meu pai em 1896.) *Após sua morte, meu pai desempenhava um papel político entre os magiares e os reunia politicamente.* Vi nesse ponto uma imagem pequena e indistinta: *uma multidão de homens, como se estivessem no Reichstag; alguém de pé sobre uma ou duas cadeiras, com outras pessoas ao seu redor. Lembrei-me*

417

de como ele ficara parecido com Garibaldi em seu leito de morte, e fiquei contente de que aquela promessa tivesse se realizado.

O que poderia ser mais absurdo do que isso? O sonho ocorreu numa época em que os húngaros tinham sido arrastados pela *obstrução* parlamentar para um estado de anarquia e mergulhado na crise da qual foram salvos por Koloman Széll. O detalhe trivial de a cena do sonho aparecer em imagens de tamanho tão reduzido não deixava de ter importância para sua interpretação. Nossos pensamentos oníricos costumam ser representados em imagens visuais que parecem ter mais ou menos o tamanho natural. A imagem que eu via em meu sonho, contudo, era a reprodução de uma xilogravura inserida numa história ilustrada da Áustria, que exibia Maria Teresa no Reichstag de Pressburg no famoso episódio de *"Moriamur pro rege nostro"*.[1] Tal como Maria Teresa na gravura, meu pai, no sonho, estava cercado pela multidão. Mas ele estava *de pé sobre uma ou duas cadeiras* ["cadeira" = *"Stuhl"*]. Ele *os tinha reunido* e, portanto, era um juiz-presidente [*"Stuhlrichter"*, literalmente, "juiz de cadeira"]. (Um elo de ligação foi proporcionado pela expressão [alemã] coloquial "não precisaremos de nenhum juiz".) — Nós que o rodeávamos havíamos de fato observado como meu pai se parecia, em seu leito de morte, com Garibaldi. Ele tivera uma elevação de temperatura *post-mortem*, ficando suas maçãs do rosto enrubescidas e cada vez mais vermelhas... Ao recordar isso, meus pensamentos prosseguiram involuntariamente:

Und hinter ihm in wesenlosem Scheine
Lag, was uns alle bändigt, das Gemeine.[2]

Esses pensamentos elevados prepararam o terreno para o aparecimento de algo que era comum [*"gemein"*] em outro sentido. A elevação de temperatura *post-mortem* de meu pai correspondia às palavras "após sua morte" no sonho. Seu sofrimento mais agudo fora causado por uma paralisia completa (*obstrução*) dos intestinos durante suas últimas semanas de vida. Daí decorria toda espécie de pensamentos desrespeitosos. Um de meus

---

1 ["Morreremos por nosso rei!"] — Não me recordo de onde foi que li um relato de um sonho repleto de figuras inusitadamente pequenas e cuja origem era uma das águas-fortes de Jacques Callot, vista pelo sonhador durante o dia. Essas águas-fortes de fato contêm grande número de figuras minúsculas. Uma de suas séries retrata os horrores da Guerra dos Trinta Anos.

2 ["Atrás dele, ilusão fugaz, jaz o que nos prende a todos em servidão — as coisas comuns"].

contemporâneos que perdera o pai enquanto ainda estava no curso secundário — nessa ocasião, eu mesmo ficara profundamente emocionado e me oferecera para ser seu amigo — uma vez me contou, desdenhosamente, como uma de suas parentas passara por uma experiência dolorosa. O pai dela caíra morto na rua e fora levado para casa; quando despiram o cadáver, verificou-se que no momento da morte, ou *post-mortem*, ele tivera uma evacuação [*"Stuhl"*]. A filha se sentiu tão desgostosa com isso que não conseguia impedir que esse detalhe odioso lhe perturbasse a lembrança do pai. Chegamos aqui ao desejo que se corporificou nesse sonho. "Erguer-se ante os olhos dos filhos, após a morte, grande e imaculado" — quem não desejaria isto? O que aconteceu com o absurdo do sonho? Seu aparente absurdo deve-se apenas ao fato de ele ter dado uma imagem literal a uma figura de retórica que é em si perfeitamente legítima e na qual habitualmente desprezamos qualquer absurdo gerado pela contradição entre suas partes. Nesse exemplo, mais uma vez, é impossível fugir à impressão de que o aparente absurdo é intencional e foi produzido deliberadamente.

A freqüência com que os mortos aparecem em sonhos, interagindo e se associando conosco como se estivessem vivos, causou uma surpresa desnecessária e produziu algumas explicações notáveis, que põem em grande destaque nossa falta de compreensão dos sonhos. Não obstante, a explicação desses sonhos é muito óbvia. É comum nos apanharmos pensando: "Se meu pai fosse vivo, o que diria sobre isto?" Os sonhos não conseguem expressar um "se" dessa ordem, salvo representando a pessoa em questão como presente em alguma situação específica. Assim, por exemplo, um rapaz que recebera uma grande herança do avô sonhou, numa época em que se recriminava por ter gasto uma considerável soma de dinheiro, que seu avô estava vivo novamente e lhe pedia contas. E quando, ao não nos deixarmos enganar, protestamos que afinal de contas a pessoa em questão está morta, aquilo que acreditamos ser uma crítica ao sonho é, na realidade, uma idéia consoladora de que a pessoa morta não viveu para testemunhar o acontecimento, ou um sentimento de satisfação por ela já não poder interferir.

Há um outro tipo de absurdo que ocorre nos sonhos com parentes mortos mas não expressa ridicularização nem escárnio. Indica um extremo grau de repúdio e, desse modo, torna possível representar uma idéia recalcada que o sonhador preferiria encarar como totalmente impensável. Parece impossível elucidar tais sonhos, a menos que se tenha em mente o fato de que os sonhos não fazem distinção entre o que é desejado e o que é real. Por exemplo, um homem que cuidara do pai durante sua doença final e ficara profundamente sentido com sua morte teve o seguinte sonho absurdo algum tempo depois. *O pai estava vivo de novo e conversava com ele na maneira de costume, mas* (isso é que era notável) *ele realmente havia morrido, só que não o sabia.* Este sonho só se torna inteligível se, após as palavras "mas ele realmente havia morrido", inserirmos "em conseqüência do desejo do sonhador", e se explicarmos que o que "ele não sabia" era que o sonhador tivera esse desejo. Enquanto cuidava do pai, o filho desejara repetidas vezes que ele morresse, isto é, tivera o que, na verdade, era um pensamento piedoso, no sentido de que a morte poderia pôr termo aos sofrimentos dele. Durante o luto, após a morte do pai, até mesmo esse desejo compassivo tornou-se alvo de uma auto-recriminação inconsciente, como se com esse pensamento ele tivesse realmente contribuído para abreviar a vida do enfermo. O despertar dos impulsos infantis primitivos do sonhador contra o pai tornou possível que essa auto-recriminação se expressasse como um sonho; mas foi precisamente o fato de o instigador do sonho e os pensamentos diurnos serem tão diametralmente opostos que exigiu o aspecto absurdo do sonho.[1]

É verdade que os sonhos com mortos amados pelo sonhador levantam problemas difíceis na interpretação dos sonhos e que nem sempre podem ser solucionados satisfatoriamente. A razão disso se encontra na ambivalência emocional particularmente acentuada que domina a relação do sonhador com a pessoa morta. É muito comum, nos sonhos dessa espécie, a pessoa morta ser tratada, de início, como se estivesse viva, depois, subitamente, revelar-se morta e, numa parte posterior do sonho, estar viva outra vez. Isso tem o efeito de confundir. Por fim ocorreu-me que essa alternância entre morte e vida visa a representar a *indiferença* do sonhador ("Tanto se me dá que ele esteja vivo ou morto"). Essa indiferença, evidentemente, não é real, mas apenas desejada; destina-se a ajudar o sonhador a repudiar suas atitudes emocionais muito intensas e com freqüência contraditórias, tornando-se assim uma representação onírica de sua *ambivalência.* — Em outros sonhos em que o sonhador interage com pessoas mortas, a seguinte regra muitas vezes ajuda a nos orientar: não havendo no sonho nenhuma menção ao fato de que o homem

---

1 [*Nota de rodapé acrescentada* em 1911]: Cf. meu trabalho sobre os dois princípios do funcionamento psíquico (1911b).

morto está morto, o sonhador está se equiparando com ele — está sonhando com sua própria morte. Se, durante o sonho, o sonhador de repente diz a si próprio com surpresa, "ora, mas ele já morreu há tanto tempo", está repudiando essa equiparação e negando que o sonho signifique sua própria morte. — Mas confesso de bom grado a impressão de que a interpretação dos sonhos está longe de ter revelado todos os segredos dos sonhos dessa natureza.

III

No exemplo que apresentarei a seguir, pude surpreender o trabalho do sonho no próprio ato de fabricar intencionalmente um absurdo para o qual não havia margem alguma no material. Foi extraído do sonho decorrente de meu encontro com o Conde Thun quando eu estava partindo em viagem de férias. *Eu estava num tílburi e ordenei ao cocheiro que me levasse a uma estação. "É claro que não posso ir com o senhor ao longo da própria linha férrea", disse eu, depois de ele ter levantado alguma objeção, como se eu o tivesse fatigado demais. Era como se eu tivesse viajado com ele parte da distância que normalmente se percorre de trem.* A análise produziu as seguintes explicações para essa história confusa e sem sentido. No dia anterior, eu alugara um tílburi para me levar a uma rua afastada em Dornbach. O condutor, contudo, não sabia onde ficava a rua e, como tendem a fazer essas excelentes pessoas, ficou dando voltas e mais voltas, até que, finalmente, notei o que estava acontecendo e lhe indiquei o caminho certo, acrescentando alguns comentários sarcásticos. Uma cadeia de idéias à qual eu retornaria depois, na análise, levou-me desse condutor aos aristocratas. Na ocasião, foi apenas a idéia passageira de que o que nos impressiona nos aristocratas, a nós da plebe burguesa, é a preferência que eles têm por ocupar o lugar do condutor. O Conde Thun, de fato, era o condutor do carro do Estado na Áustria. A frase seguinte do sonho, todavia, referia-se a meu irmão, que eu estava assim identificando com o condutor do veículo. Naquele ano, eu havia cancelado uma viagem que faria com ele à Itália. (*"Não posso ir com você pela própria linha férrea"*). E esse cancelamento fora uma espécie de castigo pelas queixas que ele costumava fazer de que eu tinha o hábito de cansá-lo demais nessas viagens (isso aparecia no sonho sem alterações), ao insistir em me deslocar muito depressa de um lugar para outro e em ver demasiadas belezas num único dia. Na noite do sonho, meu irmão me acompanhara até a estação, mas descera pouco antes de chegarmos lá, na estação ferroviária suburbana adjacente ao terminal da linha principal, para ir a Purkersdorf pela linha suburbana. Fiz-lhe notar que ele poderia ficar um pouco mais comigo indo até Purkersdorf pela linha principal, em vez da suburbana. Isso levou ao trecho do sonho em que percorri de tílburi *parte da distância que normalmente se percorre de trem*. Foi uma inversão do que havia ocorrido na realidade — uma espécie de argumento *"tu quoque"*. O que eu dissera a meu irmão tinha sido: "Você pode percorrer na linha principal, em minha companhia, a distância que percorreria pela linha suburbana". Provoquei toda a confusão do sonho ao colocar "carro" no lugar de "linha suburbana" (o que, aliás, foi muito útil para reunir as figuras do condutor e de meu irmão). Dessa maneira, consegui produzir no sonho algo sem sentido, que parece quase impossível de desenredar e é quase uma contradição direta do meu comentário anterior no sonho (*"não posso ir com o senhor ao longo da própria linha férrea"*). Dado, porém, que não havia necessidade alguma de eu confundir a ferrovia suburbana com um carro, devo ter preparado propositadamente toda essa história enigmática no sonho.

Mas com *que* propósito? Agora descobriremos o significado do absurdo nos sonhos e os motivos que fazem com que ele seja tolerado ou mesmo criado. A solução do mistério neste sonho foi a seguinte: eu precisava que houvesse nesse sonho algo de absurdo e ininteligível ligado à palavra *"fahren"*,[1] porque os pensamentos oníricos incluíam um certo juízo que pedia representação. Uma noite, quando me encontrava na casa da hospitaleira e espirituosa senhora que aparecia como "zeladora" numa das outras cenas do mesmo sonho, eu ouvi duas charadas, que não pude solucionar. Como elas eram conhecidas pelo restante do grupo, desempenhei um papel um tanto ridículo em minhas vãs tentativas de encontrar as respostas. Elas dependiam de trocadilhos com as palavras *"Nachkommen"* e *"Vorfahren"* e, creio eu, diziam o seguinte:

> *Der Herr befiehlt's,*
> *Der Kutscher tut's.*
> *Ein jeder hat's,*
> *Im Grabe ruht's.*

---

1 [A palavra alemã *"fahren"*, que já foi empregada repetidamente no sonho e na análise, tem o sentido de "andar (de carro)" e "viajar (de trem)".]

[O patrão manda,
O cocheiro faz:
Todos o têm,
Na tumba jaz.]

(Resposta: *"Vorfahren"* ["Seguir viagem" e "ascendência"; mais literalmente, "ir adiante" e "antepassados"].)

O que causava uma confusão especial era que a primeira metade da segunda charada era idêntica à da primeira:

Der Herr befiehlt's,
Der Kutscher tut's.
Nicht jeder hat's,
In der Wiege ruht's.

[O patrão manda,
O cocheiro faz:
Nem todos o têm,
No berço jaz.]

(Resposta: *"Nachkommen"* ["Seguir atrás" e "descendência"; mais literalmente, "vir depois" e "descendentes"].)

Quando vi o Conde Thun *seguir viagem* com tanta imponência e quando, depois disso, entrei no estado de espírito de Fígaro, com suas observações sobre a bondade dos grandes senhores por se terem dado ao trabalho de nascer (de se tornarem *descendência*), essas duas charadas foram adotadas pelo trabalho do sonho como pensamentos intermediários. Visto que os aristocratas podiam ser facilmente confundidos com condutores e visto que houve época, em nossa parte do mundo, em que um condutor era chamado de *"Schwager"* ["cocheiro" e "cunhado"], o trabalho de condensação pôde introduzir meu irmão na mesma imagem. Entretanto, o pensamento onírico que agia por trás de tudo isso dizia: "É absurdo orgulhar-se dos ancestrais; é preferível ser um antepassado". Esse julgamento de que algo "é absurdo" foi o que produziu a aparência de absurdo no sonho. E isso também esclarece o enigma remanescente nessa obscura região do sonho, ou seja, a razão por que pensei já ter viajado com o condutor *antes* [*vorher-gefahren* ("viajado antes") — *vorgefahren* ("seguido viagem") — *"Vorfahren"* ("ascendência")].

Um sonho se torna absurdo, portanto, quando o julgamento de que algo "é absurdo" figura entre os elementos incluídos nos pensamentos oníricos — isto é, quando qualquer das cadeias de idéias inconscientes do sonhador tem por motivo a crítica ou a ridicularização. O absurdo, por conseguinte, é um dos métodos pelos quais o trabalho do sonho representa uma contradição — juntamente com outros métodos como a inversão, no conteúdo do sonho, de uma relação material nos pensamentos oníricos, ou a exploração da sensação de inibição motora. Todavia, o absurdo num sonho não deve ser traduzido por um simples "não"; destina-se a reproduzir o *estado de ânimo* dos pensamentos oníricos que combina o escárnio ou o riso com a contradição. É somente com tal finalidade em vista que o trabalho do sonho produz algo ridículo. Também aqui *ele dá uma forma manifesta a uma parcela do conteúdo latente.*[1]

Na verdade, já deparamos com um exemplo convincente de um sonho absurdo com esse tipo de significado: o sonho — interpretei-o sem nenhuma análise — da encenação de uma ópera de Wagner que durou até quinze para as oito da manhã e no qual a orquestra era regida de uma torre, etc. Ele evidentemente queria dizer: "Este é um mundo *às avessas* e uma sociedade *maluca*; a pessoa que merece algo não o consegue, e a pessoa que não se importa com algo *realmente* o consegue" — e, nesse aspecto, a sonhadora estava comparando seu destino com o de sua prima. Tampouco é por mero

---

1 Assim, o trabalho do sonho parodia o pensamento que lhe foi apresentado como algo ridículo através do método de criar alguma coisa ridícula ligada àquele pensamento. Heine adotou o mesmo processo quando quis ridicularizar uns versos péssimos escritos pelo Rei da Baviera. E o fez em versos ainda piores.

> *Herr Ludwig ist ein grosser Poet,*
> *Und singt er, so stürzt Apollo*
> *Vor ihm auf die Kniee und bittet und fleht.*
> *"Halt ein! ich werde sonst toll, o!"*

> [O Senhor Ludwig é um poeta de mão plena,
> E, tão logo canta, Apolo cai
> De joelhos e lhe pede e implora: "Detém tua pena,
> Senão ficarei louco, ai!"]

acaso que nossos primeiros exemplos de absurdo nos sonhos se relacionavam com um pai morto. Nesses casos, as condições para a criação de sonhos absurdos se reúnem de maneira característica. A autoridade exercida pelo pai provoca a crítica de seus filhos já numa tenra idade, e a severidade das exigências que lhes faz leva-os, para se aliviarem, a ficarem de olhos abertos para qualquer fraqueza do pai; entretanto, a devoção filial evocada em nossa mente pela figura do pai, particularmente após sua morte, torna mais rigorosa a censura, que impede que qualquer crítica desse tipo seja conscientemente expressa.

IV

Eis outro sonho absurdo sobre um pai morto. *Recebi uma comunicação da câmara municipal de minha terra natal, referente aos honorários devidos pela manutenção de alguém no hospital no ano de 1851, necessária porcausa de um ataque que essa pessoa tivera em minha casa. Isso me pareceu engraçado, pois, em primeiro lugar, eu ainda não era nascido em 1851 e, em segundo, meu pai, com quem isso poderia estar relacionado, já estava morto. Fui vê-lo no quarto ao lado, onde ele estava deitado em sua cama, e lhe contei o que ocorrera. Para minha surpresa, ele se lembrou de que, em 1851, tinha-se embriagado certa vez e tivera de ser trancafiado ou detido. Isso acontecera numa época em que ele trabalhava para a firma de T——. "Quer dizer que você também costumava beber?", perguntei; "você se casou logo depois disso?" Calculei que, naturalmente, eu nascera em 1856, que parecia ser o ano imediatamente seguinte ao ano em questão.*

A partir da argumentação anterior, concluiríamos que a insistência com que este sonho exibia seus absurdos só poderia ser tomada como indicadora da presença, nos pensamentos oníricos, de uma polêmica particularmente acirrada e apaixonada. Assim sendo, ficaremos extremamente surpresos ao observar que, neste sonho, a polêmica se deu abertamente, e que meu pai foi o objeto explícito da ridicularização. Tal franqueza parece contradizer nossos pressupostos acerca da ação da censura ligada ao trabalho do sonho. A situação se tornará mais clara, porém, ao se perceber que, neste exemplo, meu pai foi apresentado simplesmente como um testa-de-ferro e que a discussão realmente se dava com outra pessoa que só aparecia no sonho numa única alusão. Embora normalmente o sonho lide com uma rebelião contra outra pessoa por trás da qual se oculta o pai do sonhador, aqui se deu o oposto. Meu pai fora transformado num espantalho para encobrir outra pessoa; e o sonho pôde então tratar dessa maneira indisfarçada uma figura que, em geral, era tratada como sagrada, porque, ao mesmo tempo, eu sabia com certeza que na verdade não era a ele que se aludia. Que isso era assim ficou demonstrado pela causa excitante do sonho. É que ele ocorreu depois de eu ter tomado conhecimento de que um de meus colegas mais velhos, cuja opinião era considerada acima de qualquer crítica, havia expressado sua desaprovação e surpresa ante o fato de o tratamento psicanalítico de um de meus pacientes já ter entrado em seu *quinto ano*. As primeiras frases do sonho aludiam, sob um disfarce transparente, ao fato de, por algum tempo, esse colega haver assumido as obrigações que meu pai já não podia cumprir (*"honorários devidos"*, *"manutenção no hospital"*) e de, quando nossas relações começaram a ser menos amistosas, eu ter-me envolvido no mesmo tipo de conflito emocional que, ao surgir um desentendimento entre pai e filho, não pode deixar de vir à tona, graças à posição ocupada pelo pai e à assistência anteriormente prestada por ele. Os pensamentos oníricos protestaram amargamente contra a reprimenda de que eu *não estava progredindo mais depressa* — reprimenda que, aplicando-se primeiro a meu tratamento do paciente, estendeu-se depois a outras coisas. Conheceria ele alguém, pensei, que pudesse ir mais depressa? Será que não percebia que, a não ser por meus métodos de tratamento, essas moléstias eram simplesmente incuráveis e duravam a vida toda? O que eram *quatro ou cinco anos* comparados a uma vida inteira, especialmente levando-se em conta que a existência do paciente já se facilitara tanto durante o tratamento?

Grande parte da impressão de absurdo desse sonho foi provocada pelo encadeamento de frases de diferentes partes dos pensamentos oníricos sem qualquer transição. Assim, a frase *"Fui vê-lo no quarto ao lado"*, etc., abandonava o assunto de que vinham tratando as frases anteriores e reproduzia corretamente as circunstâncias em que informei a meu pai que tinha ficado noivo sem consultá-lo. Essa frase, portanto, relembrava-me o admirável desprendimento demonstrado pelo ancião nessa oportunidade, contrastando-o com o comportamento de um terceiro — de mais outra pessoa. Convém observar que o sonho pôde ridicularizar meu pai porque, nos pensamentos oníricos, ele era reconhecido com irrestrita admiração como um modelo para outras pessoas. É da própria natureza de toda censura que, dentre as coisas proibidas, ela permita que se digam as que são *falsas*, e não as que são *verdadeiras*. A frase seguinte, no sentido de ele se lembrar que *"tinha-se embriagado certa vez e fora trancafiado por isso"*, já não dizia respeito a nada que se relacionasse com meu pai na realidade. Aqui, a figura que ele representava era nada mais, nada menos que o grande Meynert, cujas pegadas eu seguira com profunda veneração e cujo comportamento para comigo, após um breve período de predileção, transformara-se em hostilidade indisfarçada. O sonho me fez lembrar que ele próprio me contara que, em certa época de sua juventude, entregara-se ao hábito de *se embriagar com clorofórmio* e que, por causa disso, tivera de ir para um *sanatório*. Fez-me lembrar também de outro incidente com ele, que ocorreu pouco antes de sua morte. Havíamos travado uma acirrada controvérsia, por escrito, sobre o tema da histeria masculina, cuja existência ele negava. Quando o visitei durante sua enfermidade fatal e indaguei sobre suas condições, ele se estendeu um pouco sobre seu estado e terminou com estas palavras: "Você sabe, sempre fui um dos casos mais claros de histeria masculina". Estava assim admitindo, para minha satisfação e espanto, aquilo que por tanto tempo contestara obstinadamente. Mas a razão por que me foi possível, nessa cena do sonho, utilizar meu pai como um disfarce para Meynert não residia em qualquer analogia que eu houvesse descoberto entre as duas figuras. A cena era uma representação concisa, mas inteiramente apropriada, de uma frase condicional nos pensamentos oníricos, cuja íntegra dizia: "Se ao menos eu tivesse sido a segunda geração, o filho de um professor ou de um *Hofrat*, certamente teria *progredido mais depressa*". No sonho, transformei meu pai num *Hofrat* e professor. — O mais gritante e perturbador absurdo do sonho reside em seu tratamento da data 1851, que me parecia não diferir de 1856, *como se uma diferença de cinco anos não tivesse importância alguma.* Mas isso era exatamente o que os pensamentos oníricos procuravam expressar. *Quatro ou cinco anos* eram o espaço de tempo durante o qual desfrutei do apoio do colega que mencionei antes nesta análise; mas eram também o tempo que obriguei minha noiva a esperar por nosso casamento; e eram também, por uma coincidência fortuita, avidamente explorada pelos pensamentos oníricos, o tempo que fiz meu paciente de mais longa data esperar por uma recuperação completa. *"O que são cinco anos?"* perguntavam os pensamentos oníricos; *"no que me diz respeito, esse prazo não é nada; não conta.* Tenho bastante tempo à minha frente. E, assim como acabei conseguindo *aquilo*, embora não acreditassem, também realizarei *isto*." Fora isso, contudo, o número 51 em si, sem os algarismos relativos ao século, foi determinado num outro sentido, na verdade oposto; e foi também por isso que apareceu no sonho diversas vezes. Cinqüenta e um é uma idade que parece particularmente perigosa para os homens; conheci colegas que morreram subitamente nessa idade, entre eles um que, depois de vários atrasos, fora nomeado professor poucos dias antes de sua morte.

V

Aqui temos mais um sonho absurdo que joga com números. *Um de meus conhecidos, o Sr. M., fora atacado num ensaio com um injustificado grau de violência, na nossa opinião, por ninguém menos que Goethe. O Sr. M., naturalmente, ficou arrasado com o ataque. Queixou-se amargamente dele com algumas pessoas que o acompanhavam à mesa; sua veneração por Goethe, entretanto, não foi afetada por essa experiência pessoal. Tentei esclarecer um pouco os dados cronológicos, que me pareciam improváveis. Goethe morreu em 1832. Uma vez que seu ataque ao Sr. M. teria naturalmente sido feito antes disso, o Sr. M. devia ser um homem muito jovem na ocasião. Pareceu-me uma idéia plausível que tivesse dezoito anos. Eu não tinha muita certeza, porém, do ano em que estávamos, de modo que todo o meu cálculo se desfazia na obscuridade. A propósito, o ataque fazia parte do famoso ensaio de Goethe sobre a "Natureza".*

Logo encontraremos meios de justificar o absurdo desse sonho. O Sr. M., com quem eu travara conhecimento em meio a algumas *pessoas que me acompanhavam à mesa*, pedira-me havia pouco que examinasse seu irmão, que estava apresentando sinais de *paralisia geral*. A suspeita era correta; na ocasião dessa visita, aconteceu um episódio embaraçoso, pois, no decorrer da conversa, o paciente, sem nenhuma razão aparente, revelou coisas íntimas sobre seu irmão ao falar de suas *loucuras juvenis*. Eu havia perguntado ao paciente o ano de seu nascimento e o fizera efetuar várias contas pequenas, para testar a debilitação de sua memória — embora, aliás, ele ainda respondesse muito bem aos testes. Logo pude ver que, no sonho, eu próprio me havia comportado como um paralítico (*Eu não tinha muita certeza, porém, do ano em que estávamos*). Outra parte do material do sonho derivava de outra fonte recente. O editor de uma revista médica, com quem eu mantinha relações amistosas, publicara uma crítica altamente desfavorável, *"arrasadora"*, do último livro de meu amigo berlinense Fl. A crítica fora escrita por um profissional muito *jovem*, que tinha pouco discernimento. Achei que tinha o direito de intervir e repreendi o editor por isso. Ele expressou um vivo pesar

428

por haver publicado a crítica, mas se recusou a fazer qualquer retificação. Assim, cortei relações com a revista, mas, em minha carta de desligamento, expressei a esperança de que *nossas relações pessoais não fossem afetadas pelo acontecimento*. A terceira fonte do sonho foi um relato que eu acabara de escutar de uma paciente a respeito da doença mental de seu irmão e de como ele havia entrado em delírio frenético, aos gritos de *"Natureza! Natureza!"*. Os médicos acreditavam que sua exclamação devia-se ao fato de ele ter lido o notável ensaio de *Goethe* sobre esse assunto, e que isso mostrava que ele vinha se esforçando demais em seus estudos de filosofia natural. Quanto a mim, preferi pensar no sentido sexual em que essa palavra é usada aqui, até mesmo pelas pessoas menos instruídas. Essa minha idéia no mínimo não foi refutada pelo fato de o pobre rapaz, em seguida, ter mutilado seus próprios órgãos genitais. *Ele tinha dezoito anos* na ocasião de seu surto.

Posso acrescentar que o livro de meu amigo que fora criticado de forma tão dura ("nós nos perguntamos se o autor é que é louco, ou se nós é que somos", disse outro crítico) versava sobre *os dados cronológicos* da vida, e mostrava que a duração da vida *de Goethe* era um múltiplo de um número relevante para a biologia. Logo, é fácil perceber que, no sonho, eu estava me colocando no lugar de meu amigo (*Tentei esclarecer um pouco os dados cronológicos*). Mas eu me comportava como um paralítico, e o sonho era um amontoado de absurdos. Desse modo, os pensamentos oníricos diziam com ironia: "*Naturalmente, ele* é que é o tolo, o maluco, e *vocês* é que são os gênios que sabem de tudo. É claro que de modo algum poderia ser o inverso, não é mesmo?" Havia muitos exemplos dessa *inversão* no sonho. Por exemplo, Goethe atacava o rapaz, o que é absurdo, ao passo que ainda é fácil para um homem bastante jovem atacar Goethe, que é imortal. Além disso, fiz os cálculos a partir do ano da *morte* de Goethe, ao passo que fizera o paralítico calcular a partir do ano de seu *nascimento*.

Mas eu também me comprometi a mostrar que nenhum sonho é induzido por motivos que não sejam egoístas. Logo, preciso explicar o fato de, no presente sonho, ter tornado minha a causa de meu amigo e ter-me colocado em seu lugar. A força de minha convicção crítica na vida de vigília não basta para explicar isso. A história do paciente de dezoito anos, contudo, e as diferentes interpretações de sua exclamação *"Natureza!"* eram alusões à oposição em que eu mesmo me encontrava em relação a muitos médicos, por causa de minha crença na etiologia sexual das psiconeuroses. Podia dizer a mim mesmo: "O tipo de crítica que foi aplicado a seu amigo será aplicado a você — na verdade, em certa medida, já *foi.*" O "ele" do sonho, portanto, pode ser substituído por "nós": "Sim, vocês têm toda razão, *nós* é que somos os tolos." Havia no sonho um lembrete muito claro de que *"mea res agitur"*, na alusão ao ensaio breve, mas escrito com enorme beleza por Goethe: quando, ao final de meu tempo de escola, eu hesitava na escolha de uma carreira, ouvir a leitura desse ensaio numa conferência pública é que me fez optar pelo estudo das ciências naturais.

VI

Num ponto anterior deste livro, procurei mostrar que outro sonho em que meu próprio ego não aparecia era, não obstante, egoísta. Na p. 269, relatei um curto sonho no qual o Professor M. dizia: *"Meu filho, o Míope"* e expliquei que se tratava apenas de um sonho introdutório, preliminar a outro em que eu *realmente* desempenhava um papel. Eis aqui o sonho principal que faltava, introduzindo uma forma verbal absurda e ininteligível que requer explicação.

Por causa de certos acontecimentos que haviam ocorrido na cidade de Roma, tornara-se necessário retirar as crianças para um local seguro, e isso foi feito. A cena transcorria depois em frente a um portal, portas duplas no estilo antigo (a "Porta Romana" em Siena, como me dei conta durante o próprio sonho). Eu estava sentado na borda de uma fonte, extremamente deprimido e quase em lágrimas. Uma figura feminina — uma criada ou freira — trouxe dois meninos e os entregou ao pai deles, que não era eu. O mais velho dos dois era claramente meu filho maior; não vi o rosto do outro. A mulher que trouxera o menino pediu-lhe que lhe desse um beijo de despedida. Ela era singular por ter um nariz vermelho. O menino recusou-se a beijá-la, mas, estendendo a mão em sinal de despedida, disse "AUF GESERES" a ela e, depois, "AUF UNGESERES" a nós dois (ou a um de nós). Tive a impressão de que esta segunda frase denotava uma preferência.

Este sonho foi construído a partir de um emaranhado de pensamentos provocados por uma peça a que eu assistira, chamada *Das neue Ghetto* [*O Novo Gueto*]. O problema judaico, a preocupação com o futuro dos filhos, a quem não se pode dar uma pátria que de fato lhes pertença, a preocupação de educá-los de tal maneira que possam movimentar-se livremente através das fronteiras — tudo isso era facilmente reconhecível entre os pensamentos oníricos correspondentes.

"Junto às águas de Babilônia nos sentamos e choramos." Siena, como Roma, é famosa por suas belas fontes. Sempre que Roma aparecia num de meus sonhos, eu era obrigado a encontrar um substituto para ela em alguma localidade que me fosse conhecida. Perto da Porta Romana, em Siena, víramos um edifício grande e feericamente iluminado. Soubemos que era o *Manicomio*, o asilo de loucos. Pouco antes de ter o sonho, eu ouvira dizer que um homem pertencente ao mesmo credo religioso que o meu fora obrigado a renunciar a um cargo que obtivera com grande esforço num manicômio estatal.

Nosso interesse é despertado pela frase *"Auf Geseres"* (num ponto em que a situação do sonho levaria a esperar por *"Auf Wiedersehen"*), bem como por seu oposto inteiramente sem sentido, *"Auf Ungeseres"*. De acordo com informações que recebi de filologistas, *"Geseres"* é uma palavra hebraica genuína, derivada do verbo *"goiser"*, e sua melhor tradução é "sofrimentos impostos" ou "fatalidade". O uso dessa palavra na gíria nos inclinaria a supor que seu significado é de "pranto e lamentação". *"Ungeseres"* era um neologismo particular meu e foi a primeira palavra a chamar minha atenção, só que, de início, não consegui compreendê-la. Entretanto, o breve comentário ao final do sonho, no sentido de que *"Ungeseres"* denotava uma preferência sobre *"Geseres"*, abriu a porta às associações e, ao mesmo tempo, a uma elucidação da palavra. Uma relação análoga ocorre no caso do caviar: o caviar *sem sal* [*"ungesalzen"*] é mais apreciado que o *salgado* [*"gesalzen"*]. "Caviar para o general", pretensões aristocráticas; por trás disso havia uma alusão jocosa a uma pessoa de minha casa que, por ser mais moça do que eu, cuidaria de meus filhos no futuro, ao que eu esperava. Isso se harmonizava com o fato de que outra pessoa de minha casa, nossa excelente babá, fora reconhecivelmente retratada na empregada ou freira do sonho. Não existia ainda, contudo, nenhuma idéia transicional entre *"salgado — sem sal"* e *"Geseres — Ungeseres"*. Esta foi fornecida por *"fermentado — não fermentado"* [*"gesäuert — ungesäuert"*]. Em sua fuga do Egito, os Filhos de Israel não tinham tempo para deixar que sua massa de pão crescesse e, em memória disso, até hoje comem pão sem fermento na Páscoa. Neste ponto, posso inserir uma repentina associação que me ocorreu durante essa parte da análise. Lembrei-me de como, na Páscoa anterior, meu amigo de Berlim e eu estávamos passeando pelas ruas de Breslau, cidade em que éramos forasteiros. Uma garotinha perguntou-me o caminho para determinada rua e fui obrigado a confessar que não sabia; e comentei com meu amigo: "Torçamos para que, quando crescer, essa garotinha mostre mais discriminação na escolha das pessoas a quem pedir orientação". Pouco depois, avistei uma placa numa porta com os dizeres "Dr. Herodes. Horário de Consulta..." "Tomara", comentei, "que nosso colega não seja médico de crianças." Entrementes, meu amigo ia me expondo suas idéias sobre a importância biológica da *simetria bilateral* e iniciara uma frase com as palavras "Se tivéssemos um olho no meio da testa, como um Ciclope..." Isso levou ao comentário do Professor no sonho introdutório, *"Meu filho, o Míope... "*,!1•echegueientãoàfonteprincipalde *"Geseres"*. Muitos anos antes, quando esse filho do Professor M., hoje um pensador independente, sentava-se ainda nos bancos escolares, foi acometido por uma doença dos olhos que, declarou o médico, dava motivos para preocupação. Ele explicou que, enquanto a doença permanecesse *de um lado só*, não teria importância, mas, se passasse para o *outro olho*, seria um caso grave. A doença desapareceu completamente no primeiro olho, mas, pouco depois, apareceram realmente sinais de que o outro estava sendo afetado. A mãe do menino, aterrorizada, imediatamente mandou chamar o médico ao local afastado do interior onde se encontravam. O médico, porém, passou então *para o outro lado*. "Por que a senhora está fazendo esse *'Geseres'*?", indagou energicamente à mãe; *"se um* dos lados ficou bom, o *outro* também ficará". E tinha razão.

E agora devemos considerar a relação de tudo isso comigo e com minha família. A mesa de escola em que o filho do Professor M. deu seus primeiros passos no conhecimento foi presenteada por sua mãe a meu filho mais velho, em cujos lábios, no sonho, pus as frases de despedida. É fácil adivinhar um dos desejos a que essa transferência deu margem. É que a construção da mesa de escola visava também a poupar a criança da *miopia* e de um distúrbio *unilateral*. Daí o aparecimento, no sonho, de *"Míope"* (e, por trás disso, *"Ciclope"*) e da referência à *bilateralidade*. Minha preocupação com a unilateralidade tinha mais de um sentido: podia referir-se não apenas à unilateralidade física, mas também à unilateralidade do desenvolvimento intelectual. E não seria precisamente essa preocupação que, à sua maneira louca, a cena do sonho contradizia? Depois de se voltar para *um lado* para dizer palavras de despedida, a criança se voltou para o *outro lado* para dizer o contrário, como que visando a restaurar o equilíbrio. *Era como se estivesse agindo com a devida atenção à simetria bilateral!*

---

1 [O alemão *"Myop"* é uma forma *ad-hoc* construída segundo o modelo de *"Zyklop"*.]

Muitas vezes, portanto, os sonhos são mais profundos quando parecem mais insensatos. Em todas as épocas da história, aqueles que tinham algo a dizer mas não podiam dizê-lo sem perigo enfiaram prontamente a carapuça do bobo. A platéia a que se dirigia seu discurso proibido tolerava-o mais facilmente quando podia, ao mesmo tempo, rir e lisonjear-se com a idéia de que as palavras inoportunas eram claramente absurdas. O Príncipe da peça, que teve de se disfarçar de louco, comportou-se exatamente como fazem os sonhos na realidade; assim, podemos dizer dos sonhos o que dizia Hamlet de si próprio, ocultando as condições verdadeiras sob um manto de graça e ininteligibilidade: "Sou louco apenas com o nor-noroeste; quando sopra o vento sul, sei distinguir um falcão de uma garça!"[1]

Dessa maneira, solucionei o problema do absurdo nos sonhos, demonstrando que os pensamentos oníricos nunca são absurdos — nunca, pelo menos, nos sonhos das pessoas sadias — e que o trabalho do sonho produz sonhos absurdos e sonhos que contêm elementos absurdos isolados quando se depara com a necessidade de representar alguma crítica, ridicularização ou escárnio que possa estar presente nos pensamentos oníricos.

Minha tarefa seguinte é mostrar que o trabalho do sonho não consiste em nada além de uma combinação dos três fatores que já mencionei — e de um quarto que ainda tenho de mencionar; que não executa outra função senão a de traduzir os pensamentos oníricos de acordo com as quatro condições a que está sujeito; e que a questão de a mente atuar nos sonhos com todas as suas faculdades intelectuais ou com apenas parte delas está mal colocada e desconsidera os fatos. No entanto, como existem muitos sonhos em cujo conteúdo se exprimem juízos, fazem-se críticas e se expressam opiniões, em que se sente surpresa ante algum elemento singular do sonho, em que se fazem tentativas de explicação e se entra em argumentações, devo agora enfrentar as objeções decorrentes desse tipo de fato mediante a apresentação de alguns exemplos escolhidos.

---

1 Esse sonho também fornece um bom exemplo da verdade geralmente válida de que os sonhos que ocorrem durante a mesma noite, ainda que recordados isoladamente, crescem do solo dos mesmos pensamentos. A propósito, a situação onírica de eu remover meus filhos da Cidade de Roma para um lugar seguro foi distorcida por relacionar-se a um acontecimento análogo ocorrido em minha própria infância: eu estava invejando alguns parentes que, muitos anos antes, haviam tido a oportunidade de levar seus filhos para outro país.

Minha resposta é a seguinte: *Tudo o que aparece nos sonhos como uma aparente atividade da função de julgamento deve ser encarado, não como uma realização intelectual do trabalho do sonho, mas como um elemento pertencente ao material dos pensamentos oníricos, sendo transportado deles para o conteúdo manifesto do sonho como uma estrutura acabada.* Posso até levar mais longe esta asserção. Mesmo os juízos formulados *depois de acordar* sobre um sonho que é lembrado e os sentimentos em nós despertados pela reprodução de tal sonho fazem parte, em grande medida, do conteúdo latente do sonho e devem ser incluídos em sua interpretação.

I

Já citei um exemplo notável disso. Uma paciente recusou-se a me contar um sonho porque "não era claro o bastante". Ela vira alguém no sonho, mas não sabia se era seu marido ou seu pai. Seguiu-se então um segundo fragmento de sonho em que aparecia uma lata de lixo [*Misttrügerl*], e isso deu origem à seguinte recordação: quando montou residência pela primeira vez, ela um dia comentou em tom de brincadeira, na presença de um jovem parente que estava visitando a casa, que sua próxima tarefa seria adquirir uma nova lata de lixo. Na manhã seguinte, recebeu uma lata de lixo, mas estava cheia de lírios-do-vale. Esse fragmento do sonho servia para representar uma expressão coloquial [alemã]: "não criado com meu próprio esterco".[1] Concluída a análise, constatou-se que os pensamentos oníricos estavam relacionados com os efeitos secundários de uma história que a sonhadora ouvira quando jovem, a respeito de como uma moça tivera um bebê e *não ficara claro quem era realmente o pai*. Aqui, portanto, a representação onírica transbordara para os pensamentos de vigília: um dos elementos dos pensamentos oníricos encontrou representação num julgamento de vigília formulado sobre o sonho como um todo.

---

1 [*"Nicht auf meinem eigenen Mist gewachsen"* — o que significa "Não sou responsável por isso", ou "O filho não é meu". A palavra alemã *"Mist"*, que em sentido estrito significa esterco, é empregada na linguagem coloquial como "porcaria" e ocorre com esse sentido no termo vienense para lata de lixo: *"Misttrügerl"*.]

II

Aqui temos um caso semelhante. Um de meus pacientes teve um sonho que lhe pareceu interessante, porque, logo depois de acordar, ele disse a si mesmo: *"Preciso contar isso ao médico"*. O sonho foi analisado e apresentou as mais claras alusões a um caso amoroso que ele havia iniciado durante o tratamento e sobre o qual decidira *não me dizer nada.*[1]

III

Eis um terceiro exemplo, retirado de minha própria experiência. *Estava indo para o hospital com P. por um bairro em que havia casas e jardins. Ao mesmo tempo, tinha a impressão de já ter visto esse bairro muitas vezes em sonhos. Não sabia orientar-me muito bem por ali. Ele me indicou uma estrada que levava, dobrando a esquina, a um restaurante (fechado, não um jardim). Lá, perguntei pela Sra. Doni e fui informado de que ela morava num quartinho dos fundos com três filhos. Dirigi-me para lá, mas, antes de chegar, encontrei uma figura indistinta com minhas duas filhinhas; levei-as comigo depois de ter ficado com elas um pouquinho. Uma espécie de recriminação contra minha mulher por havê-las deixado lá.*

Quando acordei, tive uma sensação de grande *satisfação*, cuja razão, expliquei a mim mesmo, era que eu ia descobrir, a partir dessa análise, o significado do "Já sonhei com isso antes".[2] Na verdade, porém, a análise não me ensinou nada sobre isso; o que me revelou foi que a satisfação pertencia ao conteúdo latente do sonho, e não a qualquer juízo emitido sobre ele. Minha satisfação prendia-se ao fato de meu casamento haver-me trazido filhos. P. era uma pessoa cujo rumo na vida correra por algum tempo paralelo ao meu, que depois me deixara para trás tanto social quanto materialmente, mas cujo casamento não trouxera filhos. Os dois

---

1 [*Nota de rodapé acrescentada* em 1909:] Se, no decurso efetivo de um sonho ocorrido durante o tratamento psicanalítico, o sonhador diz consigo mesmo *"Preciso contar isso ao médico"*, isso invariavelmente implica a presença de uma intensa resistência a confessar o sonho — que não raro é então esquecido.

2 Uma discussão prolongada desse tema tem aparecido em volumes recentes da *Revue Philosophique*, sob o título de "Paramnésia nos Sonhos".

acontecimentos que ocasionaram o sonho servirão, em vez de uma análise completa, para indicar seu sentido. Na véspera, eu havia lido num jornal o anúncio da morte da Sra. Dona A———y (que transformei em "Doni" no sonho), que morrera de parto. Minha mulher me disse que a falecida fora atendida pela mesma parteira que a assistira no nascimento de nossos dois filhos mais novos. O nome "Dona" me chamara a atenção porque eu o tinha encontrado pela primeira vez pouco antes, num romance inglês. O segundo elemento ocasionador do sonho foi fornecido pela data em que ocorreu. Foi na noite anterior ao aniversário de meu filho mais velho — que parece possuir alguns dotes poéticos.

IV

Experimentei o mesmo sentimento de satisfação ao acordar do sonho absurdo de meu pai haver desempenhado um papel político entre os magiares após sua morte, e a razão que dei a mim mesmo para esse sentimento foi que ele era uma continuação da sensação que acompanhara a última parte do sonho. *Lembrei-me de como ele ficara parecido com Garibaldi em seu leito de morte, e fiquei contente de que aquilo tivesse se realizado... (Havia uma continuação que eu tinha esquecido.)* A análise permitiu-me preencher essa lacuna no sonho. Era uma menção a meu segundo filho, a quem eu dera o nome de uma grande figura histórica que me atraíra intensamente na juventude, especialmente depois de minha visita à Inglaterra. Durante o ano que antecedeu o nascimento desse filho, eu havia decidido usar esse nome, caso fosse um menino, e com ele saudei o recém-nascido, com um sentimento de extrema *satisfação*. (É fácil perceber como a megalomania suprimida dos pais se transfere, em seus pensamentos, para os filhos, e parece bastante provável que esta seja uma das maneiras pelas quais a supressão desse sentimento, que se faz necessária na vida real, é efetivada.) O direito do menino de aparecer no contexto desse sonho decorria do fato de que ele acabara de ter a mesma infelicidade — facilmente perdoável tanto numa criança quanto num moribundo — de sujar as roupas de cama. Compare-se, em relação a isso, *Stuhlrichter* ["juiz-presidente", literalmente "juiz de cadeira" ou "de fezes"] e o desejo expresso no sonho de se erguer ante os olhos dos filhos *grande* e *imaculado*.

436

V

Considerarei agora as expressões de juízo emitidas no próprio sonho, mas não continuadas na vida de vigília ou transpostas para ela. Na busca de exemplos delas, minha tarefa será enormemente facilitada se eu puder fazer uso de sonhos que já registrei com outros objetivos em vista. O sonho do ataque de Goethe ao Sr. M. parece conter um grande número de atos de juízo. *"Tentei esclarecer um pouco os dados cronológicos, que me pareciam improváveis."* Isto tem toda a aparência de ser uma crítica à idéia absurda de que Goethe pudesse ter feito um ataque literário a um jovem de minhas relações. *"Pareceu-me uma idéia plausível que tivesse dezoito anos."* Também isso soa exatamente como o resultado de um cálculo, embora, é verdade, um cálculo idiota. Por fim, *"eu não tinha muita certeza, porém, do ano em que estávamos"* parece um exemplo de incerteza ou dúvida num sonho.

Desse modo, todos esses pareciam ser atos de julgamento feitos pela primeira vez no sonho. Mas a análise mostrou que seu enunciado pode ser tomado de outra maneira, e sob essa luz eles se tornam indispensáveis para a interpretação do sonho, enquanto, ao mesmo tempo, todo e qualquer vestígio de absurdo é eliminado. A frase *"Tentei esclarecer um pouco os dados cronológicos"* colocava-me no lugar de meu amigo, que estava realmente procurando lançar luz sobre os dados cronológicos da vida. Isso retira da frase sua importância como um juízo que protestasse contra o absurdo das frases anteriores. A oração intercalada, *"que me pareceram improváveis"*, era da mesma categoria que a subseqüente, *"Pareceu-me uma idéia plausível"*. Eu tinha usado quase exatamente essas palavras com a senhora que me contara o caso clínico de seu irmão: "*Parece-me uma idéia improvável* que seus gritos de 'Natureza! Natureza!' tivessem algo a ver com Goethe; *parece-me muito mais plausível* que essas palavras tivessem o sentido sexual com que a senhora está familiarizada". É verdade que aqui se emitiu um julgamento — não no sonho, mas na realidade, e numa ocasião que foi relembrada e explorada pelos pensamentos oníricos. O conteúdo do sonho apropriou-se desse juízo exatamente como de qualquer outro fragmento dos pensamentos oníricos. O número "18", ao qual o juízo do sonho estava absurdamente ligado, preserva um vestígio do contexto real do qual o juízo foi extraído. Por fim, *"Eu não tinha muita certeza, porém, do ano em que estávamos"* destinava-se simplesmente a levar mais longe minha

437

identificação com o paciente paralítico, em cujo exame, feito por mim, esse aspecto realmente fora levantado.

A solução do que aparentemente são atos de julgamento nos sonhos pode servir para nos lembrar as regras estabelecidas no início deste livro para se executar o trabalho de interpretação: a saber, que devemos desprezar a aparente coerência entre os componentes do sonho como uma ilusão não essencial, e que devemos rastrear a origem de cada um de seus elementos independentemente. O sonho é um conglomerado que, para fins de investigação, deve ser novamente decomposto em fragmentos. Por outro lado, contudo, é preciso observar que está em ação nos sonhos uma força psíquica que cria essa concatenação aparente, ou seja, que submete o material produzido pelo trabalho do sonho a uma "elaboração secundária". Isso nos coloca frente a frente com as manifestações de uma força cuja importância avaliaremos mais adiante, como o quarto dos fatores que participam da construção dos sonhos.

VI

Aqui temos mais um exemplo de um processo de julgamento operando num sonho que já registrei. No sonho absurdo da comunicação enviada pela da câmara municipal, perguntei: *"Você se casou logo depois disso? Calculei que, naturalmente, eu nascera em 1856, que parecia ser o ano imediatamente seguinte ao ano em questão"*. Tudo isso estava travestido da forma de um conjunto de conclusões lógicas. Meu pai se casara em 1851, imediatamente após seu ataque; eu, é claro, era o mais velho da família e nascera em 1856; Q.E.D. Como sabemos, essa conclusão falsa foi tirada para atender aos interesses da realização de desejo, e o pensamento onírico predominante dizia: *"Quatro ou cinco anos não são nada; isso não conta"*. Todos os passos desse conjunto de conclusões lógicas, por mais semelhantes que sejam em seu conteúdo e forma, poderiam ser explicados como tendo sido determinados pelos pensamentos oníricos. Foi o *paciente*, cuja longa análise meu colega criticara, que decidiu casar-se imediatamente após o término do tratamento. A forma de minha conversa com meu pai no sonho se parecia com um interrogatório ou um exame e relembrou-me também um professor da Universidade que costumava anotar pormenores exaustivos dos estudantes que se inscreviam para suas aulas: "Data de nascimento?" — "1856" — *"Patre?"* Em resposta a isto, dava-se o primeiro nome do pai com uma

438

terminação latina e nós, os estudantes, presumíamos que o *Hofrat tirava conclusões* do nome do pai que nem sempre podiam ser tiradas do nome do próprio aluno. Assim, *tirar uma conclusão* no sonho não passava de uma repetição do *tirar conclusões* que aparecia como um fragmento do material dos pensamentos oníricos. Algo de novo emerge disto. Quando aparece uma conclusão no conteúdo do sonho, não há dúvida de que ela decorre dos pensamentos oníricos, mas pode estar presente nestes como um fragmento de material relembrado ou pode reunir uma série de pensamentos oníricos numa cadeia lógica. De qualquer modo, porém, uma conclusão no sonho representa uma conclusão nos pensamentos oníricos.[1]

Neste ponto, podemos retomar nossa análise do sonho. O interrogatório do professor levou a uma lembrança do registro dos Estudantes Universitários (que, no meu tempo, era redigido em latim). Levou ainda a reflexões sobre o desenrolar de meus estudos acadêmicos. Os *cinco* anos prescritos para os estudos médicos também foram muito pouco para mim. Prossegui em meu trabalho, imperturbável, por vários anos ainda e, em meu círculo de amizades, era encarado como malandro e duvidavam que algum dia eu o concluiria. Então me decidi *rapidamente* a fazer meus exames e passei *a despeito do atraso*. Aqui estava um novo reforço dos pensamentos oníricos com que eu desafiadoramente confrontava meus críticos: "Ainda que vocês não acreditem, por eu não haver me apressado, eu *vou* conseguir, *vou* levar meus estudos médicos a uma *conclusão*. As coisas já aconteceram assim muitas vezes".

Esse mesmo sonho, em seu trecho inicial, continha algumas frases às quais dificilmente se poderia recusar o nome de argumentação. Essa argumentação nem sequer era absurda e bem poderia ter-me ocorrido no pensamento de vigília: *Achei engraçada, no sonho, a comunicação da câmara municipal, uma vez que, em primeiro lugar, eu ainda não viera ao mundo em 1851 e, em segundo, meu pai, com quem isso poderia estar relacionado, já estava morto.* Ambas essas afirmações não só eram corretas em si mesmas, mas concordavam precisamente com os argumentos reais que eu apresentaria se realmente recebesse uma comunicação desse tipo. Minha análise anterior do sonho mostrou que ele brotara de pensamentos oníricos

---

1 Essas descobertas, em alguns aspectos, são uma correção do que eu disse antes sobre a representação das relações lógicas nos sonhos. Essa passagem anterior descreve o comportamento geral do trabalho do sonho, mas não leva em conta os pormenores mais sutis e precisos de seu funcionamento.

profundamente amargos e derrisórios. Se pudermos também presumir que havia fortes razões para a atividade da censura, compreenderemos que o trabalho do sonho tinha todos os motivos para produzir *uma refutação perfeitamente válida de uma sugestão absurda*, seguindo o modelo contido nos pensamentos oníricos. A análise mostrou, no entanto, que o trabalho do sonho não tivera liberdade de ação para estabelecer esse paralelo, mas fora obrigado, para esse fim, a utilizar material oriundo dos pensamentos oníricos. Era exatamente como se houvesse uma equação algébrica, contendo (além de algarismos) sinais de soma e de subtração, índices e radicais, e como se alguém tivesse de copiá-la sem entendê-la, passando tanto os símbolos operacionais quanto os algarismos para sua cópia, mas misturando-os todos. Foi possível traçar a origem dos dois argumentos até o seguinte material: causava-me sofrimento pensar que algumas das premissas subjacentes a minhas explicações psicológicas das psiconeuroses estavam fadadas a despertar ceticismo e riso ao serem vistas pela primeira vez. Por exemplo, eu fora levado a supor que as impressões do segundo ano de vida e, por vezes, até mesmo do primeiro, deixavam um marca duradoura na vida emocional daqueles que mais tarde iriam adoecer, e que essas impressões — embora distorcidas e exageradas em muitos aspectos pela memória — poderiam constituir o primeiro e mais profundo fundamento dos sintomas histéricos. Os pacientes, a quem eu explicava isso no momento apropriado, costumavam parodiar esse conhecimento recém-adquirido, declarando que estavam prontos a buscar lembranças datadas de uma época *em que ainda não tinham nascido*. Era de esperar que minha descoberta do surpreendente papel desempenhado pelo *pai* nos primeiros impulsos sexuais das pacientes deparasse com uma recepção semelhante. Não obstante, eu tinha a sólida convicção de que essas duas hipóteses eram verdadeiras. À guisa de confirmação, lembrei-me de alguns exemplos em que a morte do pai ocorrera quando a criança ainda estava em idade muito tenra, e nos quais certos acontecimentos posteriores, de outra forma inexplicáveis, provavam que a criança, ainda assim, havia preservado, inconscientemente, lembranças da figura que tão cedo desaparecera de sua vida. Eu estava ciente de que essas minhas duas afirmações repousavam na *elaboração de conclusões* cuja validade seria contestada. Assim, foi uma vitória da realização de desejo que precisamente o material *das conclusões que eu temia serem contestadas* fosse empregado pelo trabalho do sonho para tirar *conclusões que era impossível contestar*.

No início de um sonho em que mal toquei até agora, havia uma clara expressão de assombro ante o tema que havia surgido. *O velho Brücke devia ter-me atribuído alguma tarefa;* ESTRANHAMENTE, *relacionava-se com a dissecação da parte inferior de meu próprio corpo, minha pélvis e minhas pernas, que eu via diante de mim como se estivesse na sala de dissecação, mas sem notar sua ausência em mim mesmo e também sem nenhum traço de qualquer sentimento de horror. Louise N. estava de pé a meu lado e fazia o trabalho comigo. A pélvis tinha sido eviscerada e era visível ora em seu aspecto superior, ora no inferior, estando os dois misturados. Podiam-se ver espessas protuberâncias cor de carne (que, no próprio sonho, fizeram-me pensar em hemorróidas). Algo que estava em cima disso e que se assemelhava a papel prateado amassado*[1] *também teve de ser cuidadosamente retirado. Depois, eu estava novamente de posse de minhas pernas, andando pela cidade. Mas (por estar cansado) apanhei um táxi. Para meu espanto, o táxi entrou pela porta de uma casa que se abriu e o deixou passar por um corredor que dobrava uma esquina no final e, por fim, levava de novo ao ar livre.*[2] *Finalmente, eu estava excursionando numa paisagem mutável com um guia alpino que carregava meus pertences. Parte do caminho ele me carregou também, por consideração por minhas pernas cansadas. O terreno era pantanoso e andávamos pela beirada; havia pessoas sentadas no chão como peles-vermelhas ou ciganos — entre elas, uma moça. Antes disso, eu tinha avançado sobre o terreno escorregadio com uma constante sensação de surpresa por poder fazê-lo tão bem após a dissecação. Por fim, chegamos a uma casinha de madeira em cuja extremidade havia uma janela aberta. Lá, o guia me colocou no chão e pôs duas tábuas de madeira, que já estavam lá à sua espera, sobre o peitoril da janela, de modo a fazer uma ponte sobre o abismo que tinha de ser cruzado a partir da janela. Nesse ponto, fiquei realmente amedrontado por causa de minhas pernas, mas, em vez da esperada travessia, vi dois homens adultos deitados em bancos de madeira que ficavam junto às paredes da cabana e o que pareciam ser duas*

---

1 *Stanniol,* que era uma alusão ao livro de Stannius sobre o sistema nervoso dos peixes (cf. loc. cit.).

2 Era o lugar no térreo do meu prédio onde os moradores guardam seus carrinhos de bebê, mas fora sobredeterminado de diversas outras maneiras.

crianças dormindo ao lado deles. Era como se o que iria possibilitar a travessia não fossem as tábuas, mas as crianças. Acordei sobressaltado.

Qualquer pessoa que tenha a máxima idéia da extensão da condensação nos sonhos facilmente imaginará o número de páginas que seria preenchido por uma análise integral desse sonho. Felizmente, contudo, no presente contexto só preciso tomar um ponto dele, que fornece um exemplo de assombro nos sonhos, demonstrado pela interpolação *"estranhamente"*. Fora este o pretexto do sonho: Louise N., a dama que me assistia em meu trabalho no sonho, andara me visitando. "Empreste-me alguma coisa para ler", disse. Ofereci-lhe *She*, de Rider Haggard. "Um livro *estranho*, mas repleto de um sentido oculto", comecei a explicar-lhe; "o eterno feminino, a imortalidade de nossas emoções..." Nesse ponto, ela me interrompeu. "Já conheço esse livro. Não tem nada de sua própria autoria?" — "Não, minhas próprias obras imortais ainda não foram escritas." — "Bem, e quando é que podemos esperar por essas suas chamadas explicações definitivas, que você prometeu que até *nós* acharíamos legíveis?", perguntou ela, com uma ponta de sarcasmo. Nesse ponto, percebi que alguém mais estava me admoestando por sua boca e silenciei. Refleti sobre a dose de autodisciplina que me estava custando oferecer ao público até mesmo meu livro sobre os sonhos — onde eu teria de revelar tanto do meu próprio caráter.

> *Das Beste, was du wissen kannst,*
> *Darfst du den Buben doch nicht sagen.*[1]

A tarefa que me fora imposta no sonho, de fazer a dissecação *de meu próprio corpo*, era, portanto, minha *auto-análise*, que estava ligada a meu fornecimento de uma explicação de meus sonhos. Era apropriado que o velho Brücke entrasse aqui; já nos primeiros anos de meu trabalho científico, deixei de lado uma descoberta minha, até que uma enérgica repreensão dele me impeliu a publicá-la. Os outros pensamentos iniciados por minha conversa com Louise N. eram profundos demais para se tornarem conscientes. Desviavam-se na direção do material que fora evocado em mim pela menção de *She*, de Rider Haggard. O juízo *"estranhamente"* se relacionava a esse livro e a outro, *Heart of the World* [*O Coração do Mundo*], do mesmo autor; e numerosos elementos

---

1 [Ver nota de rodapé, p. 153.]

do sonho derivavam desses dois romances imaginosos. O terreno pantanoso pelo qual as pessoas tinham de ser carregadas e o abismo que tinham de atravessar por meio de tábuas trazidas por elas foram retirados de *She*; os peles-vermelhas, a moça e a casa de madeira, de *Heart of the World*. Em ambos os romances, o guia é uma mulher; ambos versam sobre viagens perigosas, e *She* descreve uma estrada cheia de riscos e quase nunca trilhada, que leva a uma região ainda não descoberta. A sensação de cansaço em minhas pernas, segundo uma anotação que descobri ter feito sobre o sonho, fora uma sensação real durante o dia. Provavelmente acompanhava um estado de ânimo abatido e uma dúvida: "Por quanto tempo minhas pernas me carregarão?" O final da aventura em *She* é que a guia, em vez de descobrir a imortalidade para si própria e para os outros, perece no misterioso fogo subterrâneo. Um temor desse tipo estava claramente em ação nos pensamentos oníricos. A "casa de madeira" era também, sem dúvida, um ataúde, ou seja, a sepultura. Mas o trabalho do sonho realizou uma obra-prima ao representar o mais indesejado de todos os pensamentos através de uma realização de desejo. É que eu já estivera numa sepultura antes, mas era uma sepultura etrusca desenterrada perto de Orvieto, uma câmara estreita com dois bancos de pedra ao longo das paredes, onde jaziam os esqueletos de dois homens adultos. O interior da casa de madeira no sonho tinha a aparência exata dessa sepultura, só que a pedra fora substituída por madeira. O sonho parece ter dito: "Se tens de descansar numa sepultura, que seja na sepultura etrusca". E, efetuando essa substituição, ele transformou a mais lúgubre das expectativas numa que era altamente desejável. Infelizmente, como em breve veremos, o sonho pode transformar em seu oposto a *representação* que acompanha um afeto, mas nem sempre o próprio afeto. Por conseguinte, acordei *"sobressaltado"*, mesmo depois de ter emergido com êxito a idéia de que os filhos talvez possam realizar o que o pai não conseguiu — uma nova alusão ao estranho romance em que a identidade de uma pessoa é preservada através de uma série de gerações por mais de dois mil anos.

VIII

Em outro de meus sonhos aparecia uma expressão de surpresa diante de algo que eu experimentava nele, mas a surpresa era acompanhada por uma tentativa de explicação tão notável, rebuscada e quase brilhante que, nem que seja apenas por *ela*, não consigo resistir à tentação de submeter o sonho inteiro à análise, mesmo sem levar em conta o fato de ele possuir dois outros pontos que despertam nosso interesse. Eu estava viajando pela estrada de ferro *Südbahn* na noite de 18 para 19 de julho, e, enquanto dormia, escutei a chamada: "Hollthurn,[1] *dez minutos*". *Pensei imediatamente em holotúrias* [lesmas-do-mar] — *num museu de história natural — que este era o lugar em que homens valentes haviam lutado em vão contra o poder superior do governante de seu país — sim, a Contra-Reforma na Áustria — era como se fosse um lugar na Estíria ou no Tirol. Vi então indistintamente um pequeno museu em que as relíquias ou pertences desses homens eram preservados. Eu gostaria de sair, mas hesitei em fazê-lo. Havia mulheres com frutas na plataforma. Estavam acocoradas no chão e erguiam seus cestos convidativamente. — Hesitei porque não tinha certeza de que haveria tempo, mas ainda não estávamos em movimento. — De repente, eu estava em outro compartimento, onde os estofamentos e os assentos eram tão estreitos que as costas ficavam pressionadas diretamente contra o fundo do vagão.[2] Fiquei surpreso com isso, mas refleti que* PODERIA TER TROCADO DE VAGÃO ENQUANTO ME ACHAVA EM ESTADO DE SONO. *Havia diversas pessoas lá, inclusive um irmão e irmã ingleses; uma fileira de livros era claramente visível sobre uma prateleira na parede. Vi* The Wealth of Nations [A Riqueza das Nações] *e* Matter and Motion [Matéria e Movimento], *de Clerk Maxwell, um volume grosso e encadernado em tecido marrom. O homem perguntou a sua irmã por um livro de Schiller, se ela o havia esquecido. Era como se os livros fossem ora meus, ora deles. Nesse ponto, senti-me inclinado a intervir na conversa para oferecer uma confirmação ou uma comprovação.* Acordei coberto de suor, pois todas as janelas estavam fechadas. O trem estava parado em Marburg [na Estíria].

Enquanto estava anotando o sonho, ocorreu-me um novo fragmento dele, que minha memória havia tentado omitir. *Disse* [em inglês] *ao irmão e à irmã, referindo-me a determinada obra: "It is from…", mas me corrigi: "It is by…" "Sim", comentou o homem com a irmã, "ele disse isso corretamente."*

---

1 [Esse não é o nome de nenhum lugar real.]
2 Esta descrição era ininteligível até para mim mesmo, mas segui a regra fundamental de relatar um sonho nas palavras que me ocorreram enquanto eu o anotava. As próprias palavras escolhidas são parte do que é representado pelo sonho.

O sonho começava pelo nome da estação, que sem dúvida deve ter-me acordado parcialmente. Substituí seu nome, *Marburg*, por *Hollthurn*. O fato de eu ter ouvido o nome "Marburg" quando anunciado pela primeira vez, ou talvez depois, foi comprovado pela menção a Schiller no sonho, pois ele nasceu em Marburg, embora não na Marburg da Estíria.[1] Embora estivesse na primeira classe, nessa ocasião eu estava viajando em condições muito desconfortáveis. O trem estava inteiramente lotado e, em meu compartimento, eu encontrei uma dama e um cavalheiro que pareciam muito aristocráticos e não tiveram a civilidade ou não acharam que valesse a pena disfarçar sua contrariedade por minha intrusão. Minha saudação educada não teve resposta. Embora o homem e sua mulher estivessem sentados lado a lado (de costas para a locomotiva), a mulher, não obstante, apressou-se, bem diante dos meus olhos, a ocupar o assento à janela em frente a ela, colocando nele um guarda-chuva. A porta imediatamente foi fechada e algumas observações mordazes foram trocadas entre eles sobre a questão da abertura das janelas. Provavelmente, perceberam de imediato que eu ansiava por ar fresco. Era uma noite quente e a atmosfera no compartimento completamente fechado logo se tornou sufocante. Minhas experiências de viagem ensinaram-me que esse tipo de conduta desumana e despótica é característica de pessoas que estão viajando com passagens grátis ou meias-passagens. Quando veio o condutor e lhe mostrei a passagem que havia comprado por um alto preço, saíram da boca da dama, em tom altivo e quase ameaçador, as palavras: "Meu marido tem passe livre". Ela era uma figura imponente de traços insatisfeitos, cuja idade não estava longe da fase da decadência da beleza feminina; o homem não proferiu uma única palavra, mas permaneceu sentado e imóvel. Tentei dormir. Em meu sonho, vinguei-me terrivelmente de meus desagradáveis companheiros; ninguém poderia suspeitar dos insultos e humilhações que se ocultavam por trás dos fragmentos esparsos da primeira metade do sonho. Uma vez satisfeita essa necessidade, um segundo desejo se fez sentir — mudar de compartimento. A cena se modifica com tanta freqüência nos sonhos, e sem que a menor objeção seja levantada, que não seria nada surpreendente que eu tivesse prontamente substituído meus companheiros de viagem por outros mais agradáveis, extraí-

---

1 [*Nota de rodapé acrescentada* em 1909:] Schiller não nasceu em Marburg alguma, mas em Marbach, como sabe qualquer esestudante alemão e como eu próprio sabia. Este foi mais um daqueles lapsos que se introduzem como substitutos de uma falsificação intencional em algum outro ponto, e que tentei explicar em minha *Psicopatologia da Vida Cotidiana* [1901*b*, Capítulo X, n.º 1].

dos de minha memória. Mas ali estava um caso em que algo se ressentiu da mudança de cena e achou necessário explicá-la. Como é que, de repente, fui parar noutro compartimento? Não tinha lembrança de ter-me mudado. Só podia haver uma explicação: *devo ter deixado o vagão enquanto me achava em estado de sono* — um acontecimento raro, mas do qual se encontram exemplos na experiência de um neuropatologista. Sabemos de pessoas que empreenderam viagens de trem num estado crepuscular, sem trair sua condição anormal por sinal algum, até que, em algum ponto da jornada, de repente voltaram a si completamente e ficaram atônitas diante da lacuna em sua memória. No sonho, por conseguinte, eu estava me declarando um desses casos de *"automatisme ambulatoire"*.

A análise tornou possível encontrar outra solução. A tentativa de explicação, que pareceu tão excepcional quando fui obrigado a atribuí-la ao trabalho do sonho, não fora uma tentativa original de minha própria autoria, mas copiada da neurose de um de meus pacientes. Em outro ponto já falei sobre um homem extremamente culto e, na vida real, de coração bondoso, que, pouco depois da morte dos pais, começou a censurar-se por ter inclinações homicidas, e a seguir caiu vítima das medidas de cautela que foi obrigado a adotar como salvaguarda. Era um caso de obsessões graves, acompanhadas de completo discernimento. Para começar, andar pelas ruas tornou-se um fardo para ele, pela compulsão a certificar-se de por onde desaparecia toda e qualquer pessoa que encontrava; se alguém de repente escapasse a seu olhar vigilante, ficava com a sensação aflitiva e a idéia de que talvez o tivesse eliminado. O que estava por trás disso era, entre outras coisas, uma fantasia de "Caim" — porque "todos os homens são irmãos". Devido à impossibilidade de realizar essa tarefa, ele desistiu das caminhadas e passava a vida encarcerado entre quatro paredes. Mas as notícias de assassinatos cometidos lá fora eram constantemente levadas a seu quarto pelos jornais, e sua consciência lhe sugeria, sob a forma de uma dúvida, que talvez ele fosse o assassino procurado. A certeza de realmente não ter abandonado sua casa durante semanas protegeu-o dessas acusações por algum tempo, até que um dia veio-lhe à cabeça a possibilidade de que *talvez tivesse deixado a casa enquanto se achava em estado inconsciente* e, desse modo, teria podido cometer o assassinato sem saber nada a respeito. A partir de então, deixou trancada a porta da frente da casa e entregou a chave à sua velha governanta, com instruções rigorosas para nunca deixá-la cair em suas mãos, mesmo que ele a pedisse.

Essa, portanto, era a origem de minha tentativa de explicação no sentido de ter trocado de vagões enquanto me achava em estado inconsciente; fora transposta para o sonho, prontinha, do material dos pensamentos oníricos, e obviamente destinava-se, no sonho, a servir ao propósito de me identificar com a figura desse paciente. Minha lembrança dele fora despertada por uma associação fácil. Minha última viagem noturna, algumas semanas antes, fora feita na companhia desse mesmo homem. Ele estava curado e viajava comigo para as províncias a fim de visitar parentes seus, que haviam mandado me chamar. Tínhamos um compartimento só para nós; deixamos todas as janelas abertas a noite inteira e passamos um tempo muito agradável enquanto permaneci acordado. Eu sabia que a raiz de sua doença tinham sido os impulsos hostis contra o pai, que datavam da infância e envolviam uma situação sexual. Assim, na medida em que me identificava com ele, eu estava procurando confessar alguma coisa análoga. E, de fato, a segunda cena do sonho terminava numa fantasia um tanto extravagante de que meus dois idosos companheiros de viagem me haviam tratado de maneira tão insociável porque minha chegada impedira o intercâmbio afetuoso que haviam planejado para aquela noite. Essa fantasia remontava, contudo, a uma cena da primeira infância em que o filho, provavelmente movido pela curiosidade sexual, irrompera no quarto dos pais e dele fora expulso pelas ordens do pai.

É desnecessário, penso eu, acumular outros exemplos. Eles serviriam apenas para confirmar o que depreendemos dos que já citei — que um ato de julgamento num sonho é apenas uma repetição de algum protótipo presente nos pensamentos oníricos. Por via de regra, a repetição é mal aplicada e intercalada num contexto inapropriado, mas, ocasionalmente, como em nossos últimos exemplos, é empregada com tal habilidade que, de início, pode dar a impressão de uma atividade intelectual independente no sonho. A partir deste ponto, podemos voltar nossa atenção para a atividade psíquica que, embora não pareça acompanhar invariavelmente a construção dos sonhos, ainda assim, sempre que o faz, empenha-se em fundir os elementos de um sonho que sejam de origem díspar num todo que faça sentido e esteja isento de contradições. Antes de abordarmos esse assunto, porém, temos a necessidade premente de examinar as expressões de afeto que ocorrem nos sonhos e compará-las com os afetos que a análise revela nos pensamentos oníricos.

OS AFETOS NOS SONHOS

Uma observação astuta de Stricker despertou nossa atenção para o fato de que a expressão do afeto nos sonhos não pode ser tratada da mesma forma depreciativa com que, depois de acordar, estamos acostumados a descartar seu *conteúdo*. "Se temo ladrões num sonho, os ladrões, é certo, são imaginários — mas o temor é real." E isso também se aplica quando me sinto *alegre* num sonho. Nosso sentimento nos diz que um afeto experimentado num sonho não é de modo algum inferior a outro de igual intensidade sentido na vida de vigília; e os sonhos insistem com maior energia em seu direito de ser incluídos entre nossas experiências anímicas reais no tocante a sua parte afetiva do que em relação a seu conteúdo de representações. Em nosso estado de vigília, contudo, não podemos de fato incluí-los dessa maneira, pois não podemos fazer nenhuma avaliação psíquica de um afeto a menos que ele esteja vinculado a algum material de representações. Quando o afeto e a idéia são incompatíveis em seu caráter e intensidade, nosso juízo de vigília fica desorientado.

Sempre foi motivo de surpresa que, nos sonhos, o conteúdo de representações não se faça acompanhar pelas conseqüências afetivas que consideraríamos inevitáveis no pensamento de vigília. Strümpell declarou que, nos sonhos, as representações ficam despidas de seus valores psíquicos. Mas não faltam, nos sonhos, exemplos de natureza contrária, onde uma intensa expressão de afeto aparece ligada a um tema que não parece dar margem a qualquer expressão dessa ordem. Num sonho, posso estar numa situação horrível, perigosa e repulsiva sem sentir nenhum medo ou repulsa, ao passo que noutra ocasião, pelo contrário, posso ficar apavorado diante de algo inofensivo ou encantado com algo pueril.

Esse enigma específico da vida onírica desaparece, talvez mais repentina e completamente do que qualquer outro, tão logo passamos do conteúdo manifesto para o conteúdo latente do sonho. Não precisamos mais nos incomodar com o enigma, visto que ele já não existe. A análise nos mostra que *o material de representações passou por deslocamentos e substituições, ao passo que os afetos permaneceram inalterados*. Não é de admirar que o material de representações modificado pela distorção onírica já não seja compatível com o afeto, que é retido sem modificação; tampouco resta qualquer coisa que cause espanto depois que a análise recoloca o material certo em sua posição anterior.[1]

No caso de um complexo psíquico que tenha ficado sob a influência da censura imposta pela resistência, os *afetos* são o componente menos influenciado e o único que nos pode dar um indício de como preencher os pensamentos que faltam. Isso é observado ainda mais claramente nas psiconeuroses do que nos sonhos. Seus afetos são sempre apropriados, ao menos em sua *qualidade*, embora devamos levar em conta um aumento de sua intensidade devido a deslocamentos da atenção neurótica. Quando um histérico fica surpreso por ter-se assustado com algo banal ou quando um homem que sofre de obsessões fica surpreso que auto-recriminações tão aflitivas decorram de um nada, ambos se equivocam, pois consideram o conteúdo de representações — a banalidade ou o nada — como sendo o essencial; e travam uma luta inglória, por tomarem esse conteúdo de representações como o ponto de partida de sua atividade de pensamento. A psicanálise pode colocá-los na trilha certa ao reconhecer que o afeto, ao contrário, é justificado, e ao procurar a representação que corresponde a ele, mas que foi recalcada e trocada por um substituto. Uma premissa necessária a tudo isso é que a descarga de afeto e o conteúdo de representações não constituem uma unidade orgânica indissolúvel como a que estamos habituados a atribuir-lhes, mas que essas duas entidades separadas podem estar meramente *soldadas* e, desse modo, podem ser desligadas uma da outra pela análise. A interpretação dos sonhos mostra que de fato é isso que ocorre.

Começarei por apresentar um exemplo em que a análise explicou a aparente ausência de afeto num caso em que o conteúdo de representações teria exigido sua liberação.

---

1 [*Nota de rodapé acrescentada* em 1919:] Se não estou muito enganado, o primeiro sonho que pude colher de meu neto, na idade de um ano e oito meses, revelou um estado de coisas em que o trabalho do sonho tinha conseguido transformar o *material* dos pensamentos oníricos numa realização de desejo, ao passo que o *afeto* pertinente a eles continuou inalterável durante o estado de sono. Na noite anterior ao dia em que seu pai teria de partir para o *front*, o menino exclamou, em meio a violentos soluços: "Papai! Papai! — bebê!" Isso só pode ter significado que o papai e o bebê permaneciam juntos, ao passo que as lágrimas reconheciam o adeus iminente. Nessa ocasião, o menino já era perfeitamente capaz de expressar o conceito de separação. *"Fort"* ["foi embora"] (substituído por um "o-o-o" prolongado e peculiarmente enfático) fora uma de suas primeiras palavras, e vários meses antes desse primeiro sonho ele brincara de "foi embora" com todos os seus brinquedos. Esse jogo remontava à autodisciplina que ele conseguira alcançar em tenra idade ao permitir que a mãe o deixasse e "fosse embora".

Ela viu três leões num deserto, um dos quais estava rindo; mas não sentiu medo deles. Depois, contudo, deve ter fugido deles, porque estava tentando subir numa árvore; mas descobriu que sua prima, que era professora de francês, já estava lá em cima, etc.

A análise trouxe à tona o seguinte material. A causa precipitante sem importância do sonho foi uma frase de sua redação de inglês: "A juba é o adorno do leão". Seu pai usava uma barba que lhe emoldurava o rosto como uma juba. Sua professora de inglês chamava-se Srta. Lyons. Um conhecido lhe enviara as baladas de Loewe [a palavra alemã para "leão"]. Esses, portanto, eram os três leões; por que deveria ela temê-los? Ela lera uma história em que um negro, que havia incitado seus companheiros à revolta, era caçado com cães e subia numa árvore para se salvar. A sonhadora passou então, com extremo bom humor, a apresentar diversas lembranças fragmentadas, tais como o conselho de como apanhar leões extraído do *Fliegende Blätter*: "Pegue um deserto e passe-o por uma peneira, e o que sobrar serão os leões". E também a anedota muito divertida, mas não muito conveniente, do funcionário a quem perguntaram por que não se esforçava mais por cair nas boas graças do chefe de seu departamento, e que respondeu que tentara insinuar-se, mas seu superior *já estava em cima.* Todo o material tornou-se inteligível quando se descobriu que a dama recebera, no dia do sonho, a visita do superior de seu marido. Ele fora muito cortês com ela e lhe beijara a mão, e *ela não sentira o mínimo receio dele*, embora fosse um "grande figurão" [em alemão, *"grosses Tier"* = "grande animal"] e desempenhasse o papel de um "*leão* da sociedade" na capital do país de onde ela vinha. Assim, esse leão era como o de *Sonho de uma Noite de Verão*, que ocultava a figura de Snug, o marceneiro; e o mesmo se aplica a todos os leões do sonho, que não são temidos pela sonhadora.

II

Como meu segundo exemplo, posso citar o sonho da jovem que viu o filhinho de sua irmã morto num caixão, mas que, posso agora acrescentar, não sentiu dor nem pesar. Sabemos pela análise por que isso se deu. O sonho simplesmente disfarçava o desejo dela de rever o homem por quem estava apaixonada, e seu afeto tinha de estar de acordo com o desejo, e não com seu disfarce. Dessa maneira, não havia razão para o pesar.

Em alguns sonhos, o afeto pelo menos permanece em contato com o material de representações que substituiu aquele a que o afeto se ligava originalmente. Noutros, a dissolução do complexo vai mais longe. O afeto surge totalmente desligado da idéia a que corresponde e é introduzido nalgum outro ponto do sonho, onde se ajusta à nova disposição dos elementos oníricos. A situação é então similar à que encontramos no caso dos atos de julgamento nos sonhos. Quando se extrai uma conclusão importante nos pensamentos oníricos, também o sonho contém uma; mas a conclusão no sonho pode ser deslocada para um material inteiramente diferente. Não raro, esse deslocamento segue o princípio da antítese.

Esta última possibilidade é exemplificada no sonho seguinte, que submeti a uma análise extremamente exaustiva.

III

Um castelo à beira-mar; depois, já não ficava imediatamente junto ao mar, mas num estreito canal que conduzia ao mar. O Governador era um Sr. P. Eu estava parado com ele num grande salão de recepção — com três janelas em frente às quais se erguiam contrafortes com algo semelhante a ameias numa fortaleza. Eu estava ligado à guarnição como uma espécie de oficial de marinha voluntário. Temíamos a chegada de navios de guerra inimigos, pois estávamos em guerra. O Sr. P. pretendia partir e me deu instruções sobre o que deveria ser feito se acontecesse o que temíamos. Sua mulher inválida estava com os filhos no castelo ameaçado. Caso o bombardeio começasse, o grande salão deveria ser evacuado. Sua respiração estava ofegante e ele se virou para sair; eu o detive e lhe perguntei como iria comunicar-me com ele em caso de necessidade. Ele acrescentou algo em resposta, mas imediatamente caiu morto. Sem dúvida eu lhe impusera um esforço desnecessário com minhas perguntas. Após sua morte, que não me causou maior impressão, fiquei pensando se sua viúva continuaria no castelo, se eu deveria comunicar a morte dele ao Alto Comando e se deveria assumir o comando do castelo, como o seguinte na ordem hierárquica. Estava parado à janela, observando os navios que passavam. Eram navios mercantes que cruzavam rapidamente as águas escuras, alguns deles com diversas chaminés e outros com conveses abaulados (exatamente como os prédios da estação no sonho introdutório — não relatado aqui). *Então, meu irmão estava de pé a meu lado e ambos olhávamos da janela para o canal. À visão de um navio, ficamos assustados e exclamamos: "Aí vem o navio de guerra!" Mas constatou-se que eram apenas os mesmos navios que eu já conhecia, retornando. Surgiu então um navio pequeno, cortado ao meio de maneira cômica. Em seu convés, viam-se alguns objetos curiosos em forma de xícara ou de caixa. Exclamamos a uma só voz: "É o navio do café da manhã!"*

Os movimentos rápidos dos navios, o azul profundo e escuro da água e a fumaça marrom das chaminés — tudo se combinava para criar uma impressão tensa e sinistra.

Os locais do sonho resultavam de uma junção de diversas viagens minhas ao Adriático (a Miramare, Duino, Veneza e Aquiléia). Uma curta mas agradável viagem de Páscoa que eu fizera a Aquiléia com meu irmão, algumas semanas antes do sonho, ainda estava viva em minha memória. O sonho também continha alusões à *guerra naval* entre os Estados Unidos e a Espanha e às inquietações a que ela dera margem quanto ao destino de meus parentes na América. Em dois pontos do sonho, havia afetos em questão. Em determinado ponto, um afeto que seria previsível estava ausente: chamou-se expressamente a atenção para o fato de que a morte do Governador não me causara nenhuma impressão. Noutro ponto, quando pensei ver o navio de guerra, fiquei *assustado* e senti todas as sensações do medo enquanto dormia. Neste sonho bem construído, os afetos foram distribuídos de tal maneira que se evitou qualquer contradição marcante. Não havia razão para que eu ficasse assustado com a morte do Governador e era bastante razoável que, como Comandante do Castelo, sentisse medo à vista da belonave. A análise mostrou, porém, que o Sr. P. era apenas um substituto para mim mesmo. (No sonho, *eu* era o substituto *dele*.) Era *eu* o Governador que morria subitamente. Os pensamentos oníricos diziam respeito ao futuro de minha família após minha morte prematura. Era este o único pensamento aflitivo entre os pensamentos oníricos, e deve ter sido dele que o medo foi desligado e vinculado, no sonho, à visão do navio de guerra. Por outro lado, a análise revelou que a região dos pensamentos oníricos de onde foi retirado o navio de guerra estava repleta das mais alegres recordações. Foi um ano antes, em Veneza, e num dia magicamente belo, que estávamos à janela de nosso quarto em frente à Riva degli Schiavoni, olhando para a lagoa azul onde, naquele dia, havia mais movimento do que de hábito. Esperava-se por navios ingleses que teriam uma cerimônia de recepção. De repente, minha mulher gritou, alegre como uma criança: *"Aí vem o navio de guerra inglês!"* No sonho, fiquei assustado com essas mesmas palavras. (Vemos mais uma vez que as falas no sonho decorrem de falas na vida real; mostrarei em breve que o elemento "inglês" na exclamação de minha mulher tampouco escapou ao trabalho do sonho.) Aqui, portanto, no processo de transformar os pensamentos oníricos no conteúdo manifesto do sonho, transformei a alegria em medo, e basta-me apenas sugerir que essa transformação, ela própria, estava dando expressão a uma parte do conteúdo onírico latente. Este exemplo prova, contudo, que o trabalho do sonho é livre para desligar um afeto de suas conexões nos pensamentos oníricos e introduzi-lo em qualquer ponto que escolher no sonho manifesto.

Aproveito esta oportunidade para fazer uma análise algo detalhada do "navio do café da manhã", cujo aparecimento no sonho deu uma conclusão tão absurda a uma situação que, até ali, mantivera-se num nível racional. Quando, mais tarde, relembrei com maior exatidão esse objeto onírico, ocorreu-me que ele era preto e que, devido ao fato de estar cortado em sua parte mais larga, no meio, tinha grande semelhança, nessa extremidade, com uma classe de objetos que haviam despertado nosso interesse nos museus das cidades etruscas. Tratava-se de bandejas retangulares de cerâmica preta, com duas alças, sobre as quais havia coisas parecidas com xícaras de chá ou café, que não diferiam muito de um de nossos modernos *aparelhos de café*. Em resposta a nossas indagações, soubemos que aquilo era o *"toilette"* [conjunto de toalete] de uma dama etrusca, com recipientes para cosméticos e pó-de-arroz, e havíamos comentado, por brincadeira, que seria uma boa idéia levar um deles conosco para a dona da casa. O objeto do sonho, por conseguinte, significava uma *"toilette"* preta, isto é, um traje de luto, e fazia referência direta a uma morte. A outra extremidade do objeto onírico fez-me lembrar dos barcos fúnebres[1] em que, nos tempos primitivos, os cadáveres eram colocados e entregues ao mar como sepultura. Isso levou ao ponto que explicava por que os barcos *retornavam* no sonho:

---

1 *"Nachen"* [em alemão], palavra derivada, diz-me um amigo filólogo, da raiz *"νέχυς"* [cadáver].

453

Still, auf gerettetem Boot, treibt in den Hafen der Greis.[1]

Era o retorno após um naufrágio [*"Schiffbruch"*, literalmente, "quebra do navio"] — o navio do café da manhã estava quebrado ao meio. Mas qual seria a origem do nome do navio "do café da manhã"? Era aqui que entrava a palavra "inglês", que sobrara dos navios de guerra. A palavra inglesa "breakfast" ["café da manhã"] significa "quebra do jejum". A "quebra" relacionava-se, mais uma vez, com o naufrágio, e o jejum estava ligado ao traje ou *toilette* preta.

Mas apenas o *nome* navio do café da manhã é que foi uma nova construção do sonho. A *coisa* existia e me fazia lembrar de uma das mais agradáveis partes de minha última viagem. Desconfiando da comida que seria oferecida em Aquiléia, tínhamos levado provisões conosco de Gorizia e comprado uma garrafa de excelente vinho ístrio em Aquiléia. E, enquanto o pequeno vapor singrava lentamente pelo *"Canale delle Mee"*, atravessando a lagoa deserta até Grado, nós, que éramos os únicos passageiros, tomamos nosso café da manhã no convés em excelente estado de espírito, e raramente tomamos um que estivesse tão gostoso. Esse, portanto, era o "navio do café da manhã", e foi precisamente por trás dessa lembrança da mais festiva *joie de vivre* que o sonho ocultou os mais sombrios pensamentos sobre um futuro desconhecido e sinistro.

O desligamento entre os afetos e o material de representações que os gerou é a coisa mais notável que lhes ocorre durante a formação dos sonhos; mas não é a única nem a mais essencial alteração por eles sofrida no percurso dos pensamentos oníricos para o sonho manifesto. Se compararmos os afetos dos pensamentos oníricos com os do sonho, uma coisa logo ficará clara. Sempre que há um afeto no sonho, ele também é encontrado nos pensamentos oníricos. Mas o inverso não é verdadeiro. O sonho é, em geral, mais pobre de afetos que o material psíquico de cuja manipulação ele proveio. Quando reconstruo os pensamentos oníricos, habitualmente encontro neles os mais intensos impulsos psíquicos esforçando-se por se fazerem sentir e lutando, em geral, contra outros que lhes são nitidamente opostos. Se, em seguida, torno a me voltar para o sonho, não é raro ele parecer descolorido e sem

---

1 [A salvo em seu barco, o velho navega tranqüilamente para o porto.]

qualquer tom afetivo mais intenso. O trabalho do sonho reduz ao nível do indiferente não apenas o conteúdo, mas, muitas vezes, também o tom afetivo de meus pensamentos. Poder-se-ia dizer que o trabalho do sonho acarreta uma *supressão dos afetos*. Tomemos, por exemplo, o sonho da monografia de botânica. Os pensamentos a ele correspondentes consistiam num apelo apaixonadamente agitado em prol de minha liberdade de agir como escolhesse e de dirigir minha vida como a mim, e apenas a mim, parecesse certo. O sonho que surgiu deles tem um toque de indiferença: "Eu escrevera uma monografia; ela estava diante de mim; continha ilustrações coloridas; plantas secas acompanhavam cada exemplar". Isso faz lembrar a paz que desce sobre um campo de batalha recoberto de cadáveres; não resta nenhum traço da luta que nele se travou.

As coisas podem ser diferentes: vívidas manifestações de afeto podem introduzir-se no próprio sonho. Por ora, no entanto, vou deter-me no fato incontestável de que um grande número de sonhos parece ser indiferente, ao passo que nunca é possível penetrar nos pensamentos oníricos sem ficar profundamente emocionado.

Não se pode fornecer aqui nenhuma explicação teórica completa dessa supressão do afeto no decorrer do trabalho do sonho. Ela precisaria ser precedida de uma investigação extremamente minuciosa da teoria dos afetos e do mecanismo do recalque. Permitir-me-ei apenas uma referência a dois pontos. Sou compelido — por outras razões — a retratar a liberação dos afetos como um processo centrífugo dirigido para o interior do corpo e análogo aos processos de inervação motora e secretória. Ora, assim como, no estado de sono, o envio de impulsos motores em direção ao mundo externo parece ficar suspenso, também é possível que a convocação centrífuga de afetos pelo pensamento inconsciente se torne mais difícil durante o sono. Nesse caso, os impulsos afetivos sobrevindos no decurso dos pensamentos oníricos seriam, por sua própria natureza, impulsos fracos, e conseqüentemente, os que penetrassem no sonho seriam igualmente fracos. Segundo este ponto de vista, portanto, a "supressão do afeto" não seria, de maneira alguma, conseqüência do trabalho do sonho, mas resultaria do estado de sono. Isso pode ser verdade, mas não a toda a verdade. Precisamos também ter em mente que qualquer sonho relativamente complexo é uma solução de compromisso produzida por um conflito entre forças psíquicas. Por um lado, os pensamentos que formam o desejo são obrigados a lutar contra a oposição de uma instância censora e, por outro, vimos com freqüência que, no próprio pensamento inconsciente, toda cadeia de idéias está atrelada a seu oposto contraditório. Uma vez que todas essas cadeias de idéias são passíveis de afeto, dificilmente estaremos errados, no todo, se encararmos a supressão do afeto como uma conseqüência da inibição que esses contrários exercem uns sobre os outros e que a censura exerce sobre os impulsos por ela suprimidos. *A inibição do afeto, por conseguinte, deve ser considerada como a segunda conseqüência da censura dos sonhos, tal como a distorção onírica é sua primeira conseqüência.*

Darei aqui como exemplo um sonho em que o colorido afetivo indiferente do conteúdo pode ser explicado pela antítese entre os pensamentos oníricos. Trata-se de um sonho curto, que encherá de repulsa todos os leitores.

IV

Uma colina, sobre a qual havia algo como uma privada ao ar livre: um assento muito comprido com um grande buraco em sua extremidade. A borda traseira estava densamente coberta de pequenos montes de fezes de todos os tamanhos e graus de frescura. Havia arbustos por trás do assento. Urinei no assento; um longo filete de urina lavou e limpou tudo; os montes de fezes desprenderam-se facilmente e caíram na abertura. Era como se, no final, ainda restassem alguns.

Por que não senti repugnância durante esse sonho?

Porque, como a análise mostrou, os mais prazerosos e gratificantes pensamentos contribuíram para promovê-lo. O que me ocorreu de imediato na análise foram as estrebarias de Augias, limpas por Hércules. Esse Hércules era eu. A colina e os arbustos vinham de Aussee, onde estavam meus filhos na ocasião. Eu havia descoberto a etiologia infantil das neuroses e, assim, salvara meus próprios filhos da doença. O assento (exceto, naturalmente, pelo buraco) era uma cópia exata de um móvel que eu recebera de presente de uma paciente agradecida. Desse modo, lembrava-me de quanto meus pacientes me respeitavam. De fato, até mesmo o museu de excremento humano podia receber uma interpretação capaz de encher-me o coração de júbilo. Por mais que me pudesse repugnar na realidade, ele era, no sonho, uma reminiscência das belas terras da Itália, onde, como todos sabemos, os banheiros das cidades pequenas são equipados exatamente dessa maneira.

O jorro de urina que limpou tudo era um sinal inequívoco de grandeza. Foi assim que Gulliver extinguiu o grande incêndio de Lilliput — embora, incidentalmente, isso lhe tivesse granjeado o desfavor da minúscula rainha. Mas também Gargântua, o super-homem de Rabelais, vingara-se dos parisienses do mesmo modo, sentando-se escarranchado sobre a Notre Dame e dirigindo seu jato de urina para a cidade. Ainda na noite anterior, antes de dormir, eu estivera folheando as ilustrações de Garnier para Rabelais. E, estranhamente, ali estava outra prova de que era eu o super-homem. A plataforma da Notre Dame era meu recanto favorito em Paris; todas as tardes livres, eu costumava subir as torres da igreja e ficar por lá, entre os monstros e os demônios. O fato de todas as fezes desaparecerem tão depressa sob o jato fez-me lembrar o lema *"Afflavit et dissipati sunt"*, que um dia eu pretendia colocar como epígrafe de um capítulo sobre a terapia da histeria.[1]

E agora, vamos à verdadeira causa excitante do sonho. Fora uma tarde quente de verão e, à noite, eu havia proferido minha palestra sobre a ligação entre a histeria e as perversões, e tudo o que tivera a dizer desagradara-me profundamente e me parecera completamente desprovido de qualquer valor. Estava cansado e não sentia nenhum vestígio de prazer em meu difícil trabalho; ansiava por estar longe de toda aquela escavação da sujeira humana, para poder reunir-me a meus filhos e depois visitar as belezas da Itália. Nesse estado de espírito, fui da sala de conferências para um café, onde fiz um modesto lanche ao ar livre, uma vez que não tinha apetite. Um de meus ouvintes, entretanto, foi comigo e me pediu licença para sentar-se a meu lado enquanto eu tomava meu café e me engasgava com um bolinho. Começou a lisonjear-me, dizendo quanto havia aprendido comigo, como agora via tudo com novos olhos e como eu havia limpado as *estrebarias de Augias* dos erros e preconceitos com a minha teoria das neuroses. Disse-me, em suma, que eu era realmente um grande homem. Meu estado de ânimo não combinava com esse cântico de louvor; lutei contra meu sentimento de repugnância, fui para casa cedo para fugir de meu interlocutor e, antes de me deitar, folheei as páginas de Rabelais e li um dos contos de Conrad Ferdinand Meyer, *"Die Leiden eines Knaben"* ["Os Infortúnios de um Menino"].

---

1 [*Nota de rodapé somente na edição de* 1925:] Para uma correção dessa citação, ver p. 218*n*3.

Foi esse o material de que emergiu o sonho. O conto de Meyer trouxe, além disso, uma rememoração de cenas de minha infância (cf. o último episódio do sonho sobre o Conde Thun). O humor diurno de irritação e asco persistiu no sonho, na medida em que foi capaz de suprir quase todo o material de seu conteúdo manifesto. Durante a noite, entretanto, emergiu um estado de espírito contrário, de poderosa e até exagerada auto-afirmação, que deslocou o anterior. O conteúdo do sonho tinha de descobrir uma forma que lhe permitisse expressar no mesmo material tanto os delírios de inferioridade quanto a megalomania. O compromisso entre eles produziu um conteúdo onírico ambíguo, mas também resultou num colorido afetivo indiferente, devido à inibição mútua desses impulsos contrários.

De acordo com a teoria da realização de desejo, esse sonho não se teria tornado possível se a cadeia antitética de idéias megalomaníacas (que, é verdade, fora suprimida, mas tinha um colorido prazeroso) não houvesse surgido além da sensação de nojo. Porque o que é aflitivo não pode ser representado num sonho; nada que seja aflitivo em nossos pensamentos oníricos consegue penetrar à força num sonho, a menos que, ao mesmo tempo, empreste um disfarce à realização de um desejo.

Existe ainda outra maneira pela qual o trabalho do sonho pode lidar com os afetos nos pensamentos oníricos, além de permitir-lhes passagem ou reduzi-los a nada. Ele pode *transformá-los em seu oposto*. Já nos familiarizamos com a regra interpretativa segundo a qual todo elemento de um sonho, para fins de interpretação, pode representar seu oposto com tanta facilidade quanto a si próprio. Nunca podemos dizer de antemão se representa um ou outro; somente o contexto pode decidir. Uma suspeita dessa verdade evidentemente penetrou na consciência popular: os "livros de sonhos", com grande freqüência, adotam o princípio dos contrários em sua interpretação dos sonhos. Essa transformação de uma coisa em seu oposto é possibilitada pela íntima cadeia associativa que vincula a representação de uma coisa a seu oposto em nossos pensamentos. Como qualquer outro tipo de deslocamento, ela pode atender aos propósitos da censura, mas também é, com freqüência, um produto da realização de desejo, pois esta não consiste em nada além da substituição de uma coisa desagradável por seu oposto. Tal como as representações da coisas podem aparecer nos sonhos transformadas em seu oposto, o mesmo pode acontecer com os *afetos* ligados aos pensamentos oníricos; e parece provável que essa inversão do afeto seja ocasionada, em geral, pela censura onírica. Na vida social, que nos proporcionou nossa analogia familiar com a censura onírica, também fazemos uso da supressão e da inversão do afeto, principalmente para fins de dissimulação. Se estou falando com alguém a quem sou obrigado a tratar com consideração, embora querendo dizer-lhe algo hostil, é quase mais importante que eu oculte dele qualquer expressão de meu *afeto* do que abrande a forma verbal de meus pensamentos. Se me dirigisse a ele com palavras que não fossem desaforadas, mas as fizesse acompanhar por um olhar ou gesto de ódio e desprezo, o efeito que eu produziria nele não seria muito diferente do que se lhe lançasse na cara meu desprezo, abertamente. Por conseguinte, a censura me ordena, acima de tudo, a suprimir meus afetos; e, se eu for um mestre da dissimulação, fingirei o afeto *oposto* — sorrirei quando estiver zangado e parecerei afetuoso quando desejar destruir.

Já deparamos com um excelente exemplo desse tipo de inversão de afeto, efetuada num sonho a serviço da censura onírica. No sonho com "meu tio da barba amarela", senti extrema afeição por meu amigo R., enquanto os pensamentos oníricos o chamavam de simplório — na verdade, foi justamente esse o motivo de sentir tamanha afeição. Foi desse exemplo de inversão do afeto que tiramos nossa primeira pista da existência de uma censura do sonho. Tampouco é necessário presumir, nesses casos, que o trabalho do sonho *crie* esses afetos opostos a partir do nada; em geral, ele já os encontra à mão no material dos pensamentos oníricos e simplesmente os intensifica com a força psíquica originária dos motivos de defesa, até que eles possam predominar para fins de formação do sonho. No sonho com meu tio que acabo de mencionar, o carinhoso afeto antitético provavelmente surgiu de uma fonte infantil (como sugere a última parte do sonho), porque a relação tio-sobrinho, devido à natureza peculiar das mais remotas experiências de minha infância (cf. análise na pág. 414), tornara-se a fonte de todas as minhas amizades e todos os meus ódios.

Um excelente exemplo desse tipo de inversão do afeto pode ser encontrado num sonho registrado por Ferenczi (1916): "Um cavalheiro idoso foi acordado certa noite por sua mulher, que ficara assustada porque ele estava gargalhando muito alto e desenfreadamente em seu sono. Mais tarde, o homem relatou ter tido o seguinte sonho: *Estava deitado na cama e um cavalheiro que me era conhecido entrou no quarto; tentei acender a luz mas não consegui: tentei de novo, repetidas vezes, mas em vão. Aí, minha mulher saiu da cama para me ajudar, mas também não conseguiu. No entanto, como*

459

se sentisse embaraçada diante do cavalheiro por estar 'en négligé', *acabou desistindo e voltou para a cama. Tudo isso foi tão engraçado que não pude deixar de rir às gargalhadas. Minha mulher perguntou: 'Por que você está rindo? Por que está rindo?', mas apenas continuei rindo até acordar.* — No dia seguinte, o cavalheiro estava muito deprimido e com dor de cabeça; todo aquele riso o havia perturbado, pensou.

"O sonho parece menos divertido quando é considerado analiticamente. O 'cavalheiro que lhe era conhecido' e que entrara no quarto era, nos pensamentos oníricos latentes, a representação da Morte como o 'grande Desconhecido' — uma imagem que lhe viera à mente durante o dia anterior. O idoso cavalheiro, que sofria de arteriosclerose, tivera boas razões, na véspera, para pensar em morrer. A gargalhada desenfreada tomou o lugar dos soluços e lágrimas ante a idéia de que deveria morrer. Era a luz da vida que ele já não conseguia acender. Esse pensamento sombrio talvez estivesse vinculado a tentativas de cópula que ele fizera pouco antes, mas que haviam falhado apesar da ajuda de sua mulher *en négligé*. Ele percebeu que já estava em decadência. O trabalho do sonho conseguiu transformar a idéia sombria da impotência e da morte numa cena cômica, e seus soluços, em gargalhadas".

Há uma classe de sonhos que tem um direito especial a ser descrita como "sonhos hipócritas", e que submete a uma dura prova a teoria da realização de desejo. Minha atenção foi despertada por eles quando a Dra. M. Hilferding apresentou o seguinte relato de um sonho de Peter Rosegger para debate na Sociedade Psicanalítica de Viena.

Escreve Rosegger em sua história *"Fremd gemacht!"*:[1] "Em geral, costumo dormir bem, mas foram muitas as noites em que perdi meu repouso — é que, juntamente com minha modesta carreira de estudioso e homem de letras, por muitos anos arrastei comigo, como um fantasma do qual não conseguia libertar-me, a sombra de uma vida de alfaiate.

"Não é que durante o dia eu refletisse com muita freqüência ou intensidade sobre meu passado. Quem já se despira da pele de um filisteu e estava procurando conquistar a Terra e o Céu tinha outras coisas a fazer. E tampouco, quando jovem e impetuoso, eu dera a menor atenção a meus sonhos noturnos. Só mais tarde, quando me veio o hábito de refletir sobre

---

1 ["Despedido!"] No segundo volume de *Waldheimat*, p. 293.

tudo, ou quando o filisteu em mim começou a despertar um tantinho, foi que me perguntei por que era que, toda vez que sonhava, eu era sempre um alfaiate assalariado e assim passava tanto tempo com meu mestre e trabalhava de graça em sua oficina. Sabia perfeitamente, enquanto me sentava assim a seu lado, costurando e passando a ferro, que meu lugar certo já não era ali e que, como cidadão, eu tinha outras coisas com que me ocupar. Mas estava sempre de férias, sempre de férias de verão, e era assim que ficava sentado ao lado de meu mestre, como seu auxiliar. Isso muitas vezes me aborrecia, e eu ficava triste com a perda de tempo em que bem poderia ter encontrado coisas melhores e mais úteis para fazer. Vez por outra, quando algo saía errado, tinha de suportar uma repreensão de meu mestre, embora nunca se falasse em salário. Muitas vezes, sentado ali, com as costas vergadas na oficina escura, pensei em dar-lhe aviso prévio e me demitir. Um dia, cheguei até a fazê-lo, mas meu mestre não prestou a menor atenção, e cedo lá estava eu sentado de novo a seu lado, cosendo.

"Depois dessas jornadas tediosas, que alegria era acordar! E determinei então que, se esse sonho persistente voltasse a surgir, eu o afastaria de mim energicamente e exclamaria: 'Isso não passa de conversa fiada, estou deitado na cama e quero dormir...' Mas, na noite seguinte, lá estava eu de novo sentado na oficina do alfaiate.

"E assim continuou por anos, com inquietante regularidade. Ora, um dia aconteceu estarmos trabalhando, meu mestre e eu, na casa de Alpelhofer (o camponês em cuja casa eu trabalhara quando me iniciei como aprendiz) e meu mestre se mostrou particularmente insatisfeito com meu trabalho: 'Gostaria de saber onde é que você está com a cabeça', disse-me, e me lançou um olhar sombrio. A coisa mais sensata a fazer, pensei, seria levantar-me e dizer que só estava com ele para agradar-lhe, e depois sair. Mas não fiz nada disso. Não formulei nenhuma objeção quando meu mestre tomou um aprendiz e me ordenou que lhe desse espaço no banco. Mudei-me para o canto e continuei a coser. No mesmo dia, outro diarista também foi contratado, um hipócrita choramingão — era natural da Boêmia — que havia trabalhado em nossa alfaiataria dezenove anos antes e que um dia caíra no riacho, ao voltar da estalagem. Quando foi procurar um assento, não havia mais lugar. Voltei-me para meu mestre interrogativamente e ele me disse 'Você não tem dotes de alfaiate, pode ir! Está despedido!' Diante disso, meu susto foi tão forte que acordei.

"A luz cinzenta da manhã entrava em pálidos clarões pelas janelas sem cortinas de minha casa, tão conhecida. Obras de arte me rodeavam; ali, em minha bela estante, estavam o eterno Homero, o gigantesco Dante, o incomparável Shakespeare, o glorioso Goethe — todos os magníficos imortais. Do quarto ao lado vinham as vozes claras e juvenis das crianças que acordavam, brincando com sua mãe. Senti-me como se tivesse reencontrado aquela vida espiritual idilicamente doce, pacífica e poética em que tantas vezes e de maneira tão profunda eu experimentara uma meditativa felicidade humana. Contudo, irritava-me que não me tivesse antecipado a meu mestre para dar-lhe o aviso prévio, mas tivesse sido despedido por ele.

"E como fiquei atônito! Desde a noite em que meu mestre me despediu, tive paz; não sonhei mais com os tempos de alfaiate que estavam tão distantes em meu passado — aqueles tempos que tinham sido tão alegres em sua despretensão, mas haviam projetado uma sombra tão extensa sobre meus anos posteriores."

Nessa série de sonhos de um escritor que fora alfaiate assalariado em sua mocidade, é difícil reconhecer o domínio da realização de desejo. Todo o prazer do sonhador estava em sua existência diurna, ao passo que, em seus sonhos, era ainda perseguido pela sombra de uma vida infeliz da qual enfim escapara. Alguns sonhos meus de natureza semelhante permitiram-me lançar um pouco de luz sobre o assunto. Quando médico recém-formado, trabalhei por muito tempo no Instituto de Química sem nunca me tornar competente nas habilidades que essa ciência exige; e por essa razão, em minha vida de vigília, jamais gostei de pensar nesse episódio estéril e realmente humilhante de minha aprendizagem. Por outro lado, tenho um sonho recorrente e regular de trabalhar no laboratório, fazer análises e ter diversas experiências ali. Esses sonhos são tão desagradáveis quanto os sonhos com exames e nunca são muito nítidos. Enquanto interpretava um deles, minha atenção acabou sendo atraída pela palavra *"análise"*, que me forneceu uma chave para sua compreensão. Desde aqueles tempos, tornei-me um "analista", e hoje efetuo análises altamente elogiadas, embora seja verdade que se trata de *"psico*-análises". Agora tudo ficou claro para mim: se passei a sentir orgulho de fazer esse tipo de análise em minha vida diurna e me sinto inclinado a vangloriar-me de ter alcançado tanto sucesso, meus sonhos relembram-me durante a noite aquelas outras análises malsucedidas de que não tenho razão alguma para me orgulhar. São sonhos de punição de um *parvenu*, como os sonhos do alfaiate assalariado que se transformara num escritor famoso. Mas como é possível que um sonho, no conflito entre o orgulho de um *parvenu* e sua autocrítica, tome o partido desta e escolha como seu conteúdo uma advertência sensata, em vez de uma realização de desejo proibida? Como já disse, a resposta a essa pergunta levanta dificuldades. Podemos concluir que a base do sonho era formada, de início, por uma fantasia exageradamente ambiciosa, mas que os pensamentos humilhantes que jogaram água fria na fantasia penetraram no sonho em vez dela. Convém lembrar que existem na mente impulsos masoquistas que podem ser responsáveis por uma inversão como essa. Eu não faria objeção a que essa classe de sonhos fosse distinguida dos "sonhos de realização de desejo" sob o nome de "sonhos de punição". Não encararia isso como algo que implicasse qualquer restrição da teoria dos sonhos que propus até aqui; isso não passaria de um expediente lingüístico para atender às dificuldades daqueles que acham estranho que os opostos possam convergir. Mas um exame mais atento de alguns desses sonhos traz algo mais à luz. Numa parte indistinta do pano de fundo de um de meus sonhos com o laboratório, eu tinha uma idade que me situava precisamente no ano mais sombrio e mais infrutífero de minha carreira médica. Eu ainda estava sem emprego e não tinha idéia de como poderia ganhar a vida: ao mesmo tempo, todavia, descobri repentinamente que podia escolher entre diversas mulheres com quem poderia casar-me! Portanto, eu era jovem outra vez e, acima de tudo, *ela* era jovem outra vez — a mulher que partilhou comigo todos esses anos difíceis. O instigador inconsciente do sonho revelou-se, desse modo, como um dos desejos que atormentam constantemente o homem que está envelhecendo. O conflito que se travava em outros níveis da psique entre a vaidade e a autocrítica determinara, é verdade, o conteúdo do sonho, mas só o desejo mais profundamente enraizado de ser jovem é que possibilitou a esse conflito aparecer como um sonho. Mesmo acordados, às vezes dizemos a nós mesmos: "As coisas vão muito bem agora e a situação era difícil nos velhos tempos; mas mesmo assim tudo era uma beleza — eu era ainda jovem".[1]

Outro grupo de sonhos, que muitas vezes encontrei em mim mesmo e reconheci como hipócritas, tem como conteúdo uma reconciliação com pessoas com quem as relações de amizade cessaram há muito tempo. Nesses

---

1 [*Nota de rodapé acrescentada* em 1930:] Depois que a psicanálise dividiu a personalidade num ego e num superego (Freud, 1921c), tornou-se fácil reconhecer nesses sonhos de punição realizações de desejos do superego.

casos, a análise habitualmente revela alguma situação que poderia instar-me a abandonar os últimos remanescentes de consideração por esses ex-amigos e tratá-los como estranhos ou inimigos. O sonho, porém, prefere retratar a relação oposta.

Ao formarmos qualquer juízo sobre os sonhos relatados pelos escritores, é razoável supormos que eles tenham omitido do relato pormenores do conteúdo do sonho que considerassem dispensáveis ou confusos. Seus sonhos, nesse caso, levantarão problemas que seriam rapidamente resolvidos se seu conteúdo fosse comunicado na íntegra.

Otto Rank me fez notar que o conto de fadas de Grimm sobre "O Pequeno Alfaiate, ou Sete de um só Golpe" contém um sonho muito semelhante de um *parvenu*. O alfaiate, que se tornara herói e genro do Rei, sonha uma noite com seu antigo ofício, deitado ao lado da esposa, a Princesa. Ela, ficando desconfiada, põe guardas armados na noite seguinte para escutar as palavras do sonhador e prendê-lo. Mas o alfaiatezinho é advertido e providencia para que seu sonho seja corrigido.

O complicado processo de eliminação, diminuição e inversão por meio do qual os afetos dos pensamentos oníricos acabam por transformar-se nos dos sonhos pode ser compreendido de forma satisfatória em sínteses apropriadas de sonhos que tenham sido completamente analisados. Citarei mais alguns exemplos de afetos nos sonhos, que mostram realizadas algumas das possibilidades que enumerei.

V

Se retornarmos ao sonho sobre a estranha tarefa de que me encarregou o velho Brücke, de fazer uma dissecação de minha própria pélvis, será lembrado que, no sonho em si, faltou-me o sentimento de horror [*"Grauen"*] que lhe seria apropriado. Ora, isso foi uma realização de desejo em mais de um sentido. A dissecação significava a auto-análise que eu estava realizando, por assim dizer, com a publicação deste livro sobre os sonhos — um processo que me fora tão penoso na realidade que adiei por mais de um ano a impressão do manuscrito já concluído. Surgiu então um desejo de que eu pudesse vencer esse sentimento de aversão; daí eu não ter tido nenhum sentimento de horror [*"Grauen"*] no sonho. Mas também me agradaria muito não ter de ficar grisalho — *"Grauen"*, no outro sentido do termo. Eu já estava ficando bastante grisalho, e os fios cinzentos em meus cabelos eram outro lembrete de que não deveria demorar-me mais. E, como vimos, a idéia de que teria de deixar a cargo de meus filhos levar a seu término minha difícil jornada impôs sua representação no final do sonho.

Consideremos agora os dois sonhos em que uma expressão de satisfação foi transposta para o momento seguinte ao despertar. No primeiro caso, a razão fornecida para a satisfação era a expectativa de que eu agora descobriria o que significava "Já sonhei com isso antes", ao passo que a satisfação na verdade se referia ao nascimento de meus primeiros filhos. No outro caso, a razão aparente era minha convicção de que algo que fora "prognosticado" estava agora se tornando realidade, quando a referência real era semelhante à do sonho anterior: tratava-se da satisfação com que acolhi o nascimento de meu segundo filho. Aqui, os afetos que dominavam os pensamentos oníricos persistiram nos sonhos, mas podemos afirmar com segurança que em *nenhum* sonho as coisas podem ser tão simples assim. Se penetrarmos um pouco mais a fundo nas duas análises, descobriremos que essa satisfação que escapou à censura recebeu um acréscimo de outra fonte. Essa outra fonte tinha motivos para temer a censura e seu afeto teria indubitavelmente despertado oposição, se ele não tivesse se ocultado no afeto similar e legítimo da satisfação, proveniente da fonte permissível, e se insinuado, por assim dizer, sob sua asa.

Infelizmente, não posso demonstrar isso no caso efetivo desses sonhos, mas um exemplo extraído de outra esfera da vida deixará claro o que quero dizer. Imaginemos o seguinte caso: há uma pessoa de minhas relações a quem odeio, de maneira que tenho uma viva inclinação a ficar contente quando alguma coisa adversa lhe acontece. Entretanto, o lado moral de minha natureza não faz concessões a esse impulso. Não me atrevo a expressar o desejo de que ela seja infeliz e, caso ela depare com algum infortúnio imerecido, suprimo minha satisfação diante disso e me imponho manifestações e pensamentos de pesar. Todos já devem ter passado por essa situação em algum momento. Mas acontece então que a pessoa odiada, por alguma transgressão sua, envolve-se num aborrecimento merecido; quando isso acontece, posso dar rédea solta à minha satisfação por ela ter recebido uma punição justa e, nisto, estou de acordo com muitas outras pessoas que são imparciais. Posso observar, contudo, que minha satisfação parece mais intensa que a dessas outras pessoas; ela recebeu um acréscimo da fonte de meu ódio, até então impedida de manifestar seu afeto, mas que, com a alteração das circunstâncias, já não tem mais nenhum obstáculo para fazê-lo. Na vida social, isso geralmente ocorre sempre que as pessoas antipáticas ou os membros de uma minoria impopular se mostram sem razão. Sua punição não costuma corresponder a seus erros, mas a seus erros *acrescidos* da má vontade dirigida contra eles, que até então não tivera nenhuma conseqüência. Sem dúvida é verdade que aqueles que infligem o castigo cometem com isso uma injustiça; mas ficam impedidos de percebê-la pela satisfação resultante da retirada de uma supressão que por muito tempo foi mantida dentro deles. Em casos como esse, o afeto é justificado em sua *qualidade*, mas não em sua *quantidade*, e a autocrítica tranqüilizada quanto ao primeiro aspecto tende, com extrema facilidade, a se descuidar do exame do segundo. Uma vez aberta uma porta, é fácil irromperem por ela mais pessoas do que originalmente se pretendia deixar entrar.

Um traço marcante das pessoas neuróticas — o fato de uma causa passível de liberar um afeto tender a produzir nelas um resultado qualitativamente justificado, mas quantitativamente excessivo — pode ser explicado dentro dessa mesma linha de raciocínio, na medida em que de fato admite alguma explicação psicológica. O excesso provém de fontes de afeto que antes permaneciam inconscientes e suprimidas. Essas fontes conseguem estabelecer um elo associativo com a causa liberadora *real*, e a passagem desejada para a liberação de seu próprio afeto é aberta pela *outra* fonte de afeto, que é legítima e não sofre objeções. Nossa atenção é assim atraída para o fato de que, ao considerarmos as instâncias suprimidas e supressoras, não devemos encarar sua relação como sendo exclusivamente de inibição recíproca. Igual atenção deve ser dada aos casos em que as duas instâncias provocam um efeito patológico, atuando lado a lado e se intensificando mutuamente.

Apliquemos agora essas indicações sobre os mecanismos psíquicos a um entendimento das expressões de afeto nos *sonhos*. Uma satisfação que surja num sonho e possa, é claro, ter seu lugar apropriado imediatamente apontado nos pensamentos oníricos nem sempre é completamente elucidada apenas por essa referência. Em geral, é necessário buscar *outra* fonte dela nos pensamentos oníricos, uma fonte que esteja sob a pressão da censura. Por causa dessa pressão, essa fonte normalmente produziria, não satisfação, mas o afeto contrário. Graças à presença da primeira fonte de afeto, porém, a segunda fonte pode subtrair do recalque seu afeto de satisfação e permitir que ele funcione como uma intensificação da satisfação da primeira fonte. Assim, parece que os afetos nos sonhos são alimentados por uma confluência de diversas fontes e sobredeterminados em sua referência ao material dos pensamentos oníricos. *Durante o trabalho do sonho, as fontes de afeto passíveis de produzir o mesmo afeto unem-se para gerá-lo.*[1]

Podemos compreender melhor essas complicações mediante a análise daquele belo espécime de sonho cujo ponto central era formado pelas palavras *"Non vixit"*. Nesse sonho, externalizações de afeto de diversas qualidades reuniram-se em dois pontos do conteúdo manifesto. Sentimentos hostis e aflitivos — "dominado por estranhas emoções" foram as palavras utilizadas no próprio sonho — superpuseram-se no ponto em que aniquilei meu oponente e amigo com duas palavras. E de novo, no final do sonho, fiquei extremamente satisfeito e cheguei a aprovar a possibilidade, que na vida de vigília sabia ser absurda, de existirem *revenants* que pudessem ser eliminados por um simples desejo.

Ainda não relatei a causa excitante do sonho. Foi de grande importância e levou a uma compreensão profunda dele. Eu recebera de meu amigo de Berlim, a quem me referi como "Fl.", a notícia de que ele estava prestes a sofrer uma operação e de que eu obteria novas informações sobre seu estado com alguns de seus parentes em Viena. As primeiras notícias que recebi após a operação não foram tranqüilizadoras e me deixaram inquieto. Eu preferiria muito ir ter com ele pessoalmente, mas, exatamente nessa ocasião, estava acometido de uma enfermidade dolorosa que transformava qualquer espécie de movimento numa tortura para mim. Os pensamentos oníricos informaram-me então que eu temia pela vida de meu amigo. Eu sabia que sua única irmã, que nunca cheguei a conhecer, tinha morrido muito jovem, após uma doença fulminante. (No sonho, *Fl. falava sobre sua irmã e dizia que ela estava morta havia três quartos de hora.*) Devo ter imaginado que a constituição dele não era muito mais resistente que a de sua irmã, e que, depois de receber notícias muito piores sobre ele, eu acabaria fazendo a viagem, afinal — e chegaria *tarde demais*, pelo que nunca deixaria de me

---

1 [*Nota de rodapé acrescentada* em 1909:] Dei uma explicação análoga para o efeito prazeroso extraordinariamente intenso dos chistes tendenciosos.

467

censurar.[1] Essa recriminação por chegar tarde demais tornou-se o ponto central do sonho, mas foi representada por uma cena em que Brücke, o venerado professor de meus tempos de estudante, a dirigia a mim com uma expressão terrível em seus olhos azuis. Logo se evidenciará o que foi que fez a situação transformar-se nesses moldes. A cena em si não podia ser reproduzida pelo sonho na forma como eu a vivenciara. A outra figura do sonho pôde conservar os olhos azuis, mas o papel aniquilador foi atribuído a mim — uma inversão que, obviamente, foi obra da realização de desejo. Meu desassossego a respeito da recuperação de meu amigo, minhas auto-censuras por não ir vê-lo, a vergonha que senti por isso — *ele tinha vindo a Viena* (para ver-me) *"discretamente"* —, a necessidade que eu tinha de me considerar desculpado por minha doença — tudo isso se combinou para produzir a tormenta emocional que foi claramente percebida em meu sono e que assolava essa região dos pensamentos oníricos.

Mas havia na causa excitante do sonho outra coisa, que teve em mim um efeito inteiramente oposto. Junto com as notícias desfavoráveis dos primeiros dias após a operação, recebi a advertência de não discutir o assunto com ninguém. Senti-me ofendido com isso, pois implicava uma desconfiança desnecessária de minha discrição. Dava-me plena conta de que essas instruções não haviam partido de meu amigo e se deviam à falta de tato ou ao excesso de zelo do intermediário, mas afetou-me de maneira muito desagradável essa censura velada, pois não era inteiramente injustificada. Como todos sabemos, somente as censuras que têm algum fundamento é que "colam"; só elas é que nos perturbam. O que tenho em mente não se relaciona, é verdade, com esse amigo, mas com um período muito anterior de minha vida. Naquela ocasião, causei problemas entre dois amigos (ambos também me honravam com esse título) por dizer a um deles, sem necessidade alguma, no decorrer de uma conversa, o que o outro havia falado a seu respeito. Também nessa ocasião tinham-me feito censuras, e elas ainda estavam em minha memória. Um dos dois amigos em questão era o Professor Fleischl; posso descrever o outro por seu primeiro nome, "Josef" — que era também o de P., meu amigo e oponente no sonho.

---

1 Era essa fantasia, que fazia parte dos pensamentos oníricos inconscientes, que exigia com tanta insistência *"Non vivit"*, em vez de *"Non vixit"*: "Você chegou tarde demais, ele já não vive". Já expliquei que *"Non vivit"* também era exigido pela situação *manifesta* do sonho.

468

A recriminação por eu ser incapaz de guardar um segredo foi atestada no sonho pelo elemento "discreto" e pela pergunta de Fl. sobre *quanto eu havia contado a P. sobre suas coisas*. Mas foi a intervenção dessa lembrança que transportou do presente para a época em que trabalhei no laboratório de Brücke a recriminação contra mim por chegar tarde demais. E, ao transformar a segunda pessoa da cena onírica de aniquilamento num Josef, fiz com que essa cena representasse não apenas a recriminação feita a mim por chegar tarde demais, mas também a recriminação, recalcada com muito mais intensidade, por eu ser incapaz de guardar um segredo. Aqui, os processos de condensação e deslocamento em ação no sonho, bem como suas razões de ser, podem ser percebidos com uma clareza excepcional.

Minha ligeira raiva, no presente, pela advertência que eu recebera de não deixar escapar nada [sobre a doença de Fl.] recebeu reforços de fontes situadas nas profundezas de minha mente, e assim se avolumou numa corrente de sentimentos hostis contra pessoas de quem na verdade eu gostava. A fonte desse reforço brotava de minha infância. Já assinalei como minhas amizades calorosas, e também minhas inimizades com pessoas da mesma idade que a minha, remontam a minhas relações de infância com um sobrinho que era um ano mais velho que eu; como ele era superior a mim, como cedo aprendi a me defender dele, como éramos amigos inseparáveis e como, de acordo com o testemunho dos mais velhos, às vezes brigávamos um com outro e... lhes fazíamos queixas um do outro. Todos os meus amigos têm sido, num certo sentido, reencarnações dessa primeira figura que *"früh sich einst dem trüben Blick gezeigt"*:[1] têm sido *revenants*. Meu próprio sobrinho voltou a aparecer durante a minha infância e, nessa ocasião, representamos juntos os papéis de César e Brutus. Sempre foi uma insistência da minha vida afetiva que eu tivesse um amigo íntimo e um inimigo odiado. Sempre me foi possível reabastecer-me de ambos, e não raro essa situação ideal da infância se reproduziu tão completamente que amigo e inimigo convergiram numa só pessoa — embora esta pessoa, é claro, não assumisse ambos os papéis ao mesmo tempo ou com oscilações constantes, como talvez tenha acontecido em minha tenra infância.

Não me proponho discutir neste ponto como é que, nessas circunstâncias, uma oportunidade recente de gerar um afeto pode retornar a uma situação

---

1 ["... há muito se mostrou ante meu turvo olhar" (Goethe, *Fausto*, Dedicatória)]

infantil e ser substituída por essa situação no que diz respeito à produção do afeto. Essa questão faz parte da psicologia do pensamento inconsciente e encontraria seu lugar adequado numa elucidação psicológica das neuroses. Para fins da interpretação dos sonhos, presumamos que surja ou seja construída na fantasia uma lembrança da infância, mais ou menos com o seguinte conteúdo: as duas crianças brigaram por causa de certo objeto. (Qual era esse objeto é uma questão que pode ficar em aberto, embora a lembrança ou pseudolembrança tenha um objeto bastante específico em vista.) Cada uma delas alega ter *chegado antes da outra* e, portanto, ter mais direito a ele. Vão às vias de fato e a força prevalece sobre o direito. Pelas indicações do sonho, é possível que eu mesmo soubesse que estava errado (*"eu próprio notei o erro"*). Dessa vez, porém, fui o mais forte e continuei senhor do terreno. O vencido correu para seu avô — meu pai — e queixou-se de mim; defendi-me com as palavras que conheço pelo relato de meu pai: "Bati nele porque ele me bateu". Essa lembrança, ou mais provavelmente fantasia, que me veio à mente enquanto eu analisava o sonho — sem outras indicações, eu mesmo não saberia dizer como — constituiu um elemento intermediário nos pensamentos oníricos, que reuniu os afetos neles desencadeados tal como um poço recebe a água que para ele flui. Desse ponto em diante, os pensamentos oníricos seguiram mais ou menos esta linha: "É bem feito que você tenha tido de me dar lugar. Por que tentou tirar a *mim* do caminho? Não preciso de você; posso muito bem encontrar outra pessoa para brincar comigo", etc. Esses pensamentos penetraram então nas vias que levaram a sua representação no sonho. Houve época em que tive de censurar meu amigo Josef [P.] por uma atitude deste mesmo tipo: *"Ôte-toi que je m'y mette!"* Ele seguira meus passos como demonstrador no laboratório de Brücke, mas a promoção lá era lenta e tediosa. Nenhum dos dois assistentes de Brücke estava inclinado a sair de seu lugar, e a juventude era impaciente. Meu amigo, que sabia não ter esperança de viver muito e que não estava ligado por nenhum laço de intimidade a seu superior imediato, por vezes expressava em voz alta sua impaciência; e como o superior estava gravemente enfermo, o desejo de P. de vê-lo fora do caminho talvez tivesse um sentido mais cruel que a simples esperança de promoção do homem. Como não deixa de ser natural, alguns anos antes, eu próprio acalentara um desejo ainda mais vivo de preencher uma vaga. Onde quer que haja hierarquia e promoção, está aberto o caminho para desejos que exigem supressão. O Príncipe Hal, de Shakespeare, mesmo junto ao leito de seu pai enfermo, não pôde resistir à tentação de experimentar a coroa. Mas, como seria de esperar, o sonho puniu meu amigo e não a mim por esse desejo impiedoso.[1]

"Como foi ambicioso, matei-o." Como não pudesse esperar pelo afastamento de outro homem, ele próprio foi afastado. Foram esses meus pensamentos logo depois de ter assistido à inauguração, na Universidade, do monumento comemorativo — não a ele, mas ao outro homem. Assim, parte da satisfação que senti no sonho deveria ser interpretada como: "Um castigo justo! É bem feito para você!"

No funeral de meu amigo [P.], um rapaz fez o que pareceu ser um comentário inoportuno no sentido de que o orador que pronunciara o discurso fúnebre havia deixado implícito que, sem esse homem, o mundo se acabaria. Ele havia expressado os sentimentos sinceros de alguém em cujo pesar um certo exagero estava interferindo. Mas esse seu comentário foi o ponto de partida dos seguintes pensamentos oníricos: "É bem verdade que ninguém é insubstituível. Quantas pessoas já acompanhei até a sepultura! Mas ainda estou vivo. Sobrevivi a todos; fiquei senhor do terreno". Esse tipo de pensamento, ocorrendo-me num momento em que temia talvez não encontrar meu amigo vivo se fizesse a viagem para vê-lo, só poderia ser interpretado no sentido de eu estar radiante por ter, mais uma vez, sobrevivido a alguém, por ter sido *ele* e não eu a morrer e por eu ter ficado senhor do terreno, como ficara na cena fantasiada de minha infância. Essa satisfação de origem infantil por ficar senhor do terreno constituía a maior parte do afeto que apareceu no sonho. Eu estava radiante por sobreviver e dei expressão a meu deleite com todo o egoísmo ingênuo exibido na anedota do casal em que um diz ao outro: "Se um de nós morrer, vou-me mudar para Paris". Era-me óbvio, portanto, que não seria eu a morrer.

Não se pode negar que interpretar e relatar os próprios sonhos exige elevado grau de autodisciplina. Fica-se condenado a emergir como o único vilão entre a multidão de personagens nobres com quem se partilha a própria vida. Assim, pareceu-me muito natural que os *revenants* só existissem enquanto se quisesse e pudessem ser eliminados com um desejo. Já vimos porque meu amigo Josef foi punido. Mas os *revenants* eram uma série de reencarnações do amigo de minha infância. Desse modo, também era fonte de satisfação

---

1 Deve-se reparar que o nome Josef desempenha um papel relevante em meus sonhos (cf. o sonho sobre meu tio). Meu ego acha muito fácil esconder-se por trás de pessoas desse nome, uma vez que José era o nome de um homem famoso na Bíblia como intérprete de sonhos.

para mim o fato de sempre ter conseguido achar substitutos sucessivos para aquela figura; e senti que seria capaz de encontrar um substituto para o amigo a quem estava agora a ponto de perder: ninguém era insubstituível.

Mas, e a censura onírica, que foi feito dela? Por que não levantou as mais enérgicas objeções contra essa seqüência de idéias flagrantémente egoísta? E por que não transformou a satisfação ligada a essa cadeia de idéias num agudo desprazer? A explicação, penso eu, foi que outras seqüências de idéias não objetáveis ligadas às mesmas pessoas encontraram uma satisfação simultânea e encobriram, com *seu* afeto, o afeto proveniente da fonte infantil proibida. Em outra camada de meus pensamentos, durante a cerimônia de inauguração do monumento, eu assim refletira: "Quantos amigos valiosos já perdi, uns por morte, outros por um rompimento da nossa amizade! Como tive sorte de ter encontrado um substituto para eles e de ter ganho um que significa mais para mim do que os outros jamais poderiam significar, e de, numa época da vida em que não é fácil fazer novas amizades, nunca perder a dele!" Minha satisfação por ter encontrado um substituto para esses amigos perdidos pôde penetrar no sonho sem interferência, mas, junto com ela, insinuou-se a satisfação hostil decorrente da fonte infantil. É verdade, sem dúvida, que a afeição infantil serviu para reforçar minha afeição contemporânea e justificada. Mas também o ódio infantil conseguiu fazer-se representar.

Mas o sonho continha, além disso, uma alusão clara a outra cadeia de idéias que poderia legitimamente levar à satisfação. Pouco tempo antes, após uma longa espera, meu amigo teve uma filha. Eu sabia quanto ele tinha sofrido com a morte da irmã que perdera tão cedo, e lhe escrevi dizendo estar certo de que ele transferiria o amor que sentia por ela para a filha, e que o bebezinho enfim lhe permitiria esquecer sua perda irreparável.

Portanto, esse grupo de pensamentos ligava-se mais uma vez ao pensamento intermediário do conteúdo latente do sonho, de onde se bifurcavam as vias associativas em direções opostas: "Ninguém é insubstituível! Não há nada além de *revenants*: todos aqueles que perdemos retornam!" E então os laços associativos entre os componentes contraditórios dos pensamentos oníricos foram estreitados pela circunstância fortuita de a filhinha de meu amigo ter o mesmo nome da menina com quem eu costumava brincar em criança, que tinha minha idade e era irmã de meu primeiro amigo e oponente. Deu-me grande *satisfação* saber que o bebê iria chamar-se "Pauline". E, numa alusão a essa coincidência, substituí um Josef por outro no sonho e descobri ser impossível eliminar a semelhança entre as letras iniciais dos nomes

"Fleischl" e "Fl.". Desse ponto, meus pensamentos passaram para a questão do nome de meus próprios filhos. Eu fizera questão de que o nome deles fosse escolhido, não segundo a moda do momento, mas em memória de pessoas de quem eu havia gostado. O nome transformava as crianças em *revenants*. E afinal, refleti, ter filhos não seria nosso único acesso à imortalidade?

Tenho apenas mais algumas observações a acrescentar sobre a questão do afeto nos sonhos, de outro ponto de vista. É possível que um elemento dominante na psique da pessoa adormecida seja constituído por aquilo a que chamamos "disposição de ânimo" — ou *tendência* a algum afeto —, e isto pode então exercer uma influência determinante em seus sonhos. Tal disposição de ânimo pode brotar de suas experiências ou pensamentos da véspera, ou suas fontes podem ser somáticas. De qualquer modo, será acompanhada pelas cadeias de idéias que lhe forem apropriadas. Do ponto de vista da formação do sonho, não importa se, como às vezes acontece, esses conteúdos de representações dos pensamentos oníricos determinem primariamente a disposição de ânimo, ou sejam eles próprios secundariamente despertados por uma disposição emocional do sonhador que, por sua vez, seja explicável em termos somáticos. Seja como for, a formação dos sonhos está sujeita à condição de só poder representar algo que seja a realização de um desejo, e de só poder extrair dos desejos sua força psíquica impulsora. Uma disposição de ânimo atual e operante é tratada da mesma maneira que uma sensação que surge e se torna atuante durante o sono, e que pode ser desprezada ou reinterpretada no sentido de uma realização de desejo. As disposições de ânimo aflitivas durante o sono podem tornar-se a força propulsora de um sonho, despertando desejos enérgicos que o sonho é chamado a realizar. O material a que se ligam as disposições de ânimo é trabalhado até poder ser utilizado para expressar a realização de um desejo. Quanto mais intenso e dominante é o papel desempenhado nos pensamentos oníricos pela disposição anímica aflitiva, mais certo é que os impulsos desejantes suprimidos com maior intensidade se valham dessa oportunidade para chegar à representação. Isso porque, já estando presente o desprazer que, de outro modo, eles próprios necessariamente produziriam, já encontram realizada a parte mais difícil de sua tarefa — a tarefa de se imporem à representação. Aqui, mais uma vez, somos confrontados com o problema dos sonhos de angústia; e estes, como iremos constatar, constituem um caso marginal da função de sonhar.

473

ELABORAÇÃO SECUNDÁRIA

E agora podemos enfim voltar-nos para o quarto dos fatores implicados na formação dos sonhos. Se prosseguirmos em nossa investigação do conteúdo dos sonhos da maneira como a iniciamos — isto é, comparando eventos manifestos no conteúdo do sonho com suas fontes nos pensamentos oníricos —, chegaremos a elementos cuja explicação requer um pressuposto inteiramente novo. O que tenho em mente são casos em que o sonhador fica surpreso, irritado ou enojado no sonho e, além disso, com algum fragmento do próprio conteúdo onírico. Como demonstrei em diversos exemplos, a maioria desses sentimentos críticos nos sonhos não se dirige, de fato, ao conteúdo do sonho, mas se revelam como partes dos pensamentos oníricos que foram apropriadas e usadas para um fim oportuno. Entretanto, parte desse material não se presta a essa explicação; não se encontra seu correlato no material dos pensamentos oníricos. Qual é, por exemplo, o sentido de uma observação crítica tantas vezes encontrada nos sonhos, ou seja, "Isto é apenas um sonho"? Temos aí uma verdadeira crítica ao sonho, tal como se poderia fazer na vida de vigília. Além disso, com bastante freqüência, ela é de fato o prelúdio do despertar; e com freqüência ainda maior, é precedida por algum sentimento aflitivo que se tranqüiliza ante o reconhecimento de que se trata de um estado de sonho. Quando o pensamento "isto é apenas um sonho" ocorre num sonho, ele tem em vista o mesmo propósito de quando essas palavras são pronunciadas no palco por *la belle Hélène*, na ópera cômica de Offenbach que leva esse nome: visa a reduzir a importância do que acaba de ser vivenciado e a tornar possível tolerar o que vem a seguir. Serve para fazer adormecer uma dada instância que, nesse momento, teria todos os motivos para ser acionada e proibir a continuação do sonho — ou da cena da ópera. É mais cômodo, porém, continuar a dormir e tolerar o sonho, porque, afinal, "*é* apenas um sonho". A meu ver, esse juízo crítico desdenhoso, "é apenas um sonho", aparece no sonho quando a censura, que nunca está inteiramente adormecida, sente que foi apanhada desprevenida por um sonho que já se deixou passar. É tarde demais para suprimi-lo e, por conseguinte, a censura utiliza essas palavras para combater o sentimento de angústia ou aflição por ele suscitado. Essa expressão é um exemplo de *esprit d'escalier* por parte da censura psíquica.

Esse exemplo, contudo, fornece-nos uma prova convincente de que nem tudo que está contido num sonho decorre dos pensamentos oníricos, mas que pode haver contribuições para seu conteúdo advindas de uma função psíquica que é indistinguível de nossos pensamentos de vigília. Surge então a questão de determinar se isso ocorre apenas em casos excepcionais, ou se a instância psíquica que em outros momentos atua apenas como censura tem uma participação *habitual* na formação dos sonhos.

Não podemos hesitar em decidir pela segunda alternativa. Não há dúvida de que a instância censora, cuja influência só reconhecemos, até aqui, nas limitações e omissões no conteúdo do sonho, também é responsável por intercalações e acréscimos a ele. É fácil reconhecer tais intercalações. Muitas vezes são relatadas com hesitação e introduzidas por um "como se"; não são particularmente vívidas por si só e são sempre introduzidas em pontos em que podem servir de elo entre dois fragmentos do conteúdo onírico ou preencher uma lacuna entre duas partes do sonho. São menos fáceis de reter na memória do que os derivados autênticos do material dos pensamentos oníricos; quando o sonho é esquecido, elas são a primeira parte a desaparecer, e tenho fortes suspeitas de que a queixa corriqueira de se haver sonhado muito, mas esquecido a maior parte do sonho e conservado apenas fragmentos, baseia-se no rápido desaparecimento justamente desses pensamentos agregadores. Numa análise completa, essas intercalações por vezes se deixam trair pelo fato de nenhum material ligado a elas ser encontrado nos pensamentos oníricos. Mas um exame cuidadoso leva-me a considerar esse caso como o menos freqüente; *grosso modo*, os pensamentos agregadores também levam, a algum material nos pensamentos oníricos, mas a um material que não poderia reivindicar aceitação no sonho, nem por seu próprio valor, nem por ser sobredeterminado. Somente em casos extremos, ao que parece, é que a função psíquica de formação de sonhos que ora estamos examinando passa a fazer novas criações. Tanto quanto possível, ela emprega qualquer coisa apropriada que possa encontrar no material dos pensamentos oníricos.

O que distingue e, ao mesmo tempo, revela essa parte do trabalho do sonho é sua *finalidade*. Essa função se comporta da maneira que o poeta maliciosamente atribui aos filósofos: preenche as lacunas da estrutura do sonho com trapos e remendos. Como resultado de seus esforços, o sonho perde sua aparência de absurdo e incoerência e se aproxima do modelo de uma experiência inteligível. Mas seus esforços nem sempre são coroados de êxito. Ocorrem sonhos que, num exame superficial, podem aparecer impecavelmente lógicos e racionais; partem de uma situação possível, dão-lhe prosseguimento através de uma cadeia de modificações coerentes e — embora com muito menos freqüência — levam-na a uma conclusão que não causa surpresa. Sonhos dessa natureza foram submetidos a uma extensa elaboração por essa função psíquica aparentada ao pensamento de vigília; parecem ter um sentido, mas esse sentido está o mais longe possível de sua verdadeira significação. Se os analisamos, podemos convencer-nos de que foi nesses sonhos que a elaboração secundária manipulou o material da maneira mais livre possível e preservou ao mínimo as relações existentes nesse material. São sonhos dos quais se poderia dizer que já foram interpretados uma vez, antes de serem submetidos à interpretação de vigília. Em outros sonhos, essa elaboração tendenciosa tem um êxito apenas parcial; a coerência parece prevalecer até certo ponto, mas depois o sonho se torna disparatado ou confuso, embora talvez, mais adiante, possa apresentar mais uma vez uma aparência de racionalidade. Noutros sonhos, ainda, a elaboração falha por completo; vemo-nos desamparados frente a um amontoado de material fragmentário e sem nenhum sentido.

Não desejo negar categoricamente que essa quarta força na formação do sonho — que logo reconheceremos como uma velha conhecida, visto que, de fato, é a única das quatro com que estamos familiarizados em outros contextos —, não desejo negar que esse quarto fator tem a capacidade de criar novas contribuições para os sonhos. É certo, porém, que, tal como os outros, ele exerce sua influência principalmente por suas preferências e seleções do material psíquico já formado nos pensamentos oníricos. Ora, há um caso em que lhe é poupado, em grande medida, o trabalho de, por assim dizer, montar uma fachada para o sonho — a saber, o caso em que já existe uma formação dessa natureza no material dos pensamentos oníricos, pronta para ser usada. Tenho o hábito de descrever esse elemento dos pensamentos oníricos que tenho em mente como uma "fantasia". Talvez eu evite mal-entendidos se mencionar o "devaneio" como algo análogo a ela na vida de vigília.[1] O papel desempenhado em nossa vida anímica por essas estruturas ainda não foi plenamente reconhecido e elucidado pelos psiquiatras, embora M. Benedikt tenha conseguido o que me parece um início muito promissor nessa direção. A importância dos devaneios não escapou à visão infalível

---

1 *"Rêve", "petit roman" — "day dream", "story".*

dos escritores de ficção; há, por exemplo, um célebre relato de Alphonse Daudet, em *Le Nabab*, dos devaneios de um dos personagens secundários da história. O estudo das psiconeuroses leva à surpreendente descoberta de que essas fantasias ou devaneios são os precursores imediatos dos sintomas histéricos, ou pelo menos de uma série deles. Os sintomas histéricos não estão ligados a lembranças reais, mas a fantasias construídas com base em lembranças. A freqüente ocorrência de fantasias diurnas conscientes traz essas estruturas ao nosso conhecimento; mas tal como há fantasias conscientes dessa natureza, também há um grande número de fantasias inconscientes, que têm de permanecer inconscientes por causa de seu conteúdo e por se originarem de material recalcado. Uma investigação mais detida das características dessas fantasias diurnas revela-nos como seria acertado dar a essas formações a mesma designação que damos aos produtos de nosso pensamento durante a noite — ou seja, a designação de "sonhos". Elas partilham com os sonhos noturnos um grande número de suas propriedades e, de fato, sua investigação poderia ter servido como a melhor e mais curta abordagem à compreensão dos sonhos noturnos.

Como os sonhos, elas são realizações de desejos; como os sonhos, baseiam-se, em grande medida, nas impressões de experiências infantis; como os sonhos, beneficiam-se de certo grau de relaxamento da censura. Se examinarmos sua estrutura, perceberemos como o motivo de desejo que atua em sua produção mistura, rearranja e compõe num novo todo o material de que elas são construídas. Sua relação com as lembranças infantis de que derivam é muito parecida com aquela existente entre alguns palácios barrocos de Roma e as antigas ruínas cujos pisos e colunas forneceram o material para as estruturas mais recentes.

A função de "elaboração secundária" que atribuímos ao quarto dos fatores envolvidos na formação do conteúdo dos sonhos mostra-nos em ação, mais uma vez, a atividade que consegue ter livre vazão na criação de devaneios sem ser inibida por quaisquer outras influências. Poderíamos simplificar isso dizendo que este nosso quarto fator procura configurar o material que lhe é oferecido em algo semelhante a um devaneio. No entanto, se um desses devaneios já tiver sido formado na trama dos pensamentos oníricos, esse quarto fator do trabalho do sonho preferirá apossar-se do devaneio já pronto e procurará introduzi-lo no conteúdo do sonho. Há alguns sonhos que consistem meramente na repetição de uma fantasia diurna que talvez tenha permanecido inconsciente, como, por exemplo, o sonho em que o menino andava numa biga com os heróis da Guerra de Tróia. Em meu sonho do "Autodidasker", pelo menos a segunda parte era uma reprodução fiel de uma fantasia diurna, inocente em si mesma, de uma conversa com o Professor N. Em vista das complexas condições que o sonho tem de satisfazer em sua gênese, é muito mais freqüente a fantasia já pronta formar apenas um *fragmento* do sonho, ou apenas uma parcela da fantasia irromper no sonho. A partir daí, a fantasia é tratada, em geral, como qualquer outra parcela do material latente, embora freqüentemente permaneça reconhecível como uma entidade no sonho. Muitas vezes, partes de meus sonhos se destacam por terem causado uma impressão diferente das demais. Parecem-me, por assim dizer, mais fluentes, mais concatenadas e, ao mesmo tempo, mais fugazes que outras partes do mesmo sonho. Estas, bem sei, são fantasias inconscientes que penetraram na trama do sonho, mas jamais consegui delimitar uma delas com clareza. Afora isso, tais fantasias, como qualquer outro componente dos pensamentos oníricos, são comprimidas, condensadas, superpostas umas às outras e assim por diante. Há, todavia, casos transicionais, desde o caso em que elas constituem, inalteradas, o conteúdo (ou pelo menos a fachada) do sonho, e o extremo oposto, em que são representadas no conteúdo do sonho apenas por *um* de seus elementos ou por uma alusão distante. O que acontece às fantasias presentes nos pensamentos oníricos obviamente também é determinado por quaisquer vantagens que elas tenham a oferecer aos requisitos da censura e à exigência de condensação.

Ao selecionar exemplos de interpretação de sonhos, tenho evitado, na medida do possível, os sonhos em que as fantasias inconscientes desempenham um papel considerável, pois a introdução desse elemento psíquico específico teria exigido extensas digressões sobre a psicologia do pensamento inconsciente. Não obstante, não posso fugir inteiramente a um exame das fantasias neste contexto, dado que, muitas vezes, elas penetram nos sonhos em sua íntegra e, com freqüência ainda maior, é possível vislumbrá-las claramente por trás do sonho. Citarei, portanto, mais um sonho, que parece compor-se de duas fantasias diferentes e opostas, coincidentes entre si em alguns pontos, e das quais uma é superficial, enquanto a segunda constitui, por assim dizer, uma interpretação da primeira.[1]

---

1 [*Nota de rodapé acrescentada* em 1909:] Em meu "Fragmento da Análise de um Caso de Histeria" (1905*e*), analisei um bom exemplo de sonho dessa natureza, composto de diversas fantasias superpostas. Aliás, subestimei a importância do papel desempenhado por essas fantasias

O sonho — o único do qual não tenho anotações cuidadosas — era mais ou menos o seguinte. O sonhador, um rapaz solteiro, estava sentado no restaurante onde costumava comer, e que era realisticamente representado no sonho. Surgiram então várias pessoas para tirá-lo dali, e uma delas queria prendê-lo. Ele disse a seus companheiros de mesa: "Depois eu pago; vou voltar". Mas eles exclamaram, com um sorriso zombeteiro: "Já conhecemos essa história; isso é o que todos dizem!" Um dos convivas gritou-lhe: "Lá se vai mais um!" Depois o conduziram a um aposento estreito, onde encontrou uma figura feminina com uma criança no colo. Uma das pessoas que o acompanhava disse: "Este é o Sr. Müller". Um inspetor de polícia, ou algum funcionário parecido, estava remexendo num punhado de cartões ou papéis e, ao fazê-lo, repetia "Müller, Müller, Müller". Por fim, fez uma pergunta ao sonhador, à qual este respondeu com um "Sim". Em seguida, ele se voltou para olhar para a figura feminina e observou que ela agora usava uma grande barba.

Não há aqui nenhuma dificuldade em separar os dois componentes. O superficial era uma *fantasia de prisão*, que dá a impressão de ter acabado de ser construída pelo trabalho do sonho. Mas, por trás dela, pode-se perceber a presença de um material que foi apenas ligeiramente remodelado pelo trabalho do sonho: *uma fantasia de casamento*. Os traços comuns a ambas as fantasias emergem com especial clareza, tal como numa das fotografias superpostas de Galton. A promessa do rapaz (que até então era solteiro) de que voltaria a se reunir com os companheiros de jantar à mesa, o ceticismo de seus companheiros (já escolados pela experiência), a exclamação "lá se vai mais um (para se casar)" — todos esses traços se encaixavam facilmente na interpretação alternativa. O mesmo se aplica ao "Sim" com que ele respondeu à pergunta do funcionário. O remexer na pilha de papéis, a constante repetição do mesmo nome, correspondia a uma característica menos importante, porém reconhecível, das festas de casamento, a saber, a leitura de um maço de telegramas de felicitações, todos endereçados com o mesmo nome. A fantasia do casamento, na realidade, levou a melhor sobre

---

na formação dos sonhos enquanto trabalhava principalmente em meus próprios sonhos, que costumavam basear-se em discussões e conflitos de idéias, e mais raramente em devaneios. No caso das outras pessoas, costuma ser muito mais fácil demonstrar a completa analogia entre os sonhos noturnos e os devaneios. Nos pacientes histéricos, é freqüente poder-se substituir um ataque histérico por um sonho, e então é fácil convencer-se de que o precursor imediato de *ambas* essas estruturas psíquicas foi uma fantasia proveniente de um devaneio.

a fantasia encobridora de prisão, com o aparecimento da noiva em pessoa no sonho. Através de uma indagação — o sonho não foi analisado —, pude descobrir por que, ao final, a noiva usava barba. Na véspera, o sonhador estivera andando pela rua com um amigo que era tão arredio ao casamento quanto ele, e lhe chamara a atenção para uma beldade de cabelos negros que passara por eles. "É", comentou o amigo, "se ao menos essas mulheres, em poucos anos, não ficassem com uma barba igual à do pai..." Não faltavam a esse sonho, naturalmente, elementos em que a distorção onírica tenha ido mais a fundo. É bem possível, por exemplo, que as palavras "depois eu pago" se referissem ao que ele temia ser a atitude do sogro quanto à questão do dote. De fato, é evidente que toda espécie de receios impedia o sonhador de se atirar com algum prazer à fantasia de casamento. Um desses receios, o medo de que o casamento pudesse custar-lhe a liberdade, encarnou-se em sua transformação numa cena de prisão.

Se voltarmos por um momento à afirmação de que o trabalho do sonho se serve de bom grado de uma fantasia já pronta, em vez de compô-la a partir do material dos pensamentos oníricos, talvez nos achemos em condições de solucionar um dos mais interessantes enigmas relacionados com os sonhos. Na p. 45, relatei a famosa história de como Maury, depois de ser atingido na nuca por um pedaço de madeira enquanto dormia, despertou de um longo sonho que era como uma história completa ambientada na época da Revolução Francesa. Visto que o sonho, tal como relatado, era coerente e totalmente projetado com vistas a fornecer uma explicação para o estímulo que acordou o sonhador e cuja ocorrência ele não poderia ter previsto, a única hipótese possível parece ser a de que todo esse sonho tão complexo deve ter sido composto e ter ocorrido no curto espaço de tempo entre o contato do pedaço de madeira com as vértebras cervicais de Maury e seu conseqüente despertar. Nunca ousaríamos atribuir tal rapidez à atividade de pensamento na vida de vigília, e, portanto, seríamos levados a concluir que o trabalho do sonho possui a vantagem de acelerar extraordinariamente nossos processos de pensamento.

Fortes objeções ao que se converteu prontamente numa conclusão popular foram levantadas por alguns autores mais modernos (Le Lorrain, 1894 e 1895; Egger 1895, e outros). Por um lado, eles lançam dúvidas sobre a exatidão do relato que Maury fez de seu sonho; e por outro, tentam mostrar que a rapidez das operações de nossos pensamentos de vigília não é menor do que a desse sonho, se descontados os exageros. O debate levantou questões de princípio cuja solução não me parece imediata. Mas devo confessar que os argumentos apresentados (por Egger, por exemplo), particularmente contra o sonho de Maury com a guilhotina, não me convencem. Eu mesmo proporia a seguinte explicação para esse sonho. Acaso será tão improvável que o sonho de Maury represente uma fantasia já pronta e armazenada em sua memória por muitos anos, e que foi despertada — ou, diria eu, "aludida" — no momento em que ele tomou conhecimento do estímulo que o acordou? Se assim fosse, teríamos escapado à dificuldade de compreender como é que uma história tão longa, com todos os seus pormenores, poderia ter sido composta no curtíssimo intervalo de que dispunha o sonhador, visto que a história já teria sido composta previamente. Se o pedaço de madeira tivesse atingido a nuca de Maury quando acordado, poderia ter dado oportunidade para um pensamento como "Isto é o mesmo que ser guilhotinado". Mas como foi durante o sono que a tábua o atingiu, o trabalho do sonho serviu-se do estímulo invasor para produzir sem demora uma realização de desejo, *como se* pensasse (isto deve ser tomado puramente em sentido figurado): "Eis aqui uma boa oportunidade de realizar uma fantasia de desejo que se formou em tal ou qual época durante a leitura". Dificilmente se poderia contestar, penso eu, que a história do sonho era precisamente do tipo que os jovens tendem a construir sob a influência de impressões intensamente excitantes. Quem — e, menos ainda, qual o francês ou o estudioso da história da civilização — poderia deixar de ser cativado pelas narrativas do Reinado do Terror, quando homens e mulheres da aristocracia, a fina flor da nação, mostravam-se capazes de morrer com ânimo sereno e de conservar sua agudeza de espírito e a elegância de suas maneiras até o último momento do fatal chamado? Como seria tentador para um jovem mergulhar em tudo isso em sua imaginação — ver-se dizendo adeus a uma dama, beijando-lhe a mão e galgando, intrépido, o cadafalso! Ou, se a ambição fosse o motivo principal da fantasia, como seria tentador para ele ocupar o lugar de um daqueles temíveis personagens que, pela simples força de suas idéias e de sua flamejante eloqüência, dominavam a cidade onde, nessa época, pulsava convulsivamente o coração da humanidade — que foram levados por suas convicções a enviar milhares de homens à morte e prepararam o terreno para a transformação da Europa, enquanto, todo o tempo, suas próprias cabeças não estavam em segurança e estavam destinadas a cair um dia sob a lâmina da guilhotina — como seria tentador imaginar-se como um dos girondinos, talvez, ou como o heróico Danton! Há uma característica na lembrança que Maury guardou do sonho — a de ser "conduzido ao local da execução, cercado por uma multidão imensa" — que parece sugerir que sua fantasia era, de fato, desse tipo ambicioso.

Tampouco era necessário que essa fantasia de há muito preparada fosse revivida durante o sono; bastaria apenas que fosse tocada. O que quero dizer é o seguinte: quando soam alguns compassos musicais e alguém comenta (como acontece no *Don Giovanni*) que são do *Fígaro*, de Mozart, despertam-se em mim, de uma só vez, inúmeras lembranças, nenhuma das quais pode penetrar isoladamente em minha consciência no primeiro momento. A frase-chave serve como um ponto de entrada através do qual toda a rede é simultaneamente posta em estado de excitação. É bem possível que o mesmo se dê no caso do pensamento inconsciente. O estímulo despertador excita o ponto de entrada psíquico que dá acesso a toda a fantasia da guilhotina. Mas a fantasia não é repassada durante o sono, e sim apenas na lembrança da pessoa que estava adormecida, após seu despertar. Depois de acordar, ela lembra em todos os detalhes a fantasia que foi instigada em sua íntegra no sonho. Não há como certificar-se, nesse caso, de que se está realmente recordando de algo que se sonhou. Essa mesma explicação — de que se trata de fantasias já prontas que são excitadas como um todo pelo estímulo despertador — pode ser aplicada a outros sonhos que se concentram num estímulo despertador, como, por exemplo, o sonho de Napoleão com a batalha, antes da explosão da máquina infernal.

Entre os sonhos coligidos por Justine Tobowolska em sua dissertação sobre a passagem manifesta do tempo nos sonhos, o mais instrutivo me parece ser o que relatou Macario (1857, p. 46) e que, segundo ele, foi sonhado por um autor dramático, Casimir Bonjour (Tobowolska, p. 53). Certa noite, Bonjour desejava assistir à primeira apresentação de uma de suas peças, mas estava tão fatigado que, enquanto estava sentado nos bastidores, cochilou no momento exato em que o pano subia. Durante o sono, passou por todos os cinco atos da peça e observou os vários sinais de emoção exibidos pela platéia nas diferentes cenas. No fim do espetáculo, ficou radiante ao ouvir seu nome gritado com as mais vivas demonstrações de aplauso. De repente, acordou. Não conseguia acreditar no que via nem no que ouvia, pois o espetáculo ainda não passara das primeiras linhas da primeira cena, e ele não podia ter dormido por mais de dois minutos. Sem dúvida, não seria precipitado supor, no caso desse sonho, que o fato de o sonhador ter passado por todos os cinco atos da peça e observado a atitude do público em relação aos diferentes trechos dela não precisa ter decorrido de nenhuma nova produção de material durante o sono, mas pode ter reproduzido uma atividade de fantasia já concluída (no sentido que descrevi). Tobowolska, como outros autores, ressalta o fato de que os sonhos em que há uma passagem acelerada de representações têm a característica comum de parecerem singularmente coerentes, ao contrário de outros sonhos, e que a lembrança deles é muito mais sumária do que pormenorizada. Essa seria realmente uma característica que tais fantasias já prontas, apenas tocadas pelo trabalho do sonho, certamente possuiriam, embora esta seja uma conclusão que os autores em questão não chegam a tirar. Não assevero, contudo, que *todos* os sonhos de despertar admitam essa explicação, ou que o problema da passagem acelerada das representações nos sonhos possa, desse modo, ser inteiramente descartado.

Neste ponto, é impossível evitarmos o exame da relação entre essa elaboração secundária do conteúdo dos sonhos e os demais fatores do trabalho do sonho. Devemos por acaso supor que o que acontece é que, de início, os fatores formadores do sonho — a tendência à condensação, o imperativo de fugir à censura e a consideração à representabilidade pelos recursos psíquicos acessíveis ao sonho — compõem um conteúdo onírico provisório a partir do material fornecido, e que esse conteúdo é subseqüentemente remoldado para conformar-se tanto quanto possível às exigências de uma segunda instância? Isto é muito improvável. Devemos antes presumir que, desde o início, as exigências dessa segunda instância constituem uma das condições que o sonho precisa satisfazer, e que essa condição, tal como as formuladas pela condensação, pela censura imposta pela resistência e pela representabilidade, atua simultaneamente num sentido condutor e seletivo sobre o conjunto do material presente nos pensamentos oníricos. De qualquer modo, porém, dentre as quatro condições para a formação do sonho, a que conhecemos por último é aquela cujas exigências parecem exercer a influência menos compulsória nos sonhos.

A consideração que se segue torna altamente provável que a função psíquica que empreende o que descrevemos como elaboração secundária do conteúdo dos sonhos deva ser identificada com a atividade de nosso pensamento de vigília. Nosso pensamento desperto (pré-consciente) comporta-se diante de qualquer material perceptivo com que se depare exatamente do mesmo modo que se comporta a função ora examinada em relação ao conteúdo dos sonhos. É próprio de nosso pensamento de vigília estabelecer ordem nesse material, nele estruturar relações e fazê-lo conformar-se a nossas expectativas de um todo inteligível. Na verdade, chegamos a nos exceder nisso. Os adeptos da prestidigitação conseguem iludir-nos por confiarem nesse nosso hábito intelectual. Em nosso empenho de criar um padrão inteligível a partir das impressões sensoriais que nos são oferecidas, muitas vezes incidimos nos mais estranhos erros, ou até falseamos a verdade do material que nos é apresentado.

As provas disso são por demais conhecidas de todos para que haja qualquer necessidade de insistirmos nelas. Em nossas leituras, passamos por cima de erros tipográficos que destroem o sentido e temos a ilusão de que o que estamos lendo está correto. Diz-se que o editor de um popular periódico francês apostou que mandaria o tipógrafo inserir as palavras "em frente" ou "atrás" em todas as frases de um longo artigo sem que um único de seus leitores o notasse. Ganhou a aposta. Há muitos anos, li num jornal um exemplo cômico de falsa ligação. Certa vez, durante uma sessão da Câmara francesa, uma bomba lançada por um anarquista explodiu no próprio recinto e Dupuy dominou o pânico subseqüente com as corajosas palavras: *"La séance continue"*. Os visitantes das galerias foram solicitados a dar suas impressões como testemunhas do atentado. Havia entre eles dois homens das províncias. Um deles disse ser verdade que ouvira uma detonação ao final de um dos discursos, mas presumira que fosse um costume parlamentar disparar um tiro sempre que um orador se sentava. O segundo, que provavelmente já tinha ouvido *vários* discursos, chegara à mesma conclusão, exceto pelo fato de supor que só se disparava um tiro em homenagem a algum discurso particularmente bem-sucedido.

Não há duvida, pois, de que nosso pensamento normal é a instância psíquica que aborda o conteúdo dos sonhos com a exigência de que ele seja inteligível, que o submete a uma primeira interpretação e que, conseqüentemente, gera um completo desentendimento dele. Para fins de *nossa* interpretação, persiste como regra essencial desconsiderar invariavelmente a aparente continuidade de um sonho como sendo de origem suspeita, e percorrer o mesmo caminho de volta ao material dos pensamentos oníricos, quer o sonho em si seja claro, quer confuso.

Percebemos agora, aliás, do que é que depende a escala de qualidade dos sonhos entre a confusão e a clareza, examinada na p. 326 e segs. As partes do sonho em que a elaboração secundária conseguiu surtir algum efeito são claras, ao passo que as outras em que seus esforços falharam são confusas. Visto que as partes confusas do sonho, freqüentemente também são as menos vívidas, podemos concluir que o trabalho secundário do sonho também deve ser responsabilizado por uma contribuição à intensidade plástica dos diferentes elementos do sonho.

Quando procuro algo com que comparar a forma final assumida pelo sonho, tal como aparece depois que o pensamento normal faz sua contribuição, não consigo pensar em nada melhor do que as inscrições enigmáticas com que o *Fliegende Blätter* vem há muito entretendo os seus leitores. Eles pretendem levar o leitor a crer que uma certa frase — para efeito de contraste, uma frase em dialeto e tão chula quanto possível — é uma inscrição latina. Para esse fim, as letras contidas nas palavras são separadas de sua combinação em sílabas e dispostas numa nova ordem. Aqui e ali surge uma autêntica palavra latina; em outros pontos, parecemos ver abreviações de termos latinos, e ainda em outros pontos da inscrição, deixamo-nos ser levados a fazer vista grossa à falta de sentido das letras isoladas por partes da inscrição que parecem estar apagadas ou mostrando lacunas. Se quisermos evitar o engodo do chiste, teremos de desprezar tudo o que o faça parecer uma inscrição, olhar firmemente para as letras, não prestar atenção a seu arranjo aparente e, desse modo, combiná-las em palavras pertencentes a nossa própria língua materna.

A elaboração secundária é o único fator do trabalho do sonho que foi observado pela maioria dos autores no assunto e cuja importância foi reconhecida. Havelock Ellis (1911, pp. 10-1) fez uma exposição divertida do seu funcionamento: "Com efeito, podemos até imaginar a consciência adormecida dizendo a si própria: 'Aí vem nosso amo, a Consciência de Vigília, que atribui uma importância tão grande à razão e à lógica, e assim por diante. Rápido! apanhem as coisas, ponham-nas em ordem — qualquer ordem serve — antes que ele entre para tomar posse'".

A identidade entre seu método de trabalho e o do pensamento de vigília foi enunciada com particular clareza por Delacroix (1904, p. 926): "Cette fonction d'interprétation n'est pas particulière au rêve; c'est le même travail de coordination logique que nous faisons sur nos sensations pendant la veille".[1] James Sully é da mesma opinião, assim como Tobowolska (1900,

---

1 ["Essa função interpretativa não é peculiar ao sonho; é o mesmo trabalho de coordenação lógica que fazemos com nossas sensações durante a vigília."]

p. 93): "Sur ces successions incohérentes d'hallucinations, l'esprit s'efforce de faire le même travail de coordination logique qu'il fait pendant la veille sur les sensations. Il relie entre elles par un lien imaginaire toutes ces images décousues et bouche les écarts trop grands qui se trouvaient entre elles".[1]

De acordo com alguns autores, esse processo de arranjo e interpretação se inicia durante o próprio sonho e continua após o despertar. Assim, diz Paulhan (1894, p. 546): "Cependant j'ai souvent pensé qu'il pouvait y avoir une certaine déformation, ou plutôt reformation, du rêve dans le souvenir. [...] La tendence systématisante de l'imagination pourrait fort bien achever après le réveil ce qu'elle a ébauché pendant le sommeil. De la sorte, la rapidité réelle de la pensée serait augmentée en apparence par les perfectionnements dus à l'imagination éveillé".[2] Bernard-Leroy e Tobowolska (1901, p. 592): "Dans le rêve, au contraire, l'interprétation et la coordination se font non seulement à l'aide des données du rêve, mais encore à l'aide de celles de la veille".[3]

Inevitavelmente, portanto, esse único fator reconhecido na formação dos sonhos teve sua importância superestimada, de modo que a ele se atribuiu toda a proeza da criação dos sonhos. Esse ato de criação, como supõem Goblot (1896, p. 288 e seg.) e, mais ainda, Foucault (1906), é executado no momento do despertar, pois esses dois autores atribuem ao pensamento de vigília a capacidade de formar um sonho a partir dos pensamentos surgidos durante o sono. Bernard-Leroy e Tobowolska (1901) oferecem o seguinte comentário sobre essa concepção: "On a cru pouvoir placer le rêve au moment du réveil, et ils ont attribué à la pensée de la veille la fonction de construire le rêve avec les images présentes dans la pensée du sommeil".[4]

---

1 ["Sobre essas sucessões incoerentes de alucinações, a mente se esforça por fazer o mesmo trabalho de coordenação lógica que faz durante a vigília com as sensações. Liga entre si, por um vínculo imaginário, todas essas imagens descosidas, e preenche as brechas demasiadamente grandes que havia entre elas."]
2 ["No entanto, muitas vezes pensei que poderia haver uma certa deformação, ou melhor, reformação do sonho na lembrança. [...] A tendência sistematizante da imaginação poderia muito bem concluir após o despertar aquilo que esboçou durante o sono. Desse modo, a rapidez real do pensamento seria aparentemente aumentada pelos aperfeiçoamentos devidos à imaginação desperta."]
3 ["No sonho, pelo contrário, a interpretação e a coordenação se fazem não apenas com a ajuda dos dados do sonho, mas ainda com a ajuda dos da vigília."]
4 ["Acreditou-se poder situar o sonho no momento do despertar, e [esses autores] atribuíram ao pensamento de vigília a função de construir o sonho com as imagens presentes no pensamento do sono."]

Dessa discussão da elaboração secundária passarei ao exame de outro fator do trabalho do sonho recentemente trazido à luz por algumas observações de uma perspicácia sutil feitas por Herbert Silberer. Como mencionei antes, Silberer apanhou em flagrante, por assim dizer, o processo de transformação dos pensamentos em imagens, impondo-se uma atividade intelectual em estados de fadiga e sonolência. Nessas ocasiões, o pensamento com que ele estava às voltas desaparecia e era substituído por uma visão que se revelava um substituto do que, em geral, eram pensamentos abstratos (cf. os exemplos do trecho que acabo de citar). Ora, acontece que, nesses experimentos, a imagem que surgia, e que poderia ser comparada a um elemento de um sonho, por vezes representava algo diverso do pensamento que estava sendo abordado— a saber, a própria fadiga, a dificuldade e o desprazer frente a esse trabalho. Representava, em outras palavras, o estado subjetivo e o modo de funcionamento da pessoa que empreendia o esforço, em vez do objeto de seu empenho. Silberer descreveu tais ocorrências, que eram muito freqüentes em seu caso, como um "fenômeno funcional", em contraste com o "fenômeno material" que seria esperável.

Por exemplo: "Uma tarde, estava deitado em meu sofá, sentindo-me extremamente sonolento; mesmo assim, forcei-me a pensar num problema filosófico. Queria comparar as concepções de Kant e Schopenhauer sobre o Tempo. Como resultado de minha sonolência, eu não conseguia manter os argumentos de ambos na mente ao mesmo tempo, o que era necessário para estabelecer o confronto. Após várias tentativas inúteis, gravei mais uma vez na mente as deduções de Kant, com toda a força de minha vontade, para que pudesse aplicá-las à formulação do problema por Schopenhauer. Voltei então minha atenção para este último, mas, quando tentei retornar outra vez a Kant, verifiquei que sua tese me escapara de novo e tentei em vão captá-la novamente. Esse esforço inútil de recuperar o *dossier* de Kant que estava armazenado em alguma parte de minha cabeça foi subitamente representado perante meus olhos fechados como um símbolo concreto e plástico, como se fosse uma imagem onírica: *Eu pedia uma informação a um secretário descortês que estava curvado sobre sua escrivaninha e se recusava a dar ouvidos a meu pedido insistente. Ele se aprumou um pouco e me lançou um olhar desagradável e duro*" (Silberer, 1909, p. 513 e seg.).

Eis alguns outros exemplos relacionados com a oscilação entre dormir e acordar:

"Exemplo nº 2. — Circunstâncias: Pela manhã, ao despertar. Enquanto me achava em certo nível de sono (um estado crepuscular), refletindo sobre um sonho anterior e, de certo modo, continuando a sonhá-lo, senti-me chegar mais perto da consciência da vigília, mas quis permanecer no estado crepuscular.

"Cena: *Ia dando um passo para atravessar um regato, mas recuei o pé na mesma hora, com a intenção de permanecer deste lado*" (Silberer, 1912, p. 625).

"Exemplo nº 6. — Circunstâncias iguais à do exemplo nº 4" (em que ele queria ficar na cama um pouco mais, porém sem dormir até tarde). "Queria entregar-me ao sono mais um pouquinho.

"Cena: *Estava me despedindo de alguém e combinava com ele (ou ela) encontrá-lo (la) novamente dentro em breve*" (ibid., p. 627).

O fenômeno "funcional", "a representação de um estado em vez de um objeto", foi observado por Silberer principalmente nas condições de adormecimento e despertar. É evidente que a interpretação dos sonhos só se interessa pelo segundo caso. Silberer deu exemplos que demonstram de modo convincente que, em muitos sonhos, as últimas partes do conteúdo manifesto, que são imediatamente seguidas pelo despertar, representam nada mais, nada menos que uma intenção de acordar ou o processo de acordar. A representação pode ocorrer em termos de imagens como atravessar um umbral ("simbolismo do umbral"), sair de um quarto e entrar noutro, partir, voltar para casa, despedir-se de um companheiro, mergulhar n'água, etc. Não posso, entretanto, deixar de observar que deparei com elementos oníricos passíveis de ser relacionados com o simbolismo do umbral, seja em meus próprios sonhos, seja nos das pessoas que analisei, com freqüência muito menor do que seria esperável pelas comunicações de Silberer.

De modo algum é inconcebível ou improvável que esse simbolismo do umbral venha a lançar luz sobre alguns elementos situados no meio da trama dos sonhos — nos pontos, por exemplo, onde há oscilações na profundidade do sono e uma inclinação para interromper o sonho. Não se apresentaram, porém, exemplos convincentes disso. O que parece ocorrer com mais freqüência são os casos de sobredeterminação, nos quais parte de um sonho que tenha derivado seu conteúdo material da interconexão dos pensamentos oníricos é empregada para representar, *além disso*, algum estado de atividade mental.

Esse interessantíssimo fenômeno funcional de Silberer, sem nenhuma culpa de seu descobridor, levou a muitos abusos, pois foi encarado como um apoio à antiga inclinação a se darem interpretações abstratas e simbólicas aos sonhos. A preferência pela "categoria funcional" é levada a tal ponto por certas pessoas que elas se referem ao fenômeno funcional onde quer que ocorram atividades intelectuais ou processos afetivos nos pensamentos oníricos, embora esse material não tenha nem mais nem menos direito do qualquer outro a penetrar num sonho na qualidade de resíduos do dia anterior.

Estamos prontos a reconhecer o fato de que os fenômenos de Silberer constituem uma segunda contribuição do pensamento de vigília à formação dos sonhos, embora esteja presente com menos regularidade e seja menos significativo do que o primeiro, já introduzido sob a designação de "elaboração secundária". Já se demonstrou que parte da atenção que atua durante o dia continua a ser orientada para os sonhos durante o estado de sono, que ela os controla e critica e se reserva o poder de interrompê-los. Pareceu plausível reconhecer na instância psíquica que assim permanece desperta o censor a quem tivemos de atribuir tão poderosa influência restritiva sobre a forma assumida pelos sonhos. O que as observações de Silberer acrescentaram a isso foi o fato de que, em certas circunstâncias, uma espécie de auto-observação participa disso e presta uma contribuição ao conteúdo do sonho. As relações prováveis dessa instância auto-observadora, que talvez seja particularmente acentuada nas mentes filosóficas, com a percepção endopsíquica, com os delírios de observação, com a consciência e com o censor de sonhos poderão ser tratadas de forma mais apropriada em outro lugar.[1]

Tentarei agora resumir esta longa exposição sobre o trabalho do sonho. Havíamos deparado com a questão de saber se a mente emprega irrestritamente todas as suas faculdades na formação dos sonhos, ou apenas um fragmento funcionalmente restrito delas. Nossas investigações levaram-nos a rejeitar por completo essa forma de colocar a questão, pois ela é inadequada às circunstâncias. Entretanto, se tivéssemos de responder à pergunta com base nos termos em que foi formulada, seríamos obrigados a responder afirmativamente a *ambas* as alternativas, ainda que pareçam mutuamente

---

1 [*Nota de rodapé acrescentada* em 1914:] "Sobre o Narcisismo" (Freud, 1914c).

exclusivas. É possível distinguir duas funções isoladas na atividade mental durante a formação do sonho: a produção dos pensamentos oníricos e sua transformação no conteúdo do sonho. Os pensamentos oníricos são inteiramente racionais e são formados com o dispêndio de toda a energia psíquica de que somos capazes. Encontram-se entre os processos de pensamento que não se tornaram conscientes — processos dos quais, após alguma modificação, também brotam nossos pensamentos conscientes. Por mais que os pensamentos oníricos levantem questões interessantes e enigmáticas, estas questões não têm, afinal, nenhuma relação especial com os sonhos e não precisam ser tratadas entre os problemas destes.[1] Por outro lado, a segunda função da atividade mental na formação do sonho — a transformação dos pensamentos inconscientes no conteúdo do sonho — é peculiar à vida onírica e é dela característica. Esse trabalho do sonho propriamente dito diverge ainda mais de nossa visão do pensamento de vigília do que se supunha até mesmo pelo mais obstinado depreciador do funcionamento psíquico durante a formação dos sonhos. O trabalho do sonho não é apenas mais descuidado, mais irracional, mais esquecido e mais incompleto do que o pensamento de vigília; é inteiramente diferente deste em termos qualitativos e, por essa razão, não é, em princípio, comparável com ele. Não pensa, não calcula nem julga de nenhum modo; restringe-se a dar às coisas uma nova forma. Pode ser descrito de forma exaustiva mediante a enumeração das condições que tem de satisfazer para produzir seu resultado. Esse produto, o sonho, tem, acima de tudo, de escapar à censura, e com esse propósito em vista, o trabalho do sonho se serve do *deslocamento das intensidades psíquicas* a ponto de

---

1 [*Nota de rodapé acrescentada* em 1925:] Houve um tempo em que eu achava extraordinariamente difícil acostumar os leitores à distinção entre o conteúdo manifesto dos sonhos e os pensamentos oníricos latentes. Levantavam-se repetidamente argumentos e objeções baseados em algum sonho não interpretado e na forma como fora retido na memória, ignorando-se a necessidade de interpretá-lo. Mas agora que ao menos os analistas concordaram em substituir o sonho manifesto pelo sentido revelado por sua interpretação, muitos deles são culpados de incorrer em outra confusão à qual se aferram com igual obstinação. Procuram encontrar a essência dos sonhos em seu conteúdo latente e, ao fazerem isso, desprezam a distinção entre os pensamentos oníricos latentes e o trabalho do sonho. No fundo, os sonhos nada mais são do que uma *forma* particular de pensamento, possibilitada pelas condições do estado de sono. É o *trabalho do sonho* que cria essa forma, e só ele é a essência do sonho — a explicação de sua natureza peculiar. Digo isso para possibilitar uma apreciação do valor da célebre "finalidade prospectiva" dos sonhos. O fato de os sonhos lançarem a tentativas de solucionar os problemas com que se defronta nossa vida psíquica não é mais estranho do que o fato de nossa vida de vigília consciente fazer a mesma coisa; afora isso, ele simplesmente nos diz que tal atividade também pode ser realizada no pré-consciente — e disso já sabíamos.

chegar a uma transmutação de todos os valores psíquicos. Os pensamentos têm de ser reproduzidos, exclusiva ou predominantemente, no material dos traços mnêmicos visuais e acústicos, e essa necessidade impõe ao trabalho do sonho uma *consideração à representabilidade*, que ele atende efetuando novos deslocamentos. É provável que se tenham de produzir intensidades maiores do que as disponíveis nos pensamentos oníricos durante a noite, e para essa finalidade serve a *ampla condensação* efetuada com os componentes dos pensamentos oníricos. Pouca atenção é dada às relações lógicas entre os pensamentos; estas acabam recebendo uma representação disfarçada em certas características *formais* dos sonhos. Qualquer afeto ligado aos pensamentos oníricos sofre uma modificação menor do que seu conteúdo de representações. Tais afetos, por via de regra, são suprimidos; quando retidos, são desligados das representações a que pertencem propriamente, sendo reunidos os afetos de caráter semelhante. Apenas uma única parcela do trabalho do sonho, e uma parcela que atua em grau irregular — a reelaboração do material pelo pensamento de vigília parcialmente desperto —, ajusta-se em certa medida à visão que outros autores procuraram aplicar a toda a atividade da formação do sonho.

CAPÍTULO VII

A PSICOLOGIA DOS PROCESSOS ONÍRICOS

Entre os sonhos que me foram comunicados por outras pessoas há um que merece especialmente nossa atenção neste ponto. Foi-me contado por uma paciente que o ouviu numa conferência sobre os sonhos: sua verdadeira fonte ainda me é desconhecida. Seu conteúdo impressionou essa dama, contudo, e ela tratou de "ressonhá-lo", ou seja, de repetir alguns de seus elementos num sonho dela própria, de tal modo que, assim se apoderando dele, pudesse expressar sua concordância com ele num determinado ponto.

As condições preliminares desse sonho-padrão foram as seguintes: um pai passara dias e noites a fio de vigília à cabeceira do leito de seu filho enfermo. Após a morte do menino, ele foi para o quarto contíguo para descansar, mas deixou a porta aberta, de maneira a poder enxergar de seu quarto o aposento em que jazia o corpo do filho, com velas altas a seu redor. Um velho fora encarregado de velá-lo e se sentou ao lado do corpo, murmurando preces. Após algumas horas de sono, o pai sonhou que *seu filho estava de pé junto a sua cama, que o tomou pelo braço e lhe sussurrou em tom de censura: "Pai, não vês que estou queimando?"* Ele acordou, notou um clarão intenso no quarto contíguo, correu até lá e constatou que o velho vigia caíra no sono e que a mortalha e um dos braços do cadáver de seu amado filho tinham sido queimados por uma vela acesa que tombara sobre eles.

A explicação desse sonho comovente é bem simples e, segundo me disse minha paciente, foi fornecida corretamente pelo conferencista. O clarão de luz chegou pela porta aberta aos olhos do homem adormecido e o levou à conclusão a que teria chegado se estivesse acordado, ou seja, que uma vela caída havia ateado fogo em alguma coisa nas proximidades do corpo. É possível até que, ao dormir, ele sentisse uma certa preocupação de que o velho não fosse capaz de cumprir sua tarefa.

Não tenho nenhuma modificação a sugerir nessa interpretação, salvo para acrescentar que o conteúdo do sonho deve ter sido sobredeterminado e que as palavras proferidas pelo menino devem ter sido compostas de expressões que ele realmente proferira em vida e que estavam ligadas a acontecimentos importantes no espírito do pai. Por exemplo, *"Estou queimando"* pode ter sido dito em meio à febre da doença fatal da criança e *"Pai, não vês?"* talvez tenha derivado de alguma outra situação altamente carregada de afeto que nos é desconhecida.

Entretanto, depois de reconhecermos que o sonho foi um processo dotado de sentido e passível de ser inserido na cadeia de experiências psíquicas do sonhador, podemos ainda conjeturar por que teria um sonho ocorrido em tais circunstâncias, quando se fazia necessário o mais rápido despertar possível. E aqui observaremos que também esse sonho abrigou a realização de um desejo. O filho morto comportou-se no sonho como se estivesse vivo; ele próprio advertiu o pai, veio até sua cama e o segurou pelo braço, tal como provavelmente fizera na ocasião de cuja lembrança se originou a primeira parte das palavras da criança no sonho. Em nome da realização desse desejo, o pai prolongou seu sono por um momento. Preferiu-se o sonho a uma reflexão desperta, porque podia mostrar o menino vivo outra vez. Se o pai tivesse primeiro acordado, e depois feito a inferência que o levou a ir até o quarto contíguo, teria, por assim dizer, abreviado a vida de seu filho por esse breve lapso de tempo.

Não há dúvida de qual é a peculiaridade que atrai nosso interesse para esse curto sonho. Até aqui, nos concentramos principalmente no sentido secreto dos sonhos e no método para descobri-lo, bem como nos meios empregados pelo trabalho do sonho para ocultá-lo. Os problemas da interpretação dos sonhos ocuparam até aqui uma posição central. E agora esbarramos num sonho que não levanta problemas de interpretação e cujo sentido é óbvio, mas que, como podemos ver, ainda assim preserva as características essenciais que diferenciam de modo tão notável os sonhos da vida de vigília e, por conseguinte, exigem explicação. Só depois de havermos resolvido tudo o que diz respeito ao trabalho de interpretação é que começamos a nos dar conta de como é incompleta a nossa psicologia dos sonhos.

Entretanto, antes de partirmos por esse novo caminho, será bom fazermos uma pausa e olharmos em torno, para ver se, no curso de nossa jornada até este ponto, não desprezamos nada importante. É que deve ficar claro que a parte fácil e agradável de nossa viagem ficou para trás. Até aqui, a menos que eu esteja muito equivocado, todos os caminhos por onde viajamos nos conduziram à luz — ao esclarecimento e a uma compreensão mais completa. No entanto, basta tentarmos penetrar mais a fundo nos processos mentais envolvidos no ato de sonhar, para todos os caminhos terminarem na escuridão. Não há possibilidade de *explicar* os sonhos como um processo psíquico, uma vez que explicar algo significa fazê-lo remontar a alguma coisa já conhecida, e não há, no momento, nenhum conhecimento psicológico estabelecido a que possamos subordinar aquilo que o exame psicológico dos sonhos nos habilita a inferir como base de sua explicação. Pelo contrário, seremos obrigados a formular diversas novas hipóteses que toquem provisoriamente na estrutura do aparelho psíquico e no jogo das forças que nele atuam. Precisamos, porém, ter o cuidado de não levar essas hipóteses muito além de suas primeiras articulações lógicas, ou seu valor se perderá em incertezas. Ainda que não façamos inferências falsas e levemos em conta todas as possibilidades lógicas, a provável imperfeição de nossas premissas ameaça levar nossos cálculos a um completo malogro. Não se pode chegar a nenhuma conclusão a respeito da estrutura e dos métodos de funcionamento do instrumento psíquico a partir da investigação, por mais minuciosa que seja, dos sonhos ou de qualquer outra função psíquica tomada *isoladamente*. Para chegar a esse resultado, será necessário correlacionar todas as implicações já estabelecidas, derivadas de um estudo comparativo de toda uma série dessas funções. Portanto, as hipóteses psicológicas a que formos conduzidos por uma análise dos processos oníricos deverão ficar em suspenso, por assim dizer, até que possam ser relacionadas com os resultados de outras investigações que busquem chegar ao âmago do mesmo problema a partir de outro ângulo de abordagem.

(A)

O ESQUECIMENTO DOS SONHOS

Sugiro, por conseguinte, que nos voltemos primeiro para um tema que levanta uma dificuldade que até agora não foi levada em consideração, mas que, não obstante, é capaz de jogar por terra todos os nossos esforços de interpretação dos sonhos. Já se objetou, em mais de uma ocasião, que na verdade não temos nenhum conhecimento dos sonhos que nos dispomos a interpretar ou, falando mais corretamente, que não temos nenhuma garantia de conhecê-los como realmente ocorreram.

Em primeiro lugar, o que lembramos de um sonho, aquilo em que exercemos nossa arte interpretativa, já foi mutilado pela infidelidade de nossa memória, que parece singularmente incapaz de reter um sonho e bem pode ter perdido exatamente as partes mais importantes de seu conteúdo. É muito freqüente, ao procurarmos voltar a atenção para um de nossos sonhos, vermo-nos lamentando o fato de que, embora tenhamos sonhado mais, não conseguimos recordar nada além de um único fragmento, ele próprio relembrado com peculiar incerteza.

Em segundo lugar, temos todas as razões para suspeitar de que nossa lembrança dos sonhos não só é fragmentada, mas decididamente inexata e falsa. Por um lado, podemos duvidar de que o que sonhamos foi realmente tão desconexo e nebuloso quanto a nossa lembrança dele e, por outro, também se pode pôr em dúvida que um sonho tenha sido realmente tão coerente quanto no relato que dele fornecemos; que, na tentativa de reproduzi-lo, não tenhamos preenchido com material novo e arbitrariamente escolhido o que nunca esteve lá ou o que foi esquecido; que não lhe tenhamos acrescentado adornos e acabamentos, e o tenhamos arredondado de tal maneira que não haja possibilidade de determinar qual pode ter sido seu conteúdo original. Na verdade, há um autor, Spitta (1882),[1] que chega ao ponto de sugerir que, se o sonho mostra qualquer tipo de ordem ou coerência, tais qualidades só são introduzidas nele ao tentarmos evocá-lo. Assim, parece haver um risco de que a própria coisa cujo valor nos propusemos determinar escape-nos completamente por entre os dedos.

---

1 [Acrescentado ao texto em 1914 e transferido para uma nota de rodapé em 1930:] O mesmo se dá com Foucault e Tannery.

Até aqui, ao interpretarmos os sonhos, não temos levado em conta tais advertências. Ao contrário, consideramos igualmente importante interpretar tanto os componentes mais ínfimos, menos destacados e mais incertos do conteúdo dos sonhos quanto os que são preservados com mais nitidez e certeza. O sonho da injeção de Irma continha a frase "Chamei *imediatamente* o Dr. M."; e presumimos que nem mesmo esse detalhe teria penetrado no sonho, a menos que tivesse uma origem específica. Foi assim que chegamos à história da infortunada paciente a cuja cabeceira eu havia chamado "imediatamente" meu colega mais experiente. No sonho aparentemente absurdo que tratou a diferença entre 51 e 56 como um valor desprezível, o número 51 foi mencionado diversas vezes. Em vez de encarar isso como uma coisa banal ou sem importância, inferimos daí que havia uma *segunda* linha de pensamentos no conteúdo latente do sonho, levando ao número 51; e por essa trilha chegamos a meus temores de que 51 anos fossem o limite de minha vida, em flagrante contraste com a cadeia de pensamentos dominante no sonho, que era pródiga em seu alarde de uma vida longa. No sonho do *"Non vixit"*, havia uma interpolação discreta que a princípio me passou despercebida: *"Como P. não conseguisse entendê-lo, Fl. me perguntou"*, etc. Quando a interpretação estancou, retornei a essas palavras e foram elas que me levaram à fantasia infantil que se revelou um ponto nodal interme-diário nos pensamentos oníricos. Chegou-se a isso através dos versos:

> *Selten habt ihr mich* verstanden,
> *Selten auch verstand ich Euch,*
> *Nur wenn wir im* Kot *uns fanden*
> *So verstanden wir uns gleich.*[1]

Em toda análise se poderiam encontrar exemplos para mostrar que preci-samente os elementos mais triviais de um sonho são indispensáveis a sua interpretação e que o trabalho em andamento é interrompido quando se tarda a prestar atenção a esses elementos. Ao interpretar sonhos, atribuímos idêntica importância a cada um dos matizes de expressão lingüística em que eles nos foram apresentados. E mesmo quando o texto do sonho, tal como o tínhamos,

---

1 [Literalmente: "Rara vez me *compreendestes* e também rara vez vos compreendi. Só quando nos encontramos na *lama* foi que prontamente nos compreendemos". Heine, *Buch der Lieder*, "Die Heimkehr", LXXVIII.]

era sem sentido ou insuficiente — como se o esforço de fornecer um relato correto dele tivesse fracassado —, levamos também essa falha em consideração. Em suma, tratamos como Sagrada Escritura aquilo que os autores precedentes haviam encarado como uma improvisação arbitrária, remendada às pressas na dificuldade do momento. Essa contradição requer uma explicação.

A explicação nos é favorável, embora não tire a razão dos outros autores. À luz de nosso recém-adquirido entendimento da origem dos sonhos, a contradição desaparece por completo. É verdade que distorcemos os sonhos ao tentar reproduzi-los; aí vemos em ação mais uma vez o processo que descrevemos como a elaboração secundária (e muitas vezes mal formulada) do sonho pela instância encarregada do pensamento normal. Mas mesmo essa distorção não passa de uma parte da elaboração a que os pensamentos oníricos são normalmente submetidos em decorrência da censura do sonho. Os outros autores notaram aqui a parte da distorção do sonho que atua de maneira ostensiva, ou pelo menos tiveram uma suspeita de sua existência; quanto a *nós*, estamos menos interessados nisso, pois sabemos que um processo de distorção muito mais extenso, embora menos óbvio, já fez o sonho brotar dos pensamentos oníricos ocultos. O único erro cometido pelos autores precedentes foi supor que a modificação sofrida pelo sonho no processo de ser lembrado e posto em palavras é *arbitrária* e não admite maior análise, sendo, portanto, passível de nos fornecer uma imagem enganosa do sonho. Eles subestimaram a extensão do determinismo nos eventos psíquicos. Não há neles nada de arbitrário. De modo bastante geral, pode-se demonstrar que, se um elemento deixa de ser determinado por certa cadeia de pensamentos, sua determinação é imediatamente comandada por outra. Por exemplo, posso tentar pensar arbitrariamente num número, mas isso é impossível: o número que me ocorre é inequívoca e necessariamente determinado por pensamentos presentes em mim, ainda que estejam muito distantes de minha intenção imediata.[1] Do mesmo modo, as modificações a que os sonhos são submetidos na redação [*Redaktion*] realizada na vida de vigília tampouco são arbitrárias. Estão associativamente ligadas ao material que substituem e servem para indicar-nos o caminho para esse material, que, por sua vez, pode ser o substituto de alguma outra coisa.

---

1 [*Nota de rodapé acrescentada* em 1909:] Ver minha *Psicopatologia da Vida Cotidiana.*

Ao analisar os sonhos de meus pacientes, às vezes submeto essa asserção ao seguinte teste, que nunca me falhou: quando o primeiro relato que me é feito de um sonho por um paciente é muito difícil de compreender, peço-lhe que o repita. Ao fazer isso, ele raramente emprega as mesmas palavras. Entretanto, as partes do sonho que ele descreve em termos diferentes são-me reveladas, por esse fato, como o ponto fraco do disfarce do sonho: servem para mim como serviu para Hagen o sinal bordado no manto de Siegfried. É esse o ponto por onde se pode iniciar a interpretação do sonho. Meu pedido para que o paciente repetisse seu relato do sonho advertiu-o de que eu tinha o propósito de me empenhar particularmente em solucioná-lo; assim, sob a pressão da resistência, ele encobre às pressas os pontos fracos do disfarce do sonho, substituindo quaisquer expressões que ameacem trair seu sentido por outras menos reveladoras. Desse modo, atrai minha atenção para a expressão que abandonou. O empenho do sonhador em impedir a solução do sonho fornece-me uma base para inferir o cuidado com que seu manto foi tecido.

Menos justificativa tinham os autores precedentes para devotar tanto espaço à *dúvida* com que nosso juízo recebe os relatos de sonhos. É que essa dúvida não tem nenhuma justificativa intelectual. Em geral, não há garantia de exatidão de nossa memória, mas, mesmo assim, cedemos à compulsão de dar crédito a seus dados com muito mais freqüência do que se justificaria objetivamente. A dúvida sobre a exatidão do relato de um sonho ou de certos pormenores dele também é um derivado da censura onírica, da resistência à irrupção dos pensamentos oníricos na consciência. Essa resistência não se esgotou nem mesmo com os deslocamentos e substituições que ocasionou; persiste sob a forma de uma dúvida ligada ao material que foi admitido. Temos uma inclinação especial a interpretar mal essa dúvida na medida em que ela tem o cuidado de nunca atacar os elementos mais intensos do sonho, mas apenas os fracos e indistintos. Como já sabemos, porém, uma completa transmutação de todos os valores psíquicos se dá entre os pensamentos oníricos e o sonho. A distorção só se torna possível pela retirada do valor psíquico; ela costuma se expressar por esse meio e às vezes se contenta em não pedir mais nada. Assim, quando um elemento indistinto do conteúdo do sonho é, além disso, atacado pela dúvida, temos aí uma indicação segura de que estamos lidando com um derivado mais ou menos direto de um dos pensamentos oníricos proscritos. O estado de coisas é como o que se instaurava após uma grande revolução numa das repúblicas·da Antiguidade ou da Renascença. As famílias nobres e poderosas que antes haviam dominado o cenário eram mandadas para o exílio e todos os altos postos eram ocupados por recém-chegados. Apenas os membros mais empobrecidos e impotentes das famílias derrotadas ou seus dependentes distantes tinham permissão de permanecer na cidade e, mesmo assim, não desfrutavam de plenos direitos civis e eram encarados com desconfiança. A desconfiança, nessa analogia, corresponde à dúvida no caso que estamos considerando. É por isso que, ao analisar um sonho, insisto que se abandone toda a escala de estimativas de certeza e que a menor possibilidade de que possa ter ocorrido no sonho algo de tal ou qual natureza seja tratada como uma certeza completa. Ao rastrear a origem de qualquer elemento do sonho, descobrir-se-á que, a menos que essa atitude seja adotada com firmeza, a análise se estagnará. Quando se lança qualquer dúvida sobre o valor do elemento em questão, o resultado psíquico, no paciente, é que não lhe ocorre nenhuma das representações involuntárias subjacentes a esse elemento. Esse resultado não é evidente por si só. Não seria absurdo que alguém dissesse: "Não sei ao certo se tal ou qual coisa entrou no sonho, mas eis o que me ocorre a respeito". Na verdade, porém, ninguém jamais diz isso, e é precisamente o fato de a dúvida produzir esse efeito de interrupção na análise que a revela como um derivado e um instrumento da resistência psíquica. A psicanálise é justificadamente desconfiada. Uma de suas regras é que *tudo o que interrompe o progresso do trabalho analítico é uma resistência*.[1]

Também o *esquecimento* dos sonhos permanece inexplicável se não levarmos em consideração o poder da censura psíquica. Em diversos casos, a sensação de se haver sonhado muito durante a noite e de se haver retido apenas

---

1 [*Nota de rodapé acrescentada* em 1925:] A proposição formulada nesses termos peremptórios — "tudo o que interrompe o progresso do trabalho analítico é uma resistência" — facilmente daria margem a mal-entendidos. Naturalmente, só deve ser tomada como uma regra técnica, uma advertência aos analistas. Não se pode contestar que, no decurso de uma análise, podem ocorrer diversos acontecimentos pelos quais não é possível responsabilizar as intenções do paciente. Talvez seu pai morra sem que ele o tenha assassinado, ou talvez irrompa uma guerra que ponha fim à análise. Mas, por trás de seu óbvio exagero, essa proposição afirma algo de verdadeiro e novo. Mesmo que o evento causador da interrupção seja real e independente do paciente, é comum depender deste a extensão da interrupção que ele provoca; e a resistência se evidencia inequivocamente na presteza com que o paciente aceita esse tipo de ocorrência ou no uso exagerado que dela faz.

uma pequena parcela disso pode, na realidade, ter outro sentido: por exemplo, o de que o trabalho do sonho se manteve perceptivelmente ativo a noite inteira, mas só deixou atrás de si um sonho curto. Não se pode duvidar de que nos esquecemos cada vez mais dos sonhos à medida que o tempo passa após o despertar; muitas vezes os esquecemos apesar dos mais esmerados esforços de relembrá-los. Entretanto, acredito que a extensão desse esquecimento costuma ser superestimada; e de maneira semelhante se superestima o grau em que as lacunas do sonho limitam nosso conhecimento dele. Com freqüência se pode resgatar, por meio da análise, tudo o que foi perdido pelo esquecimento do conteúdo do sonho; pelo menos num número bastante grande de casos pode-se reconstruir, a partir de um único fragmento remanescente, não o sonho, é verdade — o que, de qualquer modo, não tem nenhuma importância —, mas todos os pensamentos oníricos. Isso exige certa dose de atenção e autodiciplina na condução da análise; isto é tudo — mas mostra que não faltou a atuação de um propósito hostil no esquecimento do sonho.[1]

---

1 [*Nota de rodapé acrescentada* em 1919:] Posso citar o seguinte sonho de minhas *Conferências Introdutórias* como um exemplo do significado da dúvida e da incerteza no sonho, e da simultânea contração de seu conteúdo num único elemento; apesar disso, o sonho foi analisado com êxito após uma pequena demora:

"Uma paciente cética teve um sonho meio longo no decorrer do qual algumas pessoas lhe falavam de meu livro sobre os chistes e faziam grandes elogios a ele. Surgiu então algo sobre um *'canal', talvez fosse outro livro que mencionava um canal, ou alguma outra coisa a respeito de um canal... ela não sabia... era tudo muito vago.*

"Sem dúvida, os senhores se inclinarão a esperar que o elemento 'canal', por ser tão indistinto, fosse inacessível à interpretação. Tem razão em suspeitar de uma dificuldade, mas ela não se originava do caráter indistinto: tanto a dificuldade quanto a indistinção tinham outra causa. Nada ocorreu à sonhadora a propósito de 'canal', e *eu*, é claro, não tinha como oferecer nenhum esclarecimento. Pouco depois — no dia seguinte, para ser exato — ela me disse ter pensado numa coisa que *talvez* tivesse algo que ver com isso. Era também um chiste — um chiste que ela ouvira. No vapor que liga Dover a Calais, um autor famoso começou a conversar com um inglês, e este encontrava uma oportunidade de citar a máxima: 'Du sublime au ridicule il n'y a qu'un pas' [Do sublime ao ridículo há apenas um passo]. Sim, respondeu o autor, *'le Pas de Calais'* — querendo dizer que achava a França sublime e a Inglaterra, ridícula. Mas o *Pas de Calais* é um canal — o Canal da Mancha. Os senhores hão de perguntar se acho que isso teve algo a ver com o sonho. Certamente que sim; e fornece a solução do elemento intrigante do sonho. Ou será que os senhores duvidam de que esse chiste já estivesse presente antes de o sonho ocorrer, como o pensamento inconsciente por trás do elemento 'canal'? Acaso supõem que ele foi introduzido como uma invenção posterior? A associação traiu o ceticismo que se ocultava por trás da aparente admiração da paciente; e sua resistência em revelar este fato foi, sem dúvida, a causa comum tanto de sua demora em apresentar a associação quanto do caráter indistinto do elemento onírico em pauta. Considerem a relação do elemento onírico com seu substrato inconsciente: ele era, por assim dizer, um fragmento desse substrato, uma alusão a ele, mas tornou-se inteiramente incompreensível ao ser isolado."

Uma prova convincente do fato de que o esquecimento dos sonhos é tendencioso e serve aos propósitos da resistência[1] é fornecida quando se tem a possibilidade de observar, nas análises, um estágio preliminar de esquecimento. Não é incomum que, no meio do trabalho de interpretação, uma parte omitida do sonho venha à luz e seja descrita como um elemento que ficara esquecido até então. Ora, uma parte do sonho assim resgatada do esquecimento é, invariavelmente, a mais importante; situa-se sempre no caminho mais curto para a solução do sonho e por isso foi mais exposta à resistência do que qualquer outra parte. Entre os exemplos de sonhos dispersos neste volume, há um em que parte do conteúdo foi acrescentada dessa forma como uma reflexão posterior. Trata-se do sonho em que me vinguei de dois desagradáveis companheiros de viagem e que tive de deixar quase sem interpretação por ser grosseiramente indecente. A porção omitida era a seguinte: *"Eu disse* [em inglês], *referindo-me a uma das obras de Schiller: 'It is from...', mas, percebendo o erro, corrigi-me: 'It is by...' 'Sim', comentou o homem com sua irmã, 'ele disse isso corretamente'".*[2]

As autocorreções nos sonhos, que parecem tão maravilhosas a certos autores, não precisam ocupar nossa atenção. Indicarei, em vez disso, a lembrança que serviu de modelo para meu erro verbal nesse sonho. Quando tinha dezenove anos, visitei a Inglaterra pela primeira vez e passei um dia inteiro nas praias do Mar da Irlanda. Naturalmente, regalei-me com a oportunidade de recolher animais marinhos deixados para trás pela maré e estava ocupado com uma estrela-do-mar — as palavras *"Hollthurn"* e *"holotúria"* [lesma-do-mar] ocorreram no início do sonho — quando uma encantadora garotinha aproximou-se de mim e perguntou: "É uma estrela-do-mar? Está viva?" [*Is it alive?*] "Sim", respondi, "está viva" [*he is alive*[3]]", e, em seguida, envergonhado com meu erro, repeti a frase corretamente. O

---

1 Sobre os propósitos do esquecimento em geral, ver meu pequeno ensaio sobre o mecanismo psíquico do esquecimento (Freud, 1898*b*). [*Acrescentado* em 1909:] Posteriormente incluído como o primeiro capítulo de *Sobre a Psicopatologia da Vida Cotidiana* (Freud, 1901*b*).

2 [Nota de rodapé acrescentada em 1914:] Tais correções no emprego de línguas estrangeiras não são raras nos sonhos, porém, com maior freqüência, são atribuídas a outras pessoas. Maury (1878, p. 143) sonhou certa vez, numa época em que estava aprendendo inglês, que, ao dizer a alguém que o visitara na véspera, utilizou as palavras "I called for you yesterday" (Pedi por você ontem), ao que o outro retrucou corretamente: "Você deveria ter dito 'I called *on* you yesterday'" (Visitei-o ontem)".

3 [O correto, neste caso, seria ter empregado o pronome neutro *it* em vez do masculino *he*. (N. E.)]

sonho substituiu o erro verbal cometido naquela época por outro em que um alemão está igualmente sujeito a incorrer: *"Das Buch ist von Schiller"*[1] deveria ser traduzido não por *"from"*, mas por *"by"*. Depois de tudo o que já aprendemos sobre os propósitos do trabalho do sonho e sua escolha temerária de métodos para atingi-los, não ficaremos surpresos em descobrir que ele efetuou essa substituição por causa do magnífico exemplo de condensação possibilitado pela identidade fonética entre o inglês *"from"* e o adjetivo alemão *"fromm"* ["devoto", "beato"]. Mas como foi que minha inocente lembrança da praia entrou no sonho? Ela funcionou como o exemplo mais inocente possível de meu emprego de uma palavra indicativa de gênero ou sexo no lugar errado — de eu trazer à baila o sexo (a palavra *"he"*) onde ele não era cabível. Essa, aliás, foi uma das chaves para a solução do sonho. Além disso, ninguém que tenha conhecimento da origem atribuída ao título "*Matter and Motion*" ["*Matéria e Movimento*"], de Clerk Maxwell terá qualquer dificuldade em preencher as lacunas: "Le *Ma*lade Imaginaire", de *Mo*lière — "La *ma*tière est-elle laudable?"[2] — *Mo*vimento dos intestinos.

Além disso, estou em condições de oferecer uma demonstração ocular do fato de que o esquecimento dos sonhos, em grande parte, é produto da resistência. Vem um de meus pacientes e me conta que teve um sonho, mas esqueceu todo e qualquer vestígio dele: portanto, é como se nunca tivesse acontecido. Prosseguimos com nosso trabalho. Deparo com uma resistência; por isso, explico algo ao paciente e o auxilio, através do incentivo e da pressão, a chegar a aceitar algum pensamento desagradável. Mal consigo fazer isso, ele exclama: "Agora me lembro do que foi que sonhei!" A mesma resistência que estava interferindo em nosso trabalho desse dia também o fizera esquecer o sonho. Superando essa resistência, resgatei o sonho para sua memória.

Exatamente da mesma maneira, quando um paciente atinge determinado ponto em seu trabalho, é possível que consiga lembrar-se de um sonho ocorrido há três ou quatro dias, ou até mais, e que até então permanecera esquecido.[3]

---

1   ["Este livro é *de* Schiller." As preposições inglesas *from* e *by* podem traduzir o *von* ("de") alemão, mas a primeira indica a origem, e a segunda, autoria. (N. E.)]

2   ["A matéria é louvável?" — Antiga terminologia médica para perguntar "A excreção é saudável." — A frase seguinte está em inglês no original.]

3   [*Nota de rodapé acrescentada* em 1914:] Ernest Jones descreveu um caso análogo que ocorre freqüentemente: enquanto um sonho é analisado, é possível que o paciente se lembre de um segundo sonho ocorrido na mesma noite, mas de cuja própria existência não se suspeitava.

A experiência psicanalítica forneceu-nos ainda outra prova de que o esquecimento dos sonhos depende muito mais da resistência que do fato, acentuado pelas autoridades, de serem os estados de vigília e sono estranhos um ao outro. Não raro me acontece, tal como a outros analistas e a pacientes em tratamento, depois de ser despertado por um sonho, por assim dizer, passar imediatamente, e em plena posse de minhas faculdades intelectuais, a interpretá-lo. Nessas situações, muitas vezes me recusei a descansar enquanto não chegasse a uma compreensão completa do sonho; contudo, já me aconteceu, algumas vezes, depois de finalmente acordar pela manhã, constatar que havia esquecido inteiramente tanto minha atividade interpretativa quanto o conteúdo do sonho, apesar de saber que tivera um sonho e que o interpretara. É muito mais freqüente o sonho arrastar consigo para o esquecimento os resultados de minha atividade interpretativa do que minha atividade intelectual conseguir preservá-lo na memória. Não obstante, não existe entre minha atividade interpretativa e meus pensamentos de vigília o abismo psíquico que as autoridades supõem para explicar o esquecimento dos sonhos.

Morton Prince (1910) levantou objeções a minha explicação do esquecimento dos sonhos, alegando de que o esquecimento é apenas um caso particular da amnésia ligada estados mentais dissociados, que é impossível estender minha explicação dessa amnésia especial a outros tipos e que, por conseguinte, minha explicação é destituída de valor até mesmo para seu propósito imediato. Seus leitores são assim lembrados de que, ao longo de todas as descrições que faz desses estados dissociados, ele nunca tentou descobrir uma explicação dinâmica para tais fenômenos. Se o tivesse feito, teria inevitavelmente descoberto que o recalque (ou, mais precisamente, a resistência criada por ele) é a causa tanto das dissociações quanto da amnésia ligada ao conteúdo psíquico destas.

Uma observação que pude fazer durante a preparação deste manuscrito mostrou-me que os sonhos não são esquecidos com maior freqüência do que outros atos mentais e podem ser comparados, sem ficar em desvantagem, com outras funções mentais, no que concerne a sua retenção na memória. Eu havia conservado registros de um grande número dos meus próprios sonhos que, por uma razão ou outra, não pudera interpretar por completo na época ou deixara inteiramente sem interpretação. E agora, passados um a dois anos, tentei interpretar alguns deles com a intenção de obter mais material para ilustrar meus pontos de vista. Essas tentativas tiveram êxito na totalidade dos casos; de fato, pode-se dizer que a interpretação progrediu com mais facilidade após esse longo intervalo do que na época em que o sonho era uma experiência recente. Uma possível explicação disso é que, nesse intervalo, superei algumas das resistências internas que antes me obstruíam. Ao fazer essas interpretações posteriores, comparei os pensamentos oníricos que evocara na época do sonho com a produção atual, geralmente muito mais abundante, e constatei que os antigos estavam sempre incluídos entre os novos. Meu assombro diante disso foi prontamente sustado pela consideração de que, desde longa data, desenvolvi o hábito de fazer com que meus pacientes, que às vezes me contam sonhos de anos anteriores, interpretem-nos — pelo mesmo procedimento e com o mesmo sucesso — como se os houvessem sonhado na noite anterior. Quando chegar à discussão dos sonhos de angústia, apresentarei dois exemplos dessas interpretações adiadas. Fui levado a fazer minha primeira experiência dessa natureza pela justificável expectativa de que nisso, como em outros aspectos, os sonhos se comportariam como sintomas neuróticos. Quando trato um psiconeurótico — um histérico, digamos — pela psicanálise, sou forçado a chegar a uma explicação tanto dos sintomas mais primitivos e há muito desaparecidos de sua doença quanto dos sintomas contemporâneos que o trouxeram a mim para tratamento; e, na verdade, considero o problema primitivo mais fácil de solucionar do que o imediato. Já em 1895, pude dar uma explicação, nos *Estudos sobre a Histeria*, do primeiro ataque histérico que uma mulher com mais de quarenta anos tivera aos quinze anos de idade.[1]

Quero aqui mencionar alguns outros pontos um tanto desconexos sobre a questão da interpretação dos sonhos, que talvez ajudem a orientar os leitores que se sintam porventura inclinados a conferir minhas afirmações mediante um trabalho posterior com seus próprios sonhos.

Ninguém deve esperar que uma interpretação de seus sonhos lhe caia no colo como um maná dos céus. É preciso ter prática até mesmo para perceber fenômenos endópticos ou outras sensações de que nossa atenção está normalmente afastada; e isso ocorre mesmo quando não há nenhum

---

1 [Acrescentado ao texto em 1919 e transferido para nota de rodapé em 1930:] Os sonhos que ocorrem nos primeiros anos da infância e são retidos na memória por dezenas de anos, muitas vezes com vividez sensorial completa, são quase sempre de grande importância para nos permitir entender a história do desenvolvimento psíquico do sujeito e de sua neurose. A análise desses sonhos protege o médico de erros e incertezas que poderiam levar, entre outras coisas, à confusão teórica.

motivo psíquico lutando contra tais percepções. É decididamente mais difícil captar as "representações involuntárias". Quem quer que procure fazê-lo deve familiarizar-se com as expectativas levantadas nesta obra e, de acordo com as regras nela estabelecidas, esforçar-se, durante o trabalho, por se abster de qualquer crítica, qualquer *parti pris* e qualquer inclinação afetiva ou intelectual. Deve ter em mente o conselho de Claude Bernard aos experimentadores de um laboratório de fisiologia: *"travailler comme une bête"* — isto é, trabalhar com a mesma persistência de um animal e com idêntica despreocupação com o resultado. Se esse conselho for seguido, já não será difícil a tarefa.

Nem sempre se pode realizar a interpretação de um sonho de uma só vez. Depois de seguirmos uma cadeia de associações, não raro sentimos esgotada nossa capacidade; nada mais se pode saber do sonho nesse dia. O mais aconselhável, nesse caso, é interromper o trabalho e retomá-lo em outro dia: outra parte do conteúdo do sonho poderá então atrair nossa atenção e dar-nos acesso a outra camada dos pensamentos oníricos. Esse procedimento poderia ser descrito como interpretação "fracionada" do sonho.

Só com extrema dificuldade é que o principiante na tarefa de interpretar sonhos se deixa persuadir de que sua tarefa não chega ao fim quando ele tem nas mãos uma interpretação completa — uma interpretação que faz sentido, é coerente e esclarece todos os elementos do conteúdo do sonho. É que o mesmo sonho também pode ter outra interpretação, uma "superinterpretação" que lhe escapou. De fato, não é fácil conceber a abundância das cadeias inconscientes de pensamento ativas em nossa mente, todas lutando por encontrar expressão. Tampouco é fácil dar crédito à perícia exibida pelo trabalho do sonho em sempre descobrir formas de expressão capazes de abrigar diversos sentidos — como o Alfaiatezinho do conto de fadas que acertou sete moscas com um só golpe. Meus leitores estarão sempre inclinados a me acusar de introduzir uma quantidade desnecessária de engenhosidade em minhas interpretações; mas a experiência real lhes ensinaria que não é bem assim.

Por outro lado, não posso confirmar a opinião, originalmente formulada por Silberer, de que todos os sonhos (ou muitos sonhos, ou certas classes de sonhos) requerem duas interpretações diferentes, que possuiriam uma rela-ção fixa entre si. Afirma-se que uma dessas interpretações, que Silberer chama de "psicanalítica", dá ao sonho um ou outro sentido, geralmente de cunho infantil-sexual; quanto à outra interpretação, mais importante, a que ele dá o nome de "anagógica", revelaria os pensamentos mais sérios, muitas vezes de implicações profundas, que o trabalho do sonho tomou como material. Silberer não forneceu provas confirmadoras dessa opinião através do relato de uma série de sonhos analisados nessas duas direções. E tenho de objetar que o fato alegado simplesmente não existe. A despeito do que ele diz, a maioria dos sonhos não requer uma "superinterpretação" e, mais particularmente, é não pode ser submetida à interpretação "anagógica". Tal como ocorre com muitas outras teorias formuladas em anos recentes, é impossível desprezar o fato de que as opiniões de Silberer são influenciadas, até certo ponto, por uma tendência que visa a disfarçar as circunstâncias fundamentais em que se formam os sonhos e desviar o interesse de suas raízes instintuais. Em certo número de casos, pude corroborar as afirmações de Silberer. A análise demonstrou que, em tais casos, o trabalho do sonho viu-se diante do problema de transformar em sonho uma série de pensamentos altamente abstratos da vida de vigília, que não poderiam receber nenhuma representação direta. Esforçou-se por resolver esse problema apoderando-se de outro grupo de material intelectual até certo ponto frouxamente relacionado com os pensamentos abstratos (muitas vezes, de maneira que se poderia descrever como "alegórica") e, ao mesmo tempo, passível de ser representado com menor dificuldade. A interpretação *abstrata* de um sonho assim surgido é dada pelo sonhador sem qualquer dificuldade; a interpretação *correta* do material intercalado deve ser buscada pelos métodos técnicos que agora nos são familiares.

Caso se pergunte se é possível interpretar *todos* os sonhos, a resposta deve ser negativa. Não se deve esquecer que, na interpretação de um sonho, tem-se como oponentes as forças psíquicas que foram responsáveis por sua distorção. É uma relação de forças, portanto, que determina se nosso interesse intelectual, nossa capacidade de autodisciplina, nossos conhecimentos psicológicos e nossa prática de interpretar sonhos irão habilitar-nos a dominar nossas resistências internas. É sempre possível caminhar *um pouco*: o bastante, pelo menos, para nos convencermos de que o sonho é uma estrutura provida de sentido, e, em geral, o bastante para entrever qual é esse sentido. Com muita freqüência, um sonho que vem logo a seguir permite-nos confirmar e levar adiante a interpretação que adotamos experimentalmente para seu antecessor. Muitas vezes, uma série de sonhos que se estende por um período de semanas ou meses está baseada num fundo comum e, por conseguinte, deve ser interpretada como um conjunto interligado. No caso de dois sonhos consecutivos, observa-se com freqüência que um deles toma como ponto central algo que se acha apenas na periferia do outro e vice-versa, de maneira que também suas interpretações são mutuamente complementares. Já forneci exemplos que mostram que os diferentes sonhos de uma mesma noite, por via de regra, devem ser tratados como um todo único em sua interpretação.

Mesmo no sonho interpretado de forma mais minuciosa, é freqüente haver um trecho que tem de permanecer obscuro; é que, durante o trabalho de interpretação, percebemos de que há nesse ponto um emaranhado de pensamentos oníricos que não se deixa desenredar e que, além disso, nada acrescenta a nosso conhecimento do conteúdo do sonho. Esse é o umbigo do sonho, o ponto onde ele mergulha no desconhecido. Os pensamentos oníricos a que somos levados pela interpretação não podem, pela natureza das coisas, ter um fim definido; estão fadados a ramificar-se em todas as direções dentro da intricada rede de nosso mundo de pensamento. É de algum ponto em que essa trama é particularmente fechada que brota o desejo do sonho, tal como um cogumelo de seu micélio.

Mas temos de retornar aos fatos que dizem respeito ao esquecimento dos sonhos, pois deixamos de tirar deles uma importante conclusão. Vimos que a vida de vigília mostra uma tendência inequívoca a esquecer qualquer sonho que se tenha formado durante a noite, seja como um todo, logo após o despertar, seja aos bocadinhos no correr do dia; e reconhecemos que o principal responsável por esse esquecimento é a resistência mental ao sonho, resistência essa que já fez o que pôde contra ele durante a noite. Mas, se é assim, uma questão se coloca: como é que o sonho pode chegar a se formar em face dessa resistência? Tomemos o caso mais extremo, em que a vida de vigília se descarta de um sonho como se ele nunca houvesse ocorrido. Um exame da interação das forças psíquicas nesse caso deverá levar-nos a inferir que o sonho de fato não teria ocorrido se a resistência fosse tão acentuada durante a noite quanto durante o dia. Temos de concluir que, no decorrer da noite, a resistência perde parte de seu poder, embora saibamos que não o perde inteiramente, uma vez que já mostramos o papel que desempenha na formação dos sonhos como agente deformador. Mas somos levados a supor que seu poder fica diminuído à noite e que isso possibilita a formação dos sonhos. Fica então fácil compreender como, depois de recuperar a plenitude de sua força no momento do despertar, ela passa imediatamente a se livrar daquilo que foi obrigada a permitir enquanto enfraquecida. Diz-nos a psicologia descritiva que o principal *sine qua non* para a formação de sonhos é que a mente esteja em estado de sono; e agora podemos explicar esse fato: *o estado de sono possibilita a formação de sonhos porque reduz o poder da censura endopsíquica.*

É sem dúvida tentador encarar essa inferência como a única possível a partir dos fatos do esquecimento dos sonhos e tomá-la como base para outras conclusões quanto às condições de energia que prevalecem durante o sono e a vigília. Por ora, entretanto, deter-nos-emos aqui. Quando tivermos penetrado um pouco mais a fundo na psicologia dos sonhos, veremos que os fatores que possibilitam sua formação também podem ser concebidos de outra maneira. Talvez a resistência a que os pensamentos oníricos se tornem conscientes possa ser evitada sem que tenha havido qualquer redução em seu poder. E parece plausível que *ambos* os fatores que favorecem a formação dos sonhos — a redução e a evitação da resistência — sejam simultaneamente possibilitados pelo estado de sono. Farei aqui uma interrupção, embora vá retomar este tema dentro em breve.

Existe outro conjunto de objeções a nosso método de interpretação dos sonhos, do qual devemos agora tratar. Nosso procedimento consiste em abandonar todas as representações com meta que normalmente dirigem nossas reflexões, focalizar nossa atenção num único elemento do sonho e, então, tomar nota de todos os pensamentos involuntários que possam ocorrer-nos a propósito dele. Tomamos então a parte seguinte do sonho e repetimos o processo com *ela*. Deixamo-nos impelir por nossos pensamentos, qualquer que seja a direção em que nos conduzam, e assim vagamos a esmo de uma coisa para outra. Mas nutrimos a firme crença de que, no final, sem qualquer intervenção ativa de nossa parte, chegaremos aos pensamentos oníricos de que se originou o sonho.

Nossos críticos se opõem a isso nos seguintes termos: não há nada de maravilhoso no fato de um elemento isolado do sonho nos conduzir a *algum lugar*; toda representação pode ser associada com *algo*. O que *é* excepcional é que uma cadeia de pensamentos tão arbitrária e sem objetivo nos leve aos pensamentos oníricos. A probabilidade é que estejamos nos iludindo. Seguimos uma cadeia de associações que parte de um elemento até que, por uma razão ou outra, ela parece romper-se. Se tomarmos então um segundo elemento, é de esperar que o caráter originalmente irrestrito de nossas associações se estreite, pois ainda temos a cadeia anterior de associações em nossa memória e, por essa razão, ao analisarmos a segunda representação onírica, é mais provável que esbarremos em associações que tenham algo em comum com as da primeira cadeia. Iludimo-nos então com a idéia de havermos descoberto um pensamento que é um ponto de ligação entre dois elementos do sonho. Uma vez que nos damos total liberdade para ligar os pensamentos como bem entendermos, e visto que, na realidade, as únicas transições que excluímos de uma representação para outra são as que vigem no pensamento normal, não teremos nenhuma dificuldade, com o correr do tempo, em compor, a partir de alguns "pensamentos intermediários", algo que descrevemos como sendo os pensamentos oníricos e que — embora sem qualquer garantia, pois não dispomos de outros conhecimentos do que sejam os pensamentos oníricos — alegamos ser o substituto psíquico do sonho. Mas tudo isso é completamente arbitrário; estamos meramente explorando ligações fortuitas de uma maneira que propicia um efeito engenhoso. Assim, quem quer que se dê a todo esse trabalho inútil poderá arrancar de qualquer sonho a interpretação que mais lhe aprouver.

Se de fato nos levantassem tais objeções, poderíamos defender-nos apelando para a impressão causada por nossas interpretações, para as surpreendentes ligações com outros elementos do sonho que emergem enquanto seguimos uma de suas representações isoladas, e para a improbabilidade de que se pudesse chegar a algo capaz de dar uma explicação tão exaustiva do sonho senão seguindo ligações psíquicas já estabelecidas. Poderíamos também assinalar, em nossa defesa, que nosso procedimento na interpretação dos sonhos é idêntico ao procedimento pelo qual resolvemos os sintomas histéricos; e nisso a correção de nosso método é atestada pela emergência e desaparecimento coincidentes dos sintomas, ou, para usar um símile, as afirmações feitas no texto são corroboradas pelas ilustrações que as acompanham. Mas não temos nenhuma razão para nos esquivarmos do problema de como é possível chegar a um objetivo preexistente seguindo o curso fortuito de uma cadeia de pensamentos arbitrária e sem meta alguma; e isso porque, embora talvez não possamos solucionar o problema, podemos esvaziá-lo por completo.

Ocorre que é possível demonstrar não ser verdade que estejamos sendo arrastados por uma corrente de representações sem meta alguma quando, no processo de interpretar um sonho, abandonamos a reflexão e deixamos que emerjam representações involuntárias. Pode-se mostrar que a única coisa de que conseguimos libertar-nos são as representações com meta que nos são *conhecidas*; mal fazemos isso, as representações com meta *desconhecidas* — ou, como dizemos de forma inexata, "inconscientes" — assumem o comando e, daí por diante, determinam o curso das representações involuntárias. Nenhuma influência que possamos exercer sobre nossos processos mentais nos facultará pensar sem representações com meta, nem tenho conhecimento de qualquer estado de confusão psíquica que seja capaz de fazê-lo.[1] Os psiquiatras renunciaram com excessiva pressa, nesse aspecto, a sua crença na concatenação dos processos psíquicos. Sei com certeza que não ocorrem cadeias de pensamento desprovidas de representações com meta nem na histeria e na paranóia, nem na formação ou resolução dos sonhos. É possível que elas não ocorram em nenhum dos distúrbios psíquicos endógenos. Até mesmo os delírios dos estados confusionais podem ter sentido, se aceitarmos a brilhante sugestão de Leuret de que eles só nos são ininteligíveis por causa das lacunas que apresentam. Eu próprio formei a

---

1 [*Nota de rodapé acrescentada* em 1914:] Só mais tarde é que me chamou atenção o fato de que Eduard von Hartmann adota a mesma visão quanto a esse importante ponto da psicologia: "Ao discutir o papel desempenhado pelo inconsciente na criação artística, Eduard von Hartmann (1890, v. 1, Seção B, Capítulo V) formulou com clareza a lei segundo a qual a associação de idéias é regida por representações com meta inconscientes, embora não se desse conta do alcance dessa lei. Dispôs-se a provar que 'toda combinação de representações sensíveis, quando não é deixada puramente ao acaso, mas destinada a um fim definido, requer o auxílio do Inconsciente', e que o papel desempenhado pelo interesse consciente é estimular o inconsciente a selecionar a mais apropriada entre as incontáveis representações possíveis. É o inconsciente que faz a escolha apropriada de uma finalidade para o interesse, e isso 'é válido tanto para a associação de idéias no pensamento abstrato quanto para a ideação sensível e a combinação artística', e para a produção do chiste. Por essa razão, é impossível sustentar uma limitação da associação de idéias a uma representação provocadora e uma representação provocada (no sentido de uma psicologia associacionista pura). Tal limitação seria justificável 'apenas se houvesse na vida humana condições em que o homem estivesse livre não só de qualquer objetivo consciente, mas também da influência ou cooperação de qualquer interesse inconsciente, de qualquer estado de ânimo passageiro. Esse, no entanto, é um estado que dificilmente pode ocorrer, pois mesmo que, na aparência, alguém deixe inteiramente entregue ao acaso sua cadeia de pensamentos, ou se abandone por completo aos sonhos involuntários da fantasia, outros interesses principais, sentimentos e estados de ânimo dominantes sempre prevalecerão mais num dado momento do que em outro e exercerão sempre uma influência na associação de idéias'. 'Nos sonhos semiconscientes sempre ocorrem apenas as representações que correspondem ao principal interesse [inconsciente] do momento.' A ênfase assim colocada na influência dos sentimentos e estados de ânimo sobre a livre seqüência dos pensamentos torna possível justificar completamente o procedimento metodológico da psicanálise, do ponto de vista da psicologia de Hartmann" (Pohorilles, 1913). — Du Prel (1885, p. 107) refere-se ao fato de que, após tentarmos em vão relembrar um nome, é freqüente ele nos surgir de repente na lembrança, sem qualquer aviso prévio. Disso ele conclui que ocorreu um pensamento inconsciente, mas provido de um objetivo, e que seu resultado penetrou subitamente na consciência.

mesma opinião quando tive oportunidade de observá-los. Os delírios são obra de uma censura que já não se dá ao trabalho de ocultar seu funcionamento; em vez de colaborar na produção de uma nova versão que não desperte objeções, ela suprime brutalmente tudo aquilo que desaprova, de maneira que o que resta se torna muito desconexo. Essa censura age exatamente como a censura dos jornais na fronteira russa, que só permite que os periódicos estrangeiros caiam nas mãos dos leitores por quem tem o dever de zelar depois de colocar uma tarja negra sobre diversos trechos.

É possível que um livre jogo das representações com uma cadeia de associações fortuita seja encontrado nos processos cerebrais orgânicos destrutivos; o que é encarado como tal nas psiconeuroses é sempre explicável como um efeito da influência da censura numa cadeia de pensamentos empurrada para o primeiro plano por representações com meta que permaneceram ocultas.[1] Considerou-se como sinal infalível de que uma associação está isenta da influência de representações com meta o fato de as associações (ou imagens) em questão parecerem inter-relacionadas de um modo que se descreve como "superficial" — por assonância, ambiguidade verbal, coincidência temporal sem relação interna de sentido, ou por qualquer associação do tipo que permitimos nos chistes ou nos trocadilhos. Essa característica está presente nas cadeias de pensamento que vão dos elementos do sonho até os pensamentos intermediários e, destes, até os pensamentos oníricos propriamente ditos; já vimos exemplos disso — não sem espanto — em muitas análises de sonhos. Nenhuma ligação era solta demais, nenhum chiste era precário demais para servir de ponte entre um pensamento e outro. Mas a verdadeira explicação desse estado de coisas tolerante não tarda em ser descoberta. *Sempre que um elemento psíquico está vinculado a outro por uma associação objetável ou superficial, há também entre eles um vínculo legítimo e mais profundo que está submetido à resistência da censura.*

A verdadeira razão do predomínio de associações superficiais não está no abandono das representações com meta, mas sim na pressão da censura. As associações superficiais substituem as profundas quando a censura torna intransitáveis as vias normais de ligação. Podemos imaginar, a título de analogia, uma região montanhosa onde uma interrupção geral do tráfego

---

1 [*Nota de rodapé acrescentada* em 1909:] Esta afirmação recebeu brilhante confirmação das análises de C. G. Jung em casos de demência precoce (Jung, 1907).

(devida a inundações, por exemplo) bloqueou as estradas principais, mais importantes, porém onde as comunicações ainda são mantidas através de trilhas inconvenientes e íngremes, normalmente utilizadas apenas pelos caçadores.

Aqui se podem distinguir dois casos, embora, em essência, eles sejam o mesmo. No primeiro, a censura se volta apenas contra a *ligação* entre dois pensamentos que, separadamente, não suscitam objeção. Nesse caso, os dois pensamentos penetram sucessivamente na consciência; a ligação entre eles permanece oculta e, em seu lugar, ocorre-nos uma ligação superficial entre os dois em que, de outra maneira, nunca teríamos pensado. Essa ligação costuma estar vinculada a uma parte do complexo de representações muito diferente daquela em que se baseia a ligação suprimida e essencial. O segundo caso é aquele em que os dois pensamentos, por si sós, são submetidos à censura por causa de seu conteúdo. Sendo assim, nenhum dos dois aparece em sua forma verdadeira, mas apenas numa forma modificada que a substitui, e os dois pensamentos substitutos são escolhidos de maneira a possuírem uma associação superficial que reproduza o vínculo essencial que relaciona os dois pensamentos substituídos. *Em ambos os casos, a pressão da censura resultou num deslocamento de uma associação normal e séria para uma associação superficial e aparentemente absurda.*

Uma vez que estamos cientes da ocorrência desses deslocamentos, não hesitamos, na interpretação dos sonhos, em confiar tanto nas associações superficiais quanto nas outras.[1]

Na psicanálise das neuroses, faz-se o mais amplo uso desses dois teoremas — que, quando se abandonam as representações com meta conscientes, as representações com meta ocultas assumem o controle do fluxo de representações, e que as associações superficiais são apenas substitutos, por deslocamento, de associações mais profundas e suprimidas. Na verdade,

---

1 As mesmas considerações também se aplicam, é claro, aos casos em que as associações superficiais aparecem abertamente no conteúdo do sonho, como, por exemplo, nos dois sonhos de Maury citados nas pp. 76-7 (*Pélerinage — Pelletier — pelle; kilomètre — kilogramme — Gilolo — Lobelia — Lopez — lotto*). Meu trabalho com pacientes neuróticos ensinou-me qual é a natureza das lembranças das quais este constitui um método favorito de representação. Trata-se de ocasiões em que o sujeito folheava as páginas de enciclopédias ou dicionários para (como fez a maioria das pessoas na inquiridora época da puberdade) satisfazer seu anseio de respostas para os enigmas do sexo.

esses teoremas transformaram-se em pilares básicos da técnica psicanalítica. Quando instruo um paciente a abandonar qualquer tipo de reflexão e me dizer tudo o que lhe vier à cabeça, estou confiando firmemente na premissa de que ele não conseguirá abandonar as representações com meta inerentes ao tratamento, e sinto-me justificado para inferir que o que se afigura como as coisas mais inocentes e arbitrárias que ele me conta está de fato relacionado com sua enfermidade. Há uma outra representação com meta de que o paciente não desconfia — uma que se relaciona comigo. A plena avaliação da importância desses dois teoremas, bem como as informações mais pormenorizadas sobre eles, enquadram-se no âmbito de uma exposição da técnica da psicanálise. Aqui atingimos, portanto, um dos pontos limítrofes em que, segundo nosso programa, devemos abandonar o tema da interpretação dos sonhos.[1]

Há uma conclusão verdadeira que podemos extrair dessas objeções, qual seja, que não precisamos supor que todas as associações ocorridas durante o trabalho de interpretação tenham tido lugar no trabalho do sonho durante a noite. É verdade que, ao fazermos a interpretação no estado de vigília, seguimos um caminho que retrocede dos elementos do sonho para os pensamentos oníricos, e que o trabalho do sonho segue um rumo inverso. Mas é altamente improvável que esses caminhos sejam transitáveis em ambos os sentidos. Ao contrário, parece que, durante o dia, enveredamos por novas cadeias de pensamentos e que essas veredas estabelecem contato com os pensamentos intermediários e com os pensamentos oníricos ora num ponto, ora noutro. É fácil perceber como, dessa maneira, o novo material diurno se imiscui nas cadeias interpretativas. É provável também que o aumento da resistência instaurado desde a noite torne necessários novos desvios, mais tortuosos. O número e a natureza dos fios colaterais que assim tecemos durante o dia não têm a menor importância psicológica, desde que nos conduzam aos pensamentos oníricos de que estamos à procura.

---

1 [*Nota de rodapé acrescentada* em 1909:] Esses dois teoremas, que soaram extremamente implausíveis na época em que foram enunciados, foram desde então experimentalmente empregados e confirmados por Jung e seus discípulos em seus estudos sobre a associação de palavras.

REGRESSÃO

Tendo rechaçado as objeções levantadas contra nós, ou tendo pelo menos indicado onde se acham nossas armas defensivas, não devemos mais adiar a tarefa de abordar as investigações psicológicas para as quais nos vimos preparando há tanto tempo. Resumamos os principais resultados de nossa investigação até aqui. Os sonhos são atos psíquicos tão importantes quanto quaisquer outros; sua força propulsora é, na totalidade dos casos, um desejo que busca realizar-se; o fato de não serem reconhecíveis como desejos, bem como suas múltiplas peculiaridades e absurdos, devem-se à influência da censura psíquica a que foram submetidos durante o processo de sua formação; à parte a necessidade de fugir a essa censura, outros fatores que contribuem para sua formação são a exigência de condensação de seu material psíquico, a consideração a sua representabilidade em imagens sensoriais e — embora não invariavelmente — a demanda de que a estrutura do sonho possua uma fachada racional e inteligível. Cada uma dessas proposições abre caminho para novas especulações e postulados psicológicos; a relação recíproca entre o desejo que é a força propulsora do sonho e as quatro condições a que está sujeita sua formação, bem como as inter-relações entre essas condições, precisam ser investigadas; e ainda é preciso assinalar o lugar dos sonhos na concatenação da vida mental.

Foi com o objetivo de nos lembrar dos problemas ainda por solucionar que iniciei este capítulo com o relato de um sonho. Não houve dificuldade em interpretá-lo — o sonho da criança que estava se queimando —, muito embora sua interpretação não fosse dada integralmente segundo nosso sentido. Levantei a questão do motivo por que o sonhador o produzira, em vez de acordar, e reconheci que um de seus motivos era o desejo de representar o filho como ainda vivo. Nossa argumentação mostrará mais adiante que um outro desejo também estava ativo. Assim, em primeiro lugar, foi em nome da realização de um desejo que o processo de pensamento durante o sono transformou-se num sonho.

Se eliminarmos a realização de desejo, veremos que resta apenas um aspecto para distinguir as duas formas de ocorrência psíquica. O pensamento onírico teria sido: "Vejo um clarão vindo do quarto onde jaz o cadáver.

Talvez uma vela tenha caído e meu filho esteja queimando!" O sonho reproduziu essas reflexões inalteradas, mas representou-as numa situação que de fato era presente e podia ser percebida pelos sentidos como uma experiência de vigília. Temos aqui a característica psicológica mais geral e mais notável do processo de sonhar: um pensamento, geralmente um pensamento sobre algo desejado, objetiva-se no sonho, é representado como uma cena, ou, segundo nos parece, é vivenciado.

Como então explicar essa peculiaridade característica do trabalho do sonho, ou, para formular a pergunta em termos mais modestos, como descobrir um lugar para ela na trama dos processos psíquicos?

Se examinarmos o assunto mais de perto, observaremos que dois aspectos quase independentes sobressaem como característicos da forma assumida por esse sonho. Um deles é o fato de o pensamento ser representado como uma situação imediata em que o "talvez" é omitido, e o outro é o fato de que o pensamento se transforma em imagens visuais e em fala.

Nesse sonho específico, a modificação feita nos pensamentos pela colocação da expectativa por eles expressa no presente do indicativo talvez não pareça particularmente notável. Isso se deve ao que só se pode descrever como o papel inusitadamente secundário desempenhado nesse sonho pela realização de desejo. Consideremos, em vez dele, um outro em que o desejo onírico não estava muito afastado dos pensamentos de vigília transportados para o sono — o sonho da injeção de Irma, por exemplo. Neste, o pensamento onírico representado estava no optativo:[1] "Oxalá Otto fosse responsável pela doença de Irma!" O sonho recalcou o optativo e o substituiu por um presente direto: "Sim, Otto é responsável pela doença de Irma". Esta, portanto, é a primeira das transformações promovidas nos pensamentos oníricos até mesmo por um sonho isento de distorções. Não precisamos estender-nos nessa primeira peculiaridade dos sonhos. Podemos abordá-la chamando a atenção para as fantasias conscientes — os devaneios — que tratam seu conteúdo de representações exatamente do mesmo modo. Enquanto o Sr. Joyeuse, de Daudet,[2] vagava sem trabalho pelas ruas de Paris (embora suas filhas acreditassem que ele tinha um emprego e estava sentado em seu

---

1 [*Optativo*: o modo subjuntivo, usado nas frases ou orações que expressam o desejo. (N. E.)]
2 Em *Le Nabab* (cf. pág. 524). Um lapso cometido por Freud com este nome em seu primeiro rascunho dessa frase é discutido por ele em *Sobre a Psicopatologia da Vida Cotidiana* (1901*b*), Capítulo VII, já ao final da Seção A.]

escritório), sonhava com acontecimentos que pudessem trazer-lhe algum auxílio poderoso e levá-lo a encontrar emprego — e sonhava no presente do indicativo. Assim, os sonhos se valem do presente da mesma maneira e com o mesmo direito que os devaneios. O presente é o tempo em que os desejos se representam como realizados.

Mas os sonhos diferem dos devaneios em sua segunda característica, ou seja, no fato de seu conteúdo de representações transmudar-se de pensamentos em imagens sensoriais a que se dá crédito e que parecem ser vivenciadas. Devo acrescentar desde já que nem todos os sonhos apresentam essa transformação da representação em imagem sensorial. Há sonhos que consistem apenas em pensamentos, mas aos quais não se pode, por causa disso, negar a natureza essencial de sonhos. Meu sonho do "Autodidasker" — foi um desses; incluía poucos elementos sensoriais a mais do que se eu tivesse pensado seu conteúdo durante o dia. E em todo sonho razoavelmente longo há elementos que, ao contrário dos demais, não recebem forma sensorial, mas são simplesmente pensados ou sabidos, tal como estamos acostumados a pensar ou saber as coisas na vida de vigília. Cabe também lembrar aqui que não é apenas nos sonhos que ocorrem essas transformações das representações em imagens sensoriais: elas também são encontradas nas alucinações e visões, que podem aparecer como entidades independentes, por assim dizer, na saúde ou como sintomas nas psiconeuroses. Em suma, a relação que estamos agora examinando não é, de modo algum, uma relação exclusiva. Não obstante, persiste o fato de que essa característica dos sonhos, quando presente, aparece-nos como a mais notável, a tal ponto que nos seria impossível imaginar o mundo onírico sem ela. Para chegarmos a entendê-la, porém, temos de embarcar numa argumentação que nos levará a extensas divagações.

Como ponto de partida de nossa investigação, gostaria de destacar uma das várias observações feitas sobre a teoria do sonhar por aqueles que escrevem sobre o assunto. No curso de um breve exame do tema dos sonhos, o grande Fechner (1889, v. 2, pp. 520-1) expressa a idéia de que *a cena de ação dos sonhos é diferente da cena da vida representacional de vigília*. Esta é a única hipótese que torna inteligíveis as particularidades especiais da vida onírica.

O que nos é apresentado com essas palavras é a idéia de uma *localização psíquica*. Desprezarei por completo o fato de que o aparelho mental em que estamos aqui interessados também nos é conhecido sob a forma de uma preparação anatômica, e evitarei cuidadosamente a tentação de determinar essa localização psíquica como se fosse anatômica. Permanecerei no campo psicológico, e proponho simplesmente seguir a sugestão de visualizarmos o instrumento que executa nossas funções mentais como algo semelhante a um microscópio composto, um aparelho fotográfico ou algo desse tipo. Com base nisso, a localização psíquica corresponderá a um ponto no interior do aparelho em que se produz um dos estágios preliminares da imagem. No microscópio e no telescópio, como sabemos, estes ocorrem, em parte, em pontos ideais, em regiões em que não se situa nenhum componente tangível do aparelho. Não vejo necessidade de me desculpar pelas imperfeições desta ou de qualquer imagem semelhante. Essas analogias visam apenas a nos assistir em nossa tentativa de tornar inteligíveis as complicações do funcionamento psíquico, dissecando essa função e atribuindo suas operações singulares aos diversos componentes do aparelho. Ao que me consta, não se fez até hoje a experiência de utilizar esse método de dissecação com o fito de investigar a maneira como se compõe o instrumento mental e não vejo nele mal algum. A meu ver, é lícito darmos livre curso a nossas especulações, desde que preservemos a frieza de nosso juízo e não tomemos os andaimes pelo edifício. E uma vez que, em nossa primeira abordagem de algo desconhecido, tudo de que precisamos é o auxílio de algumas representações provisórias, darei preferência, inicialmente, às hipóteses de caráter mais tosco e mais concreto.

Por conseguinte, retrataremos o aparelho psíquico como um instrumento composto a cujos componentes daremos o nome de "instâncias",[1] ou (em prol de uma clareza maior) "sistemas". Pode-se esperar, em seguida, que esses sistemas talvez mantenham entre si uma relação espacial constante, do mesmo modo que os vários sistemas de lentes de um telescópio se dispõem uns atrás dos outros. A rigor, não há necessidade da hipótese de que os sistemas psíquicos realmente se disponham numa ordem *espacial*. Bastaria que uma ordem fixa fosse estabelecida pelo fato de, num determinado processo psíquico, a excitação atravessar os sistemas numa dada seqüência *temporal*. Em outros processos, a seqüência talvez seja diferente, e essa é

---

1 [*"Instanzen"*, literalmente, "instâncias", num sentido semelhante ao dessa palavra quando ocorre na expressão "Tribunal de Primeira Instância".]

uma possibilidade que deixaremos em aberto. Para sermos breves, doravante nos referiremos aos componentes do aparelho como "sistemas-ψ".

A primeira coisa a nos saltar aos olhos é que esse aparelho, composto de sistemas-ψ, tem um sentido ou direção. Toda a nossa atividade psíquica parte de estímulos (internos ou externos) e termina em inervações. Por conseguinte, atribuiremos ao aparelho uma extremidade sensorial e uma extremidade motora. Na extremidade sensorial, encontra-se um sistema que recebe as percepções; na extremidade motora, outro, que abre as comportas da atividade motora. Os processos psíquicos, em geral, transcorrem da extremidade perceptual para a extremidade motora. Portanto, o quadro esquemático mais geral do aparelho psíquico pode ser representado da seguinte maneira (Fig. 1):

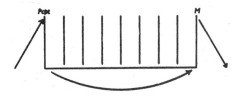

Fig. 1

Isso, contudo, não faz mais do que atender a um requisito com que há muito estamos familiarizados, ou seja, que o aparelho psíquico deve cons-truir-se como um aparelho reflexo. Os processos reflexos continuam a ser o modelo de todas as funções psíquicas.

A seguir, temos razões para introduzir uma primeira diferenciação na extremidade sensorial. Em nosso aparelho psíquico permanece um traço das percepções que incidem sobre ele. Podemos descrevê-lo como "traço mnêmico", e à função que com ele se relaciona damos o nome de "memória". Se levamos a sério nosso projeto de ligar os processos psíquicos a sistemas, os traços mnêmicos só podem consistir em modificações permanentes dos elementos dos sistemas. Mas, como já foi assinalado em outro texto, há dificuldades óbvias em supor que um mesmo sistema possa reter fielmente as modificações de seus elementos e, apesar disso, permanecer perpetua-mente aberto à recepção de novas modificações. Assim, de acordo com o princípio que norteia nosso experimento, atribuiremos essas duas funções a sistemas diferentes. Suporemos que um sistema logo na parte frontal do aparelho recebe os estímulos perceptivos, mas não preserva nenhum traço deles e, portanto, não tem memória, enquanto, por trás dele, há um segundo sistema que transforma as excitações momentâneas do primeiro em traços permanentes. O quadro esquemático de nosso aparelho psíquico seria então o seguinte (Fig. 2):

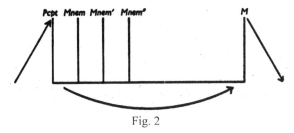

Fig. 2

É fato conhecido que retemos permanentemente algo mais do que o simples *conteúdo* das percepções que incidem sobre o sistema *Pcpt*. Nossas percepções acham-se mutuamente ligadas em nossa memória — antes de mais nada, segundo a simultaneidade de sua ocorrência. Referimo-nos a esse fato como "associação". Assim, fica claro que, se o sistema *Pcpt*. não tem nenhuma memória, ele não pode reter nenhum traço associativo; os elementos isolados do *Pcpt*. ficariam intoleravelmente impedidos de desempenhar sua função se o remanescente de uma ligação anterior exercesse alguma influência nas novas percepções. Portanto, devemos presumir que a base da associação está nos sistemas mnêmicos. A associação consistiria, assim, no fato de que, em decorrência de uma diminuição das resistências e do estabelecimento de vias de facilitação, a excitação é mais prontamente transmitida de um primeiro elemento *Mnem*. para um segundo do que para um terceiro.

Um exame mais detido nos indicará a necessidade de supormos a existência não de um, mas de diversos elementos *Mnem*., nos quais uma única excitação, transmitida pelos *Pcpt*., deixa fixada uma variedade de registros diferentes. O primeiro desses sistemas *Mnem*. conterá, naturalmente, o registro da associação por *simultaneidade temporal*, ao passo que o mesmo material perceptivo será disposto nos sistemas posteriores em função de outros tipos de coincidência, de maneira que um desses sistemas posteriores, por exemplo, registrará relações de similaridade, e assim por diante, no que concerne aos outros. Naturalmente, seria perda de tempo tentar pôr em palavras a importância psíquica de um desses sistemas. Seu caráter residiria nos pormenores íntimos de suas relações com os diferentes elementos do material bruto da memória, isto é — se pudermos apontar para uma teoria de tipo mais radical —, nos graus de resistência de condução erguida contra a passagem da excitação proveniente desses elementos.

Intercalarei aqui uma observação de natureza geral que talvez tenha implicações importantes. É o sistema *Pcpt*., desprovido da capacidade de reter modificações, e, portanto, sem memória, que supre nossa consciência de toda a multiplicidade das qualidades sensoriais. Por outro lado, nossas lembranças — sem excetuar as que estão mais profundamente gravadas em nossa psique — são inconscientes em si mesmas. Podem tornar-se conscientes, mas não há dúvida de que podem produzir todos os seus efeitos mesmo em estado inconsciente. O que descrevemos como nosso "caráter" baseia-se nos traços mnêmicos de nossas impressões; e, além disso, as impressões que causaram maior efeito em nós — as de nossa primeira infância — são precisamente as que quase nunca se tornam conscientes. Mas quando as lembranças voltam a se tornar conscientes, não exibem nenhuma qualidade sensorial, ou mostram uma qualidade sensorial ínfima se comparadas às percepções. Haveria um esclarecimento extremamente promissor sobre as condições que regem a excitação dos neurônios se fosse possível confirmar que, *nos sistemas-ψ, a memória e a qualidade que caracteriza a consciência são mutuamente exclusivas.*[1]

Os pressupostos até aqui apresentados acerca da estruturação do aparelho psíquico em sua extremidade sensorial foram formulados sem referência aos sonhos ou às informações psicológicas que deles pudemos inferir. Os indícios fornecidos pelos sonhos, contudo, nos ajudarão a compreender outra parte do aparelho. Vimos que só nos foi possível explicar a formação dos sonhos arriscando a hipótese de existirem duas instâncias psíquicas, uma das quais submeteria a atividade da outra a uma crítica que envolveria sua exclusão da consciência. A instância crítica, concluímos, tem uma relação mais estreita com a consciência do que a instância criticada, situando-se como uma tela entre esta última e a consciência. Além disso, encontramos razões para identificar a instância crítica com a instância que dirige nossa vida de vigília e determina nossas ações voluntárias e conscientes. Se, de acordo com nossas suposições, substituirmos essas instâncias por sistemas, nossa última conclusão deverá levar-nos a situar o sistema crítico na extre-

---

1 [*Nota de rodapé acrescentada* em 1925:] Sugeri posteriormente que, na realidade, a consciência surge *em lugar* do traço mnêmico. Ver minha "Uma Nota sobre o Bloco Mágico" (1925*a*).]

midade motora do aparelho. Introduziremos agora esses dois sistemas em nosso quadro esquemático e lhes daremos nomes para expressar sua relação com a consciência (Fig. 3):

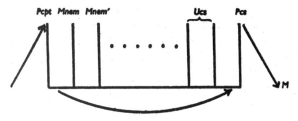

Fig. 3

Descreveremos o último dos sistemas situados na extremidade motora como o "pré-consciente", para indicar que os processos excitatórios nele ocorridos podem penetrar na consciência sem maiores empecilhos, desde que certas condições sejam satisfeitas: por exemplo, que eles atinjam certo grau de intensidade, que a função que só se pode descrever como "atenção" esteja distribuída de uma dada maneira, etc. Este é, ao mesmo tempo, o sistema que detém a chave do movimento voluntário. Descreveremos o sistema que está por trás dele como "o inconsciente", pois este não tem acesso à consciência *senão através do pré-consciente*, e seu processo excitatório é obrigado a submeter-se a modificações ao passar por ele.[1]

Em qual desses sistemas, então, devemos situar o impulso para a formação dos sonhos? Para simplificar, no sistema *Ics*. É verdade que, no decorrer de nossas discussões posteriores, veremos que isso não é inteira-mente exato e que o processo de formação dos sonhos é obrigado a ligar-se a pensamentos oníricos pertencentes ao sistema pré-consciente. Entretanto, quando considerarmos o desejo onírico, descobriremos que a força propul-sora da formação dos sonhos é fornecida pelo *Ics*. e, devido a este último fator, tomaremos o sistema inconsciente como ponto de partida da formação do sonho. Como todas as outras estruturas de pensamento, esse instigador do sonho se esforçará por avançar para o *Pcs*. e, a partir daí, ganhar acesso à consciência.

---

1 [*Nota de rodapé acrescentada* em 1919:] Se tentássemos ir mais adiante com este quadro esquemático, no qual os sistemas se dispõem em sucessão linear, teríamos de nos haver com o fato de que o sistema seguinte ao *Pcs*. é aquele a que se deve atribuir a consciência, ou seja, que *Pcpt.* = Cs.

A experiência nos mostra que essa via que passa pelo pré-consciente para chegar à consciência é barrada aos pensamentos oníricos durante o dia através da censura imposta pela resistência. Durante a noite, eles conseguem obter acesso à consciência, mas surge a questão de determinar como fazem isso e graças a que modificação. Se o que permite aos pensamentos oníricos conseguir isso fosse o fato de haver durante a noite uma diminuição da resistência que guarda a fronteira entre o inconsciente e o pré-consciente, teríamos sonhos que teriam a natureza de idéias e não possuiriam o caráter alucinatório em que ora estamos interessados. Assim, a diminuição da censura entre os dois sistemas, *Ics.* e *Pcs.*, só pode explicar sonhos formados como o do "Autodidasker", e não sonhos como o do menino que estava queimando, que tomamos como ponto de partida de nossas investigações.

A única maneira de descrevemos o que acontece nos sonhos alucinatórios é dizer que a excitação *retrocede*. Em vez de se propagar para a extremidade *motora* do aparelho, ela se movimenta no sentido da extremidade *sensorial* e, por fim, atinge o sistema perceptivo. Se descrevermos como "progressiva" a direção tomada pelos processos psíquicos que brotam do inconsciente durante a vida de vigília, poderemos dizer que os sonhos têm um caráter "regressivo".[1]

Essa regressão, então, é sem dúvida uma das características psicológicas do processo onírico, mas devemos lembrar que ela não ocorre apenas nos sonhos. A rememoração deliberada e outros processos constitutivos de nosso pensamento normal envolvem um movimento retrocedente do aparelho psíquico, retornando de um ato complexo de representação para a matéria-prima dos traços mnêmicos subjacentes. No estado de vigília, contudo, esse movimento retrocedente nunca se estende além das imagens mnêmicas; não consegue produzir uma revivescência alucinatória das imagens *perceptivas*. Por que as coisas se dão de outro modo nos sonhos? Quando examinamos o trabalho de condensação nos sonhos, fomos levados a supor que as intensidades ligadas às representações podiam ser completamente transferi-

---

1 [*Nota de rodapé acrescentada* em 1914:] A primeira alusão ao fator da regressão já pode ser encontrada em Alberto Magno. A *"imaginatio"*, diz-nos ele, constrói sonhos a partir de imagens armazenadas dos objetos sensoriais, e esse processo é realizado em direção inversa à da vida de vigília. (Citado por Diepgen, 1912, p. 14.) — Escreve Hobbes no *Leviatã* (1651, Parte I, Capítulo 2): "Em suma, nossos sonhos são o reverso de nossas imaginações de vigília, começando o movimento, quando estamos acordados, por uma extremidade, e quando sonhamos, pela outra". (Citado por Havelock Ellis, 1911, p. 109.)

das pelo trabalho do sonho de uma representação para outra. Provavelmente, é essa alteração do processo psíquico normal que torna possível a catexia do sistema *Pcpt.* na direção inversa, partindo dos pensamentos até se atingir o nível de completa vividez sensorial.

Não nos devemos iludir, exagerando a importância dessas considerações. Não fizemos mais do que dar nome a um fenômeno inexplicável. Falamos em "regressão" quando, num sonho, uma representação é transformada novamente na imagem sensorial de que originalmente derivou. Mas até mesmo esse passo requer uma justificação. Qual é o sentido dessa nomenclatura, se não nos ensina nada de novo? Creio que o nome "regressão" nos é útil na medida em que liga um fato que já nos era conhecido a nosso quadro esquemático, no qual se deu ao aparelho psíquico um sentido ou direção. E é nesse ponto que a costrução desse quadro começa a nos recompensar. É que ao examiná-lo, sem qualquer reflexão adicional, descobrimos outra característica da formação dos sonhos. Se encararmos o processo onírico como uma regressão que ocorre em nosso hipotético aparelho mental, chegaremos sem demora à explicação do fato empiricamente comprovado de que todas as relações lógicas pertencentes aos pensamentos oníricos desaparecem durante a atividade onírica, ou só conseguem expressar-se com dificuldade. Segundo nosso quadro esquemático, essas relações não estão contidas nos *primeiros* sistemas *Mnem.*, mas em sistemas *posteriores*; e, havendo regressão, elas perderiam necessariamente qualquer meio de expressar-se, exceto por imagens perceptivas. *Na regressão, a trama dos pensamentos oníricos decompõe-se em sua matéria-prima.*

Qual é a modificação que possibilita uma regressão que não pode ocorrer durante o dia? Quanto a esse ponto, temos de contentar-nos com algumas conjeturas. Sem dúvida, trata-se de alterações nas catexias de energia ligadas aos diferentes sistemas, alterações que aumentam ou diminuem a facilidade com que tais sistemas podem ser atravessados pelo processo excitatório. Mas num aparelho desse tipo efeitos idênticos da passagem das excitações poderiam ser produzidos de mais de um modo. Nossos primeiros pensamentos voltam-se, naturalmente, para o estado de sono e as mudanças de catexia por ele promovidas na extremidade sensorial do aparelho. Durante o dia, há uma corrente contínua que flui do sistema *Pcpt.* em direção à atividade motora, mas essa corrente cessa à noite e não pode mais constituir obstáculo a uma corrente de excitação que flua em sentido oposto. Aqui parecemos ter a "exclusão do mundo exterior" que algumas autoridades encaram como a explicação teórica das características psicológicas dos sonhos.

No entanto, ao explicar a regressão nos sonhos, devemos ter em mente as regressões que também ocorrem nos estados patológicos de vigília, e, nesse contexto, a explicação há pouco fornecida nos deixa em apuros. É que, nesses casos, a regressão ocorre a despeito de uma corrente sensorial que flui ininterruptamente em direção progressiva. Minha explicação para as alucinações da histeria e da paranóia e para as visões nos indivíduos mentalmente normais é que elas de fato constituem regressões — isto é, pensamentos transformados em imagens —, mas os únicos pensamentos a sofrerem essa transformação são os que estão intimamente ligados a lembranças que foram suprimidas ou permaneceram inconscientes.

Por exemplo, um de meus pacientes histéricos mais jovens, um menino de doze anos, não conseguia adormecer por causa de *"rostos verdes com olhos vermelhos"* que o aterrorizavam. A fonte desse fenômeno era a lembrança suprimida, embora consciente em certa época, de um menino que ele vira com freqüência quatro anos antes. Esse menino lhe fornecera um quadro alarmante das conseqüências dos maus hábitos das crianças, inclusive o da masturbação — hábito pelo qual meu paciente agora se censurava *a posteriori* [*nachträglich*]. Sua mãe lhe assinalara, na ocasião, que esse menino malcomportado tinha *o rosto esverdeado e olhos vermelhos* (isto é, avermelhados). Era essa a origem de sua assombração, cujo único propósito, aliás, era relembrar-lhe outra das predições de sua mãe — a de que esses meninos tornam-se idiotas, não conseguem aprender nada na escola e morrem cedo. Meu pequeno paciente já havia cumprido parte dessa profecia, pois não estava fazendo progressos na escola e, como mostrava seu relato dos pensamentos involuntários que lhe ocorriam, estava aterrorizado com a outra parte. Posso acrescentar que, em pouco tempo, o tratamento resultou em ele conseguir dormir, no desaparecimento de seu nervosismo e no recebimento de uma menção honrosa ao término do ano letivo.

Nesse mesmo contexto, quero explicar uma visão que me foi descrita por outro paciente histérico (uma mulher de quarenta anos) e que havia ocorrido antes de seu adoecimento. Certa manhã ela abriu os olhos e viu seu irmão no quarto, embora soubesse que ele na verdade estava num manicômio. Seu filhinho dormia na cama ao lado dela. Para impedir que o menino levasse um *susto* e entrasse em *convulsões* ao ver o *tio*, ela puxou o *lençol* sobre o rosto dele, ao que a aparição se dissipou. Essa visão era uma versão modificada de uma lembrança da infância dessa senhora e, embora fosse consciente, estava intimamente relacionada com todo o seu material inconsciente. Sua babá lhe contara que sua mãe (que morrera muito jovem, quando minha paciente tinha apenas dezoito meses de idade) havia sofrido de *convulsões* epilépticas ou histéricas que remontavam a um *susto* que lhe causara seu irmão (*o tio* de minha paciente), ao aparecer-lhe fantasiado de fantasma, com um *lençol* sobre a cabeça. Assim, a visão continha os mesmos elementos da lembrança: o aparecimento do irmão, o lençol, o susto e seus resultados. Entretanto, os elementos tinham se ordenado num contexto diferente e foram transferidos para outras figuras. O motivo manifesto da visão, ou dos pensamentos que ela substituía, era a preocupação de que seu filhinho viesse a seguir os passos do tio, com quem tinha grande semelhança física.

Nenhum dos dois exemplos que citei é inteiramente desvinculado do estado do sono e, por essa razão, talvez não seja muito apropriado para comprovar o que pretendo. Desse modo, remeto o leitor à minha análise de uma mulher que sofria de paranóia alucinatória (Freud, 1896*b*) e aos resultados de meus estudos ainda não publicados sobre a psicologia das psiconeuroses para que se comprove que, nesses casos de transformação regressiva dos pensamentos, não devemos desprezar a influência de lembranças, principalmente infantis, que tenham sido suprimidas ou permanecido inconscientes. Os pensamentos vinculados a esse tipo de lembrança, e cuja expressão é proibida pela censura, são, por assim dizer, atraídos pela lembrança para a regressão, como a forma de representação em que a própria lembrança se inscreve. Posso também lembrar que um dos resultados a que se chegou nos *Estudos sobre a Histeria* foi que, quando era possível trazer à consciência cenas infantis (quer fossem lembranças, quer fantasias), elas eram vistas como alucinações e só perdiam essa característica no processo de serem comunicadas. Além disso, é de conhecimento geral que, mesmo nas pessoas cuja memória não é normalmente do tipo visual, as recordações mais primitivas da infância conservam até uma idade avançada o caráter da vividez sensorial.

Se agora levarmos em consideração o enorme papel desempenhado nos pensamentos oníricos pelas experiências infantis ou pelas fantasias nelas baseadas, a freqüência com que fragmentos delas ressurgem no conteúdo do sonho e com que os próprios desejos oníricos derivam delas, não poderemos descartar a probabilidade de que, também nos sonhos, a transformação dos pensamentos em imagens visuais seja, em parte, resultante da atração que as lembranças expressas sob forma visual e ávidas de serem revividas exercem sobre os pensamentos desligados da consciência e que lutam por encontrar expressão. Desse ponto de vista, o sonho poderia ser descrito como um *substituto de uma cena infantil, modificada ao ser transferida para uma experiência recente*. A cena infantil é incapaz de promover sua própria revivescência e tem de se contentar em retornar como sonho.

Essa indicação do modo como as cenas infantis (ou suas reproduções como fantasias) funcionam, em certo sentido, como modelos para o conteúdo dos sonhos afasta a necessidade de uma das hipóteses formuladas por Scherner e seus seguidores acerca das fontes internas de estimulação. Scherner supõe que, quando os sonhos exibem elementos visuais particularmente vívidos ou abundantes, acha-se presente um estado de "estímulo visual", isto é, de excitação interna do órgão da visão. Não precisamos contestar essa hipótese, e podemos contentar-nos em presumir que esse estado de excitação se aplique simplesmente ao sistema perceptivo *psíquico* do órgão visual; entretanto, podemos ainda assinalar que o estado de excitação visual foi criado por uma *lembrança*, que ele é uma *revivescência* de uma excitação visual que originalmente era imediata. Não posso apresentar, de minha própria experiência, nenhum bom exemplo de uma lembrança *infantil* que tenha produzido esse tipo de resultado. Meus sonhos, em geral, não apresentam a mesma abundância de elementos sensoriais do que os de outras pessoas, como sou levado a acreditar. Todavia, no caso do mais vívido e belo sonho que tive nos últimos anos, pude relacionar sem dificuldade a clareza alucinatória do conteúdo do sonho com as qualidades sensoriais de impressões recentes ou bastante recentes. Na p. 451 e segs., registrei um sonho em que o azul-escuro da água, o castanho da fumaça que saía das chaminés do navio e o marrom-escuro e o vermelho-escuro dos prédios deixaram em mim profunda impressão. Esse sonho, pelo menos, deveria ter sua origem atribuída a algum estímulo visual. O que teria levado meu órgão visual a esse estado de estimulação? Uma impressão recente, que estava ligada a diversas outras mais antigas. As cores que vi eram, em primeiro lugar, as de um jogo de tijolos de armar com que, no dia anterior ao sonho, meus filhos haviam erguido um lindo prédio e o tinham exibido para minha admiração. Os tijolos grandes eram do mesmo vermelho-escuro e os pequenos, dos mesmos tons azul e castanho. Isso estava associado com impressões cromáticas de minhas últimas viagens pela Itália: o belo azul do Isonzo e das lagoas e o castanho do Carso. A beleza das cores do sonho era apenas uma repetição de algo visto em minha lembrança.

Reunamos o que já descobrimos sobre a peculiar propensão dos sonhos a remodelar seu conteúdo de representações em imagens sensoriais. Não explicamos esse aspecto do trabalho do sonho e não fomos buscar sua origem em quaisquer leis psicológicas conhecidas, mas antes o destacamos como algo que sugere implicações desconhecidas e o caracterizamos pela palavra "regressivo". Formulamos a concepção de que, com toda probabilidade, essa regressão, onde quer que ocorra, é efeito da resistência que se opõe ao avanço de um pensamento para a consciência pela via normal, e de uma atração simultânea exercida sobre o pensamento pela presença de lembranças dotadas de grande força sensorial.[1] No caso dos sonhos, a regressão talvez seja ainda facilitada pela cessação da corrente progressiva que emana durante o dia dos órgãos dos sentidos; noutras formas de regressão, a ausência desse fator auxiliar precisa ser compensada por uma intensificação dos outros motivos para ela. Tampouco devemo-nos esquecer de observar que nesses casos patológicos de regressão, bem como nos sonhos, o processo de transferência de energia deve diferir do que existe nas regressões que ocorrem na vida anímica normal, uma vez que, nos primeiros, esse processo possibilita uma completa catexia alucinatória dos sistemas perceptivos. O que descrevemos em nossa análise do trabalho do sonho como "consideração à representabilidade" poderia ser vinculado à *atração seletiva* exercida pelas cenas relembradas visualmente em que os pensamentos oníricos tocam.

Convém ainda observar que a regressão desempenha um papel tão importante na teoria da formação dos sintomas neuróticos quanto na dos sonhos. Assim, cabe distinguir três tipos de regressão: (a) regressão *topográfica*, no sentido do quadro esquemático dos sistemas-ψ que explicamos atrás; (b) regressão *temporal*, na medida em que se trata de um retorno a estruturas psíquicas mais antigas; e (c) regressão *formal*, onde os métodos primitivos de expressão e representação tomam o lugar dos métodos habituais. No fundo, porém, esses três tipos de regressão constituem um só e, em geral, ocorrem juntos, pois o que é mais antigo no tempo é mais primitivo

---

1 [*Nota de rodapé acrescentada* em 1914:] Em qualquer exposição da teoria do recalque, caberia afirmar que um pensamento se torna recalcado como efeito da influência combinada que *dois* fatores exercem sobre ele. Ele é empurrado de um lado (pela censura da *Cs.*) e puxado do outro (pelo *Ics.*), do mesmo modo como as pessoas são transportadas ao topo da Grande Pirâmide. [*Acrescentado* em 1919:] Cf. meu artigo sobre o recalque (Freud, 1915*d*).

na forma e, na topografia psíquica, fica mais perto da extremidade perceptiva.

Tampouco podemos deixar para trás o tema da regressão nos sonhos sem formular em palavras uma noção que já nos ocorreu repetidamente e que ressurgirá com intensidade renovada quando tivermos penetrado mais a fundo no estudo das psiconeuroses: a saber, que o sonhar é, em seu conjunto, um exemplo de regressão à condição mais primitiva do sonhador, uma revivescência de sua infância, dos impulsos instintuais que a dominaram e dos métodos de expressão de que ele dispunha nessa época. Por trás dessa infância do indivíduo temos a promessa de uma imagem da infância filogenética — uma imagem do desenvolvimento da raça humana, do qual o desenvolvimento do indivíduo é, de fato, uma recapitulação abreviada, influenciada pelas circunstâncias fortuitas da vida. Podemos calcular como é apropriada a asserção de Nietzsche de que, nos sonhos, "acha-se em ação alguma relíquia primitiva da humanidade que agora já mal podemos alcançar por via direta"; e podemos esperar que a análise dos sonhos nos conduza a um conhecimento da herança arcaica do homem, daquilo que lhe é psiquicamente inato. Os sonhos e as neuroses parecem ter preservado mais antiguidades mentais do que imaginaríamos possível, de modo que a psicanálise pode reclamar para si um lugar de destaque entre as ciências que se interessam pela reconstituição dos mais antigos e obscuros períodos dos primórdios da raça humana.

É bem possível que esta primeira parte de nosso estudo psicológico dos sonhos nos deixe um sentimento de insatisfação. Mas podemos consolar-nos com a idéia de que fomos obrigados a construir nosso caminho nas trevas. Se não estamos inteiramente errados, outras linhas de abordagem hão de levar-nos aproximadamente a essa mesma região, e então poderá vir um tempo em que nos sintamos mais à vontade nela.

(C)

REALIZAÇÃO DE DESEJOS

O sonho da criança em chamas, no início deste capítulo, dá-nos uma grata oportunidade de avaliar as dificuldades com que se defronta a teoria da realização de desejos. Sem dúvida nos terá surpreendido a todos saber que os sonhos não passam de realizações de desejos, e não apenas em virtude da contradição trazida pelos sonhos de angústia. Quando a análise nos revelou pela primeira vez que por trás dos sonhos se ocultavam um sentido e um valor psíquico, achávamo-nos, sem dúvida, inteiramente despreparados para descobrir que esse sentido era de caráter tão uniforme. Segundo a definição precisa mas insuficiente de Aristóteles, o sonho é o pensamento que persiste (desde que estejamos adormecidos) no estado de sono. Uma vez, portanto, que nosso pensamento diurno produz atos psíquicos de tipos tão variados — juízos, inferências, negações, expectativas, intenções, etc. —, por que seria ele, durante a noite, obrigado a restringir-se apenas à produção de desejos? Não haverá, ao contrário, numerosos sonhos que nos mostram outra espécie de atos psíquicos — preocupações, por exemplo — transmudados em forma de sonho? E acaso o sonho com que iniciamos este capítulo (um sonho muito particularmente transparente) não era precisamente desse tipo? Quando o clarão de luz incidiu sobre os olhos do pai adormecido, ele chegou à preocupada conclusão de que uma vela havia caído e poderia ter incendiado o cadáver. Transformou essa conclusão num sonho, revestindo-a do aspecto de uma situação sensorial que ocorria no tempo presente. Que papel terá desempenhado nisso a realização de desejos? Acaso podemos deixar de ver nisso a influência predominante de um pensamento que persistiu da vida de vigília ou foi estimulado por uma nova impressão sensorial? Tudo isso é fato e nos compele a examinar mais de perto o papel desempenhado nos sonhos pela realização de desejo e a importância dos pensamentos de vigília que persistem no sono.

Já fomos levados pela própria realização de desejo a dividir os sonhos em dois grupos. Encontramos alguns sonhos que se apresentavam abertamente como realizações de desejo e outros em que essa realização era irreconhecível e freqüentemente disfarçada de todos os meios possíveis. Nestes últimos percebemos a atuação da censura onírica. Foi sobretudo nas crianças que encontramos sonhos de desejo não distorcidos; embora *breves*, claros sonhos de desejo *pareciam* (e enfatizo esta ressalva) ocorrer também nos adultos.

Podemos indagar em seguida de onde se originam os desejos que se realizam nos sonhos. Que possibilidades contrastantes ou que alternativas temos em mente ao levantar esta questão? Trata-se do contraste, creio eu, entre a vida diurna percebida conscientemente e uma atividade psíquica que permanece inconsciente e da qual só nos damos conta à noite. Posso distinguir três origens possíveis para tal desejo: (1) Ele pode ter sido despertado durante o dia e, por motivos externos, não foi satisfeito; nesse caso, um desejo reconhecido do qual o sujeito não se ocupou fica pendente para a noite. (2) Ele pode ter surgido durante o dia, mas foi repudiado; nesse caso, o que fica pendente é um desejo de que a pessoa não se ocupou, mas que foi suprimido. (3) Ele pode não ter nenhuma ligação com a vida diurna e ser um daqueles desejos que só à noite emergem da parte suprimida da psique e se tornam ativos em nós. Se nos voltarmos de novo para nosso quadro esquemático do aparelho psíquico, localizaremos os desejos do primeiro tipo no sistema *Pcs.*; suporemos que os desejos do segundo tipo foram forçados a recuar do sistema *Pcs.* para o *Ics.*, único lugar onde continuam a existir, se é que o fazem; e concluiremos que os impulsos desejosos do terceiro tipo são inteiramente incapazes de transpor o sistema *Ics.* Surge então a questão de saber se os desejos oriundos dessas diferentes fontes são de igual importância para os sonhos e se possuem igual poder para instigá-los.

Se, para responder a essa questão, voltarmos os olhos para os sonhos de que dispomos, logo nos lembraremos de que é preciso acrescentar uma quarta fonte dos desejos oníricos, ou seja, os impulsos desejosos atuais que surgem durante a noite (por exemplo, os estimulados pela sede ou pelas necessidades sexuais). Em seguida, formularemos a opinião de que o lugar de origem de um desejo onírico provavelmente não tem nenhuma influência em sua capacidade de provocar um sonho. Vêm-me à lembrança o sonho da menininha que prolongou um passeio pelo lago, interrompido durante o dia, e os outros sonhos infantis que registrei. Eles foram explicados como o resultado de desejos não realizados, mas também não suprimidos, do dia anterior. São extremamente numerosos os exemplos em que um desejo suprimido durante o dia encontra vazão num sonho. Acrescentarei um outro exemplo muito simples desta classe. A sonhadora era uma senhora que gostava muito de troçar das pessoas, e uma de suas amigas, uma mulher mais moça que ela, acabara de ficar noiva. Durante o dia inteiro, seus conhecidos lhe haviam perguntado se ela conhecia o rapaz e o que pensava dele. Ela respondera apenas com elogios, com os quais havia silenciado seu juízo real, pois na verdade gostaria de ter dito a verdade — que ele era um *"Dutzend-mensch"* [literalmente, um "homem às dúzias", um tipo muito comum de pessoa — gente como ele aparecia *às dúzias*]. Naquela noite, ela sonhou que lhe faziam a mesma pergunta e que respondia com a fórmula: *"Em caso de repetição de pedidos, basta mencionar o número"*. Por fim, mediante numerosas análises, descobrimos que, sempre que um sonho sofre distorção, o desejo brotou do inconsciente e foi um desejo que não pôde ser percebido durante o dia. Assim, à primeira vista, todos os desejos parecem ter igual importância e igual poder nos sonhos.

Não posso oferecer aqui nenhuma prova de que, não obstante, a verdade é outra, mas posso dizer que me sinto muito inclinado a supor que os desejos oníricos têm uma determinação mais estreita. É verdade que os sonhos das crianças provam, fora de qualquer dúvida, que um desejo não trabalhado durante o dia pode agir como instigador do sonho. Mas não se deve esquecer que se trata do desejo de uma *criança*, de um impulso desejoso com a intensidade própria das crianças. Considero altamente duvidoso que, no caso de um adulto, um desejo não realizado durante o dia pudesse ser intenso o bastante para produzir um sonho. Ao contrário, parece-me que, com o controle progressivo exercido sobre nossa vida instintual pela atividade do pensamento, ficamos cada vez mais inclinados a renunciar, por ser inútil, à formação ou retenção de desejos tão intensos quanto os que as crianças conhecem. É possível que haja diferenças individuais a esse respeito e que algumas pessoas conservem por mais tempo que outras um tipo infantil de processo mental, tal como existem diferenças similares no tocante à dimi-nuição da presença de imagens visuais, que são tão vívidas nos primeiros anos de vida. Em geral, porém, penso que um desejo não realizado do dia anterior não basta, no caso de um adulto, para produzir um sonho. Admito prontamente que um impulso desejoso originário do consciente possa *con-tribuir* para a instigação de um sonho, mas é provável que não faça mais do que isso. O sonho não se materializaria se o desejo pré-consciente não conseguisse encontrar reforço de outro lugar.

Do inconsciente, bem entendido. *É minha suposição que um desejo consciente só consegue tornar-se instigador do sonho quando logra despertar um desejo inconsciente do mesmo teor e dele obter reforço.* Segundo indica-

531

ções provenientes da psicanálise das neuroses, considero que esses desejos inconscientes estão sempre em estado de alerta, prontos a qualquer momento para buscar o meio de se expressarem sempre que surge a oportunidade de se aliarem a um impulso do consciente e transferirem sua grande intensidade para a intensidade menor desto último.[1] Assim, fica a *aparência* de que apenas o desejo consciente foi realizado no sonho, e só alguma pequena peculiaridade na configuração do sonho serve de indicador para nos colocar na pista do poderoso aliado oriundo do inconsciente. Esses desejos de nosso inconsciente, sempre em estado de alerta e, por assim dizer, imortais, fazem lembrar os legendários Titãs, esmagados desde os tempos primordiais pelo peso maciço das montanhas que um dia foram arremessadas sobre eles pelos deuses vitoriosos e que ainda são abaladas de tempos em tempos pela convulsão de seus membros. Mas esses desejos, mantidos sob recalques, são eles próprios de origem infantil, como nos ensina a pesquisa psicológica das neuroses. Assim, eu proporia pôr de lado a afirmação feita há pouco, de que a procedência dos desejos oníricos é indiferente, e substituí-la por outra com o seguinte teor: *o desejo que é representado num sonho tem de ser um desejo infantil*. No caso dos adultos, ele se origina do *Ics.*; no caso das crianças, onde ainda não há divisão ou censura entre o *Pcs.* e o *Ics.*, ou onde essa divisão está apenas se instituindo gradualmente, trata-se de um desejo não realizado e não recalcado da vida de vigília. Estou ciente de que não se pode provar que esta asserção tenha validade universal, mas é possível provar que ela se sustenta com freqüência, até mesmo em casos onde não se suspeitaria disso, e não pode ser *contestada* enquanto proposição geral.

A meu ver, portanto, os impulsos desejosos que restam da vida consciente de vigília devem ser relegados a uma posição secundária no que diz respeito à formação dos sonhos. Não posso conferir-lhes, enquanto contribuintes para o conteúdo do sonhos, nenhum outro papel senão o que é

---

1 Eles partilham esse caráter de indestrutibilidade com todos os outros atos mentais verdadeiramente inconscientes, isto é, que pertencem apenas ao sistema *Ics.* São vias estabelecidas de uma vez por todas, que jamais caem em desuso e que, sempre que uma excitação inconsciente volta a catexizá-las, estão prontas a levar o processo excitatório à descarga. Para usar um símile, eles só são passíveis de aniquilamento no mesmo sentido que os fantasmas do mundo subterrâneo na Odisséia — fantasmas que despertavam para uma nova vida assim que provavam sangue. Os processos que dependem do sistema pré-consciente são destrutíveis num sentido muito diferente. A psicoterapia das neuroses baseia-se nessa distinção.

desempenhado, por exemplo, pelo material das sensações que se tornam ativas durante o sono. Ater-me-ei a essa mesma linha de raciocínio ao me voltar, agora, para o exame das incitações psíquicas do sonho deixadas pela vida de vigília e que são *diferentes* dos desejos. Quando resolvemos dormir, podemos conseguir fazer com que cessem temporariamente as catexias de energia ligadas a nossos pensamentos de vigília. Todo aquele que consegue fazer isso com facilidade dorme bem, e o primeiro Napoleão parece ter sido um modelo dessa classe. Mas nem sempre conseguimos fazê-lo e nem sempre obtemos êxito completo. Problemas não resolvidos, preocupações martirizantes e o acúmulo excessivo de impressões, tudo isso transporta a atividade do pensamento para o sono e sustenta processos mentais no sistema que denominamos de pré-consciente. Se quisermos classificar os impulsos de pensamento que persistem no sono, poderemos dividi-los nos seguintes grupos: (1) o que não foi levado a uma conclusão durante o dia, devido a algum obstáculo fortuito; (2) o que não foi tratado devido à insuficiência de nossa capacidade intelectual, o não resolvido; (3) o que foi rejeitado ou suprimido durante o dia. A estes devemos acrescentar (4) um poderoso grupo que consiste naquilo que foi ativado em nosso *Ics.* pela atividade do pré-consciente no decorrer do dia e, por fim, (5) o grupo das impressões diurnas que foram indiferentes e que, por essa razão, não foram tratadas.

Não há por que subestimar a importância das intensidades psíquicas introduzidas no estado de sono por esses restos da vida diurna e, particularmente, a importância das do grupo dos problemas não solucionados. É certo que essas excitações continuam lutando por se expressar durante a noite, e podemos presumir com igual certeza que o estado de sono impossibilita que o processo excitatório se desenvolva da maneira habitual no pré-consciente e seja levado a termo ao tornar-se consciente. Enquanto nossos processos de pensamento podem tornar-se conscientes da maneira normal durante a noite, simplesmente não estamos adormecidos. Não sei dizer que modificação é provocada no sistema *Pcs.* pelo estado de sono,[1] mas não há dúvida de que as características psicológicas do sono devem ser buscadas essencialmente nas modificações da catexia desse sistema particular — um sistema que também controla o acesso ao poder de movimento, que fica paralisado

---

1 [*Nota de rodapé acrescentada* em 1919:] Tentei penetrar mais fundo na compreensão do estado de coisas que prevalece durante o sono e das condições determinantes da alucinação num artigo intitulado "Suplemento Metapsicológico à Teoria dos Sonhos".

durante o sono. Por outro lado, nada na psicologia dos sonhos me dá razão para supor que o sono produza quaisquer modificações que não sejam secundárias no estado de coisas que prevalece no sistema *Ics*. Não há, portanto, nenhum outro caminho aberto às excitações que ocorrem à noite no *Pcs*. senão o que é seguido pelas excitações de desejo que provêm do *Ics*; as excitações pré-conscientes têm de buscar reforço no *Ics*. e acompanhar as excitações inconscientes ao longo de seus caminhos tortuosos. Mas qual é a relação dos restos pré-conscientes do dia anterior com os *sonhos*? Não há dúvida de que eles penetram nos sonhos em grande quantidade e se valem do conteúdo destes para ganhar acesso à consciência mesmo durante a noite. De fato, ocasionalmente dominam o conteúdo do sonho e forçam-no a dar prosseguimento à atividade diurna. É também certo que os restos diurnos podem ter qualquer outro caráter além do de desejos, mas é altamente instrutivo nesse contexto — e de importância positivamente decisiva para a teoria da realização de desejo — observar a condição a que eles têm de submeter-se para serem acolhidos num sonho.

Tomemos um dos sonhos que já registrei — por exemplo, o sonho em que meu amigo Otto aparecia com os sinais da doença de Graves. Eu estivera preocupado, no dia anterior, com a aparência de Otto e, como tudo mais que se relaciona com ele, essa preocupação me afetou muito de perto. Acompanhou-me, ao que posso presumir, enquanto eu dormia. É provável que eu estivesse ansioso por descobrir o que poderia andar errado com ele. Essa preocupação expressou-se durante a noite no sonho que descrevi, cujo conteúdo, em primeiro lugar, era absurdo e, em segundo, não correspondia em nenhum aspecto à realização de um desejo. Comecei então a investigar a origem dessa expressão inapropriada da preocupação que sentira durante o dia e, através da análise, encontrei uma ligação no fato de haver identificado meu amigo com um certo Barão L., e a mim mesmo, com o Professor R. Havia apenas uma explicação para eu ter sido obrigado a escolher esse substituto específico para meu pensamento diurno. Eu devia estar sempre disposto, em meu *Ics.*, a me identificar com o Professor R., uma vez que por meio dessa identificação se realizava um dos desejos imortais da infância — o desejo megalomaníaco. Pensamentos ofensivos e hostis a meu amigo, que por certo seriam repudiados durante o dia, haviam aproveitado a oportunidade para se imiscuírem com o desejo no sonho, mas minha preocupação diurna também encontrou algum tipo de expressão no conteúdo deste através de um substituto. O pensamento diurno, que em si não era um desejo, mas, ao contrário, uma preocupação, foi obrigado a encontrar de algum modo uma ligação com um desejo infantil já agora inconsciente e suprimido, e que lhe permitisse — devidamente modificado, é verdade — "originar-se" na consciência. Quanto maior a intensidade da preocupação, mais forçado seria o elo que poderia se estabelecer; não havia nenhuma necessidade de existir qualquer ligação entre o conteúdo do desejo e o da preocupação e, de fato, nenhuma ligação desse tipo estava presente em nosso exemplo.

Talvez seja útil prosseguir em nosso exame dessa mesma questão investigando o modo como se comporta o sonho quando os pensamentos oníricos lhe oferecem um material que é o total oposto de uma realização de desejo — preocupações justificadas, reflexões dolorosas, descobertas aflitivas. Os diversos resultados possíveis podem ser classificados em dois grupos: (A) O trabalho do sonho pode ter êxito em substituir todas as representações aflitivas por seus contrários e em suprimir os afetos desprazerosos ligados a elas. O resultado é um puro sonho de satisfação, uma "realização de desejo" palpável sobre a qual não parece haver mais nada a dizer. (B) As representações aflitivas, modificadas em maior ou menor grau, mas mesmo assim bem reconhecíveis, podem ganhar acesso ao conteúdo manifesto do sonho. É este o caso que levanta dúvidas sobre a validade da teoria do desejo nos sonhos e exige novas investigações. Esses sonhos de conteúdo aflitivo podem ser vivenciados com indiferença ou podem ser acompanhados pela totalidade do afeto aflitivo que seu conteúdo de representações parece justificar, ou podem até levar ao desenvolvimento de angústia e ao despertar.

A análise demonstra que também esses sonhos desprazerosos são realizações de desejo, tanto quanto os demais. Um desejo inconsciente e recalcado, cuja realização o ego do sonhador não poderia deixar de vivenciar como algo aflitivo, aproveitou a oportunidade que lhe foi oferecida pela catexia persistente dos restos diurnos penosos da véspera; deu-lhes seu apoio e assim tornou-os capazes de penetrar num sonho. Mas, enquanto no Grupo A o desejo inconsciente concidia com o consciente, no Grupo B se revela o abismo entre o inconsciente e o consciente (entre o recalcado e o ego) e se realiza a situação do conto de fadas dos três desejos concedidos pela fada ao marido e à mulher (ver adiante, p. 557n). A satisfação pela realização do desejo recalcado pode revelar-se tão grande a ponto de contrabalançar os sentimentos dolorosos ligados aos restos diurnos; nesse caso, o tom afetivo do sonho é indiferente, apesar de ele ser, por um lado, a realização de um desejo e, por outro, a realização de um temor. Ou pode suceder que o ego adormecido tenha uma participação ainda maior na formação do sonho, reaja à satisfação do desejo recalcado com violenta indignação, e ainda ponha termo ao sonho com um surto de angústia. Assim, não há dificuldade em perceber que os sonhos desprazerosos e os sonhos de angústia também são realizações de desejos, no sentido de nossa teoria, tanto quanto os sonhos de óbvia satisfação.

Os sonhos desprazerosos podem ser também "sonhos de punição". É forçoso admitir que reconhecr sua existência significa, em certo sentido, um novo acréscimo à teoria dos sonhos. O que neles se realiza é também um desejo inconsciente, a saber, o desejo do sonhador de ser punido por um impulso desejoso recalcado e proibido. Nessa medida, tais sonhos se enquadram no requisito aqui estabelecido de que a força propulsora para a formação do sonho seja fornecida por um desejo pertencente ao inconsciente. Uma análise psicológica mais minuciosa, no entanto, mostra como eles diferem de outros sonhos de desejo. Nos casos que formam o Grupo B, o desejo formador do sonho é inconsciente e pertence ao recalcado, ao passo que, nos sonhos de punição, embora se trate também de um desejo inconsciente, ele deve ser considerado como pertencente não ao recalcado, mas ao "ego". Portanto, os sonhos de punição indicam a possibilidade de que o ego tenha uma participação maior do que se supunha na formação dos sonhos. O mecanismo da formação dos sonhos ficaria bem mais claro, em termos gerais, se, em vez da oposição entre "consciente" e "inconsciente", falássemos na oposição entre o "ego" e o "recalcado". Não se pode fazer isso, porém, sem levar em conta os processos subjacentes às psiconeuroses, e por essa razão tal não foi feito na presente obra. Acrescentarei apenas que os sonhos de punição não estão sujeitos, em geral, à condição de que os restos diurnos sejam de tipo aflitivo. Ao contrário, ocorrem com mais facilidade quando se dá o oposto — quando os restos diurnos são pensamentos de natureza satisfatória, mas a satisfação que expressam é proibida. O único vestígio desses pensamentos a aparecer no sonho manifesto é seu oposto diametral, como no caso dos sonhos pertencentes ao Grupo A. A característica essencial dos sonhos de punição, portanto, seria que, em seu caso, o desejo formador do sonho não é um desejo inconsciente derivado do recalcado (do sistema *Ics.*), mas um desejo punitivo que reage contra este e pertence ao ego, embora seja, ao mesmo tempo, um desejo inconsciente (isto é, pré-consciente).[1]

Relato agora um de meus próprios sonhos, para ilustrar o que acabo de dizer e, em particular, a maneira como o trabalho do sonho lida com um resto diurno de expectativas penosas do dia anterior.

"Começo indistinto. *Disse à minha mulher que tinha uma notícia para ela, algo muito especial. Ela ficou assustada e se recusou a ouvir. Garanti-lhe que, pelo contrário, era algo que ela ficaria muito contente em ouvir, e comecei a contar-lhe que o corpo de oficiais de nosso filho enviara uma soma em dinheiro (5.000 coroas?)... algo a respeito de uma distinção... distribuição... Entrementes, eu fora com ela até um quartinho, parecido com uma despensa, procurar alguma coisa. De repente, vi meu filho aparecer. Não estava de uniforme, mas num traje esportivo apertado (como uma foca?), com um bonezinho. Trepou num cesto que estava ao lado de um armário, como se quisesse pôr algo em cima dele. Chamei-o; nenhuma resposta. Pareceu-me que seu rosto ou sua testa estavam enfaixados. Ele estava acomodando alguma coisa na boca, empurrando algo para dentro dela. E seus cabelos estavam salpicados de grisalho. Pensei: 'Será que ele está tão exausto assim? E será que usa dentes postiços?'* Antes que pudesse chamá-lo de novo, acordei, sem sentir angústia, mas com o coração batendo depressa. Meu relógio de cabeceira marcava duas e meia."

Mais uma vez, é-me impossível apresentar uma análise completa. Tenho de restringir-me a ressaltar alguns pontos salientes. Foram as expectativas penosas do dia anterior que deram origem ao sonho: ficáramos outra vez, por mais de uma semana, sem notícias de nosso filho que estava na frente de batalha. É fácil perceber que o conteúdo do sonho expressava a convicção de que ele fora ferido ou morto. No início do sonho, fez-se claramente um esforço enérgico para substituir os pensamentos aflitivos por seu contrário. Eu tinha uma notícia agradabilíssima para comunicar — qualquer coisa sobre dinheiro remetido... distinção... distribuição. (A soma em dinheiro derivava de uma ocorrência agradável em minha clínica médica; foi uma tentativa de afastamento completo do assunto.) Mas esse esforço fracassou. Minha mulher desconfiou de algo terrível e se recusou a me escutar. Os disfarces eram tênues demais e as

---

1 [*Nota de rodapé acrescentada* em 1930:] Este seria o local apropriado para uma referência ao "superego", uma das descobertas posteriores da psicanálise.

referências ao que se procurava recalcar ressaltavam neles por todos os lados. Se meu filho houvesse tombado morto, seus colegas de farda devolveriam seus pertences e eu teria de distribuir o que ele tivesse deixado entre seus irmãos e outras pessoas. Freqüentemente se confere uma "distinção" ao oficial que tomba no campo de batalha. Assim, o sonho pôs-se a dar expressão direta ao que primeiro procurara negar, embora a tendência para a realização de desejo ainda se mostrasse em ação nas distorções. (Não há dúvida de que a mudança de lugar, durante o sonho, deve ser entendida como o que Silberer descreveu como "simbolismo do umbral".) Não sabemos dizer, é verdade, o que foi que deu ao sonho a força impulsora para expressar dessa forma meus pensamentos aflitivos. Meu filho não apareceu como alguém que "caía", mas como alguém que estava "subindo". De fato, fora um entusiástico alpinista. Não estava de uniforme, mas usando um traje esportivo; isto significava que o lugar do acidente *agora* temido tinha sido tomado por um acidente *anterior*, relacionado com o esporte; é que ele sofrera uma queda durante uma excursão de esqui e quebrara o fêmur. A maneira como estava vestido, por outro lado, e que o fazia parecer uma foca, lembrou de imediato alguém mais jovem — nosso netinho tão engraçado; já o cabelo grisalho fez-me lembrar o pai deste, nosso genro, que fora duramente atingido pela guerra. Que significaria isso?... Mas já falei bastante a respeito. A localização numa despensa e o armário de onde ele queria tirar algo ("sobre o qual queria pôr alguma coisa", no sonho) — estas alusões fizeram-me lembrar inequivocamente de um acidente que eu mesmo me causei quando tinha mais de dois anos, mas ainda não chegara aos três. Eu havia trepado num banco na despensa para pegar alguma coisa boa que estava sobre um armário ou mesa. O banco virou e sua quina me atingiu por trás da mandíbula inferior; refleti que poderia muito bem ter perdido todos os dentes. Essa lembrança foi acompanhada por um pensamento admonitório: "é bem feito para você"; e isso parecia um impulso hostil dirigido ao valente soldado. Uma análise mais profunda permitiu-me enfim descobrir que o impulso oculto poderia haver encontrado satisfação no temido acidente com meu filho: era a inveja que sentem dos jovens aqueles que envelheceram, e que estes acreditam haver sufocado por completo. E não há dúvida de que foi precisamente a intensidade da emoção penosa que teria surgido se tal infortúnio houvesse realmente acontecido que levou essa emoção a buscar uma realização de desejo recalcada desse tipo para assim encontrar algum consolo.

Agora estou em condições de dar uma explicação precisa do papel desempenhado nos sonhos pelo desejo inconsciente. Estou pronto a admitir que há toda uma classe de sonhos cuja *instigação* provém principalmente, ou até de maneira exclusiva, dos restos da vida diurna; e penso que até meu desejo de enfim tornar-me Professor Extraodinário poderia ter-me deixado dormir em paz aquela noite, se a preocupação com a saúde de meu amigo não houvesse persistido desde o dia anterior. Mas a preocupação, por si só, não teria formado um sonho. A *força impulsora* exigida pelo sonho tinha de ser suprida por um desejo; cabia à preocupação apoderar-se de um desejo que atuasse como força propulsora do sonho.

A situação pode ser explicada por uma analogia. O pensamento diurno pode perfeitamente desempenhar o papel de *empresário* do sonho; mas o empresário, que, como se costuma dizer, tem a idéia e a iniciativa para executá-la, não pode fazer nada sem o capital; ele precisa de um *capitalista* que possa arcar com o gasto, e o capitalista que fornece o desembolso psíquico para o sonho é, invariável e indiscutivelmente, sejam quais forem os pensamentos do dia anterior, *um desejo oriundo do inconsciente*.

Às vezes, o próprio capitalista é o empresário, e sem dúvida, no caso dos sonhos, isso é o mais comum: um desejo inconsciente é estimulado pela atividade diurna e passa a formar um sonho. Do mesmo modo, as outras variações possíveis na situação econômica que tomei como analogia também encontram paralelo nos processos oníricos. O próprio empresário pode fazer uma pequena contribuição para o capital; diversos empresários podem recorrer ao mesmo capitalista; vários capitalistas podem reunir-se para fornecer ao empresário o que é preciso. Do mesmo modo, encontramos sonhos que são sustentados por mais de um desejo onírico; e o mesmo se dá com outras variações semelhantes que poderiam ser facilmente enumeradas, mas que não teriam maior interesse para nós. Devemos guardar para mais tarde o que resta a dizer sobre o desejo onírico.

O *tertium comparationis* [terceiro elemento de comparação] na analogia que acabo de empregar — a quantidade posta à disposição do empresário numa soma apropriada — pode ser aplicada de forma ainda mais detalhada com vistas à elucidação da estrutura dos sonhos. Na maioria dos sonhos é possível identificar um ponto central marcado por uma intensidade sensorial peculiar, como demonstrei na p. 303. Este ponto central é, geralmente, a representação direta da realização do desejo, pois, se desfizermos os deslocamentos produzidos pelo trabalho do sonho, veremos que a intensidade *psíquica* dos elementos dos pensamentos oníricos foi substituída pela intensidade *sensorial* dos elementos do conteúdo do sonho propriamente dito. Os elementos situados nas *proximidades* da realização de desejo muitas vezes nada têm a ver com seu sentido, mas revelam-se como derivados de pensamentos aflitivos que são contrários ao desejo. Entretanto, por se encontrarem no que é com freqüência uma relação estabelecida artificialmente com o elemento central, adquiriram intensidade suficiente para se tornarem capazes de ser representados no sonho. Assim, o poder da realização de desejo de promover a representação difunde-se por uma certa esfera a seu redor, dentro da qual todos os elementos — incluindo até os que não possuem recursos próprios — adquirem força para se fazerem representar. No caso dos sonhos ativados por *diversos* desejos, é fácil delimitar as esferas das diferentes realizações de desejo, e as lacunas do sonho podem freqüentemente ser compreendidas como zonas fronteiriças entre essas esferas.

Embora as considerações precedentes tenham reduzido a importância do papel desempenhado pelos restos diurnos nos sonhos, vale a pena dedicar-lhes um pouco mais de atenção. Eles têm de ser um ingrediente essencial na formação dos sonhos, uma vez que a experiência revelou o fato surpreendente de que, no conteúdo de todo sonho, identifica-se algum vínculo com uma impressão diurna recente — muitas vezes, do tipo mais insignificante. Até aqui não pudemos explicar a necessidade desse acréscimo à mistura que constitui o sonho. E só é possível fazê-lo se tivermos firmemente presente o papel desempenhado pelo desejo inconsciente e então buscarmos informações na psicologia das neuroses. Com esta aprendemos que uma representação inconsciente, por si só, é totalmente incapaz de penetrar no pré-consciente, e que só pode exercer algum efeito ali estabelecendo um vínculo com uma representação que já pertença ao pré-consciente, transferindo para ela sua intensidade e fazendo-se "encobrir" por ela. Aí temos o fato da "transferência", que fornece uma explicação para inúmeros fenômenos notáveis da vida mental dos neuróticos. A representação pré-consciente, que assim adquire imerecido grau de intensidade, pode ser mantida inalterada pela transferência ou ver-se forçada a uma modificação derivada do conteúdo da representação que efetua a transferência. Espero que me perdoem o fato de extrair analogias da vida cotidiana, mas fico tentado a dizer que a situação de uma representação recalcada assemelha-se à de um dentista norte-americano em nosso país: não lhe é permitido estabelecer sua clínica, a menos que possa valer-se de um médico legalmente qualificado para servir-lhe de testa-de-ferro e agir como "cobertura" aos olhos da lei. E, assim como não são exatamente os médicos de maiores clientelas que fazem essa espécie de aliança com os dentistas, tampouco se escolhem, para servir de cobertura para uma representação recalcada, representações pré-conscientes ou conscientes que já tenham atraído sobre si uma parcela suficiente da atenção que atua no pré-consciente. O inconsciente prefere tecer suas ligações em torno de impressões e representações pré-conscientes que sejam indiferentes e às quais, por isso mesmo, não se tenha dado atenção ou que tenham sido rejeitadas e, portanto, perdido prontamente a atenção que lhes era dedicada. Uma conhecida tese da doutrina da associação, inteiramente confirmada pela experiência, é que uma representação ligada por um elo muito íntimo em determinada direção tende, por assim dizer, a repelir grupos inteiros de novas ligações. Tentei certa vez basear uma teoria da paralisia histérica nessa proposição.

Se presumirmos que também nos sonhos atua essa mesma necessidade de transferência por parte das representações recalcadas que descobrimos ao analisar as neuroses, dois dos enigmas do sonho serão resolvidos de um só golpe, a saber, o fato de que toda análise de um sonho revela o entrelaçamento de alguma impressão recente em sua trama, e que esse elemento recente é freqüentemente do tipo mais banal. Posso acrescentar que (como já descobrimos em outro ponto) a razão por que esses elementos recentes e indiferentes tantas vezes ganham acesso aos sonhos, como substitutos dos mais antigos de todos os pensamentos oníricos, é que eles são os que menos têm a temer da censura imposta pela resistência. Todavia, enquanto o fato de os elementos *triviais* serem preferidos é explicado por sua isenção da censura, o fato de ocorrerem elementos *recentes* com tal regularidade aponta para a existência de uma necessidade de transferência. Ambos os grupos de impressões atendem à exigência do recalcado, que demanda um material ainda livre de associações — as indiferentes, por não terem dado margem à formação de muitos vínculos, e as recentes, por ainda não terem tido tempo de estabelecê-los.

Assim, vemos que os restos diurnos, entre os quais podemos agora incluir as impressões indiferentes, não apenas *tomam emprestado* algo do *Ics.* quando conseguem participar da formação do sonho — ou seja, a força instintual que está à disposição do desejo recalcado —, mas também *oferecem* ao inconsciente algo indispensável — ou seja, o ponto de ligação necessário para uma transferência. Se quiséssemos penetrar aqui mais profundamente nos processos mentais, teríamos de elucidar melhor a interação de excitações entre o pré-consciente e o inconsciente, tema para o qual nos empurra o estudo das psiconeuroses, mas sobre o qual os sonhos não têm nenhum auxílio a oferecer.

Tenho apenas mais uma coisa a acrescentar sobre os restos diurnos. Não há dúvida de que são eles os verdadeiros perturbadores do sono, e não os sonhos, que, pelo contrário, estão preocupados em protegê-lo. Retornarei a este ponto mais tarde.

Vimos até agora estudando os desejos oníricos: descobrimos que se originam na região do *Ics.* e analisamos suas relações com os restos diurnos, que, por sua vez, podem ser desejos ou impulsos psíquicos de alguma outra natureza ou simplesmente impressões recentes. Assim demos margem a todas as reivindicações que possam ser levantadas por qualquer das múltiplas atividades do pensamento de vigília em favor da importância do papel por elas desempenhado no processo de formação dos sonhos. Não é sequer impossível que nossa exposição tenha fornecido uma explicação para os casos extremos em que um sonho, dando prosseguimento às atividades diurnas, chega a uma solução feliz para algum problema não solucionado na vida de vigília. Falta-nos apenas um exemplo desse tipo, para que possamos analisá-lo e descobrir a fonte dos desejos infantis ou recalcados cujo auxílio foi convocado e reforçou com tal sucesso os esforços da atividade pré-consciente. Mas nada disso nos aproximou um passo sequer da solução do enigma de por que o inconsciente nada tem a oferecer durante o sono além da força propulsora para a realização de um *desejo*. A resposta a esta pergunta deve lançar luz sobre a natureza psíquica dos desejos, e proponho fornecê-la mediante uma referência a nosso quadro esquemático do aparelho psíquico.

Não há dúvida de que esse aparelho só atingiu sua perfeição atual após um longo período de desenvolvimento. Tentemos reconduzi-lo a uma etapa anterior de sua capacidade de funcionamento. Algumas hipóteses cuja justificação deve ser buscada de outras maneiras dizem-nos que, a princípio, os esforços do aparelho tinham o sentido de mantê-lo tão livre de estímulos quanto possível; conseqüentemente, sua primeira estrutura seguia o projeto de um aparelho reflexo, de modo que qualquer excitação sensorial que incidisse sobre ele podia ser prontamente descarregada por uma via motora.

Mas as exigências da vida interferem nessa função simples, e é também a elas que o aparelho deve o ímpeto para seu desenvolvimento posterior. As exigências da vida confrontam-no, primeiramente, sob a forma das grandes necessidades somáticas. As excitações produzidas pelas necessidades internas buscam descarga no movimento, que pode ser descrito como uma "modificação interna" ou uma "expressão emocional". O bebê faminto grita ou dá pontapés, indefeso. Mas a situação permanece inalterada, pois a excitação proveniente de uma necessidade interna não se deve a uma força que produza um impacto *momentâneo*, mas a uma força que está continuamente em ação. Só pode haver mudança quando, de uma maneira ou de outra (no caso do bebê, através do auxílio externo), chega-se a uma "vivência de satisfação" que põe fim ao estímulo interno. Um componente essencial dessa vivência de satisfação é uma percepção específica (a da nutrição, em nosso exemplo) cuja imagem mnêmica fica associada, daí por diante, ao traço mnêmico da excitação produzida pela necessidade. Em decorrência do vínculo assim estabelecido, na próxima vez em que essa necessidade for despertada, surgirá de imediato um impulso psíquico que procurará recatexizar a imagem mnêmica da percepção e evocar novamente a própria percepção, isto é, restabelecer a situação da satisfação original. Um impulso dessa espécie é o que chamamos de desejo; o reaparecimento da percepção é a realização do desejo, e o caminho mais curto para essa realização é a via que conduz diretamente da excitação produzida pela necessidade para uma completa catexia da percepção. Nada nos impede de presumir que tenha havido um estado primitivo do aparelho psíquico em que esse caminho era realmente percorrido, isto é, em que o desejo terminava em alucinação. Logo, o objetivo dessa primeira atividade psíquica era produzir uma "identidade perceptiva" — uma repetição da percepção vinculada à satisfação da necessidade.

A amarga experiência da vida deve ter transformado essa atividade primitiva de pensamento numa atividade secundária mais conveniente. O estabelecimento de uma identidade perceptiva pelo atalho da regressão no interior do aparelho não tem em nenhum outro lugar da psique o mesmo resultado que a catexia dessa mesma percepção a partir do exterior. A satisfação não sobrevém e a necessidade perdura. A catexia interna só poderia ter o mesmo valor da externa se fosse mantida incessantemente, como de fato ocorre nas psicoses alucinatórias e nas fantasias de fome, que esgotam toda a sua atividade psíquica no apego ao objeto de seu desejo. Para se chegar a um dispêndio mais eficaz da força psíquica, é necessário deter a regressão antes que ela se torne completa, para que não vá além da imagem mnêmica e seja capaz de buscar outros caminhos que acabem levando ao estabelecimento da desejada identidade perceptiva a partir do mundo exterior.[1] Essa inibição da regressão e o subseqüente desvio da excitação passam a ser da alçada de um segundo sistema, que controla o movimento voluntário — isto é, que pela primeira vez se vale do movimento para fins lembrados de antemão. Mas toda a complexa atividade de pensamento que se desenrola desde a imagem mnêmica até o momento em que a identidade perceptiva é estabelecida pelo mundo exterior, toda essa atividade de pensamento constitui simplesmente um caminho indireto para a realização de desejo, caminho esse que a experiência tornou necessário.[2] O pensamento, afinal, não passa do substituto de um desejo alucinatório, e é evidente que os sonhos têm de ser realizações de desejos, uma vez que nada senão o desejo pode colocar nosso aparelho mental em ação. Os sonhos, que realizam seus desejos pelo atalho da regressão, simplesmente preservaram para nós, nesse aspecto, uma amostra do método primário de funcionamento do aparelho psíquico, método este que foi abandonado por ser ineficaz. O que um dia dominou a vida de vigília, quando a psique ainda era jovem e incompetente, parece agora ter sido banido para a noite — tal como as armas primitivas abandonadas pelos homens adultos, os arcos e flechas, reaparecem no quarto de brinquedos. *O sonho é um pedaço da vida anímica infantil já suplantada.* Esses métodos de funcionamento do aparelho psíquico, que são normalmente suprimidos nas horas de vigília, tornam-se ativos novamente na psicose e então revelam sua incapacidade de satisfazer nossas necessidades em relação ao mundo exterior.[3]

Os impulsos desejosos inconscientes tentam claramente tornar-se efetivos também durante o dia, e o fato da transferência, assim como as psicoses, indicam-nos que eles lutam para irromper na consciência através do sistema

---

1 [*Nota de rodapé acrescentada* em 1919:] Em outras palavras, torna-se evidente que tem de haver um meio de "testar a realidade".

2 A atividade realizadora de desejos dos sonhos é justificadamente enaltecida por Le Lorrain, que diz dela: "sans fatigue sérieuse, sans être obligé de recourir à cette lutte opiniâtre et longue qui use et corrode les jouissances poursuivies" ["sem cansaço sério, sem ser obrigado a recorrer à luta obstinada e longa que desgasta e corrói os gozos perseguidos"].

3 [*Nota de rodapé acrescentada* em 1914:] Levei mais adiante em outro ponto esta cadeia de pensamentos, num artigo sobre os dois princípios do funcionamento mental (Freud, 1911b) — o princípio do prazer e o princípio da realidade, como sugeri que fossem chamados.

pré-consciente e para obter o controle do poder de movimento. Assim, a censura entre o *Ics.* e o *Pcs.*, cuja existência os sonhos nos obrigaram a supor, merece ser reconhecida e respeitada como o guardião de nossa saúde mental. Contudo, não deveríamos encarar como um ato de descuido por parte desse guardião que ele relaxe suas atividades durante a noite, permita que os impulsos suprimidos do *Ics.* se expressem e possibilite que a regressão alucinatória volte a ocorrer? Creio que não, pois muito embora esse guardião crítico repouse — e temos provas de que seus cochilos não são profundos —, ele também fecha a porta à motilidade. Sejam quais forem os impulsos do *Ics.*, normalmente inibido, que possam entrar saltitantes em cena, não há por que nos preocuparmos; eles permanecem inofensivos, uma vez que são incapazes de acionar o aparelho motor, o único através do qual poderiam modificar o mundo externo. O estado de sono garante a segurança da cidadela a ser guardada. A situação é menos inofensiva quando o que acarreta o deslocamento de forças não é o relaxamento noturno do dispêndio de força da censura crítica, mas uma redução patológica dessa força ou uma intensificação patológica das excitações inconscientes, enquanto o pré-consciente está ainda catexizado e o portão de acesso à motilidade permanece aberto. Quando isso acontece, o guardião é subjugado, as excitações inconscientes dominam o *Pcs.* e, a partir daí, obtêm controle sobre nossa fala e nossas ações, ou então forçam a regressão alucinatória e dirigem o curso do aparelho (que não se destinava a seu uso) em virtude da atração exercida pelas percepções sobre a distribuição de nossa energia psíquica. A esse estado de coisas damos o nome de psicose.

Estamos agora no bom caminho para avançar na construção da estrutura psicológica, que interrompemos no ponto em que introduzimos os sistemas *Ics.* e *Pcs.* Mas há razões para nos determos mais um pouco em nossa apreciação do desejo como a única força impulsora psíquica para a formação dos sonhos. Aceitamos a idéia de que a razão por que os sonhos são invariavelmente realizações de desejos é que eles são produtos do sistema *Ics.*, cuja atividade não conhece outro objetivo senão a realização de desejos e não tem sob seu comando outras forças senão os impulsos desejosos. Se continuarmos a insistir por mais um momento em nosso direito de fundamentar especulações psicológicas de tal alcance na interpretação dos sonhos, teremos o dever de provar que essas especulações nos habilitaram a inserir os sonhos numa concatenação capaz de abarcar também outras estruturas psíquicas. Se existe um sistema *Ics.* (ou, para fins de nossa discussão, algo análogo a ele), os sonhos não podem ser sua única manifestação; todo sonho pode ser uma realização de desejo, mas, além dos sonhos, tem de haver outras formas anormais de realização de desejo. E é fato que a teoria que rege todos os sintomas psiconeuróticos culmina numa única proposição, que assevera que *eles também devem ser encarados como realizações de desejos inconscientes.*[1] Nossa explicação faz do sonho apenas o primeiro membro de uma classe que é de extrema importância para os psiquiatras e cuja compreensão implica a solução da faceta puramente psicológica do problema da psiquiatria.[2]

Os outros membros dessa classe de realizações de desejos — os sintomas histéricos, por exemplo — possuem, contudo, uma característica essencial que não consigo encontrar nos sonhos. Com as investigações que tantas vezes mencionei ao longo desta obra, aprendi que, para promover a formação de um sintoma histérico, é preciso que convirjam *ambas* as correntes de nossa vida anímica. O sintoma não é simplesmente a expressão de um desejo inconsciente realizado; é preciso que esteja presente também um desejo do pré-consciente realizado pelo mesmo sintoma. Assim, o sintoma tem *pelo menos* dois determinantes, cada qual surgindo de um dos sistemas envolvidos no conflito. Tal como acontece nos sonhos, não há limite para os outros determinantes que possam estar presentes — para a "sobredeterminação" dos sintomas. O determinante que não brota do *Ics.*, pelo que eu pude determinar, é sempre uma cadeia de pensamentos que reage ao desejo inconsciente — uma autopunição, por exemplo. Assim, posso fazer a afirmação bastante genérica de que *o sintoma histérico só se desenvolve quando as realizações de dois desejos opostos, cada qual proveniente de um sistema psíquico diferente, conseguem convergir numa única expressão.* (Vejam-se, a esse respeito, minhas formulações mais recentes sobre a origem dos sintomas histéricos em meu artigo sobre as fantasias histéricas e sua relação com a bissexualidade.) Exemplos seriam de muito pouca serventia aqui, uma vez que nada senão uma elucidação exaustiva das complicações envolvidas seria convincente. Assim, deixo que minha afir-

---

1 [*Nota de rodapé acrescentada* em 1914:] Ou, mais corretamente, uma parte do sintoma corresponde à realização de desejo inconsciente, e outra, à estrutura psíquica que reage contra o desejo.

2 [*Nota de rodapé acrescentada* em 1914:] Como disse Hughlings Jackson: "Se descobrires tudo sobre os sonhos terás descoberto tudo sobre a loucura".

mação se mantenha por si só e cito um exemplo apenas para deixar claro esse ponto, e não para convencer. Numa de minhas pacientes, descobriu-se que os vômitos histéricos eram, por um lado, a realização de uma fantasia inconsciente que datava de sua puberdade — isto é, do desejo de estar continuamente grávida e ter inúmeros filhos —, acrescido de outro desejo que surgiu posteriormente: o de tê-los com tantos homens quanto possível. Um poderoso impulso defensivo levantou-se contra esse desejo irrefreado. E como a paciente podia perder suas formas e sua boa aparência em decorrência dos vômitos, assim deixando de ser atraente para quem quer que fosse, o sintoma era aceitável também para a cadeia de pensamentos punitivos e, sendo permitido por ambos os lados, pôde concretizar-se. Tratava-se de um método de lidar com uma realização de desejo idêntico ao adotado pela rainha dos partas em relação ao triúnviro romano Crasso. Acreditando que ele empreendera sua campanha por amor ao ouro, ordenou a rainha que se despejasse ouro fundido em sua garganta depois que ele morreu: "Agora", disse ela, "tendes o que queríeis". Mas tudo o que sabemos até agora sobre os sonhos é que eles expressam a realização de um desejo do inconsciente; é como se o sistema dominante, pré-consciente, aquiescesse nisso depois de insistir num certo número de distorções. Tampouco é possível, por via de regra, encontrar uma seqüência de pensamentos oposta ao desejo onírico e, como sua contrapartida, realizada no sonho. Apenas aqui e ali, nas análises dos sonhos, esbarramos em sinais de criações reativas, como, por exemplo, meus sentimentos afetuosos por meu amigo R. no sonho com meu tio. Mas podemos encontrar em outro lugar o ingrediente do pré-consciente que está faltando. Enquanto o desejo do *Ics.* consegue encontrar expressão no sonho, depois de sofrer toda espécie de distorções, o sistema dominante se recolhe num *desejo de dormir*, realiza esse desejo promovendo as modificações que consegue produzir nas catexias no interior do aparelho psíquico, e persiste nesse desejo por toda a duração do sono.[1]

Esse firme desejo de dormir por parte do pré-consciente exerce um efeito geralmente facilitador na formação dos sonhos. Permitam-me lembrar o sonho do homem que foi levado a inferir, pelo clarão de luz que provinha do quarto contíguo, que o corpo de seu filho talvez estivesse pegando fogo. O pai fez essa inferência no sonho, em vez de se deixar acordar pelo clarão;

---

1 Tomei esta idéia da teoria do sonho formulada por Liébeault (1889), a quem se deve o ressurgimento, nos tempos modernos, das pesquisas sobre o hipnotismo.

e sugerimos antes que uma das forças psíquicas responsáveis por esse resultado foi o desejo que prolongou por aquele momento a vida do filho, a quem ele retratou no sonho. É provável que nos escapem outros desejos provenientes do recalcado, já que não pudemos analisar o sonho. Mas podemos presumir que outra força impulsora na produção do sonho foi a necessidade que tinha o pai de dormir; seu sono, tal como a vida do filho, foi prolongado por um momento pelo sonho. "Deixe o sonho prosseguir" — foi essa sua motivação — "ou terei de acordar." Em todos os outros sonhos, tal como neste, o desejo de dormir serve de apoio ao desejo inconsciente. Na p. 138 e segs. descrevi alguns sonhos que pareciam claramente ser sonhos de conveniência. Na realidade, porém, todos os sonhos podem reivindicar a mesma descrição. A ação do desejo de continuar dormindo pode ser percebida com extrema facilidade nos sonhos de despertar, que modificam os estímulos sensoriais externos de maneira a torná-los compatíveis com a continuação do sono; eles os entretecem no sonho para privá-los de qualquer possibilidade de agirem como lembretes do mundo externo. Esse mesmo desejo, contudo, deve desempenhar um papel idêntico para permitir a ocorrência de todos os outros sonhos, embora seja apenas *de dentro* que eles ameaçam arrancar o sujeito de seu sono. Em alguns casos, quando o sonho leva as coisas longe demais, o *Pcs.* diz à consciência: "Não dê importância! Continue a dormir! Afinal, é apenas um sonho!" Mas isso descreve, em geral, a atitude de nossa atividade mental dominante para com os sonhos, ainda que ela não se expresse abertamente. Sou levado a concluir que, *por toda a duração de nosso estado de sono, sabemos com tanta certeza que estamos sonhando quanto sabemos estar dormindo.* Não devemos prestar demasiada atenção ao argumento contrário de que nossa consciência nunca se volta para a segunda dessas certezas, e só se volta para a primeira nas ocasiões especiais em que a censura se sente, por assim dizer, apanhada de surpresa.

Por outro lado, há pessoas que, durante a noite, têm clara ciência de estar dormindo e sonhando, e que assim parecem possuir a faculdade de dirigir conscientemente seus sonhos. Quando, por exemplo, um desses sonhadores fica insatisfeito com o rumo tomado por um sonho, ele pode interrompê-lo sem acordar e reiniciá-lo em outra direção — tal como um dramaturgo popular, quando pressionado, pode dar à sua peça um final mais feliz. Ou, noutra ocasião, caso seu sonho o tenha levado a uma situação sexualmente excitante, ele pode pensar consigo mesmo: "Não vou continuar a sonhar com isso e me esgotar numa polução; vou retê-la, em vez disso, para a situação real".

O Marquês d'Hervey de Saint-Denys, citado por Vaschide (1911, p. 139), alegava ter adquirido o poder de acelerar o curso de seus sonhos como lhe aprouvesse e de dar-lhes o rumo que bem entendesse. É como se, em seu caso, o desejo de dormir houvesse dado lugar a outro desejo pré-consciente, a saber, o de observar seus sonhos e deleitar-se com eles. O sono é tão compatível com esse tipo de desejo quanto com uma ressalva mental para acordar, caso uma dada condição seja atendida (por exemplo, no caso de uma mãe que esteja amamentando ou de uma ama-de-leite). Além disso, é notório que qualquer pessoa que se interesse pelos sonhos recorda um número bem maior deles depois de acordar.

Ferenczi (1911), ao discutir algumas outras observações sobre o direcionamento dos sonhos, comenta: "Os sonhos elaboram por todos os ângulos os pensamentos que ocupam a mente no momento; abandonam uma imagem onírica quando ela ameaça o sucesso de uma realização de desejo e experimentam uma nova solução, até finalmente conseguirem criar uma realização de desejo que satisfaça às duas instâncias mentais como uma solução de compromisso".

(D)

O DESPERTAR PELOS SONHOS — A FUNÇÃO
DOS SONHOS — SONHOS DE ANGÚSTIA

Agora que sabemos que, durante toda a noite, o pré-consciente concentra-se no desejo de dormir, estamos em condições de levar nossa compreensão do processo onírico um passo adiante. Mas resumamos primeiro o que aprendemos até agora.

A situação é a seguinte: ou ficaram pendentes da atividade de vigília restos do dia anterior, e não foi possível retirar deles toda a catexia de energia; ou a atividade de vigília no decorrer do dia levou à excitação de um desejo inconsciente; ou ainda esses dois fatos coincidiram. (Já examinamos as diversas possibilidades em relação a isso.) O desejo inconsciente se liga aos restos diurnos e efetua uma transferência para eles; isso pode acontecer no decurso do dia ou só depois de se estabelecer o estado de sono. Desperta então um desejo transferido para o material recente, ou um desejo recente, depois de suprimido, ganha vida nova ao receber um reforço do inconsciente. Este desejo procura ganhar acesso à consciência pela via normal tomada pelos processos de pensamento, através do *Pcs.* (ao qual, na verdade, pertence em parte). Entretanto, choca-se com a censura, que ainda está ativa e a cuja influência então se submete. Nesse ponto, ele adota a distorção, cujo caminho já fora preparado pela transferência do desejo para o material recente. Até aí, ele está em via de se transformar numa idéia obsessiva, num delírio ou algo parecido — isto é, num *pensamento* intensificado pela transferência e distorcido em sua expressão pela censura. Seu avanço subseqüente, porém, é detido pelo estado de sono em que se acha o pré-consciente. (É provável que esse sistema tenha se protegido da invasão diminuindo suas próprias excitações.) O processo onírico, conseqüentemente, entra num caminho regressivo, que lhe é aberto precisamente pela natureza peculiar do estado de sono, e é levado por esse caminho pela atração sobre ele exercida por grupos de lembranças; algumas destas existem apenas sob a forma de catexias visuais, e não como traduções para a terminologia dos sistemas posteriores. Ao longo de seu trajeto regressivo, o processo onírico adquire o atributo da representabilidade. (Abordarei mais adiante a questão da compressão.) Completou agora a segunda parte de sua trajetória em ziguezague. A primeira parte foi progressiva, indo das cenas ou fantasias inconscientes para o pré-consciente; a segunda retrocedeu da fronteira da censura até as percepções. Mas, ao tornar-se perceptivo, o conteúdo do processo onírico encontrou, por assim dizer, um meio de esquivar-se do obstáculo erguido em seu caminho pela censura e pelo estado de sono do *Pcs.* Consegue chamar a atenção para si próprio e ser notado pela consciência.

Ocorre que a consciência, que encaramos como um órgão sensorial para a apreensão de qualidades psíquicas, é capaz, na vigília, de receber excitações de duas fontes. Em primeiro lugar, pode receber excitações da periferia de todo o aparelho, do sistema perceptivo; e além disso pode receber excitações de prazer e desprazer, que se revelam como quase a única qualidade psíquica ligada às transposições de energia no interior do aparelho. Todos os outros processos dos sistemas-ψ, inclusive o *Pcs.*, carecem de qualquer qualidade psíquica e, desse modo, não podem ser objetos da consciência, exceto na medida em que trazem prazer ou desprazer à percepção. Somos assim levados a concluir que *essas liberações de prazer e desprazer regulam automaticamente o curso dos processos de catexização.* No entanto, para possibilitar desempenhos ajustados de forma mais delicada, depois tornou-se necessário tornar o curso das representações menos dependente da presença ou da ausência de desprazer. Para esse fim, o sistema *Pcs.* precisava ter qualidades próprias que pudessem atrair a consciência, e parece altamente provável que as tenha obtido ligando os processos préconscientes com o sistema mnêmico dos signos lingüísticos, sistema este não desprovido de qualidade. Por intermédio das qualidades desse sistema, a consciência, que fora até então um órgão sensorial apenas para as percepções, tornou-se também um órgão sensorial para parte de nossos processos de pensamento. Assim, existem agora, por assim dizer, *duas* superfícies sensoriais, uma voltada para a percepção, e a outra, para os processos de pensamento pré-conscientes.

Sou forçado a presumir que o estado de sono torna a superfície sensorial da consciência voltada para o *Pcs.* muito mais insuscetível à excitação do que a superfície voltada para os sistemas *Pcpt.* Além disso, esse abandono do interesse pelos processos de pensamento durante a noite tem uma finalidade: o pensamento tem de deter-se, porque o *Pcs.* exige o sono. Uma vez, contudo, que um sonho se tenha tornado uma *percepção*, ele tem condições de excitar a consciência, por meio das qualidades que agora adquiriu. Essa excitação sensorial passa a desempenhar aquilo que constitui a sua função essencial: dirige parte da energia de catexização disponível no *Pcs.* para a atenção dada ao que está causando a excitação. Deve-se admitir, portanto, que todo sonho tem um efeito *despertador*, que põe em atividade parte da força quiescente do *Pcs.* O sonho é então submetido por essa força à influência que descrevemos como elaboração secundária, com vistas à concatenação e à inteligibilidade. Em outras palavras, o sonho é tratado por ela tal como qualquer outro conteúdo perceptivo; é recebido pelas mesmas representações antecipatórias, na medida em que sua temática o permita. Quanto a haver uma direção nessa terceira parte do processo onírico, trata-se novamente de uma direção progressiva.

Para evitar mal-entendidos, não deixa de ser oportuno dizer uma palavra sobre as relações cronológicas desses processos oníricos. Uma conjetura muito atraente foi formulada por Goblot, sem dúvida sugerida pelo enigma do sonho de Maury com a guilhotina. Ele procura mostrar que o sonho não ocupa mais que o período de transição entre o dormir e o despertar. O processo de despertar leva certo tempo, e durante esse tempo ocorre o sonho. Imaginamos que a imagem onírica final foi tão poderosa que nos compeliu a acordar, quando, a rigor, ela só foi poderosa assim porque, naquele momento, já estávamos a ponto de acordar. "Un rêve c'est un réveil qui commence."[1]

Já foi assinalado por Dugas que Goblot teria de desprezar muitos fatos para poder generalizar sua tese. Ocorrem sonhos dos quais não despertamos — por exemplo, alguns em que sonhamos estar sonhando. A partir do nosso conhecimento do trabalho do sonho, não podemos concordar que ele abranja apenas o período do despertar. Parece provável, ao contrário, que a primeira parte do trabalho do sonho já comece durante o dia, sob o controle do pré-consciente. Sua segunda parte — a modificação imposta pela censura, a atração exercida pelas cenas inconscientes e sua irrupção forçosa na percepção — decerto transcorre ao longo de toda a noite e, nesse sentido, talvez estejamos sempre certos ao expressar a sensação de havermos sonhado a noite inteira, embora não saibamos dizer com quê.

Mas parece-me desnecessário supor que os processos oníricos realmente sigam, até o momento de se tornarem conscientes, a ordem cronológica em que os descrevi: que a primeira coisa a aparecer seja o desejo onírico transferido, seguindo-se então a distorção causada pela censura,

---

1 ["O sonho é um despertar que começa."]

depois a mudança regressiva de direção, etc. Fui obrigado a adotar essa ordem em minha descrição, mas o que acontece na realidade é, sem dúvida, uma exploração simultânea deste e daquele caminho, uma oscilação da excitação ora para cá, ora para lá, até que, por fim, ela se acumula na direção mais oportuna e um determinado agrupamento se torna permanente. Algumas de minhas experiências pessoais levam-me a suspeitar que o trabalho do sonho freqüentemente requer mais do que um dia e uma noite para atingir seu resultado; se assim for, já não teremos por que ficar espantados com a extraordinária engenhosidade exibida na formação do sonho. Em minha opinião, até a exigência de que o sonho se torne inteligível como evento perceptivo pode efetivar-se antes que o sonho atraia para si a consciência. Daí por diante, contudo, o ritmo é acelerado, pois nesse ponto o sonho é tratado da mesma maneira que qualquer outra coisa percebida. É como um fogo de artifício, que leva horas para ser preparado, mas se consome num momento.

O processo onírico adquiriu agora, através do trabalho do sonho, intensidade suficiente para atrair para si a consciência e despertar o pré-consciente, quaisquer que sejam a duração e a profundidade do sono; ou então sua intensidade é insuficiente para conseguir isso e ele tem de permanecer em estado de alerta, até que, pouco antes do despertar, a atenção se torna mais móvel e vem a seu encontro. A maioria dos sonhos parece operar com intensidades psíquicas comparativamente baixas, pois quase todos esperam até o momento de despertar. Mas isso também explica o fato de que, quando somos repentinamente despertados de um sono profundo, geralmente percebemos alguma coisa que sonhamos. Em tais casos, tal como quando acordamos espontaneamente, a primeira coisa que vemos é o conteúdo perceptivo construído pelo trabalho do sonho e, logo a seguir, o conteúdo perceptivo que nos é oferecido de fora.

Mas o maior interesse teórico prende-se aos sonhos que têm o poder de nos despertar em meio ao sono. Tendo em mente a conveniência que em tudo mais é a regra geral, podemos perguntar por que um sonho, isto é, um desejo inconsciente, recebe o poder de interferir no sono, isto é, na realização do desejo pré-consciente. A explicação reside, sem dúvida, em relações de energia de que não temos conhecimento. Se dispuséssemos desse conhecimento, provavelmente descobriríamos que deixar o sonho seguir seu curso e despender nele certa quantidade de atenção mais ou menos desinteressada é uma economia de energia, comparada a manter o inconsciente tão rigidamente controlado à noite quanto de dia. A experiência nos mostra que sonhar é compatível com dormir, mesmo que o sonho interrompa o sono diversas vezes durante a noite. Acorda-se por um instante e logo se volta a adormecer. É como espantar uma mosca durante o sono: um caso de despertar *ad hoc*. Quando se adormece novamente, elimina-se a interrupção. Como mostram exemplos tão familiares quanto o sono das mães que estão amamentando ou das amas-de-leite, a realização do desejo de dormir é inteiramente compatível com a manutenção de certo dispêndio de atenção em alguma direção específica.

Surge neste ponto uma objeção baseada num melhor conhecimento dos processos inconscientes. Eu próprio afirmei que os desejos inconscientes estão sempre ativos. Entretanto, apesar disso, eles não parecem suficientemente fortes para se tornarem perceptíveis durante o dia. Se, no entanto, enquanto prevalece o estado de sono, o desejo inconsciente mostra-se intenso o bastante para formar um sonho e com ele despertar o pré-consciente, por que faltaria essa intensidade depois de se ter tomado conhecimento do sonho? Não deveria ele continuar a repetir-se perpetuamente, tal como a incômoda mosca teima em voltar depois de ter sido espantada? Que direito temos nós de asseverar que os sonhos se livram da perturbação do sono?

É a mais completa verdade que os desejos inconscientes permanecem sempre ativos. Representam caminhos que sempre podem ser percorridos, toda vez que uma quantidade de excitação se serve deles. Na verdade, um aspecto proeminente dos processos inconscientes é o fato de eles serem indestrutíveis. No inconsciente, nada pode ser encerrado, nada é passado ou está esquecido. Isso se torna muito claro ao estudarmos as neuroses, em especial a histeria. A via inconsciente de pensamentos que conduz à descarga no ataque histérico volta imediatamente a tornar-se transitável quando se acumula excitação suficiente. Uma humilhação experimentada trinta anos antes atua exatamente como uma nova humilhação ao longo desses trinta anos, assim que obtém acesso às fontes inconscientes de afeto. Tão logo se roça em sua lembrança, ela volta à vida e se mostra mais uma vez catexizada com uma excitação que encontra descarga motora num ataque. É precisamente nesse ponto que a psicoterapia tem de intervir. Sua tarefa consiste em possibilitar aos processos inconscientes serem finalmente trabalhados e esquecidos. É que o esmaecimento das lembranças e o debilitamento afetivo de impressões que já não são recentes, que nos inclinamos a encarar como óbvios e a explicar como um efeito primário do tempo sobre os traços mnêmicos da mente, são na realidade modificações secundárias, promovidas somente através de um trabalho árduo. É o pré-consciente que realiza esse trabalho, *e a psicoterapia não pode seguir outro caminho senão o de colocar o Ics. sob o domínio do Pcs.*

Há, portanto, dois resultados possíveis para cada processo excitatório inconsciente. Ou ele é abandonado à sua própria conta, caso em que acaba irrompendo em algum ponto e, nessa única ocasião, encontra descarga para sua excitação na motilidade, ou cai sob a influência do pré-consciente e sua excitação, em vez de ser *descarregada*, fica *ligada* pelo pré-consciente. *Essa segunda alternativa é a que ocorre no processo do sonho.* A catexia do *Pcs.*, que vai ao encontro do sonho depois que ele se torna perceptivo, tendo sido guiada para ele pela excitação da consciência, liga a excitação inconsciente do sonho e a impede de agir como perturbação. Se é verdade que o sonhador desperta por um instante, mesmo assim ele *de fato* espantou a mosca que ameaçava perturbar seu sono. Começa a ficar claro para nós que realmente *é* mais conveniente e econômico deixar que o desejo inconsciente siga seu curso, manter-lhe aberto o caminho da regressão, para que ele possa formar um sonho, depois ligar o sonho e desembaraçar-se dele com um pequeno dispêndio de trabalho do pré-consciente, do que continuar a manter o inconsciente na rédea curta durante todo o período de sono. De fato, era de esperar que o sonho, embora possa ter sido originalmente um processo sem finalidade útil, obtivesse alguma função para si na interação das forças anímicas. E agora podemos ver qual é essa função. O sonhar tomou a si a tarefa de recolocar sob o controle do pré-consciente a excitação do *Ics.* que ficou livre; ao fazê-lo, ele descarrega a excitação do *Ics.*, serve-lhe de válvula de escape e, ao mesmo tempo, preserva o sono do pré-consciente, em troca de um pequeno dispêndio de atividade de vigília. Assim, como todas as outras formações psíquicas da série da qual é membro, ele constitui uma formação de compromisso: serve a ambos os sistemas, uma vez que realiza os dois desejos enquanto forem compatíveis entre si. Se retornarmos à "teoria da excreção" dos sonhos formulada por Robert, que expliquei na p. 95 e segs., veremos imediatamente que, em essência, devemos aceitar sua descrição da *função* dos sonhos, embora divergindo dele nas premissas e em sua visão do processo onírico em si.[1]

---

1 [*Nota de rodapé acrescentada* em 1914:] Será esta a única função que se pode atribuir aos sonhos? Não conheço outra. É verdade que Maeder tentou mostrar que os sonhos têm outras funções, "secundárias". Partiu da observação correta de que alguns sonhos contêm tentativas de

A ressalva "enquanto os dois desejos forem compatíveis entre si" implica uma alusão aos casos possíveis em que a função de sonhar termina em fracasso. O processo onírico tem permissão para começar como a realização de um desejo inconsciente, mas, quando essa tentativa de realização de desejo fere o pré-consciente com tanta violência que ele não consegue continuar dormindo, o sonho rompe o compromisso e deixa de cumprir a segunda parte de sua tarefa. Nesse caso, ele é imediatamente interrompido e substituído por um estado de completa vigília. Mas também aqui não é realmente culpa do sonho que ele apareça agora no papel de *perturbador* do sono, e não em seu papel normal de *guardião* do sono; e isso não precisa nos predispor contra o fato de ele ter uma finalidade útil. Não é este o único exemplo de um dispositivo normalmente útil no organismo tornar-se inútil e perturbador tão logo as condições que lhe dão origem são ligeiramente modificadas; e a perturbação serve ao menos ao novo propósito de chamar atenção para a modificação e de acionar o mecanismo regulador do organismo contra ela. O que tenho em mente, é claro, são os sonhos de angústia, e para que não se pense que estou fugindo dessa prova contrária à teoria da realização de desejo sempre que deparo com ela, darei ao menos alguns indícios de sua explicação.

Já não há nada de contraditório para nós na idéia de que um processo psíquico gerador de angústia possa, ainda assim, constituir a realização de um desejo. Sabemos que isso pode ser explicado pelo fato de o desejo

---

solucionar conflitos, tentativas estas posteriormente efetivadas na realidade, e que assim se comportam como se fossem ensaios experimentais para ações de vigília. Por isso ele traçou um paralelo entre os sonhos e o brincar nos animais e nas crianças, que pode ser encarado como um exercício prático dos instintos inatos e uma preparação para a atividade séria posterior, e formulou a hipótese de que os sonhos possuem uma *"fonction ludique"* ["função lúdica"]. Pouco antes de Maeder, Alfred Adler também insistia que os sonhos têm uma função de "pensar por antecipação". (Numa análise que publiquei em 1905, um sonho que só podia ser encarado como a expressão de uma intenção repetiu-se todas as noites até esta ser executada.)

Uma breve reflexão nos convencerá, porém, de que essa função "secundária" dos sonhos não merece ser considerada parte do tema da interpretação dos sonhos. Pensar por antecipação, formular intenções, projetar tentativas de solução que talvez se realizem mais tarde na vida de vigília, tudo isso e muitas outras coisas semelhantes são produtos da atividade mental inconsciente e pré-consciente; podem persistir no estado de sono como "restos diurnos" e combinar-se com um desejo inconsciente para formar um sonho. Assim, a função onírica de "pensar por antecipação" é, antes, uma função do pensamento pré-consciente de vigília, cujos produtos nos podem ser revelados pela análise dos sonhos ou de outros fenômenos. Há muito se tem o hábito de considerar os sonhos idênticos a seu conteúdo manifesto, mas agora devemos precaver-nos também contra o equívoco de confundir os sonhos com os pensamentos oníricos latentes.

pertencer a um sistema, *Ics.*, ao passo que foi repudiado e suprimido pelo outro sistema, o *Pcs.*[1] Mesmo quando a saúde psíquica é perfeita, a subjugação do *Ics.* pelo *Pcs.* não é completa; a medida da supressão indica o grau de nossa normalidade psíquica. Os sintomas neuróticos mostram que os dois sistemas se encontram em conflito entre si; são o produto de um compromisso que põe termo ao conflito por algum tempo. De um lado, dão ao *Ics.* um escoadouro para a descarga de sua excitação e lhe fornecem uma espécie de porta de escape, enquanto, de outro, possibilitam ao *Pcs.* controlar o *Ics.* até certo ponto. É instrutivo considerar, por exemplo, a importância de uma fobia histérica ou de uma agorafobia. Suponhamos que um paciente neurótico seja incapaz de atravessar a rua sozinho, condição que temos toda a razão de encarar como um "sintoma". Se eliminarmos esse sintoma, obrigando-o a praticar a ação de que se acredita incapaz, a conseqüência será um ataque de angústia; e de fato a ocorrência de um ataque de angústia na rua é, muitas vezes, a causa precipitante do desencadeamento de uma agorafobia. Vemos, portanto, que o sintoma foi formado para evitar uma irrupção da angústia; a fobia se ergue como uma fortificação de fronteira contra a angústia.

---

1 [*Nota de rodapé acrescentada* em 1919:] "Um segundo fator, muito mais importante e de maior alcance, mas igualmente desprezado pelos leigos, é o seguinte: não há dúvida de que uma realização de desejo deve trazer prazer, mas surge então a questão 'Para quem?' Para a pessoa que tem o desejo, naturalmente. Mas, como sabemos, a relação do sonhador com seus desejos é muito peculiar. Ele os repudia e censura — em suma, não gosta deles. Portanto, realizá-los não lhe dá prazer algum, mas o contrário; e a experiência mostra que esse contrário aparece sob a forma de angústia, fato esse que ainda está por ser explicado. Assim, em sua relação com os desejos oníricos, o sonhador só pode ser comparado a um amálgama de duas pessoas separadas, ligadas por algum importante elemento comum. Em vez de me estender nesse ponto, lembro-lhes um conhecido conto de fadas em que os senhores verão repetida a mesma situação. Uma fada boa prometeu a um pobre casal garantir-lhes a realização de seus três primeiros desejos. Eles ficaram encantados e resolveram escolher cuidadosamente os três desejos. Mas um cheiro de salsichas sendo fritas na choupana ao lado tentou a mulher a desejar algumas. Num instante, lá estavam elas, e essa foi a primeira realização de desejo. O homem, porém, ficou furioso, e em sua ira desejou que as salsichas ficassem penduradas no nariz da mulher. Também isso aconteceu, e não havia como tirar as salsichas de sua nova posição. Foi a segunda realização de desejo; mas o desejo tinha sido do homem, e sua realização foi muito desagradável para a mulher. Os senhores conhecem o resto da história. Já que, afinal, eles eram na verdade um só — marido e mulher —, o terceiro desejo tinha de ser que as salsichas se soltassem do nariz da mulher. Esse conto de fadas poderia ser empregado em muitos outros contextos, mas aqui serve apenas para ilustrar a possibilidade de que, quando duas pessoas não concordam entre si, a realização do desejo de uma delas não acarreta mais do que desprazer para a outra" (*Conferências Introdutórias sobre Psicanálise* [Freud, 1916-17], Conferência XIV).

Nossa discussão não pode ser levada adiante sem examinarmos o papel desempenhado pelos afetos nesses processos; neste contexto, porém, só podemos fazer isso de modo imperfeito. Assim, presumamos que a supressão do *Ics.* seja necessária, acima de tudo, porque, se o curso das representações no *Ics.* corresse por sua própria conta, geraria um afeto que foi originalmente de natureza prazerosa, mas tornou-se desprazeroso depois de ocorrido o processo de "recalque". O propósito, bem como o resultado da supressão, é impedir essa liberação de desprazer. A supressão se estende ao conteúdo de representações do *Ics.*, já que a liberação de desprazer pode começar a partir desse conteúdo. Isso pressupõe uma suposição bastante específica quanto à natureza da geração do afeto. Ela é encarada como uma função motora ou secretória, e a chave de sua inervação reside nas representações do *Ics.* Graças ao domínio exercido pelo *Pcs.*, essas representações são, por assim dizer, sufocadas e inibidas de enviar impulsos que gerariam afeto. Desse modo, caso cesse a catexia do *Pcs.*, o perigo é que as excitações inconscientes liberem um tipo de afeto que (em decorrência do recalque já ocorrido) só pode ser vivenciado como desprazer, como angústia.

Esse perigo se concretiza quando se permite que o processo onírico siga seu curso. As condições que determinam sua realização são que tenham ocorrido recalques e que impulsos desejosos suprimidos possam adquirir força suficiente. Esses determinantes, portanto, estão inteiramente fora da estrutura psicológica da formação dos sonhos. Não fosse o fato de nosso tema estar ligado à questão da geração de angústia pelo fator isolado da liberação do *Ics.* durante o sono, eu poderia omitir qualquer discussão dos sonhos de angústia e evitar a necessidade de entrar, nestas páginas, em todos os aspectos obscuros que os cercam.

A teoria dos sonhos de angústia, como já declarei repetidas vezes, faz parte da psicologia das neuroses. Ela não nos diz respeito, uma vez indicado o seu ponto de contato com o tema do processo onírico. Há apenas mais uma coisa que posso fazer. Como afirmei que a angústia neurótica provém de fontes sexuais, posso submeter à análise alguns sonhos de angústia, a fim de revelar o material sexual contido em seus pensamentos oníricos.

Tenho boas razões para deixar de lado, nesta discussão, os copiosos exemplos fornecidos por meus pacientes neuróticos, e para preferir citar alguns sonhos de angústia de pessoas jovens.

Já se vão décadas desde que eu próprio tive um verdadeiro sonho de angústia, mas recordo-me de um que tive aos seis ou sete anos e submeti à

558

interpretação cerca de trinta anos depois. Foi um sonho muito vívido, e nele vi *minha querida mãe, com uma expressão peculiarmente serena e adormecida no rosto, sendo carregada para dentro do quarto por duas (ou três) pessoas com bicos de pássaros e depositada sobre o leito.* Acordei aos prantos, gritando, e interrompi o sono de meus pais. As figuras estranhamente vestidas e insolitamente altas, com bicos de pássaro, vinham das ilustrações da Bíblia de Philippson. Imagino que fossem deuses com cabeça de falcão de um antigo relevo de uma tumba egípcia. Além disso, a análise trouxe-me à lembrança um menino mal-educado, filho de uma *concierge*, que costumava brincar conosco no gramado em frente da casa quando éramos crianças e que, creio eu, que se chamava Philipp. Parece-me que foi desse menino que ouvi pela primeira vez o termo vulgar que designa a relação sexual, que as pessoas cultas preferem substituir por uma palavra latina, "copular", e que estava indicado de maneira bastante clara pela escolha das cabeças de falcão.[1] Devo ter adivinhado o significado sexual da palavra pelo rosto de meu jovem instrutor, que estava bem familiarizado com os fatos da vida. A expressão do rosto de minha mãe no sonho foi copiada da visão que eu tive de meu avô poucos dias antes de sua morte, quando ressonava em estado de coma. A interpretação feita no sonho pela "elaboração secundária", portanto, deve ter sido que minha mãe estava morrendo; o relevo da tumba combinava com isso. Despertei com uma angústia que não cessou enquanto não acordei meus pais. Lembro-me de ter-me acalmado de repente, ao ver o rosto de minha mãe, como se precisasse ser assegurado de que ela não estava morta. Mas essa interpretação "secundária" do sonho já tinha se produzido sob a influência da angústia desenvolvida. Não é que eu estivesse angustiado por ter sonhado que minha mãe estava morrendo, mas interpretei o sonho nesse sentido em minha revisão pré-consciente porque já estava sob a influência da angústia. Levando em conta o recalque, pode-se atribuir a origem da angústia a um anseio obscuro e evidentemente sexual que encontrou expressão apropriada no conteúdo visual do sonho.

Um homem de vinte e sete anos, que ficara gravemente enfermo por um ano, relatou que entre seus onze e treze anos sonhara repetidamente (com uma grande angústia) que *um homem com uma machadinha o perseguia;*

---

1 [O vulgarismo alemão a que se refere aqui é *"vögeln"*, de *"Vogel"*, a palavra comum para "pássaro".]

ele tentava correr, mas parecia estar paralisado e não conseguia sair do lugar. Este é um bom exemplo de um tipo muito comum de sonho de angústia, que nunca se suspeitaria ter um cunho sexual. Na análise, o sonhador esbarrou primeiro numa história (de uma época posterior à do sonho) que lhe fora contada pelo tio, de como certa noite ele fora atacado na rua por um indivíduo de aparência suspeita; o próprio sonhador concluiu dessa associação que podia ter ouvido falar de algum episódio semelhante na época do sonho. Com respeito à machadinha, lembrou-se que, por volta dessa época, machucara a mão com uma machadinha quando cortava lenha. Passou então imediatamente a suas relações com o irmão mais novo. Costumava maltratar e derrubar esse irmão, e se lembrava particularmente de uma ocasião em que lhe dera um pontapé na cabeça com a bota, arrancando sangue, e de como sua mãe dissera: "Tenho medo de que um dia ele o mate!" Enquanto ainda parecia ocupado com o tema da violência, ocorreu-lhe subitamente uma recordação de seus nove anos. Seus pais haviam chegado a casa tarde e tinham ido para a cama enquanto ele fingia estar dormindo; pouco depois, ele ouviu sons ofegantes e outros ruídos que lhe pareceram estranhos, e pôde também vislumbrar a posição dos pais na cama. Outros pensamentos mostraram que ele havia traçado uma analogia entre essa relação de seus pais e sua própria relação com o irmão mais novo. Classificara o que havia acontecido entre seus pais sob o conceito de violência e luta e encontrara provas em favor dessa concepção no fato de ter freqüentemente observado sangue na cama da mãe.

A experiência cotidiana confirma, diria eu, que a relação sexual entre adultos se afigura a qualquer criança que a observe como algo estranho e que lhe desperta angústia. Expliquei essa angústia argumentando que o que está em jogo é uma excitação sexual com que a compreensão das crianças é incapaz de lidar, e que elas sem dúvida também repudiam por seus pais estarem envolvidos; assim, ela se transforma em angústia. Num período ainda mais primitivo da vida, as excitações sexuais dirigidas ao progenitor do sexo oposto ainda não depararam com o recalque e, como vimos, expressam-se livremente.

Não hesitaria em dar a mesma explicação para as crises de terror noturno acompanhadas de alucinações (*pavor nocturnus*), que são tão freqüentes nas crianças. Também nesse caso, só pode tratar-se de impulsos sexuais não compreendidos e que foram repudiados. A investigação provavelmente mostraria uma periodicidade na ocorrência dos ataques, uma vez que o aumento da libido sexual pode ser ocasionado não apenas por impressões excitantes acidentais, mas também por ondas sucessivas de processos espontâneos de desenvolvimento.

Falta-me material suficiente baseado na observação para me permitir confirmar esta explicação.[1]

Aos pediatras, por outro lado, parece faltar a única linha de abordagem capaz de tornar inteligível toda essa classe de fenômenos, seja no aspecto somático, seja no aspecto psíquico. Não consigo resistir à tentação de citar um exemplo divertido de como os antolhos da mitologia médica podem fazer com que um observador deixe, por pouco, de compreender esses casos. Meu exemplo é extraído de uma tese sobre o *pavor nocturnus*, de autoria de Debacker (1881, p. 66):

Um menino de treze anos, de saúde delicada, começou a mostrar-se apreensivo e sonhador. Seu sono tornou-se perturbado e era interrompido quase que semanalmente por graves ataques de angústia, acompanhados por alucinações. Ele guardava sempre uma recordação muito clara desses sonhos. Dizia que o diabo lhe gritava: "Agora te pegamos, agora te pegamos!" Havia então um cheiro de piche e enxofre e sua pele era queimada pelas chamas. Ele despertava do sonho aterrorizado e de início não conseguia gritar. Quando recuperava a voz, podia-se ouvi-lo dizer claramente: "Não, não, eu não; eu não fiz nada!", ou "Por favor, não! Não vou fazer de novo!", ou, às vezes: "Albert nunca fez isso!" Depois, recusava-se a tirar a roupa, "porque as chamas só o pegavam quando estava despido". Enquanto ainda estava tendo esses sonhos com o diabo, que eram uma ameaça a sua saúde, foi enviado para o campo. Lá, recuperou-se no prazo de dezoito meses, e certa vez, quando já tinha quinze anos, confessou: "Je n'osais pas l'avouer, mais j'éprouvais continuellement des picotements et des surexcitations aus *parties*;[2] à la fin, cela m'énervait tant que plusieurs fois j'ai pensé me jeter par la fenêtre du dortoir".[3]

Há realmente muito pouca dificuldade em inferir: (1) que o menino tinha se masturbado quando era mais novo, que provavelmente o negara e que

---

1 [*Nota de rodapé acrescentada* em 1919:] Depois que escrevi isto, uma grande quantidade desse material foi apresentada na literatura psicanalítica.

2 Grifei esta palavra, mas é impossível interpretá-la erroneamente.

3 ["Eu não ousava confessá-lo, mas experimentava continuamente um formigamento e uma hiperexcitação nas *partes*; no fim, isso me enervava tanto que diversas vezes pensei em me jogar pela janela do dormitório."]

fora ameaçado com severos castigos por seu mau hábito (cf. sua admissão: *"Je ne le ferais plus"*, e sua negativa: *"Albert n'a jamais fait ça"*); (2) que, com a chegada da puberdade, a tentação de se masturbar havia reaparecido, com as cócegas em seus órgãos genitais, mas (3) que irrompera nele uma luta pelo recalque, a qual suprimira sua libido e a transformara em angústia, e que esta havia tomado o lugar dos castigos com que outrora o haviam ameaçado.

E agora, vejamos as inferências de nosso autor (ibid., p. 69): "As seguintes conclusões podem ser extraídas desta observação:

"(1) A influência da puberdade num menino de saúde delicada pode levar a um estado de grande fraqueza e resultar num grau considerável de *anemia cerebral*.[1]

"(2) Essa anemia cerebral produz alterações do caráter, alucinações demonomaníacas e estados muito violentos de angústia noturna (e talvez também diurna).

"(3) A demonomania e as auto-recriminações do menino remontam às influências de sua educação religiosa, que o afetaram quando criança.

"(4) Todos os sintomas desapareceram no decurso de uma visita relativamente prolongada ao campo, em decorrência do exercício físico e da recuperação das forças com a passagem da puberdade.

"(5) Talvez se possa atribuir uma influência predisponente sobre a gênese do estado cerebral do menino à hereditariedade e a uma antiga infecção sifilítica do seu pai."

E aqui temos a conclusão final: "Nous avons fait entrer cette observation dans le cadre des délires apyrétiques d'inanition, car c'est à l'ischémie cérébrale que nous rattachons cet état particulier".[2]

---

1 O grifo é meu.
2 ["Incluímos esta observação no quadro dos delírios apiréticos de inanição, pois é à isquemia cerebral que atribuímos esse estado particular."]

(E)

OS PROCESSOS PRIMÁRIO E SECUNDÁRIO
— RECALQUE

Ao me lançar à tentativa de penetrar mais a fundo na psicologia dos processos oníricos, propus a mim mesmo uma árdua tarefa, da qual meus poderes expositivos mal estão à altura. Elementos que na verdade são simultâneos nesse todo complexo só podem ser representados sucessivamente em minha descrição deles, ao mesmo tempo que, ao expor cada argumento, tenho de evitar precipitar as razões em que ele se fundamenta: dominar essas dificuldades está além de minhas forças. Em tudo isso, estou pagando o preço por não ter podido, em minha descrição da psicologia do sonho, seguir o desenvolvimento histórico de minhas concepções. Embora minha linha de abordagem do tema dos sonhos tenha sido determinada por meu trabalho anterior sobre a psicologia das neuroses, eu não pretendia servir-me desta como base de referência na presente obra. Não obstante, sou constantemente levado a fazê-lo, em vez de prosseguir, como desejaria, na direção contrária, utilizando os sonhos como meio de abordagem da psicologia das neuroses. Estou ciente de todos os problemas em que meus leitores ficam assim envolvidos, mas não vejo como evitá-los.

Em minha insatisfação com esse estado de coisas, alegra-me fazer uma pequena pausa para tecer outra consideração que parece valorizar mais meus esforços. Descobri-me frente a um tema sobre o qual, como ficou demonstrado em meu primeiro capítulo, as opiniões das autoridades se caracterizavam pelas mais agudas contradições. Minha abordagem do problema dos sonhos encontrou espaço para a maioria dessas opiniões contraditórias. Só achei necessário negar categoricamente duas delas — a visão de que o sonho é um processo sem sentido e a visão de que é um processo somático. Fora isso, pude encontrar justificativa para todas essas opiniões mutuamente contraditórias num ou noutro ponto de minha complexa tese e mostrar que elas haviam deparado com alguma parcela de verdade.

A tese de que os sonhos dão prosseguimento às ocupações e interesses da vida de vigília foi inteiramente confirmada pela descoberta dos *pensamentos oníricos* ocultos. Estes só dizem respeito ao que nos parece importante e que tem grande interesse para nós. Os sonhos nunca se ocupam de pormenores insignificantes. Mas também encontramos motivos para aceitar a visão oposta de que os sonhos apanham os resíduos irrelevantes que restam do dia anterior e de que só conseguem apoderar-se de um grande interesse diurno depois de ele ter sido subtraído, até certo ponto, da atividade de vigília. Verificamos que isso se aplica ao *conteúdo* do sonho, que expressa os pensamentos oníricos numa forma alterada pela distorção. Por motivos ligados ao mecanismo de associação, como vimos, o processo onírico acha mais fácil obter controle do material de representações recente ou indiferente, que ainda não foi requisitado pela atividade de pensamento da vigília; e, por motivos de censura, ele transfere a intensidade psíquica daquilo que é importante, mas objetável, para aquilo que é indiferente.

O fato de os sonhos serem hipermnésicos e terem acesso ao material proveniente da infância tornou-se um dos pilares de nossa doutrina. Nossa teoria dos sonhos encara os desejos originários da infância como a força propulsora indispensável para a formação dos sonhos.

Naturalmente, não nos ocorreu lançar nenhuma dúvida sobre a importância demonstrada experimentalmente dos estímulos sensoriais externos durante o sono, mas mostramos que esse material tem com o desejo onírico a mesma relação que os restos de pensamento deixados pela atividade diurna. Tampouco vimos qualquer razão para contestar a tese de que os sonhos interpretam os estímulos sensoriais objetivos tal como o fazem as ilusões, mas descobrimos a razão que motiva essa interpretação, razão que não fora especificada por outros autores. A interpretação é feita de maneira a que o objeto percebido não interrompa o sono e seja utilizável para fins de realização de desejo. Quanto aos estados subjetivos de excitação nos órgãos sensoriais durante o sono, cuja ocorrência parece ter sido provada por Trumbull Ladd, é verdade que não os aceitamos como uma fonte específica dos sonhos, mas pudemos explicá-los como resultantes da revivificação regressiva das lembranças que atuam por trás do sonho.

As sensações orgânicas *internas*, que foram freqüentemente tomadas como um ponto cardeal na explicação do sonho, ainda têm um lugar, embora mais modesto, em nossa teoria. Tais sensações — as sensações de cair, por exemplo, ou de flutuar ou estar inibido — fornecem um material que pode ser acessado a qualquer momento e do qual o trabalho do sonho se vale, sempre que necessário, para expressar os pensamentos oníricos.

A visão de que o processo onírico é rápido ou instantâneo é, em nossa opinião, correta no que se refere à percepção, pela consciência, do conteúdo onírico pré-formado; parece provável que as partes precedentes do processo onírico sigam um curso lento e oscilante. Pudemos contribuir para a solução do enigma dos sonhos que contêm uma grande quantidade de material comprimida num lapso curtíssimo de tempo; sugerimos que, em tais casos, trata-se de uma apoderação de estruturas prontas já existentes na psique.

O fato de os sonhos serem distorcidos e mutilados pela memória é aceito por nós, mas, em nossa opinião, não constitui obstáculo, pois não passa da parte final e manifesta de uma atividade de distorção que atua desde o início da formação do sonho.

No que tange ao debate acirrado e aparentemente irreconciliável sobre se a mente dorme à noite ou tem tanto domínio de todas as suas faculdades quanto durante o dia, descobrimos que ambos os lados têm razão, mas nenhum está completamente certo. Encontramos nos pensamentos oníricos provas de uma função intelectual altamente complexa, que opera com quase todos os recursos do aparelho mental. Não obstante, não se pode contestar que esses pensamentos oníricos surgiram durante o dia, e é imperativo presumir que existe na mente um estado de sono. Portanto, mesmo a teoria do sono parcial mostrou seu valor, embora tenhamos descoberto que o que caracteriza o estado de sono não é a desintegração dos elos mentais, mas o fato de que o sistema psíquico que detém o comando durante o dia se concentra no desejo de dormir. O fator do retraimento do mundo externo preserva sua importância em nosso esquema; ele ajuda, embora não como determinante exclusivo, a tornar possível o caráter regressivo da representação nos sonhos. A renúncia ao direcionamento voluntário do fluxo de representações é indiscutível, mas isso não priva a vida mental de todo e qualquer objetivo, pois vimos como, depois de se terem abandonado as representações com meta voluntárias, as involuntárias assumem o comando. Não aceitamos simplesmente o caráter frouxo das ligações associativas dos sonhos, mas mostramos que ele se estende muito além do que se havia suspeitado. Descobrimos, contudo, que essas ligações frouxas são meros substitutos obrigatórios de outras que são válidas e significativas. É bem verdade que descrevemos os sonhos como absurdos, mas os exemplos nos ensinam como o sonho pode ser sensato, mesmo quando parece absurdo.

Não temos divergências de opinião quanto às funções a serem atribuídas aos sonhos. A tese de que os sonhos agem como uma válvula de segurança da mente e de que, nas palavras de Robert, toda espécie de coisas prejudiciais se tornam inofensivas por serem representadas no sonho, não apenas coincide exatamente com nossa teoria da dupla realização de desejos promovida pelo sonho, como também a maneira como é enunciada é mais inteligível para nós do que para o próprio Robert. A visão de que a mente tem plena liberdade de ação em seu funcionamento nos sonhos é representada, em nossa teoria, pelo fato de a atividade pré-consciente permitir que os sonhos sigam seu curso. Expressões como "retorno da mente, nos sonhos, a um ponto de vista embrionário", ou as palavras empregadas por Havelock Ellis para descrever os sonhos — "um mundo arcaico de vastas emoções e pensamentos imperfeitos" —, parecem-nos antecipações oportunas de nossas próprias afirmações de que modos primitivos de atividade que são suprimidos durante o dia participam da formação dos sonhos. Pudemos aceitar sem restrições, como se fosse nosso, o que escreveu Sully: "Nossos sonhos são um meio de conservar essas personalidades sucessivas. Quando adormecidos, retornamos às antigas maneiras de ver e sentir as coisas, aos impulsos e atividades que nos dominaram num passado distante". Para nós, tanto quanto para Delage, aquilo que foi "suprimido" tornou-se "a força propulsora dos sonhos".

Reconhecemos plenamente a importância do papel que Scherner atribui à "imaginação onírica", bem como as interpretações desse autor, mas fomos obrigados a situá-las, por assim dizer, numa posição diferente dentro do problema. Não é que os sonhos criem a imaginação, mas, antes, a atividade inconsciente da imaginação tem grande participação na formação dos pensamentos oníricos. Devemos a Scherner a indicação da fonte dos pensamentos oníricos, mas quase tudo o que ele atribui ao trabalho do sonho na verdade pode ser atribuído à atividade do inconsciente durante o dia, que é tanto a instigadora dos sonhos quanto dos sintomas neuróticos. Fomos obrigados a distinguir o "trabalho do sonho" como algo inteiramente diverso e com uma conotação muito mais estreita.

Por fim, de modo algum abandonamos a relação existente entre os sonhos e os distúrbios psíquicos, mas a estabelecemos com maior firmeza em novas bases.

Assim, pudemos encontrar lugar em nossa estrutura para as mais variadas e contraditórias descobertas de autores anteriores, graças ao ineditismo de nossa teoria dos sonhos, que as combina, por assim dizer, numa unidade superior. Demos outro emprego a algumas dessas descobertas, mas foram poucas as que rejeitamos por completo. Não obstante, nosso edifício ainda não está terminado. À parte as muitas questões desconcertantes em que nos envolvemos ao abrir caminho pelas áreas obscuras da psicologia, parecemos estar perturbados por uma nova contradição. Por um lado, supusemos que os pensamentos oníricos surgem através de uma atividade mental inteiramente normal, mas, por outro, descobrimos diversos processos de pensamento bastante anormais entre os pensamentos oníricos, que se estendem ao conteúdo do sonho e que depois repetimos no curso de nossa interpretação do sonho. Tudo o que descrevemos como "trabalho do sonho" parece se afastar tanto daquilo que reconhecemos como processos racionais de pensamento que as mais severas críticas emitidas pelos autores anteriores sobre o nível ínfimo de funcionamento psíquico nos sonhos devem parecer inteiramente justificadas.

Talvez só encontremos esclarecimento e assistência nesta dificuldade levando nossas investigações ainda mais à frente. E começarei por escolher, para um exame mais aprofundado, uma das conjunturas que podem levar à formação do sonho.

O sonho, como descobrimos, toma o lugar de diversos pensamentos que derivam de nossa vida cotidiana e formam uma seqüência completamente lógica. Não podemos duvidar, portanto, de que esses pensamentos se originem de nossa vida mental normal. Todos os atributos que tanto valorizamos em nossas cadeias de pensamento e que as caracterizam como realizações complexas de ordem superior são reencontradas nos pensamentos oníricos. Não há, porém, necessidade de presumir que essa atividade de pensamento seja executada durante o sono, possibilidade esta que confundiria gravemente o quadro do estado psíquico de sono que estabelecemos até aqui. Ao contrário, é bem possível que esses pensamentos tenham-se originado no dia anterior, passado despercebidos por nossa consciência desde o início, e talvez já se tenham completado ao iniciar-se o sono. O máximo que podemos concluir daí é que isso prova que *as mais complexas realizações do pensamento são possíveis sem a assistência da consciência* — um fato que não poderíamos deixar de descobrir, de qualquer modo, através de toda psicanálise de um paciente que sofra de histeria ou de idéias obsessivas. Esses pensamentos oníricos certamente não são, em si, inadmissíveis à consciência; é possível que tenha havido diversas razões para que não se tornassem conscientes para nós durante o dia. O tornar-se consciente está ligado à aplicação de uma função psíquica específica, a da atenção, função esta que, ao que parece, só se acha disponível numa quantidade determinada, que pode ter sido desviada da cadeia de pensamentos em questão para alguma outra finalidade. Há também outra maneira pela qual essas cadeias de pensamento podem ser afastadas da consciência. O curso de nossas reflexões conscientes nos mostra que seguimos um determinado caminho em nosso emprego da atenção. Quando, ao seguirmos esse caminho, esbarramos numa representação que não resiste à crítica, nós o interrompemos: abandonamos a catexia da atenção. Ora, parece que a cadeia de pensamentos assim iniciada e abandonada pode continuar a se desenrolar sem que a atenção torne a voltar-se para ela, a menos que, num ou noutro ponto, ela atinja um grau de intensidade particularmente elevado, que exija atenção. Assim, quando uma cadeia de pensamento é inicialmente rejeitada (conscientemente, talvez) pelo julgamento de que é impropriada ou inútil para o fim intelectual imediato em vista, o resultado pode ser que essa cadeia de pensamentos prossiga, sem ser observada pela consciência, até o início do sono.

Resumindo: chamamos uma cadeia de pensamentos como essa de "pré-consciente"; nós a consideramos completamente racional e acreditamos que possa ter sido simplesmente negligenciada ou interrompida e suprimida. Acrescentemos uma exposição clara de como visualizamos a ocorrência de uma cadeia de representações. Cremos que, partindo de uma representação com meta, uma determinada quantidade de excitação, que denominamos "energia catexial", desloca-se pelas vias associativas selecionadas por aquela representação com meta. A cadeia de pensamentos "desprezada" é aquela que *não recebeu* essa catexia; a cadeia de pensamentos "suprimida" ou "repudiada" é aquela da qual essa catexia foi *retirada*. Em ambos os casos, elas ficam entregues a suas próprias excitações. Em certas condições, a cadeia de pensamentos catexizada com uma meta [*zielbesetzt*] é capaz de atrair para si a atenção da consciência e, nesse caso, por intermédio da consciência, recebe uma "hipercatexia". Seremos obrigados, dentro em pouco, a explicar nossa visão da natureza e função da consciência.

Uma cadeia de pensamentos assim deslanchada no pré-consciente pode cessar espontaneamente ou persistir. De acordo com a nossa maneira de ver, o primeiro desses resultados implica que a energia ligada à cadeia de pensamentos se difunde por todas as vias associativas que partem dela; essa energia coloca toda a rede de pensamentos num estado de excitação que dura algum tempo e depois decai, à medida que a excitação em busca de descarga vai se transformando numa catexia aquiescente. Quando sobrevém esse primeiro resultado, o processo não tem maior importância no que concerne à formação do sonho. Dentro de nosso pré-consciente, porém, espreitam outras representações com meta derivadas de fontes situadas em nosso inconsciente e de desejos que estão sempre em estado de alerta. Eles podem assumir o controle da excitação ligada ao grupo de pensamentos deixado à sua própria sorte, estabelecer uma ligação entre ele e um desejo inconsciente e "transferir-lhe" a energia que pertence a este último. Daí por diante, a cadeia de pensamentos desprezada ou suprimida tem condições de persistir, embora o reforço que recebeu não lhe confira nenhum direito de acesso à consciência. Podemos exprimir isso dizendo que a cadeia de pensamentos até então pré-consciente foi agora "arrastada para o inconsciente".

Outras conjunturas podem conduzir à formação do sonho. É possível que a cadeia de pensamentos pré-consciente estivesse ligada ao desejo inconsciente desde o início e, por essa razão, tenha sido repudiada pela catexia com meta dominante; ou então um desejo inconsciente pode ser ativado por outras razões (por causas somáticas, talvez) e procurar transferir-se para os restos psíquicos não catexizados pelo *Pcs.* sem que estes façam qualquer movimento para ir a seu encontro. Mas todos os três casos têm o mesmo resultado final: passa a existir no pré-consciente uma cadeia de pensamentos desprovida de catexia pré-consciente, mas que recebeu uma catexia do desejo inconsciente.

A partir daí, a cadeia de pensamentos passa por uma série de transformações que já não podemos reconhecer como processos psíquicos normais e que levam a um resultado que nos desnorteia — uma formação psicopatológica. Vamos enumerar e classificar esses processos:

(1) As intensidades das representações individuais tornam-se passíveis de descarga *en bloc* e passam de uma representação para outra, de modo que se formam certas representações dotadas de grande intensidade. E, uma vez que esse processo se repete várias vezes, a intensidade de toda uma cadeia de pensamentos pode acabar por concentrar-se num único elemento de representação. Temos aí o fato da "compressão" ou "condensação", que se tornou conhecida no trabalho do sonho. É ela a principal responsável pela impressão desconcertante que os sonhos causam em nós, pois não conhecemos nada que lhes seja análogo na vida mental normal e acessível à consciência. Também na vida mental normal encontramos representações que, como pontos nodais ou resultados finais de cadeias inteiras de pensamento, possuem um alto grau de significação psíquica; mas essa significação

não se expressa em nenhum aspecto *sensorialmente* óbvio para a percepção interna; sua representação perceptiva não é mais intensa, em nenhum aspecto, por causa de sua significação psíquica. No processo de condensação, por outro lado, toda interligação psíquica se transforma numa *intensificação* de seu conteúdo de representações. É o mesmo que acontece quando, ao preparar um livro para publicação, faço com que alguma palavra de importância especial para a compreensão do texto seja impressa em tipo espacejado ou em negrito, ou quando, ao falar, pronuncio essa mesma palavra em voz mais alta, lentamente e com ênfase especial. A primeira dessas duas analogias nos faz lembrar de imediato um exemplo fornecido pelo próprio trabalho do sonho: a palavra *"trimetilamina"* no sonho da injeção de Irma. Os historiadores da arte chamaram-nos a atenção para o fato de que as esculturas históricas mais antigas obedecem a um princípio semelhante: expressam a classe das pessoas representadas através do tamanho. O rei é representado em tamanho duas ou três vezes maior que seus súditos ou seus inimigos derrotados. As esculturas da época romana utilizavam meios mais sutis para produzir o mesmo resultado. A figura do Imperador era colocada no centro, de pé, e modelada com cuidado especial, enquanto seus inimigos jaziam prostrados a seus pés; mas ela já não era um gigante entre anões. As reverências com que os subalternos ainda hoje saúdam seus superiores são um eco desse mesmo antigo princípio de representação.

A direção em que avançam as condensações no sonho é determinada, de um lado, pelas relações pré-conscientes racionais entre os pensamentos oníricos e, de outro, pela atração exercida pelas lembranças visuais do inconsciente. O efeito do trabalho de condensação é a obtenção das intensidades necessárias para forçar a irrupção nos sistemas perceptivos.

(2) Graças, também, à liberdade com que as intensidades são transferíveis, formam-se "representações intermediárias" semelhantes a compromissos, sob a influência da condensação (cf. os numerosos exemplos que forneci desse fato). Isso é, novamente, algo inaudito nas cadeias de representações normais, onde a ênfase principal recai sobre a seleção e a retenção do elemento representativo "correto". Por outro lado, com notável freqüência ocorrem formações mistas e compromissos quando tentamos expressar os pensamentos pré-conscientes na fala. Eles são então encarados como exemplos de "lapsos de linguagem".

(3) As representações que transferem umas às outras suas intensidades mantêm as mais frouxas relações entre si. São vinculadas por um tipo de

associação que é desdenhado por nosso pensamento normal e relegado ao uso nos chistes. Em particular, encontramos associações baseadas em homônimos e parônimos, que são tratadas como tivessem o mesmo valor que as demais.

(4) Pensamentos mutuamente contraditórios não fazem qualquer tentativa de anular uns aos outros, mas subsistem lado a lado. Combinam-se freqüentemente para formar condensações, como se não houvesse nenhuma contradição entre eles, ou chegam a formações de compromisso que nossos pensamentos conscientes nunca tolerariam, mas que muitas veze são admitidos em nossas ações.

Estes são alguns dos mais notáveis processos anormais a que os pensamentos oníricos, formados anteriormente em bases racionais, são submetidos ao longo do trabalho do sonho. Veremos que a principal característica desses processos é que toda a ênfase se concentra em tornar móvel e passível de descarga a energia catexizante; o conteúdo e o significado intrínseco dos elementos psíquicos a que se ligam as catexias são tratados como coisas de importância secundária. Poder-se-ia supor que a condensação e a formação de compromisso só ocorrem para facilitar a regressão, isto é, quando se trata de transformar pensamentos em imagens. Todavia, a análise — e, mais ainda, a síntese — dos sonhos que não envolvem essa regressão a imagens, como, por exemplo, o sonho do "Autodidasker, exibe os mesmos processos de deslocamento e condensação que as outras.

Portanto, somos levados a concluir que dois tipos fundamentalmente diferentes de processos psíquicos participam da formação dos sonhos. Um deles produz pensamentos oníricos perfeitamente racionais, com a mesma validade que o pensamento normal; já o outro trata esses pensamentos de um modo excepcionalmente desconcertante e irracional. Já no Capítulo VI distinguimos esse segundo processo psíquico como o trabalho do sonho propriamente dito. Que esclarecimentos podemos agora oferecer sobre sua origem?

Não poderíamos responder a essa pergunta se não houvéssemos feito algum progresso no estudo da psicologia das neuroses, especialmente da histeria. Dela depreendemos que os mesmos processos psíquicos irracionais, e outros que não especificamos, regem a produção dos sintomas histéricos. Na histeria também deparamos com uma série de pensamentos perfeitamente racionais, com o mesmo valor de nossos pensamentos conscientes; mas de início nada sabemos sobre sua existência nessa forma e só podemos reconstituí-los posteriormente. Quando eles se impõem à nossa atenção em determinado ponto, descobrimos, pela análise do sintoma produzido, que esses pensamentos normais foram submetidos a um tratamento anormal: *foram transformados no sintoma por meio da condensação e da formação de compromisso, através de associações superficiais e do descaso pelas contradições, e também, possivelmente, pela via da regressão.* Em vista da completa identidade entre os aspectos característicos do trabalho do sonho e os da atividade psíquica que desemboca nos sintomas psiconeuróticos, sentimo-nos autorizados a transpor para os sonhos as conclusões a que fomos levados pela histeria.

Por conseguinte, tomamos da teoria da histeria a seguinte tese: *uma cadeia de pensamento normal só é submetida a esse tratamento psíquico anormal que vimos descrevendo quando um desejo inconsciente, derivado da infância e em estado de recalque, se transfere para ela.* Baseando-nos nessa tese, construímos nossa teoria dos sonhos sobre o pressuposto de que o desejo onírico que fornece a força impulsora provém invariavelmente do inconsciente; esse pressuposto, como eu mesmo estou disposto a admitir, não pode ser genericamente comprovado, embora tampouco se possa refutá-lo. Entretanto, para explicar o que se pretende dizer com "recalque", termo que já utilizamos tantas vezes, é necessário avançar mais uma etapa na construção de nosso arcabouço psicológico.

Já exploramos a ficção de um aparelho psíquico primitivo cujas atividades são reguladas pelo esforço de evitar um acúmulo de excitação e de se manter, tanto quanto possível, sem excitação. Por isso ele foi construído segundo o esquema de um aparelho reflexo. A motilidade, que é em primeiro lugar um meio de promover alterações internas em seu corpo, está à sua disposição como via de descarga. Discutimos depois as conseqüências psíquicas de uma "vivência de satisfação", e a isso já pudemos acrescentar uma segunda hipótese, no sentido de que o acúmulo de excitação (acarretado de diversas maneiras de que não precisamos ocupar-nos) é vivido como desprazer, e coloca o aparelho em ação com vistas a repetir a vivência de satisfação, que envolveu um decréscimo da excitação e foi sentida como prazer. A esse tipo de corrente no interior do aparelho, partindo do desprazer e dirigindo-se para o prazer, demos o nome de "desejo"; afirmamos que só o desejo é capaz de pôr o aparelho em movimento e que o curso da excitação dentro dele é automaticamente regulado pelas sensações de prazer e desprazer. O primeiro desejar parece ter consistido numa catexização alucinatória da lembrança da satisfação. Essas alucinações, contudo, não podendo ser mantidas até o esgotamento, mostraram-se insuficientes para promover a cessação da necessidade, ou, por conseguinte, o prazer ligado à satisfação.

Tornou-se necessária uma segunda atividade — ou, em nossa terminologia, a atividade de um segundo sistema — que não permitisse à catexia mnêmica avançar até a percepção e desde aí ligar as forças psíquicas, mas que desviasse a excitação surgida da necessidade por uma via indireta que, em última análise, através do movimento voluntário, alterasse o mundo externo de tal maneira que se tornasse possível chegar a uma percepção real do objeto de satisfação. Já esboçamos nosso quadro esquemático do aparelho psíquico até esse ponto; os dois sistemas são o germe daquilo que, no aparelho plenamente desenvolvido, descrevemos como o *Ics.* e o *Pcs.*

Para que se possa empregar a motilidade para efetuar no mundo externo alterações que sejam efetivas, é necessário acumular um grande número de experiências nos sistemas mnêmicos e uma multiplicidade de registros permanentes das associações evocadas nesse material mnêmico por diferentes representações com meta. Podemos agora levar nossas hipóteses um passo à frente. A atividade desse segundo sistema, que explora constantemente o terreno e alterna o envio de catexias com a retirada delas, precisa, por um lado, dispor livremente da totalidade do material mnêmico, mas, por outro, seria um gasto desnecessário de energia enviar grandes quantidades de catexia pelas diversas vias de pensamento e assim fazê-las escoar sem nenhuma finalidade útil, diminuindo a quantidade disponível para alterar o mundo externo. Postulo então que, em prol da eficiência, o segundo sistema consegue manter a maior parte de suas catexias de energia em estado de quiescência e empregar apenas uma pequena parte no deslocamento. A mecânica desses processos é-me inteiramente desconhecida; quem desejasse levar estas idéias a sério teria de procurar analogias físicas para elas e descobrir um meio de visualizar os movimentos que acompanham a excitação neuronal. Insisto tão-somente na idéia de que a atividade do *primeiro* sistema-ψ está voltada para garantir a *livre descarga* das quantidades de excitação, enquanto o *segundo* sistema, por meio das catexias que dele emanam, consegue *inibir* essa descarga e transformar a catexia numa catexia quiescente, sem dúvida com uma elevação simultânea de seu nível. Presumo, portanto, que sob o domínio do segundo sistema a descarga de excitação seja regida por condições mecânicas muito diferentes das que vigoram sob o domínio do primeiro sistema. Depois que o segundo sistema conclui sua atividade exploratória de pensamento, ele suspende a inibição e o represamento das excitações e permite que elas se descarreguem no movimento.

Algumas reflexões interessantes decorrem disso, se considerarmos as relações existentes entre a inibição da descarga exercida pelo segundo sistema e a regulação efetuada pelo princípio do desprazer. Examinemos a antítese da vivência primária de satisfação, ou seja, a vivência de pavor frente a algo externo. Suponhamos que incida no aparelho primitivo um estímulo perceptivo que seja fonte de uma excitação dolorosa. Sobrevêm então manifestações motoras descoordenadas, até que uma delas faz com que o aparelho se retraia da percepção e, ao mesmo tempo, da dor. Quando a percepção reaparece, o movimento é imediatamente repetido (um movimento de fuga, talvez), até que a percepção torne a desaparecer. Nesse caso, não resta nenhuma inclinação a recatexizar a percepção da fonte de dor, alucinatoriamente ou de qualquer outra maneira. Pelo contrário, haverá no aparelho primitivo uma inclinação a abandonar imediatamente a imagem mnêmica aflitiva, caso algo venha a revivê-la, pela razão mesma de que, se sua excitação transbordasse até a percepção, provocaria desprazer (ou, mais precisamente, *começaria* a provocá-lo). A evitação da lembrança, que não passa de uma repetição da fuga anterior frente à percepção, é também facilitada pelo fato de que a lembrança, ao contrário da percepção, não possui qualidade suficiente para excitar a consciência e assim atrair para si uma nova catexia. Essa evitação da lembrança de qualquer coisa que um dia foi aflitiva, feita sem esforço e com regularidade pelo processo psíquico, fornece-nos o protótipo e o primeiro exemplo do *recalque psíquico*. É fato notório que boa parcela dessa evitação do aflitivo — dessa política do avestruz — ainda pode ser percebida na vida mental normal dos adultos.

Em conseqüência do princípio do desprazer, portanto, o primeiro sistema-ψ é totalmente incapaz de introduzir qualquer coisa desagradável no contexto de seus pensamentos. Ele não pode fazer nada senão desejar. Se as coisas permanecessem nesse ponto, a atividade de pensamento do segundo sistema seria obstruída, já que ela requer livre acesso a *todas* as lembranças depositadas pela experiência. Apresentam-se então duas possibilidades: ou a atividade do segundo sistema consegue libertar-se inteiramente do princípio do desprazer e segue seu caminho sem se importar com o desprazer das lembranças, ou encontra um método de catexizar as lembranças desprazerosas que lhe permita evitar a liberação do desprazer. Podemos descartar a primeira destas possibilidades, pois o princípio do desprazer regula claramente o curso da excitação tanto no segundo sistema quanto no primeiro. Conseqüentemente, resta-nos a possibilidade de que o segundo sistema catexize as lembranças de tal maneira que haja uma inibição da descarga a partir delas, incluindo, portanto, uma inibição da descarga (comparável à de uma inervação motora) em direção ao desenvolvimento do desprazer. Assim, fomos levados, partindo de duas direções, à hipótese de que a catexia pelo segundo sistema implica ao mesmo tempo uma inibição da descarga de excitação: fomos levados a ela por considerar o princípio do desprazer e também pelo princípio do dispêndio mínimo de inervação. Retenhamos isto firmemente, pois é a chave de toda a teoria do recalque: *o segundo sistema só pode catexizar uma representação se estiver em condições de inibir o desenvolvimento do desprazer que possa vir dela.* Qualquer coisa que pudesse fugir a essa inibição seria inacessível tanto ao segundo sistema quanto ao primeiro, pois seria prontamente abandonada em obediência ao princípio do desprazer. A inibição do desprazer, contudo, não precisa ser completa: o início dele tem de ser permitido, já que é isso que informa ao segundo sistema a natureza da lembrança em questão e sua possível inadequação ao fim visado pelo processo de pensamento.

Proponho descrever o processo psíquico admitido exclusivamente pelo primeiro sistema como "processo primário", e o processo que resulta da inibição imposta pelo segundo sistema, como "processo secundário".

Há mais uma razão pela qual, como posso demonstrar, o segundo sistema é obrigado a corrigir o processo primário. O processo primário esforça-se por promover uma descarga de excitação, a fim de que, com a ajuda da quantidade de excitação assim acumulada, possa estabelecer uma "identidade perceptiva". O processo secundário, contudo, abandonou essa intenção e adotou outra em seu lugar — o estabelecimento de uma "identidade de *pensamento*". O pensar, como um todo, não passa de uma via indireta que vai da lembrança de uma satisfação (lembrança esta adotada como uma representação com meta) até uma catexia idêntica da mesma lembrança, que se espera atingir mais uma vez por intermédio das experiências motoras. O pensar tem que se preocupar com as vias de ligação entre as representações sem se deixar extraviar pelas *intensidades* dessas representações. Mas é óbvio que as condensações de representações e as formações intermediárias e de compromisso devem obstruir a obtenção da identidade buscada. Uma vez que substituem uma representação por outra, elas provocam um desvio do caminho que teria partido originalmente da primeira representação. Tais processos, portanto, são escrupulosamente evitados no pensamento secundário. É fácil perceber também que o princípio do desprazer, que em outros aspectos fornece ao processo de pensamento seus indicadores mais importantes, suscita-lhe dificuldades no estabelecimento de uma "identidade de pensamento". Por conseguinte, o pensar tem de tentar se libertar cada vez mais da regulação exclusiva pelo princípio do desprazer e a restringir o desenvolvimento do afeto na atividade do pensamento ao mínimo necessário para que ele atue como sinal. Procura atingir esse maior apuro no funcionamento através de uma nova hipercatexia promovida pela consciência. Como bem sabemos, contudo, esse objetivo raramente é atingido por completo, mesmo na vida mental normal, e nosso pensar está sempre exposto a um falseamento por interferência do princípio do desprazer.

Não é esse, porém, o hiato na eficácia funcional de nosso aparelho mental que permite que os pensamentos, que se apresentam como produtos da atividade de pensamento secundária, fiquem sujeitos ao processo psíquico primário — pois essa é a fórmula com que agora podemos descrever a atividade que conduz aos sonhos e aos sintomas histéricos. A ineficiência provém da convergência de dois fatores derivados de nossa história evolutiva. Um desses fatores é inteiramente imputável ao aparelho mental e exerce uma influência decisiva na relação entre os dois sistemas, enquanto o outro se faz sentir em grau variável e introduz na vida mental forças instintuais de origem orgânica. Ambos se originam na infância e constituem um precipitado das modificações sofridas por nosso organismo mental e somático desde a infância.

Quando descrevi como "primário" um dos processos psíquicos que ocorrem no aparelho mental, o que tinha em mente não eram apenas considerações sobre eficiência e importância relativas; pretendia também escolher um nome que desse uma indicação de sua prioridade cronológica. É verdade que, até onde sabemos, não existe nenhum aparelho psíquico que possua apenas um processo primário e, nessa medida, tal aparelho é uma ficção teórica. Mas pelo menos isto é um fato: os processos primários acham-se presentes no aparelho mental desde o princípio, ao passo que somente no decorrer da vida é que os processos secundários se desenvolvem e vêm inibir e sobrepor-se aos primários; é possível até que sua completa supremacia só seja atingida no apogeu da vida. Em conseqüência do aparecimento tardio dos processos secundários, o âmago de nosso ser, que consiste em impulsos desejosos inconscientes, permanece inacessível à compreensão e à inibição pelo pré-consciente; o papel desempenhado por este restringe-se para sempre a direcionar pelas vias mais convenientes impulsos desejosos vindos do inconsciente. Esses desejos inconscientes exercem uma força compulsiva sobre todas as tendências mentais posteriores, uma força com que essas tendências são obrigadas a concordar, ou que talvez possam esforçar-se por desviar e dirigir para objetivos mais elevados. Outro resultado do aparecimento tardio do processo secundário é que uma ampla esfera do material mnêmico fica inacessível à catexia pré-consciente.

Entre esses impulsos desejosos provenientes da infância, que não podem ser destruídos nem inibidos, há alguns cuja realização seria uma contradição das representações com meta do pensamento secundário. A realização desses desejos não geraria mais um afeto de prazer, mas sim de desprazer; e *é precisamente essa transformação do afeto que constitui a essência daquilo que chamamos de "recalque"*. O problema do recalque está na questão de como e devido a que forças impulsoras ocorre essa transformação; mas esse é um problema que basta abordarmos de passagem aqui. É suficiente estabelecermos com clareza que tal transformação realmente ocorre no curso do desenvolvimento — basta lembrarmos como o nojo surge na infância, depois de ter estado ausente de início — e que está relacionada com a atividade do sistema secundário. As lembranças com base nas quais o desejo inconsciente provoca a liberação do afeto nunca foram acessíveis ao *Pcs.* e, por conseguinte, a liberação do afeto vinculado a essas lembranças também não pode ser inibida. É justamente por causa dessa geração de afeto que tais representações são agora inacessíveis até por intermédio dos pensamentos pré-conscientes para os quais transferiram sua força de desejo. Pelo contrário, o princípio do desprazer assume o controle e faz com que o *Pcs.* se afaste dos pensamentos de transferência. Eles ficam entregues a si próprios — "recalcados" — e é assim que a presença de um reservatório de lembranças infantis subtraídas desde o princípio ao *Pcs.* torna-se o *sine qua non* do recalque.

Nos casos mais favoráveis, a produção de desprazer cessa com a retirada da catexia dos pensamentos de transferência situados no *Pcs.*, e esse desenlace significa que a intervenção do princípio do desprazer serviu a um fim útil. Mas a questão é outra quando o desejo inconsciente recalcado recebe um reforço orgânico, que ele passa para seus pensamentos de transferência; dessa maneira, pode dar-lhes condições de fazer uma tentativa de irromper com sua excitação, mesmo que tenham perdido sua catexia do *Pcs.* Segue-se então uma luta defensiva — porque o *Pcs.*, por sua vez, reforça sua oposição aos pensamentos recalcados (isto é, produz uma "contracatexia") — e, a partir daí, os pensamentos de transferência, que são os veículos do desejo inconsciente, irrompem em algum tipo de compromisso obtido pela formação de um sintoma. Entretanto, a partir do momento em que os pensamentos recalcados são intensamente catexizados pelo impulso desejoso inconsciente e, por outro lado, são abandonados pela catexia pré-consciente, eles ficam sujeitos ao processo psíquico primário e seu único objetivo é a descarga motora, ou, se o caminho estiver aberto, a revivificação alucinatória da identidade perceptiva desejada. Já constatamos empiricamente que os processos irracionais que descrevemos só se dão com os pensamentos que se encontram sob recalque. Agora podemos ver um pouco mais longe em toda essa situação. Os processos irracionais que ocorrem no aparelho psíquico são os processos *primários*. Eles aparecem sempre que as representações são abandonadas pela catexia pré-consciente, deixadas por sua própria conta, e podem ser carregadas com a energia não inibida do inconsciente, que luta por encontrar um escoadouro. Algumas outras observações apóiam a concepção de que esses processos, que são descritos como irracionais, não são, na realidade, falseamentos de processos normais — erros intelectuais —, mas sim modos de atividade do aparelho psíquico que foram libertados de uma inibição. Assim, vemos que a transição da excitação pré-consciente para a motilidade é regida pelos mesmos processos, e que a vinculação das representações pré-conscientes com as palavras pode facilmente exibir os mesmos deslocamentos e confusões, que são então atribuídos à desatenção. Finalmente, a comprovação do aumento de atividade que se torna necessário quando esses modos primários de funcionamento são inibidos pode ser encontrada no fato de produzirmos um efeito *cômico,* isto é, um excesso de energia que tem de ser descarregado no *riso, se permitirmos que esses modos de pensamento irrompam na consciência.*

A teoria das psiconeuroses afirma como fato indiscutível e invariável que somente os impulsos desejosos sexuais procedentes do início da infância, que sofreram recalque (isto é, uma transformação do afeto) durante o período de desenvolvimento infantil, são passíveis de ser revividos em períodos *posteriores* do desenvolvimento (seja como resultado da constituição sexual do sujeito, que deriva de uma bissexualidade inicial, seja como resultado de influências desfavoráveis que atuem no curso de sua vida sexual) e, desse modo, estão aptas a suprir a força impulsora para a formação de toda espécie de sintomas psiconeuróticos. Apenas mediante a referência a essas forças sexuais é que podemos cobrir as brechas que ainda se evidenciam na teoria do recalque. Deixarei em aberto a questão de esses fatores sexuais e infantis serem igual-mente exigidos na teoria dos sonhos; deixarei tal teoria incompleta neste ponto, uma vez que já fui um passo além do que se pode demonstrar ao presumir que os desejos oníricos provêm invariavelmente do inconsciente.[1] Tampouco proponho investigar mais a fundo a natureza da distinção entre a interação das forças psíquicas na formação dos sonhos e na dos sintomas histéricos: ainda não dispomos de um conhecimento suficientemente preciso de um dos dois termos da comparação.

Mas há outro ponto a que dou importância, e devo confessar que foi exclusivamente por causa dele que me embrenhei aqui em todas essas discussões sobre os dois sistemas psíquicos e seus modos de atividade e sobre recalque. Não se trata agora de saber se formei uma opinião aproxi-madamente correta dos fatores psicológicos em que estamos interessados, ou se, como é bem possível em assuntos tão difíceis, o quadro que forneço deles é distorcido e incompleto. Por mais que se possam fazer alterações em nossa interpretação da censura psíquica e das elaborações racionais e anor-

---

1 Aqui e em outros trechos deixei intencionalmente lacunas no tratamento de meu tema, pois preenchê-las requereria, por um lado, um esforço excessivamente grande e, por outro, envolveria a necessidade de basear-me num material alheio à questão dos sonhos. Por exemplo, não declarei se atribuo sentidos diferentes aos termos "suprimido" e "recalcado". Há de ter ficado claro, entretanto, que este último dá mais ênfase do que o primeiro ao fato da ligação com o inconsciente. Tampouco entrei no problema evidente de por que os pensamentos oníricos são submetidos à distorção pela censura, mesmo nos casos em que abandonaram a via progressiva em direção à consciência e escolheram a regressiva. E há muitas omissões semelhantes. O que eu ansiava por fazer, acima de tudo, era criar uma impressão dos problemas a que essa análise ulterior do trabalho do sonho, e dar uma indicação dos outros temas com que essa análise ulterior entraria em contato. Nem sempre me foi fácil decidir em que ponto interromper meu avanço nessa linha de exposição. — Há razões especiais, que talvez não sejam as que meus leitores esperariam, para eu não ter dado um tratamento exaustivo ao papel desempenhado nos sonhos pelo mundo das representações sexuais e para ter evitado analisar sonhos de conteúdo obviamente sexual. Nada poderia estar mais distante de minhas próprias concepções ou das opiniões teóricas que sustento em neuropatologia do que encarar a vida sexual como algo vergonhoso em que nem o médico nem o pesquisador científico têm qualquer interesse. Além disso, a indignação moral com que o tradutor da *Oneirocritica*, de Artemidoro de Daldis, se deixou levar a subtrair do conhecimento de seus leitores o capítulo sobre os sonhos sexuais parece-me risível. O que norteou minha decisão foi, simplesmente, o fato de ter percebido que a explicação dos sonhos sexuais me faria mergulhar a fundo nos problemas ainda não solucionados da perversão e da bissexua-lidade; por conseguinte, reservei esse material para outra ocasião.

mais do conteúdo do sonho, continua a ser verdade que tais processos atuam na formação dos sonhos e mostram a mais estreita analogia, em seus elementos essenciais, com os processos observáveis na formação dos sintomas histéricos. O sonho, porém, não é um fenômeno patológico; não pressupõe nenhuma perturbação do equilíbrio psíquico e não deixa como seqüela nenhuma perda de eficiência. Talvez levantem a sugestão de que não se pode extrair nenhuma conclusão sobre os sonhos das pessoas normais a partir de meus sonhos ou dos de meus pacientes, mas essa, penso eu, é uma objeção que se pode desprezar em segurança. Se podemos então inferir dos fenômenos suas forças impulsoras, temos de reconhecer que o mecanismo psíquico empregado pelas neuroses não é criado pelo impacto de uma perturbação patológica sobre a vida mental, mas já está presente na estrutura normal do aparelho anímico. Os dois sistemas psíquicos, a censura na passagem entre um e outro, a inibição e a superposição de uma atividade pela outra, as relações de ambas com a consciência — ou quaisquer que sejam as interpretações mais corretas dos fatos observados a tomar seu lugar —, tudo isso faz parte da estrutura normal de nosso instrumento mental, e os sonhos nos mostram um dos caminhos que levam à compreensão de sua estrutura. Se nos restringirmos ao mínimo de novos conhecimentos que já foi estabelecido com certeza, ainda assim poderemos dizer sobre os sonhos: eles provaram que *o suprimido continua a existir tanto nas pessoas normais quanto nas anormais e permanece capaz de funcionamento psíquico*. Os próprios sonhos estão entre as manifestações desse material suprimido; em teoria, isso acontece em todos os casos, e pode ser empiricamente observado pelo menos num grande número deles, precisamente nos casos que exibem com mais clareza as notáveis peculiaridades da vida onírica. Na vida de vigília, o material suprimido da mente é impedido de se expressar e é isolado da percepção interna, graças ao fato de se eliminarem as contradições nele presentes — um dos lados é abandonado em favor do outro; durante a noite, porém, sob a influência de um impulso à formação de compromissos, esse material suprimido encontra meios e métodos de irromper na consciência.

Flectere si nequeo superos, Acheronta movebo.[1]

---

1 ["Se não posso dobrar os deuses de cima, comoverei o Aqueronte."]

A interpretação dos sonhos é a via real para o conhecimento das atividades inconscientes da mente.

Através da análise dos sonhos podemos dar um passo à frente em nosso entendimento da composição desse que é o mais maravilhoso e mais misterioso de todos os instrumentos. Apenas um pequeno passo, sem dúvida, mas já é um começo. E esse começo nos permitirá levar sua análise mais adiante, com base em outras estruturas que devem ser chamadas de patológicas. É que as enfermidades — ao menos as que são corretamente denominadas "funcionais" — não pressupõem a desintegração do aparelho ou a produção de novas divisões em seu interior. Elas devem ser explicadas em termos *dinâmicos*, pelo fortalecimento e enfraquecimento dos diversos componentes da interação de forças, da qual tantos efeitos ficam ocultos enquanto as funções permanecem normais. Espero poder mostrar em outro texto como a composição do aparelho a partir de duas instâncias faz com que também a mente normal possa funcionar com maior refinamento do que seria possível com apenas uma delas.[1]

---

[1] Os sonhos não são os únicos fenômenos que nos permitem encontrar uma base para a psicopatologia na psicologia. Numa pequena série de artigos (1898*b* e 1899*a*) ainda não concluída, tentei interpretar certo número de fenômenos da vida cotidiana como provas em favor das mesmas conclusões. [*Acrescentado* em 1909:] Esses, juntamente com alguns outros artigos sobre o esquecimento, os lapsos de linguagem, os atos falhos, etc., foram posteriormente reunidos sob o título de *Sobre a Psicopatologia da Vida Cotidiana* (Freud, 1901*b*).

(F)

O INCONSCIENTE E A CONSCIÊNCIA — REALIDADE

Numa consideração mais detida, percebe-se que aquilo que o debate psicológico das seções precedentes nos leva a presumir não é a existência de dois *sistemas* próximos da extremidade motora do aparelho, mas a existência de dois tipos de *processos de excitação* ou *modos de sua descarga*. Para nós dá no mesmo, pois temos de estar sempre preparados para abandonar nosso arcabouço conceptual se nos sentirmos em condição de substituí-lo por algo que se aproxime mais da realidade desconhecida. Portanto, tentemos corrigir algumas concepções que poderiam levar a mal-entendidos enquanto víamos os dois sistemas, no sentido mais literal e grosseiro, como duas localizações no aparelho mental — concepções que deixaram vestígios nas expressões "recalcar" e "irromper". Assim, podemos falar num pensamento inconsciente que procura transmitir-se para o pré-consciente, de maneira a poder então penetrar na consciência. O que temos em mente aqui não é a formação de um segundo pensamento situado num novo lugar, como uma transcrição que continuasse a existir junto com o original; e a noção de irromper na consciência deve manter-se cuidadosamente livre de qualquer idéia de uma mudança de localização. Do mesmo modo, podemos falar num pensamento pré-consciente que é recalcado ou desalojado e então acomodado pelo inconsciente. Essas imagens, derivadas de um conjunto de representações relacionadas com a disputa por um pedaço de terra, podem tentar-nos a supor como uma verdade literal que um agrupamento psíquico situado numa dada localização é encerrado e substituído por um novo agrupamento em outro lugar. Substituamos essas metáforas por algo que parece corresponder melhor ao verdadeiro estado de coisas, e digamos, em vez disso, que uma catexia de energia é ligada a um determinado agrupamento psíquico ou retirada dele, de modo que a estrutura em questão cai sob a influência de uma dada instância ou é subtraída dela. O que fazemos aqui, mais uma vez, é substituir um modo topográfico de representar as coisas por um modo dinâmico. O que consideramos móvel não é a própria estrutura psíquica, mas sua inervação.[1]

---

1 [*Nota de rodapé acrescentada* em 1925:] Tornou-se necessário elaborar e modificar esta visão, depois de se reconhecer que o traço essencial de uma representação pré-consciente é o fato de ela estar ligada a restos de representações verbais. Cf. "O Inconsciente" (1915e).

Não obstante, considero conveniente e justificável continuar a fazer uso da imagem figurada dos dois sistemas. Podemos evitar qualquer possível abuso desse método de figuração lembrando que as representações, os pensamentos e as estruturas psíquicas em geral nunca devem ser encarados como localizados em elementos orgânicos do sistema nervoso, mas antes, por assim dizer, *entre* eles, onde as resistências e facilitações [*Bahnungen*] fornecem os correlatos correspondentes. Tudo o que pode ser objeto de nossa percepção interna é *virtual*, tal como a imagem produzida num telescópio pela passagem dos raios luminosos. Mas temos motivos para presumir a existência dos sistemas (que de modo algum são entidades psíquicas e nunca podem ser acessíveis a nossa percepção psíquica), semelhante à das lentes do telescópio, que projetam a imagem. E, a continuarmos com esta analogia, podemos comparar a censura entre dois sistemas com a refração que ocorre quando o raio de luz passa para um novo meio.

Até agora, vimos fazendo psicologia por nossa própria conta. Já é tempo de considerarmos os pontos de vista teóricos que dominam a psicologia atual e examinarmos sua relação com nossas hipóteses. O problema do inconsciente na psicologia é, nas vigorosas palavras de Lipps (1897), menos *um* problema psicológico do que *o* problema da psicologia. Enquanto a psicologia lidou com esse problema através de uma explicação verbal no sentido de que "psíquico" *significava* "consciente", e de que falar em "processos psíquicos inconscientes" era de um contra-senso palpável, qualquer avaliação psicológica das observações feitas pelos médicos sobre os estados psíquicos anormais estava fora de cogitação. Médico e filósofo só podem unir-se quando ambos reconhecerem que a expressão "processos psíquicos inconscientes" é "a expressão apropriada e justificada de um fato solidamente estabelecido". Só resta ao médico encolher os ombros quando lhe asseguram que "a consciência é uma característica indispensável do psíquico", e talvez, se ainda sentir respeito suficiente pelos enunciados dos filósofos, ele possa presumir que eles não estavam tratando da mesma coisa ou trabalhando na mesma ciência. É que até mesmo uma única observação criteriosa da vida mental de um neurótico, ou uma única análise de um sonho, terá de deixá-lo com a inabalável convicção de que os processos de pensamento mais complexos e mais racionais, aos quais decerto não se pode negar o nome de processos psíquicos, podem ocorrer sem excitar a consciência do sujeito.[1] É verdade que o médico não pode saber desses processos inconscientes até eles produzirem na consciência algum efeito que possa ser comunicado ou observado. Mas esse efeito consciente pode exibir um caráter psíquico inteiramente diverso do caráter do processo inconsciente, de modo que não há como a percepção interna encarar um deles como substituto do outro. O médico deve sentir-se livre para avançar, por *inferência*, desde o efeito consciente até o processo psíquico inconsciente. Assim, ele se inteira de que o efeito consciente é apenas um resultado psíquico remoto do processo inconsciente, e de que este não se tornou consciente como tal; além disso, constata que este já estava presente e atuante, mesmo sem trair de nenhum modo sua existência para a consciência.

É essencial abandonar a supervalorização da propriedade do estar consciente para que se torne possível formar uma opinião correta da origem do que é psíquico. Nas palavras de Lipps, deve-se pressupor que o inconsciente é a base geral da vida psíquica. O inconsciente é a esfera mais ampla, que inclui em si a esfera menor do consciente. Tudo o que é consciente tem um estágio preliminar inconsciente, ao passo que aquilo que é inconsciente pode permanecer nesse estágio e, não obstante, reclamar que lhe seja atribuído o valor pleno de um processo psíquico. O inconsciente é a verdadeira realidade psíquica; *em sua natureza mais íntima, ele nos é tão desconhecido quanto a realidade do mundo externo, e é apresentado de forma tão incompleta pelos dados da consciência quanto o mundo externo pelas comunicações de nossos órgãos sensoriais.*

Agora que a velha antítese entre vida consciente e vida onírica foi reduzida a suas exatas proporções pelo estabelecimento da realidade psíquica inconsciente, uma série de problemas oníricos com que os autores anteriores se preocupavam profundamente perdeu sua importância. Assim, algumas das atividades cuja boa execução nos sonhos despertava assombro já não devem hoje ser atribuídas aos sonhos, mas sim

---

1 [*Nota de rodapé acrescentada* em 1914:] Fico feliz em poder apontar um autor que tirou do estudo dos sonhos as mesmas conclusões que extraí sobre a relação entre a atividade consciente e a inconsciente. Du Prel (1885, p. 47) escreve: "O problema da natureza da mente exige, evidentemente, uma investigação preliminar para averiguar se consciência e mente são idênticas. Esta questão preliminar recebe uma resposta negativa dos sonhos, que mostram que o conceito de mente é mais amplo que o de consciência, da mesma forma que a força gravitacional de um corpo celeste se estende além de seu campo de luminosidade". E novamente (ibid., p. 306): "Uma verdade em que nunca se pode insistir com clareza demais é que a consciência não é co-extensiva a mente".

ao pensamento inconsciente, que é tão ativo durante o dia quanto à noite. Se, como disse Scherner, os sonhos parecem empenhar-se em fazer representações simbólicas do corpo, sabemos agora que essas representações são o produto de certas fantasias inconscientes (derivadas, provavelmente, de impulsos sexuais), que encontram expressão não apenas nos sonhos mas também nas fobias histéricas e em outros sintomas. Se o sonho dá prosseguimento às atividades diurnas e as conclui, chegando até a trazer à luz idéias novas e valiosas, tudo o que precisamos fazer é despi-lo do disfarce onírico, que é o produto do trabalho do sonho e a marca do auxílio prestado por obscuras forças procedentes das profundezas da mente (cf. o diabo no sonho de Tartini com a sonata);[1] essa realização intelectual se deve às mesmas forças mentais que produzem todos os resultados semelhantes durante o dia. É provável que também estejamos muito inclinados a superestimar o caráter consciente da produção intelectual e artística. As comunicações que nos foram fornecidas por alguns dos homens mais altamente produtivos, como Goethe e Helmholtz, mostram, antes, que o que há de essencial e novo em suas criações lhes veio sem premeditação e como um todo quase pronto. Não há nada de estranho que, em outros casos em que se fez necessária uma concentração de todas as faculdades intelectuais, a atividade consciente também tenha contribuído com sua parcela. Mas é um privilégio levado ao exagero pela atividade consciente, sempre que tem alguma participação num processo, ocultar de nós todas as demais atividades que dele também participaram.

Não valeria muito a pena tratarmos a importância histórica dos sonhos como um tópico separado. Talvez um sonho tenha impelido algum líder a se aventurar numa empreitada audaciosa cujo êxito modificou o curso da História. Mas isso só levanta um novo problema se o sonho for encarado como uma força estranha, em contraste com as outras forças mais familiares da mente; tal problema não persiste quando o sonho é reconhecido como uma *forma de expressão* de impulsos que se encontram sob a pressão da

---

1 [Diz-se que o compositor e violinista Tartini (1692-1770) sonhou ter vendido a alma ao diabo, que então pegou um violino e nele executou uma sonata de requintada beleza, com habilidade consumada. Ao acordar, o compositor anotou imediatamente o que dela conseguiu lembrar, e o resultado foi seu famoso "Trillo del Diavolo".]

resistência durante o dia, mas que puderam, durante a noite, achar reforço em fontes profundas de excitação.[1] O respeito conferido aos sonhos na Antiguidade, entretanto, baseia-se num discernimento psicológico correto e é a homenagem prestada às forças incontroladas e indestrutíveis do espírito humano, ao poder "demoníaco" que produz o desejo onírico e que encontramos em ação em nosso inconsciente.

Não é por acaso que falo em "nosso" inconsciente, pois o que descrevo dessa forma não é a mesma coisa que o inconsciente dos filósofos ou mesmo o inconsciente de Lipps. Neles, esse termo é usado simplesmente para indicar um contraste com o consciente: a tese que eles contestam com tanto ardor e defendem com tanta energia é a tese de que, à parte os processos conscientes, há também processos psíquicos inconscientes. Lipps leva as coisas mais adiante, ao afirmar que a totalidade do psíquico existe inconscientemente e que parte dele existe também conscientemente. Mas não foi para estabelecer *esta* tese que invocamos os fenômenos dos sonhos e da formação dos sintomas histéricos; a simples observação da vida normal de vigília bastaria para provar isso fora de qualquer dúvida. A nova descoberta que nos foi revelada pela análise das formações psicopatológicas e do primeiro membro dessa classe — o sonho — reside no fato de que o inconsciente (isto é, o psíquico) é encontrado como uma função de dois sistemas separados, e de que isso acontece tanto na vida normal quanto na patológica. Portanto, há dois tipos de inconsciente, que ainda não foram distinguidos pelos psicólogos. Ambos são inconscientes no sentido empregado pela psicologia, mas, em nosso sentido, um deles, que denominamos *Ics.*, é também *inadmissível à consciência*, enquanto chamamos o outro de *Pcs.*, porque suas excitações — depois de observarem certas regras, é verdade, e talvez apenas depois de passarem por uma nova censura, embora, mesmo assim, sem consideração pelo *Ics.* — conseguem alcançar a consciência. O fato de, para chegarem à consciência, as excitações terem de atravessar uma seqüência fixa ou uma hierarquia de instâncias (o que nos é revelado pelas modificações nelas efetuadas pela censura) permitiu-nos construir uma analogia espacial. Descrevemos as relações dos dois sistemas entre si e com a consciência dizendo que o sistema *Pcs.* situa-se como uma tela entre o sistema *Ics.* e a consciência. O sistema *Pcs.* não apenas barra o

---

1 [*Nota de rodapé acrescentada* em 1911:] Veja a esse respeito o sonho de Alexandre, o Grande, durante o cerco de Tiro (σα–τυρος).

acesso à consciência, mas também controla o acesso ao poder da motilidade voluntária e tem a seu dispor, para distribuição, uma energia catexial móvel, parte da qual nos é familiar sob a forma de atenção.[1]

Devemos também evitar a distinção entre "supraconsciente" e "subconsciente", que se tornou tão popular na literatura mais recente sobre as psiconeuroses, pois tal distinção parece servir precisamente para enfatizar a equivalência entre o psíquico e o consciente.

Mas que papel resta em nosso esquema para a consciência, que outrora era tão onipotente e que ocultava tudo mais? *Apenas o de um órgão sensorial para a percepção de qualidades psíquicas.* De acordo com as idéias subjacentes à nossa tentativa de estabelecer um quadro esquemático, só podemos encarar a percepção consciente como a função própria de um determinado sistema e, para este, a abreviação *Cs.* parece apropriada. Em suas propriedades mecânicas, encaramos esse sistema como semelhante ao sistema perceptivo *Pcpt.*, ou seja, como suscetível à excitação por qualidades, mas incapaz de reter traços das alterações, isto é, sem memória. O aparelho psíquico, que se volta para o mundo exterior com seu órgão sensorial dos sistemas *Pcpt.*, é, ele próprio, o mundo externo em relação ao órgão sensorial da *Cs.*, cuja justificação teleológica reside nesta circunstância. Aqui encontramos mais uma vez o princípio da hierarquia das instâncias, que parece reger a estrutura do aparelho. O material excitatório flui para o órgão sensorial da *Cs.* vindo de duas direções: do sistema *Pcpt.*, cuja excitação, determinada por qualidades, é provavelmente submetida a uma nova elaboração antes de se converter numa sensação consciente, e do interior do próprio aparelho, cujos processos quantitativos são sentidos como uma série de qualidades de prazer-desprazer quando, sujeitos a certas modificações, penetram na consciência.

Os filósofos que se deram conta de que é possível haver estruturas de pensamento racionais e altamente complexas, sem que a consciência tenha qualquer participação nelas, tiveram dificuldade em atribuir qualquer função à consciência; pareceu-lhes que ela não podia ser mais do que uma imagem

---

1 [*Nota de rodapé acrescentada* em 1914:] Cf. minhas observações sobre o conceito do inconsciente em psicanálise (Freud, 1912g), publicadas originalmente em inglês nas *Atas* da Sociedade de Pesquisa Psíquica, v. 26, onde distingui os significados descritivo, dinâmico e sistemático da palavra altamente ambígua que é "inconsciente".

reflexa supérflua do processo psíquico consumado. Nós, por outro lado, somos salvos dessa dificuldade pela analogia existente entre nosso sistema *Cs.* e os sistemas perceptivos. Sabemos que a percepção por nossos órgãos sensoriais tem como resultado dirigir uma catexia de atenção para as vias pelas quais se propaga a excitação sensorial que chega até nós: a excitação qualitativa do sistema *Pcpt.* atua como um regulador da descarga da quantidade móvel no aparelho psíquico. Podemos atribuir a mesma função ao órgão sensorial sobreposto do sistema *Cs.* Ao perceber novas qualidades, ele presta uma nova contribuição ao direcionamento das quantidades móveis de catexia e à sua distribuição de maneira conveniente. Com a ajuda de sua percepção de prazer e desprazer, ele influencia a descarga das catexias dentro do que, em outros aspectos, é um aparelho inconsciente que atua por meio dos deslocamentos de quantidades. Parece provável que, no começo, o princípio do desprazer regule automaticamente o deslocamento das catexias, mas é bem possível que a consciência dessas qualidades introduza, além disso, uma segunda regulação, mais discriminadora, que pode até opor-se à primeira e que aperfeiçoa a eficiência do aparelho, capacitando-o, em contradição com seu plano original, a catexizar e elaborar até mesmo aquilo que está associado à liberação de desprazer. A psicologia das neuroses nos ensina que esses processos de regulação efetuados pela excitação qualitativa dos órgãos sensoriais têm uma participação importante na atividade funcional do aparelho. O domínio automático do princípio primário do desprazer e a conseqüente restrição imposta à eficiência são interrompidos pelos processos de regulação sensorial, que, por sua vez, são também automáticos. Constatamos que o recalque (que, embora de início sirva a um propósito útil, acaba conduzindo a uma renúncia prejudicial à inibição e ao controle mental) afeta com uma facilidade muito maior as lembranças do que as percepções porque as primeiras não podem receber nenhuma catexia extra advinda da excitação dos órgãos sensoriais psíquicos. É verdade, por um lado, que um pensamento que tem de ser rechaçado não se pode tornar consciente, por ter sofrido recalque, mas, por outro, às vezes um desses pensamentos só é recalcado por ter sido subtraído da percepção consciente em virtude de outras razões. Estas são indicações das quais tiramos proveito, em nosso procedimento terapêutico, para desfazer recalques já consumados.

Em seu aspecto teleológico, não há melhor ilustração do valor da hipercatexia posta nas quantidades móveis pela influência reguladora do órgão sensorial da *Cs.* do que sua criação de uma nova série de qualidades e, conseqüentemente, de um novo processo de regulação que constitui a superioridade do homem sobre os animais. Os processos de pensamento, por si sós, carecem de qualidade, exceto pelas excitações prazerosas e desprazerosas que os acompanham e que, em vista de seu possível efeito perturbador sobre o pensamento, têm de ser mantidas dentro de limites. Para que os processos de pensamento possam adquirir qualidades, eles se associam, nos seres humanos, com lembranças verbais, cujos resíduos de qualidade são suficientes para atrair para si a atenção da consciência e para dotar o processo de pensamento de uma nova catexia móvel oriunda da consciência.

Toda a multiplicidade dos problemas da consciência só pode ser compreendida por uma análise dos processos de pensamento na histeria. Estes dão a impressão de que a transição de uma catexia pré-consciente para uma catexia consciente é marcada por uma censura semelhante à existente entre o *Ics.* e o *Pcs.* Essa censura também só entra em vigor acima de certo limite quantitativo, de modo que as estruturas de pensamento de baixa intensidade lhe escapam. Toda espécie possível de exemplos de como um pensamento pode ser afastado da consciência ou irromper nela, dentro de certas limitações, encontram-se reunidos no arcabouço dos fenômenos psiconeuróticos, e todos apontam para as relações íntimas e recíprocas entre a censura e a consciência. Encerrarei estas reflexões psicológicas com um relato de dois desses exemplos.

Fui chamado em consulta, no ano passado, para examinar uma jovem inteligente e de aparência desinibida. Estava vestida de maneira surpreendente. É que, embora as mulheres costumem tratar suas roupas com enorme zelo, dando atenção até ao último detalhe, ela trazia uma das meias dependurada, e dois botões de sua blusa estavam desabotoados. Queixou-se de sentir dores na perna e, sem que isso lhe fosse solicitado, expôs a panturrilha. Mas aquilo de que se queixava principalmente era, empregando suas próprias palavras, uma sensação no corpo, como se houvesse algo "enfiado nele", que se "mexia para a frente e para trás" e que a "sacudia" de cima a baixo; às vezes, fazia todo o seu corpo ficar "teso". Meu colega médico, ali presente ao exame, olhou para mim; não teve dificuldade em compreender o significado da queixa da jovem. Mas o que a ambos nos pareceu extraordinário foi o fato de isso não significar nada para a mãe da paciente; ela própria deveria ter-se encontrado muitas vezes na situação que sua filha estava descrevendo. A própria moça não tinha noção do alcance de seus comentários, porque, se o tivesse, nunca os teria pronunciado. Nesse caso, fora possível enganar a censura levando-a a permitir que uma fantasia que normalmente seria mantida no pré-consciente emergisse na consciência sob o inocente disfarce da formulação de uma queixa.

Aqui temos outro exemplo: um rapaz de quatorze anos procurou-me para tratamento psicanalítico, sofrendo de um *tic convulsif*, vômitos histéricos, dores de cabeça, etc. Comecei o tratamento assegurando-lhe que, se fechasse os olhos, ele veria imagens ou teria idéias que então deveria me comunicar. Respondeu por imagens. Sua última impressão antes de me procurar foi revivida visualmente em sua memória. Estivera jogando damas com o tio e via o tabuleiro à sua frente. Pensou em várias posições favoráveis ou desfavoráveis, e em jogadas que não deveriam ser feitas. Viu então um punhal sobre o tabuleiro — um objeto que pertencia a seu pai, mas que sua imaginação colocara sobre o tabuleiro. Logo havia uma foice sobre o tabuleiro e, em seguida, uma alfange. Apareceu então a imagem de um velho camponês cortando a grama em frente à longínqua casa do paciente com uma alfange. Passados alguns dias, descobri o sentido dessa sucessão de imagens. O rapaz se afligira com uma situação familiar infeliz. Tinha um pai que era um homem duro, sujeito a acessos de cólera, infeliz no casamento com a mãe do rapaz e cujos métodos educacionais consistiam em ameaças. O pai se divorciara da mãe, mulher meiga e afetuosa, casara-se outra vez e um dia trouxe para casa uma moça que deveria ser a nova mãe do rapazinho. Foi nos primeiros dias depois disso que eclodiu a doença do rapaz de quatorze anos. Sua fúria sufocada contra o pai é que havia construído aquela seqüência de imagens, com suas alusões compreensíveis. O material para elas fora fornecido por uma recordação da mitologia. A foice era aquela com que Zeus castrou o pai; a alfange e a imagem do velho camponês representavam Cronos, o velho violento que devorava seus filhos e de quem Zeus se vingou de maneira tão pouco filial. O casamento do pai dera ao rapaz a oportunidade de retribuir as censuras e ameaças que ouvira dele muito tempo antes, por brincar com seus órgãos genitais (cf. jogar [brincar com as] damas; as jogadas proibidas; o punhal que podia ser usado para matar). Nesse caso, as lembranças recalcadas por muito tempo e seus derivados que haviam permanecido inconscientes é que se infiltraram na consciência por um caminho indireto, sob a forma de imagens aparentemente sem sentido.

Assim sendo, eu buscaria o valor *teórico* do estudo dos sonhos nas contribuições que ele faz ao conhecimento psicológico e no esclarecimento preliminar que traz aos problemas das psiconeuroses. Quem poderá imaginar a importância dos resultados passíveis de se obterem através de uma compreensão completa da estrutura e das funções do aparelho mental, se até o estado atual de nossos conhecimentos nos permite exercer uma influência terapêutica favorável sobre as formas curáveis de psiconeurose? Mas e quanto ao valor *prático desse estudo* — já posso ouvir a pergunta — como meio de se chegar a uma compreensão da mente, a uma revelação das características ocultas de cada um? Acaso os impulsos inconscientes expressos pelos sonhos não têm o peso de forças reais na vida mental? Será que se deve fazer pouco da importância ética dos desejos suprimidos — desejos que, assim como levam aos sonhos, podem um dia levar a outras coisas?

Não me sinto autorizado a responder a essas perguntas. Não dediquei maior atenção a esse aspecto do problema dos sonhos. Penso, contudo, que o imperador romano estava errado ao mandar executar um de seus súditos por ter sonhado que estava assassinando o imperador. Ele deveria ter começado por tentar descobrir o que significava o sonho; é muito provável que seu sentido não fosse o que parecia ser. E, mesmo que um sonho com outro conteúdo tivesse por sentido esse ato de lesa-majestade, acaso não seria acertado ter em mente o dito de Platão, de que o homem virtuoso se contenta em *sonhar* com o que o homem perverso realmente *faz*? Penso, portanto, que o melhor é absolver os sonhos. Se devemos atribuir *realidade* aos desejos inconscientes, não sei dizer. Ela deve ser negada, naturalmente, a todos os pensamentos transicionais ou intermediários. Se olharmos para os desejos inconscientes, reduzidos a sua expressão mais fundamental e verdadeira, teremos de concluir, sem dúvida, que a realidade *psíquica* é uma forma especial de existência que não deve ser confundida com a realidade *material*. Portanto, não parece haver justificativa para a relutância das pessoas em aceitar a responsabilidade pela imoralidade de seus sonhos. Quando o modo de funcionamento do aparelho mental é corretamente avaliado e se compreende a relação que existe entre consciente e inconsciente, descobre-se que desaparece a maior parte daquilo que é eticamente objetável em nossa vida onírica e de fantasia. Nas palavras de Hanns Sachs: "Se olharmos em nossa consciência para algo que nos foi dito por um sonho sobre uma situação contemporânea (real), não deveremos ficar surpresos ao descobrir que o monstro que vimos sob a lente de aumento da análise revela-se um minúsculo infusório".

As ações e opiniões expressas conscientemente são, em geral, suficientes para a finalidade prática de julgar o caráter dos homens. As ações merecem ser consideradas antes e acima de tudo, pois muitos impulsos que irrompem na consciência são ainda neutralizados pelas forças reais da vida mental, antes de amadurecerem sob a forma de atos. Com efeito, tais impulsos muitas vezes não encontram nenhum obstáculo psíquico a seu progresso, exatamente porque o inconsciente tem certeza de que serão detidos em alguma outra etapa. De qualquer modo, é instrutivo tomar conhecimento do terreno tão revolvido de onde brotam orgulhosamente nossas virtudes. É muito raro a complexidade de um caráter humano, impelida de um lado para outro por forças dinâmicas, submeter-se a uma escolha entre alternativas simples, como levaria a crer nossa doutrina moral antiquada.

E quanto ao valor dos sonhos para nos dar um conhecimento do futuro? Naturalmente, isso está fora de cogitação. Mais certo seria dizer, em vez disso, que eles nos dão um conhecimento do passado, pois os sonhos se originam do passado em todos os sentidos. Não obstante, a antiga crença de que os sonhos prevêem o futuro não é inteiramente desprovida de verdade. Afinal, ao retratarem nossos desejos como realizados, os sonhos estão decerto nos conduzindo para o futuro. Mas esse futuro, que o sonhador representa como presente, foi moldado por seu desejo indestrutível à imagem e semelhança do passado.

APÊNDICE

UMA PREMONIÇÃO ONÍRICA REALIZADA

A Sra. B., uma mulher respeitável que, além disso, possui senso crítico, contou-me, a propósito de outra coisa e sem nenhuma segunda intenção, que um dia, alguns anos atrás, havia sonhado encontrar o Dr. K., um amigo e antigo médico da família, na Kärntnerstrasse,[1] em frente à loja de Hiess. Na manhã seguinte, ao caminhar pela mesma rua, de fato encontrou a pessoa em questão, exatamente no lugar com que havia sonhado. Basta isso para meu tema. Acrescento apenas que nenhum acontecimento subseqüente comprovou a importância dessa miraculosa coincidência, que, portanto, não pode ser explicada pelo que estaria reservado no futuro.

A análise do sonho foi auxiliada por algumas perguntas, que confirmaram o fato de não haver nenhuma prova de que ela tivesse se lembrado do sonho na manhã seguinte a sua ocorrência, antes de seu passeio — uma prova como haver anotado o sonho ou tê-lo contado a alguém antes que ele se realizasse. Ao contrário, ela foi obrigada a aceitar a seguinte explicação do que teria acontecido, que me parece mais plausível, sem levantar qualquer objeção. Uma manhã, ela ia andando pela Kärntnerstrasse e encontrou seu antigo médico de família em frente à loja de Hiess. Ao vê-lo, sentiu-se convencida de ter sonhado na noite anterior justamente com aquele encontro naquele mesmo lugar. De acordo com as regras que se aplicam à interpretação dos sintomas neuróticos, sua convicção deve ter sido justificada; seu conteúdo, porém, requer uma reinterpretação.

Eis um episódio do passado da Sra. B. com o qual o Dr. K. está relacionado. Quando ela era moça, casaram-na sem seu pleno consentimento com um homem idoso, mas abastado. Alguns anos depois, ele perdeu sua fortuna, adoeceu com tuberculose e morreu. Durante muitos anos, a jovem senhora sustentou a si e ao marido enfermo dando aulas de música. Entre seus amigos no infortúnio encontrava-se o médico da família, o Dr. K., que se dedicou a cuidar do marido dela e a ajudou a encontrar seus primeiros alunos. Outro amigo era um advogado, também um Dr. K., que pôs em

---

1 [A principal rua comercial do centro de Viena.]

ordem os negócios caóticos do comerciante arruinado, ao mesmo tempo que cortejava a jovem e — pela primeira e última vez — inflamava-lhe a paixão. Esse caso amoroso não lhe trouxe nenhuma felicidade real, porque os escrúpulos criados por sua educação e sua mentalidade interferiram em sua entrega completa enquanto era casada e, depois, quando ficou viúva. No mesmo contexto em que me contou o sonho, ela também me narrou uma ocorrência real daquele período infeliz de sua vida, ocorrência esta que, em sua opinião, fora uma coincidência notável. Ela estava em seu quarto, ajoelhada no chão, com a cabeça enterrada numa poltrona e soluçando com uma saudade apaixonada de seu amigo e benfeitor, o advogado, quando, naquele exato momento, a porta se abriu e ele entrou para visitá-la. Não vemos absolutamente nada de notável nessa coincidência, considerando a freqüência com que ela pensava nele e a assiduidade com que ele provavelmente a visitava. Além disso, esses incidentes que parecem previamente combinados são encontrados em toda história de amor. Não obstante, é provável que essa coincidência tenha sido o verdadeiro conteúdo de seu sonho e a única base de sua convicção de que ele havia se realizado.

Entre a cena em que seu desejo fora realizado e a época do sonho, mais de vinte e cinco anos haviam decorrido. Nesse meio tempo, a Sra. B. enviuvara de um segundo marido, que a deixara com um filho e uma fortuna. O afeto da velha senhora ainda estava centralizado no Dr. K., que era agora seu conselheiro e o administrador de seus bens, e a quem ela via com freqüência. Suponhamos que, nos dias que antecederam o sonho, ela tivesse esperado uma visita dele, mas que esta não houvesse se realizado — ele já não era tão insistente quanto antes. É bem possível então que, uma noite, ela tenha tido um sonho nostálgico que a levou de volta aos velhos tempos. Provavelmente sonhou com um encontro da época de seu caso amoroso, e a cadeia de seus pensamentos oníricos a reconduziu à ocasião em que, sem qualquer arranjo prévio, ele chegara no exato momento em que ela ansiava por sua vinda. É possível que tais sonhos lhe ocorressem agora com muita freqüência; seriam parte do castigo tardio com que a mulher paga por sua crueldade juvenil. Mas esses sonhos — derivados de uma corrente de pensamentos suprimida, repleta de lembranças de encontros nos quais, desde seu segundo casamento, ela já não gostava de pensar —, esses sonhos eram postos de lado ao despertar. E foi isso o que aconteceu com nosso sonho aparentemente profético. Em seguida, ela saiu e, na Kärntnerstrasse, num lugar que em si era indiferente, encontrou seu velho médico de família, o

Dr. K. Fazia muito tempo que não o via, a ele que estava intimamente associado com as excitações daquele tempo feliz-infeliz. Também ele fora um benfeitor, e podemos conjeturar que fosse utilizado nos pensamentos dela — e talvez também em seus sonhos — como uma figura encobridora por trás da qual se ocultava a figura mais amada do outro Dr. K. Esse encontro reviveu então sua lembrança do sonho. Ela deve ter pensado: "Sim, sonhei na noite passada com meu encontro com o Dr. K". Mas essa lembrança teve de sofrer a distorção da qual o sonho só escapara por ter sido completamente esquecido. Ela inseriu o K. indiferente (que a fizera recordar o sonho) no lugar do K. amado. O conteúdo do sonho — o encontro — transferiu-se para a crença de que ela havia sonhado precisamente com aquele lugar, porque um encontro consiste em duas pessoas chegarem ao mesmo lugar ao mesmo tempo. E, se ela teve então a impressão de que o sonho havia se realizado, estava apenas dando livre curso, dessa maneira, à sua lembrança da cena em que, em sua infelicidade, ansiara pela vinda dele e seu anseio fora prontamente realizado.

Assim, a criação do sonho *a posteriori*, única coisa que torna possíveis os sonhos proféticos, nada mais é do que uma forma de censura, graças à qual o sonho pode irromper na consciência.

10 *nov.* 99

BIBLIOGRAFIAS

[Os títulos de livros e periódicos aparecem grifados; os de artigos, entre aspas. As abreviaturas estão de acordo com a *World List of Scientific Periodicals* (Londres, 1952). Os números em negrito referem-se a volumes; os comuns, a páginas. G.S. = Freud, *Gesammelte Schriften* (12 vols.), Viena, 1924-34. *G.W.* = Freud, *Gesammelte Werke* (18 vols.), Londres, a partir de 1940. *C.P.* = Freud, *Collected Papers* (5 vols.), Londres, 1924-50. *E.S.* = Freud, Ed. *Standard* das Obras Psicológicas Completas (24 vols.), Rio de Janeiro, a partir de 1953.]

A

ÍNDICE DE AUTORES E RELAÇÃO DAS OBRAS CITADAS NO TEXTO

[No caso dos itens referentes a Freud, as letras ligadas às datas de publicação acham-se de acordo com os itens correspondentes na bibliografia completa dos trabalhos de Freud a ser incluída no último volume da Edição *Standard*.]

ABEL, K. (1884) *Der Gegensinn der Urworte*, Leipzig.

ABRAHAM, K. (1909) *Traum und Mythus*, Viena.

ADLER, A. (1910) "Der psychische Hermaphroditismus im Leben und in der Neurose", *Fortschr. Med.*, **28**, 486.

(1911) "Beitrag zur Lehre vom Widerstand", *Zbl. Psychoanal.*, **1**, 214.

ALLISON, A. (1868) "Nocturnal Insanity", *Med. Times & Gaz.*, **947**, 210.

ALMOLI, S. Ver SALOMON ALMOLI.

AMRAM, N. (1901) Sepher pithrôn chalômôth, Jerusalém.

ARISTÓTELES. *De somniis* e *De divinatione per somnum.*

ARTEMIDORO DE DALDIS. *Oneirocritica*. [Trad. alemã: *Symbolik der Träume*, por F. S. Krauss, Viena, 1881, e "Erotische Träume und ihre Symbolik", *Anthropophyteia*, **9**, 316, por Hans Licht.]

ARTIGUES, R. (1884) *Essai sur la valeur séméiologique du rêve* (Tese), Paris.

BENINI, V. (1898) "La memoria e la durata dei sogni", *Riv. ital. Filos.*, **13**a, 149.

BERNARD-LEROY, E. e TOBOWOLSKA, J. (1901) "Mécanisme intellectuel du rêve", *Rev. phil.*, **51**, 570.

BERNSTEIN, I, e SEGEL, B. W. (1908) *Jüdische Sprichwörter und Redensarten*, Varsóvia.

BETLHEIM, S. e HARTMANN, H. (1924) "Über Fehlreaktionen des Gedächtnisses bei Korsakoffschen Psychose", *Arch. Psychiat. Nervenkr.*, **72**, 278.

BIANCHIERI, F. (1912) "I sogni dei bambini di cinque anni", *Riv. Psicol.*, **8**, 325. Ver também DOGLIA e BIANCHIERI.

BINZ, C. (1878) *Über den Traum*, Bonn.

BLEULER, E. (1910) "Die Psychoanalyse Freuds", *Jb. psychoanal. psychopath. Forsch.*, **2**, 623.

BONATELLI, F. (1880) "Del sogno", *La filosofia delle scuole italiane*, 16 de fev.

BÖRNER, J. (1885) *Das Alpdrücken, seine Begründung und Verhütung*, Würzburg.

BÖTTINGER (1795). *In* C. P. J. SPRENGER, *Beiträge zur Geschichte der Medizin*, **2**.

BOUCHÉ-LECLERCQ, A. (1879-82) *Histoire de la divination dans l'antiquité*, Paris.

BREUER, J. e FREUD, S. (1895) ver FREUD, S. (1895*d*).
   (1940 [1892]) ver FREUD, S. (1940*d*).

BÜCHSENSCHÜTZ, B. (1868) *Traum und Traumdeutung im Altertum*, Berlim.

BURDACH, K. F. (1838) *Die Physiologie als Erfahrungswissenschaft*, Vol. 3 da 2ª ed., 1832-40. (1ª ed., 1826-32.)

BUSEMANN, A. (1909) "Traumleben der Schulkinder", *Z. päd. Psychol.*, **10**, 294.
   (1910) "Psychologie der kindlichen Traumerlebnisse", *Z. päd. Psychol.*, **11**, 320.

CABANIS, P. J. G. (1802) *Rapports du physique et du moral de l'homme*, Paris.

CALKINS, M. W. (1893) "Statistics of Dreams", *Amer. J. Psychol.*, **5**, 311.

CAREÑA, CAESAR (1641) *Tractatus de Officio Sanctissimae Inquisitionis*, Cremona.

CHABANEIX, P. (1897) *Physiologie cérébrale: le subconscient chez les artistes, les savants, et les écrivains*, Paris.

CÍCERO. *De divinatione*.

CLAPARÈDE, E. (1905) "Esquisse d'une théorie biologique du sommeil", *Arch. psychol.*, **4**, 245.

CLERK-MAXWELL, J. (1876) *Matter and Motion*, Londres.

CORIAT, I. H. (1913) "Zwei sexual-symbolische Beispiele von Zahnarzt-Träumen", *Zbl. Psychoanal. Psychother*, **3**, 440.

DATTNER, B. (1913) "Gold und Kot", *Int. Z. Psychoanal*, **1**, 495.

DAVIDSON, WOLF (1799) *Versuch über den Schlaf*, Berlim, 2ª ed. (1ª ed., 1795.)

DEBACKER, F. (1881) *Des hallucinations et terreurs nocturnes chez les enfants* (Tese), Paris.

DELACROIX, H. (1904) "Sur la structure logique du rêve", *Rev. Métaphys.*, **12**, 921.

DELAGE, Y. (1891) "Essai sur la théorie du rêve", *Rev. industr.*, **2**, 40.

DELBŒUF, I. (1885) *Le sommeil et les rêves*, Paris.

DIEPGEN, P. (1912) *Traum und Traumdeutung als mediz. naturwissenschaftl. Problem im Mittelalter*, Berlim.

DOGLIA, S. e BIANCHIERI, F. (1910-11) "I sogni dei bambini di tre anni", *Contrib. psicol.*, **1**, 9.

DÖLLINGER, J. (1857) *Heidenthum und Judenthum*, Regensburg.

DREXL, F. X. (1909) *Achmets Traumbuch: Einleitung und Probe eines kritischen Textes* (Tese), Munique.

DUGAS, L. (1897*a*) "Le sommeil et la cérébration inconsciente durant le sommeil", *Rev. phil.*, **43**, 410.

(1897*b*) "Le souvenir du rêve", *Rev. phil.*, **44**, 220.

DU PREL, C. (1885) *Die Philosophie der Mystik*, Leipzig.

EDER, M. D. (1913) "Augenträume", *Int. Z. Psychoanal.*, **1**, 157.

EGGER, V. (1895) "La durée apparente des rêves", *Rev. phil.*, **40**, 41.

(1898) "Le souvenir dans le rêve", *Rev. phil.*, **46**, 154.

ELLIS, HAVELOCK (1899) "The Stuff that Dreams are made of", *Popular Science Monthly*, **54**, 721.

(1911) *The World of Dreams*, Londres.

ERDMANN, J. E. (1852) *Psychologische Briefe* (Carta VI), Leipzig.

FECHNER, G. T. (1860) *Elemente der Psychophysik*, Leipzig.

FEDERN, P. (1914) "Über zwei typische Traumsensationen", *Jb. Psychoanal.*, **6**, 89.

FÉRÉ, C. (1886) "Note sur un cas de paralysie hystérique consécutive à un rêve", *Soc. biolog.*, **41** (20 de nov.).

(1887) "A Contribution to the Pathology of Dreams and of Hysterical Paralysis", *Brain*, **9**, 488.

FERENCZI, S. (1910) "Die Psychoanalyse der Träume", *Psychiat.-neurol. Wschr.*, **12**, N.ºs. 11-13.

(1911) "Über lenkbare Träume", *Zbl. Psychoanal.*, **2**, 31.

(1912) "Symbolische Darstellung des Lust- und Realitätsprinzips im Ödipus-Mythos", *Imago*, **1**, 276.

(1913) "Zur Augensymbolik", *Int. Z. Psychoanal.*, **1**, 161.

(1916) "Affektvertauschung im Traume", *Int. Z. Psychoanal.*, **4**, 112.

(1917) "Träume der Ahnungslosen", *Int. Z. Psychoanal.*, **4**, 208.

FICHTE, I. H. (1864) *Psychologie: die Lehre vom bewussten Geiste des Menschen* (2 vols.), Leipzig.

FISCHER, K. P. (1850) *Grundzüge des Systems der Anthropologie*, Erlangen. (Parte 1, Vol. **2**, em *Grundzüge des Systems der Philosophie*.)

FLIESS, W. (1906) *Der Ablauf des Lebens*, Viena.

FÖRSTER, M. (1910) "Das lateinisch-altenglische pseudo-Danielsche Traumbuch in Tiberius A. III", *Archiv Stud. neueren Sprachen und Literaturen*, **125**, 39.

(1911) "Ein mittelenglisches Vers-Traumbuch des 13. Jahrhunderts", *Archiv Stud. neueren Sprachen und Literaturen*, **127**, 31.

FOUCAULT, M. (1906) *Le rêve: études et observations*, Paris.

FREUD, S. (1895b) "Über die Berechtigung, von der Neurasthenie einen bestimmten Symptomenkomplex als 'Angstneurose' abzutrennen", *G.S.,* **1**, 306; *G.W.*, **1**, 313.
[Trad.: "Sobre os Fundamentos para Destacar da Neurastenia uma Síndrome Específica Denominada 'Neurose de Angústia'", Ed. *Standard*, **3**.]
(1895d) Com BREUER, J., *Studien über Hysterie*, Viena. (*G.S.*, **1**; *G.W.*, **1**, 75. Omitindo as contribuições de Breuer.)
[Trad.: *Estudos sobre a Histeria*, Ed. *Standard*, **2**. (Incluindo as contribuições de Breuer.)]
(1896b) "Weitere Bemerkungen über die Abwehr-Neuropsychosen", *G.S.*, **1**, 363; *G.W.*, **1**, 377.
[Trad.: "Observações Adicionais sobre as Neuropsicoses de Defesa". Ed. *Standard*, **3**.]
(1898b) "Zum psychischen Mechanismus der Vergesslichkeit", *G.W.*, **1**, 517.
[Trad.: "O Mecanismo Psíquico do Esquecimento", Ed. *Standard*, **3**.]
(1899a) "Über Deckerinnerungen", *G.S.*, **1**, 465; *G.W.*, **1**, 531.
[Trad.: "Lembranças Encobridoras", Ed. *Standard*, **3**.]
(1901b) *Zur Psychopathologie des Alltagslebens*, Berlim, 1904. (*G.S.*, **4**; *G.W.*, **4**.)
[Trad.: *Sobre a Psicopatologia da Vida Cotidiana*, Ed. *Standard*, **6**.]
(1905c) *Der Witz und seine Beziehung zum Unbewussten*, Viena. (*G.S.*, **9**; *G.W.* **6**.)
[Trad.: *Os Chistes e Sua Relação com o Inconsciente*, Ed. *Standard*, **8**.]
(1905d) *Drei Abhandlungen zur Sexualtheorie*, Viena. (*G.S.*, **5**, 3; *G.W.*, **5**, 29.)
[Trad.: *Três Ensaios sobre a Teoria da Sexualidade*. Ed. *Standard*, 7, 129.]
(1905e) "Bruchstück einer Hysterie-Analyse", *G.S.*, **8**, 3; *G.W.*, 5, 163.
[Trad.: "Fragmento da Análise de um Caso de Histeria", Ed. *Standard*, 7, 5.]
(1907a) *Der Wahn und die Träume in W. Jensens "Gradiva"*, Viena. (*G.S.*, **9**, 273; *G.W.*, 7, 31.)
[Trad.: *Delírios e Sonhos na* Gradiva *de Jensen*, Ed. *Standard*, **9**.]
(1908a) "Hysterische Phantasien und ihre Beziehung zur Bisexualität", *G.S.*, **5**, 246; *G.W.*, 7, 191.
[Trad.: "Fantasias Histéricas e Sua Relação com a Bissexualidade", Ed. *Standard*, **9**.]
(1908b) "Charakter und Analerotik", *G.S.*, **5**, 261; *G.W.*, 7, 203.
[Trad.: "Caráter e Erotismo Anal", Ed. *Standard*, **9**.)
(1908c) "Über infantile Sexualtheorien", *G.S.*, **5**, 168; *G.W.*, 7, 171.
[Trad.: "Sobre as Teorias Sexuais das Crianças", Ed. *Standard*, **9**.]
(1909b) "Analyse der Phobie eines fünfjährigen Knaben", *G.S.*, **8**, 129; *G.W.*, 7, 243.
[Trad.: "Análise de uma Fobia em um Menino de Cinco Anos", Ed. *Standard*, **10**, 15.]

(1910*d*) "Die zukünftigen Chancen der psychoanalytischen Therapie", *G.S.*, **6**, 25; *G.W.*, **8**, 104.

[Trad.: "As Perspectivas Futuras da Terapêutica Psicanalítica", Ed. *Standard*, **11**, 127.]

(1910*e*) "'Über den Gegensinn der Urworte'", *G.S.*, **10**, 221; *G.W.*, **8**, 214.

[Trad.: "'A Significação Antitética das Palavras Primitivas'", Ed. *Standard*, **11**, 141.]

(1910*h*) "Über einen besonderen Typus der Objektwahl beim Manne" ("Beiträge zur Psychologie des Liebeslebens" I), *G.S.*, **5**, 186; *G.W.*, **8**, 66.

[Trad.: "Um Tipo Especial de Escolha de Objeto Feita pelos Homens" ("Contribuições à Psicologia do Amor I"), Ed. *Standard*, **11**, 149.]

(1910*l*) "Typisches Beispiel eines verkappten Ödipustraumes", *Zentralbl. Psychoanal.*, **1**, 45; reimpresso em *Die Traumdeutung*, *G.S.*, **3**, 118*n*; *G.W.*, **2-3**, 404*n*.

[Trad.: "Exemplo Típico de um Sonho Edipiano Disfarçado", incluído em *A Interpretação dos Sonhos*, Ed. *Standard*, **5**, 426*n*.]

(1911*b*) "Formulierungen über die zwei Prinzipien des psychischen Geschehens", *G.S.*, **5**, 409; *G.W.*, **8**, 230.

[Trad.: "Formulações sobre os Dois Princípios do Funcionamento Mental", Ed. *Standard*, **12**, 277.]

(1912*g*) "A note on the Unconscious in Psycho-Analysis" [em inglês], *C.P.*, **4**, 22; ["Uma Nota sobre o Inconsciente na Psicanálise", Ed. *Standard*, **12**, 327].

[Trad. alemã (de Hanns Sachs): "Einige Bemerkungen über den Begriff des Unbewussten in der Psychoanalyse", *G.S.*, **5**, 433; *G.W.*, **8**, 430.]

(1912-13) *Totem und Tabu*, Viena. (*G.S.*, **10**; *GW.*, **9**.)

[Trad.: *Totem e Tabu*, Ed. *Standard*, **13**, 1].

(1914*c*) "Zur Einführung des Narzissmus", *G.S.*, **6**, 155; *G.W.*, **10**, 138.

[Trad.: "Sobre o Narcisismo: uma Introdução", Ed. *Standard*, **14**, 89.]

(1915*d*) "Die Verdrängung", *G.S.*, **5**, 466; *G.W.*, **10**, 248.

[Trad.: "Repressão", Ed. *Standard*, **14**, 169.]

(1915*e*) "Das Unbewusste", *G.S.*, **5**, 480; *G.W.*, **10**, 264.

[Trad.: "O Inconsciente", Ed. *Standard*, **14**, 191.]

(1916*d*) "Einige Charaktertypen aus der psychoanalytischen Arbeit", *G.S.*, **10**, 287; *G.W.*, **10**, 364.

[Trad.: "Alguns Tipos de Caráter Encontrados no Trabalho Psicanalítico", Ed. *Standard*, **14**, 351.]

(1916-17) *Vorlesungen zur Einführung in die Psychoanalyse*, Viena. (*G.S.*, **7**; *G.W.*, **11**.)

[Trad.: *Conferências Introdutórias sobre Psicanálise*, Ed. *Standard*, **15** e **16**.]

(1917*d*) "Metapsychologische Ergänzung zur Traumlehre", *G.S.*, **5**, 520; *G.W.*, **10**, 412 .

[Trad.: "Suplemento Metapsicológico à Teoria dos Sonhos", Ed. *Standard*, **14**, 253.]

(1921c) *Massenpsychologie und Ich-Analyse*, Viena. (*G.S.*, **6**, 261; *G.W.*, **13**, 73.)

[Trad.: *Psicologia de Grupo e a Análise do Ego*, Ed. *Standard*, **18**, 91.]

(1923f) "Josef Popper-Lynkeus und die Theorie des Traumes", *G.S.*, **11**, 295; *G.W.*, **13**, 357.

[Trad.: "Josef Popper-Lynkeus e a Teoria dos Sonhos", Ed. *Standard*, **19**.]

(1924-34) *Gesammelte Schriften*, Viena.

(1925a) "Notiz über den Wunderblock", *G.S.*, **6**, 415; *G.W.*, 14, 3.

[Trad.: "Uma Nota sobre o Bloco Mágico", Ed. *Standard*, 19.]

FUCHS, E. (1909-12) *Illustrierte Sittengeschichte* (Ergänzungsbände), Munique.

GALTON, F. (1907) *Inquiries into Human Faculty and its Development*, 2ª ed., Londres. (1ª ed., 1883.)

GARNIER, A. (1872) *Traité des facultés de l'âme, contenant l'histoire des principales théories psychologiques* (3 vols.), Paris. (1ª ed., 1852.)

GIESSLER, C. M. (1888) *Beiträge zur Phänomenologie des Traumlebens*, Halle.

(1890) *Aus den Tiefen des Traumlebens*, Halle.

(1896) *Die physiologischen Beziehungen der Traumvorgänge*, Halle.

GIROU DE BOUZAREINGES, C. e GIROU DE BOUZAREINGES, L. (1848) *Physiologie: essai sur le mécanisme des sensations, des idées et des sentiments*, Paris.

GOBLOT, E. (1896) "Sur le souvenir des rêves", *Rev. phil.*, **42**, 288.

GOMPERZ, T. (1866) *Traumdeutung und Zauberei*, Viena.

GOTTHARDT, O. (1912) *Die Traumbücher des Mittelalters*, Eisleben.

GRIESINGER, W. (1845) *Pathologie und Therapie der psychischen Krankheiten*, Stuttgart.

(1861) idem, 2ª ed. (citado por Radestock).

GRUPPE, O. (1906) *Griechische Mythologie und Religionsgeschichte*, Munique. (Em Müller, *Handbuch der klassischen Altertums-Wissenschaft*, **5**, 2.)

GUISLAIN, J. (1833) *Leçons orales sur les phrénopathies* (3 vols.), Bruxelas. [A citação no texto é da trad. alemã: *Abhandlungen über die Phrenopathien*, Nuremberg, 1838.]

HAFFNER, P. (1887) "Schlafen und Träumen", *Sammlung zeitgemässer Broschüren*, **226**, Frankfurt.

HAGEN, F. W. (1846) "Psychologie und Psychiatrie", *Wagner's Handwörterbuch der Physiologie*, **2**, 692, Brunswick.

HALLAM. F. e WEED, S. (1896) "A Study of Dream Consciousness", *Amer. J. Psychol.*, **7**, 405.

HARTMANN, E. VON (1890) *Philosophie des Unbewussten*, 10ª ed., Leipzig. (1ª ed. 1869.)

HARTMANN, H. Ver BETLHEIM e HARTMANN.

HENNINGS, J. C. (1784) *Von den Träumen und Nachtwandlern*, Weimar.

601

HENZEN, W. (1890) *Über die Träume in der altnordischen Sagaliteratur* (Tese), Leipzig.

HERBART, J. F. (1892) *Psychologie als Wissenschaft neu gegründet auf Erfahrung, Metaphysik und Mathematik. (Zweiter, analytischer Teil);* Vol. 6. em *Herbart's Sämtliche Werke* (coord. K. Kehrbach), Langensalza. (1ª ed., Königsberg, 1825.)

HERMANN, K. F. (1858) *Lehrbuch der gottesdienstlichen Alterthümer der Griechen,,* 2ª ed., Heidelberg. (Parte II de *Lehrbuch der griechischen Antiquitäten.* (1882) *Lehrbuch der griechischen Privatalterthümer*, 3ª ed., Freiburg. (Parte IV de *Lehrbuch der griechischen Antiquitäten.*)

HERÓDOTO. *History.*

HERVEY DE SAINT-DENYS, Marquis d' (1867) *Les rêves et les moyens de les diriger,* Paris. (Publicado anonimamente.)

HILDEBRANDT, F. W. (1875) *Der Traum und seine Verwerthung für's Leben,* Leipzig.

HIPÓCRATES. *Sobre a Medicina Antiga e Regime.*

HITSCHMANN, E. (1913) "Goethe als Vatersymbol", *Int. Z. Psychoanal.*, **1**, 569.

HOBBES, T. (1651) *Leviathan*, Londres.

HOFFBAUER, J. C. (1796) *Naturlehre der Seele*, Halle.

HOHNBAUM (1830) Em C. F. NASSE: *Jb. Anthrop.*, **1**.

HUG-HELLMUTH, H. VON (1911) "Analyse eines Traumes eines 5 1/2 jährigen Knaben", *Zbl. Psychoanal.* **2**, 122.

(1913) "Kinderträume", *Int. Z. Psychoanal.*, **1**, 470.

(1915) "Ein Traum der sich selbst deutet", *Int. Z. Psychoanal.*, **3**, 33.

IDELER, K. W. (1853) "Über die Enstehung des Wahnsinns aus den Träumen", *Annalen des Charité-Krankenhauses*, **3**, Berlin.

IWAYA, S. (1902) "Traumdeutung in Japan", *Ost-Asien*, **5**, 312.

JEKELS, L. (1917) "Shakespeare's Macbeth", *Imago*, **5**, 170.

JESSEN, P. (1855) *Versuch einer wissenschaftlichen Begründung der Psychologie,* Berlin.

JODL, F. (1896) *Lehrbuch der Psychologie*, Stuttgart.

JONES, E. (1910a) "The Oedipus Complex as an Explanation of Hamlet's Mystery", *Amer. J. Psychol.*, **21**, 72.

(1910b) "Freud's Theory of Dreams", *Amer. J. Psychol*, **21**, 283.

(1911) "The Relationship between Dreams and Psychoneurotic Symptoms", *Am. J. Insanity*, **68**, 57.

(1912a) "Unbewusste Zahlenbehandlung", *Zbl. Psychoanal.*, **2**, 241.

(1912b) "A Forgotten Dream", *J. abnorm. Psychoanal.*, **7**, 5.

(1914a) "Frau und Zimmer", *Int. Z. Psychoanal.*, **2**, 380.

(1914b) "Zahnziehen und Geburt", *Int. Z. Psychoanal.*, **2**, 380.

(1916) "The Theory of Symbolism", *Brit. J. Psychol.*, **9**, 181.

JOSEFO, FLÁVIO. *Antiquitates Judaicae.*

JUNG, C. G. (coord.) (1906) *Diagnostische Assoziationsstudien* (2 vols.), Leipzig.

(1907) *Über die Psychologie der Dementia praecox*, Halle.

(1910a) "Über Konflikte der kindlichen Seele", *Jb. psychoanal. psychopath. Forsch.*, **2**, 33.

(1910b) "Ein Beitrag zur Psychologie des Gerüchtes", *Zbl. Psychoanal.*, **1**, 81.

(1911) "Ein Beitrag zur Kenntnis des Zahlentraumes", *Zbl. Psychoanal.*, **1**, 567.

KANT, I. (1764) *Versuch über die Krankheiten des Kopfes.*

(1798) *Anthropologie in pragmatischer Hinsicht.*

KARPINSKA, J. von (1914) "Ein Beitrag zur Analyse 'sinnloser' Worte in Traume", *Int. Z. Psychoanal.*, **2**, 164.

KAZOWSKY, A. D. (1901) "Zur Frage nach dem Zusammenhange von Träumen und Wahnvorstellungen", *Neurol. Zbl.*, **20**, 440 e 508.

KIRCHGRABER, F. (1912) "Der Hut als Symbol des Genitales", *Zbl. Psychoanal. Psychother.*, **3**, 95.

KLEINPAUL, R. (1898) *Die Lebendigen und die Toten in Volksglauben, Religion und Sage*, Leipzig.

KRAUSS, A. (1858-59) "Der Sinn im Wahnsinn", *Allg. Z. Psychol.*, **15**, 617 e **16**, 222.

KRAUSS, F. S. Ver ARTEMIDORO.

LADD, G. T. (1892) "Contribution to the Psychology of Visual Dreams", *Mind.* (nova série), **1**, 299.

LANDAUER, K. (1918) "Handlungen des Schlafenden", *Z. ges. Neur. Psychiat.*, **39**, 329.

LASÈGUE, C. (1881) "Le délire alcoolique n'est pas un délire, mais un rêve", *Arch. gén. Méd.*, **2.**

LAUER, C. (1913) "Das Wesen des Traumes in der Beurteilung der talmudischen und rabbinischen Literatur", *Int. Z. Psychoanal.*, **1**, 459.

LEHMANN, A. (1908) *Aberglaube und Zauberei von den ältesten Zeiten bis in die Gegenwart* (trad. Alemã de Petersen), Stuttgart.

LE LORRAIN, J. (1894) "La durée du temps dans les rêves", *Rev. phil.*, 38, 275.

(1895) "Le rêve", *Rev. phil.*, **40**, 59.

LÉLUT. (1852) "Mémoire sur le sommeil, les songes et le sonnambulisme", *Ann. méd.-psychol.*, **4**, 331.

LEMOINE, A. (1855) *Du sommeil au point de vue physiologique et psychologique*, Paris.

LEROY. Ver BERNARD-LEROY.

LEURET, F. (1834) *Fragments psychologiques sur la folie*, Paris.

LIÉBEAULT, A. A. (1889) *Le sommeil provoqué et les états analogues*, Paris.

LIPPS, T. (1883) *Grundtatsachen des Seelenlebens*, Bonn.

(1897) "Der Begriff des Unbewussten in der Psychologie", *Records of the Third Internat. Congr. Psychol.*, Munique.

LLOYD, W. (1877) *Magnetism and Mesmerism in Antiquity*, Londres.

LÖWINGER (1908) "Der Traum in der jüdischen Literatur", *Mitt. jüd. Volksk.*, **10**.

LUCRÉCIO. *De rerum natura.*

"LYNKEUS" (J. POPPER) (1899) *Phantasien eines Realisten*, Dresden.

MAASS, J. G. E. (1805) *Versuch über die Leidenschaften*, Halle.

MACARIO, M. M . A. (1847) "Des rêves, considérés sous le rapport physiologique et pathologique", Parte II, *Ann. méd.-psychol.*, **9**, 27.

(1857) *Du sommeil, des rêves et du sonnambulisme dans l'état de santé et de maladie*, Paris-Lyon.

MACNISH, R. (1830) *Philosophy of Sleep*, Glasgow.

[Trad. alemã: *Der Schlaf in allen seinen Gestalten*, Leipzig, 1835.]

MAEDER, A. (1908) "Die Symbolik in den Legenden, Märchen, Gebräuchen und Träumen", *Psychiat.-neurol. Wschr.*, **10**, 55.

(1912) "Über die Funktion des Traumes", *Jb. psychoanal. psychopath. Forsch.*, **4**, 692.

MAINE DE BIRAN, M. F. P. (1834) *Nouvelles considérations sur les rapports du physique et du moral de l'homme* (coord. por V. Cousin), Paris.

MARCINOWSKI, J. (1911) "Eine kleine Mitteilung", *Zbl. Psychoanal.*, **1**, 575.

(1912a) "Gezeichnete Träume, *Zbl. Psychoanal.*, **2**, 490.

(1912b) "Drei Romane in Zahlen", *Zbl. Psychoanal.*, 2, 619.

MAUDSLEY, H. (1868) *Physiology and Pathology of the Mind*, Londres. (1ª ed., 1867.)

MAURY, L. F. A. (1853) "Nouvelles observations sur les analogies des phénomènes du rêve et de l'aliénation mentale", Parte II, *Ann. méd.-psychol.*, **5**, 404.

(1878) *Le sommeil et les rêves*, Paris. (1ª ed., 1861.)

MEIER, G. F. (1758) *Versuch einer Erklärung des Nachtwandelns*, Halle.

MEYNERT, T. (1892) *Sammlung von populärwissenschaftlichen Vorträgen über den Bau und die Leistungen des Gehirns*, Viena.

MIURA, K. (1906) "Über japanische Traumdeuterei", *Mitt. dtsch. Ges. Naturk. Ostasiens*, **10**, 291.

MOREAU, J. (1855) "De l'identité de l'état de rêve et de folie", *Ann. méd.-psychol.*, 3ª série, **1**, 361.

MÜLLER, J. (1826) *Über die phantastischen Gesichtserscheinungen*, Coblenz.

MYERS, F. W. J. (1892) "Hypermnesic Dreams", *Proc. Soc. Psych. Res.*, **8**, 362.

NÄCKE, P. (1903) "Über sexuelle Träume", *Arch. Kriminalanthropol.*, 307.

(1905) "Der Traum als feinstes Reagens f. d. Art. d. sexuellen Empfindens", *Monatschr. f. Krim.-Psychol.*, **2**, 500.

(1907) "Kontrastträume und spez. sexuelle Kontrastträume", *Arch. Kriminalanthropol.* **24**, 1.

(1908) "Beiträge zu den sexuellen Träumen", *Arch. Kriminalanthropol.*, **29**, 363.

(1911) "Die diagnostische und prognostische Brauchbarkeit der sex. Träume", *Ärztl. Sachv.-Ztg.*, 2.

NEGELEIN, J. VON (1912) "Der Traumschlüssel des Jaggadeva", *Relig. Gesch. Vers.*, **11**, 4.

NELSON, J. (1888) "A Study of Dreams", *Amer. J. Psychol.*, **1**, 367.

NORDENSKJÖLD, O. e outros (1904) *Antartic. Zwei Jahre in Schnee und Eis am Südpol* (2 vols.), Berlim.

PACHANTONI, D. (1909) "Der Traum als Ursprung von Wahnideen bei Alkoholdelirianten", *Zbl. Nervenheilk.*, **32**, 796.

PAULHAN, F. (1894) "À propos de l'activité de l'esprit dans le rêve", em "Correspondence" em *Rev. phil.*, **38**, 546.

PEISSE, L. (1857) *La médecine et les médecins*, Paris.

PFAFF, E. R. (1868) *Das Traumleben und seine Deutung nach den Prinzipien der Araber, Perser, Griechen, Inder und Ägypter*, Leipzig.

PFISTER, O. (1909) "Ein Fall von psychoanalytischer Seelsorge und Seelenheilung", *Evangelische Freiheit*, Tübingen.

(1911-12) "Die psychologische Enträtselung der religiösen Glossolalie und der automatischen Kryptographie", *Jb. psychoanal. psychopath. Forsch.*, **3**, 427 e 730.

(1913) "Kryptolalie, Kryptographie und unbewusstes Vexierbild bei Normalen", *Jb. psychoanal. und psychopath. Forsch.*, **5**, 115.

PICHON, A. E. (1896) *Contribution à l'étude des délires oniriques ou délires de rêve*, Bordéus.

PILCZ, A. (1899) "Über eine gewisse Gesetzmässigkeit in den Träumen". Resumo do Autor, *Mschr. Psychiat. Neurol.*, 5, 231, Berlim.

PLATÃO. *A República*.

POHORILLES, N. E. (1913) "Eduard von Hartmanns Gesetz der von unbewussten Zielvorstellungen geleiteten Assoziationen", *Int. Z. Psychoanal.*, **1**, 605.

PÖTZL, O. (1917) "Experimentell erregte Traumbilder in ihren Beziehungen zum indirekten Sehen", *Z. ges. Neurol. Psychiat.*, 37, 278.

PRINCE, MORTON (1910) "The Mechanism and Interpretation of Dreams", *J. abnorm. Psychol.*, **5**, 139.

PURKINJE, J. E. (1846) "Wachen, Schlaf, Traum und verwandte Zustände", *R. Wagner's Handwörterbuch der Physiologie*, **3**, 412, Brunswick.

PUTNAM, J. J. (1912) "Ein charakteristischer Kindertraum", *Zbl. Psychoanal.*, **2**, 328.

RAALTE, F. VAN (1912) "Kinderdroomen", *Het Kind*, jan.

RADESTOCK, P. (1879) *Schlaf und Traum*, Leipzig.

RANK, O. (1909) *Der Mythus von der Geburt des Helden,* Leipzig e Viena.

(1910) "Ein Traum der sich selbst deutet", *Jb. Psychoanal. psychopath. Forsch.*, **2**, 465.

(1911a) "Beispiel eines verkappten Ödipustraumes", *Zbl. Psychoanal.*, **1**, 167.

(1911b) "Belege zur Rettungsphantasie", *Zbl. Psychoanal.*, **1**, 331.

(1911c) "Zum Thema der Zahnreizträume", *Zbl. Psychoanal.*, **1**, 408.

(1912a) "Die Symbolschichtung im Wecktraum und ihre Wiederkehr im my-thischen Denken", *Jb. psychoanal. psychopath. Forsch.*, **4**, 51.

(1912b) "Aktuelle Sexualregungen als Traumanlässe", *Zbl. Psychoanal.*, 2, 596.

(1912c) *Das Inzest-Motiv in Dichtung und Sage*, Leipzig e Viena.

(1913) "Eine noch nicht beschriebene Form des Ödipus-Traumes", *Int. Z. Psychoanal.*, **1**, 151.

(1914) "Die 'Geburts-Rettungsphantasie' in Traum und Dichtung", *Int. Z. Psychoanal.*, **2**, 43.

RANK, O. e SACHS, H. (1913) *Die Bedeutung der Psychoanalyse für die Geiteswissenschaften*, Wiesbaden.

RÉGIS, E. (1894) "Les hallucinations oniriques ou du sommeil des dégénérés mystiques", *Compte rendu Congrès Méd. Alién.*, 260, Paris, 1895.

REIK, T. (1911) "Zur Rettungssymbolik", *Zbl. Psychoanal.*, **1**, 499.

(1915) "Gold und Kot", *Int. Z. Psychoanal.,* **3**, 183.

REITLER, R. (1913a) "Zur Augensymbolik", *Int. Z. Psychoanal.*, **1**, 159.

(1913b) "Zur Genital- und Sekret-Symbolik", *Int. Z. Psychoanal.*, **1**, 492.

ROBERT, W. (1886) *Der Traum als Naturnotwendigkeit erklärt,* Hamburgo.

ROBITSEK, A. (1912) "Zur Frage der Symbolik in dem Träumen Gesunder", *Zbl. Psychoanal.*, **2**, 340.

ROFFENSTEIN, G. (1923) "Experimentelle Symbolträume", *Z. ges. Neurol. Psychiat.*, **87**, 362.

R[ORSCHACH], H. (1912) "Zur Symbolik der Schlange und der Kravatte", *Zbl. Psychoanal.*, **2**, 675.

SACHS, H. (1911) "Zur Darstellungs-Technik des Traumes", *Zbl. Psychoanal.*, **1**, 413.

(1912) "Traumdeutung und Menschenkenntnis", *Jb. Psychoanal. psycopath. Forsch.*, **3**, 568.

(1913) "Ein Traum Bismarcks", *Int. Z. Psychoanal.*, **1**, 80.

(1914) "Das Zimmer als Traumdarstellung des Weibes", *Int. Z. Psychoanal.*, **2**, 35.

Ver tamb́em RANK e SACHS.

SALOMON ALMOLI BEN JACOB (1637) *Pithrôn Chalômôth*, Amsterdã.

SANCTIS, SANTE DE (1896) *I sogni e il sonno nell'isterismo e nella epilepsia*, Roma.

(1897a) "Les maladies mentales et les rêves", extraído dos *Ann. Soc. Méd. de Gand.* **76**, 177.

(1897b) "Sui rapporti d'identità, di somiglianza, di analogia e di equivalenza fra sogno e pazzia", *Riv. quindicinale Psicol. Psichiat. Neuropatol.*, 15 de nov.

(1898a) "Psychoses et rêves", *Rapport au Congrès de neurol. et d'hypnologie de Bruxelles 1897; Comptes rendus,* **1**, 137.

(1898b) "I sogni dei neuropatici e dei pazzi", *Arch. psichiat. antrop. crim.*, **19**, 342.

(1899) *I sogni,* Turim.

[Trad. alemã de O. Schmidt, Halle, 1901.]

SCHERNER, K. A. (1861) *Das Leben des Traumes*, Berlim.

SCHLEIERMACHER, F. (1862) *Psychologie* (Vol. 6, Sec. 3 em *Collected Works*, coord. de L. George), Berlim.

SCHOLZ, F. (1887) *Schlaf und Traum*, Leipzig.

SCHOPENHAUER, A. (1862) "Versuch über das Geistersehen und was damit zusammenhängt", *Parerga und Paralipomena* (Ensaio V), 1, 213, 2ª ed., Berlim. (1ª ed., 1851.)

SCHRÖTTER, K. (1912) "Experimentelle Träume", *Zbl. Psychoanal.*, 2, 638.

SCHUBERT, G. H. VON (1814) *Die Symbolik des Traumes*, Bamber.

SCHWARZ, F. (1913) "Traum und Traumdeutung nach 'Abdalgan an-Nabulusi'", *Z. deutsch. morgenl. Ges.*, 67, 473.

SECKER, F. (1910) "Chinesische Ansichten über den Traum", *Neue metaph. Rndschr*, 17, 101.

SIEBECK, H. (1877) "Das Traumlebem der Seele", *Sammlung gemeinverständlicher Vorträge*, Berlim.

SILBERER, H. (1909) "Bericht über eine Methode, gewisse symbolische Halluzinations-Erscheinungen hervorzurufen und zu beobachten", *Jb. psychoanal. psychopath. Forsch.*, 1, 513.

(1910) "Phantasie und Mythos", *Jb. psychoanal. psychopath. Forsch.*, 2, 541.

(1912) "Symbolik des Erwachens und Schwellensymbolik überhaupt", *Jb. psychoanal. psychopath. Forsch.*, 3, 621.

(1914) *Probleme der Mystik und ihrer Symbolik*, Viena e Leipzig.

SIMON, P. M. (1888) *Le monde des rêves*, Paris.

SPERBER, H. (1912) "Über den Einfluss sexueller Momente auf Entstehung und Entwicklung der Sprache", *Imago*, 1, 405.

SPIELREIN, S. (1913) "Traum von 'Pater Freudenreich'", *Int. Z. Psychoanal.*, 1, 484.

SPITTA, H. (1882) *Die Schlaf- und Traumzustände der menschlichen Seele*, 2ª ed., Tübingen (1ª ed., 1878.)

SPITTELER, C. (1914) *Meine frühesten Erlebnisse*, Jena.

STANNIUS, H. (1849) *Das peripherische Nervensystem der Fische, anatomisch und physiologisch untersucht*, Rostock.

STÄRCKE, A. (1911) "Ein Traum der das Gegenteil einer Wunscherfüllung zu verwirklichen schien", *Zbl. Psychoanal.*, 2, 86.

STÄRCKE, J. (1913) "Neue Traumexperimente in Zusammenhang mit ältern und neueren Traumtheorien", *Jb. psychoanal. psychopath. Forsch.* 5, 233.

STEKEL, W. (1909) "Beiträge zur Traumdeutung", *Jb. psychoanal. psychopath. Forsch.*, 1, 458.

(1911) *Die Sprache des Traumes*, Wiesbaden.

STRICKER, S. (1879) *Studien über das Bewusstsein*, Viena.

STRÜMPELL, A. VON (1883-84) *Lehrbuch der speziellen Pathologie und Therapie der inneren Krankheiten*, Leipzig.

STRÜMPELL, L. (1877) *Die Natur und Enstehung der Träume*, Leipzig.

STUMPF, E. J. G. (1899) *Der Traum und seine Deutung*, Leipzig.

SULLY, J. (1893) "The Dream as a Revelation", *Fortnightly Rev.*, **53**, 354.

SWOBODA, H. (1904) *Die Perioden des Menschlichen Organismus in ihrer psychologischen und biologischen Bedeutung*, Leipzig e Viena.

TANNERY, M. P. (1898) "Sur la mémoire dans le rêve", *Rev. phil.*, **45**, 637.

TAUSK, V. (1913) "Zur Psychologie der Kindersexualität", *Int. Z. Psychoanal.*, **1**, 444.

(1914) "Kleider und Farben im Dienste der Traumdarstellung", *Int. Z. Psychoanal.*, **2**, 464.

TFINKDJI, J. (1913) "Essai sur songes et l'art de les interpréter (onirocritie) en Mésopotomie", *Anthropos*, **8**, 505.

THOMAYER, J. (1897) "La signification de quelques rêves", *Rev. neurol.*, **5**, 98 (coligido por V. Simerka).

TISSIÉ, P. (1898) *Les rêves, physiologie et pathologie*, Paris. (1ª ed., 1870.)

TOBOWOLSKA, J. (1900) *Étude sur les illusions de temps dans les rêves du sommeil normal* (Tese), Paris.

Ver também BERNARD-LEROY e TOBOWOLSKA.

VARENDONCK, J. (1921) *The Psychology of Day-Dreams*, Londres.

VASCHIDE, N. (1911) *Le sommeil et les rêves*, Paris.

VESPA, B. (1897) 'Il sonno e i sogni nei neuro- e psicopatici", *Boll. Soc. Lancisiana Osp.*, **17**, 193.

VOLD, J. MOURLY (1896) "Expériences sur les rêves et en particulier sur ceux d'origine musculaire et optique" (resenha), *Rev. phil.*, **42**, 542.

(1910-12) *Über den Traum* (2 vols.) (Trad. alemã de O. Klemm), Leipzig.

VOLKELT, J. (1875) *Die Traum-Phantasie*, Stuttgart.

WEED, S. Ver HALLAM e WEED.

WEYGANDT, W. (1893) *Entstehung der Träume*, Leipzig.

WHITON CALKINS. Ver CALKINS, WHITON.

WIGGAM, A. (1909) "A Contribution to the Data of Dream Psychology", *Ped. Sem. J. Genet. Psychol.*, **16**, 250.

WINTERSTEIN, A. VON (1912) "Zwei Belege für die Wunscherfüllung im Traume", *Zbl. Psychoanal.*, **2**, 292.

WITTELS, F. (1924) *Sigmund Freud: der Mann, die Lehre, die Schule*, Viena.

WUNDT, W. (1874) *Grundzüge der physiologischen Psychologie*, Leipzig.

ZELLER, A. (1818) "Irre", *in* Ersche, J. S. e Gruber, J.G. *Allgemeine Encyclopädie der Wissenschaften und Künste*, **24**, 120.

B

RELAÇÃO DE OUTRAS OBRAS SOBRE OS SONHOS PUBLICADAS ANTES DO ANO DE 1900

[Trata-se de obras incluídas na Bibliografia de Freud, mas não mencionadas no texto.]

AHMAD IBN SĪRĪN. *Achmetis f. Seirim Oneirocriticae*, coord. N. Rigaltius. Paris. 1603.

ALBERTI, MICHAEL (1744) *Diss. de insomniorum influxi in sanitatem et morbos* Resp. Titius Halae M.

ALIX (1883) "Les rêves", *Rev. Sci. Industr.*, 3ª série, **6**, 554.

ANON (1890) "Rêves et l'hypnotisme", *Le Monde*, 25 de agosto.

(1890) "Science of Dreams", *The Lyceum*, p. 28, Dublin.

(1893) "The Utility of Dreams", *J. Comp. Neurol.*, **3**, 17, Granville.

BACCI, DOMENICO (1857) *Sui sogni e sul sonnambulismo, pensiero fisiologico-metafisici*, Veneza.

BALL, B. (1885) *La morphinomanie, les rêves prolongés*, Paris.

BENEZÉ, EMIL (1897) "Das Traummotiv in der mittelhochdeutchen Dichtung bis 1250 und in alten deutschen Volksliedern", Benezé: *Sageng. und lit.-hist. Unters.*, **1**, *Das Traummotiv*, Halle.

BENINI, V. (1898) "Nel moneto dei sogni", *Il Pensiero nuovo*, abril.

BIRKMAIER, HIERON (1715) *Licht im Finsterniss der nächtlichen Gesichte und Träume*, Nuremberg.

BISLAND, E. (1896) "Dreams and their Mysteries", *N. Am. Rev.*, **162**, 716.

BRADLEY, F. H. (1894) "On the Failure of Movement in Dream", *Mind* (nova série), **3**, 373, Londres.

BRANDER, R. (1884) *Der Schlaf und das Traumleben*, Leipzig.

BREMER, L. (1893) "Traum und Krankheit", *New York med. Monatschr.*, **5**, 281.

BUSSOLA, SERAFINO (1834) *De somniis* (Tese), Ticini Reg.

CAETANI-LOVATELLI, E. (1889) "I sogni e l'ipnotismo nel mondo antico", *Nuova Antol.*, **24**, Série III, 1º de dez.

CANE, FRANCIS E. (1889) "The Physiology of Dreams", *The Lancet*, **67**, **II**, 1330 (28 de dez.).

CARDANO, GIROLAMO (1562) *Somiorum synesiorum, omnis generis insomnia explicantes libri IV*, Basiléia.

(2ª ed. em *Opera omnia Cardani*, **5**, 593, Lyon, 1663.)

CARIERO, ALESSANDRO (1575) *De somniis deque divinatione per somnia*, Pádua.

CARPENTER (1849-52) "Dreaming" (em "Sleep"), *Cyclop. of. Anat. and Physiol.*, **4**, 687, Londres.

CLAVIÈRE (1897) "La rapidité de la pensée dans le rêve", *Rev. phil.*, **43**, 507.

COUTTS, G. A. (1896) "Night-terrors", *Amer. J. med. Sc.*

D. L. (1895) "A propos de l'appréciation du temps dans le rêve". *Rev. phil.*, **40**, 69.

DAGONET, H. (1889) "Du rêve et du délire alcoolique", *Ann. méd.-psychol.*, Série 7, **10**, 193.

DANDOLO, G. (1889) *La conscienza nel sogno*, Pádua.

DECHAMBRE, A. (1880) "Cauchemar", *Dict. encycl. sc. méd.*, **2**, 48.

DIETRICH, J. D. (1726) *An ea, quae hominibus in somno et somnio accidunt, iisdem possint imputari?* resp. Gava, Wittemberg.

DOCHMASA, A. M. (1890) *Dreams and their Significance as Forebodings of Disease*, Kazan.

DREHER, E. (1890) "Sinneswahrnehmung und Traumbild", *Reichs-med. Anzeiger*, **15**, Nos. 20, 21, 22, 23, 24; **16**, Nos. 3, 8, Leipzig.

DUCOSTÉ, M. (1899) "Les songes d'ataques des épileptiques", *Journ. Méd. Bordeaux*, 26 de nov. e 3 de dez.

DU PREL, C. (1869) "Oneirokritikon: der Traum vom Standpunkte des transcend. Idealismus", *Deutsche Vierteljahrschrift*, **2**, Stuttgart.

(1880) *Psychologie der Lyrik*, Leipzig.

(1889) "Künstliche Träume", *Sphinx*, julho.

EGGER, V. (1888) "Le sommeil et la certitude, le sommeil et la mémorie", *Critique philos.*, **1**, 341, Paris.

ELLIS, HAVELOCK (1895) "On Dreaming of the Dead", *Psychol. Rev.*, **2**, 458.

(1897) "A Note on hypnagogic Paramnesia", *Mind*, **6**, 283.

ERDMANN, J. E. (1855) "Das Träumen", *Ernste Spiele*, Cap. 12, Berlim.

ERK, VINZ. VON (1874) *Über den Unterschied von Traum und Wachen*, Praga.

ESCANDE DE MESSIÈRES (1895) "Les rêves chez les hystériques" (Tese), Bordéus.

FAURE (1876) "Études sur les rêves morbides. Rêves persistants", *Arch. génér. Méd.*, 6ª série, **27**, 550.

FENIZIA (1896) "L'azione suggestiva delle cause esterne nei sogni", *Arch. per l'Antrop.*, **26**.

FÉRÉ, C. (1897) "Les rêves d'accès chez les épileptiques". *Méd. mod.*, 8 de dez.

FISCHER, JOH. (1899) *Ad artis veterum onirocriticae historiam symbola* (Tese), Jena.

FLORENTIN, V. (1899) "Das Traumleben: Plauderei". *Die alte und die neue Welt*, **33**, 725.

FORNASCHON, H. (1897) "Die Geschichte eines Traumes als Beitrag der Transcendentalpsychologie", *Psychische Studien*, **24**, 274.

FRENSBERG (1885) "Schlaf und Traum", *Sammlung gemeinverst. wiss. Vortr.*, Virchow-Holtzendorff, Sér. 20, **466**.

FRERICHS, J. H. (1886) *Der Mensch: Traum, Herz, Verstand*, Norden.

GALEN. *De praecognitione, ad Epigenem*, Lyon, 1540.

GIRGENSOHN, L. (1845) *Der Traum: psychol.-physiol. Versuch.*

GLEICHEN-RUSSWURM, A. VON (1899) "Traum in der Dichtung", *Nat. Z.*, N°
553-559.

GLEY, E. (1898) "Appréciation du temps pendant le sommeil", *L'intermédiaire des
Biologistes*, **10**, 228.

GORTON, D. A. (1896) "Psychology of the Unconscious", *Amer. med. Times*, **24**,
33, 37.

GOULD, G. M. (1889) "Dreams, Sleep, and Consciousness", *The Open Court*
(Chicago), **2**, 1433-6 e 1444-7.

GRABENER, G. C. (1710) *Ex antiquitate judaica de menûdim bachalôm sive excom-
municatis per insomnia exerc. resp. Klebius*, Wittemberg.

GRAFFUNDER, P. C. (1894) "Traum und Traumdeutung", *Samml. gemeinv. wiss.
Vorträge*, **197**.

GREENWOOD, F. (1894) *Imaginations in Dreams and their Study*, Londres.

GROT, N. (1878) *Dreams, a Subject of Scientific Analysis* (em russo), Kiev.

GUARDIA, J. M. (1892) "La personnalité dans les rêves", *Rev. phil.*, **34**, 225.

GUTFELDT, I. (1899) "Ein Traum", *Psychol. Studien*, **26**, 491.

HAMPE, T. (1896) "Über Hans Sachsens Traumgedichte", *Z. deutsch. Unterricht*,
10, 616.

HEERWAGEN (1889) "Statist. Untersuch. über Träume u. Schlaf", *Philos. Stud.*, **5**,
301.

HILLER, G. (1889) "Traum, Ein Kapitel zu den zwölf Nächten", *Leipz. Tagbl. und
Anz.*, N° 657, Supl. 1.

HITSCHMANN, F. (1894) "Über das Traumleben der Blinden", *Z. Psychol.*, **7**, 387.

JASTROW, J. (1888) "The Dreams of the Blind", *New Princeton Rev.*, **5**, 18.

JENSEN, J. (1871) "Träumen und Denken", *Samml. gemeinv. wiss. Vortr.*, Virchow-
Holtzendorff, Sér. 6, **134**.

KINGSFORD, A. (1888) *Dreams and Dream-Stories* (coord. E. Maitland), Londres
(2ª ed.).

KLOEPFEL, F. (1899) "Träumerei und Traum: Allerlei aus unserem Traumleben",
Universum, **15**, 2469 e 2607.

KRAMAR, OLDRICH. (1882) *O spànku a snu, Prager Akad. Gymn.*

KRASNICKI, E. VON (1897) "Karls IV Wahrtraum", *Psych. Stud.*, **24**, 697.

KUCERA, E. (1895) "Aus dem Traumleben", *Mähr-Weisskirchen, Gymn.*

LAISTNER, L. (1889) *Das Rätsel der Sphinx* (2 vols.), Berlin.

LANDAU, M. (1892) "Aus dem Traumleben", *Münchner Neueste Nachrichten*, 9 de
jan.

LAUPTS (1895) "Le fonctionnement cérébral pendant le rêve et pendant le sommeil
hypnotique", *Ann. méd.-psychol.*, Série 8, **2**, 354.

LEIDESDORF, M. (1880) "Das Traumleben", *Sammlung der "Al. .a Mater"*, Viena.

LERCH, M. F. (1883-84) "Das Traumleben und seine P. .eutung", *Gymn., Progr.*,
Komotau.

LIBERALI, FRANCESCO (1834) *Dei sogni* (Tese), Pádua.

LIÉBEAULT, A. (1893) "A travers les états passifs, le sommeil et les rêves", *Rev. hypnot.*,**8**, 41, 65, 106.

LUKSCH, L. (1894) *Wunderbare Traumerfüllung als Inhalt des wirklichen Lebens*, Leipzig.

MACARIO, M. M. A. (1846) "Des rêves, considérés sous le rapport physiologique et pathologique", Partes I, II e III, *Ann. méd.-psychol.*, 1ª série, 170, 180 e 184.
(1889) "Des rêves morbides", *Gaz. méd. de Paris*, **8**, 1, 85, 97, 108, 121.

MACFARLANE, A. W. (1890) "Dreaming", *Edinb. med. J.*, **36**, 499.

MAINE DE BIRAN, M. F. P. (1792) "Nouvelles Considérations sur le sommeil, les songes et le somnambulisme", Œuvres Philosophiques, 209 (coord. V. Cousin), Paris, 1841.

MAURY, L. F. A. (1857) "De certains faits observés dans les rêves", *Ann. méd.-psychol.*, Sér. 3, **3**, 157.

MEISEL (pseud.) (1783) *Natürlich-göttliche und teuflische Träume*, Seighartstein.

MELINAND, M . C. (1898) "Dream and Reality", *Pop. Sc. Mo.*, **54**, 96.

MELZENTIN, C. (1899) "Über wissenschaftliche Traumdeutung", *Gegenwart*, 50, Leipzig.

MENTZ, R. (1888) *Die Träume in den altfranzösischen Karls- und Artusepen*, Marburg.

MONROE, W. S. (1899) "A study of taste-dreams", *Am. J. Psychol.*, **10**, 326.

MOREAU DE LA SARTHE, J . L. (1820) "Rêve", *Dict. sc. méd.*, **48**, 245.

MOTET (1829-36) "Cauchemar", *Dict. méd. chir. pratiques*, Paris.

MURRAY, J. C. (1894) "Do we ever dream of tasting?" *Proc. Am. psychol. Ass.*, 20.

NAGELE, A. (1889) "Der Traum in der epischen Dichtung", *Programm der Realschule*, Marburg.

NEWBOLD, W. R. (1896) "Sub-conscious Reasoning", *Proc. Soc. psychic. Res.*, **12**, 11, Londres.

PASSAVANTI, J. (1891) *Libro dei sogni*, Roma.

PAULHAN F. (1894) "A propos de l'activité de l'esprit dans le rêve", *Rev. phil.*, **38**, 546.

PICK, A. (1896) "Über pathologische Träumerie und ihre Beziehungen zur Hysterie", *Jb. Psychiat.*, **14**, 280.

RAMM, K. (1889) *Diss. pertractans somnia*, Viena.

RÉGIS, E. (1890) "Les rêves Bordeaux", *La Gironde* (Varietés), 31 de maio.

RICHARD, JEROME (1766) *La théorie des songes*, Paris.

RICHARDSON, B. W. (1892) "The Physiology of Dream", *Asclep.*, **9**, 129.

RICHIER, E. (1816) *Onéirologie ou dissertation sur les songes, considérés dans l'état de maladie* (Tese), Paris.

RICHTER, J. P. (Jean Paul) (1813) "Blicke in die Traumwelt", *Museum*, **2** (também em *Werke*, coord. Hempel, 44, 128).
"Über Wahl- und Halbträume", *Werke*, **44**, 142.
(1826-33) *Wahrheit aus Jean Pauls Leben.*

ROBINSON, L. (1893) "What Dreams are made of", *N. Am. Rev.*, **157**, 687.

ROUSSET, C. (1876) *Contribution à l'étude du cauchemar* (Tese), Paris.

ROUX, J. (1898) "Le rêve et les délires oniriques", *Province méd. Lyons*, **12**, 212.

RYFF, W. H. (1554) *Traumbüchlein,* Estrasburgo.

SANTEL, A. (1874) "Poskus raz kladbe nekterih pomentjivih prokazni spanja in sanj", *Progr. Gymn.*, Görz.

SARLO, F. de (1887) *I sogni. Saggio psicologico*, Nápoles.

SCH. FR. (1897) "Etwas über Träume", *Psych. Studien*, **24**, 686.

SCHLEICH, K. L. (1899) "Schlaf und Traum", *Zukunft*, **29**, 14; 54.

SCHWARTZKOPFF, P. (1887) *Das Leben im Traum: eine Studie*, Leipzig.

SINÉSIO DE SIRENA. *Liber de insomniis.*

[Trad. alemã: *Oneiromantik,* de Krauss, Viena, 1888.]

STEVENSON, R.L. (1892) "A Chapter on Dreams", *Across the Plain.*

STRYK, M. VON (1899) "Der Traum und die Wirklichkeit" (segundo C. Mélinand), *Baltische Mschr.*, 189, Riga.

SULLY, J. (1881) *Illusions, a Psychological Study*, Londres.

(1882) "Études sur les rêves", *Rev. scientif.*, Sér. 3, **3**, 385.

(1892) *The Human Mind* (2 vols.), Londres.

(1875-89) "Dreams", *Enc. Brit.*, 9ª ed.

SUMMERS, T. O. (1895), "The Physiology of Dreaming", *St. Louis Clin.*, **8**, 401.

SURBLED, G. (1895) "Origine des rêves", *Rev. quest. scient.*

(1898) *Le rêve*, Paris.

TANNERY, M. P. (1894) "Sur l'activité de l'esprit dans le rêve", *Rev. phil.*, 38, 630.

(1898) "Sur la paramnésie dans les rêves", *Rev. phil.*, **46**, 420.

THIÉRY, A. (1896) "Aristote et la psychologie physiologique du rêve", *Rev. neoscol.*, 3, 260.

THOMAYER, S. (1897) "Contribuições à Patologia dos Sonhos" (em tcheco), *Policlínica da Universidade Tcheca*, Praga.

TISSIÉ, P. (1896) "Les rêves; rêves pathogènes et thérapeutiques; rêves photographiés", *Journ. méd. Bordeaux*, **36**, 293, 308, 320.

TITCHENER, E. B. (1895) "Taste Dreams", *Am. J. Psychol.*, **6**, 505.

TONNINI, S. (1887) "Suggestione e sogni", *Arch. psychiatr. antrop. crim.*, **8**, 264.

TONSOR, J. H. (1627) *Disp. de vigilia, somno et somniis, prop. Lucas*, Marburg.

TUKE, D. H. (1892) "Dreaming", *Dict. of Psychol. Med.* (coord. Tuke), Londres.

ULLRICH, M. W. (1896) *Der Schlaf und das Traumleben, Geisteskraft und Geistesschwäche* (3ª ed.), Berlim.

UNGER, F. (1898) *Die Magie des Traumes als Unsterblichkeitsbeweis. Nebst e. Vorwort: Okkultismus und Sozialismus von C. du Prel* (2ª ed.), Münster.

VIGNOLI, T. (1879) *Mito e scienza: Saggio*, Milão.

VISCHER, F .T. (1876) "Studien über den Traum", *Beilage allg. Z.*, 105.

VOLD, J. MOURLY (1897) "Einige Experimente über Gesichtsbilder im Traume", *Report of 3rd. Psych. Congr.*, Munique, e *Z. Psychol. Physiol. Sinnesorgane*, **13**, 66.

VYKOUKAL, F. V. (1898) *Sobre os Sonhos e a Interpretação dos Sonhos* (em tcheco), Praga.

WEDEL, R. (1899) "Untersuchungen ausländischer Gelehrter über gew. Traumphänomene", *Beitr. zur Grenzwissenschaft,* p. 24.

WEHR, H. (1887) "Das Unbewusste im menschlichen Denken", *Programm der Oberrealschule,* Klagenfurt.

WEILL, A. (1872) *Qu'est-ce que le rêve?*, Paris.

WENDT, K. (1858) *Kriemhilds Traum* (Tese), Rostock.

WILKS, S. (1893-94) "On the Nature of Dreams", *Med. Mag.*, **2**, 597, Londres.

WILLIAMS, H.S. (1891-92) "The Dream State and its Psychic Correlatives", *Amer. J. Insanity*, **48**, 445.

WOODWORTH, R. S. (1897) "Note on the Rapidity of Dreams", *Psychol. Rev.*, **4**, 524.

(1886) "Ce qu'on peut rêver en cinq secondes", *Rev. sc.*, 3ª sér., **11**, 572.

ZUCCARELLI (1894-95) "Polluzioni notturne ed epilepsia", *L'anomalo*, **1, 2, 3**.

COMPOSTO E IMPRESSO NAS OFICINAS GRÁFICAS DA
IMAGO EDITORA
RUA SANTOS RODRIGUES, 201-A
RIO DE JANEIRO — RJ